한국고전산문의 탐구

이 승 복

■ 간지 사진: 문곡 김수항과 택재 김창립의 후손가인 창녕위궁의 재사(촬영 이준원)

한국고전산문의 탐구

이승복

도서출판 월인

머리말

고전소설에 관심을 갖고 있던 필자는 고전수필 과목을 담당하면서 고전 산문 일반으로 관심의 폭을 확대하게 되었다. 수필 수업을 하는 과정에서 겪은 가장 큰 어려움은 시나 소설에 비해 상대적으로 수필에 대한 연구가 활발하지 못하다는 것이었다. 일찍부터 주목을 받아 많은 연구 성과가 축적된 경우가 있지만 해설이나 개론적 논의를 통한 작품의 소개 정도만이 이루어진 경우가 많아 필자로서는 자료를 나름대로 검토하고, 그 특성을 다시 정리하지 않을 수 없었다. 그러면서 수필에 대한 논문을 쓰지 않고 수필을 강의하는 것은 바람직한 일이 아니라는 생각이 들면서 작품을 좀더 세심하게 분석하는 작업을 하기도 하였다. 고전산문에 대한 필자의 관심은 이렇게 시작되었다.

그런 가운데 예기치 않게 새로운 자료를 볼 수 있는 기회가 생기기도 하고, 학회의 기획주제 발표에 참여하기도 하면서 필자는 점차 고전산문이 지닌 매력에 빠져들게 되었다. 그것은 무엇보다 작자의 숨결과 체취, 혹은 작자가 관찰하고 기록한 대상 인물의 인간적이고 솔직한 면모를 작품의 문면에서 직접 느끼고 볼 수 있다는 점 때문이었다. 평생 소원하던 금강산 유람에 나서면서 적지 않은 나이와 높은 사회적 지위에도 불구하고 어린아이처럼 설레는 마음을 솔직하게 거듭 드러내는 모습, 사사(賜死)의 명을 받아 죽음을 눈앞에 둔 상태에서 의연함을 잃지 않으면서도 어쩔 수 없는 인간적 흔들림을 숨기지 않는 모습, 지난 삶을 돌이켜 그동안 겪어야 했던 고통과 갈등을 풀어내는 한편 자기 삶의 보람을 찾아 스스로를 위로하고, 성찰하는 모습 등 작품의 문면에 그대로 드러나 있는 다양한 삶의 모습들은 시나 소설과 구별되는 또 다른 감동으로 다가왔던 것이다.

이 책은 이렇게 수업 준비를 위해서, 또 작품에 대한 관심과 흥미에 이끌려 그동안 써왔던 글들을 약간 손질하여 엮었다. 전체를 5부로 나누었는데 제1부에는 한문 자료들을 대상으로 하여 자기가 살던 시대의 아픔을 어떻게 형상화했는지, 임금을 설득하기 위해 어떤 방식을 활용했는지, 또 글의 종류별로 관습화된 틀 안에서 개성적인 면모를 어떻게 드러냈는지 주로 글쓰기 방식이나 글의 종류별 성격을 검토한 글 세 편을 수록하였다. 제2부에는 금강산 여행체험을 기록한 자료들을 각기 검토한 글 세 편을 수록하였다. 두 편에서는 대상 자료의 작자를 새로 구명하고 서술상의 특성을 살폈으며, 다른 한 편에서는 가사체와 산문 서술이 교체되는 대상 자료의 문체적 특성을 검토하였다. 제3부에는 유배체험을 다룬 자료들에 대한 글들을 수록하였다. 조선후기에는 많은 관료문인들이 자기가 겪은 유배체험을 기록으로 남겼는데 유배에 대한 작자의 태도, 유배로 인해 겪은 고통의 수준, 글을 쓰는 상황이나 글쓰기와 관련된 작자의 성향 등에 따라 자료들의 성격은 서로 차이가 있을 수밖에 없다. 여기에는 새로 소개되는 두 편을 포함한 네 편의 자료 각각을 대상으로 그 서술적, 문학적 특성을 검토한 글들, 그리고 주로 교육적 측면에서 유배문학 자료가 지닌 현재적 가치와 의미를 살핀 글을 수록하였다. 제4부에는 궁정 실기에 관한 글 네 편을 수록하였다. 이 가운데 『한중록』에 관한 글이 세 편인데 그것은 집필 동기와 목적, 시기가 서로 다른 『한중록』 속의 글들을 하나씩 따로 검토하였기 때문이다. 그리고 부록인 제5부에는 조, 부, 손 3대에 걸쳐 사약을 받고 세상을 떠난 인물들의 모습을 각각 기록한 『유교(遺教)』의 원문과 주석을 실었다. 필자가 예전에 주석을 붙여 원문을 소개한 바 있는데 이를 다시 보완하고 수정하였다.

필자는 이 책에 수록된 글들을 쓰면서 우선 실증 작업을 통해 작자를 구명하고, 작품에 제시된 내용이나 상황의 역사적 맥락을 구체적으로 확인하고자 하였다. 이를 위해 역사 기록을 비롯한 여러 자료를 두루 검토하기도 하였는데 작품을 정확하고 정당하게 이해하기 위해서는 이러한 기초 작업이 무엇보다 필요하다고 생각하였기 때문이다. 그리고 작품을 분석하는 과정에서는 주로 글쓰기 방식을 주목하였다. 그것은 작품에 제시된 작자의 숨결이나 대상 인물의 인간적 면모가 어떤 방식으로 드러나 있는가 하는 문제는 작품이 지닌 문학적 성격과 가치를 확인하는 중요한 관건이 될 수 있다는 판단 때문이었다.

상당히 오래전에 써서 논의가 소박한 수준에 머물고, 이후의 연구 성과가 반영되지 못한 글이 있지만 고전산문에 대한 필자의 연구 과정을 정리한다는 의미에서 그냥 수록하였다. 또 어떤 가설적 선입견이나 선부른 이론적 잣대로 작품에 접근하기보다는 작품 자체를 꼼꼼히 검토하여 그 실상을 확인하고자 하였는데 그러다 보니 작품의 세세한 내용까지 언급하여 다소 번거롭게 느껴질 수 있는 부분들이 생겼다. 하지만 이러한 부분도 작품을 직접 읽지 않은 독자에게는 어느 정도 도움이 될 수 있을 것 같아 수정하지 않고 그대로 두었다. 독자들의 넓은 이해를 바란다.

이 책이 나올 때까지 필자는 많은 분들께 신세를 졌다. 우선 자료를 정리하고 주석을 달아 원문을 소개했던 분들의 선행 업적이 있었기에 필자가 자료에 접근하는 것이 한결 수월할 수 있었다. 그분들의 노고에 깊이 감사드린다. 그리고 새 자료인 『유교』를 볼 수 있도록 배려해 주신 김충현(金忠顯) 선생님과 『적소일기(謫所日記)』를 검토할 기회를 주신 김희동(金羲東) 선생님, 또 그간 부족한 점을 일깨우고 격려를 해 준 선후배 여러 분의 도움이 있었기에 이 책이 세상에 나올 수 있었다. 진심으로 감사드린다. 아울러 책을 정성껏 만들어 주신 도서출판 월인의 박성복 사장님을 비롯한 여러 분들께도 깊은 감사의 마음을 전한다.

2022년 6월

이 승 복

차례

제1부. 한문산문과 글쓰기

제2부. 기행산문의 탐구

〈금강유산일기〉의 작자와 서술양상

〈자경지함흥일기〉의 문체적 특성

국문본 〈동유기〉의 작자와 서술의 특성

제3부. 유배산문의 탐구

『유교(遺敎)』의 서지와 문학적 성격

유의양의 유배체험과 그 제시 방식

〈적소일기〉의 문학적 성격과 가치

〈신도일록〉에 나타난 유배체험의 서술양상과 그 의미

유배체험의 형상화와 그 교육적 의미

제4부. 궁정문학의 탐구

제5부. 부록: 『유교(遺教)』 원문 및 주석

『유교(遺教)』 원문 및 주석

제1부

한문산문과 글쓰기

『매천야록』에 나타난 국권피탈체험과 글쓰기 방식

〈논윤원형소(論尹元衡疏)〉의 글쓰기 전략

이규보 산문의 수필문학적 성격
-기(記)와 설(說)을 중심으로-

『매천야록』에 나타난 국권피탈체험과 글쓰기 방식

1. 머리말

매천(梅泉) 황현(黃玹, 1855~1910)은 그의 절명시(絶命詩)에서 '등불 아래 책을 덮고 지난 역사 헤아리니 세상에 글 아는 사람 되기 어렵다(秋燈掩卷懷千古 難作人間識字人)'[1]고 하였다. 국권피탈(國權被奪)로까지 이어진 혼란과 격동의 시기를 살면서 그는 한 사람의 지식인으로서 자신이 무슨 일을 어떻게 해야 할지에 대한 고민을 죽는 순간까지 떨쳐버릴 수 없었던 것이다. 하지만 그는 이미 자기 시대 역사의 증인이 되는 길을 선택함으로써 지식인으로서의 임무를 충실하게 수행하고 있었다. 직접 나서서 싸우지는 못했지만 준엄한 비판적 시각에서 자기 시대의 역사를 구명하고, 공식 기록에서는 드러나지 않거나 왜곡될 수 있는 사실들을 기록하여 후세에 남기고자 했다. 이런 점에서 그의 『매천야록(梅泉野錄)』은 혼란과 격동의 시대를 온몸으로 부딪치며 살았던 매천의 고민과 갈등의 결집체라 할 수 있다. 굳이 역사서의 성격을 지닌 『매천야록』의 글쓰기 방식을 살펴보려는 이유가 바로 여기에 있다.

그간 『매천야록』은 역사학의 관점에서 당시의 정치, 경제, 사회, 문화 등 제 측면에 나타난 매천의 의식을 확인하는 자료로 다루어졌다.[2] 하지만 『매천

---

1 임형택 외 옮김, 『역주 매천야록』(하), 문학과지성사, 2006, 665면.

2 김창수의 「매천 황현의 민족의식」(『사학연구』 33, 한국사학회, 1981), 하우봉의 「황현의 역사의식에 대한 연구」(『전북사학』 33, 전북대, 1982), 이장희의 「매천야록에 대하여」(『나라사랑』 46, 외솔회, 1983), 김수옥의 「매천 황현의 시대인식」(『녹우연구논집』

야록』은 역사적 사실을 객관적으로 기록하고 있는 데 머물지 않는다. 거기에 제시된 역사적 사건들은 매천의 비판적 역사의식에 의해 선택되고, 또 그러한 의식이 잘 드러날 수 있는 방식으로 서술되어 있는 것이다. 이제 이런 점을 고려하면서 『매천야록』을 쓰는 것이 매천에게는 어떠한 의미를 지니는 것이었는지, 그리고 매천의 비판적 역사의식이 어떠한 방식으로 『매천야록』에 구체화되어 있는지 살펴보기로 한다.

2. 매천과 『매천야록』

『매천야록』은 1864년 고종의 즉위부터 1910년 합방까지 47년간의 역사를 기록하고 있다. 매천이 1855년(철종6)에 태어났으니 매천은 자기 10세 때부터 세상을 떠난 56세 때까지 벌어진 일들을 『매천야록』으로 정리하였던 것이다. 그렇다면 『매천야록』을 쓰기 시작한 시기는 언제이고, 그 동기는 무엇인가.

현재로서는 『매천야록』을 쓰기 시작한 시기를 분명하게 알기 어렵다. 유자의 진부한 학문을 싫어하여 문장 공부에 진력하던 매천은 20여 세에 서울로 올라와 강위(姜瑋), 이건창(李建昌), 김택영(金澤榮) 등과 교유하고, 이를 계기로 문장에 큰 진전을 보게 된다. 29세 때인 1883년 보거과(保擧科)에 응시하였다가 뜻을 이루지 못하고[3] 돌아와서는 과거를 폐할 생각을 하였다. 하

40, 이화여대 녹우회, 2001) 등이 이러한 측면에서 『매천야록』을 검토하고 있다.

3 보거과는 관찰사가 보증하여 천거한 사람들에게 보이는 과거인데 〈가장초(家狀抄)〉(『매천전집』3, 전주대학 호남학연구소, 1988)에 그것이 4월에 있었다고 한 것을 보면 매천이 응시한 보거과는 고종 20년 4월에서 5월에 걸쳐 시행된 별시를 가리키는 것임을 알 수 있다. 김택영은 매천의 전(傳)에서 매천이 초시 초장에 책문으로 장원을 하였으나 당시 시관인 한장석(韓章錫)이 시골 사람이라 하여 2등으로 고쳤다고 하였다. 기존 논의에서는 이 때문에 매천이 회시, 전시를 포기했다고 하기도 하였다. 하지만 김택영이 같은 글에서 "及會試殿庭報罷"라 하였고, 박문호(朴文鎬)가 매천 묘표에서 "連試連捷 竟於闕庭

지만 부모가 허락하지 않아 다시 과거 공부를 하여 34세 때인 1888년 성균시에 장원하여 생원이 되지만 시골 한사가 벼슬길에 나아갈 수 있는 상황이 아니어서 이내 다시 고향으로 돌아오고 만다. 매천은 1892년 아버지, 그 다음해 어머니가 세상을 떠나 삼년상을 치른 뒤 자기 서실을 구안실(苟安室)이라 이름 짓고 은거한다. 관직에 나오라는 지우들의 권유가 있었지만 매천은 후진을 교육하는 것으로 일을 삼다가 합방 소식을 듣자 절명시 4수를 쓰고 음독 자결하였다.[4]

이러한 매천의 행적을 고려할 때 부모의 상을 마치고 고향에 은거하고 있던 40세 무렵부터 『매천야록』을 쓰기 시작하였을 가능성이 크다. 자료 수집에는 어려움이 있었겠지만 수집한 자료들을 차분히 정리하고 그것을 바탕으로 『매천야록』을 기술할 수 있는 시간적, 심적 여유는, 서울에서 지우들과 시문으로 교유하고 부모의 뜻을 어기지 못해 과거 공부에 매달리던 젊은 시절보다 아무래도 이 무렵이 더 많았을 것이기 때문이다.

『매천야록』의 서술 내용에 대한 검토를 통해 매천이 『매천야록』 편찬에 착수한 시기를 추정한 기존 견해의 결과도 이와 크게 다르지 않다. 곧 갑오년(1894) 이전 30년간의 일은 분량이 적을 뿐 아니라 사실의 오인이나 연대의 착오가 있기도 하고, 연대순으로 기록되지 않은 부분이 있으나 갑오년 이후 17년간의 기록은 연월일이 정확한 편년체 서술로 이루어져 있다는 점 등을 고려할 때 매천이 1894년 무렵부터 『매천야록』의 본격적인 집필에 착수하였을 것이라는 것이다.[5]

面試下第"라 하였으며, 『고종실록』(고종 20년 4월 28일조)에 이때 고종이 회시의 시관을 소견하고 회시에 뽑힌 유생들을 면시(面試)하였다고 되어 있는 점들을 종합해 보면 매천은 회시에 응시하여 일단 합격하였으나 전시를 실시하기 전 회시 합격자들을 검증하기 위해 직접 대면하여 시험을 보이는 면시 절차에서 낙방하였던 것으로 보인다.

4 이상은 『매천집(梅泉集)』(민족문화추진회, 『한국문집총간』 348, 2005) 권수의 〈매천황공묘표(梅泉黃公墓表)〉(박문호 찬), 〈본전(本傳)〉(김택영 찬) 참고.

5 하우봉, 앞의 글, 126~127면 참고. 홍이섭 역시 일찍이 『매천야록』의 구성을 1894년

이처럼 매천의 행적과 『매천야록』의 서술 내용을 고려할 때 단정하기는 어렵지만 『매천야록』은 매천이 40세 때인 1894년에서 그리 멀지 않은 시기부터 쓰기 시작했던 것으로 보인다. 이때는 동학농민전쟁과 청일전쟁이 발발하고, 갑오개혁이 이루어지는 등 조선 사회에 커다란 충격과 변화가 한꺼번에 일어난 시기이다. 초야에 은거하고 있으면서도 비판적 현실인식의 끈을 늦추지 않았던 매천은 그러한 사태를 만나자 마침내 자기 시대의 역사를 기록할 필요성을 느꼈던 것으로 보인다.[6]

그렇다면 매천이 자기 시대의 역사를 기록할 필요성을 느낀 이유, 다시 말하면 『매천야록』을 집필하게 된 구체적인 동기는 과연 무엇인가. 이에 대해서는 기록의 보존을 통해 일제 침략 과정과 내용, 민족운동 등에 대한 사실을 밝히고, 동시대의 역사적 현실에 대한 방향을 제시하기 위해서라거나[7] 후세 사람들로 하여금 역사의 심판이 얼마나 준엄한 것인가를 깨우치기 위해서라는[8] 견해들이 제기된 바 있다. 물론 이러한 점들이 『매천야록』을 집필하게 된 동기로 작용하였을 가능성이 크다. 하지만 집필 동기는 매천에게 『매천야록』을 쓴다는 것이 궁극적으로 어떠한 의미를 지니는 것인가 하는 문제와 결부하여 보다 심도 있게 살펴볼 필요가 있다. 그래야만 역사 기록 일반의 집필 동기와 구분되는, 매천과 『매천야록』의 관계가 좀더 분명하게 드러날 수 있을 것

이전과 이후로 양분하여 1894년 이전의 기록을 서설적인 것으로 파악한 바 있다(「황현의 역사의식」, 『인문과학』 26 · 27, 연세대, 1972, 113면).

6 매천은 『매천야록』 외에 『오하기문(梧下記聞)』이라는 역사서를 남기고 있는데 이 책은 1895년부터 1907년까지의 일을 기록한 것으로 대부분의 내용이 『매천야록』에 수용되어 있다고 한다(임형택, 「매천야록 해제」, 『역주 매천야록』(상), 임형택 외 옮김, 문학과지성사, 2009.). 따라서 매천이 『오하기문』을 먼저 쓰고, 이를 바탕으로 나중에 『매천야록』을 편찬했을 가능성이 있어 엄밀히 말하면 『매천야록』의 집필 시작 시기를 1894년경으로 보기 어려울 수 있다. 하지만 『오하기문』의 내용 대부분이 결국 『매천야록』으로 수용되었다는 점을 감안하여 『오하기문』을 『매천야록』의 초고적 성격을 지닌 자료로 파악한다면 『매천야록』의 집필 시작 시기를 1894년 무렵으로 보아도 무방할 듯하다.

7 하우봉, 앞의 글, 130면.

8 이장희, 앞의 글, 105면.

이기 때문이다.

이런 측면에서 우선 매천의 문장관 내지 문학관을 주목해 볼 수 있다.

> 외람되게 말하건대 문장의 학문은 무엇보다 풍기(風氣)와 서로 관련되어 있어서 확연히 옛날과 지금의 경계가 있습니다. 지금 역대에 뛰어나다고 하는 사람들을 들어 살펴보면 이백과 두보는 스스로 이백과 두보이니 한(漢), 위(魏)의 작가라 해서는 안 되며, 한유와 유종원은 스스로 한유와 유종원이니 사마천, 반고라 해서는 안 됩니다. 이백, 두보, 한유, 유종원이 살았던 당시를 생각해보면 어찌 옛것에서 법을 취하지 않았겠습니까마는 마침내 자기의 시와 문을 이룬 데 지나지 않았습니다. 하늘이 재능을 내려준 것이 달라서가 아니라 풍기가 제한한 것입니다. 그러나 이것은 작은 것일 뿐입니다. …… 저 해나 별처럼 만고에 빛나는 자들도 오히려 그 국한된 것에서 벗어나지 못했는데 하물며 후세의 자잘한 무리들이겠습니까. 대개 세운(世運)이 움직이고 인문(人文)이 변하기에 그 시대에 태어난 사람은 각자 부여받은 재능으로 한 시대의 문장을 이루어 반드시 다 옛것을 본받은 것은 아닙니다. 설사 그런 점이 있다 하더라도 또한 각기 그 재능의 가까운 것으로 인해 방불한 것에 불과하니 할 수 없는 것을 억지로 하여 껍질을 벗기고 그림자를 본떠 즐겨 남의 노예가 된 것은 아닙니다.[9]

먼저 시대마다 풍기(風氣)가 다르기 때문에 옛날의 글과 오늘의 글이 결코 같을 수 없다는 전제를 제시하였다. 그리고 유명한 시인이나 문장가들을

9 竊謂文章之學 最與風氣相關 截然有古今之界 今取歷代所推傑然者而考之 李杜自李杜 謂漢魏則不可 韓柳自韓柳 謂遷固則不可也 計李杜韓柳之在當日 何嘗不取法於古 而止竟不過爲自家之詩若文 非天之降才爾殊也 風氣限之也 然此猶其小者耳 …… 彼日星萬古者 猶此不出其所局之限 況後世戔戔者類乎 盖世運推盪 人文嬗變 生於其時者 各因其所賦之才 而成一代之文 不必皆法古也 藉使有之 亦各不過因其才之所近而得其彷彿 必不强其所不能 而剝皮搭影 甘爲人奴已也(〈답이석형서(答李石亭書)〉, 『매천집』 권6).

예로 들어 그들이 모두 옛것에서 규범을 취하려 했겠지만 결국 자기 자신의 시와 글을 쓰게 된 것은 재능에 차이가 있어서가 아니라 풍기에 제한을 받았기 때문이라고 하였다. 이어 풍기를 세운(世運)과 인문(人文)이라는 말로 구체화하면서 세운과 인문이 시대에 따라 변하기 때문에 사람들은 자기의 부여받은 재능으로 자기 시대의 글을 쓰면 될 뿐 억지로 옛것을 본받을 필요가 없으며, 억지로 옛것을 본뜨려 한다면 이는 남의 노예가 되는 것이라 하였다.

요컨대 매천은 시대마다 운세가 다르고 사람과 문물이 다르다는 것을 인식하여 억지로 옛것을 본뜨려 하지 말고, 자기의 재능에 따라 자기 시대의 글을 쓸 것을 주장하였던 것이다.[10] 이러한 그의 주장은 일단 글의 표현적인 측면에 중점을 두고 있는 것처럼 보인다. 그런데 주지하다시피 표현의 변화는 무엇보다 표현할 대상의 변화에 기인하는 것이다. 따라서 시대마다 세운과 인문이 다르기 때문에 자기 시대의 글을 써야 한다는 매천의 주장에서 자기 시대에 맞는 글이란 자기 시대의 운세, 자기 시대의 삶의 모습을 자기 시대에 적합한 방식으로 드러내는 것이어야 한다는 그의 생각을 읽어내는 것이 충분히 가능하다고 할 수 있다.

여기에서 매천이 『매천야록』을 집필한 이유의 일단을 짐작할 수 있다. 물론 자기 시대에 맞는 글이라는 것은 다양한 갈래의 시와 산문으로 실현될 수 있다. 하지만 자기 시대 세운과 인문의 모습, 그리고 그 변화 과정을 총체적으로 다루기 위해서는 역사를 폭넓게 조망하는 『매천야록』과 같은 저작의 집필이 가장 긴요한 것으로 인식될 수 있었을 것이다. 이런 점에서 『매천야록』은 매천의 문장과 문학에 대한 인식이 가장 충실하게 반영된 글쓰기의 결과물이라 할 수 있다.

10 매천의 묘표에 따르면 매천은 평상시에도 늘 '시문은 성(性)에서 나오는 것인데 사람의 습성은 고금이 확연히 달라 후세에 태어나서 억지로 옛날을 본받으려 하면 결코 이룰 수 있는 이치가 없다(常曰 詩文出於性 人之習性 古今殊異 生乎後世而强效前古 則決無能成之理)'고 하였다 한다.

매천에게 『매천야록』이 갖는 의미를 살피는 과정에서 또 하나 주목할 것은 매천이 자기가 관심을 가졌던 저술을 직접 언급하기도 했다는 점이다.

> 저는 농촌에 버려져 있으면서도 일찍이 저술에 뜻을 두지 않은 적이 없으니 남촌(南村)의 『철경록(輟耕錄)』, 미공(眉公) 『비급(秘笈)』의 「예차록(例箚錄)」, 「공사문견(公私聞見)」 같은 것들입니다. 그러나 필력이 보잘 것 없을 뿐 아니라 사실을 정확하게 밝히기 어려운 것을 가장 근심하여 때때로 먹을 갈아 이리저리 끄적이고 고치다가 그만두곤 합니다.[11]

매천이 이건창의 아우인 이건승(李建昇)에게 보낸 편지 가운데 보이는 구절이다. 남촌(南村)은 도종의(陶宗儀)를, 미공(眉公)은 진계유(陳繼儒)를 가리키는데 둘 다 명나라 때 사람이다. 도종의는 원말에 진사가 되었으나 벼슬길에 나아가지 않고 곧 고향으로 돌아갔으며, 명태조가 여러 번 불렀지만 역시 나아가지 않았다. 그는 고학(古學)을 공부하지 않은 것이 없었고 시문이 공교하였다. 직접 농사를 짓다가 나무 그늘에서 쉴 때 문득 떠오르는 것이 있으면 나뭇잎에 적어 두었는데 나중에 그것을 모아 『철경록(輟耕錄)』 30권을 편찬하였다.[12] 이 책은 견문과 쇄사를 수록하여 원대의 법령, 제도 및 병란을 상세히 기록하고, 민간 풍속과 여항의 비천한 일까지 담고 있어 원대의 조야에 관한 옛일을 보존한 역사서라는 평가를 받는다고 한다.[13] 진계유는 부모가 세상을 떠난 후 서실을 짓고 저술에 전념하였는데 경사, 제자, 기술, 패관 등을 비교하고 조사하지 않은 것이 없으며, 쇄언과 벽사(僻事)까지 추려

11 僕淪廢田間 未嘗無意於著述 如南村輟耕錄 眉公秘笈之例箚錄公私聞見 而非惟筆力陋拙 最患事實難的 有時磨墨 徊皇敲椎而止(〈답이경재 별지(答李耕齋 別紙)〉, 『매천전집』 3, 전주대 호남학연구소, 1988, 393면).

12 『중문대사전』, 중국문화대학 출판부, 1985 참고.

13 김소영, 「척독을 통해 본 매천 황현의 삶의 자세와 시대인식」, 『한문학보』 10, 우리한문학회, 2004, 231면 참고.

사람들이 그것을 다투어 베꼈는데 현재 『진미공정정비급(陳眉公訂正秘笈)』이 전해진다고 한다.[14]

매천이 도종의나 진계유에게 관심을 갖게 된 것은 우선 그들의 삶의 태도와 방식이 매천 자신과 흡사했기 때문일 것이다. 진사가 되었으나 이내 버리고 돌아갔으며 누차 불러도 나오지 않으면서 높은 평가를 받는 저술을 남겼다거나, 부모상을 마친 후 서실을 짓고 칩거하며 저술에 전념하였다거나 하는 것이 바로 그것이다.

그런데 중요한 것은 매천이 그들의 삶의 태도와 방식뿐 아니라 그들의 저술에 관심을 갖고 있고, 자기도 그러한 책을 쓰고 싶어 실제 작업을 진행하면서 사실을 정확하게 밝히는 문제를 두고 고심하고 있다고 한 것이다. 매천이 사실의 정확한 구명에 고심하면서 진행하고 있는 작업은 『매천야록』의 집필을 가리키는 것으로 짐작된다. 법률, 제도, 전란은 물론 민간의 모습까지 포함하여 조야의 일을 기록한 역사서인 『철경록』, 그리고 다양한 분야를 망라한 총서의 성격을 지닌 『비급』과 같은 책을 쓰고 싶어 『매천야록』을 쓰고 있다는 것은 매천 스스로 『매천야록』의 성격을 어떻게 규정하고 있었는지를 보여주는 것이라 할 수 있다.

곧 매천은 『매천야록』을 통해 지배층의 무능과 부패가 외세의 침탈과 맞물려 국권피탈로 이어지는 과정, 그리고 그에 대한 저항의 자취가 얼룩진 자기 시대의 가장 핵심적인 문제에 비중을 두면서도 각종 제도와 관습은 물론 민간의 사소한 일이나 소문, 심지어는 우리와 직접적인 관련이 없는 외국의 크고 작은 일들까지 망라함으로써 자기 시대의 총체적인 모습을 담아내려 했던 것이다. 요컨대 매천은 자기 시대의 세운과 인문의 다양한 모습을 모두 아우름으로써 정치, 사회사의 기록에 머물지 않는 문화사적 기술을 『매천야록』을 통해 실현하고자 했다고 할 수 있다.

---

14 『중문대사전』 참고.

『매천야록』 집필과 관련하여 또 하나 짚어볼 것은 매천의 기록 정신이다.

> 향리 간에 드러나지 않은 높은 절개를 지닌 사람을 찾고 또 찾으면서 이르기를 "전할 만한 사람이 반드시 많을 텐데 내가 어찌 듣지 못하였는가."라며 항상 탄식하였다. 한 가지 재능을 가진 사람이라도 반드시 기록했으니 고득룡(高得龍)의 전과 공림(恭臨)의 일이 모두 그런 것들이며, 혹 상세히 알지 못해 많이 쓰지 못하기도 했으니 여동오(余東五)의 전이 그런 것들이다.[15]

> 또 들으니 유군(柳君)은 아직 성년이 되지 않았는데도 용감하게 나아가 바람처럼 일어났으니 옛날에도 그런 사람은 없었습니다. 그러나 그 상세한 것이 알려지지 못했고, 아울러 그 이름 또한 빠져 있습니다. 빠진 열 두 사람의 본관, 성명 그리고 의거의 본말을 수록하여 글을 이룬 것이 있으시면 한 통을 베껴 조만간 보여주시는 것이 어떻겠습니까. 대체로 세상일은 오늘에 이르러 다시 바랄 것이 없게 되었습니다. 선왕의 혼령에 성의를 다할 책무는 사람마다 있습니다. 하지만 생명을 판가름하는 데 있어서는 말하기가 어찌 쉽겠습니까. 어른께서는 식견이 높고 확고하시니 미혹한 저를 깨우쳐주지 않으시겠습니까.[16]

앞의 인용문은 매천이 평소 후세에 전할 만한 행적이 있는 인물들을 빠뜨리지 않고 찾아 기록하려 했다는 사실을 알려주고 있는데 을사늑약 때 자결한

15 鄕里間 湮沒高節 尋之又尋曰 可傳者必多 吾何不聞 常歎之 有一技之士 必錄之 有高得龍傳恭臨事 皆此類也 或不詳知 故不作多 余東五傳亦此類也(황원(黃瑗), 〈사행영록 추록보유(事行零錄 追錄補遺)〉, 『매천전집』 3, 49면).

16 又聞有柳君年未及冠 而勇邁飈發 前無古人 然其詳盖未之聞 并其名字亦闕焉 凡厥十二人姓貫名稱及義旗本末 如有收錄成文字者 謄寫一通 早晏投示 如何如何 大抵世事至於今日 無復望矣 靖獻之責 人人有之 然立判性命 亦談何容易 丈丈見高識定 倘有可以警迷者乎(〈여조자곡(與趙紫谷)〉, 『매천집』 중 「속집」 권1).

송병선(宋秉璿) 집의 계집종 공림이 주인을 따라 스스로 목숨을 끊었다는 '공림의 일'은 『매천야록』에 수용되어 있다.

뒤의 것은 1906년 매천이 조창준(趙昌駿)이라는 인물에게 보낸 편지의 일부로 의병을 일으킨 최익현(崔益鉉)이 당시 순창 전투에서 패해 체포되었을 때 함께 투옥된 12명 의병의 인적 사항과 활동 내용을 적어 보내달라고 부탁한 것이다. 그렇게 해서 전달받은 사실들이 『매천야록』에 그대로 수록되어 있다. 이는 물론 항일 의병 활동의 세세한 사항까지 놓치지 않으려 했던 매천의 우국 정신과 관련된다고 할 수 있는데[17] 여기에서도 자기 시대의 중요한 일이나 인물들을 빠짐없이 조사, 기록하려는 매천의 태도를 읽어낼 수 있다.

매천은 유서에서 "내가 지은 시문이 상자 속에 흩어져 있으니 자세히 살펴 책을 이루되 시는 연도에 따라 안배하고, 산문은 종류를 나눈 연후에 안목 있는 사람에게 맡겨 정리하라"[18]라고 한 다음, 다시 "서책은 나의 정력이 깃든 것이니 잘 지키라"[19]라는 말을 덧붙여 적었다. 죽음의 자리에서까지 자기 저술의 정리와 보전에 대해 언급한 것을 보면 매천은 자기가 심혈을 기울여 조사하고 기록한 것들이 후세에 온전하게 전해지기를 간절히 바랐다는 것을 알 수 있다.

이처럼 매천은 필요하다고 판단하면 자기 시대의 세세한 일까지 조사, 검토, 기록하여 후세에 전하려 한 철저한 기록 정신을 지니고 있었으며, 자기 시대의 모든 일을 담고자 한 『매천야록』은 바로 그러한 기록 정신의 소산이었다고 할 수 있다.

『매천야록』의 집필은 분명 매천이 국권피탈의 위기 상황 속에서 지식인으

17 김소영, 「매천 황현의 산문에 관한 연구」, 성균관대 박사논문, 2007, 152~155면 참고.

18 拙著詩文散在箱篋者 可細尋成書 詩則按年 文則分門 然後托明眼人綜理也(황원, 〈선형매천공사행영록(先兄梅泉公事行零錄)〉, 『매천집』 권수).

19 書册是吾精力所在 可善守護(위의 글).

로서 선택한 저항의 수단이라 할 수 있다. 그런데 그러한 저항과 비판 의식이라는 것이, 자기 시대의 세운과 인문을 드러내어 자기 시대에 맞는 글을 써야 한다는 매천의 문장관, 자기 시대의 총체적 모습을 남김없이 담은 책을 쓰고 싶다는 매천의 의욕, 그리고 자료를 철저히 조사, 기록하여 후세에 전하려는 매천의 기록 정신과 맞물려 드러나는 것임을 이해할 필요가 있다.

3. 『매천야록』의 글쓰기 방식

1) 인물을 통한 사건과 상황의 제시

『매천야록』은 6권 7책으로 이루어져 있다. 고종이 즉위한 1864년에서 권1이 시작되어 합방이 된 1910년 8월에서 권6이 끝나고 있다. 1864년에서 1893년까지의 30년간의 일이 권1에 수록되어 있고, 그 이후 17년간의 일이 권2에서 권6까지 실려 있어[20] 1894년 이후의 일들이 그 앞 시기에 비해 상대적으로 자세하게 서술되었음을 알 수 있다.

이와 같이 『매천야록』은 전반적으로 시간적 순서에 따라 사건을 서술하는 연대기적 기술 체계를 취하고 있다. 이러한 『매천야록』의 기술 방식에 대해 기존 연구에서는 사실(史實)을 인과 관계 위에서 심층적으로 분석, 종합하지 못하고 시간적인 순서에 따라 나열하는 편년체(編年體)의 방식을 크게 벗어나지 못하고 있지만 중간 중간 비평을 섞음으로써 무비판적인 사실 나열을 지양하고 나름의 역사적 방향을 제시하려 했다고도 하고,[21] 또 전체를 연월일

20 구체적으로 권1은 고종이 즉위한 1864년부터 1893년까지, 권2는 1894년에서 1898년까지, 권3은 1899년에서 1903년까지, 권4는 1904년에서 1905년 10월까지, 권5는 그 이후부터 1907년 7월까지, 권6은 그 다음에서 합방이 된 1910년 8월까지의 일들을 다루고 있다. 『매천야록』의 체제에 대해서는 홍이섭이 앞의 글에서 구체적으로 검토한 바 있다.

에 따라 정리하되 중요한 사안, 예를 들어 신분제도나 과거제도와 같은 문제들에 대해서는 배경과 경과까지 상세히 기술하고 있어 편년체를 기조로 하면서 기사본말체(紀事本末體)를 배합한 형식을 취하고 있다고도 하였다.[22]

물론 『매천야록』에서 매천의 역사의식이 반영된 논평을 확인할 수 있다. 그러나 편년체 역사서에 사평(史評)이 개입되는 것은 흔한 일이고, 그것 하나만으로 『매천야록』의 기술상 특징을 다 설명하기도 곤란하다. 또 일부 사항에 대한 체계적이고 구체적인 서술을 발견할 수 있는 것도 사실이어서 임오군란이나 을미사변의 경우 그 경과와 결과가 집중적이고 구체적으로 서술되어 있는 것을 볼 수 있다. 하지만 『매천야록』 전체를 볼 때 하나의 사건 또는 사항을 두고 상당한 지면을 할애하여 집중적이고 구체적으로 다루고 있는 경우는 그다지 많지 않다. 따라서 논평의 개입이나 기사본말체적 성격의 수용이 『매천야록』의 기술 체계가 지닌 특성이라고 할 수는 있으나 『매천야록』 나름의 특징적인 글쓰기 방식을 구명하기 위해서는 매천의 비판적 역사의식이 드러나는 방식을 중심으로 좀더 다양한 검토가 필요하다고 할 수 있다.

『매천야록』은 시간적 순서라는 큰 틀 속에 분량이 일정치 않은 다양한 내용의 기사를 수록하고 있다. 이것은 견문을 잡다하게 기록하는 전통적인 필기류(筆記類)의 관습에 따른 것이라 할 수 있는데[23] 이런 점이 다른 편년체 역사서와 구분되는 『매천야록』의 특성 중 하나라 할 수 있다. 그렇다면 매천은 왜 그러한 필기적 전통을 수용하였는가. 그것은 아마도 자기의 비판적 역사의식을 드러내는 데 그러한 방식이 여러 모로 유용할 수 있다는 판단 때문이었을 것이다.

이런 점에서 『매천야록』에 제시되어 있는 수많은 인물들에 대한 서술을

21 하우봉, 앞의 글, 127~128면.

22 임형택, 앞의 글, 17면.

23 상동.

주목할 수 있다. 역사라는 것 자체가 사람이 만들어가는 것이기 때문에 중요한 사건이나 상황의 고비마다 관계되는 인물에 주목하는 것은 어쩌면 당연한 일일지도 모른다. 그런데 『매천야록』에는 당시 인물들에 대한 서술이 사건 서술에 못지않게, 어떤 부분에서는 그보다 훨씬 비중 있게 제시되어 있다. 인물에 얽힌 일화를 제시한 경우, 어떤 사건과 관련하여 그 인물이 보인 태도나 행동을 제시한 경우, 인물의 평소 행적을 정리하고 포폄을 가하는 경우 등 필기적 전통을 이어 여러 인물들에 대한 다양한 형태의 서술이 이루어지고 있는 것이다.

매천은 한 인물에 대한 서술을 한 군데에서 집중적으로 정리하기도 하고 시간적 순서에 따라 여기저기 분산하여 제시하기도 하며, 긴 분량에 걸쳐 자세하게 서술하기도 하고 단편적으로 언급하기도 하였다. 대상 인물은 고종과 명성왕후(明成王后)를 위시하여 고위 관리부터 의병장, 점술가, 승려, 화적의 괴수, 노비 등 사회의 거의 모든 계층의 존재들이 망라되어 있다. 또 매천 자신이 대상 인물에 대해 긍정적이거나 비판적인 평가를 개입시키기도 하고, 그렇지 않기도 한데 그렇지 않은 경우라 하더라도 제시된 인물의 행위나 태도 자체에 이미 긍정적이거나 부정적인 평가가 함축되어 있다고 할 수 있다.

병자년(1876, 고종13) 정월에 일본인들이 맹약을 저버리고 저들의 대관인 흑전청륭(黑田淸隆)이 함대를 이끌고 곧바로 강화도에 이르러 갖가지로 강요하고 협박하였다. 겉으로는 반드시 전쟁을 일으킬 형세였으나 속뜻은 화약(和約)을 개정하는 데 있었다. 조정은 크게 두려워하여 민규호가 박규수(朴珪壽)와 의논을 정하고 신헌(申櫶)에게 판부사(判府事)의 직함을 임시로 내려주고 전권대관(全權大官)으로 삼아 직접 대면하여 담판하도록 했다. 신헌은 중전의 지시를 받들고 나가 전쟁을 도발할까 두려워하여 일마다 요구를 들어주어 저들의 욕심을 채워주었다. 그해 3월에 흑전청륭이 물러갔다.

당시에 조병식은 강화 유수로 있으면서 임금의 뜻이 주화(主和)에 있음을 엿보아 알고 상소하기를, "신은 수만의 정예병을 거느리고 있는데, 강포한 이웃 나라가 국경을 압박하는데도 화살 하나 쏘지 않고 급급히 강화를 의논하니, 신은 적이 부끄럽게 생각합니다."라고 주장했다. 이를 들은 자들은 그의 교활함을 비웃었다. 조약을 체결한 뒤에 물의가 물 끓듯 일어 박규수가 나라를 그르쳤다고 매도하였으니, 북촌 사람들은 심지어 강화한 죄를 다스리려면 마땅히 박규수를 부관(剖棺)해야 한다고까지 하였다. 대개 박규수가 얼마 지나지 않아서 죽었기 때문이다.

4월에 전 승지 김기수(金綺秀)를 수신사(修信使)로 삼아 일본에 파견하고, 인천 제물포에는 왜관(倭館)을 설치했다. 8월에 김기수가 돌아와 『일동기유(日東記游)』 3권을 지어 올렸다. 사절의 임무를 잘 수행하였다고 하여 김기수를 곡산 부사(谷山府使)로 발탁 임명하였다.

흑전청륭이 함대를 이끌고 도착한 당초에 백관들이 날마다 의정부에서 회의를 하였다. 어떤 사람이 "강화해야 합니다."라고 하자, 수상 흥인군 이최응은 "예. 그렇지요."라 하고, 또 어떤 사람이 "응당 싸워야 합니다."라고 하니, 또 "예. 그렇지요."라고 하였다. 또 다시 어떤 사람이 "싸워서 이기지 못하면 어떻게 합니까?"라고 하니, 또 "예. 그렇지요."라고 하고, 다시 또 어떤 사람이 "이길 수 없다면 강화해야 합니다."하니, 또 "예. 그렇지요."라고 하였다. 가부를 결정하지 못하고 날이 저물면 흩어졌다. 이 때문에 서울에서는 그를 '예예정승[唯唯政丞]'이라고 불렀다.[24]

위는 일본과 강화도 조약을 체결하는 과정과 그 뒷일을 기록한 것이다. 강화도 조약의 내용과 성격에 대한 구체적인 언급은 없으나 그것이 고종과 명성왕후의 뜻에 따라 일본 측 요구를 그대로 수용한, 그래서 조선에 불리한 것이었다는 점은 분명히 밝히고 있다. 그러면서 싸울 뜻이 전혀 없으면서도

24 『역주 매천야록』(상), 97~99면.

마치 강화를 반대하는 지사인 척하는 강화유수의 모습, 그리고 거듭되는 논의에도 주견을 세우지 못한 채 사람들에게 끌려 다니기만 하는 영의정의 모습을 제시하였다. 이는 당시 집권층의 교활함이나 무능함을 고발하는 한편 그러한 인물들이 논의하여 맺은 조약이 어떠한 성격을 지닐 것인가를 짐작하게 한다. 곧 강화도 조약이 갖는 성격에 대한 자세한 설명이 없더라도 독자들은 그러한 인물들의 행태를 통해 강화도 조약이 어떻게 맺어지고, 어떠한 성격을 지니는지 충분히 짐작하게 된다는 것이다.

이와 같이 매천은『매천야록』전편에 걸쳐 다양한 인물들의 모습과 행태를 제시함으로써 그것을 통해 당시의 사건과 상황을 보다 생생하고, 구체적으로 전달하고 있다. 을사늑약 이후의 몇 가지 예만 보더라도 조약을 체결하고 돌아온 군부대신 이근택을 꾸짖고 떠나버린 그 집 여종의 일을 제시하기도 하고, 민영환(閔泳煥)과 조병세(趙秉世)의 자결 장면을 비장한 느낌이 들도록 구체적으로 묘사하기도 하였다. 또 인력거꾼마저 민영환을 따라 스스로 목숨을 끊은 일, 남편이 의병을 일으키려 하자 기꺼이 남편 손에 죽은 의병장 아내의 비장한 모습 등을 제시하기도 하였다. 이처럼 매천은 일본의 침탈에 대한 저항의 움직임을 각 계층의 인물에 대한 서술을 통해 보여주고 있다.

매천은 한편으로 매일 일본 육군대장을 찾아가 일본 군대를 빌려 의병을 토벌하겠다고 한 이완용, 민영환의 유산을 빼앗기 위해 일본 군대와 결탁하여 갖가지 위협을 일삼은 송병준 등 친일 고위 관리들의 행태를 고발하기도 하였다. 또 성가퀴를 뜯어 일본인에게 석재로 팔고 일본군 한 명이 개에 물려 죽었다고 대구의 개 종자를 없애버린 대구군수, 이등박문의 추도회를 열고 일본에 사죄단을 보낸 삭녕군수 등 중간 관리의 파렴치한 행동을 제시하기도 하고, 의병을 토벌하겠다며 통감부와 정부에 군대나 관직을 달라고 요청하거나, 현상금 때문에 죽마고우인 의병장을 고발한 하급 관리와 일반인들의 모습을 보여주기도 하였다.

이와 같이 매천은 일본의 침탈에 저항한 인물들은 물론, 일본의 침략에 앞장서거나 동조한 여러 인물들의 행위나 태도를 제시하고 있다. 이는 일본에 대한 저항과 동조의 구체적인 양상이 선명히 대비되어 드러나도록 함으로써 당시의 인물들과 그들이 관여한 사건들에 대한 준엄한 역사적 평가를 가능하게 할 뿐 아니라 국가의 운명을 두고 펼쳐진 당시의 사회적 혼란 상황을 생생하게 보여주는 역할을 한다고 할 수 있다.

물론 이러한 항일, 친일의 인물만 제시되어 있는 것은 아니다. 고종이 안동에 행궁을 지으라며 준 돈을 떼어먹고 부자가 된 사람, 군수들에게 단발을 강요하여 그것을 피하려는 사람들에게서 뇌물을 챙긴 관찰사, 조상의 영정을 팔아먹거나 조상을 모신 서원의 건물이 무너지든 말든 서원 마당에서 금을 캐내는 데 정신이 팔린 인물들도 제시되어 있다. 이는 당면한 국가의 운명에는 전혀 관심이 없이 금전에 대한 욕심 때문에 뇌물을 거둬들이고, 최소한의 전통적 가치마저 내팽개치는 또 다른 인물 군상들이 존재함을 밝힘으로써 합방 전 극에 달한 사회적 혼란상의 또 다른 일면을 보여주고 있다고 할 수 있다.

요컨대 매천은 다양한 인물들의 행위와 태도에 대한 서술을 적극 도입함으로써 '매천의 붓끝 아래 완전한 사람이 없다(梅泉筆下無完人)'는 말이 생긴 것처럼 역사적 전환기에 활동한 여러 인물들을 준엄하게 평가하고, 그 인물들과 관련된 사건과 당시의 상황을 생생하게 제시하려 했다고 할 수 있다.

2) 자료의 인용과 제시를 통한 사건과 상황의 구체화

매천은 자기 시대의 세운과 인문을 충실히 드러내기 위해 최대한 많은 자료를 찾아 기록하고자 하였다. 이 때문에 매천은 자기가 보고 들은 것은 물론, 항간에 떠도는 이야기까지 빠뜨리지 않으려 했던 것으로 보인다. 앞에서 살핀 인물들에 얽힌 일화나 소문 같은 것들이 그 대표적인 예가 될 것이다. 하지만 매천의 철저한 기록 정신이 빛을 발하는 지점은 국권피탈 과정에서 일어난 여러 사건과 당시 상황에 대한 객관적 자료의 인용과 제시 부분이라 할 수 있다. 매천은 정부의 법안이나 일본과 맺은 여러 조약의 내용들을 그대로 수록하기도 하고, 상소, 조서, 전문(電文), 공문 등을 찾아 인용하기도 하고, 의병 활동을 날짜별로 정리하는 등 많은 자료들을 인용, 혹은 정리하여 제시하고 있다.

우선 일본과의 조약이나 일본이 간섭하여 제정된 법안의 경우를 보면, 갑오개혁 직전 일본 공사가 제시한 국정 개혁안, 갑오개혁으로 개정된 신법 의안, 청일전쟁 후 청과 일본이 맺은 마관조약, 한국은 일본의 충고를 따르고 일본은 군사전략상 필요한 한국의 지점을 상황에 따라 수용할 수 있다는 것을 골자로 한 한일의정서, 일본인이 한국의 땅을 임의로 개간할 수 있다는 진황지(陳荒地) 개간 약안,[25] 재정과 외교에 대한 간섭을 주 내용으로 한 내정 개혁안, 외교권을 박탈하고 통감부를 설치한다는 을사늑약, 통감의 권한 강화를 주 내용으로 한 7개 조항의 신 조약, 사법권을 박탈한다는 신 5조약 등의 세부 조항들을 구체적으로 열거, 제시하고 있다.[26]

또 매천은 동학농민전쟁, 갑오개혁과 관련하여 청, 일본, 조선 사이에 오고 간 20편에 가까운 전문 내지 공문들을 인용하고 있다. 동학농민전쟁이 일어나자 조선이 청에 군대 출병을 요청한 전문, 청이 출병 사실을 일본에 알리는 전문, 일본이 출병 의사를 청에 전달하는 전문 등 조선 출병과 관련하여 국가 간에 오고 간 전문들이 제시되어 있다. 이어 조선의 내정 개혁을 주장하는 일본의 전문과, 내치는 조선의 문제이니 조선에 맡겨야 한다는 청과 조선의 전문과 공문들, 곧 갑오개혁과 청일전쟁으로 이어지는 일본의 조선 내정 개혁 주장과 관련된 자료들이 그대로 인용되어 있다.

이와 같이 세부 항목까지 구체적으로 제시된 조약문이나, 직접 인용된 청

25 진황지 개간 협약은 반발이 심해 일본이 이를 철회하고 대신 재정과 외교를 중심으로 한 내정 개혁안을 제시하였다.

26 합방 조문은 매천 사후 문인인 고용주(高墉柱)가 『매천야록』의 끝에 첨부하였다.

과 일본, 조선 사이에 오고간 전문과 공문들은 외세의 위세와 침탈의 양상, 그리고 그 앞에 무력하기만 한 조선의 위상을 여실하게 보여주고 있다.

이를 좀더 구체적으로 살펴보면, 시간적 순서에 따라 제시된 조약문들은 점차 심화되는 일본의 간섭과 침략, 그리고 그것을 일방적으로 수용할 수밖에 없는 조선의 무기력함을 그대로 보여주고 있다. 처음 갑오개혁 직전 일본 공사가 제시한 국정 개혁안에 대해 매천은 "이 여러 조항들을 살펴보면, 반드시 우리를 진정으로 위한 것이라고 할 수는 없겠으나 대증요법이 아니라고 말하는 것도 옳지 않다. 힘써 시행했더라면 어찌 오늘날과 같은 화가 있었겠는가?"[27]라고 하여 일본의 간섭을 탓하기보다 우리 내부의 잘못을 거론하였다. 그러나 이후에는 조약문을 제시하기만 할 뿐 아무런 논평을 가하지 않았다. 조약문 자체에 일본의 침략 의도가 노골적으로 드러나 있기 때문에 더 이상의 해설이나 논평이 필요 없다고 생각했을지 모르고, 극한으로 치닫기만 하는 사태 앞에 말문이 막혔는지도 모른다.

사정은 전문이나 공문의 경우에도 크게 다르지 않다. 조선에 대한 출병을 두고 전개되는 청과 일본의 신경전, 조선의 내정을 개혁하겠다고 나서는 일본의 횡포 등 조선을 가운데 두고 벌어지는 청과 일본의 갈등, 그리고 은근히 청에 기대면서도 일본의 눈치를 보아야 하는 조선의 처지 등이 인용된 전문과 공문 속에 생생하게 드러나 있는 것이다.

> 한국이 중국에 속한 것은 이미 1,000여 년이 되어 각국이 다 알고 있고, 한국이 서양 각국과 조약을 맺을 때에도 또한 입장을 밝힌 바 있다. 왕에게 힘써 권하여 견지하도록 할 것이요, 만일 일본이 두려워서 마침내 조선이 중국에 속하지 않는다 인정하고 마음대로 문서를 내놓는다면 중국은 반드시 군사를 출동하여 죄를 물을 것이다.[28]

27 『역주 매천야록』(상), 353면.

> 청국인이 귀국을 속방이라 하고 출병하여 보호한다고 하니 이는 자주 국권을 침탈한 행위입니다. 그럼에도 지금 귀국이 이를 용인하고 있는 것은 명분이나 의리에 정당함을 잃은 것입니다. 청군이 오랫동안 영토 안에 머물러 있으니, 이는 귀국의 자주 독립이 침해당하는 바일 뿐 아니라 조약에 나와 있는 한일(韓日)이 평등하다는 한 조목을 의미 없는 구절로 만든 셈이니, 매우 체통이 서지 않는 일입니다. 귀 정부는 바로 청군이 물러가도록 협의해야 합니다. 혹시라도 다시 시일을 지연시키면 본 공사는 스스로 결의한 바대로 일을 처리하겠습니다.[29]

앞의 것은 이홍장이 원세개에게 보낸 전문인데 조선이 청의 속국임을 강조하며 만약 조선이 일본의 조선 내정 개혁 주장을 수용한다면 조선에 군대를 보내 그 죄를 물을 것이라고 한 것이다. 뒤의 것은 일본 공사가 조선에 보낸 공문으로 조선이 자주국임을 주장하면서 청의 군대가 철수하도록 협의하고 만약 그렇게 하지 않으면 일본 공사 마음대로 일을 처리하겠다고 한 것이다. 청은 조선에 대한 기득권을 유지하면서 그것이 위협받는 사태가 전개될 경우 조선에 죄를 물을 것이라고 하였고, 일본은 조선에 대한 청의 기득권을 부정하기 위해 조선이 자주국임을 내세우면서도 자기들의 말을 듣지 않으면 가만있지 않겠다는 위협을 가하고 있다.

이처럼 『매천야록』에 인용되어 있는 전문과 공문들은 단순히 청일전쟁이 어떠한 과정을 밟아 일어났다거나 갑오개혁이 조선 침략의 속내를 감춘 일본의 내정 간섭에 의해 이루어졌다는 것을 제시하는 데 그치지 않는다. 조선에 대한 우월한 지위를 유지하려는 청과, 조선이 자주국임을 내세워 조선에 대한 청의 우월한 지위를 부정하면서 한 발짝씩 침략을 위해 움직이는 일본의 대결

28 위의 책, 363면.

29 위의 책, 369면.

양상, 그리고 그 가운데에서 휘둘리는 조선의 모습을 생생하고, 구체적으로 보여주는 구실을 하고 있다고 할 수 있다.

다음 상소의 경우 그 내용만을 간략하게 제시한 경우가 있지만 이를 제외하고, 상소를 직접 인용하고 있는 부분이 전체적으로 30여 곳에 달한다. 동학농민전쟁의 원인을 밝히고 그 대책을 제시한 이남규(李南珪)와 이설(李偰)의 상소, 을미사변과 관련한 이건창, 김성근(金聲根) 등의 토역소(討逆疏), 이도재(李道宰)의 단발령 반대 상소, 외세 의존적인 태도를 비롯하여 시급히 해결해야 할 현실의 제반 문제를 거론한 최익현의 상소, 을사늑약을 맺은 오적의 처형과 조약의 파기를 촉구한 조병세, 최익현, 송병선 등의 상소, 그리고 의병을 일으키는 취지를 담은 최익현 상소와 그의 유소(遺疏) 등은 국권피탈 과정에서 벌어진 중요 사건들의 고비에서 제출된 상소들이다.

당면한 정치, 사회적 문제에 대한 해결을 임금에게 촉구하는 상소가 편년체 역사서에 인용되는 것은 그리 낯선 일이 아니다. 그런데 상소의 직접 인용이 일본의 침략이 노골화되는 중요 사건의 고비에 집중되어 있는 것은 그 사건들이 각각 어떠한 성격과 의미를 지니는 것이고, 또 그것이 당시의 비판적 지식인들에게 어떻게 문제시되고 있었는지를 구체적으로 보여주기 위해서라고 할 수 있다. 곧 조약문이나 전문의 인용이 조선에 대한 청과 일본의 야욕과 그 침탈 과정을 여실하게 제시하는 것이라면, 상소의 인용은 그것에 대한 조선 내부 비판적 지식인들의 움직임을 구체적으로 보여주고 있는 것이다.

그밖에 인용, 혹은 정리된 여러 자료 가운데 특히 주목할 필요가 있는 것은 의보(義報)이다. 매천은 1908년 1월부터 월별로 의병들의 활동을 정리하여 '의보'라는 제목 아래 제시하고 있다. 1908년은 4월, 1909년은 12월을 제외한 모든 달에 전개된 의병의 활동을 월별로 정리하여 제시하고 있는데 1910년에는 6월의 의보만이 제시되어 있다. 이는 1910년 초의 기사 가운데 "삼남(三南)의 의병이 차례로 패멸하자 무기를 바치고 항복한 경우도 종종 있었다."[30]라는 언급에서 짐작할 수 있듯 일본의 강압으로 인해 의병 활동이 뜸

해진 때문일 것이다. 그런데 사실 매천은 그러한 의병 활동의 허실을 정확히 인지하고 있었다.

> 최익현은 본디 중망이 있는 데다 충의가 일세를 지탱할 만하였다. 그렇지만 군사에는 익숙지 못한 데다 나이 또한 노쇠하여 전술이나 계략이 애당초 없었고, 수백 명의 오합지졸은 전혀 군기가 없었으며 유생으로 종군한 자들은 큰 갓에 넓은 소매의 도포를 입어 마치 과거장에 가는 듯하여 총이며 탄환이 어떤 물건인지 알지도 못했다. 갑자기 사서 모집한 장사꾼과 건달로 겨우 대오를 채우는 데 이르렀으니, 보는 자들은 벌써 저들이 필시 패할 것을 점치고 있었다. 그러나 그가 패배하는 데 이르러서는 기생이나 거지까지도 모두들 목놓아 탄식했으며, 백정과 무당까지도 그가 탄 가마를 바라보며 길을 막고 절하며, 하늘을 향해 우리 최충신(崔忠臣)을 살려 달라고 부르짖는 사람이 줄을 이었다.[31]

이처럼 매천이 의병의 문제점을 정확하게 파악하여 결국 그들이 패퇴할 수밖에 없으리라는 것을 잘 알고 있으면서도 연월일별로 의병활동을 조사, 정리하여 제시한 것은 그것이 국권피탈에 대한 저항 활동으로서 뚜렷한 의미와 가치를 지니는 것이라 생각했기 때문이었을 것이다. 매천은 상소의 인용을 통해서는 비판적 지식인의 개별적인 저항의 모습을, 의보의 제시를 통해서는 민중의 집단적 저항의 실상을 구체적으로 보여줌으로써 사회 전 계층에서 벌어진, 일본의 침탈에 대한 저항 활동을 총체적으로 제시하고 있다고 할 수 있다.

여기에서 다시 하나 짚어볼 것은 앞에서 살핀 것과 같은 여러 자료의 수집, 정리와 기록에 대한 매천의 열정이다.

30 『역주 매천야록』(하), 615면.

31 위의 책, 324면.

(조병세가 헌병소에 갇히자; 필자) 시종무관장(侍從武官長) 민영환(閔泳煥)이 조병세를 대신해 소수(疏首)가 되어 백관을 거느리고 상소했으나[상소문은 잃어버려 기록하지 못한다. –원주], 임금은 윤허하지 않았다.[32]

(민영환의 국민에게 고하는 유서와 각국 공사에게 고하는 유서를 인용한 후; 필자) [이밖에 유서가 더 있는데 잃어버려서 기록하지 못한다. –원주][33]

경연관 곽종석(郭鍾錫)이 상소하여 시국을 논하였는데, 그 상소에서 자신을 '죽지 못한 신'으로 일컬었다. 상소문은 구하지 못해 기록하지 못한다.[34]

전 지평 전우(田愚)가 상소하였다. 상소는 구하지 못해 기록하지 못한다.[35]

일진회의 윤시병(尹始炳)·송병준(宋秉畯) 등이 선언서를 게시하였다. 그 대강의 뜻은 '우리나라는 멸망할 징조가 이미 나타나고 있으므로 공사간의 대소인(大小人)이 모두 일본의 명에 따라야 한다'고 하는 것이다. …… 그 전문을 잃어 기록하지는 못한다.[36]

우국지사들의 상소는 물론 대표적 친일단체인 일진회 선언서까지 잃어버리거나 구하지 못해 전문을 게재하지 못한다는 위의 언급들은 매천이 자료의 수집과 기록에 심혈을 기울이고 있었다는 사실을 잘 보여주고 있다.

그렇다고 해서 모든 자료를 무차별적으로 수집, 기록하려 하지는 않았다.

32 위의 책, 265면.

33 위의 책, 269면.

34 위의 책, 284면.

35 위의 책, 285면.

36 위의 책, 239면.

갑오개혁으로 제정된 여러 법률과 규정을 제시한 다음에는 "위 의안들은 열흘에 하나 꼴로 발표되었다. 혹은 이름만 있고 실질이 없거나, 실행되기도 하고 더러는 곧 고치기도 하여, 마침내 정안(定案)은 없이 문적(文籍)만 뒤섞인 채 번거로워졌다. 조목들을 다 쓸래야 쓸 수 없기에 단지 한 둘만 기록하여, 당시 시행된 조치들의 개략을 보인다. 이후로는 기록하지 않는다."[37]라고 하였다. 또 각급 관리의 봉급 액수를 일일이 제시한 뒤에는 "이후로는 관제가 여러 번 바뀌었으며, 봉급 또한 일정치 않아 다 기록할 수 없다."[38]라고 하였으며, 단발령에 반대하는 의병이 일어나 고종이 내린 조서를 인용하고는 "전후로 윤음이 모두 일고여덟 차례 내렸는데, 대의는 비슷하기에, 그중 하나만을 기록한다."[39]라고 하였다. 필요하다고 판단되는 자료들을 선별하고, 불필요할 정도로 번거로운 자료들은 생략했던 것이다.

이처럼 많은 자료를 조사, 수집, 정리, 인용한 것은 그러한 일차 자료를 통해 당시의 사건과 상황을 핍진하게 전달함으로써 독자들로 하여금 당시 상황을 정확하게 파악하여 현실에 대한 올바른 판단과 인식을 할 수 있도록 하고, 나아가 그러한 역사적 자료들을 후세에 보전하기 위해서라고 할 수 있을 것이다.

3) 비판적 역사의식의 직접적 제시

앞에서 살핀 것처럼 매천은 인물과 자료의 제시를 통해 당시 사건이나 상황을 생생하고, 구체적으로 전달하고 있다. 대상 인물과 자료를 선택하고, 또 그것을 소개하거나 인용한 내용 등에는 이미 매천의 비판적 역사의식이 배어

37 『역주 매천야록』(상), 400면.

38 위의 책, 442면.

39 위의 책, 490면.

있다고 할 수 있다. 그런데 매천은 거기에 더하여 자기의 비판 의식을 곳곳에서 직접 문면에 드러내기도 하였다.

우선 매천은 일정한 지면을 할애하여 자기의 목소리로 총괄적인 논평이나 해석을 가하기도 하였다.

> 운현(雲峴)은 임금의 친부로서 총재(冢宰)의 일을 행사했으니 남면(南面)만 안했을 뿐이지 엄연히 섭정을 한 것이다. 그 10년 동안은 국가가 무사했으니 정히 천 년에 두 번 다시없는 기회로 크게 일을 할 수 있는 때였다. 만일 그가 정말 정사에 부지런히 힘써 어질고 능력 있는 사람을 등용하고 좋은 법을 강구하며 나라의 쓰임을 아끼고 백성을 사랑하여 어여삐 여기고 진실한 뜻이 법조문 밖에서 무르녹아 드러나도록 하는 정치를 송(宋)나라의 사마광(司馬光)이 원우(元祐) 연간에 했던 것처럼 했다면 기화(氣化)의 추세가 이상적인 정치를 금방 회복하도록 할 수는 없었을지라도 하늘이 상서를 내려 인재들이 배출되고 백성들은 가르침을 얻었을 것이니 그렇게 10년을 했다면 천하에 또한 못할 일이 있었겠는가? 그럼에도 운현이라는 사람은 장동 김씨의 부귀를 부러워하다가 하루아침에 뜻을 얻자 사치와 교만에 빠져 제멋대로 방자하게 굴었던 것이 장동 김씨에 비교해서 오히려 더한 편이었다. 그리하여 원기(元氣)를 훼손하고 백성들에게 원망을 샀으며, 한갓 토목공사에 매달리고 색목(色目)에 편들기로 10년 사업을 삼았으니, 오호라, 이는 시운(時運)이었던가? 천년 후에 또한 반드시 이 일에 탄식하고 통한할 자가 있을 것이다.[40]

> 이보다 앞서 을해년(1875)에 우리 정부가 일본과 조약을 체결할 때 제1조에 '일본은 조선을 자주국으로 생각하고, 본래 자주국인 일본과 평등의 관계를 갖는다'고 했는데, 청국인들은 이를 알고도 따지지 않았다. 을유년(1885)

40 위의 책, 77~78면. 번역 문구 일부 수정.

에 이르러 천진조약에서 규정하기를, '향후 조선에 사태가 발생하여 중·일 양국이 파병하고자 할 경우 반드시 서로 알린다'고 하였다. 이는 대개 일본이 간사한 음모로 우리나라를 침략하려면 불가불 청국과 절교해야겠고, 청국과 절교하려면 불가불 자주국으로 만들어야 하겠기 때문에 을해년의 조약에 그런 조항이 들어 있었던 것이다. 또 우리나라는 내란이 많아 필시 또 청국에 구원을 청할 것이므로, 파병시에 서로 통지한다는 조문을 집어넣었으니, 우리의 목을 조이고 등을 어루만지는 계책을 쓰려 했기 때문에 을유년의 조약이 있었던 것이다. …… 가령 조약 당시 중국은 파병해도 일본은 파병하지 못한다 했더라도 사태가 발생했을 때 일본이 군사를 움직이지 않을 리가 있겠는가?[41]

앞의 인용문은 매천이 10년간의 대원군 집권기에 대해 역사적 평가를 내리고 있는 부분이다. 대원군 집권 기간은 나라를 위해 큰일을 할 수 있는 천재일우의 시기였지만 대원군은 사치와 교만에 빠져 백성들에게 원망을 사고, 토목공사에 매달리고, 또 색목에 얽매여[42] 세월을 허송하고 말았다고 하였다. 국가의 중흥을 위한 좋은 기회를 놓쳐버렸다며 대원군을 비판하고, 그가 집권한 10년간의 역사에 대한 총괄적인 평가를 하고 있다.

아래 인용문은 동학농민전쟁으로 청이 출병하고, 그에 대해 일본이 상인과 거류민을 보호한다는 미명 아래 역시 군대를 파견하겠다고 하자 청이 일본은 대병을 보낼 필요가 없다고 맞서는 등 조선 출병을 두고 청과 일본 사이에 미묘한 대결 양상이 전개된 사태에 대한 매천의 해석이다. 강화도 조약에서 일본이, 조선이 자주국이라는 것을 밝힌 것은 조선과 청의 관계를 끊어 청의 간섭 없이 조선을 침략하려는 의도였고, 천진조약은 일본이 조선에 군대를

41 위의 책, 349면.

42 색목에 얽매였다는 것은 대원군이 노론을 견제하기 위해 남인과 북인을 일방적으로 편들었던 것을 가리킨다.

파견하기 위한 사전 포석이었으며, 천진조약이 아니라도 조선 침략의 의도를 갖고 있는 일본은 청의 태도에 관계없이 반드시 조선에 출병할 것이라는 것이다. 일본의 의도를 꿰뚫어보고 당시 전개되던 청과 일본의 미묘한 대립 관계에 대한 해석을 가하였다.

이러한 논평이나 해석은 역사의 커다란 흐름을 조망하면서 매듭지어진 역사의 한 시기나 진행되고 있는 역사적 사건을 분석하고, 평가하는 매천의 역사가로서의 면모를 보여주는 것이라 할 수 있다.

한편 매천의 비판적 역사의식은 역사적 인물이나 사건에 대한 서술 속의 비판적 어구나 짤막한 논평을 통해 드러나기도 한다. 매천은 그것을 자기 목소리로 제시하기도 하고, 소문이나 다른 사람의 말을 인용하는 방식으로 제시하기도 하였다.

> 간혹 관아의 수용이 있으면 곧 나무가 제법 잘 자란 백성들의 산에 나아가 곧바로 공첩(公帖)을 붙이고 마음대로 벌목하고는 값도 쳐주지 않았다. 대개 관아에서 백성의 재화를 취함이 이와 같지 않은 경우가 없으니 이는 사소한 예에 불과할 뿐이다. 백성들의 원망이 없기를 바랄 수 있겠는가?[43]

> 민영우(閔泳雨)는 '동아찬영회(東亞贊英會)'라는 것을 만들어 이등박문(伊藤博文)을 추도하였다. 또 윤진학(尹進學)이란 자는 인민들에게 10전(錢)씩을 거두어 사당을 건립, 향사(享祀)를 지내려고 하였으며, 혹 동상을 세우려는 자도 있었고, 비(碑)를 세우려는 자도 있어 미친개처럼 분주하게 돌아다녔다. 민영우는 민영주(閔泳柱)의 고친 이름이다.[44]

43 『역주 매천야록』(상), 262면.

44 『역주 매천야록』(하), 617면.

김옥균(金玉均)을 포경사(捕鯨使)에 임명하였다. …… 과거에 오른 지 10여 년이 지나도록 벼슬길이 열리지 않자 태서학(泰西學)을 연구하여 부강의 정책을 떠벌리며 명예를 구하려고 하였다. …… 이때에 이르러 특별히 포경사를 설치하고 먼저 김옥균을 임명하였다. 서양인들은 고래를 잡아 많은 이익을 얻었고 일본인들도 그러했다. 그러나 무단히 그렇게 되는 것은 아니었는데, 김옥균은 방문도 나가보지 않고 혓바닥으로 고래의 이익을 만들었으니, 당시 사람들이 그를 비웃었다.[45]

그 무렵 나는 서울에 있으면서 경향(經香) 한장석(韓章錫)을 만났는데, 경향은 손가락을 꼽으며 서재필과 홍영식이 한 일들을 이야기하면서 탄식해 마지않으며, "윤리가 없어졌으니 나라가 망하지 않을 수 있겠는가?" 하였다.[46]

첫 번째 인용문에서는 지방 관아에서 백성들의 산에서 무단으로 벌목을 하는 경우를 제시하고 그것이 백성들의 원망을 사는 일이라 하였고, 두 번째 인용문에서는 이등박문에 대한 추모 열풍을 제시하면서 그러한 일에 열중인 사람들을 미친개와 같다고 하였다. 충분히 비난받을 만한 관습이나 행태를 제시하는 것으로 부족해 짤막한 논평을 덧붙이거나 부정적인 어구를 삽입함으로써 그러한 일에 대한 자신의 비판 의식을 분명히 제시하였다.

세 번째 인용문에서는 아무런 실제 경험 없이 입으로만 고래의 이익을 논한 김옥균이 포경사에 임명된 사실을 제시하고, 당시 사람들이 그를 비웃었다고 하였다. 네 번째 인용문은 서재필이 조부상(祖父喪)의 상주인 승중손(承重孫)인데도 불구하고 한참 후에야 분상(奔喪)을 하였을 뿐 아니라 여막에 있으면서 박영효가 가져온 비단옷을 입었고, 홍영식이 상중에 있던 이승오가 집을

45 『역주 매천야록』(상), 188~189면.

46 위의 책, 207면.

판다는 소식을 듣고 찾아가 집 구경만 하고 조문은 하지 않고 돌아갔던 일들을 소개한 다음 그에 대한 한장석의 비판을 제시한 것이다. 이 두 경우도 옳지 않은 일들을 제시한 것은 앞의 두 경우와 같지만 매천이 자기가 아닌 타인의 논평을 제시함으로써 자기의 비판 의식을 우회적으로 드러냈다고 할 수 있다.

이와 같이 매천은 누구든지 쉽게 알 수 있는, 인물이나 사건의 부정적 측면을 제시하는 데 만족하지 않고 자신이나 타인의 목소리를 통해 자기의 비판적 역사의식의 일단을 노출시키곤 하였다. 이는 매천이 당시의 사건이나 상황을 얼마나 집요하게 비판적인 시각에서 바라보려 했는지를 말해주는 것이라 할 수 있다. 이러한 매천의 의식은 풍자로까지 이어지기도 한다.

오직 겸손만으로 자기를 지켜 다른 사람의 뜻을 거스르지 않고 남에게 좋은 소식 전해주기를 좋아한 정기세를 당시 사람들이 '까치 판서'라고 불렀다거나,[47] 평안감사가 되어 그림 그려진 배에서 풍악을 잡히고 밤낮으로 대동강 위에서 취해 논 조성하를 서도 사람들이 '오리 감사'라 불렀다거나,[48] 이완용이 죽게 되면 꼭 부의를 하겠다며 뉴욕에 사는 한국인 거지가 굶주림을 참고 돈을 모았다거나[49] 하는 이야기들이 그러한 경우에 해당될 듯하다.

이처럼 매천은 총괄적인 논평이나 해석을 가하기도 하고, 짤막한 단평이나 비판적 어구를 활용하기도 하고, 풍자의 방식을 사용하기도 하는 등 다양한 방식을 통해 자기의 비판적 역사의식을 문면에 직접 드러내기도 하였다.

47 위의 책, 87면 참고.

48 위의 책, 160면 참고.

49 『역주 매천야록』(하), 448면 참고.

4. 맺음말

이 글에서는 매천 황현의 『매천야록』을 통해 근대전환기 국권피탈체험이 어떻게 인식되고 기록되었는지를 살펴보고자 하였다. 이를 위해 『매천야록』을 쓴다는 것이 매천에게는 어떠한 의미를 지니는 것이었는지, 또 매천의 비판적 역사의식이 어떠한 방식으로 『매천야록』에 구체화되어 있는지를 검토하였다.

매천의 생애와 『매천야록』의 서술 내용을 고려할 때 매천은 40세 무렵인 1894년에서 그리 멀지 않은 시기에 『매천야록』의 집필에 착수했던 것으로 짐작된다. 이때는 조선 사회에 엄청난 충격과 변화가 한꺼번에 일어난 시기였다. 매천은 자기 시대의 그러한 역사적 상황을 준엄한 비판적 시각에서 기록함으로써 국권피탈로 이어지는 지배층의 무능과 부패, 외세의 침탈에 저항하려 했던 것으로 보인다.

그런데 매천은 자기 시대의 운세와 삶의 모습을 자기 시대에 적합한 방식으로 드러내는 자기 시대의 글을 써야 한다는 문장관 내지 문학관을 갖고 있었다. 또 매천은 자기 시대의 법률, 제도, 전란은 물론 다양한 민간의 삶까지 기록한 역사서나 총서와 같은 책을 쓰고 싶다는 의욕을 갖고 있었으며, 후세에 전할 만한 행적이 있는 인물들을 빠짐없이 찾아 기록하려는 철저한 기록정신을 갖고 있었다.

이런 점을 아울러 고려하면 『매천야록』의 집필은 분명 국권피탈의 위기상황에서 매천이 지식인으로서 선택한 저항의 수단이었지만 그것은 매천의 문장관, 저서 집필에 대한 의욕, 철저한 기록 정신이 결집되어 이룩된 것이라 할 수 있다.

『매천야록』의 글쓰기 방식을 살펴보면, 우선 인물에 대한 서술을 통해 당시의 사건과 상황을 제시하고 있는 것을 볼 수 있다. 인물에 얽힌 일화를 제시하기도 하고, 어떤 사건과 관련하여 해당 인물이 보인 태도나 행동을 제시하기도 하고, 인물의 평소 행적을 정리하고 포폄을 가하기도 하는 등 역사적 전환기에 활동한 다양한 계층의 인물들을 준엄하게 평가하면서 그 인물들과 관련된 사건과 당시의 상황을 생생하게 제시하고 있는 것이다.

또 매천은 정부의 법안이나 일본과 맺은 여러 조약의 내용을 그대로 수록하기도 하고, 상소, 조서, 공문을 비롯한 많은 자료를 찾아 인용하기도 하고, 의병 활동을 날짜별로 정리하는 등 수많은 자료들을 인용, 혹은 정리하여 제시하고 있다. 이는 조선을 둘러싼 외국의 침탈 양상, 그것에 대한 비판적 지식인들의 대응과 민중들의 저항을 구체적이고 핍진하게 전달함으로써 독자들로 하여금 당시의 상황에 대한 올바른 판단과 인식을 할 수 있게 하고, 그러한 역사적 자료들을 후세에 보전할 수 있게 한 것이라 할 수 있다.

그런 한편 매천은 자기의 목소리로 총괄적인 논평이나 해석을 하기도 하고, 다른 사람의 말이나 소문을 인용하기도 하면서 비판적 역사의식을 직접 제시하고 있으며, 때로는 풍자적 서술태도를 보이고 있기도 하다.

이 글에서 『매천야록』의 글쓰기 방식을 살핀 이유는 그것이 단순한 역사서가 아니라 혼란과 격동의 시대를 온몸으로 부딪치며 살아간 매천의 고민과 갈등의 결집체이기 때문이다. 여기에서는 『매천야록』의 글쓰기 방식을 세 가지로 간략하게 정리하였으나 앞으로는 매천의 비판적 역사의식이 어떠한 방식으로 구체화되고 있는지 보다 치밀하게 검토할 필요가 있다. 아울러 그의 문장관과 글쓰기 방식이 조선후기 문인들의 그것과 어떻게 같고 다른지, 또 『매천야록』에 필기류의 전통이 어떻게 계승되고 변형되어 있는지에 대한 검토가 이루어져 매천 나름의 글쓰기 방식에 대한 이해가 심화될 필요가 있다고 생각한다.

〈논윤원형소(論尹元衡疏)〉의 글쓰기 전략

1. 머리말

상소는 주의류(奏議類)로 분류되는 한문산문 가운데 가장 보편적이고 대표적인 장르라고 할 수 있다. 상소는 자기의 주장을 논리를 갖춰 제시함으로써 상대방을 설득하는 글이라는 점에서 기타 의론 중심의 산문에 속하는 글들과 기본적인 성격은 같다고 할 수 있다. 하지만 상소는 그 나름대로의 독특한 성격을 지니고 있다. 그것은 무엇보다도 설득의 상대가 불특정 다수나, 작자와 사사로운 관계에 있는 개인이 아니라 국왕이라는 사실에 기인한다. 지배체제의 최정점에 있는 임금을 설득하려 하는 것은 권위에 대한 도전으로 비춰질 수 있기 때문에 상소는 설득을 위한 여타의 글과는 다른 글쓰기 전략을 구사하지 않을 수 없었던 것이다. 또한 모든 상소가 그런 것은 아니지만 상소는 정치적, 사회적으로 긴급히 해결해야 할 일들을 대상으로 하는 경우가 흔하다. 이는 상소의 설득 목표가 다른 글들에 비해 상당히 구체적이고 뚜렷할 수 있다는 것을 의미한다. 이러한 설득자와 피설득자의 특수한 관계, 설득 내용의 구체성과 긴급성 등으로 인해 상소의 작자는 다른 글들의 경우와 구별되는 나름의 글쓰기 전략을 모색하고, 구사하지 않을 수 없었을 것이다.

상소의 글쓰기 전략 내지 설득 구조에 대해서는 몇 차례의 연구가 이루어진 바 있다. 염은열은 홍귀달(洪貴達)의 〈간타위소(諫打圍疏)〉를 대상으로 논지 전개 방식, 의문문을 통한 전제의 활용, 권위적 논거의 활용, 거짓 인과관계의 활용 등의 표현 양상을 살피고, 그러한 표현 양상은 이상적인 동일시의 대상(목표) 상정, 그리고 유사 논리적 추론을 통한 목표 도달 유도라는 설득 전략에서 비롯된 것으로 파악하였다.[50] 또 최인자는 손순효(孫舜孝)의 〈간폐비소(諫廢妃疏)〉와 홍귀달의 〈간타위소〉를 대상으로 상소문의 발화장르적 특성, 설득 행위의 특징, 설득적 표현의 특징 등을 검토하였다.[51] 그리고 오인환과 이규환은 고려전기부터 조선후기까지의 시무소(時務疏) 6편을 검토하여 상소문의 정형화와 천재지변, 고사, 후세평가에 대한 거론 등이 상소문의 설득력 제고 전략임을 확인하였다.[52]

글 전체의 형식이나 논지 전개 방식, 혹은 전제나 권위 있는 논거의 활용 등에 관한 이러한 논의들은 결국 상소의 작자들이 임금의 권위를 손상하지 않으면서 자기주장의 정당성을 어떤 방식으로 확보하려 했던가에 대한 구명 작업이라 할 수 있다. 이를 통해 상소의 글쓰기 전략에 대한 기본적인 이해가 가능하게 되었고, 완곡한 방식의 설득적 글쓰기가 어떻게 이루어져야 하는지 그 원리를 탐색하는 데 많은 도움이 되었다고 할 수 있다. 하지만 상소 일반의 글쓰기에 대한 이해의 폭을 확장하고, 이를 바탕으로 다양한 설득 표현 방법을 모색하기 위해서는 논의의 대상을 좀더 확대할 필요가 있다. 그것은 정통 한문산문의 각 양식들의 경우 글쓰기 방식에 대한 관습적 규범이 정해져 있기는 하나 모든 글이 그러한 규범에만 의지하여 쓰이는 것은 아니고 상황에 따라, 혹은 작자의 개성에 따라 글쓰기 방식이 다양해질 가능성은 얼마든지 있기 때문이다.

---

50 염은열, 「상소문의 글쓰기 전략 연구－〈간타위소(諫打圍疏)〉를 중심으로－」, 『국어교육연구』 3, 서울대 국어교육연구소, 1996.

51 최인자, 「조선시대 상소문에 나타난 설득방식과 표현에 관한 연구－〈간폐비소〉와 〈간타위소〉를 중심으로－」, 『선청어문』 24, 서울대 국어교육과, 1996. 10.

52 오인환 · 이규완, 「상소의 설득구조에 관한 연구: 시무상소문을 중심으로」, 『한국언론학보』 47권 3호, 2003. 6. 한편 엄훈은 상소를 포함하여 조선 전기 공론 영역에서 이루어진 논증적 대화를 당대의 사회, 문화적 맥락 속에서 분석하기도 하였다(『조선 전기 공론 논변 연구』, 역락, 2005).

이에 여기에서는 율곡(栗谷) 이이(李珥, 1536~1584)의 〈논윤원형소(論尹元衡疏)〉를 살펴보려 한다. 이 글을 대상으로 한 것은 작자의 상황 인식에 따른 나름의 특징적인 글쓰기 전략을 구사하고 있다고 판단되기 때문이다. 따라서 이에 대한 검토는 상소의 글쓰기 방식에 대한 이해의 폭을 넓히고, 다양한 설득적 글쓰기의 방식과 원리를 모색하는 데 다소의 도움이 될 수 있을 것으로 생각한다.

2. 배경과 상황

상소는 시급한 현안에 대해 임금을 설득하는 것을 목적으로 한다. 이런 점에서 상소의 내용은 물론 그 표현적 특성을 제대로 이해하기 위해서는 그 글이 쓰이게 된 사회, 역사적 맥락에 대한 검토가 필요하다고 할 수 있다. 이제 〈논윤원형소〉의 글쓰기 전략을 검토하기에 앞서 먼저 창작 당시의 배경과 상황을 간략히 살펴보기로 한다.

주지하다시피 윤원형(尹元衡, 1503~1565)은 중종의 계비인 문정왕후(文定王后)의 동생으로 누이를 등에 업고 전횡을 일삼았던 인물이다. 문정왕후가 후일 명종이 되는 경원대군(慶原大君)을 낳자 윤원형은 자기 형 윤원로(尹元老)와 함께 김안로(金安老)를 제거하고, 인종의 외삼촌인 윤임(尹任)이 경원대군을 해하려 한다며 이른바 대윤과 소윤의 갈등을 일으켰다. 명종 즉위 후에는 을사사화(乙巳士禍)를 일으켜 윤임과 사류들을 살육하여 스스로 공신이 되고, 이어 형 윤원로까지도 윤춘년(尹春年)으로 하여금 탄핵케 하여 제거한 후 권력을 잡고 횡포를 부렸다.[53]

이처럼 윤원형은 정적을 제거하고 권력을 독점하다시피 하였을 뿐 아니

53 이홍직 편, 『국사대사전』, 백만사, 1974 참고.

라 뇌물을 받고 벼슬을 팔거나 형벌을 면해 주고, 간척지나 전답을 무단으로 점유하는 등 온갖 부정한 방법으로 재물을 모아 극도의 사치를 누렸다. 이에 따라 『실록』에 윤원형의 죽음을 기록한 사관은, 윤원형이 사림들을 풀 베듯 죽이며 흉악한 짓을 있는 대로 다했는데 오래도록 천벌을 면하다가 금일에 이르러 마침내 핍박으로 죽으니 조야가 모두 쾌하게 여겼다고 하고, 전대의 권간으로 그 죄악이 하늘까지 닿기로는 윤원형 같은 자가 드물 것이라고 논평을 가하기도 하였다.[54]

윤원형의 횡포가 아무리 심하다 하더라도 그를 비호하는 문정왕후가 살아있을 때에는 윤원형에 대한 비판과 탄핵이 결코 쉽지 않았을 것이다. 하지만 1565년 4월 문정왕후가 세상을 떠나자 상황이 바뀐다. 문정왕후의 장례를 치른 후 마침내 윤원형에 대한 탄핵이 시작된 것이다.[55] 8월 3일 대사헌과 대사간은, 윤원형이 왕실의 골육지친으로 영의정의 자리에 있으면서 정령(政令)을 마음대로 결정하여 행하고, 보위를 농락하였다고 하면서 첩으로 처를 삼고 그 딸로 왕실에 청혼하였으며, 간석지를 막고 양전(良田)을 무단으로 점령하는 등 전국에서 재물을 모아 10여 채의 집에 가득 채우는 극도의 사치를 하였고, 문정왕후가 승하하였을 때에는 조금도 애통해하지 않았으며, 세자가 세상을 떠나 명종이 병이 들었을 때에도 임금을 위로하려 하지 않았다고 하여 윤원형의 죄상을 열거하고, 그를 귀양 보낼 것을 청하였다. 이에 명종은 윤원형이 첩을 처로 삼고 그 딸로 왕실과 혼인을 의논했던 일을 두둔하고, 평상시에도 대신을 경솔하게 진퇴시킬 수 없는데 자기가 상중에 있으니 더더욱 그럴 수 없다며 허락하지 않았다. 이날 다시 홍문관 부제학이 차자를 올려 윤원형의 죄를 논하고 속히 공론을 따를 것을 주장하였다. 명종은 이에 대해 자기가 미령한 중에 양사가 아뢴 것을 보고 크게 놀랐는데 또 차자를 보니 기운이

54 元衡芟刈士林 積惡窮兇 久逭天誅 以至今日 卒以蹙迫而死 朝野咸快 …… 史臣曰 前代權奸 罪惡通天 如元衡者鮮矣 …… (『명종실록』, 20년 11월 18일조).

55 이하의 내용은 『명종실록』, 20년 8~9월조 참고.

더욱 편치 않다고 하면서 원훈 대신으로서 잘못이 어찌 이렇게 극도에까지 이르렀겠느냐며 윤원형의 처벌을 허락하지 않았다.

그러자 윤원형의 처벌을 촉구하는 상소와 차자가 이날 이후 거의 한 달 동안 물밀 듯 올라왔다. 사헌부, 사간원, 홍문관 등 삼사는 거의 매일같이 주청하거나 차자를 올렸으며, 의정부, 육조, 예문관, 승정원, 승문원, 충훈부, 독서당, 성균관, 교서관 등의 관원들이 모두 한 목소리로 윤원형의 처벌을 강력히 주장하였다. 8월 한 달 동안 이러한 일은 하루에 수차례씩 반복되었다. 명종은 그때마다 윤원형이 공이 있고 문정왕후의 동기라는 점을 내세우고, 때로는 자기의 병을 구실로 삼아 허락하지 않았다. 그러나 거듭되는 요청을 완전히 거부할 수는 없어 윤원형을 면직시켰다가 다시 삭탈관직하여 방귀전리(放歸田里)토록 하였지만 끝내 귀양을 허락하지는 않았다.[56]

이러한 일이 한창 진행될 때 율곡은 30세의 젊은 나이로 예조좌랑의 자리에 있었다.[57] 육조의 낭관들이 모두 윤원형의 처벌을 주장할 때 율곡도 여기에 적극 참여하여 올린 상소가 〈논윤원형소〉이다. 그런데 윤원형의 처벌을 촉구하는 이 글에서 특징적인 것은 윤원형의 죄상을 일일이 거론하고 있지 않다는 것이다. 물론 윤원형의 죄를 언급하고는 있으나 그 구체적인 실상에 대한 서술이 작품의 중심을 이루고 있지는 않은 것이다. 이는 윤원형의 죄상에 대해 이미 여러 사람들이 구체적으로 거론한 내용을 다시 반복할 필요성을 느끼지 못했기 때문일 수 있다. 하지만 보다 중요한 이유는 율곡이 당시 명종과 신하들 사이에 거듭되는 대립과 논란의 핵심이 윤원형의 죄의 유무를 가리는 데 있는 것이 아니라 그의 처벌 여부에 있다고 파악하여 윤원형에게 죄가 있다는 것은 명백한 기정사실로 전제하고, 그에 대한 처벌을 거부하는 명종의 태도를 집중적으로 문제 삼고자 했기 때문이다.

56 윤원형은 황해도 강음(江陰)에 머물다가 그의 첩 정난정이 자살하자 분울해 하다가 죽었다(『명종실록』, 20년 11월 13, 18일조).

57 『율곡전서』 권33, 「연보」 참고.

3. 설득 표현의 양상과 전략

앞서 살핀 바와 같이 여러 신하들은 윤원형의 죄상을 일일이 거론하면서 그의 처벌, 구체적으로는 유배를 청했고, 명종은 이러저러한 구실을 들어 허락하지 않고 있었다. 윤원형의 죄가 반복적으로 거론되는 상황에서 율곡은 윤원형의 죄상을 새삼 들춰내기보다는 명종을 직접 설득하는 표현 전략을 구사하게 된다. 이제 〈논윤원형소〉의 내용을 따라가며 그 구체적인 양상을 살펴보자.

> [1] 엎드려 생각건대 임금은 종묘사직으로 한 몸을 삼고, 만백성과 더불어 한 마음이 되어야 합니다. 종묘사직의 편안하고 위태함으로 자기의 편안하고 위태함을 삼고, 만백성의 근심과 즐거움으로 자기의 근심과 즐거움을 삼는다면 종묘사직이 편안하고 만백성이 기뻐하여, 화목한 기운을 감응하여 부르고 하늘에 복을 빌어 국운이 길이 연장될 것입니다. 만일 혹시라도 한 몸만을 생각하여 종묘사직의 편안하고 위태한 것을 생각하지 않고, 다만 한 마음만을 좇아 만백성의 근심과 즐거움을 돌아보지 않으면 종묘사직이 위태하고 만백성이 원망하여, 점차 화란을 초래하게 되어 몸과 마음이 함께 편안하지 못할 것입니다. 이는 필연적인 이치이므로 일러 깨우쳐주는 것을 기다리지 않고서도 알 수 있는 것입니다. 아아, 진실로 그 위태한 것을 편안히 여기고 그 재앙을 이롭게 여기며 망하는 것을 즐겁게 여기지 않는다면 어느 누가 몸과 종묘사직이 둘이 되고, 마음이 만백성과 더불어 같지 않은 자가 있겠습니까.[58]

58 伏以 人君以宗社爲一身 與萬姓爲一心 以宗社之安危 爲己之安危 以萬姓之憂樂 爲己之憂樂 則宗社安而萬姓悅 感召和氣 而祈天永命焉 如或只念一身 而不計宗社之安危 只徇一心 而不顧萬姓之憂樂 則宗社危而萬姓怨 馴致禍亂 而身心俱不得其寧焉 此必然之理 不待曉譬而可知也 噫 苟非安其危利其災樂其所以亡 則孰有身與宗社爲二 與萬姓不同者也哉(『율곡전서』 권3). 이하 인용한 번역문은 『국역 율곡집』 I (민족문화추진회, 1986)의 번역을 참고하여 부분적으로 수정

먼저 작자는 임금이 종묘사직, 만백성과 더불어 일체가 되어야 한다는 점을 강조한다. 임금이 종사의 안위를 자신의 안위로 삼고, 백성의 근심과 즐거움을 자기의 근심과 즐거움으로 삼아야 국가가 지속될 수 있다고 하면서 이는 누가 일러서 깨우쳐주지 않아도 알 수 있는 필연적인 이치라고 하였다. 왕조시대의 보편적 진리를 서두에 제시하여 자기주장을 위한 근거로 삼고자 한 것이다. 이어 위태로운 것을 편안히 여기지 않고, 재앙을 이롭게 여기지 않으며, 나라가 망하는 것을 즐겁게 여기지 않는 어떤 임금이 종사, 만백성과 더불어 하나가 되려 하지 않겠느냐고 하였다. 이는 앞에서 제시한 보편적 진리를 거듭 강조한 것처럼 보인다. 그런데 여기에는 윤원형에 대한 처벌을 거부하여 종묘사직, 만백성과 일체가 되려 하지 않는 명종은 위태로운 것을 편안히 여기고 재앙을 이롭게 여기며 나라가 망하는 것을 즐겁게 여기는 임금이 될 수도 있다는 비판적 의미가 함축되어 있다고 할 수 있다.

[2] 신들이 엎드려 뵈옵건대 전하의 옥체가 여러 번 미령하셨으니 이는 참으로 종묘사직의 불행이요 만백성이 깊이 근심하는 바이며, 권세를 잡은 간신이 발호하여 국가의 명맥을 손상시켜 종묘사직이 장차 위태롭고 만백성이 모두 원망하게 되었으니 이는 진실로 전하의 불행이요 전하의 마음이 깊이 근심하시는 바입니다. 전하의 한 몸은 종묘와 사직의 주인이요, 전하의 한 마음은 만백성의 마음입니다. 종묘사직이 편안하면 전하도 편안할 것이요 만백성도 기뻐할 것입니다.[59]

[2]에서는 명종이 여러 번 몸이 편치 않았다는 점을 거론하고 그것은 종

한 것이다.

59 臣等伏見 殿下玉體 屢至愆和 此誠宗社之不幸 而萬姓之所深憂也 權姦跋扈 斲喪國脈 宗社將危 萬姓胥怨 此誠殿下之不幸 而聖心之所深憂者也 殿下一身 是宗社之主 而一心是萬姓之心也 宗社安則殿下安矣 萬姓悅矣.

사의 불행이고 만백성의 근심이라고 하였다. 그리고 뒤를 이어 권간이 발호하여 종묘사직이 위태롭고 만백성이 원망하게 되었으니 이는 명종의 불행이고 근심이라 하였다. 명종의 병과 권간의 발호라는 두 가지 문제점을 제시하면서 그것이 종사의 안위, 만백성의 마음과 직결되는 중대한 문제임을 밝힘으로써 종사와 명종이 편안해지고 만백성이 기뻐하기 위해서는 그 두 가지 문제가 시급히 해결되어야 한다고 한 것이다. 권간이 윤원형을 가리킴은 두말 할 필요가 없다. 따라서 권간의 발호로 인해 종사가 위태로워지고 만백성이 원망하게 되었다는 것은 윤원형의 발호를 국가에 위기를 초래하는 엄청난 죄로 규정한 것이라 할 수 있다. 또 그것이 곧 명종의 불행이고 근심이라고 한 데에는 명종이 윤원형의 문제를 자신의 불행이고 근심으로 인식하여 해결하도록 해야 한다는 의미가 담겨있다고 할 수 있다.

요컨대 [2]에서는 [1]에서 제시한 보편적 진리에 기대어 임금의 병과 윤원형의 발호가 시급히 해결해야 할 국가적 차원의 큰 문제라는 것을 지적하는 가운데 윤원형의 죄를 기정사실화하여 더 이상의 설명이 필요 없는 명백한 것으로 규정하고 있음을 확인할 수 있다.

> [3] 원형의 죄는 머리카락을 뽑아서도 셀 수가 없는데 전하께서 끝내 두둔하시어 기어이 보전해주시려고 매양 옥체가 미령하시다는 구실로 간하는 것을 막으시니 자세히 알지 못하겠습니다. 오늘날 고굉이목(股肱耳目)과 만조백관이 진언하는 것이 옳은 것입니까, 그른 것입니까. 공론을 펴고자 하는 것입니까, 사사 원한을 갚고자 하는 것입니까. 나라를 살리고 백성을 구하려는 것입니까, 나라를 병들게 하고 백성을 해하려 하는 것입니까. 만일 아뢰는 말이 옳지 못하여 사사로운 원한을 갚고자 하고, 나라를 병들게 하고 백성을 해치는 것이라면 옥체가 건강하여 조금의 병환이 없으실 때라도 어찌 그 말을 용납하시어 제 마음대로 방자하게 할 수 있겠습니까. 만일 그 말이 심히 옳아서 공론을 펴려 하고, 나라를 살리고 백성을 구하려 하는 것이라면 옥체가 미령

한 날이라도 더욱 마땅히 충성된 말을 용납하시어 종묘사직을 편안히 하시고 만백성을 순하게 하셔야 할 텐데 하물며 도리어 미령하다는 말씀으로 핑계를 삼으실 수 있겠습니까. 나라가 다스려지고 어지러워지는 기미가 한 가지가 아니지만 임금의 질병은 더욱 두려운 때가 됩니다. 그러므로 옛날의 성왕(聖王)은 비록 병이 위독한 때에 있더라도 오히려 능히 책상에 기대 명을 내려서 종사를 편안히 하고 인심을 진정시켰습니다. 만일 모두 병이라 핑계하여 공론을 막고 인심을 어기어 편안하고 위태함을 근심하지 않는다면 이것은 임금에게 병환이 있는 때가 바로 국가가 위태하고 망하는 때라는 말이 될 것입니다. 자고로 간하는 것을 막는 임금이 하나가 아니었지만 병으로 핑계한다는 것은 듣지 못하였습니다. 전하의 이 말씀이 반드시 만세의 화근이 되지 않는다고 할 수 없으니 신들은 가만히 전하를 위하여 심히 안타깝게 여기옵니다.[60]

여기에서는 윤원형의 처벌을 주장하는 신하들의 요청을 병을 구실로 받아들이지 않는 명종의 태도를 문제 삼고 있다. 앞의 [2]에서 명종의 병과 윤원형의 발호라는 두 가지 국가적 위기 상황을 제기하고, 여기 [3]에서는 그것을 이어 먼저 명종의 병과 관련된 문제를 집중적으로 논하고 있는 것이다. 그런데 주목할 것은 [2]에서는 '전하의 옥체가 여러 번 미령하셨으니 이는 참으로 종묘사직의 불행이요, 만백성이 깊이 근심하는 바'라고 하여 명종의 병이 마치 심각한 상태에 있는 것처럼 제시한 반면, [3]에서는 그것을 윤원형의 처벌에 대한 신하들의 주장을 막는 단순한 핑계로 규정하고 있다는 점이

60 元衡之罪 擢髮難數 而殿下終始曲護 必欲保全 每以玉體之愆和 爲拒諫之資 不審 今日股肱耳目滿朝具僚之所陳者 是耶非耶 欲伸公論耶 欲報私怨耶 欲活國救民耶 欲病國害民耶 若其言不是 而欲報私怨 欲病國害民 則雖玉體康强 無少疢疾 安可容受其言 而使之肆其胸臆耶 若其言甚是 而欲伸公論 欲活國救民 則在玉體愆和之日 尤當容受忠言 以安宗社 以順萬姓 況可反以未寧爲辭耶 國家治亂 其幾不一 而人君疾病 尤爲可畏之時 故古之聖王 雖在大漸之時 猶能憑几發命 以安宗社 以鎭人心 若皆以疾爲辭 以拒公論 以拂人心 而不恤安危 則是人君有疾之時 卽國家危亡之秋也 自古拒諫之主非一 而未聞以疾爲辭也 殿下此言 未必不爲萬世禍本也 臣等竊爲殿下通惜焉.

다. 이러한 이중적인 서술태도는, 병을 구실로 신하들의 간언을 막는 명종의 태도가 진실하지 못한 것이라는 점을 부각시키기 위한 것이라 할 수 있다. 명종의 병을 심각한 것처럼 제시하여 일의 처리를 미루고 있는 명종의 태도를 이해하는 듯한 모습을 보이다가 그것을 바로 뒤집어 버림으로써 명종의 태도에 대한 비판이 은연중 신랄해질 수 있다는 것이다.

이어 당시 상황에 대한 명종의 인식을 확인하는 질문이 제시된다. '고굉지신(股肱之臣)과 이목지관(耳目之官)을 비롯한 만조백관이 윤원형의 처벌을 주장하는 것이 옳은 것인가 그른 것인가, 공론을 펴고자 하는 것인가 사사로운 원한을 갚고자 하는 것인가, 나라를 살리고 백성을 구하려는 것인가, 나라를 병들게 하고 백성을 해하려 하는 것인가'를 묻고 있는 것이다. 그런데 여기에서 하나의 대상에 대해 상반되는 두 개의 질문을 동시에 던져 그 중 하나를 선택하여 대답하지 않을 수 없도록 하고, 그 대답이 작자의 의도대로 이루어지도록 유도하고 있으며, 이러한 방식을 세 차례에 걸쳐 반복하고 있다는 점을 주목할 필요가 있다. 곧 윤원형을 처벌하라는 신하들의 요청에 대해 상반되는 두 개의 질문을 반복하여 제시하는 이러한 방식은 표면적으로는 객관적인 입장에서 명종의 의사를 묻고 있는 듯하지만 실은 신하들의 요청은 옳은 것이고, 공론을 펴려는 것이며, 나라를 살리고 백성을 구하려는 것이라는 대답을 하지 않을 수 없도록 강하게 유도하고 있다는 것이다. 이러한 방식은 윤원형을 둘러싼 논란에 대한 명종의 인식을 분명히 하기 위한 것이라 할 수 있다. 상황에 대한 인식을 분명히 해야 태도의 변화를 촉구할 수 있기 때문이다.

이에 따라 상황에 대한 올바른 인식을 촉구한 다음에는 명종의 태도를 문제 삼는다. 작자는 자기가 던진 질문과 관련하여 만약 신하들의 진언이 옳지 않다고 판단한다면 어찌하여 신하들이 제멋대로 하도록 내버려 두고 있는지, 만약 그들의 말이 옳다고 생각한다면 그것을 용납하지 않고 어째서 아프다는 핑계만 대고 있는지를 다시 묻는다. 상황에 대한 인식에 따라 태도를 분명히 해야 하는데 왜 그렇게 하지 않느냐고 묻고 있지만 이면으로는 신하들의 진언이 옳은 것임에도 불구하고 병을 핑계로 그것을 용납하지 않고 있는 명종의 태도에 대한 비판의 의미가 함축되어 있다.

질문을 통해 명종이 상황에 대한 인식과 태도를 분명히 해야 한다고 하면서 은근히 명종을 비판했던 작자는 이제 그 비판을 문면에 직접 노출시킨다. 임금의 병은 국가의 치란과 직결되는 것이기에 옛날의 성왕(聖王)이 병이 위독하더라도 명을 내려 종사와 인심을 안정시켰다는 것은, 그렇지 못한 명종은 성왕의 자격을 갖추고 있지 못하다는 비판에 다름 아니다. 또 병을 핑계로 간하는 것을 막는 임금이 있다는 말을 들어보지 못했다고 하면서 명종의 핑계가 만세의 화근이 될 수 있기에 안타깝게 생각한다고 한 것 역시 명종이 현재 보이고 있는 태도가 고금에 없던 일로 후세에 나쁜 전례가 되어 명종이 오명을 남길 수도 있다는 비판이라 할 수 있다.

이와 같이 [3]에서는 윤원형의 처벌을 청하는 간언과 상소가 빗발치는 상황에 대한 인식과 태도를 분명히 할 것을 명종에게 촉구하고, 병을 핑계로 그러한 요청을 물리치고 있는 명종의 현재 태도를 비판하고 있다. 그리고 명종의 병에 대한 이중적인 서술태도와, 상반되는 두 가지 질문을 거듭 제시하는 방식을 통해 명종을 비판하면서 명종이 작자의 주장을 받아들일 수밖에 없도록 유도하고 있음을 확인할 수 있다.

> [4] 원형의 죄악은 밝게 드러나서 만인이 눈으로 명백히 본 바입니다. 전하께서 두루 퍼진 소문이 사실이 아니라고 핑계하시니 이는 전하께서 그의 죄악을 밝게 살피지 못하시어 종사가 장차 위태로울 것과 만백성이 모두 원망할 것을 알지 못하시는 것입니다. 진실로 밝게 살피시어 실제 종묘사직의 위태로움과 만백성의 원망을 아실 수 있다면 전하께서 바야흐로 스스로 결단을 내리시기에 다른 겨를이 없으실 것인즉 어찌 다른 사람의 말을 기다리고 계시겠습니까.
>
> 대신이 나라의 원기(元氣)가 쇠퇴해졌다고 간절하게 진달하였으니 대신이

전하를 속인 것입니까. 시종후설(侍從喉舌)의 신하들이 종묘사직의 위태로움이 절박하여 조석에 달려있다며 여러 차례 거듭 상소를 올렸으니 이는 근신이 전하를 속인 것입니까. 전하의 이목이 되는 관사가 26조목과 여타 죄악과 마음속에 감추고 있는 악한 것을 드러내어 엎드려 상소하고 극력 간하였으니 이것이 이목이 되는 신하가 전하를 속인 것입니까. 온 조정의 선비들이 그의 죄를 바로잡으려 하지 않는 이가 없어 간관이 그 직책을 다하기를 기다리지 않고 다투어 궐문에서 부르짖으니 온 조정이 전하를 속이는 것입니까. 온 나라 사람들은 여러 해 쌓인 원한이 하루아침에 함께 폭발하여 길거리에 모여 욕하며, 관가에 원통함을 호소하여 위로 전하께 이르기를 바라니 그들의 분노와 원한의 기운이 하늘에까지 사무쳤는데 나라 사람들이 모두 전하를 속이는 것입니까. 고굉이목에서 온 조정의 선비에 이르기까지 온 나라 사람들을 모두 믿지 못하신다면 전하께서는 장차 누구를 믿어 모든 정사를 처리하고 나라에 임하시겠습니까.

사람들의 말을 다 믿으시면서도 전하께서는 원형의 공로를 생각하시고, 사사로운 정으로 외척을 불쌍히 여기시어 마침내 스스로 못하시는 것은 아니십니까. 종묘사직은 전하께서 주장하는 것이요, 만백성은 전하께서 하늘로 삼는 것입니다. 차라리 종묘사직의 위태함은 볼지언정 한 사람의 공신은 버리지 못하시며, 차라리 만백성의 인심은 잃을지언정 한 사람의 외척은 귀양 보낼 수 없으시다면 이는 공신이 전하께서 주장하시는 것보다 중하고, 외척이 전하께서 하늘로 삼는 것보다 중하다는 것이니 이것이 어찌 전하의 본심이겠습니까.[61]

61 元衡之罪惡昭著 萬目之所覩者 殿下皆諉之於傳播不實 則是殿下不能洞照其罪惡 而不知宗社之將危 萬姓之胥怨也 誠能洞照 而實知宗社之危 萬姓之怨 則殿下方且自揮乾斷之不暇 何待人言耶 大臣以元氣之衰敗 諄諄仰達 則大臣欺殿下乎 侍從喉舌之臣 以危亡之迫在朝夕 連疏累瀆 則近臣欺殿下乎 耳目之官 以二十六條及他無狀之罪 包藏之惡 伏閤力諍 則耳目欺殿下乎 滿朝之士 莫不欲正其罪 而不待言責 競叫閶闔 則滿朝欺殿下乎 一國之人 積年之怨 一朝俱發 聚罵于道路 訴冤于官司 以冀上達 憤恨之氣 徹乎蒼穹 則國人皆欲欺殿下乎 股肱耳目 以至滿朝之士 擧國之人 皆不

[4]에서는 우선 윤원형의 죄악이 명명백백한데 명종이 사실이 아니라고 하니 이는 명종이 실상을 제대로 인식하고 있지 못한 것이라고 하였다. 앞의 [3]에서는 간언과 상소가 빗발치는 상황에 대한 올바른 인식을 촉구하였다면 여기에서는 그러한 사태의 원인이 된 윤원형의 죄상에 대한 분명한 인식을 요구하고 있는 것이다. 명종이 사실이 아니라고 했다는 것은 8월 15일 양사(兩司)가 윤원형의 죄를 들어 그의 처벌을 주장했을 때 명종이 "계속하여 진달한 과실들은 다 전파된 것이라 모두가 진실은 아닐 것이다."[62]라고 하면서 윤원형을 두둔하려 했던 일을 가리킨다. 작자는 이 말을 들어 명종이 윤원형의 죄상을 제대로 인식하고 있지 못함을 지적하고 있는 것이다.

이어서 작자는 윤원형의 죄상을 논한 대신 이하 여러 신하와 백성들의 말이 모두 임금을 속이고 있는 것이냐고 항변한다. 대신이 원기가 쇠퇴해졌다고 간절하게 진달했다는 것은 8월 22일 영의정 이준경(李浚慶)이 상소하여 국가의 원기가 손상되었다며 윤원형의 처벌을 청한 것을 가리킨다. 또 전하의 이목이 되는 관사가 26조목과 여타 죄악과 마음속에 감추고 있는 악한 것을 드러내어 엎드려 상소하고 극력 간하였다는 것은 8월 14일 대사헌과 대사간이 봉서를 올려 윤원형의 죄를 26조목으로 나눠 거론한 일을 가리킨다. '전하를 속이는 것입니까(欺殿下乎)'라는 표현을 다섯 차례나 반복하여 질문하고, 만약 그들이 속이는 것이라 생각하여 믿지 못한다면 누구를 믿고 정사를 처리하고 나라를 다스리겠느냐고 다시 반문하여 명종이 윤원형의 죄를 논하는 그들의 말을 사실로 받아들일 것을 촉구하고 있다. 여기에서도 반복되는 질문은 그것에 대해 속이는 것이 아니라는 답변을 할 수밖에 없도록 유도함으로써 윤원형의 죄상에 대한 명종의 올바른 인식을 촉구하는 방식으로 활용되고 있다.

可信 則殿下將何取信 以理萬機 以臨一國乎 抑人言雖可盡信 而殿下念勳勞恤外戚之私 終不能自已耶 宗社者 殿下之所主 而萬姓者 殿下之所天也 寧見宗社之危 而不能去一勳臣 寧失萬姓之心 而不能竄一外戚 則是勳臣重於殿下之所主 而外戚重於殿下之所天也 此豈殿下之本心哉.

62 但續陳所失 皆是傳播 必不盡實(『명종실록』 20년 8월 15일조).

하지만 작자는 명종을 일방적으로 몰아세우지만은 않는다. 작자는 명종이 사람들의 말을 다 믿으면서도 윤원형의 공로와 그가 외척이라는 점 때문에 주저하는 것이 아니냐고 묻는다. 그러면서 윤원형이 공신이고 외척이기 때문에 귀양 보낼 수 없다면 윤원형을 종묘사직이나 만백성보다 중하게 여긴다는 것인데 이것이 어찌 명종의 본심이겠느냐고 하였다. 이는 명종이 윤원형의 죄상도 알고, 그래서 처벌해야 하는 것도 알지만 어쩔 수 없는 처지에 놓여 처벌을 미루고 있는 것이 아니냐는 것이다. 앞에서 현 상황의 근본적인 원인을 직시하여 제대로 인식하라고 강하게 촉구하다가 돌연 명종의 입장을 이해하는 듯한 태도를 보이는 것이다. 그렇다고 해서 윤원형을 처벌하지 않을 수 있다는 것은 아니지만 작자가 이러한 이중적 서술태도를 취한 것은 명종의 심정을 자극하고 그것에 호소함으로써 명종에 대한 설득을 보다 효과적으로 하기 위해서라고 할 수 있다.

[5] 아아, 원형이 어진 사람을 투기하고 능한 이를 미워함은 이임보(李林甫)와 같고, 재물을 탐하여 만족할 줄 모르는 것은 원재(元載)와 같고, 저택이 사치하고 참람함은 양기(梁冀)와 같고, 몰래 궁중의 비빈과 내통하는 것은 한탁주(韓侂冑)와 같고, 말은 꿀 같이 달콤하면서 뱃속에 칼을 품은 것은 이의부(李義府)와 같고, 임금을 업신여기고 윗사람을 위협하는 것은 가사도(賈似道)와 같습니다. 저 소인들 가운데 한 사람이라도 모두 족히 백성을 도탄에 빠뜨리고 종묘사직을 뒤엎을 수 있는데 하물며 한 몸에 그 악한 것을 겸비한데다가 잔인하게 인륜을 어지럽히고, 마음속에 흉측한 생각을 품었음은 또한 여러 간흉들이 미치지 못할까 합니다. 이는 신들의 말이 아니고 나라 사람들의 말이니 황천과 후토가 마땅히 이 말을 들었을 것입니다.

아아, 국가 원기의 공론은 끝내 막을 수 없고, 물불을 가리지 않는 뭇사람들의 분노는 끝내 그치게 할 수 없어 온 나라가 물 끓듯 하여 진정할 길이 없습니다. 이제 전하의 미령하신 때를 당하고, 또 국가가 환난 속에 빠진 때를 만나 신들은 눈물 흘려 마음 아파하고, 더욱이 원형이 나라를 배반함에 격분하여 이를 갈고 있습니다. 엎드려 바라옵건대 전하께서는 마음을 바르게 하고 생각을 살피시어 급히 공론을 좇아 종묘사직을 편안하게 하고 모든 사람의 노여움을 풀어주신다면 더 없이 다행한 일이겠습니다.[63]

앞부분에서는 윤원형의 죄상을 열거하고 있다. 여섯 가지의 죄목을 제시하면서 그 각각과 관련하여 익히 알고 있는 중국의 인물들을 제시하고, 윤원형은 그들 모두의 악함을 겸비하고 있다고 하였다. 각 죄목의 구체적인 실제 내용을 밝히지 않은 것은 이미 다른 사람들에 의해 충분히 거론된 내용을 굳이 다시 반복할 필요성을 느끼지 않았고, 또 논의의 초점이 윤원형의 죄상을 밝히는 것보다 명종의 인식과 태도를 변화시키는 데 있었기 때문일 것이다. 앞의 [4]에서는 모든 사람이 알고 있는 윤원형의 죄상에 대한 명종의 인식이 불철저함을 문제 삼았는데 여기에서는 윤원형의 죄상을 여섯 조목으로 나눠 열거하고 황천후토를 거론하여 그것이 명약관화한 사실임을 다시 강조함으로써 이제 명종이 더 이상 윤원형의 죄상에 대해 의문을 품어서는 안 되며, 이렇게 명백한 죄를 지은 이상 그에 대한 처벌을 미루어서도 안 된다는 점을 분명히 확인시키려 하였다고 할 수 있다.

이어 윤원형에 대한 공론과 분노는 돌이킬 수 없는 일이 되었다고 하여 상황을 다시 확인시키고, [2]에서 제시한 두 가지의 위기 상황, 곧 명종의 병과 윤원형의 발호에 가슴 아파하고 분해한다면서 명종에게 인식과 태도를 바르게 하여 윤원형을 처벌할 것을 촉구하는 것으로 글을 마무리하고 있다.

63 嗚呼 元衡妒賢嫉能似李林甫 黷貨無厭似元載 第宅奢僭似梁冀 潛通宮掖似韓侂胄 口蜜腹劍似李義府 無君偪上似賈似道 彼小人輩一人 皆足以塗炭生民 傾覆宗社 況以一身兼有其惡 而殘忍亂倫包藏禍心 又非數姦之所及者耶 此非臣等之言 乃國人之言也 皇天后土 宜聞此言 嗟呼 元氣之公論不可終遏 水火之衆怒 不可終止 擧國洶洶 末由底定 當此殿下未寧之時 又遭國家禍亂之幾 臣等所以雪涕痛心 尤增憤激切齒于元衡之負國者也 伏願殿下平心省念 亟從公論 以安宗社 以洩衆怒 不勝幸甚.

이상에서 살핀 바와 같이 작자는 윤원형의 죄상을 철저히 규명하여 이러한 죄가 있으니 그를 처벌해야 한다고 주장하는 대신 문제의 핵심이 명종의 태도에 있다고 파악하여 그것을 직접 문제 삼고자 하였다. 그것은 여러 신하들의 반복되는 간언과 상소에서 충분히 다루어진 내용을 다시 반복하기보다는 명종과 직접 맞닥뜨리는 방식을 선택하는 것이 위험 부담을 감수하더라도 훨씬 효과적일 수 있다고 판단했기 때문일 것이다.

명종과의 직접적인 대결을 선택한 작자는 병을 핑계로 간언을 막고 있는 명종의 태도를 직접 비판하기도 하면서 신하들의 상소가 빗발치는 상황, 그리고 그 원인인 윤원형의 죄상 등에 대한 명종의 인식이 철저하지 못함을 반복해서 강조하였다. 이는 현재의 상황과 그 원인에 대한 올바른 인식만이 명종의 태도를 변화시킬 수 있다는 판단에서 비롯된 것이라 할 수 있다.

그리고 명종의 인식과 태도를 변화시키기 위해 작자는 한편으로는 명종을 이해하는 태도를 보이다가 이내 그것을 뒤집어 버리거나, 역으로 실상에 대한 철저한 인식을 촉구하다가 명종의 처지를 이해하는 듯한 모습을 보이는 이중적인 서술태도를 통해 명종에 대한 비판을 강화하거나 설득이 효과적으로 이루지게 하기도 하였다. 또한 명종이 작자의 의도에 맞는 답변을 할 수밖에 없는 질문을 반복적으로 제시하여 명종을 몰아세우기도 하였다. 상소에서 의문문의 활용은 흔히 보이는 것이지만 〈논윤원형소〉의 의문문은 단순히 수사적 효과를 거두기 위한 것이 아니라 명종의 인식과 태도를 확인, 비판, 촉구하는 구실을 하고 있는 것이다.

이처럼 명종과 직접 맞닥뜨려 다소 과격한 듯이 보이는 표현과 방식을 통해 명종의 인식과 태도의 변화를 강하게 촉구하고 있다는 점에서 〈논윤원형소〉의 설득 전략은 완곡하다기보다는 공격적인 데 기울어져 있다고 할 수 있다. 퇴계 이황(李滉)은, 무릇 상소는 직언을 피하지 않는 것을 귀하게 여기지만 모름지기 곡진하고 부드러워서 뜻은 곧지만 말은 과격하고 불공스런 병폐가 없어야 아래로는 신하된 자의 예를 잃지 않고 위로는 임금의 뜻을 거스르지 않게 된다고[64] 한 바 있다. 〈논윤원형소〉의 설득을 위한 글쓰기 전략이 이러한 상소의 일반적인 규범에서 다소 이탈해 공격적인 데 기울어져 있는 것은 작자가 윤원형의 문제를 반드시 해결해야 할 긴박한 과제로 인식한 데에 기인한 것으로 짐작된다.

4. 맺음말

이 글에서는 율곡 이이가 쓴 〈논윤원형소〉에 나타난 설득 표현의 양상과 전략을 검토하여 상소의 글쓰기 방식에 대한 이해의 폭을 확대하고자 하였다. 〈논윤원형소〉는 윤원형의 죄상을 밝히고, 그의 처벌을 주장하는 숱한 간언과 상소가 빗발치고 있었지만 명종은 병을 비롯한 이러저러한 구실을 내세워 그러한 요청을 거부하고 있던 상황에서 쓰였다.

작자는 명종과 신하들 사이에 거듭되는 대립과 논란의 핵심이 명종의 태도에 있다고 파악하여 윤원형의 죄상보다는 명종의 태도를 직접 문제 삼는 방식을 선택하였다. 이에 따라 작자는 병을 핑계로 신하들의 간청을 막고 있는 명종을 비판하기도 하면서 신하들의 상소가 거듭되는 상황, 그리고 그 근본 원인인 윤원형의 죄상 등에 대한 명종의 인식이 철저하지 못함을 반복적으로 강조하여 명종의 태도를 변화시키고자 하였다. 이를 위해 작자는 명종을 이해하는 태도를 보이다가 이내 그것을 뒤집어 버리거나, 반대로 실상에 대한 철저한 인식을 촉구하다가 명종의 입장을 이해하는 듯한 모습을 보이는 이중적인 서술태도를 통해 명종에 대한 비판을 강화하거나, 설득이 효과적으로 이루어지게 하기도 한다. 그리고 명종이 작자의 의도에 맞는 답변을 할 수밖

64 退溪 …… 曰 凡章疏 固貴於直言不避 然須要委曲宛轉 使意直而語無過激不恭之病 然後下不失臣子之禮 上不拂君上之意(정유일(鄭惟一), 『문봉집(文峯集)』 권5, 「한중필록(閑中筆錄)」).

에 없는 질문을 반복적으로 제시하여 명종을 몰아세우기도 하였다. 이처럼 명종과 직접 대결을 벌여 다소 과격한 듯이 보이는 표현과 방식을 동원하여 명종의 인식과 태도의 변화를 강하게 촉구하고 있다는 점에서 〈논윤원형소〉의 설득 전략은 다소 공격적인 데 기울어져 있다고 할 수 있다.

앞으로 보다 많은 자료에 대한 검토가 이루어져 상소의 글쓰기 방식과 전략에 대한 구명은 물론, 설득 표현의 다양한 방식과 원리에 대한 이해가 확대, 심화되기를 기대한다.

이규보 산문의 수필문학적 성격

-기(記)와 설(說)을 중심으로-

1. 머리말

이 글에서는 이규보(李奎報, 1168~1241)의 산문 가운데 기(記)와 설(說)에 속하는 작품들의 수필문학적 성격을 검토함으로써 그의 산문에 대한 이해를 심화하고, 한문학의 전통적 양식인 기와 설을 수필의 영역에 어떻게 포괄할 수 있는지 그 단서를 찾아보고자 한다. 고려 무신 집권기에 활동했던 이규보는 1,500여 수의 한시와 수백 편의 산문 작품을 남겼다. 이규보에 대해서는 『백운소설』을 중심으로 한 문학론, 〈청강사자현부전〉과 〈국선생전〉과 같은 가전, 영웅서사시 〈동명왕편〉, 그리고 그의 한시 등이 많은 주목을 받아 이들에 대한 심도 있는 논의가 이루어지기도 하였다. 그런데 이에 비하면 그의 산문은 별반 큰 관심을 끌지 못했던 것으로 보인다.

그런 가운데 이규보의 산문을 수필문학적인 시각에서 접근한 논의들이 이루어진 것은 주목할 만하다. 장덕순은 이규보의 산문 가운데 수필로 파악할 수 있는 여러 양식의 글들을 검토하고, 이를 번역·소개하여 그의 산문을 수필의 관점에서 접근할 수 있는 가능성을 제기하였다.[65] 이후 최승범은 이규보의 산문을 서발, 교훈, 제문, 전기, 우화, 야담, 기행, 서간, 신변잡기, 시화, 비평 등으로 분류하여 개관하고, 그것을 바탕으로 이규보 수필의 특색을 검토

65 장덕순, 「이규보와 그의 수필」(『수필문학』 41·42, 수필문학사, 1975), 『돌과의 문답』(범우사, 1976), 『한국수필문학사』(새문사, 1985).

하였다.[66] 그리고 권두환은 이규보의 잡문, 기, 설, 『백운소설』, 서(書), 서발, 전, 부, 명, 잠의 도합 118편을 대상으로 형식과 내용 양면에서 그의 수필이 지닌 문학성을 살폈으며,[67] 김진영은 수필문학적 입장에서 이규보 부(賦)의 내용과 특성 및 한계를 검토하였다.[68] 이러한 논의들은 문학론이나 한시에 비해 큰 관심을 끌지 못했던 이규보의 산문을 수필문학의 영역에 포괄하면서 그 문학성을 검증하려 했다는 의의를 지닌다고 할 수 있다.

이제 여기에서는 이러한 논의들을 바탕으로 이규보의 기와 설이 지닌 수필문학적 성격을 검토하고자 하는데 그에 앞서 한문산문을 수필의 영역에 어떻게 포괄할 수 있는가 하는 보다 근본적인 문제를 한번 짚어보는 것이 순서일 것이다. 한문학 작품 가운데 한시와 약간의 소설 작품을 제외한 문장 일반이 거의 모두 수필문학적 논의가 요구된다는 견해가[69] 제기된 바 있지만 고전수필, 특히 한문수필을 연구하는 데 있어 가장 큰 어려움은 논변류, 서발류, 애제류 등과 같은 한문산문의 각 양식들을 모두 수필의 영역에 포괄·수용할 수 있는가, 좀더 구체적으로는 한문산문의 여러 양식들과 수필이라는 장르를 과연 어떻게 연관지을 것인가 하는 것이다. 사실 여기에는 쉽게 해결하기 어려운 여러 문제점들이 가로놓여 있다.

우선 고전수필은 애초 그 작자들이 '수필'이라는 장르를 의식하고 창작한 것이 아니라는 점이다. 현대수필의 경우에는 작자 자신이 수필을 쓰고 있다는 의식을 가지고 창작에 임하지만, 고전수필의 경우에는 작자들이 자기가 수필을 창작한다고 생각한 것이 아니라 전통적인 한문산문의 각 양식에 해당하거나 그것을 염두에 둔 글을 쓴다고 여겼던 것이다. 물론 수필이라는 용어 자체는 과거로부터 물려받은 것이다. 하지만 근대 이전에 수필이라는 제목을 붙이

66 최승범, 「이규보의 수필문학」, 『한국수필문학연구』, 정음사, 1980, 149~187면.

67 권두환, 「이규보의 수필문학」, 『현상과 인식』 4권 2·3호, 한국인문사회과학회, 1980.

68 김진영, 「이규보의 수필(1)·부(賦)」, 『한국고전문학연구』, 신구문화사, 1983.

69 위의 글, 361면.

고 있는 글들도 현대수필과 표현 방법의 유사성은 있으나 내용적으로는 술이부작(述而不作)의 사실적인 기록물들이었다.[70] 요컨대 수필이라는 용어가 문학 장르의 명칭으로 사용된 것은 근대의 일이고, 그 이전에는 지금과 같은 문학 장르로서의 수필에 대한 인식이 없었기 때문에 한문으로 된 산문 작품 모두를 아무런 전제 조건 없이 수필로 간주하기에는 무리가 있을 수 있다는 것이다.

그리고 수필이 문학의 한 장르이기 때문에 거기에 속하는 작품들은 예술로서의 문학 작품, 즉 동기와 목적과 방법이 시나 소설과 같이 문학적 성격을 가지는 작품이어야 한다.[71] 그런데 한문산문의 각 양식들은 대체로 실용적인 목적에 의해 형성되었기 때문에 예술성과 아울러 실용성을 강하게 지니고 있다. 양식의 특성에 따라 차이는 있지만 예술성과 실용성의 결합은 동양적 산문의 전통이라 할 수 있다. 따라서 한문산문의 양식들을 수필이라는 장르로 포괄하려 할 때 이러한 실용성의 측면을 어떻게 처리해야 할 것인가 하는 것이 또 하나의 문제로 지적될 수 있다.

이러한 문제점들은 과거와 현재의 문학 내지 문학관이 서로 다름으로 해서 생기는 것들이다. 그렇다면 과거의 산문과 현재의 수필 작품을 수필이라는 장르로 포괄하기 위한 몇 가지 대안을 생각해 보지 않을 수 없다. 첫째가 현재적 관점에서 현대수필의 요건에 부합하는 과거의 산문 작품만을 수필로 인정하는 것이고,[72] 둘째는 그 반대로 수필의 개념과 범주를 포괄적으로 규정하여 과거의 산문 작품 전부를 수필의 영역에 포괄하는 것이다. 그러나 이 두 가지 방식 모두 바람직하다고 할 수는 없다. 첫째의 입장에 선다면 과거 문학 유산

70 전형대, 「한문학에서 수필 장르의 설정 문제」, 『수필문학』 93, 1980, 190면.

71 유병석, 「이양하의 수필」, 『국어교육』 30, 한국국어교육연구회, 1977, 7면.

72 중국 수필의 경우이기는 하지만, 허세욱(許世旭)의 『중국수필소사』(을유문고 240, 을유문화사, 1981)는 이 첫 번째에 해당하는 예가 된다고 할 수 있다. 여기에서는 짧고 서정적이며 함축성 있는 순문학적인 소품을 수필로 규정하면서 전래의 작품 가운데 이러한 경향의 작품을 선별하여 수필의 사적 체계를 수립하고 있다.

의 상당 부분을 스스로 포기하는 결과를 초래할 것이고, 둘째의 견해를 따른다면 수필 장르의 독자성이 매몰되어 수필이라는 장르의 설정 자체가 무의미해질 뿐 아니라 수필, 나아가 문학이란 무엇인가라는 본질적인 질문에서 헤어날 수 없을 것이기 때문이다.

따라서 첫째와 둘째의 입장을 절충하는 것이 현재로서는 가장 바람직한 태도가 아닐까 한다. 곧 현재 문학과 과거 문학의 공통점과 차이점을 충분히 고려하면서 각기 그 나름의 특수성을 인정하는 것이다. 이것은 일견 과거와 현재의 문학을 이원적으로 파악하는 것처럼 비쳐질 수 있다. 하지만 모든 문학 장르의 역사적 전개는 결코 단선적이지 않으며, 그럴 수도 없다. 만약 과거나 현재의 시각 가운데 어느 하나만을 고집한다면 이는 오히려 수필사 나아가 문학사 전개의 실상에서 멀어질 수밖에 없을 것이다.

그렇더라도 근본적인 문제는 여전히 남아 있다. 그것은 '수필이란 무엇인가?'의 문제, 곧 수필 장르의 개념과 범주에 대한 규정이 아직 명확하지 않다는 점이다. 이는 일정 부분 우리 현대수필의 역사가 일천할 뿐 아니라 수필 장르가 연구자들의 관심으로부터 소외되어 있었던 데 기인한다. 하지만 보다 근본적으로는 내용과 형식면에서 수필이 지니고 있는 다양성이 장르의 미학을 수립하는 데 커다란 어려움으로 작용하고 있기 때문이다. 수필을 중수필이니 경수필이니 하고 나누는 것 자체가 수필의 다양성을 말해주는 것에 다름 아니다.

그런 가운데에서도 수필은, 그것이 주지적이고 객관적인 학술상의 논문에 가까운 것이든 주정적이고 주관적인 문예 작품이든 간에 형식이 자유롭고 개성의 표출을 가장 중요한 특징으로 하고 있다는 데에는 별다른 이의가 없는 듯하다. 물론 이것이 수필을 규정짓는 절대적인 장르 표지가 될 수는 없다. 그렇기는 하지만 대상을 바라보고 그것을 문제화하는 작자의 독특한 면모와 개성적 성격이 직접적이고 진실하게 드러나고, 이를 통해 독자가 새로운 시야가 열리는 것을 체험하게 되어 삶의 교훈과 예지를 체득하고, 문학적 심성을 확충할 수 있는가[73] 하는 점은 하나의 작품을 수필로 규정할 수 있는 가장 기본적인 요건이 된다고 할 수 있다. 기존 연구에서 작자가 작품에 드러나는 '작자의 표출성'에 주목하거나[74] 수필의 1인칭 시점에 주목한[75] 논의들은 수필에 작자의 개성이 드러나야 한다는 측면에 대한 이론적 모색이라 할 수 있다. 요컨대 수필에 있어 가장 중요한 요소는 사적 진술에 비중이 놓여 개성이 드러나야 한다는 것인데 이는 예술성과 실용성을 공유하고 있는 한문산문을 수필로 파악할 수 있는 기준이 된다고 할 수 있다.

전통적 양식에 의거해 창작된 한문수필의 경우 작품의 내용과 형식이 얼마나 개성적인가 하는 판단은 개별 작품을 검토하고, 그 결과를 해당 작품이 속한 양식의 일반적인 특성, 그리고 동일한 양식의 다른 작가 작품과 비교할 때 어느 정도 선명히 드러날 수 있을 것이다. 이에 이 글에서는 이런 점을 고려하면서 이규보의 기와 설에 작자의 개성적인 모습이 어떻게 문학적으로 형상화되었는가 하는 점을 살펴보고자 한다. 이를 통해 한문산문을 수필의 영역에서 어떻게 다루어야 할 것인가 하는 문제와 연관하여 이규보 수필문학의 특성을 좀더 구체적으로 이해할 수 있기를 기대한다.

기를 선택한 것은 기가 한문산문의 양식 중 가장 다양한 내용을 포함하는 수필적 양식으로 인정되고 있기 때문이며, 설은 기존 연구에서 거론된 바와 같이 이규보 수필의 특징을 잘 보여주는 작품들이 많이 속해 있기 때문이다.[76] 이 글에서는 현재적 관점에서 어떤 하나의 양식 혹은 작품이 수필이 될 수

73 김진영, 앞의 글, 362~363면 참고.

74 유병석, 앞의 글, 2~5면. 유병석은 수필의 표출성에 주목하여 Northrop Frye의 장르 이론에 의거하여 작자의 표출도가 (a)서사시와 서정시(present) → (b)수필(implied) → (c)소설(concealed) → (d)희곡(absent) 순으로 낮아진다고 하면서 이러한 표출도를 수필의 장르 표지로 파악하였다.

75 서인석, 「장한철의 표해록과 수필의 서사적 성격」, 『국어교육』 67·68, 한국국어교육연구회, 1989. 12.

76 전형대는 고전산문 가운데 '~수필'이라는 제목이 붙은 작품보다 기와 설이 오늘날의 문학적인 수필의 내용을 갖추고 있다고 하였다(앞의 글, 190면).

있는가, 혹은 그렇지 않은가 하는 성급한 판단 대신 기와 설의 양식적 특성을 고려하면서 거기에 나타난 이규보의 개성적 측면은 무엇이고, 그것은 어떻게 형상화되고 있는가 하는 점에 중점을 두고자 한다.

2. 기의 수필문학적 성격

이규보의 기는 총 28편이 『동국이상국집』의 전집(全集)과 후집(後集)에 수록되어 있고, 그 중 21편이 『동문선』에 선발되어 있다. 작품명, 출전, 그리고 확인 가능한 창작 시기 등은 다음과 같다.

지지헌기(止止軒記, 전집 권23, 동문선 권66, 40세)
접과기(接菓記, 전집 권23, 동문선 권66)
사가재기(四可齋記, 전집 권23, 동문선 권66)
통재기(通齋記, 전집 권23, 동문선 권66)
초당이소원기(草堂理小園記, 전집 권23, 동문선 권66, 27세)
남행월일기(南行月日記, 전집 권23, 동문선 권66, 34세)
태재기(泰齋記, 전집 권23, 동문선 권66)
소금각배지(素琴刻背志, 전집 권23, 동문선 권105)
사륜정기(四輪亭記, 전집 권23, 동문선 권66, 34세)
진강후모정기(晉康侯茅亭記, 전집 권23, 동문선 권66, 40세)
최승제십자각기(崔承制十字閣記, 전집 권24, 동문선 권66)
우대루기(又大樓記, 전집 권24, 동문선 권67)
계양자오당기(桂陽自娛堂記, 전집 권24, 동문선 권67, 52세)
계양초당기(桂陽草堂記, 전집 권24, 동문선 권67)
계양망해지(桂陽望海志, 전집 권24, 동문선 권105)

손비서냉천정기(孫秘書冷泉亭記, 전집 권24, 동문선 권67)

천개동기(天開洞記, 전집 권24, 동문선 권67, 56세)

의왕사시창아라한전기(醫王寺始創阿羅漢殿記, 전집 권24, 28세)

현종원중창기(懸鍾院重創記, 전집 권24, 31세)

개천사청석탑기명(開天寺靑石塔記銘, 전집 권24, 동문선 권118, 47세)

묘향산보현사당주비로자나여래장륙소상기(妙香山普賢寺堂主毗盧遮那如來丈六塑像記, 전집 권24, 56세)

혁상인능파정기(赫上人凌波亭記, 전집 권24, 동문선 권67, 56세)

왕륜사장륙금상영험수습기(王輪寺丈六金像靈驗收拾記, 전집 권24, 동문선 권67, 58세)

몽험기(夢驗記, 전집 권24, 동문선 권67, 67세)

동년재상서명기(同年宰相書名記, 후집 권11, 동문선 권67, 68세)

박추부유가당기(朴樞府有嘉堂記, 후집 권11)

환상인죽재기(幻上人竹齋記, 후집 권11)

공공상인토각암기(空空上人兎角庵記, 후집 권11, 동문선 권67)

위에서 보듯 5편이 『동문선』 선발에 누락되어있다. 그 이유는 물론 『동문선』 편찬자들 나름의 판단 기준 때문일 텐데 제외된 작품들이 정도의 차이는 있지만 모두 불교와 관련된 내용을 담고 있는 점을 고려하면 그러한 성격의 작품 편수를 의도적으로 줄이려 했기 때문으로 짐작된다.

본래 기라는 글은 기사지문(紀事之文), 즉 특정 사실의 시말을 기록해 놓는 글로 작자의 창작 의식이 가미될 여지가 거의 없는 것이었다. 이러한 기는 다루는 대상에 따라 기사(記事), 기물(記物), 기경(記景)의 셋으로 구분하기도 한다. 이 중 기사류는 『예기』 「단궁(檀弓)」편에서 비롯되었다고 하는데 다른 종류보다 비교적 많이 창작되었고, 한유(韓愈)가 그 대가로 손꼽히며, 송대에 이르러서는 의론적 성격이 두드러지는 경향을 보인다고 한다. 기물류는

『주례』의 「고공기(考工記)」가 그 시초로 알려져 있으며, 한유의 〈화기(畵記)〉가 후세에 많은 영향을 끼친 것으로 인정되고 있다. 이러한 기물류의 작품은 많지 않은 편인데 그것은 그림이나 사물을 글로 여실하게 묘사해내는 것이 쉬운 일이 아니었기 때문일 것이다. 기경류는 동한 마제백(馬第伯)의 〈봉선의기(封禪儀記)〉에서 비롯되었다고 하는데 유종원(柳宗元)의 〈영주팔기(永州八記)〉와 같은 작품이 유명하다.

그리고 기는 대체로 글에서 다루고자 하는 내용, 즉 사건, 사물, 경치를 서술한 뒤에 간략한 의론으로 마무리하는 것이 정체이고, 의론이 중심이 되거나 우의하여 허구적인 일을 서술하거나 시나 노래를 끝에 첨부하는 경우, 또는 내용이 허탄하거나 개성이 지나치게 두드러지는 것은 변격으로 취급되었다. 이에 따라 건물을 신축 혹은 개축한 사실과 관련된 작품의 경우에는 마땅히 일시, 비용, 주재한 사람과 도움을 준 사람의 이름 등 공사와 관련된 세세한 사실들을 객관적으로 기술한 다음 간략한 의론으로 마무리하는 것이 정체로 인정되었다.[77]

이처럼 특정 사실의 시말을 기록하여 작자의 개성이나 창작 의식이 별로 가미될 여지가 없는 것이 기의 특성이라면 기는 문학의 영역에 포함시키기 어려운 양식이라 할 수 있다. 그러나 시간이 흐름에 따라 이치나 정서의 서술이 강조되는 등 기의 본래적인 성격이 변모하여 작자의 개성과 삶의 자세 등이 형상화되었다.

이규보의 작품에서도 어떤 사실을 잊지 않기 위해 기록한다는 기의 본래적인 성격을 말해주는 다음과 같은 진술들을 발견할 수 있다.

> 승안(承安) 4년에 내가 처음 설계를 하여 사륜정(四輪亭)을 동산 위에 세우

77 이상 기에 관한 내용은 馮書耕・金仞千, 『고문통론(古文通論)』 중편(대북 국립편역관중화총서편심위원회, 1979), 7・8장 참고.

려 하였는데 마침 전주(全州)로 부임하라는 명이 있어서 이룩하지 못하였다. 그 뒤 신유년에 전주로부터 서울로 와서 한가하게 지낼 때 바야흐로 지으려고 하였으나 또 어머니의 병환으로 성취하지 못하였다. 이런 까닭으로 이룩할 수 없을 것이 두렵고 또 설계한 계획까지 잃을 것이 두려워 마침내 기를 짓는다(〈사륜정기〉).[78]

만약 기록하여 뒷세상에 보이지 않는다면 오랜 세월이 지난 뒤면 누가 다시 알겠는가. 기록하여 뒷사람들의 표지(標識)를 삼고자 한다(〈동년재상서명기〉).[79]

실제 이러한 점 때문에 객관적 사실의 제시에 비중이 놓임으로써 문학과 비문학의 경계에 놓인 작품들이 존재하기도 한다. 그러나 이러한 창작의 동기가 작품 전반을 지속적으로 규제하는 경우는 많지 않고, 어떤 형태로든 이규보의 모습이 작품 속에 드러남으로써 그의 기에 대한 수필문학적 접근이 가능하다고 할 수 있다.

이규보의 기를 보면 ~헌기(軒記), ~재기(齋記), ~정기(亭記), ~각기(閣記), ~루기(樓記), ~당기(堂記), ~암기(庵記)와 같은 제목에서 볼 수 있듯이 누대나 정자, 별장 등을 짓고 그것과 관련된 일을 기록한 작품이 상당히 많다는 것을 알 수 있다. 이것은 이규보에게만 해당하는 것이 아니라 기의 일반적인 경향이었다.

그런데 기는 일단 창작 동기에 따라 다른 사람의 요청을 받고 쓴 경우와 스스로 자기 자신에 관계된 일을 기록한 두 경우로 구분해 볼 필요가 있다.

78 인용문 번역은 『국역 동문선』 Ⅵ(민족문화추진회, 1986, 129면)을 참고하여 부분 수정. 承安四年 予始畫謀 欲立四輪亭於園上 俄有全州之命 未得果就 越辛酉 自全州入洛閑居 方有命構之意 又以母病未就 恐因此不能便就 且失其謀畫 遂記云云.

79 위의 책, 156면. 若不記以示于後 則百世之下 誰復知之耶 聊誌之 以爲後之標識也.

그것은 이러한 창작 동기의 차이가 작품 세계의 차이로 연결될 수 있기 때문이다. 작자가 자신에 관계된 일을 직접 기록한 경우에는 스스로를 돌아보는 작자의 개성적인 모습이 비교적 선명하게 드러날 수 있지만 다른 사람의 부탁을 받고 창작한 경우에는 요청한 사람을 의식하지 않을 수 없어 그러한 측면이 약화될 수 있기 때문이다.

먼저 이규보가 다른 사람의 요청을 받고 지은 작품부터 살펴보면 〈통재기〉, 〈태재기〉, 〈진강후모정기〉, 〈최승제십자각기〉, 〈우대루기〉, 〈손비서냉천정기〉, 〈혁상인능파정기〉, 〈공공상인토각암기〉, 〈개천사청석탑기명〉, 〈왕륜사장륙금상영험수습기〉, 〈현종원중창기〉, 〈묘향산보현사당주비로자나여래장륙소상기〉, 〈박추부유가당기〉, 〈환상인죽재기〉 등 14편이 그러한 경우에 해당한다. 이 작품들은 모두 사찰이나 누정을 신축 혹은 개축하였거나 불상이나 석탑을 조성한 사실을 기록한 것들이다. 이 작품들을 통해 당시에도 새로운 건물을 지으면 이름 있는 문인에게 기문을 받는 것이 관례였다는 것을 알 수 있다. 이러한 기를 지음으로써 작자는 기를 요청한 인물과 교우를 두텁게 하거나, 윗사람에게 자신의 능력을 인정받을 수 있었다. 이런 점에서 이 작품들은 일단 작자의 교유와 처세에 필요한 문학이었다고 할 수 있다.

그런데 이처럼 다른 사람의 요청을 받고 창작한 경우 그 창작 동기 자체가 글의 내용과 구성을 어느 정도 좌우하고 있는 것을 볼 수 있다.[80]

> [1] 대개 환경에 영향을 받는 것은 사람의 상정이다. 귀로 새 우는 소리를 듣기 싫어하고 맑게 흐르는 물소리를 듣지 않으며, 눈은 화려하고 사치한 데

80 〈현종원중창기〉에 제시된, '그의 족자(族子)인 진사 김모가 이 공적을 썩지 않게 하기 위하여 그 전말을 대략 적어서 나에게 기문을 청하는데 매우 성실하였다. 그래서 그것을 차서로 엮어서 글을 만들었을 뿐 그 옥우영동(屋宇楹棟)의 다소와 공역일월(工役日月)의 시말에 대한 것은 모두 열거하지 않는다. 그것은 그렇게 요구하기 때문이다.'라는 진술에서 당시 글을 요청할 때 작자에게 미리 글의 구체적인 내용까지 요구하는 경우가 있었음을 알 수 있다.

게을러져서 푸른 산 빛을 보지 않는다면, 번거롭고 막히는 마음이 때로 싹트는 것이다. 그러나 산수의 좋은 경치를 먼 곳에서 구하기는 쉬우나 가까운 곳에서 구하기는 어렵다. 그러므로 성안에서 구하여 얻지 못하면 근교와 경기(京畿) 밖으로 나가고, 근교와 경기 밖에서도 얻지 못하면 할 수 없는 것이다. 오직 비둔(肥遁)을 사모하고 독선을 즐거워하여 세속과는 동떨어져서 원유하는 자만이 얻을 수 있다. 그러므로 산수를 몹시 사랑하는 사람은 부귀의 낙을 누릴 수 없고, 부귀를 깊이 즐기는 자는 산수의 아름다움을 만날 수 없으니 겸하는 자가 적다(〈태재기〉).[81]

[2] 곡령(鵠嶺)을 짊어지고 용수(龍首)를 옆에 끼고 사방이 모이는 곳, 신경(神京)의 가운데 웅거하여 울창하게 아름다운 기운이 있는 것은 남산(男山)이다. 그 산기슭에 잇달아 지은 천문(千門) · 만호(萬戶)의 집들은 마치 고기비늘이 겹친 듯 즐비한데 그 중에서 특히 끌어당기는 형세가 마치 교룡이 일어나는 듯 봉황이 춤추는 듯한 것은 상국 진강후의 갑제(甲第)이다. 조용히 쉬며 놀고 구경하는 곳에 모정(茅亭)이 있으니 그 이마는 뾰족하고 몸은 둥글어 바라보면 일산 같아서 높이 반공에 날아오르는 듯한 것이 이것이다(〈진강후모정기〉).[82]

[1]과 [2]는 모두 작품의 서두이다. 먼저 [1]에서는 사람의 마음은 환경의 영향을 받기 때문에 자연의 아름다움을 접하지 않으으면 번거롭고 막히는

81 『국역 동문선』 Ⅵ, 127면, 부분 수정. 夫緣境而漸染者 人之情也 耳猒嘈哳而不聞淸溜之聲 目倦華靡而不矚青山之色 則煩滯之心 有時而萌矣 然山水之勝 求諸遠則易 求諸近則難 故求之城中而未得 則之郊畿之外 之郊畿之外而未得 則尙無可奈何矣 惟其慕肥遁樂獨善高蹈遠遊者 然後得之也 是以愛山水之篤者 不可享富貴之樂 嗜富貴之深者 不得致山水之美 而兼之者鮮矣.

82 위의 책, 131~132면, 부분 수정. 負鵠嶺腋龍首 扼四方之會 據神京之中 葱葱有佳氣可掬者 男山也 麗其麓而家焉者 門千戶萬 若鱗錯櫛比 而特控引形勢 螭起鳳舞者 相國晉康侯之甲第也 其燕息遊觀之所 則有茅亭在焉 銳其顚圓其體 望之若羽盖而軒翥於半空者是已.

마음이 생기는데 실제 자연의 아름다움을 마음껏 즐기는 데에는 여러 어려움이 따른다고 하였다. 작품의 서두를 자연 완상이 지닌 의미와 그것의 추구가 결코 용이하지 않는 현실에 대한 작자의 생각을 제시하는 것으로 시작한 것이다. [2]에서는 작품의 대상이 되는 집과 누정의 위치와 모습을 먼 곳에서 가까운 곳으로 시선을 이동하는 원근법적 서술방식과 화려한 수식을 곁들여 장황하게 묘사하고 있다.

다른 사람의 요청에 따라 지은 작품들을 보면 이처럼 인간사 일반에 대한 논의나, 대상이 되는 집이나 정원의 위치, 그리고 그 주인에 대한 소개로 작품을 시작하는 경우가 대부분이다. 그런데 성안에서 산수의 아름다움을 찾기 어렵고, 부귀와 자연 완상을 겸하기 어려운 것이 현실이라는 [1]의 뒤에는 그러한 현실과 달리 부귀를 누리는 주인이 임금을 바라보기 위해 궁궐 가까이 누정을 짓고 산수의 아름다움을 구했다며 칭송하는 내용이 서술되어 있다. 이를 통해 서두의 일반론이라 할 만한 것도 실제는 대상 건물의 위치를 소개하거나 그 주인을 칭송하기 위한 예비적 서술의 성격을 지닌다는 것을 알 수 있다.

이러한 서두에 이어 제시되는 내용 항목들은 대체로 다음과 같다.

> [3] 따로 화단을 만들어서 여러 가지 꽃을 심었는데 수십 종의 꽃들이 모두 세상에서 드물게 보는 것이었다. 막 피어나는 것도 있고 이미 떨어진 것도 있어 숲을 물들이고 땅을 수놓아 서로 얽혀 어지럽다. 꽃봉오리가 해에 비쳐 붉은 것은 장려화(張麗華)가 아리땁게 취한 것과 같으며, 꽃떨기가 이슬에 젖은 것은 양귀비(楊貴妃)가 막 목욕한 것 같고, 바람에 가지가 흔들리는 것은 조비연(趙飛鷰)의 가벼운 몸과 같다. …… 꽃이 눈을 일깨워주는 것이 이와 같으므로 사랑스러워 차마 떠나지 못하고 풀을 깔고 앉았다가 한참 뒤에 일어났다. 꽃이 있는 언덕으로부터 조금 북쪽으로 가니 석대(石臺)가 있는데 판판하기가 바둑판 같고, 또 깨끗하여 자리를 깔지 않고도 앉을 만하였다

(〈통재기〉).[83]

[4] 혹 정자 위에 기둥처럼 세우면 집을 뚫고 위로 나오는 것, 강남 땅을 편안히 여기고 중하(中夏)에서 생산되어 다른 땅에 옮겨가기를 꺼리는 것, 그리고 소 만 마리로 돌려도 옮길 수 없는 꾸불꾸불하고 울퉁불퉁한 반송도 한번 공의 동산에 들어와서 한번 공의 돌봄을 받으면 번쩍번쩍 윤기가 나서 번창하지 않는 것이 없으니 생각하건대 초목의 상정도 오히려 영광스럽게 대우하는 것을 아는 것일까? 천공(天公)과 지온(地媼)의 도운 바가 있어서일까? 또 물(物)은 천지에서 나온 것인데 공이 능히 변화·이역(移易)하기를 조물주와 함께 표리가 되므로 물 중에는 공에게 사역(使役)되어 공에게 쓰인 것이 많다. 비단 물뿐 아니라 사람의 신심을 닦아 기르는 데 있어서도 또한 두루 갖추었다고 할 수 있으니 누가 공에게 쓰이는 것을 원하지 않겠는가?(〈진강후모정기〉)[84]

[5] 나에게 이름 지어주기를 청하여 내가 냉천(冷泉)이라고 이름을 붙였다. 한 손이 말하기를 "이 정자가 명승(名勝)이 된 것은 다 이 바위 때문인데 도리어 한 쪽박 같은 작은 샘을 가지고 이름을 붙이는 것은 마땅하지 않은 것 같다."고 하였다. 내가 말하기를 "바위는 비록 기이하지만 사람에게 이바지하는 것이 적고, 샘은 비록 얕더라도 능히 차가운 물이 젖과 같이 사람을 두루 윤택하게 하지 않은가. 이제 내가 그대와 더불어 차를 끓여 마시고 술을 걸러

83 위의 책, 117면. 부분 수정. 別爲塢以居衆花 花各數十種 皆世所罕見 或方開 或已落 映林繡地 交錯糾紛 日蕚紅 張麗華之嬌醉也 露葩濕 楊貴妃之始浴也 風枝擧 趙飛鸗之體輕也 …… 以花之諭乎目如此 愛之不能移去 藉草良久而後起 自花塢而少北 有石臺平如局 又潔淨可不席而坐.

84 위의 책, 133면, 부분 수정. 或柱立亭上 鏬屋而上出者 至若便江南産中夏 而忌客於他土者 與夫盤松之輪囷磊砢 廻萬牛而不可移者 一入公之園囿 一被公之顧眄 則猗猗曄曄 莫不暢茂 意者草木之情 猶有知於榮遇耶 將天公地媪 有所相耶 且物生於天地 而公能變化移易 與造物者相爲表裏 故物之役於公而爲公之用者衆矣 非獨物也 其陶冶生人 亦可爲周矣 孰有不願爲公之用者耶.

잔질하는 것 또한 샘이 베풀지 않는 것이 없으니 어찌 샘을 저버릴 수 있겠는가?" 하였다. 손이 부드러운 얼굴로 크게 웃었다(손비서냉천정기).[85]

[3]은 주인이 가꾼 정원의 모습을 제시하고 있는 부분이다. 수십 종에 이르는 꽃의 다양한 모습을 비유를 통해 길게 묘사하고 그에 대한 느낌을 제시하는 등 작자는 자기가 직접 둘러본 정원의 이곳저곳을 긴 분량에 걸쳐 자세하게 서술하였다. [4]에서는 정원에 있는 화초와 반송의 묘사가 주인인 진강후 최충헌(崔忠獻)에 대한 찬사로 이어지고, 이는 초목뿐 아니라 세상사람 모두가 그에게 쓰임을 바란다는 극단적인 칭송으로 연결되고 있다. 기이한 초목들의 번창한 모습이 모두 주인 때문이라고 하면서 주인을 극구 칭송하였다. 다음 [5]는 주인의 요청에 따라 누정의 이름을 짓고, 그 의미를 풀이한 부분이다. 바위가 아름다운 정원의 이름을 지으면서 바위가 아닌 조그만 샘물에서 이름을 취한 까닭을 객과의 문답 형식으로 제시하였다.

이처럼 집이나 정원의 묘사, 주인에 대한 칭송, 누정의 이름을 짓고 그 의미를 풀이한 서술들이 대개 서두에 이어 제시되는 중요한 내용 항목들이다. 물론 작품마다 구체적인 서술 내용과 방식의 차이가 있고, 다른 내용이 제시되어 있는 경우가 있지만 대체로 이 세 가지 항목들이 순서를 달리하거나 혹은 그 가운데 어느 것이 생략되면서 본문을 구성하고 있다. 그런데 [4]처럼 주인에 대한 칭송이 문면에 직접 제시되는 경우가 아니더라도 본문 내용 대부분이 사실 주인에 대한 칭찬을 전제로 하고 있다고 할 수 있다. 집이나 정원을 묘사하는 부분도 그러한 아름다움을 이루어낸 주인에 대한 칭찬을 함축하고 있고, 집이나 누정의 이름을 짓고 풀이하는 부분 또한 주인의 인품과 취향에 대한 칭찬을 바탕으로 하고 있는 것이다. 이러한 주인에 대한 찬사는 정도의

85 위의 책, 143면, 부분 수정. 請予名之 予以冷泉名之 客有曰 此亭所倚以爲勝者 凡以玆巖也 反以一勺小泉名之 似未宜也 予曰 巖雖奇 餉人之利小矣 泉雖淺 能以冰漿乳液 潤人周矣 予今與若 點舛而飮 漉酒而酌 亦莫非泉之施也 可忍負乎 客破顔大笑.

차이는 있지만 남의 요청을 받고 쓴 기의 공통적인 특성이라 할 수 있다.

이와 같이 남의 요청을 받고 창작한 기는 대개 집이나 정원의 위치와 모습의 소개, 인간사 일반론 등의 제시를 서두로 하여 집과 정원의 묘사, 주인에 대한 칭송, 집이나 누정의 이름에 대한 풀이 등을 어느 정도 일정한 틀에 맞춰 전개해 나가고 있으며, 기를 요청한 주인에 대한 칭찬이 작품의 바탕을 이루고 있음을 알 수 있다.

이러한 특성은 이 작품들이 다른 사람의 부탁을 받고 짓는 당대의 관례에 따라 창작되었기 때문에 지니게 되었을 것이다. 그렇다고 해서 이 작품들을 현재의 관점에서 수필이 아니라거나 뛰어난 수필로 볼 수 없다거나 하는 성급한 판단을 내릴 수는 없다. 우선 작품에 제시된 인간사 일반에 대한 논의나 누정의 이름에 대한 풀이 등에는 그것이 주인에 대한 칭찬을 전제로 하고 있다 하더라도 거기에는 대상을 나름으로 바라보고 인식했던 작자의 개성적인 면모가 드러나 있을 뿐 아니라 집이나 정원에 대한 묘사에서도 작자의 그러한 모습의 일단을 확인할 수 있기 때문이다. 따라서 정해진 독자인 주인을 의식한 서술이라는 한계가 있지만 이러한 점을 충분히 고려하여 이 작품들이 지닌 수필문학적 성격을 이해할 필요가 있을 것이다.

한편 이규보의 이 작품들은 당대 다른 작가의 작품들과 구분되는 나름의 특성을 지니고 있다. 앞에서 언급한 바와 같이 건물이나 누정에 관한 기는 원래 건축의 시말을 기록하는 기사류에 해당되는 것이지만 이규보의 경우에는 그러한 분류가 별반 의미를 지니지 못한다. 건축의 경위와 그것을 주재한 주인에 대한 설명이 있는가 하면 누정의 모습과 주위 풍경의 아름다움을 수식을 곁들여 묘사하기도 하고, 누정의 이름을 풀이하면서 주인을 칭송하는 곳에서는 의론적인 면을 보이면서 때로는 작자 자신의 감회를 드러내기도 한다. 곧 기사, 기물, 기경의 요소가 한 작품 안에 비슷한 비중으로 혼재되어 있으면서 의론적 측면도 어느 정도 갖추고 있는 것이다.

그런데 이규보와 비슷한 시기를 살았던 임춘(林椿)과 이인로(李仁老)가 다른 사람의 요청을 받고 지은 작품을 보면[86] 건물이나 그 주위의 풍광에 대한 묘사가 흔치 않고, 건물이 지어진 과정에 대한 소개, 혹은 주인의 행적과 인품을 칭송하는 내용이 각각 작품의 대부분을 차지하는 경우들이 많다. 물론 좀더 자세한 검토가 필요하지만 이러한 점을 고려하면 이규보는 남의 요청에 따라 관례적인 작품을 창작하면서도 다른 사람들과 구분되는 나름의 유형적 형상화를 시도하였던 것으로 보인다.

그렇다면 이규보가 자신과 관계된 일이나 자기의 관심사를 기록한 기의 경우는 어떠한가. 여기에 해당하는 작품들은 〈지지헌기〉, 〈사가재기〉, 〈사륜정기〉, 〈접과기〉, 〈초당이소원기〉, 〈남행월일기〉, 〈소금각배지〉, 〈계양자오당기〉, 〈계양초정기〉, 〈계양망해지〉, 〈천개동기〉, 〈몽험기〉, 〈동년재상서명기〉, 〈의왕사시창아라한전기〉 등인데 이 작품들은 자신의 누정이나 별장에 관계된 글, 자신의 지난 일을 기록하고 그 감회나 견해를 피력한 글, 그리고 기행문으로 나눠볼 수 있다.[87]

우선 자기의 집이나 별장에 관계된 기는 그것이 자신에 직접 관계된 것이기 때문에 남의 요청에 의해 창작한 작품들과는 구성 방식이나 내용에 많은 차이를 보이고 있다. 〈지지헌기〉는 자신을 3인칭화해서 객관적으로 서술하고 있다. 하지만 이러한 서술방식은 탁전과 같은 양식에서 이미 보편화되어 있는 것으로 작자의 내면을 확인하는 데 별다른 장애가 되지 않는다. 이 작품에서 이규보는 자기의 집을 '지지헌(止止軒)'이라 명명하고 그렇게 한 이유가 '그칠 것을 알아서 그치고, 나아가서는 벼슬하는 데 급하지 않고 물러나서는 숨는 데 구차하기 않기 위해서'[88]라고 하여 자기의 인생관과 처세관을 밝히고

86 『동문선』 권65에 임춘과 이인로의 기가 각각 6편씩이 수록되어 있다.

87 〈의왕사시창아라한전기〉는 의왕사의 오백나한 화상을 수리, 보충한 사실을 기록한 글로 이규보의 불교에 대한 관심이 드러나 있기는 하지만 자기의 일을 직접 다룬 글이라 하기는 어렵다.

88 『국역 동문선』 Ⅵ, 113면. 予能識其所止而止 則可謂應初一之體 進不急於仕 退不苟於隱 以是而爲平人 則可謂叶初二之辭.

객과의 문답을 통해 이를 다시 부연·강조하고 있다. 또 〈사가재기〉에서는 먼저 자기가 아버지에게서 물려받은 별장이 있는데 밭이 있어 갈아 먹을 만하고, 뽕나무가 있어 누에를 쳐 옷을 입을 만하고, 샘이 있어 마실 만하며, 나무가 있어 섶을 장만할 만하기 때문에 '사가(四可)'라 이름 지었다고 하였다. 그리고 자기가 그곳에서 전원의 즐거움을 얻게 되면 태평 시대에 농사짓는 늙은이가 되어 격양(擊壤)하고 배를 두드리던 성인의 교화를 노래하고 읊는 것이 무엇이 불가하겠느냐고 하여 세상 풍진을 등지고 전원의 즐거움을 누리고 싶은 마음을 제시하였다. 이처럼 자기의 집이나 별장의 이름을 정하고 그 이유를 설명하면서 자신의 인생관 내지 처세관을 피력하는 것은 〈계양자오당기〉도 마찬가지이다.

이와 같이 위의 작품들은 건물에 관해 썼다는 공통점이 있지만 남의 부탁을 받고 쓴 글들과는 성격이 완전히 다르다는 것을 알 수 있다. 곧 서술의 초점이 글을 요청한 주인이 아니라 작자 자신의 내면을 향하고 있는 것이다. 제시될 만도 한 건물에 대한 묘사까지도 별반 제시되어 있지 않은 것은 이들 작품이 얼마나 작자의 사적인 진술에 충실한가 하는 것을 보여준다. 〈지지헌기〉와 〈사가재기〉는 이규보가 벼슬길에서 영달하기 이전에 창작한 것으로 보이고, 〈계양자오당기〉는 좌천되었을 때 지었다. 이런 점을 고려하면 이규보는 출사와 같은 현실적 욕구가 좌절되었을 때 삶의 자세를 가다듬으면서 인생에 대한 나름의 성찰을 이러한 작품들을 통해 제시하였다고 할 수 있다.

다음 〈접과기〉, 〈초당이소원기〉, 〈몽험기〉 등은 자신이 직접 경험한 사실에 대한 감회를 적은 글들이다. 〈접과기〉에서는 배나무에 접을 붙여 훌륭한 배를 얻게 된 사실을 들어 개과천선의 중요성을 경계한 아버지의 숨은 뜻을 되새겼다. 또 〈초당이소원기〉에서는 먼저 자기가 사방 30보가 되는 동산의 풀을 매었지만 결국 그 가운데 10보 정도의 밭만 손수 가꿀 수 있었다는 경험을 제시하고, 그렇게 가꾼 작은 정원에서 느끼는 즐거움이 곧 부족한 자기 나름의 보람이라고 하였다. 그러면서도 작자는 "대장부의 온축한 뜻을 어찌 쉽게 말할 수 있겠는가"[89]라고 하여 27세의 젊은 나이에 지니고 있던 원대한 포부를 피력하기도 하였다. 이러한 언급은 〈지지헌기〉나 〈사가재기〉에서 보이는 삶의 태도와 어느 정도 상반된다. 하지만 그렇다고 해서 이규보의 인생관이나 삶의 자세가 일관성을 결여하고 있다고 하기는 어렵다. 이 작품들이 자신의 사상이나 사고방식을 논리적으로 개진한 글이 아니고 어떤 대상에서 촉발되는 그때그때의 생각과 감회를 적어나간 글들이기 때문에 창작 당시의 솔직한 내면이 담긴 것으로 이해할 필요가 있고, 오히려 이러한 점에서 이 작품들의 수필적 성격을 확인할 수도 있기 때문이다. 그리고 〈몽험기〉는 꿈속에서 겪은 일이 나중에 현실과 부합되었다는 자기의 경험을 서술하면서 신도(神道)의 감응도 반드시 허황된 것만은 아니고 때때로 믿을 수 있다는 생각을 제시하고 있다. 이처럼 이들 세 작품은 자신의 경험을 제시하고 그것을 통해 얻게 된 새로운 각성이나 인식을 제시하고 있다는 공통점을 지니고 있다.

이밖에 〈계양망해지〉와 〈남행월일기〉는 이른바 '유기(遊記)'에 속하는 글이라 할 수 있다. 〈계양망해지〉는 바다가 바라보이는 계양의 몇 곳을 둘러보고 그 사실을 간략히 기록한 글인데 이규보는 유람 사실을 간략히 서술한 다음 계양에 좌천되어 왔을 때와 복귀하여 돌아갈 때에 바다를 바라보는 자기의 마음이 다르다며 마음이 때에 따라 바뀌는 것을 경계할 만하여 기록하였다고 하였다. 〈남행월일기〉는 이규보가 전주사록(全州司錄)으로 근무하던 30대 초반에 전라도 지역을 둘러본 체험을 기록한 글이다. 그런데 이 글은 여행 당시에 기록한 것이 아니라 나중에 그때 지은 시와 간략히 기록했던 일기를 보고 당시의 체험을 재구한 것이다. 작품에는 시가 한 편 삽입되어 있지만 여정과 견문을 객관적으로 제시하는 데 비중이 놓여 있다. 이런 점은 임춘의 〈동행기(東行記)〉와 비교가 된다. 〈동행기〉는 작자가 강동(江東)의 경치가 좋다는 세상의 말을 믿지 않다가 실제 그곳을 여행하고서는 아름다운 경치에

89 위의 책, 119면. 大丈夫之蓄意 亦豈了言哉.

감탄하여 그때그때의 감회를 시를 지어 삽입하면서 자기의 여행체험을 기록한 작품이다. 〈남행월일기〉가 여정과 견문이 중심이 되어 있음에 비해 〈동행기〉가 경치에 대한 묘사가 큰 비중을 차지하고 있는 것은 여행 장소가 다르기 때문이기도 하겠지만 임춘의 차분하고 구체적인 묘사와 이규보의 여정을 위주로 한 속도감은 여행체험을 기록한 두 사람의 개성적 차이와 연관되는 것으로 보인다.

〈동년재상서명기〉와 〈사륜정기〉는 지난 일을 잊지 않기 위해 기록했다는 점에서 기 본래의 취지에 부합되는 작품들이다. 〈동년재상서명기〉는 자신과 함께 과거에 급제하였던 사람들의 이름과 경력을 기록한 글이며, 〈사륜정기〉는 자신이 설계한 사륜정을 미처 완성하지 못해 설계한 계획을 잃을까 두려워 설계에 대한 자세한 설명을 하고 객과의 문답을 통해 그렇게 설계한 이유를 밝힌 글이다. 따라서 이 두 작품에서는 작자의 사적인 진술보다는 객관적 사실의 제시가 큰 비중을 차지하고 있다. 그렇기는 하지만 〈동년재상서명기〉에서는 자기를 포함한 동기(同期)들이 현달한 데 대한 자부심을, 〈사륜정기〉에서는 자연의 즐거움을 한껏 누리고자 하는 작자의 욕망을 읽어낼 수 있다.

이처럼 이규보가 자기 자신에 관계된 일을 스스로 기록한 기에서는 작품에 따라 정도의 차이가 있기는 하지만 대체로 자기의 인생관이나 삶의 자세, 그리고 특별한 체험과 그에 대한 감회가 중심이 됨으로써 자기 성찰적 성격을 지니고 있다고 할 수 있다. 이에 따라 이 작품들에서는 현달하기 이전 젊은 시절의 이규보가 한편으로는 전원을 동경하면서도 한편으로는 환로에 나아가 포부를 펼쳐보고자 했던 모습을 읽어낼 수도 있다. 이런 점에서 이 작품들에 대한 수필문학적 접근이 가능하고, 또 필요하다고 할 수 있는데 이규보 당대에 기를 통해 자기의 문제를 거듭 직접적으로 다루고 있는 예가 그리 흔하지 않다는 점 또한 주목할 수 있다.

3. 설의 수필문학적 성격

이규보의 설은 〈경설(鏡說)〉, 〈주뢰설(舟賂說)〉, 〈기명설(忌名說)〉, 〈슬견설(蝨犬說)〉, 〈괴토실설(壞土室說)〉, 〈이옥설(理屋說)〉, 〈뇌설(雷說)〉, 〈완격탐신설(埦擊貪臣說)〉, 〈논시설(論詩說)〉, 〈칠현설(七賢說)〉, 〈천인상승설(天人相勝說)〉, 〈몽설(夢說)〉 등 전부 12편인데 『동국이상국집』 전집 권21에 실려 있고 『동문선』 권96에 전부 선발·수록되어 있다. 이 중 〈논시설〉, 〈칠현설〉은 『백운소설』에도 수록되어 있다.

일반적으로 설은 자기의 뜻으로 어떤 일을 해설하는 글의 양식이라 할 수 있는데 논변류에 속한다. 설은 『역경』 설괘(說卦)와 한나라 허신(許愼)의 『설문(說文)』이 그 기원이라는 견해가 있지만 그것들은 단지 설이라는 명칭만이 같을 뿐 일반적인 설의 양식과 현격히 구분된다는 점에서 비판을 받기도 한다. '~설'이라는 제목이 붙은 작품으로는 조식(曹植)의 〈촉루설(髑髏說)〉, 〈적전설(籍田說)〉이 최초라고 하지만 『문선(文選)』에 들지 못해 설이 하나의 독립된 양식으로 자리 잡지 못하다가 한유의 〈사설(師說)〉, 〈잡설(雜說)〉 및 유종원의 〈포사자설(捕蛇者說)〉에 이르러 비로소 산문 양식의 하나로 정착되었다고 한다. 이후 소순(蘇洵)의 〈중형자문보설(仲兄字文甫說)〉과 〈명이자설(名二子說)〉, 소식(蘇軾)의 〈강설(剛說)〉 등이 유명한데 이것들은 모두 논(論)보다는 가벼운 해설에 중점을 두는 특성을 지니고 있으며, 여기에서 자(字)나 호(號)의 뜻이나 그렇게 지은 연유 같은 것을 쓴 간단한 자설(字說) 또는 호설(號說)이 유행하기 시작했다고 한다.

또 설의 서술방식은 유종원의 〈포사자설〉에서 볼 수 있는 '의재탁풍(意在託諷)'과 한유의 〈사설〉에 보이는 '직설기사(直說其事)'의 두 가지로 구분하는 것이 일반적이다. 그리고 설은 논과 큰 차이는 없으나 대체로 논에는 단안이 곁들여짐에 비해 설에는 작자의 개성이 두드러지고 사람의 떳떳한 도리, 즉 의리를 펼쳐나간다는 점에서 약간의 차이가 있다고 하나 실제 명확한 구분

이 쉽지는 않다.[90]

이규보의 설과 『동문선』에 수록된 다른 사람의 작품을 비교해 보면 제재나 그것을 다루는 방식에 큰 차이가 있음을 확인할 수 있다. 『동문선』에는 이규보와 비슷한 시대를 살았던 사람들의 작품은 보이지 않고, 이규보의 작품 뒤에는 이곡(李穀)을 비롯한 고려후기 문인들의 작품이 수록되어 있다. 이곡의 설은 총 8편이 『동문선』에 수록되어 있는데 이 중 자호에 관한 설이 3편, 스승과 신하의 도리를 설파하거나 역사적 인물이나 세태를 비판한 글이 4편이고, 이규보의 경우처럼 일화나 우언을 제시하면서 계세(戒世)의 뜻을 나타낸 작품은 〈차마설(借馬說)〉 1편뿐이다. 또 이숭인(李崇仁)의 작품 1편은 자설이고, 이색(李穡)의 설 21편 가운데 이름, 자, 호에 관한 작품이 무려 19편이나 된다. 이를 통해 고려후기에는 자나 호를 지어 달라거나 자기의 자나 호를 풀이해 달라는 요청에 따라 자설이나 호설을 짓는 일이 크게 유행했던 것을 알 수 있다.

그런데 이규보의 작품에는 자호설이 한 편도 없다. 그것은 이규보 당시에는 이런 자호설이 관습화되지 않았기 때문인지, 아니면 이규보가 자나 호의 해설에 대한 관심보다는 자기 나름의 개성적이고 독특한 생각을 표현하려는 욕구가 보다 강했기 때문인지 확실히 알 수는 없다. 그러나 이규보의 설에 자호에 관한 것이 한 편도 없다는 사실을 일단 이규보 설의 한 특징으로 보아 무방할 것이다.

이규보의 경우 기가 관례에 따른 교유나 처세, 혹은 자기 성찰을 위한 문학인 반면 설은 사회를 풍자·비판하는, 곧 계세를 위한 문학의 성격을 강하게 띠고 있다. 이규보는 그것을 위해 우언적인 요소를 활용하기도 하고, 직접 자기의 생각을 진술해 나가기도 한다. 그러나 자기의 생각을 직접 서술한다고 해도 대개 경험적 일화를 중심으로 하고 있기 때문에 한유의 〈사설〉이나 이곡

90 馮書耕·金仞千, 앞의 책, 7·8장 참고.

의 〈사설증전정부별(師說贈田正夫別)〉, 〈신설송이부령귀국(臣說送李府令歸國)〉에서 볼 수 있는 논설적 서술방식과는 차이가 있다. 요컨대 이규보의 설은 우언과 일화를 통해 세상을 비판·풍자하고 교훈을 제시하는 성격을 지닌다고 할 수 있다.

먼저 우언이나 경험적 일화를 통해 사회를 비판하는 작품으로는 〈경설〉, 〈주뢰설〉, 〈슬견설〉과 같은 작품을 들 수 있다. 〈경설〉에서는 왜 흐릿한 거울을 들여다보는지 그 까닭을 묻는 객의 질문에 대해 주인은 이 세상에는 잘생긴 사람보다 못생긴 사람이 많아 그 못생긴 모습을 그대로 비춰주는 맑은 거울이 용납되지 못하기 때문이라고 하면서 잘생긴 사람을 만나 그때 갈고 닦아도 늦지 않다고 했다. 이처럼 문답으로 이루어진 짧은 글이지만 사실 그 속에 담긴 뜻이 그렇게 간단하지만은 않다. 잘생긴 사람보다 못생긴 사람이 많아 거울이 깨뜨려질 수 있기 때문에 거울을 흐린 상태로 내버려둔다는 것은, 이 세상이 혼탁하기 때문에 그러한 세상을 비판할 수 있는 자기의 지성이나 능력을 드러내면 남에게 해를 입을 수 있어 그것들을 안으로 감추고 살아간다는 의미일 것이다. 또 잘생긴 사람을 만나 갈고 닦아도 늦지 않다는 것은 자기를 알아줄 만한 밝은 세상을 만나면 그때 자기의 능력을 발휘해도 늦지 않을 것이라는 뜻을 함축하고 있다고 할 수 있다. 요컨대 이 작품은 거울이라는 상징을 통해 자기가 용납되기 어려운 혼탁한 세상을 비판하는 한편 자기의 처세관을 아울러 암시하고 있다고 할 수 있다.

〈주뢰설〉에서는 나는 듯 달리는 배와 머뭇거리며 제대로 나아가지 못하는 배를 대조시켜 나룻배를 타고 건너는 데에도 뇌물이 있어야 빨리 갈 수 있었다는 사실을 제시하고, 돈 없는 자신이 벼슬길에 나아가는 것이 얼마나 어려운 일인가를 실감하면서 그렇게 된 세상을 개탄하고 있다. 작품 말미의 "기록하여 후일의 참고로 삼겠다(書以爲異日觀)"[91]는 작자의 말에서 뇌물이

91 『국역 동문선』 Ⅶ, 444면.

횡행하는 혼탁한 세상에 대한 풍자와 비판의 자세를 엿볼 수도 있다. 이처럼 대조에 의해 작품을 구성하는 방식은 〈슬견설〉에서도 보인다. 개[犬]가 죽는 것을 보고 가슴이 아파 다시는 개나 돼지의 고기를 먹지 않기로 했다는 객의 말과, 화로 속에서 불에 타죽는 이[虱]를 보고 다시는 이를 잡지 않기로 했다는 주인의 말을 통해 사물의 본질을 제대로 파악하지 못하고 눈에 보이는 대로만 판단하는 세상 사람들을 비판, 풍자하였다.

그리고 〈기명설〉에서는 오세재(吳世才)와의 대화를 통해 그의 겸손한 성품을 제시하면서 '재주만 믿고 남에게 거만하다'는 오세재에 대한 세상의 평판을 비판하고 있으며, 〈이옥설〉에서는 자기의 집을 수리하면서 느꼈던 점을 통해 정사(政事)의 올바른 방향을 제시하고 있다. 이 두 작품은 우언이 아닌 경험적 일화의 제시라는 방식을 취하고 있으나 세상의 통념을 비판하거나 세상이 추구해야할 올바른 방향을 제시하고 있다는 점에서는 앞의 작품들과 마찬가지라고 할 수 있다.

이처럼 이 작품들이 대체로 대사회적인 지향을 보이고 있는 것은 사실 설의 양식적 특성과 어느 정도 관련이 있다고 할 수 있다. 앞에서 언급한 한유의 작품이나 이곡의 작품들이 세상을 향해 보편적인 진실을 전달하거나 세태를 비판하고 있음을 볼 때 설이라는 양식은 어떤 사실의 해설뿐 아니라 사회에 대한 비판이나 진실의 추구가 그 특성의 하나라는 것을 알 수 있다. 이는 설의 자의(字義)가 해설과 설득의 뜻을 아울러 포함하고 있기 때문일 것이다. 자신의 생각을 논리를 갖춰 제시함으로써 독자를 설득하는 것이 목적일 때[92] 작품은 작자의 개인적인 문제보다는 보편적인 진실의 전달과 사회에 대한 비판을 지향할 수 있기 때문이다. 이규보는 이러한 설의 양식적 특성에 따라 사회적 관심을 표명하면서도 그것을 직설적인 방식이 아니라 우언과 대화의 방식을

92 유협(劉勰)이 "설(說)은 열(悅)이다. 兌은 口와 舌을 나타내므로, 말로 사람들을 희열(喜悅)케 하는 것이 된다."라고 한 것은 설이 독자를 설득할 수 있어야 한다는 것을 전제하는 것이다(최신호 역주, 유협, 『문심조룡(文心雕龍)』, 현암사, 1975, 78면 참고).

통해 날카로운 비판과 풍자를 하는 그 나름의 독특한 면모를 보여주고 있다.

그런데 이규보의 설이 모두 대사회적인 모습을 보이고 있는 것만은 아니다. 〈뇌설〉, 〈괴토실설〉, 〈몽설〉 등과 같은 작품은 자신의 삶의 태도를 일화를 통해 제시하고 있다. 이러한 점에서 자신에 관계된 일을 기록한 기와 쉽게 구별되지 않는데 서술태도에 있어서는 약간의 차이를 발견할 수 있다.

> 아, 신도(神道)의 명감(冥感)도 역시 때로는 믿을 수 있다. 어찌 다 허황된 일이겠는가?(〈몽험기〉)[93]

> 나는 그제야 비로소 전일의 꿈을 징험하였다. 그렇다면 사람의 출세와 은퇴, 잘되고 못되는 것이 어찌 우연한 일이겠는가? 모두가 모르는 가운데 미리 정해진 일일 것이다. 당시에는 꼭 그 땅에서 죽으려니 하고 생각했었는데 얼마 안가서 서울에 돌아와 지위가 정승에까지 올랐으니 이도 역시 하늘의 운명이 아니겠는가?(〈몽설〉)[94]

위는 꿈의 징험이라는 동일한 제재를 다룬 두 글의 끝부분이다. 〈몽험기〉의 경우는 자신의 경험을 서술한 부분이 중심이 되어 있고, 〈몽설〉에서는 경험을 서술하고 이것을 일반화하여 사람의 출세, 은퇴 등의 일이 천정한 것이라는 점을 밝히고 다시 실제 경험을 제시하면서 이를 확인하고 있다. 이처럼 동일한 제재를 다루면서도 단순히 자신의 감회나 생각을 기술하고만 있는가, 혹은 자신의 생각을 강조하면서 독자를 설득하려고 하는가 하는 서술태도의 차이에서 이규보가 기와 설 각각의 양식적 성격에 비교적 충실하고자 했다는 것을 알 수 있다.

93 噫 神道冥感 亦有時而信 豈皆虛也哉.

94 『국역 동문선』 Ⅶ. 452면. 부분 수정. 予然後方驗前後夢矣 然則人之行藏榮辱 豈徒然哉 皆預定於冥然者歟 當時擬必死於其地 未幾復京師 至登相位 是亦非天命歟.

이러한 양식에 대한 고려는 작품에 나타난 인생관이나 삶의 자세의 측면에서도 확인할 수 있다. 곧 〈접과기〉에서 선친의 뜻을 통해 자신을 성찰한다든가, 〈사가재기〉에서 전원에 대한 동경을 나타내고 있는 것처럼 기의 경우에는 보다 개인적인 차원에 중점을 두고 있다면, 설의 경우는 〈뇌설〉에서 보듯 모든 사람의 경우로 일반화가 가능한 보편적 주제를 다루고 있는 차이점을 확인할 수 있는 것이다.

4. 맺음말

이 글에서는 이규보의 산문 가운데 기와 설을 대상으로 두 양식의 작품들이 지닌 수필문학적 성격을 살펴보았다. 그 결과 이규보는 기와 설이라는 양식의 본래적 성격에 충실하면서도 한편으로는 그러한 양식들의 형식과 내용을 제약하던 공식적 틀에서 어느 정도 벗어나 자신을 성찰하는 나름의 진지한 삶의 자세를 보여주기도 하고, 사회를 바라보고 그것을 문제화하는 특유의 안목과 문학적 형상화의 모습을 보여주고 있음을 확인할 수 있었다. 이러한 사실은 일단 이들 작품이 수필문학으로서의 가치를 충분히 지니고 있다는 사실을 말해주는 것이다. 한편 타인의 요청에 의해 창작한 기의 경우에는 이규보 역시 당시의 관습에서 완전히 자유로울 수 없었다는 것을 확인할 수도 있었다.

이러한 이규보의 수필문학에 대해서는 그가 보여준 인생관이나 삶의 자세가 다른 작가들의 그것과 구별되는 개성적 측면에 관한 문제, 또 그러한 삶의 태도를 문학적으로 형상화한 독자적인 방식에 관한 문제 등이 좀더 구체적으로 논의되어야 그의 작품이 지닌 문학적 가치와 의의가 보다 분명해질 것이다.

이상과 같은 논의의 결과가 이규보라는 한 작가의 작품에만 한정된 것이기 때문에 기가 관례에 따른 교유와 처세를 위한 문학이면서 한편으로는 자기 성찰의 문학이라는 성격을 아울러 지니고 있고, 설이 계세를 위한 문학의 특성을 갖는다는 사실이 모든 기와 설에 두루 적용될 수 있는 보편적인 진실이라고 할 수는 없다. 따라서 앞으로 기와 설의 수필문학적 성격에 대한 보다 진척된 논의를 위해서는 많은 작가와 작품으로 연구 대상을 확대하고, 기와 설의 양식적 변모와 함께 개별 작가와 작품의 특성을 면밀히 검토하여야 할 것이다. 아울러 수필 장르의 미학에 대한 심도 있는 논의 역시 이루어져야 할 것이다.

제2부

기행산문의 탐구

〈금강유산일기〉의 작자와 서술양상

〈자경지함흥일기〉의 문체적 특성

국문본 〈동유기〉의 작자와 서술의 특성

〈금강유산일기〉의 작자와 서술양상

1. 머리말

〈금강유산일기(金剛遊山日記)〉는 금강산 여행체험을 기록한 산수유기(山水遊記) 가운데 한 편이다. 금강산 유기는 상당히 많은 작품이 전하고 있는데 이 작품은 그 가운데 몇 편 되지 않는 국문본이라는 점, 그리고 국문본 금강산 유기의 대부분이 19세기에 창작되었음에 비해 그것들보다 훨씬 이른 18세기 초에 기록되었다는 점에서 우선 주목할 필요가 있다. 금강산 여행체험은 한문이나 국문 산문, 한시나 가사 등의 형태로 기록되고, 형상화되어 전하고 있는데 국문본 유기는 작품 수가 적을 뿐 아니라 아직 활발한 논의도 이루어지지 못하였다. 이에 이 글에서는 현재까지 확인된 국문본 금강산 유기 가운데 가장 오래된 〈금강유산일기〉에 주목하여 작자를 구명하고, 작품의 성격을 확인하고자 한다.

〈금강유산일기〉는 최승범이 작자의 여행 시기를 1775년으로 추정하고, 문학적 특성을 간략히 언급한 다음 자료의 원문을 소개하여 그 존재가 세상에 알려졌다.[1] 한참 뒤 최강현이 작자의 여행 시기를 1715년으로 수정한 바 있으나[2] 그 이후에도 오랫동안 이렇다 할 논의가 없다가 장유진이 작품 속 언급을 바탕으로 작자를 추정하고, 작품의 문학적 성격을 여행의 동기와 여정, 다양

---

1 최승범, 『한국수필문학연구』, 정음사, 1980.

2 최강현, '금강유산일기(金剛遊山日記)'(『한국민족문화대백과사전』, 한국학중앙연구원), 1996년 집필.

한 관심과 견문, 효과적 형상을 위한 다양한 표현 등으로 나눠 검토하였다.[3] 장유진의 논의는 지금까지 〈금강유산일기〉를 본격적으로 검토한 거의 유일한 작품론으로 이를 통해 작품의 성격이 어느 정도 드러날 수 있었다는 점에 의의가 있다. 하지만 무엇보다 작자 추정에 문제가 있어 작자가 누구인지 다시 검토해야 한다.

이에 여기에서는 우선 작품에 제시된 정보를 바탕으로 작자가 누구인지 밝히고, 서술의 특징적 면모와 작자의식을 살펴 작품의 성격을 좀더 구체적으로 확인하고자 한다.

2. 작자

작자를 확인하기 위해서는 먼저 작자가 금강산을 여행한 시기부터 살펴볼 필요가 있다. 작자는 서두에서 '을미 추구월 신해'에 금강산으로 발행하였다고 하여 여행 시기를 밝히고 있는데 을미년은 최강현이 언급한 바와 같이 1715년이 분명하다. 그것은 무엇보다 작자가 작품 속에서 언급하고 있는 인물들을 통해 확인할 수 있다.

우선 작자는 친구인 진사 구문식과 동행하였다고 했는데 『사마방목』을 통해 구문식(具文湜)이 1711년 소과에 급제하였음을 확인할 수 있다.[4] 그리고 작자는 만폭동 팔담을 구경하던 중 수일 전 양주목사 이진검이 화룡담에 빠져 거의 죽을 뻔했다는 이야기를 들었는데 장서각본 『양주읍지』에는 이진검(李眞儉)이 1714년(갑오) 2월 12일에 부임하여 1715년(을미) 12월에 체직되었다고 기록되어 있다.[5] 『실록』에서도 양주목사 이진검이 수령의 몸으로 멀리

3 장유진, 「〈금강유산일긔〉 연구」, 울산대 교육대학원 석사논문, 2005.

4 한국역대인물 종합정보시스템(한국학중앙연구원). 『승정원일기』에는 구문식이 1740년 선천부사가 되었다고 기록되어 있다(영조 16년 3월 3일조).

다른 도에 산놀이를 떠나 바야흐로 가을의 정무를 오랜 기간 폐지하기에 이르렀으니 논벌해야 한다는 사간원의 상소가 1715년 10월에 올라왔다는 기사를 찾을 수 있다.[6] 뿐만 아니라 작자는 해산정(海山亭)에서 진사 이하곤 일행을 만나 하룻밤을 같이 묵고 이튿날 삼일포(三日浦)에서 함께 선유를 하였는데 이하곤(李夏坤)은 1667년에 태어나 1724년에 세상을 떠난 인물이다.

이처럼 구문식, 이진검, 이하곤 등 작자가 언급한 인물들에 관한 역사 기록이나 그들의 생몰연대를 고려할 때 작자가 금강산을 유람한 을미년은 1715년(숙종41)이라는 것을 분명히 알 수 있다.

그런데 여기에서 하나 짚어 보아야 할 문제는 기존 논의에서도 지적한 바와 같이[7] 작자가 제시한 일간지(日干支)와 그날의 날짜가 일치하지 않는다는 것이다. 작자는 날짜 대신 간지를 제시하면서 9월 신해일부터 갑술일까지의 체험을 서술하고 있다. 1715년 9월 신해일은 19일이고, 갑술일은 10월 12일이다. 그런데 작자는 기미일에 정양사에 머물렀다며 그날이 9월 16일이라고 하였다. 기미일은 실제 27일인데 16일이라고 한 것이다. 그리고 계해일에 비로봉에 올랐는데 이때가 9월 염후(念後)라 일기가 청명하다고 했다. 계해일은 실제 10월 1일이다. 또 임신일에 삼일포에서 이하곤과 선유하면서 이때는 9월이어서 꽃은 없지만 단풍이 꽃과 같다고 하였는데 임신일은 실제 10월 10일이다.

이처럼 작자가 제시한 간지와 실제의 날짜가 서로 어긋나 있는 것을 알 수 있다. 기존 논의에서도 언급한 것처럼 이는 날짜가 아니라 간지의 착오로 보인다. 구체적인 날짜를 제시하고 있는 부분이 있어 헛갈릴 가능성은 아무래도 간지 쪽에 있을 듯하기 때문이다. 간지가 잘못되었다면 정양사에서 머문 9월 16일을 기준으로 따져 보았을 때 실제 작자가 출발한 날은 9월 8일 경자

5 『양주읍지』, 디지털 장서각(한국학중앙연구원).

6 『숙종실록』, 41년 10월 12일조.

7 최강현, 앞의 글.

일이고, 작품 말미의 구룡폭포 구경은 10월 1일 계해일임을 알 수 있다.

그러면 이렇게 24일간의 짧지 않은 금강산 여행체험을 국문으로 기록한[8] 작자는 과연 누구인가. 장유진은 작자가 고성 해산정에서 '친정' 서간을 받았고, 또 그곳에서 이하곤 일행과 어울렸다는 사실에 주목하여 작자를 추정하였다. 곧 친정이 처가를 의미하는 것일 수 있다는 점, 그리고 이하곤이 금강산을 유람하고 해산정에서 지은 시 〈해산정간월가(海山亭看月歌)〉의 제목 아래에 태수 박군에게 주고 겸하여 이성홍(李聖興), 장진명 두 서생에게 보인다는 부기가 달려있는데 이하곤의 〈동유록(東遊錄)〉에서 이성홍이 고성군수 박태원(朴泰遠)의 사위임을 확인할 수 있다는 점 등을 들어 이성흥을 이 작품의 작자로 추정한 것이다.[9]

실제 이하곤의 〈동유록〉에는 이하곤이 박태원과 그 사위 이성흥을 만난 사실이 제시되어 있다.[10] 이하곤은 자기가 머무는 장안사로 박태원이 생선과 전복을 보냈고, 백화암에서 박태원 일행을 만나 두루 구경하면서 잠시 이야기를 하였으며, 표훈사에서 다시 만나 한참 이야기를 나누었다고 하였다. 그리고 10여 일 후 고성 해산정에서 풍류를 즐기고 있는 이성흥을 잠시 만난 다음 총석정, 신계사 등을 둘러보고 수일 후 다시 해산정으로 돌아와 묵었다고 하였다. '이하의 내용이 없어졌다(以下缺)'며 〈동유록〉은 여기에서 마무리 되고 있는데 박태원에게 〈해산정간월가〉를 지어준 것은 해산정에서 묵었던 이때였을 것이다.

그런데 〈동유록〉은 이하곤이 1714년 3월부터 4월까지 금강산을 유람하고 그 체험을 기록한 글로 이하곤과 박태원 일행의 교유는 〈금강유산일기〉의

8 작품 말미에 "무술 듕동 념일 필셔 막필참괴(〈금강유산일긔〉, 최승범, 앞의 책, 221면)"라고 씌어 있는데 이것이 후대 필사자가 아니라 작자의 직접적인 언급이라면 이 작품은 1718년(숙종44)에 기록되었다고 할 수 있다.

9 장유진, 앞의 글, 13~19면.

10 이하곤, 〈동유록〉, 『두타초(頭陀草)』 책14.

작자가 금강산을 여행하기 1년 반 전의 일이다. 그리고 장서각본 『고성군읍지』에 따르면 박태원은 1714년 3월에 도임하여 1715년 4월에 파직되었다고 하여[11] 〈금강유산일기〉의 작자가 금강산을 구경하던 1715년 9월에는 박태원이 고성군수가 아니었다. 또 친정 서간을 받았다는 언급에 주목하여 고성군수의 사위를 작자로 추정했지만 '친정(親庭)'이라는 말은 요즘과 달리 예전에는 남녀 구분 없이 친가, 본가를 가리키는 용어였기 때문에 친정 서간의 '친정'이 처가를 가리킨다고 보기 어렵다.

이런 점들을 고려할 때 작품 속에 제시된 단서를 바탕으로 작자를 다시 확인할 수밖에 없다. 서두에서 작자는 자기 아버지가 통천군수가 되었는데 통천과 금강산이 가까우니 금강산을 보고자 했던 평생의 소원을 이루고 숙병을 달래기 위해 금강산 유람을 한다고 하였다. 여기에서 작자가 당시 통천군수의 아들이라는 사실을 알 수 있다. 또 작자가 만폭동 금강대 밑에서 아우가 지난해에[12] 와서 제명한 것을 보니 극히 반갑다고 한 데에서 작자에게 아우가 있음을 알 수 있다. 그리고 작자가 마하연에서 묵을 때 자기 선조 창주공의 유산록에 계수나무가 있다고 되어 있어 승려들에게 물어보았다고 하였다. 이를 통해 '창주'라는 호를 쓰는 선조가 금강산 여행체험을 기록한 유산록을 남겼다는 사실 또한 알 수 있다.

이 가운데 가장 먼저 주목할 것은 작자가 통천군수의 아들이라는 점일 것이다. 당시 통천군수가 누구인지 확인하면 작자를 추정할 분명한 근거를 확보할 수 있기 때문이다. 우선 『승정원일기』에서 1713년 이시징(李蓍徵)을 통천군수로 삼고, 1718년 심계현(沈啓賢)을 통천군수로 삼는다는 기록을 찾을 수

11 『고성군읍지』, 디지털 장서각. 실제 『승정원일기』에서 박태원이 1714년 2월 고성군수가 되고, 1715년 4월 사간원에서 그의 파직을 청했음을 확인할 수 있다(숙종 40년 2월 11일, 41년 4월 3, 5일조).

12 최승범과 장유진은 "샤뎨 샹연의 와셔 보고 일홈을 예다가 써시니 극히 반갑더라(201면)"의 '상연'을 작자 아우의 이름으로 이해하였으나 '상연'은 지난해를 의미하는 '상년(上年)'으로 파악하는 것이 타당할 것이다.

있다.[13] 그리고 장서각본 『통천군읍지』의 관안(官案)에는 이시징이 1713년 부임하여 1718년 임기가 차서 교체되고, 그 해에 심계현이 부임하여 이듬해까지 재임하였다고 기록되어 있다. 이를 보면 작자가 금강산을 여행하던 1715년 당시의 통천군수는 이시징임이 분명하다.

『사마방목』에서 이시징은 본관이 전주이고, 1679년(숙종4)에 소과에 급제하였으며, 아버지가 이기상(李箕相)이라는 사실을, 그리고 『문과방목』에서 이기상이 1681년 문과에 급제하였는데 조부가 봉래수(蓬萊守) 이형윤(李炯胤), 증조가 귀천군(龜川君) 이수(李睟)라는 사실을 확인할 수 있다.[14] 이는 이시징이 중종의 아들인 덕양군(德陽君)의 후손임을 말해주는 것이다. 이에 따라 족보를 살펴본 결과 가족관계와 소과 급제 시기가 일치하는 이시징이라는 인물의 존재를 확인할 수 있었는데 그에게 관제(觀濟)와 익제(益濟)라는 두 아들이 있어[15] 관제가 작자이고, 익제가 만폭동에 제명한 작자의 아우임을 짐작할 수 있다.

그렇다면 유산록을 남긴 창주공은 누구인가. 창주(滄洲)는 작자의 고조부인 봉래군(蓬萊君) 이형윤의 호이다. 이형윤의 『창주유고(滄洲遺稿)』에는 1615년 금강산을 유람하고 그 체험을 기록한 〈유금강산기(遊金剛山記)〉가 수록되어 있다. 작자가 마하연에서 선조 창주공의 유산록에 계수나무가 있다고 되어 있어 확인해보니 회양부사가 베어가서 썩은 흔적만 있다고 하였는데 〈유금강산기〉에는 실제 마하연에서 계수나무를 보았다는 기록이 있다.[16]

이러한 사실들을 고려할 때 〈금강유산일기〉의 작자는 이시징의 큰아들인 이관제(李觀濟)가 틀림없다. 이관제(1670~1739)는 중종의 다섯째 아들인 덕양군 이기(李岐)의 7대손으로 자는 대중(大仲)이다. 작자가 작품에서 식적

13 『승정원일기』, 숙종 39년 8월 19일, 44년 윤8월 20일조.

14 한국역대인물 종합정보시스템.

15 『전주이씨덕양군정희공파세보』 권지갑, 동편찬위원회, 1991 참고.

16 『국역 창주유고』, 전주이씨덕양군파종친회, 1990, 143면.

(食積)이 심하고 담화(痰火)가 성하여 공부를 폐했다고 했는데 그 때문인지 그가 과거에 급제하거나 관직에 나아간 기록을 찾을 수는 없다. 나중에 둘째 아들이 동지중추부사가 되자 호조참판에 추증되었다.

한편 작자는 해산정에서 이하곤 일행을 만나 함께 묵고, 이튿날 삼일포에서 선유를 하였는데 작자가 '전에 갓 본 사람'이라고 언급한 것처럼 작자는 1년 반 전에 이하곤을 만난 적이 있었다. 이하곤은 〈동유록〉에서 1714년 3월 19일 통천에서 이시징과 그 아들 이관제를 만나 함께 총석정에 오르고 한참 동안 이야기를 나누었다고 하면서 이시징을 처음 보지만 오래 알던 사이인 것 같았으며, 말이 진실하여 지극히 좋아할 만한 사람이라고 하였다. 작자는 이처럼 전에 한번 보았던 이하곤을 이듬해 해산정에서 다시 만나 글을 창화하고, 함께 선유를 하며 즐겼던 것이다. 작자가 내외금강을 구경하고 고성 해산정에 도착했을 때 고성이 두 해 공관(空官)으로[17] 통천이 겸관(兼官)하고 있어 고성의 아전과 기녀들이 마중을 하였다고 한 것을 보면, 기녀까지 동원한 선유가 가능했던 것은 당시 부친인 통천군수가 고성군수를 겸하고 있었기 때문일 것이다.

3. 서술양상

1) 경물의 객관적이고 간결한 제시

작자는 식적과 담화로 공부를 폐한 후 산수에 대한 병이 생겼는데 금강산은 길이 멀고 힘이 미치지 못해 생각만 간절하던 중 부친이 통천군수가 됨에

17 고성이 두 해 공관이라고 한 것은 1714년부터 고성군수가 빈번하게 교체되면서 고성에 군수가 없는 때가 많았기 때문이다(『고성군읍지』 참고).

따라 평생의 소원을 이루고 병을 다스리기 위해 금강산 유람을 떠난다고 하였다. 고조부의 〈유금강산기〉와 정철의 〈관동별곡〉을 언급하고 있는 데에서 짐작할 수 있듯 금강산 여행체험을 담은 작품들을 읽고 마음속으로 상상만 하던 금강산을 직접 구경하는 것은 46세라는 나이와 상관없이 작자에게는 가슴 설레는 일이 아닐 수 없었던 듯하다.

그 때문에 작자는 바다와 산에서 보는 바를 다 기록해서 후인에게 자랑하겠다고 하였는데 이는 이 작품의 창작 동기가 아름다운 산수에 대한 열망의 성취 과정 모두를 독자에게 전달하는 데 있다는 것을 의미한다. 이진검이 화룡담에 빠져 죽을 뻔했다는 말을 소개하면서 후인의 징계함이 될 것이라 하고, 말미에 나중에 구룡소(九龍沼)를 보려하는 사람은 이 글을 자세히 보고 구룡소를 가볍게 보려하지 말라고 한 언급들은 작자가 독자를 염두에 두고 이 글을 썼다는 것을 말해준다. 작자가 유산체험의 세부적인 부분까지 언급하고 있는 것은 이러한 창작 동기와 관련된다고 할 수 있다. 하지만 여정에 따라 보고 들은 세부적인 부분까지 언급한다는 것이 경물과 같은 모든 대상을 구체적이고 자세하게 서술한다는 것을 의미하지는 않는다.

[1] 봉과 댱셩이 동셔로 셧고 업경ᄃᆡ(業鏡臺) 그 아ᄅᆡ 셔시니 넙의 열 발이나 ᄒᆞ고 놉희 세 길이나 ᄒᆞ고 압히 반반ᄒᆞ여 돌노 ᄀᆞᆫ ᄃᆞᆺᄒᆞ고 바회 둘히 비최여 거울 ᄀᆞᆺᄒᆞᆫ 고로 인경ᄃᆡ라 일홈을 ᄒᆞ엿더라. 그 아ᄅᆡ 황쳔강(黃泉江)이 이시ᄆᆡ 믈빗치 누르고 ᄀᆞ장 깁고 그 동으로 극낙문(極樂門)이 이시니 신나(新羅) 태ᄌᆡ(太子) 피란ᄒᆞ야 여긔 와 셩을 ᄊᆞ고 대궐을 지어시ᄆᆡ 이제 궁궐은 터만 잇고 셩과 문이 오히려 잇더라. 그 문을 드러 녕원동(靈源洞)으로 갈ᄉᆡ 남여(籃輿)ᄅᆞᆯ 타지 못ᄒᆞ여 막ᄃᆡᄅᆞᆯ 집고 초리(草履)ᄅᆞᆯ 들메고 바회ᄅᆞᆯ 드ᄃᆡ여 이리로 ᄲᅱ고 져리로 ᄲᅱ여 수플을 헤혀 덩울을 무릅쓰고 녕원암(靈源庵)의 니ᄅᆞ니 극히 깁허 그 문의셔 삼십니라. 극히 소쇄(瀟灑)ᄒᆞ야 일졈진애(一點塵埃) 업더라.[18]

[2] 남여ᄅᆞᆯ 타고 안양암(安養庵)과 지장암(地藏庵)을 지나 삼인암의 니ᄅᆞ러 졈심ᄒᆞ고 숑나암(松蘿庵)의 니ᄅᆞ니 이 암ᄌᆞᄂᆞᆫ 관음봉(觀音峰) 듕층의 이셔 공듕의 다라 지은 듯ᄒᆞ여 모든 동학(洞壑)이 눈압ᄒᆡ 버렷더라. 관음봉 아ᄅᆡ 굴이 잇고 그 아ᄅᆡ 돌 소히 이시니 돌 빗치 푸르고 거머ᄒᆞ여 ᄎᆞᆷ ᄀᆞ의 님ᄒᆞ여 보지 못ᄒᆞᆯ너라. 그 소 ᄀᆞ의 절벽이 층층이 잇ᄂᆞᆫᄃᆡ 남굴 베혀 ᄃᆞ리ᄅᆞᆯ 노하 잔ᄃᆞ리ᄅᆞᆯ ᄆᆡᆫ달고 바회ᄅᆞᆯ 조아 길ᄒᆞᆯ ᄂᆡ여시니 예ᄅᆞᆯ 지나ᄂᆞᆫ 재 숑구(悚懼)치 아니리 업더라. 이 소ᄂᆞᆫ 녯 김동(金同)이란 거ᄉᆡ(居士) 국ᄉᆞ(國師)와 ᄌᆡ조ᄅᆞᆯ 결워 김동이 못 이긔니 국ᄉᆡ 김동을 밀쳐 이 폭포의 ᄂᆞ리치니 소히 되어 인ᄒᆞ여 이제도 믈결이 분ᄒᆞ여 흐르ᄂᆞᆫ 소ᄅᆡ 장ᄒᆞ니 ᄯᅩᄒᆞᆫ 산듕의 기관일너라.[19]

[1]은 백천동(百川洞)과 영원동(靈源洞)을 둘러본 내용을 제시한 것이다. 작자는 통천을 출발하여 내금강으로 들어가서 내, 외금강을 차례로 둘러보고 해금강으로 나왔다가 다시 외금강으로 들어가 구룡폭포를 구경하였다. 통천에서 내금강으로 들어가는 과정의 2~3일간의 서술이 누락되어 위 [1]의 백천동을 둘러보는 부분부터 금강산 유람의 본격적인 내용을 확인할 수 있다. 백천동은 내금강 입구인 장안사에서 멀지 않은 곳으로 장안사에서 내금강 유람을 시작하는 사람들 대다수가 둘러보는 곳이다. 작자는 백천동에서 업경대, 황천강, 극락문, 그리고 신라 태자의 고성을 둘러보고, 영원동으로 들어가 영원암에 도착한 과정을 제시하였는데 자기가 차례로 마주한 경물들의 모습과 이름, 유래 등을 보고 들은 대로 간략하게 소개하고, 영원암까지의 험한 경로와 영원암에 대한 인상 또한 비교적 간결하게 서술하고 있음을 볼 수 있다.

영원암에서 하룻밤을 지낸 작자는 이튿날 백천동 쪽으로 다시 내려와서 방향을 바꿔 명담(鳴潭), 삼불암을 거쳐 백화암에 도착하였다. [2]는 백천동

18 〈금강유산일긔〉, 최승범, 앞의 책, 194~195면. 이하 면수만 표시.

19 196면.

부근에서 명담에 이르는 과정을 제시한 부분이다. 작자는 자기가 거쳐 간 암자들의 이름을 열거한 다음 관음봉 중간에 매달려 있는 것 같은 송라암에 올라 주위를 둘러보았다. 이어 명담에 이르러 주위의 돌과 절벽, 잔교(棧橋) 등의 모습과 명담에 얽힌 설화를 간략하게 소개한 다음 산중의 기관(奇觀)이라는 말로 그에 대한 느낌을 한 마디로 제시하였다.

위의 두 경우 모두 이동 경로를 따라 경물의 모습이나 주위 풍광, 행로, 그리고 그때그때의 느낌을 속도감 있고, 간결하게 제시하고 있다. 그런 가운데 거쳐 간 암자의 이름을 열거하거나 점심 먹은 장소를 밝히는 등 굳이 언급하지 않아도 될 만한 사실을 밝히고 있는데 이는 자기가 본 모든 것을 기록하겠다는 작자의 의도 때문이었던 것으로 짐작된다. 유산체험이 경물과 승경을 찾아 이동하면서 이루어지는 것인 만큼 이동 경로에 따라 자기가 보고 듣고 느낀 것을 차례로 제시하는 것은 산수유기의 일반적 서술방식이고, 이 작품도 예외는 아니었다. 그렇지만 이 작품에서는 생략해도 무방할 듯한 세부적인 사실까지 언급하면서 자기가 보고 들은 그대로를 속도감 있고, 간결하게 서술하는 방식이 큰 비중을 차지하고 있다는 점을 주목할 수 있다. 그러면 모든 유산객들이 주목하는 유명한 승경과 경물을 대상으로 그 서술양상을 좀더 구체적으로 살펴보자.

[3] 긔미(己未)예 남여ᄅᆞᆯ ᄌᆡ촉ᄒᆞ여 졍양ᄉᆞ(正陽寺)로 올나가니 ᄆᆞᄋᆞᆷ이 표표(飄飄)ᄒᆞ고 흉금(胸襟)이 쇄락(灑落)ᄒᆞ여 신션의 ᄯᅡ흘 ᄇᆞᆲᄂᆞᆫ듯 ᄒᆞᆫ지라. ᄇᆡᆨ년암(白蓮庵)을 지나 헐셩누(歇惺樓)의 오르니 일만 이쳔봉이 압ᄒᆡ 버럿고 일쳔 골 물이 다 구버보아 대향노(大香爐)·쇼향노·금강ᄃᆡ(金剛臺)ᄂᆞᆫ 난간 알ᄑᆡ 졀ᄒᆞᄂᆞᆫ ᄃᆞᆺᄒᆞ며 망고ᄃᆡ 혈망봉(穴望峰)은 쳠하의 달닌 ᄃᆞᆺᄒᆞ니 긔특ᄒᆞ믈 이로 형상치 못ᄒᆞᆯ너라. 텬일ᄃᆡ(天一臺·天逸臺)에 올나가니 듕향셩(衆香城) 모든 봉만(峰巒)이 젼후좌우의 버러 ᄂᆡ산(內山) 봉만(峰巒)과 동학(洞壑)이 아니 뵈ᄂᆞᆫ ᄃᆡ 업서 일만 듕이 가사ᄅᆞᆯ 닙고 셜법ᄒᆞᄂᆞᆫ 형상 ᄀᆞᆺᄒᆞ니 이에 니르러ᄂᆞᆫ

인간의 나오고 시분 ᄆᆞ음이 사라디더라.[20]

[4] 도로 ᄂᆞ려 진쥬담(眞珠潭)의 니ᄅᆞ니 길 남ᄌᆞᆨᄒᆞᆫ 폭푀 ᄂᆞᆺᄂᆞᆺ치 산류(散流)ᄒᆞ야 반셕의 ᄂᆞ려지니 구슬이 옥반(玉盤)의 구으ᄂᆞᆫ ᄃᆞᆺᄒᆞ므로 진쥬담이라 ᄒᆞ엿더라. 그 ᄀᆞ의 '슈렴(水簾)'이라 두 ᄌᆞ를 크게 삭엿더라. 우암 송션ᄉᆡᆼ(尤菴 宋先生) 글시러라. 반셕의 안자 술을 먹고 글을 지어 구우로 창화ᄒᆞ고 벽파담(碧波潭) · 청뇽담(靑龍潭) · 흑뇽담(黑龍潭) · 션담(船潭) · 귀담(龜潭)을 지나 화룡담(火龍潭)의 니ᄅᆞ니 좌우 봉만이 하ᄂᆞᆯ의 다핫더라. 오ᄉᆡᆨ단풍(五色丹楓)이 ᄆᆞᆰ은 시ᄂᆡ의 비최여시니 쳐쳐(處處)의 가히 안자 니러나기 슬터라. …… 화룡소ᄂᆞᆫ 쥬회 열 간이나 ᄒᆞ고 폭푀 그 우희셔 ᄂᆞ려ᄊᆞ즌 ᄃᆞ시 흐르니 깁희ᄂᆞᆫ 아지 못ᄒᆞ고 가히 밋그러워 단니기 ᄀᆞ장 어렵더라. 그 ᄀᆞ의 반셕이 놉희 두 길은 ᄒᆞ고 넙의 칠팔간이나 ᄒᆞ고, 사ᄅᆞᆷ이 부러 ᄀᆞ라 노흔 ᄃᆞᆺᄒᆞ여 그 우희 올나 소ᄒᆞᆯ 구버보ᄆᆡ 폭푀 ᄂᆞ려지ᄂᆞᆫ 거동이 뇽이 서려 구ᄇᆡ구ᄇᆡ ᄂᆡ미ᄂᆞᆫ ᄃᆞᆺᄒᆞ더라. 양쥬목ᄉᆡ(楊州牧使) 니진검(李眞儉)이 귀경와셔 …… 만폭동 여러 소 듕의 화룡담이 ᄀᆞ장 깁고 긔이ᄒᆞ며, ……[21]

[3]은 작자가 정양사에 도착하여 헐성루와 천일대에서 금강산의 여러 봉우리들을 바라본 내용을 서술한 부분이다. 표훈사에서 하루를 묵은 작자는 서둘러 정양사에 올라오니 마음이 날아갈 듯 시원하여 신선의 땅을 밟는 듯하다고 하였다. 남여를 재촉하며 정양사 길을 서두른 것은 정양사에서 금강산의 절경을 한 눈에 볼 수 있다는 것을 잘 알고 있었기 때문일 것이다. 헐성루에서는 여러 봉우리들이 난간 앞에 절하는 듯, 처마에 달린 듯하여 그 기이하고 특출함을 형용할 수 없고, 천일대에서는 여러 봉우리들이 마치 일만 중이 가

20 198면.

21 203~204면.

사를 입고 설법하는 형상 같다며 인간에 나오고 싶지 않다고 하였다. 몇몇 봉우리의 이름을 들어 그것들에 대한 인상을 서술하고, 봉우리들의 전체적인 모습을 비유를 통해 제시하면서 자기의 감회를 덧붙이고 있어 봉우리들의 모습을 구체적으로 묘사하기보다는 자기의 인상과 느낌을 중심으로 비교적 간략하게 제시하고 있음을 볼 수 있다.

실제 헐성루와 정양사 앞산인 천일대에서 바라보는 금강산의 기이하고 아름다운 모습은 유산객들에게 이미 정평이 나있었다. 산수유기의 새로운 경향을 개척했다고 평가 받는 김창협(金昌協)은 작자보다 40여 년 전에 금강산을 유람했는데 그는 천일대에서 얇은 비단 같은 흰 구름이 오가는 사이로 언뜻언뜻 드러나는 봉우리들의 모습을 묘사하면서 눈이 어지럽고, 마음이 취했다고 하였다. 또 헐성루에서는 그곳에서 보이는 여러 봉우리의 모습에 대한 인상을 간략히 제시한 다음 명나라 사람 오정간(吳廷簡)이 황산(黃山)을 보고 '반평생 본 것은 모두 흙더미, 돌무더기뿐이라'고 한 말을 인용하여 자기의 감회를 대신하였다.[22] 김창협의 제자인 이하곤은 천일대에 올라 바라보니 저녁 산기운이 피어오르고 석양이 비쳐 중향성 일대가 은과 옥으로 된 성벽과 같아 밝은 빛이 안목을 빼앗으니 사람으로 하여금 심취함을 깨닫지 못하게 한다고 하여 전체적인 인상과 감회를 간략히 제시하였다.[23] 이에 비해 같은 김창협의 제자인 이의현(李宜顯)은 작자보다 6년 전에 금강산을 여행했는데 그는 천일대에서 보이는 봉우리들의 아름다움을 다 형용할 수 없다며 여러 봉우리들의 모습과 이름, 위치를 많은 분량을 할애하여 자세하게 서술하였다.[24]

이처럼 조금 앞서거나 비슷한 시기에 금강산을 여행한 다른 사람들의 경

22 김창협, 〈동유기(東遊記)〉, 『17세기의 금강산 기행문』, 이경수 등 편역, 강원대 출판부, 2000, 239~240면.

23 이하곤, 앞의 글.

24 이의현, 〈유금강산기(遊金剛山記)〉, 『도곡집(陶谷集)』 권25.

우와 비교해 보았을 때 정양사에서 바라본 금강산에 대한 작자의 서술은 김창협이나 이하곤의 경우에 가깝다고 할 수 있다. 하지만 그들의 서술이 이의현의 그것에 비해 간략하다고 해서 그들이 천일대나 헐성루에서 바라본 승경을 이의현만큼 아름답고 기이하게 느끼지 않았던 것은 아닐 것이다.

[4]는 만폭동 팔담에 대한 서술이다. 만폭동 팔담은 정양사의 경우처럼 유산객들이 반드시 둘러보는 승경의 하나이다. 작자는 진주담(眞珠潭)의 모습을 그 이름과 관련지어 간략하게 제시하고, 못가에 송시열(宋時烈)의 글씨가 새겨져 있다고 하였다. 이어 지나가면서 본 다른 못들은 그 이름만을 열거한 다음 화룡담(火龍潭)에 이르러서는 못과 그 주위의 모습을 역시 이름과 관련하여 서술하고, 수일 전 이진검이 못에 빠져 죽을 뻔했다는 사실을 제시하였다. 그러고 나서 만폭동 여러 못 가운데 화룡담이 가장 깊고 기이하다고 팔담에 대한 총괄적인 평가를 하였다. 이처럼 작자는 팔담 가운데 두 곳만을 대상으로 그 모습과 보고 들은 사실을 간략히 제시하고, 다른 못은 이름만 열거한 후 팔담 전체에 대한 자기의 인상을 짧게 언급하고 있음을 볼 수 있다.

다른 사람들의 경우를 살펴보면 우선 김창협은 먼저 진주담, 벽하담, 화룡담에 대해 못과 주위 반석의 규모, 모습 등을 본 대로 제시하였다. 이어 만폭동 폭포와 못의 전체적인 모습을 기술하면서 다른 못의 이름들을 열거한 후 못 가운데 벽하담이 가장 기이하고 아름다우며 화룡담이 가장 웅대한데 상세한 것을 다 말할 수 없다고 하였다.[25]

또 이의현은 승려들이 두 곳 못의 이름을 알지 못한다고 탓하기도 하고, 벽하담에서는 그곳에 김수증(金壽增)의 이름과 글씨가 새겨져 있다고 소개하기도 하였다. 응벽담(凝碧潭)을 지나 진주담에 이르러서는 그 모습과 함께 폭포 위에 새겨진 우암의 시를 인용하고, 구담, 화룡담, 선담에서는 승려에게서 들은 이야기와 함께 그 모습을 제시하였다. 이어 만폭동의 못과 폭포를 전체

25 김창협, 앞의 글, 243~244면.

적으로 언급하면서 벽하담과 진주담이 사람의 마음과 눈을 상쾌하게 하는데 층마다 경관이 빼어나고 폭포수 줄기마다 시원하여 상대할 만한 곳이 거의 없어 기이하다고 하였다.

그리고 이하곤은 청룡담, 흑룡담을 지나 진주담에 이르자 자기가 본 모습을 이름과 관련지어 간략하게 제시하였다. 이어 벽하담은 다른 못에 비해 크고 아름답다며 반석과 주변 절벽, 그리고 폭포수 물방울이 흩어지는 모습을 묘사하고, 구담, 선담, 화룡담은 그 모습을 역시 이름과 연관지어 간략하게 제시하였다. 그러면서 본 것이 들은 것만 못하다며 못의 형태가 거울처럼 둥글지 못하고 돌의 빛깔이 대단히 맑고 깨끗하지는 않은데 오직 벽하담만이 가장 기이하고 아름답지만 화양구곡(華陽九曲)의 하나인 파곶(巴串)보다 월등하다고 할 수 없다고 하였다.

만폭동 팔담에 대해 작자를 비롯한 네 사람이 서술한 내용을 비교해 보면 서술방식이 서로 유사한 것을 알 수 있다. 팔담 중에 인상적인 몇 군데 못의 모습과 주위 경관을 묘사하고, 다른 곳은 이름만을 제시한 다음 팔담 전체에 대한 총괄적인 서술을 하면서 그 중에 어느 것이 가장 뛰어나다는 식의 평가를 하고 있는 것이다. 그런 가운데 묘사하거나 언급한 못의 수나 묘사의 구체성에 차이가 있고, 팔담에 대한 총괄적인 평가가 엇갈리는 차이를 확인할 수 있다.

그런데 작자는 다른 세 사람과 유사한 서술방식을 취하면서도 그 모습이나 주위 경관을 묘사한 못도 두 군데에 불과하고, 묘사도 비교적 간략한 것을 볼 수 있다. 이는 이동 과정에서 마주한 경물을 속도감 있고 간결하게 묘사, 제시하던 그의 서술태도가, 중간에 쉬면서 글을 짓기도 하는 등 다소 시간적 여유를 가지고 둘러본 유명한 승경의 경우에도 그대로 적용되고 있다는 것을 말해준다. 이처럼 간략한 묘사가 큰 비중을 차지하고 있어 이것이 금강산의 경물을 형상화하는 작자의 기본 태도라 할 수 있지만 경우에 따라서는 다소 예외적인 모습을 찾아볼 수도 있다.

> [5] 여러 날 산듕의 쌔쳐 몸이 곤ᄒᆞᆫ지라 ᄒᆡ산뎡의셔 자다. 이 뎡ᄌᆞᄂᆞᆫ 녕동의 웃듬이라. 금강산이 표표히 뒤ᄒᆡ셔 ᄇᆞ라뵈이고 황양ᄒᆞᆫ 바다 물결은 압ᄒᆡ 잇고 칠셩봉(七星峰)의 옥을 쌋근 것과 삼일포(三日浦)의 거울 ᄀᆞᆺ치 ᄆᆞᆰ은 빗치 다 뎐후의 둘녓고 녀염이 별 버ᄃᆞᆺ 젼야ᄂᆞᆫ 구름이 편 ᄃᆞᆺᄒᆞ고 젹벽(赤壁)은 씌 ᄀᆞᆺ고 ᄇᆡᆨᄉᆞᄂᆞᆫ 포진 ᄀᆞᆺᄒᆞᆫᄃᆡ ᄇᆡᆨ구와 ᄒᆡ학이 서로 ᄂᆞ라단니며 우니 이ᄂᆞᆫ 먼니 뵈ᄂᆞᆫ 경이오 압 모ᄉᆡ 부용이 ᄀᆞ득ᄒᆞ고 셤의 모란이 셩히 심거시니 프른 ᄃᆡ 뒤ᄒᆡ 수풀이 이럿고 낙낙당숑이 좌우로 셧고 금슬가뮈(琴瑟歌舞) 당샹의셔 버러시니 이ᄂᆞᆫ 갓가이 뵈ᄂᆞᆫ 경이라.[26]

[5]는 고성 해산정에서 바라본 풍광을 제시한 부분이다. 내외금강을 두루 구경하고 해산정에 도착한 작자는 주위의 풍광을 위처럼 서술하였다. 뒤에는 금강산이, 앞에는 바다가 펼쳐져 있고, 아름다운 봉우리와 호수가 주위를 둘러싸고 있는 사이로 백성들의 집과 밭, 흰모래와 갈매기가 멀리 바라보이고, 정자 주변에는 부용과 모란이 무성하고, 푸른 대나무와 낙락장송이 어울려 있다고 하여 정자에서 바라보이는 풍광을 원경과 근경으로 나눠 다른 경물의 경우보다 입체적이고 구체적으로 제시하고 있다.

이밖에 작품 서두의 문바위[門巖]와 백정봉(百鼎峰)의 경우에서도 대상을 비교적 자세하게 제시하고 있는 모습을 볼 수 있다. 문바위는 큰 바위 둘이 어울려 마치 문처럼 생겼고, 백정봉은 봉우리 위에 형형색색의 많은 우물이 있어 작자가 호기심을 갖고 자세히 관찰했던 것으로 보인다. 그런데 이 두 곳은 작자가 통천을 출발하자마자 처음으로 보게 된 경물들이다. 따라서 두 곳의 모습을 보고 들은 대로 비교적 자세하게 제시하고 있는 것은 그것이 신기했기 때문이기도 하지만 기대감에 부풀어 여행을 막 시작한 작자로서는 처음 마주한 인상적인 경물을 찬찬히 둘러보고 기록하고 싶었기 때문일 것이다.

26 214면.

자연 경물은 아니지만 대상을 자세하게 제시하고 있는 모습을 사찰의 경우에서 볼 수 있기도 하다. 표훈사에서는 법당과 승당(僧堂)의 모습, 선조 어필을 비롯하여 그곳에서 보관하고 있는 오래된 유물들을 보고 들은 대로 제시하고 있는데 이는 유점사의 경우에도 마찬가지이다. 유점사에서 승려 한 사람을 은근히 사귀어 사람들에게 잘 보여주지 않는 인목왕후의 어필과 지공(指空)의 글씨를 얻어 보았다고 한 데에서 짐작할 수 있듯 대상 하나하나를 다 구체적으로 제시하고 있는 것은 아니지만 관심을 가질 만한 대상을 모두 찾아보고 기록하려 했다는 것을 알 수 있다.

그런데 이처럼 해산정에서 주위 풍광을 구체적이고 입체적으로 제시하고, 사찰에서 대상을 일일이 찾아 구경하고 기록한 것은 그곳이 작자가 묵어가는 숙박지였다는 사실과 무관하지 않을 듯하다. 하룻밤을 묵기로 해서 생긴 시간적 여유는 작자로 하여금 주변 승경, 그리고 그곳의 모습이나 유물을 차근차근 살펴보고 기술하도록 하는 마음의 여유를 갖도록 했을 것으로 짐작된다는 것이다. 요컨대 작자가 경물을 대체로 간략하게 서술한 것은 글쓰기에 대한 작자의 성향이나 태도와 관련되겠지만 간혹 그때그때의 상황이나 심적 상태에 따라 서술양상이 다소 달라지기도 했던 것이다.

2) 험한 행로의 구체적 제시

이 작품이 지니고 있는 또 하나의 특징은 험한 길을 힘들게 지나간 체험을 상당히 구체적으로 제시하고 있다는 점이다. 양반 유산객들은 승려들이 메는 남여를 타고 유람을 하는 것이 일반적이고 작자도 예외는 아니었다. 하지만 남여가 들어갈 수 없는 좁고 험한 길은 걸어서 갈 수밖에 없는데 작자는 자기가 그러한 길을 어떻게 지나갔는지 상당히 구체적으로 제시하고 있다.

[6] 셰두분(洗頭盆)을 지나 수션암(修善庵)의 니ᄅᆞ니 …… 동북으로 향ᄒᆞ여

열다엿길이나 ᄒᆞ여 ᄶᅡᆨ근 ᄃᆞ시 셧고 그 아ᄅᆡᄂᆞᆫ 깁흔 소히라. 동하줄을 츩으로 ᄀᆞ장 크게 드려 절벽의 드리웠거ᄂᆞᆯ 그 줄을 잡고 절벽을 벗드ᄃᆡ고 공듕의 오ᄅᆞ니 마치 경ᄌᆡ인(京才人)이 쳇ᄃᆡ예 오르ᄂᆞᆫ 형상 ᄀᆞᆺᄒᆞ여 쥔납이 남긔 오르ᄂᆞᆫ 거동 ᄀᆞᆺᄒᆞ야 벽의 부듸쳐 오르니 뒤와 아ᄅᆡᄂᆞᆫ 퍼러ᄒᆞᆫ 소히라. 오르다가 아ᄅᆡᄅᆞᆯ ᄂᆞ리미러 보면 ᄉᆞ지(四肢)가 프러져 못 오ᄅᆞᆯ 분 아녀 ᄂᆞ려져 그 소희 ᄲᅡ지ᄂᆞᆫ 고로 아ᄅᆡᄅᆞᆯ 보지 아니코 우만 치아다 ᄇᆞ라보며 ᄆᆞᄋᆞᆷ을 단단이 먹고 ᄉᆞ지의 힘을 만히 주어 올나 안자 다ᄅᆞᆫ 사ᄅᆞᆷ의 오르ᄂᆞᆫ 거ᄉᆞᆯ 보니 내 ᄆᆞᄋᆞᆷ이 숭고라 ᄒᆞ고 ᄀᆞ야미 남긔 오르ᄂᆞᆫ ᄃᆞᆺ하더라. 구룡(九龍)을 보랴 ᄒᆞᄂᆞᆫ 사ᄅᆞᆷ이 예와셔 도로 ᄂᆞ려가니 열히 오면 ᄒᆞ나 둘히 올나가기로, 보ᄂᆞ니 ᄀᆞ장 드무다 ᄒᆞ더라. 듕을 압셰우고 벼로로 도라가니 북편(北便)은 절벽이 병풍 두른 ᄃᆞᆺ 반공(半空)의 둘넛고, 남은 만길이나 ᄒᆞᆫ 낭이오 그 압흔 깁흔 믈이 퍼러ᄒᆞ고 흰 돌은 층층이 노핫고 길 넙의 블과 뵈 ᄒᆞᆫ 넙의 ᄀᆞᆺ고 ᄎᆞᄆᆞ 무셔워 가지 못ᄒᆞᆯ너라. 눈을 쏘아 압만 보고 ᄆᆞᄋᆞᆷ을 단단이 먹고 발을 ᄌᆞᆯ 드ᄃᆡ여 지나가니 호읍(呼吸)이 편치 아니ᄒᆞ고 좌우의 층층ᄒᆞᆫ 봉만이 각ᄉᆡᆨ물샹(各色物相)을 샹ᄒᆞ여 셔시ᄃᆡ 조심ᄒᆞ여 지ᄂᆡ노라 ᄒᆞ니 어이 결을 ᄒᆞ여 볼 ᄯᅳᆺ이 이시리오. 두어니ᄂᆞᆫ 가셔 도라 ᄂᆞ려 시ᄂᆡᄅᆞᆯ 건너 남폭(南瀑)의 니ᄅᆞ니 …… 여러 듕들에게 븟들여 그 폭푀 밋흐로 지나가ᄃᆡ ᄆᆞᄎᆞᆷ 수일 젼의 비가 만히 왓다 ᄒᆞ고 물이 ᄀᆞ장 만하 퍼젓기의 오ᄉᆡ 믈이 젓지 아니ᄒᆞ더라. 말등바회ᄅᆞᆯ 지나니 큰 바회 ᄀᆞ로 누어시ᄃᆡ 두 편은 열길식이나 ᄒᆞᆫ 굴헝이오 압흔 큰 물이라 셔셔 가지 못ᄒᆞ여 안자 문츼여 겨유 지나 홈 ᄀᆞᆺ치 좁고 깁흔 바회 속으로셔 지나ᄂᆞᆫ 물을 건너 바회 우흐로 갈ᄉᆡ 바회 둘이 포긔여 노혓고 그 아ᄅᆡᄂᆞᆫ 깁흔 소히라, 두 바회 틈을 지날ᄉᆡ 보덕굴(普德窟)의 돌셔더리 수ᄇᆡᆨ보나 두루 ᄊᆞᆯ넛고 그 돌셔더리 지나ᄆᆡ 셤이 ᄉᆞ십층이오 바회ᄅᆞᆯ 조아 길흘 ᄂᆡ여시니 올나가기 극히 어렵더라.[27]

27 201~202면.

> [7] 갑술(甲戌)의 구룡담(九龍潭)을 보랴 ᄒᆞ야 됴식을 ᄌᆡ촉ᄒᆞ야 먹고 남여를 정졔ᄒᆞ여 …… 옥뉴동(玉流洞)의 니ᄅᆞ니 …… 이곳의셔 구룡이 이십오리오 길히 험ᄒᆞ여 남여를 타지 못ᄒᆞ여 거러 두서너 니ᄂᆞᆫ 올라가 ᄉᆞᄌᆡ목의 니ᄅᆞ니 졀벽 바회를 가슴의 부치고 아ᄅᆡ 바회를 발노 벗드ᄃᆡ고 잡을 거시 업ᄉᆞ므로 손바닥을 바회예 부치니 바회가 썰썰ᄒᆞ야 잘 븟트니 ᄯᅩᄒᆞᆫ 하ᄂᆞᆯ이 사ᄅᆞᆷ의 왕ᄂᆡ 길흘 ᄂᆡ여 바회 별노 썰썰ᄒᆞ게 ᄒᆞ엿더라. 손톱으로 돌틈을 거러 당긔고 몸은 공듕의 이셔 소 우희 ᄃᆞᆯ녀시니 뒤흘 도라본 즉 엇지 ᄒᆞᆫ 거름이나 옴기리오. 바회만 ᄇᆞ라보고 겨유 지나 ᄒᆞᆫ 뫼 압히 니ᄅᆞ니 우레소ᄅᆡ 진동ᄒᆞ며 남기 흔들니ᄂᆞᆫ ᄃᆞᆺᄒᆞ니 구룡소히 갓가와 폭포 소ᄅᆡ 들니ᄂᆞᆫ지라. 그 소ᄅᆡ만 드러도 황홀ᄒᆞ더라. 옷과 발을 벗고 몸을 가ᄇᆡ야이 ᄒᆞ야 ᄒᆞᆫ 굴을 지나ᄃᆡ 뮈그러온 돌노 단니니 발이 알프지 아니ᄒᆞ더라. 물이 퍼러ᄒᆞ고 모ᄅᆡᄂᆞᆫ 업고 물은 우흐로 흐르며 심히 믯그러우니 듕과 하인들의게 븟들녀 건너니 가슴이 치나 ᄯᅩᄒᆞᆫ 어렵지 아니ᄒᆞ더라.[28]

[6]은 세두분과 수선암을 지나 만폭동 팔담을 옆에 끼고 보덕굴에 이른 과정을 서술한 부분인데 작자는 자기가 대단히 험한 길을 어떻게 지났는지 상당히 길고 장황하게 설명하고 있다. 아래쪽에 깊은 못이 있는 절벽을 칡으로 엮은 동아줄에 매달려 간신히 발을 디디며 올라가기도 하고, 병풍처럼 둘러있는 절벽과 발아래 깊은 낭떠러지 사이에 난 좁은 길을 두려움에 떨며 지나기도 하고, 승려들에게 붙들려 폭포 밑을 지나기도 하고, 앉은 채로 어기적거리며 물을 건너기도 했다고 하였다. 그러면서 절벽을 오를 때에는 아래를 내려다 볼 수 없어 위만 쳐다보고 올라가고, 발밑 낭떠러지 위의 좁은 길을 지날 때에는 무서워 가지 못할 것 같아 마음을 단단히 먹고 앞만 보며 지나가니 숨쉬기마저 편치 않았다고 하여 당시의 심정을 제시하였다.

28 219~220면.

많은 유산객들이 세두분을 거쳐 보덕굴에 이르렀지만 이처럼 험한 행로와 그때 느낀 심정을 구체적으로 서술한 예는 찾아보기 힘들다. 김창협은 여러 못을 거쳐 계곡 왼편의 벼랑길을 따라 보덕굴에 올라갔다고 하고,[29] 이하곤은 청룡, 흑룡 두 못을 거쳐 몇 리를 가 진주담에 도착하고, 진주담에서 계곡 왼쪽으로 난 길을 따라 보덕굴에 올라갔다고 하여[30] 보덕굴에 이르는 과정을 제시하기는 했지만 험한 행로로 인한 수고로움과 어려움은 전혀 언급하지 않았다. 혹 작자가 갔던 길이 김창협이나 이하곤이 갔던 경로와 달리 훨씬 험한 길이었는지 알 수 없지만 그럴 가능성은 희박하고, 설사 그렇더라도 다른 산수유기 작품에서는 험한 행로와 그로 인한 어려움을 이렇게 자세하게 제시한 경우를 찾아보기 어렵다.

[7]은 외금강의 구룡담을 찾아가는 과정에 대한 서술인데 여기에서도 유사한 양상을 확인할 수 있다. 작자는 신계사에서 남여를 타고 옥류동에 도착한 다음에는 험한 길을 걸어 올라갔다. 바위를 딛고 절벽에 가슴을 붙인 채 손바닥을 절벽 바위에 붙이거나 손톱을 돌 틈에 걸어 당기면서 겨우 지나갔는데 몸이 공중에 있고 아래가 깊은 못이기에 무서워 뒤를 돌아보지 못하고 눈앞의 바위만 바라보고 갔다고 하였다. 이렇게 어렵게 도착했기 때문인지 작자는 구룡담의 모습과 주위의 풍광, 그리고 바위에 새겨있는 송시열의 글씨 등을 비교적 자세하게 소개하였다.

그러면서 작자는 험한 길을 가느라 많은 고생을 했기 때문인지 구룡폭포가 동국의 으뜸이어서 한번 봄 직하지만 길이 위험하고 산이 높고 가팔라 죽을 수 있는 곳이 여러 곳이니 구태여 그런 곳에 들어가지 않는 것이 옳다고 하였다. 그리고 자기는 무서워 호흡이 가쁘고 등에 땀이 젖었다면서 나중에 구룡폭포를 보려는 사람들은 자기 글을 자세히 보고 가볍게 생각하지 말라는

29 김창협, 앞의 글, 242면.

30 이하곤, 앞의 글.

당부까지 하였다.

실제 구룡담에 이르는 길이 상당히 험한 것은 사실인 듯하다. 김창협은 금강산을 유람하면서 비로봉, 망고대(望高臺), 구룡연 등에는 가지 않았는데 이는 위험한 곳에 가지 말라는 부모의 경계 때문이었다고 하였다.[31] 또 이의현은 금강산 유람을 마치면서 구룡연과 비로봉을 오르지 못한 것이 흠일 수 있으나 위험을 무릅쓰고 요행을 바라는 일을 군자들은 행하지 않는다고 하였다.[32] 그런데 이하곤은 신계사 승려들이 만류하는 것을 듣지 않고 길을 떠나 위태로운 절벽 위로 몇 리를 갔는데 길이 험하고 끊어져 동아줄을 매달아 늘어뜨린 곳이 세 군데였다고 하여[33] 길이 험하다는 사실을 밝히기는 했지만 간략히 언급하는 데 그쳤다.

하지만 앞에서 본 것처럼 작자는 험한 길을 어떻게 지나갔는지 그때 자기의 심정이 어떠했는지 구체적으로 제시하고 있다. 이러한 모습은 비로봉을 올라갈 때에도 볼 수 있는데 열 걸음에 한 번, 다섯 걸음에 한 번씩 앉거나 쉬고, 승려들이 전후좌우에서 밀고 붙들고 때로는 기어서 올라갔으며, 돌계단을 지날 때에는 돌 틈이 깊고 돌들이 덜걱덜걱 움직여 무서움을 느낄 정도였다고 하였다. 이처럼 이 작품에서는 험한 길을 만나 두려워하면서 고생한 사실을 상당히 구체적으로 서술하고 있는데 이 점은 다른 작품에서 보기 어려운 이 작품의 특징이라 할 수 있다.

3) 감흥의 제시와 승경에 대한 몰입

앞에서 작자는 자기가 마주한 경물을 대체로 간략하게 보고 들은 대로 제시하면서 때로는 시간적 여유나 심적 상태에 따라 그것을 자세하게 서술하기

31 김창협, 〈송이위유풍악서(送李瑋游楓嶽序)〉, 『농암집(農巖集)』 권22.

32 이의현, 앞의 글.

33 이하곤, 앞의 글.

도 한다는 점을 확인하였다. 이처럼 간략하게든 자세하게든 작자는 경물과 주변 풍광을 서술하면서 그에 대한 느낌이나 감흥을 그때그때 제시하고 있다. 경물이나 승경을 있는 그대로 객관적으로 제시한다고 해서 그것에 대한 느낌이나 그것을 바라보면서 우러나는 감흥이 없을 수 없기 때문이다.

작자는 산중의 기관(奇觀)이라거나 하늘의 조화가 기특하다거나 하여 경물의 모습에 대한 인상적인 느낌을 제시하는 한편 승경을 바라보면서 느끼는 내면의 감동과 흥취를 드러낸다. 예를 들어 여행을 떠난 지 얼마 되지 않아 문바위라는 인상적인 경물을 만난 작자는 문바위와 그 주변 모습을 제시하면서 바위 뒤로는 높은 산이 하늘에 닿았고 앞에는 바다가 끝이 없는 것을 보자 흥이 저절로 표일(飄逸)하다고 하였다. 또 비로봉에 올라서는 일기 청명하고, 천지 기운이 씩씩하니 몸이 표표(飄飄)하여 날아서 하늘에 오를 듯하다고 했고, 유점사 산영루에서 주위를 둘러볼 때에는 마음이 표표하여 걷잡기 어렵다고도 하였다.

그런데 때로는 고조된 감흥이 지속되면서 승경에 몰입하고자 하는 작자의 모습이 드러나기도 한다.

[8] 이날 정양ᄉᆞ(正陽寺)의셔 머무니 이ᄯᆡ 구월 십뉵일이라. 헐셩누(歇惺樓)의셔 자더니 듕이 ᄭᆡ와 "산경(山景)을 보쇼셔." ᄒᆞ거ᄂᆞᆯ 창을 열고 구우(具友)로 더부러 ᄒᆞᆫ가지로 난간의 나안즈니 일천봉의 ᄀᆞ을 긔운이 엉긔엿고 일만 푸른 빗치 퍼졋ᄂᆞᆫᄃᆡ 믈 흐르ᄂᆞᆫ 소ᄅᆡ와 법당의 념불ᄒᆞᄂᆞᆫ 소ᄅᆡ 서로 합ᄒᆞ여 경서(經書) 소ᄅᆡ ᄉᆞ이ᄉᆞ이 셧거시니 인간인 줄 ᄭᆡᄃᆞᆺ지 못ᄒᆞᆯ너라. 산흥(山興)이 도도ᄒᆞ여 ᄎᆞᄆᆞ 졔어(制御)치 못ᄒᆞ니 이 밤 산듕경(山中景)을 세상 사ᄅᆞᆷ이 뉘 능히 알니오. 술을 가져 두어 잔을 먹고 글을 지어 창화(唱和)ᄒᆞ나 어이 이 경을 만분지일이나 긔록ᄒᆞ리오. 잠이 오지 아니ᄒᆞ고 ᄎᆞᄆᆞ 이 경ᄉᆡᆨ(景色)을 노치 못ᄒᆞ여 구우로 더브러 여러 듕을 블너 말ᄒᆞ여 동방이 ᄇᆞᆰᄂᆞᆫ 줄을 모르너라.[34]

[9] ᄇᆡ를 저어 기악을 싯고 술을 부으며 글을 짓고 두루 단니니 ᄆᆰ은 흥이 ᄌᆞ연이 표일ᄒᆞ야 ᄎᆞ마 어이 삼일분 놀 ᄆᆞ음이 이시리오. 기ᄉᆡᆼ으로 ᄒᆞ여금 '어부사(漁父辭)'와 '관동별곡'을 읇흐라 ᄒᆞ니 그 소ᄅᆡ 청아ᄒᆞ야 ᄉᆞ랑홉더라. 손으로 물결을 희롱ᄒᆞ며 ᄇᆡ 가ᄂᆞᆫ ᄃᆡ로 오로락ᄂᆞ리락 임의로 단니니 신션을 만나 은하슈의 단니ᄂᆞᆫ ᄃᆞᆺᄒᆞ더라. 홀연 ᄉᆞ션뎡의셔 져 소ᄅᆡ 들니니 드ᄅᆞᄆᆡ 놀납고 긔특이 넉여 의아ᄒᆞ더니 니하곤이 우스며 닐오ᄃᆡ "ᄉᆞ션이 우리 놀물 보고 반겨 져ᄅᆞᆯ 가져 부ᄂᆞᆫ가 시부다." ᄒᆞ거ᄂᆞᆯ ᄂᆡ 닐오ᄃᆡ "우리도 션분이 잇거니와 니진ᄉᆡ 오기예 ᄉᆞ션이 ᄯᆞ라 왓ᄂᆞ냐." …… ᄇᆡᄅᆞᆯ 저어 ᄉᆞ션뎡 압희 다히고 올나 안즈니 …… 그 져ᄂᆞᆫ 극히 잘 부ᄂᆞᆫ 져라, 소ᄅᆡ 반공의 소ᄉᆞ나고 물의 어ᄅᆡ니 고기 듯고 춤추ᄂᆞᆫ ᄃᆞᆺᄒᆞ더라. 뎡ᄌᆞ의 와 안즈니 어이 ᄯᅥ나고 시부리오. 두루 건니다가 ᄇᆡᄅᆞᆯ 다시 저어 ᄉᆞ직암 아ᄅᆡ로 가며 져ᄂᆞᆫ 뎡ᄌᆞ 우희셔 인ᄒᆞ여 불나 ᄒᆞ니 긔특기 처엄일너라. ᄇᆡᄅᆞᆯ 두루 노하 상하ᄒᆞ니 물 ᄆᆰ기 거울 ᄀᆞᆺᄒᆞ야 무수ᄒᆞᆫ 고기ᄂᆞᆫ 물속의 ᄇᆡᄅᆞᆯ ᄯᆞ라 노닐고 빵빵ᄒᆞᆫ ᄇᆡ구ᄂᆞᆫ 사ᄅᆞᆷ을 피치 아니ᄒᆞ고 술안쥬ᄅᆞᆯ ᄯᅥ지오면 ᄂᆞ라와 다토아 먹으니 셰샹의 이런 곳이 ᄯᅩ 이스리오. 볼ᄉᆞ록 긔이ᄒᆞ고 놀ᄉᆞ록 슬치 아니ᄒᆞ니 날 져무ᄂᆞᆫ 줄이 애ᄃᆞᆲ더라.[35]

[8]은 작자가 정양사 헐성루에서 금강산의 홍취에 흠뻑 젖어들었음을 보여주고 있다. 헐성루와 천일대에서 금강산의 모든 절경을 한눈에 바라보고 감탄하던 작자는 그날 밤 헐성루에서 잠을 자다 일어났다. 열엿새 밝은 달 아래 금강산 봉우리들에 가을 기운과 푸른빛이 엉기고 펼쳐진 모습을 보고, 흐르는 물소리와 그 사이사이에 섞인 염불 소리를 듣자 감흥을 이기지 못한다. 시로써도 다 표현할 수 없는 황홀한 경물을 놓칠 수 없어 잠을 이루지 못하였다. 낮에 금강산의 봉우리들을 바라보며 감탄을 하기는 했지만 한밤중

34 199면.

35 218~219면.

밝은 달빛이 깃든 봉우리의 모습과 낮에는 잘 들리지 않았던 물소리, 염불소리는 작자로 하여금 제어할 수 없는 감흥에 젖도록 하였던 것이다. 작자는 경물을 객관적인 거리를 두고 바라보며 가끔 감탄을 발하다가 경우에 따라서는 이처럼 그것과 하나가 되어 떠나고 싶지 않은 상태, 곧 승경에 지속적으로 몰입하고자 하는 욕망을 억제하기 어려운 상태에 이르기도 하였다.

작자는 이튿날 아침에도 비슷한 감흥을 느꼈다. 만폭동으로 내려가려던 작자는 천일대에서 골짜기마다 안개가 자욱하게 일어나 봉우리들이 구름을 타고 공중으로 오르는 듯한 가운데 가는 비가 뿌리는 광경을 바라보았다. 봉우리들의 단풍과 물 기운이 서로 섞여서 붉고, 푸르고, 누런 잎이 안개 속에 은은히 비치는 모습에 흠뻑 빠져든 작자는 그 모습이 결단코 사람 사는 세상이 아니라고 하였다.

[9]는 이하곤 일행과 함께 선유 체험을 한 내용을 서술한 부분이다. 해금강으로 내려가 배를 타고 칠성봉(七星峰)과 군옥대(群玉臺) 등을 둘러보고 저물녘에 해산정에 도착한 작자는 그곳에서 이하곤 일행을 만났다. 이튿날 이하곤이 선유하기를 청하자 배를 삼일포에 대도록 하였는데 부친이 고성군수를 겸하고 있었기 때문에 기녀까지 동반한 선유가 가능했을 것이다. 술잔을 기울이고 시를 창화하기도 하고, 기녀들이 부르는 〈어부사〉와 〈관동별곡〉을 듣기도 하고, 저 부는 사람을 데리고 다니며 수시로 저 소리를 즐기기도 하고, 배를 따르는 백구와 어울리기도 하였다. 작자는 옛날 사선(四仙)이 3일을 놀았지만 어찌 3일만 놀 마음이 있겠느냐고도 하고, 배를 타고 마음대로 다니니 신선을 만나 은하수를 다니는 것 같다고도 하면서 볼수록 기이하고, 놀수록 싫지 않아 날 저무는 것이 애달플 정도였다고 하였다. 맑고 아름다운 승경에 풍류가 결합되면서 흥취에 흠뻑 젖어 그 상태에 마냥 머물고 싶었던 것이다.

이처럼 작자는 경물이나 승경에 감탄하면서 그에 대한 감흥을 간간이 제시하다가 경우에 따라 그러한 감흥이 고조된 상태가 지속되면서 승경에 몰입한 모습을 드러내기도 하였다. 그것은 작자의 표현대로 마음을 걷잡기 어려운 내적 흥분 상태일 수 있는데 이러한 부분이 드러남으로써 이 작품이 단순한 사실 기록 이상의 의미를 지닌다고 할 수 있다.

4. 작자의식

앞에서 작자는 경물과 객관적 거리를 두고 그것을 대체로 속도감 있고 간략하게 제시하는 데 치중한 반면 험한 행로를 가고, 승경에 몰입하는 부분들은 상당히 구체적으로 서술하고 있음을 확인하였다. 험한 행로와 승경에 대한 몰입을 자세하게 서술한 것은 그것들이 이동하면서 잠깐씩 마주치는 경물의 경우와 달리 두려움이나 흥취와 같은 내적 흥분 상태를 한동안 지속하도록 했기 때문일 것이다. 다시 말하면 서술의 초점이 외부에 집중되어 있는가, 내면에 집중되어 있는가 하는 차이가 서술의 간결함과 자세함의 차이를 만들었을 수 있다는 것이다. 그렇다면 이제는 그렇게 간결하게 또는 자세하게 제시한 유산체험의 서술을 통해 작자가 금강산을 어떻게 인식하고 있었는가 하는 점을 살펴보자.

작자는 통천을 출발하여 내외금강과 해금강을 구경하고, 다시 외금강으로 들어가 구룡폭포를 둘러보았다. 그런데 앞부분에 약간의 결락이 있어 정확히 알 수는 없지만 내금강으로 들어가는 과정, 그리고 해금강과 외금강을 오가는 과정에 대한 서술에서 일반 서민들의 삶의 방식이나 모습에 관한 내용을 찾아볼 수 없다. 또 금강산 유람 중에는 마하연(摩訶衍)과 몽천사(夢泉寺)가 유산객들에게 시달린다는 짧은 언급 이외에는 남여를 메거나 길 안내를 하고, 유산객을 위해 폭포에서 미끄럼을 타고 내려오는 치폭(馳瀑)과 같은 볼거리를 제공하기도 해야 하는 승려들의 힘든 사정에 대한 관심도 드러나 있지 않다. 이는 작자의 관심이 오로지 금강산의 승경에만 있었다는 것을 말해준다. 산수에 대한 고질(痼疾) 때문에 금강산 유람이 평생의 소원이었다는 작자의 말처럼 작자의 관심은 금강산의 승경에 집중되어 있었던 것이다.

그렇다면 작자는 금강산을 말이나 글로 다 표현할 수 없는 환상적 아름다움을 지닌 공간으로 기대했고, 또 그렇게 인식하였을 것이다. 그렇기는 하지만 그러한 인식의 실상을 좀더 구체적으로 살펴 볼 여지가 있어 보이는데 이를 위해서는 무엇보다 경물이나 승경에 대해 작자가 인상이나 느낌을 표현한 어구를 주목해 볼 필요가 있다.

작자는 그림 속 같다거나 하늘의 조화가 기특하다거나 극히 좋아 곱다거나 하는 등의 간략하면서도 다양한 표현으로 경물의 모습에 대한 인상을 제시하기도 하고, 일어나기 싫다거나 떠나기 싫다고 하여 승경을 오래 감상하고 싶은 욕망을 드러내기도 하였다. 그런데 그런 가운데 '인간', 혹은 '인간이 아니다'라는 말이 반복적으로 언급되고 있는 것을 볼 수 있다. 인간 세상이 아닌 것 같다는 표현은 다른 산수유기 작품에서도 보이지만 이 작품에서는 그것이 상당히 빈번하게 제시되고 있다는 점을 주목할 수 있다.

우선 백천동을 거쳐 영원암에 도착한 작자는 암자가 극히 소쇄(瀟灑)하여 일점진애(一點塵埃)가 없고, 승려가 내어준 송차의 맛은 인간의 것 같지 않다고 하였다. 그리고 물이 없는 뜰에 무성하게 자라는 특이한 연꽃인 강련(剛蓮)을 종실 낭선군(朗善君)이 인간에 내어가려 했지만 그렇게 하지 못했다며 강련이 극락문 밖으로 나가면 죽는다는 말에 관심을 보이기도 하였다. 또 휴정(休靜)이 공부하였다는 금사굴(金沙窟)을 보고는 큰 바위 허리에 있는 굴의 형상이 집과 같은데 그 앞에 우물이 있고 전나무가 좌우에 벌여 있어 인간 같지 않다고 하고, 표훈사에서는 저녁밥으로 먹은 음식을 소개하며 그 맛이 인간에서 먹는 것과 다르다고 하였다.

정양사에 도착하자 마음이 표표(飄飄)하고 흉금(胸襟)이 쇄락(灑落)하여 신선의 땅을 밟는 듯하다고 하였고, 천일대에서 주위 풍광을 둘러보고는 인간에 나오고 싶은 마음이 사라졌다고 하였으며, 이튿날 다시 천일대에 올라 구름이 감도는 봉우리들을 보면서는 인간이 아니라고 하였다. 유점사에서도 주위 풍광을 둘러보면서 같은 감정을 느꼈다. 백옥 같은 봉우리가 사면을 두르고 유리 같은 물이 반석에 퍼져 흐르는데 돌 하나 바위 하나도 범상한 것이 없고, 단풍이 사람의 얼굴과 옷에 비치고 골짜기가 넓고 시원하여 인간이 아니라고 하였다.

또 내외금강을 둘러보고 동해 쪽으로 나오던 작자는 개재[狗嶺]로 발행하여 40리를 내려오니 비로소 인간이라고 하였다. 그리고 이하곤과 선유하면서 물 가운데 백옥 같은 바위가 층층이 있고 그 위에 낙락장송 여섯 그루가 서있는 사이에 있는 사선정(四仙亭)을 보면서 단청이 휘황하고 반석 위에 표연히 나는 듯하다며 인간 같지 않다고 하였다.

이처럼 작자는 일상적이지 않은 음식, 금강산에만 있는 연꽃, 속세의 느낌이 전혀 없는 사찰의 모습, 환상적인 아름다움을 간직한 풍광 등을 접하면서 인간, 곧 사람들의 세상이 아니라는 말을 누차 반복하고 있다. 그런데 그 말이 시간적 여유를 가지고 금강산의 이모저모를 찬찬이 둘러볼 때 쓰이고 있다는 점을 고려하면 그것을 단순히 작자가 즐겨 사용하는 관용적 표현이라고만 하기는 어려울 듯하다. 어쨌든 사람 사는 세상이 아니라는 말은 일단 금강산이 일상의 현실적 공간이 아닌 탈속의 공간이라는 의미를 지닌다고 할 수 있는데 특히 외금강에서 나오니 비로소 인간이라고 한 데에서 이를 분명히 알 수 있다. 그렇다면 작자는 금강산을 단순히 탈속의 공간으로만 생각하고 있었는가. 이 문제는 금강산에 거주하는 승려들에 대한 작자의 관심과 태도를 통해 좀더 구체적으로 살펴볼 필요가 있다.

김창협이나 이하곤은 금강산을 유람하면서 간간이 불교나 승려에 대한 비판적인 시각을 드러내었다. 김창협은 진견성암(眞見性庵)에 머무는 승려를 만나 무엇을 하고 무엇을 먹는 지 묻고는 힘들여 계행(戒行)하는 것은 나태한 사람의 경계가 될 만하지만 그 애써서 공부하여 단지 한 개의 말라 시든 나무, 죽은 재를 이루어 내는 것이 안타깝다고 한 바 있다.[36] 이하곤은 봉우리와 골짜기에 모두 불교적인 이름이 붙어있어 싫다고 하고, '산영(山暎)' 두자에 무슨 묘한 뜻이 있는지 모르겠는데 장안사, 표훈사, 유점사에 다 산영루가 있으니 승려들의 누추함이 이에 이르렀다고 하였다. 또 정양사 팔각전의 불화가 당나라 오도자(吳道子)의 그림이라고 하지만 그렇지는 않고 살펴보면 신라 이후의 그림도 아니라고 하면서 연전에 승려들이 그림이 벗겨지고 떨어지는 것을 민망히 여겨 서투른 장인을 불러 채색을 다시 했지만 예전 모습을 회복하지 못했다며 그 무식함이 이에 이르니 진실로 통탄할 만하다고도 하였다.[37]

하지만 작자는 불교나 승려들에 대한 비판적 언급을 전혀 하지 않았을 뿐 아니라 오히려 승려들의 모습과 삶에 대한 많은 관심이 드러내고 있다.

> [10] 굴의 올나가니 …… 공부ᄒᆞᄂᆞᆫ 듕 세히 이시니 얼굴이 ᄉᆡᆨᄉᆡᆨᄒᆞ고 긔운이 평샹(平常)ᄒᆞ며, 나흘 무르니 세히 다 칠십여 셰식 ᄒᆞᄃᆡ 얼굴이 보기예ᄂᆞᆫ 겨유 사십여 셰ᄂᆞᆫ ᄒᆞ더라. 공부를 무르니 관음보슬(觀音菩薩)을 념불ᄒᆞ고 숑엽차(松葉茶) 두 슌식 먹고 벽곡(辟穀)ᄒᆞ연지 십여 년이라 ᄒᆞ거ᄂᆞᆯ, 방듕(房中)을 도라보니 숑엽 줌치만 걸녓고 다른 거슨 업더라. 엄동(嚴冬)이라도 방의 불 녓ᄂᆞᆫ 일 업고 더위예도 방 밧긔 나ᄂᆞᆫ 일이 업서 향벽(向壁)ᄒᆞ여 안ᄌᆞᆺ거ᄂᆞᆯ, 무로ᄃᆡ "선ᄉᆡ(禪師) 예 이션지 몃 ᄒᆡ나 ᄒᆞ뇨." 답왈(答曰) "이십 ᄉᆞ년이라." "긔이ᄒᆞᆫ 거ᄉᆞᆯ 본다." 무로니 ᄃᆡ답ᄒᆞᄃᆡ "잇다감 얼굴이 긔이ᄒᆞᆫ 어룬 사ᄅᆞᆷ이 와셔 문을 여러 보니 마자 드리랴 ᄒᆞᆫ즉 웃고 말도 아니ᄒᆞ고 도로 가니 이ᄂᆞᆫ 신령인가 시부고, 달이 ᄇᆞᆰ을 제면 금강ᄃᆡ 우희셔 청아ᄒᆞᆫ 긴 소ᄅᆡ 나니 그ᄂᆞᆫ 아모 거신줄 모르고 혼자 이셔도 무셥지 아니터라." ……[38]

위 [10]에는 작자가 보덕굴에 거처하는 승려들을 만나 문답한 내용이 제시되어 있다. 그들은 나이가 70여 세이지만 40여 세 정도로 보이고, 염불하고

---

36 김창협, 〈동유기〉, 248~249면.

37 이하곤, 앞의 글.

38 202~203면.

송엽차만 마시면서 벽곡한 지 10여 년이며, 추워도 불 때지 않고 더워도 방밖에 나가는 일 없이 향벽하고 지내는데 그곳에 머문 지 24년이라 하였다. 무엇을 하고 무엇을 먹는 지를 물은 것은 김창협과 마찬가지이지만 김창협이 승려의 삶의 모습을 불교에 대한 비판적 시각에서 받아들였다면 작자는 그것을 일상적 현실과는 거리가 먼 신이함으로 바라보고 있다고 할 수 있다. 나이에 비해 수십 년 젊어 보이고, 솔잎차만 마시면서 추위나 더위에 관계없이 향벽하여 오랜 세월을 지내는 모습이 그렇게 느껴졌던 것으로 보이는데 이는 그들에게 어떤 기이한 일을 경험했는지 다시 묻는 데에서 보다 분명히 드러난다고 할 수 있다.

승려에 대한 작자의 이러한 관심은 이 부분에 한정되지 않는다. 작자는 백운대 암자에서 80여 세나 된 노승 둘을 만났다. 그들은 그곳에 머문 지 34년 동안 인간에 나간 적이 없고 세상 사람이 그곳에 오는 일도 없는데 바위를 뚫어 만든 암자에서 불 때지 않고 포단만 깐 채 송엽을 하루 한 번씩 먹으며 지낸다고 하였다. 작자는 그들이 사람 같지 않다며 신선이 있다 하는 것이 이런 일을 이르는 것이라고 하였다. 또 자월암(紫月庵)에 들른 작자는 높은 바위 위에 위치한 암자에서 아래를 굽어보며 신선이 있다면 여기 말고 다시 어디에 있겠느냐고 하였다. 그곳에서 향벽하고 있는 노승은 화식(火食)하지 않은 지 40여 년에 기색이 씩씩하여 한 점 연화(煙火)의 기운이 없다고 하였다.

작자는 유가적 입장에서 불교나 승려를 비판적으로 바라보지 않았다. 그렇다고 해서 불교를 옹호하거나 불교에 우호적인 태도를 보이지도 않았다. 앞에서 살펴보았듯이 작품 도처에 보이는 승려들과의 대화는 작자가 불교에 관심이 있었기 때문이 아니라 그들의 탈속적인 삶의 방식과 모습에 관심이 있었기 때문이다. 작자에게 수행하는 승려들은 사람의 세상 같지 않은 암자에서 사람들의 일상적 삶과 다른 방식으로 살아가는 특별한 사람들이었다. 사람이면서도 작자의 표현처럼 사람 같지 않은 존재가 그들이었던 것이다.

한편 작자는 정양사 헐성루에서 자다가 깨어서 주위 풍광을 둘러보고는 흥취에 몰입하여 인간인 줄 깨닫지 못하겠다고 하였다. 금강산의 여러 곳을 보고 인간이 아니라고 하다가 여기에서는 사람의 세상인 줄 알지 못하겠다고 한 것이다. 이는 작자가 금강산을 사람 사는 세상이 아니면서도 사람 사는 세상으로 인식하고 있었다는 것을 뜻한다.

요컨대 작자는 금강산을 환상적 아름다움으로 인해 사람의 세상이기도 하고 아니기도 한 곳으로, 수행하는 승려들처럼 사람이면서 사람 같지 않은 존재들이 사는 곳으로 인식하고 있었다고 할 수 있다. 이런 점에서 작자는 금강산을 현실과 격절된 탈속의 공간이 아니라 현실에 있으면서도 비현실적인 공간, 비현실적이면서도 현실적인 공간으로, 다시 말하면 모순된 이중적 성격을 지닌 공간으로 인식하고 있었다고 할 수 있다.

작자가 승경이나 경물을 대할 때 마음속 티끌이 사라졌다며 자기 내면의 순수성을 돌아보거나 지향하지도 않고, 사찰이나 승려에 대해 비판적인 태도를 취하지도 않고, 경물이나 사찰에 얽힌 설화들을 허탄하다고도 하지 않은 것은, 자기의 판단을 개입시키기보다는 보고 들은 것 위주로 기록하려는 작자의 서술태도에 기인하는 것이겠지만 한편으로는 유가적 입장의 현실적이고 경험적인 척도로 비현실적인 성격을 지닌 공간을 평가하는 것이 적절하지 않다고 생각했기 때문일 수 있다.

5. 맺음말

이 글은 18세기 전반에 금강산 여행체험을 기록한 〈금강유산일기〉의 작자를 구명하고, 그 서술양상과 작자의식을 검토하는 것을 목적으로 하였다. 이 작품은 현재까지 확인된 국문본 금강산 유기 가운데 가장 오래된 작품으로 일찌감치 그 존재가 알려지고 원문이 소개되었으나 아직 연구가 활발하게 이루어지지 못하였다.

작자는 1715년(숙종41)에 금강산을 여행하였는데 작품 속에 제시되어 있는 정보를 근거로 역사 기록과 족보 등을 살펴본 결과 당시 통천군수의 아들인 이관제가 작자임을 확인할 수 있었다. 그는 작품 속에서 자기가 숙병으로 인해 공부를 폐했다고 했는데 그 때문인지 과거에 급제하거나 관직에 나아간 기록을 찾을 수는 없었다.

이 작품은 우선 이동하면서 마주한 경물들의 모습과 그에 대한 인상을 대체로 객관적이고 간결하게 제시하는 가운데 간혹 시간적 여유나 심적 상태에 따라 대상을 찬찬이 바라보면서 구체적으로 서술하기도 하고, 절벽 사이에 난 험한 길을 어떻게 지나갔고 그때 자기의 심정이 어떠했는지를 작품 곳곳에서 상당히 자세하게 제시하기도 하고, 경물이나 승경에 대한 감흥을 간간이 언급하다가 그러한 감흥이 고조된 상태가 지속되면서 승경에 몰입하는 모습을 길게 서술하기도 하였다.

작자가 작품 속에서 경물이나 승경을 대하거나 승려를 만나면서 '인간', 혹은 '인간(사람)이 아니다'라는 말을 빈번하게 언급하고 있는데 이를 통해 작자가 금강산을 단순히 현실과 격절된 탈속의 공간이 아니라 현실에 있으면서도 비현실적이고, 비현실적이면서도 현실적인 공간으로, 곧 모순된 이중적 성격을 지닌 공간으로 인식하고 있었다고 할 수 있다.

이상과 같이 이 글에서는 〈금강유산일기〉의 작자를 구명하고 작품의 전반적인 성격을 확인하고자 하였다. 작자가 이 작품을 국문으로 기록한 것은 부녀자들을 포함한 넓은 범위의 독자를 고려했기 때문일 수 있고, 한편으로는 권위적인 모습을 벗어버리고 보고 듣고 느낀 것을 솔직하게 기록하는 데에는 한문보다 국문이 적절하다고 판단했기 때문일 수도 있다. 앞으로 국문본을 포함한 다른 금강산 유기 작품들과의 비교를 통해 이 작품의 특성에 대한 이해가 심화되기를 기대한다.

〈자경지함흥일기〉의 문체적 특성

1. 머리말

〈자경지함흥일기〉는 함흥과 금강산 여행체험을 국문으로 기록한 유기(遊記)이다. 이 작품은 그 존재가 알려진 이후 상당히 오랜 시간이 흘렀지만 아직 심도 있는 논의는 이루어지지 못한 것으로 보인다. 이에 이 글에서는 이 작품이 산문 서술 가운데 부분적으로 가사체(歌辭體)를 수용하고 있는 점에 주목하여 작품의 성격을 좀더 구체적으로 확인하고자 한다.

이 작품에 가사체가 수용되어 있다는 사실은 일찌감치 이병기가 언급한 바 있다. 그는 〈자경지함흥일기〉가 순원왕후(純元王后)의 당숙 김명순(金明淳)이 순조 10년 함경도 관찰사로 부임할 때 그를 수행했던 사람이 기록한 일기로 간간이 가사체가 섞여 있는데 정경의 묘사가 기경(奇驚)한 곳도 있고, 재미있는 일화도 끼어있다고 하면서 원문의 일부를 제시하였다.[39] 현재 전하는 이 작품의 유일본이 이병기 소장본이었다는 사실을[40] 감안하면 이러한 그

39 이병기, 『국문학개론』, 일지사, 1978(1965년 1쇄), 256~259면.

40 서울대 중앙도서관 가람문고본으로 소장되어 있다. 펜글씨로 200자 원고지 66면에 걸쳐 씌어 있고, 표제는 '慈慶志咸興日記'이다. 권수제는 'ᄌᆞ경지함흥일긔'인데 표제의 한문 제목이 작은 글씨로 병기되어 있다. 이에 따라 현재 이 작품의 한자 제목을 가람본 표제에 따라 '慈慶志咸興日記'로 적고 있다. 그런데 최강현은 서울에서 함흥에 이르기까지의 일기라는 의미에서 '自京至咸興日記'로 적는 것이 타당할 듯하지만 지금으로서는 가람본 표제의 표기를 따를 수밖에 없다고 하면서 제목의 의미를 자경전마마, 곧 순원왕후 김씨의 뜻을 받들어 지은 함흥 일기로 해석한 바 있다(최강현, 「〈자경지함흥일기〉의 지은이」, 『한국문학의 고증적 연구』, 고려대 민족문화연구소, 1996, 266~267면). 하지

의 설명은 이 작품에 대한 최초의 논의로 짐작된다. 자료의 소개에 치중하여 창작 배경과 시기, 문체와 문학적 특성 등을 간략하게 언급하는 데 그쳤지만 작품에 관한 기본적 사실 가운데 가사체 수용이라는 문체적 특성을 거론한 것은 주목할 만하다.

이후 최강현은 당시 함경도 관찰사로 부임하던 사람이 김명순임을 다시 검증한 다음, 작품에 언급된 가족 관계와 사실 정보를 근거로 작자가 순원왕후의 오빠인 김원근(金元根, 1786~1832)임을 확인하였다. 이어 창작 시기와 작품의 내용을 간단히 살피고, 작품의 원문을 현대어로 바꿔 제시하였다.[41] 최강현의 논의는 무엇보다 이 작품의 작자를 구명하였다는 점에 의의가 있는데 문체에는 관심을 보이지 않았다.

이러한 논의들을 통해 작자, 창작 배경과 시기, 내용 등 작품의 이해를 위한 기본 사항들이 확인되었다. 그런데 이러한 기본 사항과 관련하여 이 작품은 몇 가지 점에서 주목할 필요가 있다.

우선 앞에서 언급한 것처럼 가사체를 수용하고 있는 문체적 특징이다. 한문본이건 국문본이건 산수유기 작품에 시를 삽입하거나 한시의 구절을 인용하여 작자가 자기의 감회나 대상에 대한 묘사를 대신하는 것은 별반 특별한 일이 아니다. 이 작품에서도 시조를 삽입하거나,[42] 한시의 구절을 인용하여 감흥이나 묘사를 대신하는 경우를 확인할 수 있다. 그런데 부분적으로 가사체를 수용하여 리듬감 있는 율문을 지향하는 모습은 다른 국문본 유기에서는 찾아보기 어렵다. 이런 점에서 가사체의 수용과 그것이 지닌 의미를 살피는

만 '慈慶志咸興日記'의 문맥을 과연 순원왕후의 뜻을 받들어 지은 함흥일기라고 해석할 수 있는가 하는 의문은 쉽게 해소되지 않는다. 따라서 'ᄌᆞ경지함흥일긔'는 원래 '自京至咸興日記'를 국문으로 표기한 것인데 이 글을 순원왕후에게 적어 올렸다는 작품 말미의 기록에 견인되어 후대에 '慈慶志咸興日記'로 잘못 기록했을 것으로 짐작된다.

41 최강현, 앞의 책, 266~294면.

42 작자는 함흥으로 가는 길에 철령을 지나면서 과거 그곳에서 이항복이 지은 시조를 인용하였다.

것은 이 작품의 성격을 확인하는 단서가 될 수 있을 것이다.

다음은 이 작품이 함흥과 금강산 두 군데의 여행체험을 다루고 있다는 점이다. 이를 주목하는 것은 대부분의 산수유기가 어느 한 곳의 여행체험을 다루고 있지만 이 작품은 그렇지 않기 때문이 아니다. 작자는 함경도 관찰사로 부임하는 당숙을 따라 함흥에 갔다가 돌아오는 길에 금강산을 유람하였다. 따라서 이 작품은 크게 함흥 여행체험과 금강산 여행체험으로 이루어져 있다고 할 수 있는데 함흥과 금강산에 대한 작자의 인식과 두 곳의 체험을 서술하는 작자의 태도가 똑같지 않을 수 있다. 따라서 이 작품을 충분히 이해하기 위해서는 이런 점을 주목할 필요가 있을 것이다.

또 하나는 이 작품이 상층 사대부인 작자가 누이인 순원왕후를 위해 창작한 것이라는 점이다. 작자인 김원근은 김조순(金祖淳)의 둘째 아들로 순조비인 순원왕후의 오빠인데[43] 작품 말미에 "경오 오월 십이일 ᄌᆞ뎐마〃 본겻 참판이 븍ᄇᆡᆨ으로 가셔 길 가던 일긔 지어 드린 ᄎᆡᆨ"[44]이라는 언급이 있다. 임금의 어머니를 뜻하는 '자전(慈殿)'이라는 용어를 쓴 것을 보면 이 기록은 헌종 즉위 후에 덧붙여진 것으로 보이는데 어쨌든 이를 통해 작자가 5월 6일 서울에 도착한 직후 세살 아래의 누이인 순원왕후가 보도록 자기의 여행체험을 수일 사이에 국문으로 기록하였다는 것을 알 수 있다. 이처럼 이 작품이 누이인 동시에 왕비인 독자를 대상으로 기록되었다는 것은 작품에 나타난 작자의 서술태도가 단지 사사로운 감정이나 감흥을 누이 동생에게 전달하기 위한 것에 한정되지 않을 수 있다는 것을 의미한다. 이런 점에서 예정된 독자가 누구인가 하는 점을 주목할 필요가 있다.

그런데 가사체 수용과 같은 문체적 특성, 두 곳 여행지에 대한 인식과 서

43 김조순의 큰아들은 김유근(金逌根)으로 당숙 김용순(金龍淳)의 계후가 되었고, 김원근이 둘째, 김좌근(金左根)이 셋째 아들인데 김좌근은 순원왕후의 동생이다(『안동김씨세보』 권7, 안동김씨대동보편찬위원회, 2015, 167~175면).

44 〈자경지함흥일기〉, 서울대 중앙도서관 소장 가람문고본, 65~66면. 이하 면수만 제시.

술태도, 그리고 예정된 독자의 성격 등은 서로 연관되는 문제라고 할 수 있다. 다시 말하면 작자가 산문 서술 가운데 부분적으로 가사체를 수용하고 있는 것은 두 장소에 대한 인식의 차이, 예정된 독자의 성격 등과 밀접하게 연관되어 있을 수 있다는 것이다. 이제 이러한 점을 구체적으로 확인하기 위해 먼저 가사체의 수용 양상부터 살펴본다.

2. 가사체 수용 양상

작자 김원근은 1810년(순조10) 함경도로 부임하는 당숙을 따라 함흥에 갔다가 돌아오는 길에 금강산을 유람하였다. 당시 작자는 25세였는데 1년 전에 진사시에 급제하고, 아직 관직에 나아가지는 않은 상태였다.[45] 따라서 관찰사를 수행한 것은 그가 어떤 공적인 임무를 맡아서가 아니라 그것을 계기로 여행에 대한 욕구를 충족시키려는 개인적 의도가 크게 작용했기 때문일 것이다.

작자는 3월 18일 서울을 떠나 함흥에 도착하여 그곳에서 20일 정도 머문 후 돌아오는 길에 금강산을 둘러보고 5월 6일 서울에 도착하였다. 이에 따라 이 작품은 서울을 떠나 함흥에 도착하여 그 주변을 둘러본 과정을 서술한 전반부와, 함흥에서 금강산을 거쳐 서울로 돌아오기까지의 과정을 기록한 후반부로 나누어 볼 수 있다. 가사체의 수용은 전반부보다 후반부에 집중되어 있는데 작품에 제시된 순서를 따라가며 그 양상을 살펴본다.

[1] ①경오 삼월 십팔일의 동대문 내ᄃᆞ라 관왕묘 모통이 산뎡집의 드러가니 일가 친구와 문긱 하인이 모혓거ᄂᆞᆯ 면면이 작별ᄒᆞ고 필마경삼으로 븍으로 향

45 김원근은 1812년(순조12) 관직에 나아가기 시작하여 내외직을 역임하다가 42세 때 문과에 급제하고, 이후 승지, 대사헌, 이조참판 등을 지냈다(『승정원일기』, 순조 6년~32년 참고).

ᄒᆞ니 ②인명원 버들 빗촌 / 섯근ᄂᆡ를 ᄡᅳ여잇고 / ᄇᆡᆨ바회 도리화ᄂᆞᆫ / 금슈당을 둘너ᄂᆞᆫᄃᆞᆺ / 무넘이를 잠간 디나 / 도봉산을 ᄇᆞ라보니 / 외외ᄒᆞᆫ 만댱봉은 / 반공의 표묘ᄒᆞ고 / 망월암 죵경셩은 / 셕양의 은은ᄒᆞ다 ③다락원 드러 슉소ᄒᆞ니 이날 삽십니 오다[46]

[1]은 이 작품의 시작 부분이다. 먼저 ①에서는 날짜를 앞에 제시한 다음 사람들을 만나 전송을 받으며 북쪽을 향해 길을 나섰다고 하여 출발 당시의 상황을 서술하고, ②에서는 그날 자기가 거쳐 간 장소와 그곳의 특징적인 풍광을, ③에서는 그날 숙소와 이동한 거리를 제시하였다. 대부분의 유기 작품들이 그렇듯이 이 작품도 날짜를 앞에 밝히면서 그날 있었던 일, 묵은 장소와 이동한 거리 등을 제시하는 날짜별 서술을 위주로 하고 있다.

그런데 ②는 인명원 버들 빛과 북바위[鐘巖] 도리화, 무넘이[水踰里]와 도봉산, 외외한 만장봉과 망월암 종경성에 대한 서술이 4음보, 혹은 2음보 단위로 대구를 이루며 리듬감을 형성하고 있다. 이는 ②가 앞뒤의 ①이나 ③과 달리 가사체로 서술되어 있음을 보여주는 것이다. 이른바 가사체의 핵심이 단순히 3, 4나 4, 4조의 연속에 있는 것이 아니라 그것들이 일정한 단위로 대구를 이루어 음악적 효과를 형성하는 데 있다는 점을[47] 고려할 때 ②가 거기에 그대로 부합하고 있는 것이다.

②에서 작자는 가사체를 통해 자기가 바라보는 풍광의 인상적인 모습을 경쾌한 리듬감이 느껴지도록 제시하고 있는데 이러한 경쾌한 리듬감은 여정에 따른 이동 과정에서 느끼는 작자의 감정을 속도감 있게 간결하면서도 흥겹게 제시하는 효과를 거두고 있다. 곧 이 부분의 가사체 수용은 앞의 필마경삼(匹馬輕衫)으로 길을 나섰다는 언급과 어울리게 막 여행길에 오른 작자의 가

46 1면.

47 서인석, 「가사와 소설의 상래 교섭에 대한 연구 – 소설사적 관심을 중심으로 –」, 서울대 박사논문, 1995, 122면.

볍고 흥겨운 심경을 드러내는 데 기여를 하고 있는 것이다.

이처럼 작자는 출발 당시의 상황, 그날 묵은 장소와 이동한 거리 등 사실 전달이 중심이 되는 부분은 산문으로, 거쳐 간 장소의 인상적인 풍광을 자기의 심경이 묻어나도록 제시한 부분은 가사체로 서술하고 있다. 이를 통해 가사체 수용이 날짜별 서술 단위와 상관없이 작자 나름의 의도에 따라 그때그때 이루어지고 있음을 알 수 있다. [1] 이후에는 산문 가운데 극히 일부 구절에서 가사체를 볼 수 있기는 한데 그것이 어느 정도 길게 이어지는 모습은 다음에서 볼 수 있다.

> [2] ①김셩현 다ᄃᆞ라니 쳔산만협 듕의 ᄀᆡ야ᄒᆞ야 ②산쳔은 명낭ᄒᆞ고 / 녀염은 즐비ᄒᆞᆫᄃᆡ / 일ᄃᆡ 댱강은 / 압흐로 둘너잇고 / 십니 댱님은 / ᄀᆞ흐로 옹위ᄒᆞ엿ᄂᆞᆫ디라 / 피금뎡은 물ᄀᆞ에 / 익연이 님ᄒᆞ고 / 경양누ᄂᆞᆫ 아샤 뒤히 / 은연이 니러ᄂᆞ니 / 넙〃ᄒᆞᆫ 챵벽이오 / 삼〃ᄒᆞᆫ ᄇᆡᆨ님이라 / 반묘 방당은 / 거울 낫출 여러 노코 / 쳔ᄒᆞ 인연은 / 화도 듕에 버러시니 / 온쟈ᄒᆞ고 명미ᄒᆞ기 / 측냥 업더라[48]

서울을 떠난 지 사흘 만에 금성에 도착한 작자는 자기가 바라본 금성의 풍광을 위의 [2]처럼 제시하였다. 우선 ①에서는 자기가 금성에 도착한 사실, 첩첩 산중에 펼쳐진 들판에 자리 잡고 있는 금성의 지세를 간략히 제시하고, ②에서는 가사체를 수용하여 금성의 인상적인 모습을 대구를 통해 구체적으로 서술하였다.

위 인용문에 아사(衙舍)라는 언급이 있는 것을 보면 작자는 관아에서 금성의 모습을 둘러본 것으로 짐작된다. 작자는 먼저 산천과 여염집, 길게 흐르는 강과 길게 펼쳐진 숲의 모습을 멀리 바라보다가 시선을 자기가 있는 관아

48 6~7면.

주변으로 옮겨 근처의 누정과 주위 풍광, 네모진 연못[半畝方塘],[49] 인가에서 올라오는 연기 등 주위의 모습을 하나씩 살피면서 대상의 인상적인 모습과 그것에 대한 자기의 느낌을 제시하였다.

이처럼 작자는 자기가 바라본 대상의 모습과 그에 대한 인상, 느낌을 먼 곳에서 가까운 곳으로 시선을 이동하는 원근법적 서술방식과 대구를 활용하여 차례로 제시하고, 그러한 금성의 모습을 그림에 견주면서 온화하고 아름답기가 이루 헤아릴 수 없다고 하였다. 움직임이 정지된 상태에서 바라보는 금성의 풍광을 차분한 리듬감에 맞춰 순차적으로 시선을 옮겨가며 감탄 섞인 어조로 묘사하고 있는 것이다.

그런데 이후 함흥까지의 여정에 대한 서술이나 그곳에 머물면서 둘러본 대상에 대한 묘사에서 가사체를 수용하고 있는 모습을 별반 찾을 수 없다. 위 [1], [2]의 경우도 가사체를 수용한 서술이 상당히 긴 호흡으로 이어진 것은 아닌데 이후에는 "촉도검각 엇더턴고 태항전괄 여긔로다", "영빈관이 정쇄ᄒᆞ고 영월누가 규연ᄒᆞ다" 등과 같이 간간이 산문 서술의 일부 구절에 단편적으로 가사체의 모습들이 보일 뿐이다.

하지만 본격적인 금강산 여행체험을 서술하는 부분부터는 양상이 달라진다. 작자는 잠시 머물던 함흥을 떠나 금강산 유람 길에 올랐다. 영흥, 고원, 덕원을 거쳐 안변에서는 국도(國島)를, 통천에서는 총석정을 구경하고, 회양을 지나 장안사에 도착한 이후 내외금강과 해금강을 차례로 둘러보았다.

그런데 장안사에서 시작한 본격적인 금강산 유람에 대한 서술은 가사체와 산문이 교체되는 방식으로 이루어져 있다. 내금강의 장안사에서 만폭동까지의 부분, 외금강의 구룡연 부분, 그리고 해금강의 난도(卵島)에 대한 부분은 가사체로, 내금강의 만폭동 팔담에서 만물초까지의 부분, 해금강의 사선정

49 인용문 속의 '반묘 방당은 거울 낫촐 여러 노코'는 '반 이랑의 네모진 못에 거울 하나가 열렸다(半畝方塘一鑑開)'는 주자의 시를 인용한 것이다.

부분 등은 산문으로 되어 있다. 이제 가사체로 서술된 부분을 중심으로 그 양상을 살펴보자.

> [3] 범죵누 디나가셔 / 쳔왕문 드러가니 / 대웅보뎐 이층집이 / 당 시절 지엇도다 / 십왕뎐 드러가니 / 젹믁당은 동에 잇고 / 셜션당은 셔에 잇다 / ᄉᆞ셩뎐 삼층 닷집 / 긔묘키도 ᄀᆞ이업다 / 신션누 가온대 / 목각뎨명ᄒᆞ여 달고 / 계슈료 졍ᄒᆞᆫ 방에 / 이틀 밤 머믄 후에 ……[50]

작자는 함흥에서 장안사에 이르는 과정, 그리고 장안사에서 둘러본 주위 봉우리의 모습은 산문으로 서술하다가 위 [3]의 장안사의 모습에 대한 서술부터는 가사체를 활용하고 있다. 이동 과정에서 마주치는 장안사의 건물과 그 배치를 개략적으로 소개하면서 일부 건물의 경우에는 당나라 시절에 지었다거나 기묘하다거나 하여 그 특징이나 인상을 간결하게 제시한 다음 제명(題名)하고 이틀을 머물렀다는 사실 모두를 가사체로 서술하였다.

작자는 유서 깊고 유명한 장안사를 금강산 경물의 하나로 인식하였을 수 있다. 또 장안사는 기대하던 금강산 유람을 본격적으로 시작하는 출발점이기 때문에 이전과는 다른 다소 들뜨고 흥분된 심적 상태에 젖어들었을 수 있다. 장안사 도착 이전까지는 산문으로 서술하다가 장안사 부분부터 리듬감이 느껴지도록 문체가 바뀐 것은 이런 점들과 연관되었을 것으로 보인다.

이처럼 이동 과정에 따라 전각의 배치를 제시하면서 일부 대상에 대해서는 그 특징과 인상을 간략하게 가사체로 서술하는 모습은 이후 표훈사의 경우에서도 볼 수 있다. 입구에서부터 시작하여 전후좌우, 동서에 위치한 건물의 이름과 전각 안의 불상이나 특이한 물건을 언급하면서 기이하다거나 완연하다고 하여 자기의 인상을 제시하였는데 장안사의 경우보다 언급한 전각의 이

50 40~41면.

름이 좀더 많은 차이가 있을 뿐이다.

그러면 경물을 찾아 이동하는 과정과 경물에 대한 서술은 어떠한가.

[4] 이십뉵일 됴식ᄒᆞ고 / 마혜 녀당으로 / 녕원동 ᄎᆞ자가니 / 지로승은 알ᄑᆡ 셔고 / 각슈 즁은 뒤ᄒᆡ 온다 / 셕묘ᄂᆞᆫ 심험ᄒᆞ고 / 목잔은 위틱ᄒᆞ니 / 남녀ᄂᆞᆫ 믈니티고 / ᄒᆞᆫ 거름 두 거름에 / 옥경ᄃᆡ 드러가니 / 긔이ᄒᆞᆫ 바회ᄂᆞᆫ / 거울 닥가 셰운 ᄃᆞᆺ / ᄒᆞᄅᆞᄂᆞᆫ 믉은 믈은 / 슈졍념을 드리온 ᄃᆞᆺ / 금사굴 올나가니 / 모ᄅᆡ밧치 황금 ᄀᆞᆺ다 / 황천강 드러가니 / 슈셕이 다 누ᄅᆞ다 / 십여리 드러가니 / 외나모 ᄃᆞ리 위틱ᄒᆞ다 / 디옥문 드러가니 / 고셩이 완연ᄒᆞ다 / 신나왕 피란ᄒᆞᆯ 제 / 이 골에 셩 빠노코 / 궁궐을 지어시니 / 디옥이라 ᄒᆞᄂᆞᆫ 말은 / 승도 등의 허언일다 / 이십니 드러가니 / 동학도 유수ᄒᆞ고 / 봉만도 긔이ᄒᆞ다 / 우두봉이 알ᄑᆡ 뵈니 / 녕원암이 머디 안타 / 과거승 만나보니 / 암듕이 브졍ᄒᆞ다 / 션계에 인연 업서 / 듕도에 허환ᄒᆞ니 / 업경ᄃᆡ에 삭인 일홈 / 쳔츄에 뎐ᄒᆞ리라 / 오리봉 도라나와 / 션인봉을 나ᄃᆞ라니 / 표훈ᄉᆞ 오ᄂᆞᆫ 길에 / 궁ᄌᆞ암이 여긔로다 / 울소 굽어보니 / 믈빗도 심청ᄒᆞ다 / 무학션ᄉᆞ ᄌᆡ조 결워 / 진동거ᄉᆞ 죽단 말가 / 진동거ᄉᆞ 세 아ᄃᆞᆯ은 / 믈ᄀᆞ에셔 우다가 / 화ᄒᆞ여 돌이 되어 / 업ᄃᆞ려 우ᄂᆞᆫ 거동 / 지금에 완연ᄒᆞ다 / …… / 표훈ᄉᆞ 올나갈 제 / 삼블암 디나가니 / 큰 바회에 세 부쳐ᄂᆞᆫ / 무학의 삭인 것가 / 진동거ᄉᆞ ᄌᆡ조 결워 / 후면의 오십삼블 조아시니 / 총망 듕의 뉵십블 되거고나[51]

[4]는 [3]의 뒤에 이어지는 부분으로 백천동을 지나 영원암을 향해 가다가 발길을 돌려 표훈사로 이동하는 과정을 서술한 대목이다. 동행한 사람들을 소개하고, 길이 험해 직접 걸어갔다고 하면서 이동 과정에서 보게 된 경물들을 차례로 제시하였다. '~들어가니'라는 말을 반복하면서 마주친 경물의 이

51 41~43면.

름을 밝힌 다음 그 모습을 간혹 자기의 느낌을 곁들여 제시하고 있는 것을 볼 수 있다. 그런 가운데 승려들의 말이 사리에 어긋난다고 하기도 하고, 영원암을 보지 못하고 돌아가는 것을 아쉬워하면서 업경대에 새긴 자기 이름이 천추에 전해질 것이라며 아쉬움을 달래기도 하였다.

이처럼 경물을 찾아 이동하는 경로와 경물에 대한 소개, 그리고 그에 대한 감회나 생각을 간결하고 속도감 있게 서술하면서 울소[鳴潭]와 삼불암에서는 그곳에 얽힌 설화를 제시하였다. 울소에 얽힌 설화는 널리 알려져 있어 많은 금강산 유기들에서 언급하고 있는데 이 작품에서는 그것을 경물과 관련지어 간결하게 제시함으로써 사전 지식이 없으면 설화의 서사적 맥락을 제대로 이해하기 어렵다. 이는 작자가 설화 자체보다는 그것이 얽혀 있는 경물의 모습에 보다 많은 관심이 있었음을 말해주는 것이라 할 수 있는데 뒷부분에 가사체의 율격이 다소 이완된 모습을 보이는 것은 그러면서도 설화의 맥락을 그런대로 제시하기 위해서였던 것으로 짐작된다.

이와 같이 장소의 이동에 따라 인상적인 경물에 대한 묘사를 간결하게 제시하는 방식은 이후에도 계속 이어진다. 예를 들어 만폭동 어귀에서 시작하여 만절동, 우화동을 거쳐 수미탑을 둘러보고 다시 만폭동으로 돌아오는 과정에 대한 서술을 보면 '~다다르니', '~올라가니', '~들어가니'와 같은 말을 반복하면서 경물의 이름과 인상적인 모습을 감탄적인 어조로 간결하게 제시하다가 수미탑에 이르러서는 장한 기운이 느껴지는 모습과 그에 대한 감탄을 다소 길게 서술하고 있다.

그런 가운데 정지된 상태에서 시간적 여유를 두고 바라본 경물에 대해서는 비교적 자세한 서술을 하고 있는 것을 볼 수 있다.

[5] 정향ᄉᆞ 올나가니 / 디셰도 놉거니와 / 안계도 챵활ᄒᆞ다 / …… / 헐셩누 올나가니 / 금강산 됴흔 줄을 / 이제야 알니로다 / 일만이쳔 놉흔 봉이 / 눈 압히 버러시니 / 옥으로 삭여ᄂᆞᆫ ᄃᆞᆺ / 금으로 싹가ᄂᆞᆫ ᄃᆞᆺ / 부용이 반긔ᄒᆞ고

/ 적셜이 ᄒᆞᆺ날닌다 / 즁향셩 무한경을 / 엇디 다 긔록ᄒᆞ리 / 샹슈미 하슈미ᄂᆞᆫ / 합쟝부좌 ᄒᆞ엿ᄂᆞᆫ ᄃᆞᆺ / 영낭봉이 표묘ᄒᆞ고 / 가셥봉이 언건ᄒᆞ다 / 일츌봉에 ᄒᆡ 오ᄅᆞ고 / 월츌봉에 ᄃᆞᆯ 돗ᄂᆞᆫ다 / 비로봉 놉흔 ᄌᆡ에 / 챵ᄒᆡᄅᆞᆯ 알ᄑᆡ 노코 / 혈망봉 큰 구멍은 / 무어슬 써여 달고 / 쟝거봉에 노로 안고 / 셕응봉에 ᄆᆡ 안잣다 / 망군ᄃᆡ 올나가니 / 튱신의 고적이오 / 승샹봉 ᄇᆞ라보니 / 즁놈이 올나간다 / 디쟝봉 셰존봉은 / 보제즁싱 ᄒᆞ랴 ᄒᆞ고 / 동토로 오거고나 / 샹관음 하관음은 / 남ᄒᆡ 듁님 여긔로다 / 챠일봉 놉흔 곳에 / ᄒᆡ빗치 더ᄃᆡ 온다 / ᄇᆡᆨ마봉 먼 형셰ᄂᆞᆫ / 남으로 ᄃᆞᆯ니난 ᄃᆞᆺ / 십왕봉 안ᄌᆞᆫ 곳에 / 대향노 쇼향노ᄅᆞᆯ 버려시니 / 청학ᄃᆡ에 학이 울고 / ᄉᆞᄌᆡ봉에 ᄉᆞᄌᆡ 논다 / 오현봉을 지졈ᄒᆞ니 / 방광봉에 빗치 난다 / 셕양이 ᄌᆡ산ᄒᆞ고 / 금셩이 샹하ᄒᆞᆯ 제 / 헐셩누 나리ᄃᆞ라 / 쳔일ᄃᆡ 올나오니 / 즁향셩 놉흔 곳에 / 운무가 니러나니 / 의심컨대 이 몸이 / 화도 듕에 잇ᄂᆞᆫ가 ᄒᆞ노라[52]

[6] 비봉폭 드러가니 / 수ᄇᆡᆨ당 ᄂᆞ린 믈은 / 흰 깁을 거럿ᄂᆞᆫ ᄃᆞᆺ / 쒸여나ᄂᆞᆫ 믈방울은 / 쥬옥도 ᄀᆞᆺ거니와 / ᄇᆡᆨ셜이 나붓긴다 / ᄒᆞᆫ 모퉁이 도라가니 / 구룡연 폭포 소ᄅᆡ / ᄇᆡᆨ일뇌뎡 니러나고 / 텬디가 움즉인다 / 은ᄒᆞ슈 ᄲᆞᆺ친 믈이 / 금강으로 ᄂᆞ리거다 / 놉기ᄂᆞᆫ 몃길이며 / 깁기ᄂᆞᆫ 몃자힌고 / 믈결에 파인 반셕 / 방하 확도 ᄀᆞᆺ틀시고 / 구룡이 은복ᄒᆞ니 / 경ᄀᆡᆨ 풍우 지어낸다 / 구경도 쟝커니와 / 무셥기도 무셔올샤 / 박연폭도 보아시나 / 여기 비ᄒᆞ면 쳔뉴로다 / 수식경 계요 되어 / 구ᄅᆞᆷ이 니러나니 / 지쳑을 블변ᄒᆞ매 / 신간귀비 이러토다[53]

[5]는 정양사 헐성루와 천일대에서 바라본 금강산의 절경을 제시한 부분

52 44~47면.

53 61~62면.

이다. 정양사에 도착한 작자는 정양사의 지세와 전각들을 둘러본 후 헐성루와 정양사 앞산인 천일대에 올라 금강산을 자세히 바라보았다. 정양사에서 금강산을 바라본 유산객들은 모두 넋을 잃고 감탄하곤 하였는데 작자도 예외는 아니었다. 일찍이 정철(鄭澈)은 여산 진면목이 여기에서 다 보인다며 조화옹이 야단스럽고도 야단스럽다 하였고,[54] 김창협(金昌協)은 명나라 사람 오정간(吳廷簡)이 황산을 보고 '반평생 본 것은 모두 흙더미, 돌무더기뿐이라'고 한 말을 인용하여 자기의 느낌을 대신하기도 하였다.[55] 그런데 후대로 오면서 전체적인 감회에 더하여 바라보이는 봉우리의 이름과 모습을 길게 열거하는 경우를 종종 볼 수 있는데 이 작품에서도 그러한 양상을 볼 수 있다.

작자는 먼저 옥으로 새기고 금으로 깎은 듯, 부용이 반개하고 적설이 흩날리는 듯하다며 전체적인 인상을 제시하고, 무한한 경치를 어찌 다 기록할 수 있겠느냐면서 봉우리들의 모습과 그에 대한 인상을 대체로 봉우리들의 이름과 관련지으며 길게 열거하였다. 이어 천일대에 올라 중향성을 바라보며 자신이 그림 속에 있는 듯하다고 감탄하였다.

[6]은 비봉폭포와 구룡연에 대한 서술이다. 비봉폭포의 경우는 떨어지는 물줄기와 흩날리는 물방울의 모습만을 간략히 제시하였지만 구룡폭포는 그 소리와 길게 쏟아지는 물줄기를 비유를 통해 묘사하고, 폭포수 아래 구룡연은 그 모습을 제시하면서 못 속에 용이 숨어 있다는 설화를 끌어와 갑작스런 날씨 변화로 지척을 분간하지 못하니 귀신이 아끼고 몰래 숨겨둔 곳[神慳鬼祕]이라고 하였다. 구룡폭포와 구룡연의 모습, 그리고 그곳에 대한 느낌과 인상을 박연폭포와 비교하기도 하면서 비교적 구체적으로 제시하고 있음을 볼 수 있다.

이처럼 작자는 승경을 찾아 이동하면서 그 과정에서 마주친 경물의 모습

54 정철, 〈관동별곡〉, 『금강산 기행가사집』, 이경수 등 주해, 강원대 출판부, 2000, 12면.

55 김창협, 〈동유기〉, 『17세기의 금강산 기행문』, 이경수 등 편역, 강원대 출판부, 2000, 240면.

과 그에 대한 감회를 속도감 있고, 간결하게 제시하다가 경우에 따라서는 시간적 여유를 갖고 승경이나 경물에서 우러나오는 흥취에 몰입하면서 경물의 모습과 자기의 감흥을 좀더 길고 구체적으로 서술하기도 하였다.

한편 작자는 승경을 찾아 험한 길을 힘들게 지나간 사실을 밝히기도 하였다.

> [7] 양지ᄃᆡ 올나가셔 / 반셕에 ᄌᆞ명ᄒᆞ고 / 금강문 다ᄃᆞᄅᆞ니 / 가던 길 ᄭᅳᆫ친 곳에 / 우희ᄂᆞᆫ 절벽이오 / 아래ᄂᆞᆫ 소히로다 / …… / 만일 이 ᄒᆞᆫ 문이 업셔더면 / ᄂᆞᆯ샌들 엇디 가리 / 일노 조차 드러가니 / 슈셰ᄂᆞᆫ 쥰급ᄒᆞ고 / 벼로ᄂᆞᆫ 위ᄐᆡᄒᆞ다 / 밋그러온 목교변에 / 한쳠지가 너머지고 / 됴쵸관은 쥬져안네 / 독목교 계요 건너 / 삼십이층 잔도로다 / 올나가기 어려오니 / 만일 혹시 실족ᄒᆞ면 / 쇄골젼허 ᄀᆡ가지리로다 / 옥뉴동 드러가니 / 돌빗ᄎᆞᆫ 거울ᄀᆞᆺ고 / 뉴슈ᄂᆞᆫ 옥ᄀᆞᆺ도다 / 동학도 명낭ᄒᆞ고 / 경개도 졀승ᄒᆞ다[56]

[7]은 신계사를 출발하여 구룡연을 찾아가는 과정에 대한 서술이다. 위는 절벽이고 아래는 세찬 물이 흐르는 벼랑길을 지나고, 미끄러운 외나무다리를 건너 절벽의 잔도를 올라가야 하는 위태로운 길에서 일행들이 넘어지고 주저앉기도 하였는데 그렇게 두려움을 느끼면서 간신히 나아간 끝에 도착한 옥류동의 절경은 감탄을 자아낼 정도였다고 하였다.

실제 구룡연으로 가는 길은 대단히 험했던 듯하다. 예를 들어 김창협과 그 제자 이의현(李宜顯)은 길이 위험해 아예 가지를 않았고, 김창협의 또 다른 제자인 이하곤(李夏坤)은 승려들의 만류에도 불구하고 길을 나섰는데 길이 험하고 끊어져 동아줄을 매달아 늘어뜨린 곳이 세 군데나 되었다고 하였다.[57]

---

56 60~61면.

57 이승복, 「〈금강유산일기〉의 작자와 서술양상」, 『고전문학과 교육』 45, 한국고전문학교육학회, 2020, 210면 참고.

이러한 험한 행로에 대한 서술은 작자의 성향이나 작자가 선택한 장르 등에 따라 차이가 있을 수 있다.

먼저 금강산 기행가사에서는 구룡연에 이르는 험한 행로에 대한 구체적인 언급을 별반 찾을 수 없다. 다만 이상수(李象秀)의 〈금강별곡〉에서 '쇠말장을 총총 박고 사다리를 결박하여 오를 제는 엎드리고 나릴 제는 앉는도다',[58] 그리고 작자를 알 수 없는 〈관동장유가〉에서 '흙 한 줌 없는 길에 바위와 물뿐이라 층암절벽 험악한데 간신간신 찾아가니'[59] 정도의 간략한 언급을 찾을 수 있고, 홍정유(洪鼎裕)의 〈동유가〉에서[60] 나무다리, 절벽 비탈, 징검다리를 언급하면서 노약자가 가지 못할 곳이라고 하여 앞의 두 작품보다 다소 길게 서술하고 있는 것을 볼 수 있을 정도이다.

이에 비해 국문본 금강산 유기에서는 험한 행로를 구체적으로 서술하고 있는 것을 볼 수 있다. 〈자경지함홍일기〉보다 1세기쯤 전에 금강산을 여행하고 그 체험을 기록한 이관제(李觀濟)의 〈금강유산일기〉에는 작자가 구룡연에 이르는 험한 길을 어떻게 지나갔고, 그때 자기의 심정이 어떠했는지 상당히 길고 구체적으로 제시하고 있으며,[61] 19세기 후반에 기록된 조병균(趙秉均)의 〈금강록〉과[62] 작자 미상의 〈금강산록〉에서는[63] 〈금강유산일기〉보다는 간단하지만 험한 행로에 대한 구체적인 언급을 찾을 수 있다.

---

58 『금강산 기행가사집』, 151면.

59 위의 책, 174면.

60 하버드대 연경도서관 소장 필사본.

61 이승복, 앞의 글, 210~211면.

62 국립중앙도서관 소장 국문필사본.

63 〈금강산록〉은 현재까지 소개되지 않은 작품인데 장서각에 소장되어 있다. 국문필사본 1책으로 표지에는 '金剛山錄', 표지 안의 내지에는 '금강순녹'이라고 적혀 있다. 작자가 지로승을 앞세워 유람을 하고 스스로 시객을 자처하는 모습을 보면 작자의 신분은 사족으로 짐작되는데 창작 연대를 정확히 확인할 수는 없다. 하지만 작품에 제시된 '김병기 대감'이라는 언급과 날짜와 간지가 부합하는 연도 등을 고려하면 이 작품은 작자가 1886년에 금강산을 여행하고, 그 체험을 기록한 것이라는 것을 알 수 있다.

물론 이러한 차이는 가사와 유기의 장르적 차이와 어느 정도 연관될 것이다. 위 [7]에서 험한 여정에 대한 서술이 대단히 구체적이라 하기는 어렵지만 그것을 어느 정도 자세하게 언급하고 있는 것을 볼 수 있는데 이 부분의 문체가 가사체이기는 하지만 그러한 서술 내용을 다루고 있는 것은 가사보다는 국문본 산수유기의 관습과 연관되는 것이라 할 수 있다.

이와 같이 이 작품에 가사체가 수용된 양상을 살펴보았는데 가사체가 수용된 부분이 지닌 특성을 보다 분명히 확인하기 위해서는 가사체가 아닌 산문으로 이루어진 부분을 아울러 살펴볼 필요가 있을 것이다.

> [8] ①만폭동 도라ᄂᆞ려 …… 흑농담 청농담 ᄇᆡᆨ농담을 ᄎᆞ례로 보고 분셜담에 니ᄅᆞ러 반셕샹의 김원근 니문털이라 ᄒᆞ고 대셔특셔ᄒᆞ야 삭이고 그 아래 됴익념의 일힝이 다 삭이다 그리로 조차 진쥬담의 니ᄅᆞ니 이곳은 팔담 듕 뎨일이라 혹왈 슈렴동이라 ᄒᆞ더라 셕굴 듕 드러가 구경ᄒᆞ고 그리로 올나 셤담 귀담 디나 와(화)농담의 니ᄅᆞ니 ②표훈ᄉᆞ 즁 환셰라 ᄒᆞᄂᆞᆫ 즁이 술 잘 먹고 말 잘ᄒᆞ고 쵸쵸티 아니ᄒᆞᆫ 즁이라 그 즁이 왈 녯적의 무학대ᄉᆞ 진동거ᄉᆡ ᄡᅡ화 무학이 진동을 죽일 적의 이 못에셔 농이 나와 뇌뎡벽녁을 돕고 셕ᄉᆞ지가 니러나 무학을 도아주다가 …… 혈망봉에 굼기 어이 쑬녀ᄂᆞ니 므ᄅᆞᆫ 즉 ᄃᆡ왈 금강산은 텬상에도 유명ᄒᆞᆫ디라 옥황샹뎨 군신을 불너 의논ᄒᆞ시ᄃᆡ 일후 ᄀᆡ벽ᄒᆞ면 금강산은 다시 ᄆᆡᆫ들기 어렵다 ᄒᆞ샤 미리 굼글 ᄯᅮ러 두엇다가 …… 비로봉의 ᄯᅩ 오ᄅᆞ려 ᄒᆞᆫ 즉 그 즁이 말녀 왈 올나가ᄂᆞᆫ 길에 돌사ᄃᆞ리 만하 실족ᄒᆞ면 큰일나리라 ᄒᆞ고 거즛말노 풍유ᄒᆞ야 왈 이젼에 경샹도 지리산 즁이 비로봉 구경갈ᄉᆡ 돌사ᄃᆞ리에 안자 졈심밥 먹다가 술ᄭᅡ락을 ᄂᆞ리더려 일코 갓더니 삼년만의 ᄯᅩ 다시 와 그곳을 디나다가 술ᄭᅡ락 일흔 곳을 드려다가 본 즉 그 술ᄭᅡ락이 그져 ᄂᆞ려가노라고 ᄃᆡᆼ강〃〃 ᄒᆞ더라 ᄒᆞ오니 위ᄐᆡᄒᆞ니 올나가지 말나 ᄒᆞ기 박장대쇼ᄒᆞ고 ……[64]

[9] ①산역누 드러오니 승도들이 산취산과를 나아오니 산듕별미 긔이ᄒᆞ도다 희탈문 드러와 농음누요 뎡문 드러와 능인보뎐이며 녕산뎐과 향젹뎐 무연돌[블 싸혀도 연긔 업ᄂᆞᆫ 부억이라]과 향노뎐 어실각과 십왕뎐 슈월당은 동편의 버러잇고 셤무갈뎐과 무량슈뎐과 희장뎐과 블존뎐과 셜션당과 쳔일당과 오탁뎡과 십이층탑은 셔편으로 버러잇더라 ②신나 시졀에 노츈이라 ᄒᆞᄂᆞᆫ 사ᄅᆞᆷ이 고셩군슈 ᄯᅢ에 …… 개ᄌᆡ녕이라 ᄒᆞ고 …… 노츈뎡이라 ᄒᆞ고 …… 노로목이라 ᄒᆞ고 …… 그 터희 유뎜ᄉᆞ를 짓고 늘읍나모 쌜희지 법당의 안쳣더라 ③오동 향노와 놋시로ᄂᆞᆫ ᄂᆡ산 것보다 더 긔이ᄒᆞ더라 졀에 이젼 우믈이 업더니 …… 그 우믈을 오탁뎡이라 ᄒᆞ고 …… 고젹은 셩종대왕겨오셔 그 졀에 뎐답 노비 주신 어필어압이 계시고 인목대비 화엄경 금ᄌᆞ로 쓰신 뎜칙이 이시니 거륵ᄒᆞ온 보ᄇᆡ로다[65]

앞의 [8]에는 만폭동 팔담을 구경한 사실과 표훈사 승려와 나눈 대화의 내용이 제시되어 있다. 우선 ①에서 작자는 자기가 본 순서에 따라 팔담의 이름을 나열하면서 분설담 반석 위에 자기와 일행들이 이름을 새겼다는 사실을 제시하였다. 만폭동 팔담 역시 승경으로 이름난 곳이지만 진주담이 팔담 중 제일이라는 언급 외에는 팔담에 대한 인상이나 감흥이 드러나 있지 않고 단순히 그곳을 보았다는 사실만을 제시하고 있다. 그리고 ②에서는 언변 좋은 승려와 대화를 나누면서 들은 이야기, 곧 화룡담과 사자 바위, 혈망봉 등 경물의 기이한 모습을 설명하는 설화, 그리고 삼년 전에 떨어뜨린 숟가락이 여전히 소리를 내며 떨어질 정도로 비로봉이 높다는 해학적인 이야기 등을 소개하고 있다.

[8]의 앞에는 만폭동 어귀에서 수미탑을 찾아가는 과정과 경물의 인상적

64 48~51면.

65 53~56면.

인 모습, 그에 대한 감흥 등이 가사체로 서술되어 있으나 팔담의 경우에는 그것들이 작자의 기대에 미치지 못했기 때문인지 단지 자기가 그것들을 보았다는 사실만을 밝혔고, 승려에게서 들은 이야기는 대화적 상황을 유지하면서 이야기의 서사적 맥락을 자기가 들은 그대로 기록하였다. 곧 이 부분은 감정의 개입을 자제하면서 보고 들은 경험적 사실을 있는 그대로 제시하고 있다고 할 수 있다.

뒤의 [9]는 유점사에 대한 서술이다. 우선 ①에서는 장안사와 표훈사의 경우처럼 절에 들어설 때부터 마주치는 전각들과 동서로 배치된 여러 건물들의 이름을 열거하고 있다. 그런데 장안사나 표훈사의 경우보다 훨씬 많은 전각의 이름을 일일이 제시하고 있지만 건물의 특징적 면모나 그에 대한 인상이 드러나 있지 않다. 이는 작자가 자기가 본 전각의 이름과 배치에 관한 사실 정보를 전달하는 데 관심이 있었다는 것을 말해준다.

②에서는 유점사 창건 설화를 제시하였는데 설화와 관련된 지명까지 모두 언급하면서 설화의 구체적인 내용을 상당히 긴 분량에 걸쳐 서술하고 있다. 앞에서 본 울소와 삼불암에 얽힌 설화는 경물에 초점을 맞춰 간략하게 언급하고, 화룡담과 혈망봉에 얽힌 설화는 다른 사람의 목소리를 빌어 서사적 맥락이 드러날 수 있도록 제시하였다면, 유점사 설화는 작자 자신의 목소리로 상당히 구체적으로 서술하고 있음을 볼 수 있다. 다음 ③에서는 유점사에서 본 진기한 대상을 하나씩 소개하였는데 오탁정의 경우는 설화를 간략히 제시하기도 하였다.

이처럼 [9]에서는 작자가 유점사에서 본 전각과 진기한 물건이 어떤 것인지를 밝히고, 흥미를 느낄 만한 창건 설화를 자세하게 소개하고 있어 앞의 [8]과 마찬가지로 자기가 보고 들은 사실을 기록하여 전달하는 데 중점이 놓여 있음을 볼 수 있다.

앞에서 이동 경로와 그 과정에서 마주친 경물의 모습, 그리고 정지된 상태에서 시간을 두고 관조한 경물의 모습 등을 작자의 감흥과 아울러 제시하거나 험한 길을 가야하는 행역의 어려움을 그때의 심경이 묻어나도록 서술할 때 가사체가 수용되어 있음을 확인하였다. 이에 비해 위에서 살핀 것처럼 작자가 자기가 보고 들은 사실을 감흥이나 감정을 개입시키지 않은 채 보고 들은 그대로 충실히 제시하고자 할 때에는 산문으로 서술하고 있는 것을 알 수 있다.

이와 같이 금강산 유람에 대한 서술 부분을 중심으로 보았을 때 작자가 대상을 주관적 정서와 조응하면서 제시할 때에는 대개 가사체로, 주관적 정서의 개입을 자제하면서 보고 들은 경험적 사실을 있는 그대로 제시하고자 할 때에는 대개 산문으로 서술하고 있다. 물론 주관적 정서의 개입 여부나 수준을 분명하게 가려내기 어렵고, 그렇기 때문에 이 부분에 나타난 문체별 특성이 이렇게 명확하게 나뉜다고 단정하기는 어렵지만 어느 정도 이러한 경향이 있음은 충분히 확인할 수 있다. 이는 결국 이 부분에서 작자가 나름의 기준을 가지고 두 가지 문체를 구분하여 활용했다는 것을 말해준다.

3. 서술태도와 문체

앞에서 언급한 바와 같이 서울을 떠나 함흥에 도착하여 주변의 여러 곳을 둘러 본 과정을 제시한 전반부보다 금강산 유람을 다룬 후반부에 가사체가 빈번하게 수용되어 있다. 전반부에서는 앞의 [1]과 [2]의 경우, 그리고 산문 서술 속 일부 구절에 간간이 보이는 가사체의 모습을 확인할 수 있을 정도이다. 그런데 작자가 여행을 떠난 궁극적인 목적을 고려하면 가사체의 수용은 금강산 여행과 관련된 범위에 한정되어 있다고 할 수 있다. 곧 [1]과 [2]도 어느 정도 금강산 유람과 연관되어 있다는 것이다.

작자는 사실 서울을 출발할 때부터 금강산에 대한 기대에 부풀어 있었다. 함흥을 향하고는 있지만 함흥보다는 금강산을 구경하러 간다는 흥분에 들떠 있었던 것이다. 길을 나선지 얼마 되지 않아 영평을 지날 때 작자는 '영평에도 팔경이 있는데 그중 세 곳은 가는 길에서 멀지 않지만 일편 정신이 금강에 있으니 무슨 겨를에 지체하겠느냐'며 그냥 지나쳤다. 또 금성을 지나 창도역에 이르렀을 때에는 그곳에서 십리를 가면 금강산 단발령으로 가는 길이 있는데 먼저 북도를 보려 하기에 북으로 향한다고 하였다. 이처럼 일편 정신이 금강산에 있다면서 길을 재촉하고, 함흥과 금강산 가는 길이 나뉘는 지점에서 금강산을 다시 언급하는 것은 여행의 중요한 동기가 금강산 유람에 있다는 것을 말해준다고 할 수 있다.

이런 점을 고려할 때 앞의 [1]에서 출발 직후 여정에 따라 마주한 인상적인 풍광을 가사체를 수용하여 경쾌한 리듬감이 느껴지도록 제시한 것이나, [2]에서 금강산과 가까운 금성의 풍광을 가사체를 수용하여 입체적으로 묘사한 것은 금강산 구경을 앞두고 있는 기대나 흥분과 연관되는 것으로 짐작된다. 실제 [1]과 [2]에 제시된 장소들은 금강산으로 가는 길에 있는 곳이고, 이후 금강산 구경을 본격적으로 시작하기 전까지 가사체가 별반 수용되어 있지 않은 점을 볼 때 그럴 가능성은 충분한 것으로 보인다.

요컨대 금강산 여행체험을 다룬 부분은 가사체를 적극 수용하여 산문과 율문이 교체되는 서술방식으로 이루어진 반면 함흥 체험에 관한 부분은 대개 산문으로 서술되어 있다고 할 수 있다. 이러한 차이는 무엇보다 함흥과 금강산이라는 두 장소가 지닌 성격이 다르고, 그로 인해 두 곳에 대한 작자의 인식이나 태도에 차이가 있기 때문일 것이다.

그렇다면 함흥에 대한 작자의 인식은 어떠한가. 작자는 함흥 도착을 전후하여 목조, 익조, 도조, 환조와 그 부인들의 능을 찾아보았다. 여섯 곳이나 되는 곳을 모두 둘러보면서 능의 지세와 주변 산세를 설명하고, 경우에 따라서는 자리를 그곳에 정한 데 얽힌 설화를 제시하기도 하였다. 익조비의 능은 대여(大轝)가 도중에 움직이지 않자 연을 날려 연이 내려지는 곳에 자리를 잡았다며 하늘이 명당대지를 주어 우리 동방의 억만 무강지지(無疆之地)를 점지하였다고 하였다. 또 환조의 경우에는 명당에 대한 나옹과 무학의 문답을 전해들은 태조가 그들에게 요청하여 능의 자리를 잡게 되었다는 이야기를 소개하면서 하늘이 신승을 내어 성인에게 복지명당(福地明堂)을 점지하였다고 하였다.

작자는 태조의 선조뿐 아니라 태조와 직접 관련된 장소들도 두루 찾아보았다. 함흥으로 향하던 작자는 안변에 이르자 관찰사 행차에서 잠시 벗어나 석왕사를 둘러보았다. 작자는 먼저 태조의 꿈이 장차 왕이 될 것을 알려주는 것이라고 해몽하면서 꿈 이야기를 누설치 말라고 당부했던 무학에게 후일 왕이 된 태조가 석왕사를 지어 주었다는 석왕사 창건에 관한 이야기부터 제시하였다. 이어 태조가 직접 심은 동구의 소나무에 대한 묘사에서 시작하여 이동과정에서 마주친 전각의 위치와 모습을 차례로 서술하였다. 태조가 심은 소나무에 대해서는 '나무도 오히려 사람들이 사랑하고 아낀다(樹木猶爲人愛惜)'는 두보의 시를 인용하여 태조를 숭앙하는 사람들의 마음이 변함없다고 하고, 전각들이 웅위장려하다든가 찬란하고 엄숙하다든가 하여 자기의 감회와 인상을 제시하였다.

또 함흥 도착 전 영흥에서는 태조의 어진을 봉안한 준원전과 근처 태조가 태어난 곳을 둘러본 후 그곳을 주 문왕과 한 고조의 고향에 비기면서 천지정령이 다 모인 듯하다고 하였다. 함흥 도착 후 함흥본궁을 찾았을 때에는 태조가 심은 소나무를 보고 범상한 초목이 아니어서 새나 짐승이 깃들이지 못한다고 하고, 태조가 쓰던 활과 화살을 보고서는 태조가 신궁이라는 것을 상상할 수 있다고 하였다. 그리고 태조가 격구를 하던 곳에 지은 격구정에 가서는 주변의 지세를 설명하고, 태조가 나무로 만든 공을 종일 땅에 떨어뜨리지 않았다며 대성인의 신무(神武)를 알 수 있다고 하였다.

이와 같이 작자는 태조 선조의 묘 여섯 군데 모두와 태조의 자취가 남아있는 곳 모두를 둘러보았다. 태조 선조의 묘에 대해서는 산세가 웅장, 장려하다면서 조선이 끝없이 이어질 수 있는 복이 있는 명당을 하늘이 점지했다고 하고, 석왕사 창건 이야기를 통해서는 태조의 즉위가 하늘의 뜻에 따른 것이라고 하여 조선 건국이 천명에 의한 것이라는 점을 반복해서 강조하였다. 그리고 태조가 태어나 성장한 사적을 둘러보면서는 태조의 자취를 사람은 물론 짐승들까지 숭앙하고 있다면서 태조가 그러한 하늘의 뜻에 따라 조선을 건국할 수 있는 능력과 비범함을 갖추고 있었다는 점을 거듭 제시하였다. 그러면서 작자는 태조가 창업의 기반을 닦은 함흥에 대해 다음과 같이 언급하였다.

[10] 바로 낙민누로 올나가니 표묘ᄒᆞᆫ ᄎᆡ각을 님강ᄒᆞ야 지어 잇고 ᄃᆞ리로 왕ᄂᆡᄒᆞᄂᆞᆫ 사ᄅᆞᆷ을 녁〃히 구버보고 믈ᄀᆞ흐로 녹님이 수십니ᄅᆞᆯ 둘너ᄂᆞᆫᄃᆡ 삼쳔여호 민가ᄂᆞᆫ 셩ᄂᆡ 셩외로 버러잇고 쳘녕 이북 함관녕 이남 뉵ᄇᆡᆨ니 대야ᄅᆞᆯ 압ᄒᆡ노하시니 셩됴흥왕지디라 진실노 텬부금탕이오 옥야쳔니러라[66]

[11] 초오일 오후에 비 긋치거ᄂᆞᆯ 군션 미경 ᄒᆞ고 븍산누에 올나가니 만쳡청산은 ᄇᆡᆨ니 밧게 둘너잇고 일ᄃᆡ 쟝강은 만호ᄅᆞᆯ 안아시니 반룡산 ᄒᆞᆫ ᄆᆡᆨ이 함관녕으로 조차 ᄂᆞ려와 반룡산이 되고 반룡산으로 ᄂᆞ려 치마ᄃᆡ가 되고 븍산누로 ᄯᅥ러져 함흥셩이 되어시니 셩듕 인가ᄂᆞᆫ 뫼ᄒᆞᆯ 지고 잇고 셩외 인가ᄂᆞᆫ 믈을 년ᄒᆞ야 이시니 금슈강산이오 화듕누ᄃᆡ로다[67]

작자는 함흥에 도착하여 초입에 있는 만세교와 감사의 부임을 구경하러 나온 사람들의 모습을 관심 있게 바라보다가 [10]에서 보듯 낙민루에 올라 아래로 굽어보이는 함흥의 전체 모습을 조망하였다. 강가 주위로 푸른 숲이 수십 리에 걸쳐 이어지고 성 안과 밖에 많은 사람들이 모여 사는 육백 리 큰 들판이 앞에 놓여있다고 하면서 이곳은 태조가 왕업을 일으킨 땅으로 토지가 비옥하고 물산이 풍부할 뿐 아니라 쉽게 접근하여 공격할 수 없는 곳이라고

66 20~21면.
67 22면.

하였다. [11]은 수일 후 작자가 함흥성 정상에 있는 북산루에 올라 다시 함흥의 모습을 바라본 사실을 제시한 부분이다. 산들이 둘러싸고 긴 강이 인가를 안고 흐르는 함흥의 전체 모습과 지세, 그리고 성 안과 밖의 모습을 제시하면서 금수강산이고, 그림 같다고 하였다. 이처럼 높은 누대에서 함흥을 내려다보면서 작자는 함흥이 태조가 왕업을 일으킨, 비옥하고 견고할 뿐 아니라 아름답기까지 한 곳이라고 하였다.

이와 같이 태조의 선조, 태조와 관련된 장소를 모두 둘러보고, 함흥을 거듭 조망하는 과정에 드러난 작자의 태도나 감회는 결국 작자가 함흥을 천명에 따라 조선 건국의 기틀이 마련된 엄숙하고 신성한 장소로 인식하고 있었다는 것을 말해준다고 할 수 있다.

물론 작자는 함흥에서 놀이에 참여하기도 하고, 승경을 감상하기도 하였다. 무검루와 낙민루에 올라 연회에 참석하는 한편 승경으로 이름난 귀경대를 찾아가기도 하였던 것이다. 하지만 놀이나 연회에 참석한 사실만을 제시하였을 뿐 그에 대한 구체적인 내용이나 감흥을 언급하지 않았고, 귀경대를 구경하기는 했지만 일출을 보지 못해서 그런지 별다른 감흥에 대한 언급 없이 귀경대 바위의 기이한 모습만을 간략히 제시하였을 뿐이다. 이처럼 조선 창업과 관련된 장소와 감회에 대한 서술이 구체적인 반면 그 밖의 일에 대해서는 날짜별로 그날 있었던 일을 간략히 기록하는 수준에 머물고 있는 것을 볼 때 함흥에 대한 작자의 인식이 조선 건국과 밀접하게 관련되어 있다는 것을 다시 확인할 수 있다.

작자가 이러한 인식을 갖게 된 가장 근본적인 이유는 그가 사대부라는 데에 있을 것이다. 물론 사대부만 함흥에 대해 그런 인식을 가질 수 있는 것은 아니다. 하지만 관찰사 행차에서 벗어나 스스로 석왕사를 찾는 등 태조와 관련된 사적을 빠짐없이 둘러보는 작자의 모습은 그가 그것을 하나의 의무처럼 인식하고 있었던 듯하다는 느낌을 주는 것이 사실이다. 작자가 소과에 급제한 상태로 아직 관직에 나아가지는 않았지만 사대부 관료 집단의 일원이라는 의식을 강하게 지니고 있었고, 그로 인해 함흥에 대해 그러한 인식을 지니게 되었다고 할 수 있을 것이다.

그렇다면 이러한 함흥에 대한 인식과 금강산, 혹은 금강산 여행에 대한 인식은 다를 수밖에 없을 것이다. 앞에서 말한 바와 같이 작자가 여행길에 나선 가장 중요한 이유는 금강산을 구경하기 위해서였다. 출발할 때부터 마음이 금강산에 있다고 한 것은 환상적인 아름다움을 간직한 금강산을 직접 보고 싶은 개인적 욕망 때문이었을 것이고, 그에 따라 작자는 내외금강과 해금강의 승경, 경물을 두루 구경하면서 그러한 욕망을 성취해가는 과정을 다양하게 제시하였던 것이다. 그리고 그 과정에서 작자는 불교나 승려에 대한 심각한 비판 의식이나, 순수한 아름다움을 간직한 자연을 통해 내면의 순수성 회복을 지향하려는 태도 등을 드러내지 않고 다만 금강산의 아름다움을 있는 그대로 바라보고 감상하는 모습을 보여주었다.

그런데 작자는 그러한 아름다움을 다른 사람들과 어울려 흥겹게 감상하고 즐기려 하였다. 작자는 서울을 출발할 때부터 진사 이문철(李文哲)이라는 인물과 동행하였고, 장안사에 도착하자마자 수일 전 표훈사로 떠난 몇 사람을 다시 장안사로 불러 함께 유람을 시작하였다. 그들이 서울에서 가져온 편지를 보고 집안이 평안한 것을 알았다고 한 것을 보면 그들과는 금강산에서 만나기로 미리 약속이 되어 있었음을 알 수 있다. 작자는 그들과 어울려 다니며 반석 위에 이름을 같이 새기기도 하고, 승려와 대화를 나누며 해학적인 이야기를 듣기도 하고, 만물초의 다양한 형상에서 일행 각자의 모습을 찾기도 하고, 앞서거니 뒤서거니 하면서 새로운 경물을 찾기도 하고, 넘어지거나 주저앉으며 험한 길을 헤쳐가기도 하였다. 많은 부분을 가사체로 간결하게 제시했기 때문에 그들과 함께 한 일에 대한 보다 자세한 내용이 제시되어 있지는 않다. 하지만 이를 통해 작자가 금강산의 아름다움을 여러 사람들과 함께 어울려 즐기려 했다는 점만은 충분히 알 수 있다.

작자가 금강산을 인간 세상이 아닌 곳, 하늘이 만들었는지 사람이 공교롭게 다듬었는지 모르는 경물들이 있는 곳, 그림 같은 곳이라며 감탄을 쏟아내고 있는 데에서 알 수 있듯 작자에게 금강산은 환상적인 아름다움을 간직한 곳이었다. 그리고 그에게 금강산 여행은 어떤 형이상학적 의미를 추구하거나 탐구하는 과정이 아니라 여러 사람들과 한데 어울려 흥겹고 유쾌하게 그 아름다움을 감상하는, 말 그대로 '유람(遊覽)'의 성격을 지니는 것이었다고 할 수 있다.

이 작품은 함흥에 이르는 과정과 그곳에서의 체험, 그리고 금강산에 도착하기까지의 과정은 대개 산문으로 서술하다가 본격적인 금강산 유람 체험은 가사체와 산문을 교체하면서 서술하고 있다. 이에 대해서는 작자가 자기의 여행체험을 산문으로 서술하는 유기라는 장르를 선택했기 때문에 전반부의 함흥 체험을 산문으로 서술하다가 후반부의 금강산 유람은 흥이 묻어나도록 부분적으로 가사체를 수용하면서 서술했다고 할 수 있을 것이다. 하지만 여행의 핵심을 이루는 두 부분 가운데 어떤 곳은 산문으로, 어떤 곳은 가사체로 서술한 문체의 차이가 이것만으로 충분히 설명될 수는 없다. 이런 점에서 앞에서 살핀 두 장소에 대한 작자의 인식에 주목할 필요가 있다.

작자는 태조의 선조, 또 태조 본인과 관련된 모든 장소를 찬찬히 둘러보면서 함흥을 천명에 따라 조선 건국의 기틀이 마련된 신성한 장소로 인식하였다. 작자가 이에 관한 내용을 산문으로 서술한 것은 자기가 선택한 장르가 유기이기 때문만이 아니라 보고 들은 것을 경건함, 엄숙함, 신성함 등과 관련된 주관적 정서와 조응하면서 차분하고 구체적으로 서술하기 위해서는 간결하고 압축적인 가사체보다는 산문이 적절하다고 여겼기 때문일 것이다. 이에 비해 금강산은 환상적 아름다움을 간직한 공간으로 작자에게 그곳은 여러 사람들과 함께 어울려 흥겹고 즐겁게 그 아름다움을 감상하는 유람의 장소였다. 이동하면서 마주치는 승경과 경물의 모습을 경이로움, 감탄, 유쾌함, 흥겨움과 같은 주관적 정서와 조응하면서 흥이 느껴지도록 율동적이고 간결하게 제시하기 위해서는 가사체가 보다 효과적이라고 판단했을 것이다. 요컨대 함흥과 금강산에 대한 인식의 차이가 두 곳의 체험을 서술하는 서술태도의 차이로 이어지고, 그것이 결국 문체의 차이로 표면화되었다는 것이다.

그런데 이와 관련하여 이 작품이 예정된 독자를 대상으로 기록되었다는 점을 주목할 필요가 있다. 작자는 여행에서 돌아오자마자 자기의 여행체험을 적어 누이 동생인 순원왕후에게 전달하였다. 이처럼 예정된 독자를 대상으로 기록하였다는 사실은 이 작품의 서술태도나 문체에 어느 정도 영향을 주었을 가능성이 있다. 이러한 점을 고려할 때 함흥 체험을 다소 긴 호흡으로 차분하고 자세하게 산문으로 서술한 것은 독자가 왕비라는 점을 생각하여 조선 왕조 창업과 관련하여 함흥과 그 주변 장소가 지닌 의미를 충실히 전달하려는 의도가 작용하였을 수 있다. 이에 비해 작자 개인의 탐승 욕구를 실현하는 과정인 금강산 체험을 가사체를 빈번하게 수용하면서 흥이 느껴지도록 율동적으로 제시한 데에는 금강산의 아름다움, 그리고 그것을 직접 둘러본 작자의 체험과 감흥을 누이 동생이 간접적으로나마 경험할 수 있도록 하려는 의도가 작용하였을 수 있다. 아울러 현재형으로 이루어진 가사체의 수용에는 대상과 독자의 심리적 거리를 단축시켜 그러한 간접경험의 효과를 충분히 거두게 하려는 고려가 담겨있을 수 있다.

물론 왕비이면서 누이 동생이라는 독자가 지닌 양면적 성격을 함흥과 금강산 체험을 달리 기록한 작자의 서술태도, 문체의 차이와 단선적으로 대응시키는 것이 과연 적절한가 하는 문제는 좀더 생각해 보아야 할 것이다. 하지만 작자로서는 예정된 독자가 왕비이기 때문에 왕실과 관련한 공적인 서술태도를 도외시할 수 없었을 것이고, 그 왕비가 누이 동생이기 때문에 사사로운 일과 감정을 제시하고 싶었을 수도 있다는 점을 함께 고려할 필요가 있을 것이다.

이처럼 〈자경지함흥일기〉는 산문 서술 가운데 부분적으로 가사체가 수용되어 있는 문체적 특징을 지니고 있는데 그것은 작자가 여행한 함흥과 금강산에 대한 인식과 서술태도, 그리고 예정된 독자의 성격 등과 관련된다고 할 수 있다.

한편 앞에서 보았듯이 가사체가 수용된 부분을 보면 '~들어가니', '~올라가니'와 같은 말을 반복하면서 경물을 찾아 이동하는 과정과 그 과정에서 마주친 경물의 이름과 모습, 그리고 그에 대한 느낌을 간결하게 제시하기도 하고, 정지된 상태에서 승경이나 경물에서 우러나오는 흥취에 몰입하면서 그 모습과 자기의 감흥을 비교적 찬찬히 제시하기도 하였다. 그런데 이러한 서술방식이 기행가사의 그것과 대단히 흡사하다는 점을 감안하면 작자는 기행가사를 의식하면서 가사체를 수용한 것으로 짐작된다. 다시 말하면 작자는 여행체험을 즐겨 가사로 형상화하고 향유하던 문화적 관습을 의식하여 자기의 금강산 여행체험을 보다 간결하고, 흥겹게 제시하기 위해 기행가사의 서술방식을 산문 서술 속에 선택적으로 수용했을 수 있다는 것이다.

그런데 금강산 여행체험을 기록한 국문본 유기에 한정해서 본다면 가사체 수용은 이 작품에서만 확인된다. 현재 전해지는 금강산 유기는 7편 정도가 확인되었다. 1715년의 여행체험을 기록한 〈금강유산일기〉가 가장 오래되었고,[68] 이 작품 〈자경지함흥일기〉를 필두로 다른 작품들은 모두 19세기에 창작되었는데[69] 이들 가운데 가사체 수용은 오직 〈자경지함흥일기〉에서만 볼 수 있다.

68 〈금강유산일기〉는 최승범이 처음 소개하였고(『한국수필문학연구』, 정음사, 1980), 이승복이 그 작자가 이관제(李觀濟)임을 밝히면서 작품의 서술적 특성을 검토한 바 있다(이승복, 앞의 글).

69 19세기에 창작된 작품으로는 〈자경지함흥일기〉 이외에 김현근(金賢根)이 1853년의 체험을 기록한 〈동유기〉, 1863년의 체험을 기록한 김영근(金泳根)의 〈동유록〉, 1876년의 체험을 기록한 작자 미상의 〈금강산유상록〉, 1886년의 체험을 기록한 작자 미상의 〈금강산록〉, 조병균(趙秉均)이 1890년의 체험을 기록한 〈금강록〉 등이 있다. 〈동유기〉는 이승복이 작자를 확인하고 서술의 특성을 검토하였으며(「국문본 〈동유기〉의 작자와 서술의 특성」, 『고전문학과 교육』 42, 한국고전문학교육학회, 2019), 〈동유록〉은 구사회와 김영에 의해 그 존재가 처음 알려졌다(「새로운 한글 유산록 〈금강산졀긔 동유록〉의 작자와 작품 분석」, 『동악어문학』 73, 동악어문학회, 2017). 그리고 〈금강록〉은 최강현에 의해 발굴·소개되었다(「미발표기행 〈금강녹〉 소고」, 『국어국문학』 82, 국어국문학회, 1980).

조선후기 특히 19세기에는 가사가 소설화되기도 하고, 소설이 가사를 수용하기도 하는 가사와 소설의 장르 교섭 현상이 일어났고, 이에 따라 한 편의 소설 작품 전체가 가사체로 기록되기도 하고, 소설의 산문 서술 가운데 가사체가 부분적으로 수용되기도 하는 경우들이 나타났다.[70] 이러한 장르 교섭이 이루어지고 있는 배경 속에서 금강산 유기와 가사의 교섭은 〈자경지함흥일기〉에서만 확인되고 있다. 이는 금강산 유기의 경우 그것이 하나의 문학적 현상으로 자리 잡지 못했다는 것을 보여주는 것인데 그런 가운데 이 작품이 그 가능성을 시험하여 여행체험을 입체적으로 제시하고 있는 점은 충분히 주목할 만하다. 나아가 이 작품이 19세기 초에 소설이 아닌 산문과 가사의 교섭이 이루어지고 있음을 구체적으로 보여주고 있다는 점 역시 주목할 필요가 있다. 이 작품이 지닌 문학사적 의의는 이런 점에서 찾을 수 있을 것이다.

4. 맺음말

함흥과 금강산 여행체험을 국문으로 기록한 〈자경지함흥일기〉는 다른 유기 작품들과 달리 산문 서술 가운데 부분적으로 가사체를 수용한 문체적 특성을 지니고 있다. 이 글에서는 이런 점에 주목하여 이 작품의 성격을 보다 깊이 있게 살피고자 하였다. 작자인 김원근은 함경도 관찰사로 부임하는 당숙을 따라 함흥에 갔다가 돌아오는 길에 금강산을 구경하였다. 그런데 함흥 체험을 주로 다룬 전반부는 대개 산문으로, 금강산 체험을 다룬 후반부는 가사체를 수용하여 산문과 율문이 교체되는 방식으로 서술하였다.

가사체가 빈번하게 수용된 후반부를 보면, 경물을 찾아 이동하면서 그때그때 마주친 경물의 이름과 모습, 그리고 그에 대한 느낌을 간결하게 서술하

70 서인석, 앞의 글 참고.

거나 정지된 상태에서 승경이나 경물에 몰입하면서 그 모습과 감흥을 비교적 찬찬히 제시할 때에는 가사체로, 보고 들은 경험적 사실을 보고 들은 그대로 제시할 때에는 산문으로 서술하고 있다. 이에 비해 전반부는 거의 대부분 산문으로 서술되어 있어 차이를 보이는데 이러한 차이는 함흥과 금강산에 대한 작자의 인식과 서술태도의 차이에서 연유한 것이라 할 수 있다.

함흥 체험에 대한 서술을 통해 작자가 함흥을 천명에 따라 조선 건국의 기틀이 마련된 엄숙하고 신성한 장소로 인식하고 있었음을 알 수 있다. 이에 비해 작자에게 금강산은 환상적 아름다움을 간직한 곳이고, 금강산 여행은 이념이나 사상의 개입 없이 여러 사람들과 한데 어울려 흥겹게 그 아름다움을 감상하는 유람의 성격을 지니는 것이었다. 이에 따라 함흥 체험을 경건함, 엄숙함, 신성함 등과 관련된 주관적 정서와 조응하면서 차분하고 구체적으로 서술하기 위해서는 간결하고 압축적인 가사체보다는 산문이 적절하고, 금강산 체험을 경이로움, 감탄, 유쾌함, 흥겨움과 같은 주관적 정서와 조응하면서 흥이 느껴지도록 간결하고 율동적으로 제시하기 위해서는 가사체가 보다 효과적이라고 생각했던 것으로 보인다. 곧 두 장소에 대한 인식의 차이가 서술태도의 차이로 이어지고, 그것이 결국 문체의 차이로 드러났을 것이라는 것이다.

한편 이 작품은 작자가 누이 동생인 순원왕후를 위해 기록한 것이라는 점을 고려할 때 함흥 체험을 자세하게 산문으로 서술한 것은 독자가 왕비라는 점을 고려하여 함흥과 그 주변 장소가 조선 왕조 창업과 관련하여 지닌 의미를 충실히 전달하기 위해서였고, 작자 개인의 탐승 욕구에 따른 금강산 체험을 가사체를 수용하면서 흥이 느껴지도록 간결하고 율동적으로 제시한 것은 독자가 누이 동생이라는 점을 생각하여 금강산의 아름다움과 그에 대한 감흥을 간접적으로나마 경험할 수 있도록 하기 위해서였다고 할 수 있다.

금강산 여행체험을 국문으로 기록한 유기는 현재 7편 정도가 확인되었는데 그 가운데 가사체를 수용하고 있는 작품은 〈자경지함흥일기〉뿐이다. 이런 점에서 이 작품이 유기와 가사와 장르 교섭을 시험하여 여행체험을 입체적으로 제시하고, 19세기 초 국문산문과 가사의 교섭 양상을 구체적으로 보여주고 있는 것은 충분한 문학사적 의의를 지닌다고 할 수 있다.

국문본 〈동유기〉의 작자와 서술의 특성

1. 머리말

일상에서 잠시 벗어나 승경으로 이름난 곳을 유람하고, 그 체험을 기록하거나 노래하는 것은 어느 시대에나 있었던 보편적인 현상이다. 특히 빼어난 경관으로 이름난 금강산은 많은 사람들에게 꼭 한번 가보고 싶은 곳으로 인식되었고, 양란의 상처가 어느 정도 아문 17세기 이후부터는 금강산 유람이 대거 유행하면서 그 여행체험을 기록한 수많은 유기류(遊記類) 산문과 한시, 가사 등이 집중적으로 창작되었다. 그런데 현재 전해지고 있는 국문본 금강산 유기는 몇 편 되지 않을 뿐더러 그에 대한 본격적인 연구도 별반 이루어지지 못하였다. 이에 이 글에서는 국문본 〈동유기(東遊記)〉의 작자를 확인하고, 서술의 특성과 작자의식을 살펴보고자 한다.

이 작품에 대해서는 일찍이 최강현이 서지, 작자, 내용에 관한 사항들을 간략히 소개하고, 주석을 붙인 원문을 함께 공개한 바 있다.[71] 그러나 아직까지 작자 문제를 포함하여 이 작품의 특징적 면모에 대한 본격적인 검토가 이루어지지 못하였다. 그것은 무엇보다 이 작품이 작자 미상으로 알려져 있었고, 현재 내금강까지의 체험을 서술한 제1권만 전해지고 있기 때문인 듯하다. 하지만 이 작품은 몇 편 남아있지 않는 국문본 금강산 유기 가운데 하나일

---

71 최강현, 「〈동유긔(東遊記)〉」, 『한국학보』 2권 3호, 일지사, 1976. 이 자료의 원본은 현재 고려대 도서관에 소장되어 있다. 이 글에서는 최강현이 주석을 붙여 소개한 원문을 대상으로 하였다.

뿐 아니라 나름의 주목할 만한 서술상의 특성을 지니고 있다. 이에 이 작품의 작자를 확인하고, 작품을 좀더 심도 있게 검토한다면 조선후기 기행문학에 대한 이해가 보다 확대·심화될 수 있으리라 생각한다.

2. 작자

〈동유기〉를 처음 소개한 최강현은 작품 속에 언급된 윤사국(尹師國), 박제승(朴齊承) 등의 생존 시기를 근거로 작자는 순조에서 고종 연간을 살았던 인물로 지위가 상당히 높은, 삼연(三淵) 김창흡(金昌翕)의 후손일 것으로 추정하였다.[72] 실제 작품 속에는 작자를 추정해 볼 수 있는 여러 단서들이 제시되어 있는데 이를 종합하고, 관련 자료들을 참고하면 작자가 누구인지 확인하는 것이 불가능하지 않다.

금강산 유람 길에 올라 혜화문을 나선 작자는 병내, 병하 두 아들과 함께 종암(鐘巖) 묘소에 들른 후 전송하러 나온 형을 만났다. 작자는 형과 동행하고 싶었지만 형이 벼슬에 매이고, 또 형제가 모두 부모 곁을 떠날 수 없어 함께 가지 못한다고 하였다. 이어 작자는 부친의 양주 임소에서 하룻밤을 묵는데 그곳에서 삼종숙 옥순을 만나고, 금강산을 완상하는 가운데 여러 곳에서 족질(族姪)인 대교(待敎) 병국이 제명(題名)한 것을 보았다고 하였다.

이를 통해 작자에게는 당시 양주목사인 아버지, 벼슬하고 있는 형, 그리고 병내, 병하라는 아들이 있으며, 아버지의 8촌 가운데 옥순이라는 사람이 있다는 사실을 알 수 있다. 또 작자의 아버지 대 항렬(行列)이 '순'이고, 아들 대 항렬이 '병'일 것으로 짐작되는데 이는 최강현도 지적한 것처럼 작자가 '○淳

72 위의 글, 286면. 최강현은 작자를 김창흡의 후손으로 추정한 이유를 밝히고 있지 않은데 짐작건대 그것은 작자가 묘길상 근처에서 김창흡의 글씨를 찾아보려 애썼지만 결국 찾지 못했다고 한 언급 때문일 것이다.

-○根-炳○'으로 항렬이 이어지는 안동 김씨 집안의 한 사람으로 이름이 '○근'일 가능성을 제시하는 것이다.[73] 그렇다면 작자가 여행을 떠날 당시의 양주목사가 누구인지, 곧 작자의 아버지가 누구인지 확인하면 작자를 구명할 수 있는 보다 분명한 단서를 얻을 수 있다.

그런데 작자는 자기가 어느 해에 금강산 여행을 했는지 구체적으로 밝히고 있지 않다. 하지만 '8월 22일 갑오', '8월 30일 임인' 등과 같이 여정에 따라 매일의 날짜와 간지는 빠짐없이 제시하고 있다. 최강현은 이에 주목하여 작품에 제시된 날짜와 간지에 부합하는 해는 1853년(철종4)뿐이라고 하여 작자의 여행 시기를 그때로 추정한 바 있다.[74] 날짜와 간지가 작품에 제시된 것과 일치하는 해가 과연 1853년뿐인지 다시 한번 확인하기 위해 『실록』 기사의 날짜와 간지들을 살펴본 결과 1853년뿐 아니라 1796년도 그러한 경우에 해당한다는 것을 알 수 있었다. 하지만 작자 집안의 항렬을 고려할 때 1796년은 그 가능성이 비교적 적고, 최강현이 작자를 추정하기 위해 주목했던 박제승이 1816년생이라는 점을 고려하면 작자가 금강산을 여행한 시기는 최강현의 언급처럼 1853년이라고 할 수 있다. 이는 작자가 작품 속에서 언급한 사람들의 이름과 관직을 통해 보다 분명히 확인할 수 있다.

작자는 작년 가을 족질인 대교 병국이 제명한 것을 여러 곳에서 보았다고 하였는데 『승정원일기』에 따르면 김병국(金炳國)은 1851년 2월 대교가 되고,[75] 8월부터 이듬해인 1852년 10월까지 검교대교(檢校待教)를 맡고 있었다.[76] 또한 작자는 금강산 가는 길에 김화에서 현령 박제승과 은계찰방 최상유를 만났다고 하였는데 1804년 이후의 지방관 명단과 임명 시기를 기록하고 있는 규장각본 『진신외임안(搢紳外任案)』에서 박제승이 1850년 12월에 김화

73 위의 글, 286면.

74 위의 글, 286~287면.

75 『승정원일기』, 철종 2년 2월 13일조.

76 『승정원일기』, 철종 2년 8월 27일~3년 10월 2일조.

현령이, 최상유(崔尙儒)가 1851년 12월에 은계찰방이 된 것을 확인할 수 있다.[77] 이처럼 작품에서 작자가 언급한 인물들과 그들의 관직이 역사 기록에 제시된 것과 그대로 부합하고 있어 작자의 금강산 유람 시기가 1853년임을 분명히 알 수 있다.

그렇다면 당시의 양주목사는 누구인가. 『진신외임안』에는 1852년 5월 김한순(金漢淳)이 양주목사가 되고 이듬해인 1853년 12월 그 후임자가 임명된 것으로 기록되어 있다.[78] 따라서 작자가 금강산으로 출발하던 1853년 8월 당시의 양주목사 김한순이 바로 작자의 아버지라는 것을 알 수 있다. 작자는 형이 벼슬에 매이고, 형제가 함께 부모 곁을 떠날 수 없어 자기만 금강산 길을 떠난다고 하였는데 이는 작자의 형이 관직에 있고, 두 형제를 제외하면 부모를 모시고 있을 다른 형제가 없다는 것이다. 이에 따라 김옥순이라는 8촌 아우와 두 아들, 그리고 병내와 병하라는 손자를 두고 있는 김한순이라는 인물을 찾으면 작자 확인이 가능할 수 있다.

이러한 단서를 가지고 족보를[79] 검토한 결과 선원(仙源) 김상용(金尙容)의 후손 중에 김한순과 그의 8촌 동생 김옥순(金沃淳)이 있음을 확인할 수 있었다. 두 사람 모두 고조는 김상용의 증손인 김성익(金盛益)으로 같고, 김한순의 증조는 김시술(金時述), 김옥순의 증조는 김시철(金時哲)로 형제간이어서 김한순과 김옥순이 서로 8촌이 되는데 김옥순이 김한순보다 18세가 적어 나이 차이가 많은 아우임을 알 수 있다.

그리고 김한순에게는 두 아들 김대근(金大根)과 김현근(金贒根)이 있는데 김대근은 1827년 문과에 급제하고 관직이 우찬성에 이르렀다고 한다. 『승정

---

77 『진신외임안』 하, 강원 김화, 은계조. 이들 이외에 작자가 언급한 금성현령 이희, 낭천현감 윤성선 역시 『진신외임안』을 통해 당시 그들이 해당 지역의 수령으로 있었음을 확인할 수 있다.

78 『진신외임안』 상, 경기 양주조.

79 『안동김씨대동보』 권5, 안동김씨대동보소, 1984.

원일기』에서 작자가 금강산 유람을 시작하던 8월 하순에 김대근이 일강관(日講官)으로 경연에 참석하고,[80] 9월초에 다시 도승지가 되었다는 기록을 확인할 수 있어[81] 벼슬에 매여 작자와 동행할 수 없었다는 형의 사정이 당시 김대근의 사정과 부합한다.

이에 따라 김한순의 둘째 아들인 김현근을 〈동유기〉의 작자로 추정할 수 있다. 그런데 작품에서는 병내, 병하 두 아들과 함께 종암 묘소를 들른 후 형을 만났다고 하였는데 족보에는 병내라는 아들이 없다. 족보에는 아들 넷이 기록되어 있는데 이 가운데 이미 세상을 떠났거나 나이가 어린 아들을 제외하면 당시 작자를 배행할 만한 아들은 병수(炳洙), 병하(炳河)이다.[82] 작품에는 병수가 아닌 병내가 배행했다고 되어 있어 차이가 있지만 병수의 초명(初名)이 병내였을 수 있어 이러한 차이가 작자 추정에 장애가 되지는 않을 듯하다.

김현근을 작자로 추정할 수 있는 근거는 더 있다. 김현근은 순조의 부마인 동녕위(東寧尉)로 명온공주(明溫公主)의 남편이다. 순조의 장녀인 명온공주는 1832년 23세로 세상을 떠나 그 묘소가 양주 종암에 있었다.[83] 따라서 작자가 종암 묘소에 들렀다고 한 것은 공주의 묘소에 들른 것임을 알 수 있다. 그리고 작자가 장안사 불전 안의 이층 닫집을 보고 연전에 자기가 연행하였을 때 만불산에서 보았던 당가(唐家)와 방불하다고 한 말에서 작자가 수년 전 연행하였음을 알 수 있는데 김현근은 1837년과 1846년 두 차례 연행을 하였다. '연전(年前)'이라고 한 것을 보아 작자가 언급한 연행은 1846년의 연행을

80 『승정원일기』, 철종 4년 8월 18, 29일조.

81 『승정원일기』, 철종 4년 9월 2일조.

82 장자 병삼(炳三)은 1850년에 이미 세상을 떠났고, 1853년 당시 둘째 아들 병수는 16세, 셋째 아들 병하는 15세, 넷째 아들 병룡(炳龍)은 9세였다. 족보에는 병삼이 돈녕부 참봉을 지내고 경술년에 세상을 떠났으며 내부대신으로 추증되었다고 기록되어 있는데 『승정원일기』 고종 37년(1900) 6월 26일조에 김병삼을 내부대신으로 추증한다는 기록이 있어 족보의 경술년이 1850년임을 알 수 있다.

83 홍석주(洪奭周), 〈명온공주묘표음기(明溫公主墓表陰記)〉, 『연천선생문집(淵泉先生文集)』 권30.

가리키는 것으로 보인다.

이처럼 김현근의 아내 명온공주의 묘소가 종암에 있고, 그가 실제 연행을 경험하였다는 사실은 이 작품의 작자를 동녕위 김현근으로 확정해도 무방하다는 것을 말해준다. 작자가 목욕정사(沐浴呈辭)하여 휴가를 청하자 임금이 허락하면서 유마(由馬)를 지급하도록 한 것은 부마인 작자에 대한 예우 때문이었을 것이다.

김현근(1810~1868)은 자가 성희(聖希), 호가 죽사(竹史)로 병자호란 때 강화도에서 순의(殉義)한 김상용의 8대손이다. 조부는 김이양(金履陽)인데 손자가 부마가 되기 이전에 이미 6조의 판서와 좌참찬을 역임하였으며, 나중에는 봉조하가 되어 궤장을 하사받았다. 작자가 금강산 여행을 할 때 양주목사였던 아버지 김한순은 이후 공조판서와 판의금부사가 되었으며, 형 김대근은 호조를 제외한 5조의 판서와 좌우찬성을 지냈다.[84]

작자는 14세 때인 1823년 6월 삼간택의 절차를 거쳐 명온공주의 배필로 결정되면서 '동녕위'라는 작호를 받고,[85] 이때 초명 '승현(承賢)'을 '현근'으로 개명하였다. 부마가 된 이후 작자가 담당한 주된 임무는 왕실 행사에 참여하고, 왕실의 일을 돌보는 것이었다.

작자는 순조 즉위 30년을 기념하는 진찬(進饌)에서 진작(進爵)을 하기도 하고, 순조비인 순원왕후(純元王后)의 50세, 51세[望六], 환갑, 그리고 책비(冊妃) 50년 축하 진하(陳賀)와, 순원왕후와 익종비인 신정왕후(神貞王后)에게 존호를 더하는 진하 때에는 차비관으로 행사를 준비하기도 하였다. 또 종묘, 영녕전, 사직, 대보단, 남단, 경모궁, 경우궁 등에서 절기마다 지내는 제사와, 임금이나 세자가 여러 능에서 지내는 제사에 빈번하게 헌관으로 참여하였는데 『승정원일기』에는 그러한 경우가 70회 정도 기록되어 있다. 뿐만 아니라

84 『조선왕조실록』(순조~고종) 참고.

85 이하 작자에 관한 사실은 『승정원일기』 참고.

순조, 익종으로 추존된 효명세자(孝明世子), 헌종, 철종, 그리고 순원왕후와 헌종비인 효현왕후(孝顯王后)의 국상 때에는 종척집사와 혼전향관으로 장례와 제사에 관한 일을 담당하면서 절기와 삭망에 혼전에서 지내는 제사에 직접 헌관으로 참여하였고, 익종의 수릉(綏陵), 순조의 인릉(仁陵), 수빈(綏嬪) 박씨의 휘경원(徽慶園)을 옮길 때에도 종척집사로 이장에 관한 일을 담당하였다.

그런 가운데 작자는 18세 때(1827, 순조27)부터 53세(철종13) 무렵까지 수시로 오위도총부 도총관을 맡았으며 사도시, 사포서, 사재감, 사옹원 등 궁중 살림을 담당하는 부서를 비롯하여 빙고, 장흥고, 제용감, 혜민서, 봉상시, 평시서, 장악원, 사직서 등의 제조를 지냈다. 고종 즉위 후에는 내의원 제조로 고종과 대왕대비인 신정왕후, 왕대비인 헌종비 효정왕후(孝定王后), 대비인 철종비 철인왕후(哲仁王后)의 건강을 보살피고, 영건도감 제조로 경복궁 중건을, 가례도감 제조로 고종과 명성왕후(明成王后)의 혼례에 관한 일을 담당하였으며, 1865년(고종2)에는 판의금부사, 이듬해에는 판돈령부사가 되기도 하였다.

또한 앞에서 언급한 바와 같이 작자는 두 번 청나라에 사신을 다녀오기도 하였다. 먼저 작자는 1837년(헌종3) 대왕대비 순원왕후의 명으로 효현왕후의 왕비 책봉을 공인받기 위한 주청겸사은정사가 되어 4월에 출발하여 8월에 돌아왔다.[86] 주청사로 정해졌을 때 작자는 상소를 올려 주청의 일을 감당하기에는 자기의 능력이 모자라고, 또 사사롭게는 자기 집안이 병자호란 이후 청나라 일에 간여함이 없었다며 사양했으나 받아들여지지 않았다. 작자가 언급한 집안의 사정은 8대조 김상용이 병자호란 때 강화도에서 순의한 이후 자기

86 김문식은 이때의 연행이 헌종의 즉위를 공인받기 위해서라고 하였는데(「1823년 명온공주(明溫公主)의 가례 절차」, 『조선시대사학보』 56, 조선시대사학회, 2011, 134면) 작자가 청나라에서 돌아온 직후인 9월 청나라 사신이 와서 조선에서 김조근(金祖根)의 딸을 왕비로 삼겠다고 청한 것을 허락한다는 조서와 고명(誥命)을 전한 것을 보면(『헌종실록』, 3년 9월 12일조) 이때 작자가 연행한 것은 왕비 책봉 문제 때문이었다는 것을 알 수 있다.

집안이 청나라 일에 거리를 두고 있었음을 가리킨다. 이후 작자는 1846년(헌종12) 동지겸사은정사가 되어 다시 청나라를 다녀왔다. 11월에 출발하여 이듬해 3월에 돌아와 복명하였는데 이때에도 상소를 올려 사양했으나 허락받지 못하였다.

이처럼 작자는 왕실의 경사, 제사, 장례, 이장 등에 참여하고, 궁중의 살림을 맡거나 임금이나 대비전의 건강을 보살피는 임무를 담당하면서 중국에 사신을 다녀오기도 하였다. 작자가 맡은 거의 모든 임무가 왕실과 관련된 일에 한정되어 있는 것은 그의 신분이 과거에 응시하지도 못하고, 실직을 맡아 정치에 참여할 수도 없는 부마였기[87] 때문이다.

한편 작자는 순조, 효현왕후, 헌종, 철종의 국상과 수릉, 휘경원 이장 때에는 명정(銘旌)을, 효현왕후 국상 때에는 정자각 상량문을 썼으며, 인릉 이장 때에는 지개석(誌蓋石) 글씨를 썼다. 또 순조에게 존호를 추상(追上)할 때에는 금보의 전문(篆文)을, 순원왕후, 신정왕후, 철인왕후에게 존호를 더할 때에는 옥보의 전문을 썼으며, 철인왕후에게 존호를 더할 때에는 옥책문 글씨도 함께 썼다. 뿐만 아니라 철종은 은언군과 전계대원군을 비롯한 자기 선조의 묘갈문 글씨를 쓸 사람들을 거론하면서 작자를 언급하였으며, 자기 증조모인 사도세자의 양제(良娣) 임씨의 묘갈문을 작자로 하여금 쓰도록 하였다. 글씨를 써야 할 왕실의 일에 거듭 참여한 것을 보면 작자가 글씨에 상당히 능했다는 것을 알 수 있다.

작자는 글씨뿐 아니라 그림과 시에도 능했던 것으로 보인다. 이는 신위(申緯)가 남긴 시 작품들을 통해 알 수 있다. 신위는 작자의 부탁을 받아 오기보(吳起寶)의 지두화(指頭畫)와 무명씨의 채색화에 제시(題詩)를 하기도 하고,[88] 작자가 그린 묵죽화를 보고 시를 지어 평하기도 하고,[89] 또 자기 시에

87 신채용, 『조선 왕실의 백년손님』, 역사비평사, 2017, 11~19면 참고.

88 〈김죽사도위현근 이산음오단산기보지두화촉제 팔수(金竹史都尉賢根 以山陰吳丹山起寶指頭畫屬題 八首)〉, 〈죽사도위화여전운 시기경절 차시무명씨착색산수횡권 파유황학산초필의

화답한 작자의 시가 경절(警絶)하다고 하기도 하였다. 작자가 어렸을 때 순조가 불러 오언절구를 짓게 하였는데 뜻이 트이고 시어가 빛이 있어 순조가 대단히 기특하게 여겼다고 한 것을[90] 보면 어릴 적부터 시적 재능이 있었음을 알 수 있는데 신위의 언급을 통해 그가 그림에도 깊은 관심과 조예가 있었음을 확인할 수 있다. 작자와 관련된 신위의 시들은 1841년에서 1843년 사이에 지어진 것들인데 당시 작자는 30대 초반이고, 신위는 70대 초반이었다. 이는 작자가 젊은 시절에 시서화에 모두 뛰어난 신위와 그림과 시를 두고 교유하면서 가르침을 받기도 했다는 것을 말해준다. 신위는 작자의 정자에서 작자의 조부와 만나 술자리를 벌인 일을 시로 읊기도 하고,[91] 작자가 보낸 오찬을 받고 사례하는 시를 짓기도 하였다.[92] 이를 보면 두 사람의 교류는 집안 간의 교유에서 비롯된 상당히 긴밀한 것이었음을 알 수 있다.

작자는 임천에 뜻이 있어 동문 밖에 정자를 세워 좌우에 거문고와 책을 마련해 두고 조용히 세속을 벗어날 생각이 있었다고 한다.[93] 동문 밖의 이 정자가 조부와 신위가 만나 밤새 대작(對酌)한 곳이고, 작품에서 작자가 금강산으로 출발할 때 형을 만난 '식송정'이란 곳일 텐데 작자는 이곳을 중심으로 시서화에 관심을 기울이면서 문학과 예술에 대한 취향과 안목을 심화시켜 갔던 것으로 짐작된다.

작자가 세상을 떠났을 때 고종은 작자가 조심하고 삼가는 것을 평생의 신

요여제발(竹史都尉和余前韻 詩旣警絶 且示無名氏著色山水橫卷 頗有黃鶴山樵筆意 要余題跋)〉, 『경수당전고(警修堂全藁)』 제28책.

89 〈제벽상죽사도위묵죽(題壁上竹史都尉墨竹)〉, 위의 책.

90 公在童子時 召試五言絶句 意暢而辭炳 純廟大奇之(〈동녕위김공현근묘표(東寧尉金公賢根墓表)〉, 한장석(韓章錫), 『미산선생문집(眉山先生文集)』 권13).

91 〈사월팔일 연천노상서요여우현손죽사도위원정 장등대작(四月八日 淵泉老尙書邀余于賢孫竹史都尉園亭 張燈對酌)〉, 『경수당전고』 제29책.

92 〈서죽사도위송향오찬(謝竹史都尉送餉午饌)〉, 『경수당전고』 제28책.

93 公素愛林泉 起亭東門之外 左右琴書 蕭然有塵外想(〈동녕위김공현근묘표〉).

조로 삼았다며 영의정을 추증하였다.[94] 또 승지를 보내 치제하도록 하고, 예장에 따른 물품을 거듭 보내도록 하였는데 장례를 간략히 치르라는 유언을 어길 수 없다며 작자의 집에서 매번 사양하고 받지 않았다 한다.[95]

이와 같이 작자는 부마로서 왕실의 각종 행사에 참여하거나 그것을 준비, 담당하는 일을 하는 한편 현실과 거리를 두고 조용히 시, 그림, 글씨 등의 문학과 예술에 침잠하려 했던 것으로 보인다. 작자가 금강산 유람을 오랫동안 고대하고 준비한 것은 이러한 그의 삶의 태도와 연관이 있을 것이다.

3. 서술의 특성

1) 탐승 욕구의 반복적 제시

작자는 8월 17일 철종에게 말미를 청해 허락을 얻자 21일 하직 숙배를 하고, 다음날 서울을 출발하였다. 양주, 포천, 영평, 김화, 금성을 거쳐 26일 단발령을 넘고 27일 장안사에 도착하여 9월 2일까지 내금강의 여러 곳을 두루 완상하였다. 이처럼 〈동유기〉는 날짜를 앞에 밝히고 그날 있었던 일과 여정, 견문을 제시하는 일기 형식으로 서술되어 있다. 조선후기 한문본 산수유기의 경우 편폭을 짧게 소형화하거나 하나의 풍경처를 소재로 한 다수의 소품들을 하나로 묶거나 견문, 체험, 의론을 자유롭게 기술하거나 하는 다양한 서술방식이 시도되기도 하였는데[96] 이 작품은 시간적 순서와 여정에 따라 서술하는 기존의 관습화된 방식을 따르고 있다.

94 『고종실록』, 5년 8월 26일조.

95 『승정원일기』, 고종 5년 8월 27일, 28일조.

96 정우봉, 「조선후기 유기(遊記)의 글쓰기 및 향유방식의 변화」, 『한국한문학연구』 49, 한국한문학회, 2012 참고.

일반적으로 산수유기에는 산수자연의 아름다움·장엄함·기묘함에 대한 경탄, 풍속·지리·고적·설화에 대한 관심 등이 드러나 있다.[97] 하지만 대상을 인식하고 서술하는 작자의 태도는 작품마다 차이가 있을 수밖에 없다. 이런 점에서 우선 이 작품의 작자가 자기의 탐승 욕구를 지속적으로 제시하고 있는 점을 주목할 수 있다. 물론 여행체험을 기술하는 글에서 여행 동기로서의 탐승 욕구를 제시하는 것은 지극히 자연스럽고 당연한 일이겠지만 그것을 반복하여 지속적으로 드러내는 것은 분명 특징적이라 할 수 있다.

작자는 작품 서두에서 금강산의 여러 이름들을 소개하고, 중국 사람들이 조선에 태어나 금강산 보기를 원하는데 자기가 금강산을 보지 못하면 한이 되지 않겠느냐고 하였다. 이러한 언급은 사실 금강산 여행체험을 기록한 산문이나 가사에 거의 상투적으로 제시되어 있다. 따라서 작자도 일단 그러한 관습적 표현을 빌려 여행의 동기를 제시했다고 할 수 있지만 금강산을 보고 싶어 했던 작자의 오랜 열망이 그것으로 다 표현될 수는 없었다.

작자는 27년 전 금강산으로 떠나는 조부와 형을 전송한 후 도봉산에 올라 그들의 가는 모습을 멀리 바라보고 섭섭함을 머금은 채 돌아온 뒤부터 풍절화신(楓節花辰)에 뜻이 금강에 있지 않은 적이 없었다고 하였다. 오랜 기다림 끝에 마침내 금강산을 향해 출발하여 혜화문을 나설 때에는 뜻과 생각이 표연하여 겨드랑이에 날개가 돋을 듯하다고 하였으며, 축석령을 넘어 구름 사이에 어렴풋이 보이는 기이한 봉우리들을 보았을 때에는 금강산이 아닌 줄 짐작하면서도 금강산인가 의심하였는데 그것은 오로지 금강산을, 그것도 빨리 보고 싶은 마음 때문이었다고 하였다. 또 영평의 화적연을 보러 갈 때에는 매양 한번 보고자 했다면서 금강산의 팔담을 보기 전에는 다만 화적연의 기이함을 알고, 화적연을 본 후는 마땅히 팔담의 장함을 알 것이고 하여 팔담과 화적연을 견주며 금강산에 대한 기대를 감추지 않았다.

97 박희병, 「한국산수기 연구」, 『고전문학연구』 8, 한국고전문학연구회, 1993, 216면.

금성 창도역에 이르러 동행한 사람이 작자가 서울을 떠나 4일간 쓴 일기를 보고 날마다 '금강' 두 글자를 쓰지 않은 적이 없다고 하자 작자는 다음의 [1]과 같이 말하기도 하였다.

> [1] 그ᄃᆡ 엇지 알니오 내 아시로브터 금강의 죠흐믈 듯고 ᄒᆞᆫ번 보고져 ᄒᆞᄂᆞᆫ ᄉᆡᆼ각이 간졀티 아닐 ᄯᆡ 업더니 이졔 ᄯᅩ 늙기의 니르러시니 면낫 금강인지 실노 챵ᄌᆞ의 부지쳣ᄂᆞᆫ디라 이졔 일긔ᄒᆞ기을 다만 나ᄌᆡ 밥 먹으며 밤의 ᄌᆞᆷ ᄌᆞᄂᆞᆫ 것만 긔록ᄒᆞ고 금강을 ᄇᆞ린 즉 엇지 금강의 노ᄂᆞᆫ 뜻이리오 ᄒᆡᆼᄒᆞ여 쟝차 금강의 드러가며 금강을 보고 금강의 머물며 금강을 나오고 금강을 말ᄒᆞ며 금강을 쑴쑤어 허다ᄒᆞᆫ 금강을 긔록ᄒᆞ야 일만 이쳔봉 슈의 니른 즉 금강이 반ᄃᆞ시 날다려 졍타ᄒᆞᆯ 거시오 후의 이 일긔 보ᄂᆞᆫ ᄌᆞ도 ᄯᅩᄒᆞᆫ 반ᄃᆞ시 금강 ᄉᆞ랑ᄒᆞ기ᄂᆞᆫ 날 갓트니 업다 ᄒᆞ리니 그ᄃᆡ 엇지 알니오[98]

어릴 적부터 지금까지 금강산을 보고 싶은 마음이 간절하지 않은 적이 없다가 이제 마침내 금강산을 여행하는 데 이르렀으니 금강산에 관한 모든 것을 일기에 기록하겠다며 후일 이것을 보는 사람들이 자기만큼 금강산을 사랑한 사람이 없다고 할 것이라 하였다. 여기에서 말하는 일기가 〈동유기〉를 가리키는지 아니면 따로 한문으로 기록한 자료가 있었는지 알 수 없지만 이러한 언급을 통해 금강산에 대한 작자의 탐승 욕구와 애정이 어떠한 지를 충분히 짐작할 수 있으며, 금강산 여행 동기는 바로 이러한 탐승 욕구를 실현하기 위해서였다는 것을 분명히 확인할 수 있다.

다음날 배를 타고 물을 건널 때 석벽의 단풍이 물에 비쳐 홍록을 다투는 그림 같은 풍경을 보자 작자는 이번 가을의 단풍을 여기에서 처음 본다면서 금강에 이르면 비단 장막이 영접하리라 기대하며 길을 재촉하여 마침내 단발

98 〈동유긔〉, 296~297면. 본문 속에 병기한 한자는 생략. 이하 면수만 표시.

령에 올라 금강산을 조망하였다.

> [2] 올나갈ᄉᆞ록 졈졈 놉고 놉기로 혹 쉬이며 혹 힝ᄒᆞ야 십여 리을 올나가ᄆᆡ 비로소 졀졍의 다ᄃᆞ라 ᄇᆞ라보니 동편의 일만 썰기 ᄇᆡᆨ옥이 텬계 운간의 영농 챤란ᄒᆞ야 사ᄅᆞᆷ의 안치을 놀ᄂᆡ니 이ᄂᆞᆫ 뭇지 아니ᄒᆞ여도 금강산 모든 봉만인 쥴은 가히 알네라 비ᄒᆞ건ᄃᆡ 대인션ᄉᆡᆼ을 평ᄉᆡᆼ의 흠앙ᄒᆞ다가 홀연이 죤안을 뵈온 듯 심신이 황홀ᄒᆞ여 이 몸이 엇지 이곳의 니른 쥴을 아디 못ᄒᆞᆯ네라[99]

> [3] 반쳔 니 길ᄒᆞᆯ 비로소 금강 삼십 니의셔 비을 만나니 ᄯᅩᄒᆞᆫ 다힝타 ᄒᆞᆯ 거시오 ᄯᅩ 이 비 온 후 만폭동 물소ᄅᆡ 반ᄃᆞ시 동학의 들네ᄂᆞᆫ 소ᄅᆡ ᄇᆡ나 더ᄒᆞ여 쟝ᄎᆞ ᄒᆞᆫ번 듯기 쾌ᄒᆞ리니 엇지 텬공이 희ᄉᆞᄒᆞ미 아니리오[100]

[2]는 작자가 단발령에서 금강산을 바라보면서 느낀 감회를 서술한 것이다. 금강산을 처음 본 작자는 평생 공경하고 우러르던 큰 인물을 만난 듯 심신이 황홀하여 자기가 어떻게 이곳에 이르렀는지 알지 못하겠다고 하였다. 오랜 숙원 끝에 애정과 기대를 품고 달려와 마침내 직접 금강산을 마주하자 잠시 무아지경에 빠져들었던 것이다.

[3]은 단발령을 넘은 다음날 비가 새벽부터 내려 다른 사람들이 행로가 지체되는 것을 걱정하자 비가 오는 것을 오히려 다행으로 여긴다며 작자가 한 말이다. 비가 오면 만폭동 물소리가 웅장할 것이니 비는 곧 하늘이 주는 선물이라고 하였는데 금강산의 승경을 제대로 완상할 수 있다는 기대감으로 그것을 빨리 보고 싶은 급한 마음을 달랬다고 할 수 있다.

이러한 작자의 탐승 욕구는 금강산의 승경을 두루 구경하는 중에도 제시

99 297면.

100 298면.

되어 있다. 장안사 범종루에 올랐을 때 가는 비가 내리고 안개가 끼어 주위의 봉우리들이 보이지 않자 하늘이 기이한 절경을 감춰 속객이 자세히 보지 못하게 한다며 탄식하기도 하고, 다른 사람들이 험하다고 말려서 올라가 보지 못한 보덕굴을 다음날 금강산에 들어왔으니 한번 보아야 하고, 예부터 그곳에 올라 구경한 사람이 많다며 기어이 올라가기도 하고, 외금강에서 오는 낭천현감을 산중에서 만나 구룡연이 장관이라는 말을 듣자 몸보다 마음이 먼저 달려간다고 하기도 하였다.

그런데 이러한 탐승 욕구는 금강산으로 가는 여정의 서술 속에 보다 집중적으로 언급되어 있다. 작자가 이의현(李宜顯)의 〈유금강산기(遊金剛山記)〉를 인용하기도 하고, 직접 눈으로 본 경물을 화첩(畵帖)에서 보았던 것과 비교하기도 하는 것을 보면 작자는 사전에 산수유기도 읽고, 화첩도 보면서 금강산에 대한 많은 지식을 갖추는 준비를 했던 것으로 보인다. 그에게 금강산을 향한 여정은 그동안 글과 그림을 통해 상상만 하던 금강산에 대한 오랜 탐승 욕구가 실현되는 기대와 꿈으로 가득 찬 길이었던 것이다.

2) 경물의 객관적 제시와 해석

서울을 출발한 지 닷새 만에 금강산에 들어선 작자는 장안사, 표훈사, 마하연 등에 묵으면서 주변의 암자와 경물을 두루 완상하였다. 작자는 이러한 유산체험을 시간적 순서에 따라 차분한 어조로 서술하면서 눈여겨 본 장소나 경물의 모습을 제시하고, 그 모습이나 이름에 대한 자기의 생각을 밝히기도 하였다.

[4] 디쟝암으로브터 ᄇᆡᆨ쳔동으로 드러가니 이곳은 지쟝봉두 ᄉᆞ이라 셕가봉 아ᄅᆡ ᄒᆞᆫ 돌 봉이 ᄯᅩ 잇셔 물 가온ᄃᆡ 오리 챵파의 범범ᄒᆞᆫ 모양 갓ᄐᆞ니 그 일홈은 오리봉이라 그곳을 지ᄂᆞᆫ 후 셕각이 창암ᄒᆞ고 바회길이 갈ᄉᆞ록 긔구ᄒᆞ야

우후의 창틔 밋기러워 실노 남여을 탈 길리 업는디라 막디을 집고 힘써 나가더니 홀연이 ᄉ면을 둘니인 셕벽이 병풍 틴 듯ᄒ야 시닉물이 어닉 곳으로 조ᄎ 흘러오는 줄을 아지 못너라 젹은 길이 막힌 듯ᄒ다가 홀연이 통ᄒ야 니르러 간 즉 큰 반셕이 이시니 평광이 수십 간이라 셕샹의 업경디 셰 글ᄌ을 삭이고 동편으로 바라보니 쏘 빅 길이나 되는 셕벽이 소ᄉ나 비단 돗찰 건 듯ᄒ고 층층ᄒ 탑을 무은 듯ᄒ 거슬 져 돌 일홈이 므어신고 닉 일쟉 화쳡을 보니 다 이 셕벽을 업경디라 ᄒ더니 이졔 본 즉 반셕이 업경디를 샥여시니 뉘 올코 뉘 그로지 아지 못ᄒ되 셔셔 잇는 돌이 명경과 방불ᄒ도다 …… 디 아릭 물이 잇시니 너븨 ᄉ오 간이오 길리 수십 뵈니 이 쏘 일홈이 황천강이오 물 동편의 져근 돌문이 잇시니 그 가온디 ᄒ 구믜 잇셔 사름이 계오 츌입홀 만ᄒ니 이젼 일홈이 디옥문이라 다 디부을 의방ᄒ야 일홈ᄒ 빅 무슴 연괴뇨[101]

[5] 이곳을 지나니 산로 험쥰ᄒ미 더욱 심ᄒ야 나무 가지를 붓들며 바회 틈에 발을 붓쳐 힝홀식 씌을 프러 셔로 잇그러 간신이 나아가니 …… 바로 영낭졍 아릭 ᄃ다르니 홀연 셕벽도 아니오 셕디도 아닌 돌이 층층ᄒ야 쓰인 듯시 특별이 니런 션지 몃 빅 길인지 알 길이 업ᄉ니 그 일홈은 수미탑이라 긔이홀ᄉ 이는 다 화옹의 희롱ᄒ 배런가 부쳐의 힘으로 이른 배런가 쳔만변 궁구ᄒ여도 그 쳬격을 층양키 어렵도다 디져 그들 형상이 부쳐와 방불ᄒ니 영낙을 쓴 듯ᄒ고 씌 씐 흔젹이 완연ᄒ며 그 머리 모양은 ᄉ모 갓고 아릭는 둥그러 독 형상 갓거늘 탑이라 니로기는 다만 돌이 층층ᄒ기로 일ᄏ름인가 좌우로 셕벽이라 옥을 삭인 듯ᄒ야 눈의 바익여 영농ᄒ니 군옥동이라 칭호ᄒ미 맛당ᄒ도다[102]

101 300~301면.

102 310면.

[4]는 백천동을 두루 구경한 내용을 서술한 부분이다. 백천동은 장안사에서 멀지 않은 곳에 있어 장안사에서 금강산 유람을 시작하는 사람들이 우선 들르는 곳이다. 작자는 오리봉을 지나 업경대에 이르기까지 자기가 지나면서 본 주위 풍광을 제시한 다음 업경대라는 글자를 새긴 넓은 반석을 보자 자기가 본 화첩들에서는 반석 옆에 높이 솟은 석벽을 업경대라 하였다며 어느 것이 옳은지 모르겠지만 명경 같은 석벽이 업경대일 것이라 하였다. 이어 업경대 아래를 흐르는 황천강과 그 근처의 지옥문을 간략히 묘사하면서 저승[地府]의 이름을 딴 이유가 무엇인지 모르겠다고 하였다. 이처럼 작자는 경물을 찾아가는 과정과 경물의 모습을 비교적 객관적으로 제시하는 한편 자기가 알고 있는 지식과 실제 경물을 견주어 옳고 그름을 따져보기도 하고, 경물의 이름에 대한 의문과 관심을 드러내기도 하였다.

[5]는 수미탑을 본 감회와 그 모습을 묘사하고 있는 부분이다. 험한 길을 간신히 지나 석벽도 석대도 아닌, 돌들이 층층이 쌓인 듯이 높게 솟아있는 수미탑을 보자 작자는 그 기묘한 조화에 감탄을 마지않으면서 수미탑의 모습을 부처의 형상에 비겨 묘사하였다. 그리고 그 주위에 옥을 깍은 듯한 석벽들이 서있는 것을 보고 이름을 군옥동(群玉洞)이라 하는 것이 옳겠다고 하였다. 수미탑을 보자마자 감탄부터 토로할 정도로 수미탑은 작자에게 깊은 인상을 주었는데[103] 이 부분에서도 작자가 자기의 눈에 비친 대상의 모습을 제시하고 대상과 주위 경물의 이름에 관심을 보이고 있음을 확인할 수 있다.

이처럼 작자가 장소의 이동 과정과 경물을 제시하고, 경물의 이름에 관심을 보이는 모습을 자주 볼 수 있는데 이름에 대한 작자의 두드러진 관심은 다음에서도 확인할 수 있다.

103 작자는 내금강의 수석을 통론하면서 명연담 수석보다 수미탑이 낫고, 수미탑보다 만폭동이 낫다고 하였다(315면).

[6] 그곳을 지난 즉 만졀동이오 그 우흔 곳 ᄐᆡ상동이니 고어의 니른바 태상은 만졀이라 ᄒᆞ니 셰상 유산ᄒᆞ는 ᄀᆡᆨ이 이곳의 니른즉 셰정을 돈연이 이져바리는 고로 일키론 배런가 청년뇌는 엇지 져리 ᄆᆞᆰ아시며 ᄌᆞ웅담은 엇지 니른 구름이라 ᄒᆞ고 이는 다 그 물밋치 ᄆᆞᆰ음과 폭포의 형상을 인ᄒᆞ야 일홈이러라 ᄒᆡᆼᄒᆞ야 우화동의 니ᄅᆞ러 죵ᄌᆞ다려 닐너 왈 유산ᄀᆡᆨ들이 다 이곳의 니르러 우화ᄒᆞᆫ즉 반ᄃᆞ시 텬상의는 신션이 만코 인간의는 사ᄅᆞᆷ이 적으려든 우화동이라 ᄒᆞ는 뜻을 ᄂᆡ 아노라 나의 금번 길의 계오 동문을 나며 임의 냥ᄋᆡᆨ에 나ᄅᆡ 나고져 ᄒᆞ고 역노의 여러 곳 명승지디을 보ᄆᆡ ᄆᆞ음이 거의 신션이 된 듯ᄒᆞ더니 이곳의 ᄃᆞ다라는 내 날을 참 신션인 듯 아라 장ᄎᆞ 적뇽을 ᄐᆞ고 모든 우화ᄀᆡᆨ들을 강션ᄃᆡ의 가 만날 듯ᄒᆞ니 그ᄃᆡ 등은 엇더타 하ᄂᆞ뇨 죵지 다 우으며 그러이 너기더라[104]

[6]은 작자가 만폭동에서 수미탑을 향해 가는 도중에 마주친 경물들에 대한 서술이다. 작자는 만절동 위에 태상동이 있는 것을 보고 두 곳을 관련지어 그 이름들이 지닌 의미를 나름대로 해석하기도 하고, 청령뇌(淸泠瀨)와 자운담이라는 이름이 붙여진 이유를 생각해보기도 하였다. 이어 우화동, 그리고 그 위에 적룡담과 강선대가 있음을 보고 우화동이라 이름 붙인 이유를 알겠다며 자기가 서울을 떠날 때 두 겨드랑이에 날개가 돋을 듯하고, 여러 승경을 보자 마음이 신선이 된 것 같았는데 여기 우화동에서 자기가 마침내 신선이 되어 적룡을 타고 강선대에서 신선이 된 다른 우화객들을 만날 듯하다고 하였다. 경물의 이름에 주목하여 그 유래를 경물 자체에서 찾아보기도 하고, 이름들을 서로 관련지어 그것에 나름의 의미를 부여하여 경물들을 해석하면서 그 속에서 느끼는 자기의 감회를 제시하기도 하였다.

만회암의 이름을 해석하는 경우에서도 이러한 작자의 태도를 엿볼 수 있

104 309~310면.

다. '만회암(萬灰庵)'이란 이름은 온갖 세상일과 욕심이 한줌 재에 불과하다는 것을 깨달아야 한다는 불교적 의미에서 붙여진 것일 텐데 작자는 유산객들이 진세간의 마음을 팔담 물에 씻은 후 이 암자에 이르면 만사가 도무지 재가 된다고 해서 만회암이라 일컬어졌을지 모르겠다고 하였다. 팔담과 만회암을 관련지어 만회암 이름의 의미를 새롭게 해석한 것이다.

> [7] 져 동북으로 셔리여 웅장이 반공의 놉흔 거ᄉᆞᆫ 비로봉이니 금강의 쥬봉이오 우흐로 옥순을 쎄치고 빗이 셜화를 쎈 듯ᄒᆞᆫ 거ᄉᆞᆫ 즁향셩이니 부쳐의 신령이 도회ᄒᆞᆫ ᄇᆡ오 져 영낭정은 영낭이 학 ᄐᆞ고 간 후의 그 일홈만 머무러시며 져 가셥봉은 상즁하 삼승 묘법을 씨다라 즁향셩으로 향ᄒᆞᄂᆞᆫ 듯 져 ᄃᆡ향노 소향노봉은 고금 사ᄅᆞᆷ들이 녜불 츅원ᄒᆞᆯ 씌의 몃 번이나 분향을 ᄒᆞ야시며 져 일츌봉 월츌봉은 희화시 술위와 셤토의 졍긔ᄅᆞᆯ 황도ᄅᆞᆯ 난화 수미봉으로 향ᄒᆞᄂᆞᆫ가 져 법긔봉은 엄연이 놉히 안져 일만 이쳔 권속을 셜법을 한가이 듯ᄂᆞᆫ 듯 괴이ᄒᆞ다 혈망봉은 구무로 조ᄎᆞ 하ᄂᆞᆯ을 바라보고 하ᄂᆞᆯ이 적다 니르ᄂᆞ냐 져 오션ᄃᆡ 삼인봉은 오션이 누구며 삼인이 누구런고 원컨ᄃᆡ 조ᄎᆞ 노라 셩명을 뭇고져 ᄒᆞ며 져 승샹봉은 머리를 ᄂᆞᄌᆞ기 ᄒᆞ고 침음ᄒᆞᄂᆞᆫ 양ᄒᆞ며 요순군민ᄒᆞᆯ 도리ᄅᆞᆯ ᄉᆡᆼ각ᄂᆞᆫ가 져 쟝군봉은 개주ᄒᆞᆫ 몸이 양읍불ᄇᆡᄒᆞ니 지금의 ᄐᆡ평셩ᄃᆡᄅᆞᆯ 당ᄒᆞ여 방ᄑᆡ와 창을 감초고 쟝ᄎᆞ 시셔ᄅᆞᆯ 슝샹ᄒᆞ며 션ᄇᆡ 슉업을 ᄒᆞ랴ᄂᆞᆫ가 져 셕가봉 미륵봉 디장봉은 솟발갓치 모화 안ᄌᆞ 불법을 의논ᄒᆞ며 져 동ᄌᆞ봉은 장삼 ᄉᆞᄆᆡᄅᆞᆯ 썰치고 북방치ᄅᆞᆯ 드러 법고ᄅᆞᆯ 치ᄂᆞᆫ 듯 져 셕응봉은 바람을 타고 ᄂᆞᄅᆡᄅᆞᆯ 버려 쐥 토기ᄅᆞᆯ 휘모라 쫏ᄂᆞᆫ 듯 져 망군ᄃᆡᄂᆞᆫ 쟝군을 ᄇᆞ라본다 니르민가 위ᄐᆡᄒᆞ고 놉흘ᄉᆞ 삼층 쇠ᄉᆞ슬은 가히 바라볼지언졍 가히 오르지 못ᄒᆞᆯ너라 져 ᄇᆡᆨ마봉은 ᄉᆞ승이 삼장법사ᄅᆞᆯ 조ᄎᆞ 셔역국으로 경 가질나 간 후 임의 쳔년이여ᄂᆞᆯ 홀노 여긔 잇ᄂᆞ냐 져 십왕봉은 비록 명부의 이셔도 ᄒᆞᆫ 죠각 업경이 족히 인간 션악을 비치여 보혀던 엇지 슈고로이 양명 세계 나와시며 져 판관봉은 네 셩이 최시냐 져 ᄉᆞᄌᆞ봉은 우두마면이 엇지 그리 흉녕ᄒᆞ며 죄인봉은

> 도살금수의 엇지 그리 죄를 ᄒᆞ고 모든 봉만이 불가와 명부을 의방ᄒᆞᆫ 빅 젼혀 만흔지라 내가 이졔 일일히 말노써 비유ᄒᆞ야 이 일긔 보ᄂᆞᆫ 사ᄅᆞᆷ으로 ᄒᆞ여곰 ᄒᆞᆫ번 웃고 소일케 ᄒᆞ고져 ᄒᆞ노라[105]

[7]은 작자가 정양사 헐성루에서 바라본 금강산 봉우리들의 모습과 이름에 자기 나름의 의미를 부여하고 해석을 가하고 있는 부분이다. 헐성루에서 바라보는 금강산의 절경은 정평이 나있어 거의 모든 금강산 여행체험의 기록에서 그에 대한 언급을 볼 수 있다. 이경석(李景奭)은 〈풍악록〉에서 봉우리들의 이름과 그것들의 상대적 위치를 대략 밝힌 다음 봉우리들의 모습을 중국 고사에 등장하는 인물들에 비유하여 불교적 공간이 아닌 완연한 유교적 공간으로[106] 묘사한 바 있다.[107] 김창협(金昌協)은 〈동유기(東遊記)〉에서 헐성루에서 바라본 금강산의 모습 전체에 대한 인상을 간략히 제시한 다음 명나라 사람 오정간(吳廷簡)이 황산을 보고 반평생 본 것은 모두 흙더미, 돌무더기뿐이라고 한 말을 인용하여 자기의 감회를 대신하였다.[108] 그리고 작자가 언급하기도 한 〈유금강산기〉에서 이의현은 정양사 앞산인 천일대에 올라 봉우리들을 바라보며 이름과 위치, 모습을 눈에 보이는 대로 제시한 다음 헐성루에서는 여러 산봉우리들이 난간 앞에 모여 있는데도 시야가 상쾌하여 금강산 가운데 제일 아름다운 경치라고 하였다.[109]

작자 역시 헐성루에서 금강산을 바라보며 금강산의 모든 장관이 다 이 위에 있다며 마음과 눈이 황홀하여 백옥경에 오른 듯, 비단 장막 속에 앉은 듯하

105 311~312면.

106 박은정, 「금강산의 의미 변화와 유자(儒者)의 시선」, 『동방한문학』 67, 동방한문학회, 2016, 118면.

107 이경석(李景奭), 〈풍악록(楓嶽錄)〉, 『17세기의 금강산 기행문』, 이경수・강혜선・김남기 편역, 강원대 출판부, 2000.

108 김창협, 〈동유기(東遊記)〉, 위의 책.

109 이의현, 〈유금강산기(遊金剛山記)〉, 『도곡집(陶谷集)』 권25.

다고 감탄한 다음 위에 인용한 것처럼 그곳에서 바라보이는 봉우리들을 하나씩 차례로 열거하였다. 비로봉, 중향성은 그 모습과 빛깔을 간략히 제시하고, 가섭봉, 법기봉, 승상봉, 장군봉 등은 이름과 모습을 연결 지으면서 나름의 이미지를 떠올리거나 새로운 의미를 부여하며 제시하였다. 일출봉, 월출봉은 이름과 연관된 고사를, 영랑점, 대소향로봉, 오선대, 삼인봉 등은 그 이름에서 연상되는 작자의 단편적인 생각이나 의문을 제시하는 방식으로 소개하였다. 또 서로 가까이 있는 석가봉, 미륵봉, 지장봉에서는 그 위치와 이름에서 함께 모여 앉아 불법을 의논하는 모습을, 동자봉에서는 장삼 소매를 떨치고 북채를 들어 법고를 치는 모습을 떠올리기도 하였다.

작자는 불교에 대한 비판적 시각에서 봉우리들이 서있는 모습을 유교적 공간으로 묘사하지 않았고, 전체적인 인상을 스케치하는 데 머물지 않았으며, 위치와 모습을 눈에 보이는 대로만 제시하지도 않았다. 작자는 봉우리들의 이름, 위치, 모습 등을 단순히 제시하는 데 그치지 않고, 그것들을 서로 연결 짓고 거기에서 연상되는 이미지나 의미를 제시하면서 보다 적극적으로 인식하고 있었다.

내금강 팔담을 완상하는 부분에서 작자가 경물의 이름을 통해 경물을 확인하는 모습을 일부 확인할 수 있다. 이는 전해들은 이름을 통해 경물을 바라보고 인식하는, 곧 기존의 관념에 의지하여 대상을 인식하는 것이라[110] 할 수 있는데 작자가 경물을 인식하는 태도는 거기에 한정되지 않는다. 앞에서 살펴보았듯이 작자는 이름에 부합하는 경물이 어느 것인지 확인하기도 하고, 경물에 새로운 이름을 제시하기도 하고, 경물의 모습과 이름을 연결 지어 자기 나름의 이미지를 떠올리거나 의미를 부여하기도 하고, 여러 경물들의 이름과 모습, 위치 등을 고려하여 그것들을 관련지을 수 있는 의미를 찾기도 하였다.

110 염은열, 「기행가사의 '공간' 체험이 지닌 교육적 의미」, 『고전문학과 교육』 12, 한국고전문학교육학회, 2006, 104면.

이는 결국 작자가 경물을 있는 그대로 보는 데에서 나아가 그것을 자기 나름으로 인식하고 해석하려 했다는 것을 말해준다고 할 수 있다.

3) 설화에 대한 관심과 인용

금강산 여행체험을 다루고 있는 산수유기나 가사에서 허탄하다고 하면서도 사찰이나 경물에 얽힌 설화들을 간간이 제시하고 있는 것을 쉽게 볼 수 있다. 〈동유기〉에도 금강산 곳곳에 얽힌 설화들이 제시되어 있는데 대단히 길고 자세하게 소개한 경우가 있어 주목된다. 이 때문에 기존 논의에서 산사의 노승이 들려준 구수한 이야기를 길게 인용한 것을 이 작품의 대표적 특징으로 거론하기도 하였다.[111] 지금 전해지는 〈동유기〉 제1권에는 다섯 편 정도의 설화가 소개, 인용되어 있다.

먼저 명연담 바위와 삼불암에 얽힌 설화가 제시되어 있는 것을 볼 수 있다. 작자는 명연담에서 높은 석벽 아래 있는 바위 하나가 누운 사람의 모습 같고, 다시 그 아래 세 바위가 서로 몸을 의지하여 기러기 항렬처럼 엎드려 있는 것을 보고 기이하게 여긴다. 이어 삼불암에 도착하여 바위의 앞면에는 지공, 나옹, 무학의 형상을, 뒷면에는 53불과 금동거사 부부라고 하는 두 사람의 모습을 새긴 것을 본 작자는 그곳에서 명연담의 바위와 삼불암에 얽힌 설화를 들었다. 금동거사가 세 선사와 재주를 겨루다가 금동거사가 세 선사가 새긴 형상을 없애려 하자 세 선사가 힘을 합해 물리쳐 금동거사는 명연담의 누운 바위가 되고, 금동거사의 세 아들은 엎드린 형태의 세 바위가 되었다는 것이다. 상당히 많은 금강산 여행 기록에 소개되어 있는 내용인데 작자는 허탄하여 믿을 수 없다고 하였다.

명연담과 삼불암을 본 그날 표훈사에 도착한 작자는 표훈사 승려에게서

111 조동일, 『한국문학통사』 3(제4판), 지식산업사, 2005, 454면.

들은 표훈사 창건과 관련된 이야기를 상당한 분량을 할애하여 길게 인용하였다. 신라 때 회정이란 인물이 중심이지만 여러 인물과 사건이 결부되어 이야기의 내용이 단순하지 않다.

금강산이라는 이름이 생기기도 전에 금강산에 암자를 짓고 공부하던 회정이 갑자기 앞이 보이지 않고 백호의 해를 당할 뻔하는 시련을 겪는다. 꿈속 노인의 지시에 따라 도학을 배우러 몰골옹을 찾아가 그 딸과 혼인을 하지만 잠시 경사에 갔다가 돌아와 보니 모든 자취가 흔적도 없이 사라졌다. 할 수 없이 다시 예전의 암자로 돌아온 후 더 깊숙한 곳을 찾아 들어가다가 빨래하고 머리감는 몰골옹의 딸을 보고 가파른 바위 위까지 쫓아갔지만 여자는 자취가 없고 석굴 하나가 있었다. 석굴 속에 있던 불경을 공부하여 득도한 뒤 몰골옹은 문수보살이고 그 딸은 보현각시임을 깨달아 굴에 19층 구리 기둥을 세우고 집을 지어 보현각시 불상을 모신 다음 굴 이름을 보덕굴, 몰골옹의 딸이 머리감던 곳을 세두분이라 하였다. 그리고 예전에 이웃에서 자기에게 송엽죽을 조석으로 제공하던 지연과 함께 표훈사를 창건하였다.

작자는 이 이야기를 인용한 다음 이것이 비록 허탄한 말이나 불도를 숭상하는 사람은 혹 그 영이(靈異)함을 믿을 것이라며 수말을 기록한다고 하였다.

이어 작자는 화룡담과 사자 바위에 얽힌 설화를 제시하였다. 옛적에 사자가 용에게 돌을 가져다 자기 발과 밑을 괴어 달라고 청하자 용이 법기봉 돌을 빼어 괴어주었고, 고려 때 어떤 사람이 이곳에 웅거하려 하자 사자 바위가 사자로 변해 쫓아냈다는 이야기인데 돌이 빠진 구멍과 사자를 괸 돌의 모습이 세모로 꼭 같아 기이하다고 하였다.

또 만회암에서는 옛날 고성에 살던 문장이 비범한 소년이 일찍 죽었는데 어느 날 자기 선생을 찾아와 자기가 용왕궁의 시동이 되었고, 용왕의 명으로 만회암 상량문을 지으러 가는 길에 잠깐 뵈러 왔다고 말한 뒤 간 곳이 없자 선생이 다음날 만회암에 가서 그것이 사실임을 확인했다는 이야기를 소개하였다. 작자는 이 이야기에 대해 어찌하여 옛적에는 신이한 일이 많고 금세에는 이러한 일이 없는지, 혹 있어도 자기가 듣지 못했는지 모르겠다고 하였다.

끝으로 작자는 망군대에 대해 들은 두 가지 이야기, 곧 수자리 살러간 남편을 기다리던 아내가 지쳐 마침내 중으로 화하였기 때문에 망군대라 한다는 이야기와, 신라와 고려가 싸울 때 고려왕이 올라가 신라 군사가 매복한 곳을 보았기에 망군대라 한다는 이야기를 함께 제시한 다음 망부대(望夫臺)라 하지 않고 망군대(望軍臺)라고 한 것은 그 남편이 종군하는 것을 바라보았기 때문인지, 군사가 매복한 곳을 바라보았기 때문인지 어느 것이 옳은지 알지 못하겠다고 하였다.

작자는 설화를 소개한 다음 허탄하여 믿을 수 없다든지, 허탄하지만 불도를 숭상하는 사람들은 믿을 것이라든지, 기이하다든지 하면서도 옛날에는 신이한 일이 많았는데 지금은 그러한 일이 없는지 아니면 자기가 듣지 못했는지 모르겠다고 하기도 하고, 경물의 이름에 얽힌 두 이야기 가운데 어느 것이 맞는지 따져보려 하기도 하였다. 설화의 내용을 믿지 않으면서도 경우에 따라서는 그러한 일이 경험 세계에 혹시 있을 수 있다는 생각을 하기도 했던 것으로 보인다.

그런데 허탄하여 믿을 수 없는 이러한 이야기들을 굳이 소개, 인용하고 있는 것은 작자가 그러한 이야기에 어느 정도 관심이 있었다는 것을 의미한다. 그것은 이러한 설화들이 많은 금강산 유람 기록들에 제시되어 있지만 이 작품에서는 그것들을 보다 구체적이고 자세하게 서술하고 있는 데에서 짐작할 수 있다. 특히 차분하게 시간적 순서에 따라 서술해 가던 유산체험의 흐름을 끊고 1권 전체의 7 내지 8분의 1정도의 긴 분량에 걸쳐 인용하고 있는 보덕굴과 표훈사 이야기에서 그러한 점을 분명히 확인할 수 있다. 관심이 없었다면 믿을 수 없는 이야기를 그렇게 길고 자세하게 제시하지는 않았을 것이기 때문이다.

작자가 이처럼 설화들에 관심을 기울인 것은 그 이야기가 허탄하여 믿을 수는 없지만 이야기 자체가 유산체험에 재미를 더하는 요소가 될 뿐 아니라 경물이나 장소에 대한 인식이 허구와 상상의 세계로까지 확장될 수 있다는 데에 흥미를 느꼈기 때문이라 할 수 있다. 그렇다면 경물과 장소에 얽힌 설화에 대한 작자의 관심은 경물들에서 상상이 가미된 나름의 새로운 이미지를 떠올리기도 하고, 나름의 새로운 의미를 부여하면서 경물을 적극적으로 인식하기도 했던 작자의 태도와 무관하지는 않을 듯하다.

4. 작자의식: 금강산에 대한 이중의 시선

앞에서 이 작품의 서술에 나타난 특징적 모습들을 검토하였다. 그렇다면 그러한 모습의 이면에 자리하고 있는 작자의 의식을 검토함으로써 작품을 보다 포괄적으로 이해할 필요가 있는데 여기에서는 작자가 금강산이라는 공간을 어떻게 인식하고 있었는지에 초점을 맞춰 작자의식을 간략히 살펴보기로 한다.

작자는 수십 년을 벼르면서 산수유기도 읽고, 화첩도 보며 금강산 유람을 꿈꾸다가 마침내 금강산을 향해 출발하게 되자 들뜨고 급한 마음과 기쁨 때문에 겨드랑이에 날개가 돋을 듯하였다. 금강에 들어가고, 금강을 보고, 금강에 머물고, 금강을 나오고, 금강을 말하고, 금강을 꿈꾸는 모든 것을 기록하겠다고 한 작자의 말은 그러한 마음을 단적으로 표현하고 있다. 이러한 기대와 열망 끝에 마침내 단발령에서 영롱하고 찬란한 금강산의 모습을 바라보자 작자는 평생 흠앙하던 대인선생의 존안을 뵌 듯 엄숙함과 경건함을 느끼면서 무아지경에 젖어들었다. 금강산을 미처 보지 못한 작자가 이처럼 기대와 열망에 들떠 금강산 길을 재촉했던 것은 오랜 기간 시인, 문장가, 화가 등의 문화집단에 의해 형성되고 축적된 금강산에 대한 인식에서 비롯된 것이다.[112]

112 신성희는 금강산이 가장 아름다운 명산이라는 역사적인 인식을 금강산의 '장소신화'라고

실제 금강산은 이러한 작자의 기대에 조금도 어긋나지 않았다. 장안사로 향하던 작자는 기이한 봉우리와 높은 바위가 출몰하자 동진(東晋) 사람 왕헌지(王獻之)가 산음(山陰)의 길을 따라 걸으면 산천의 경치가 저절로 아름다운 빛을 발하여 사람으로 하여금 구경하기에 겨를이 없게 만든다고 한 말을[113] 떠올리기도 하고, 동진의 유명한 화가 고개지(顧愷之)의 그림이 점점 아름다운 지경으로 들어가는 듯한 느낌을 받기도 하였다. 또 금강산의 경물을 직접 자기의 눈으로 확인하던 작자는 사람 사는 세상 같지 않다거나, 조화옹이 희롱하거나 부처의 힘으로 이룬 것이라거나, 사람으로 하여금 세상의 뜻을 잊게 한다거나, 심신이 황홀하여 백옥경에 오른 듯 비단 장막 속에 앉은 듯하다거나, 물에 옷이 젖음을 깨닫지 못했다거나, 눈과 귀가 그림 속에 있는 듯하다거나 하면서 감탄을 그치지 않았다. 작자에게 금강산은 기대와 열망에 부합하는, 신비한 아름다움의 신화를 간직한 환상적 공간이었던 것이다.

그런데 여기에서 작자가 자기보다 먼저 어떤 장소나 경물을 거쳐 간 다른 사람들의 한시를 간간이 삽입하고 있는 점을 주목해 볼 수 있다. 한시의 삽입이 이 작품만의 독특한 서술방식은 아니지만 금강산에 대한 그의 인식과 관련하여 그러한 한시 삽입이 지닌 의미를 한번 짚어볼 필요가 있기 때문이다. 시를 다수 삽입하고 있는 대표적 작품인 이경석의 〈풍악록〉에서 작자는 자기가 지은 50여 수의 시를 삽입하여 유산 과정에서 느낀 정감을 표출하거나 경물을 낭만적으로 묘사하였다.[114] 이에 비해 〈동유기〉에는 자작시가 한 편도 제시되어 있지 않다. 전부 다른 사람이 지은 7수를 인용하고 있는데 2수는 금강산으로 가는 도중 김화현에서 하룻밤을 묵을 때,[115] 나머지 5수는 금강산

지칭하였다(「'금강산'에서 전승되는 아름다움의 장소신화–사회적 자연과 명산의 여행지리」, 『한국지역지리학회지』 22권 1호, 한국지역지리학회, 2016, 152면).

113 허균(許筠), 「한정록(閒情錄)」 권5, 『성소부부고(惺所覆瓿藁)』.

114 채지수, 「이경석(李景奭)의 〈풍악록(楓嶽錄)〉 삽입시의 두 가지 양상」, 『한문고전연구』 23, 한국한문고전학회, 2012 참고.

유산 과정에서 삽입하였다.

몇 가지 경우를 보면 작자는 만폭동 청학대에서 예전에 청학대를 노래한 조부의 시를, 정양사 헐성루에서는 누상에 걸린 김상헌(金尙憲)의 시를, 또 진주담에서는 바위 위에 새겨진 송시열(宋時烈)의 시를 인용하였다. 그런데 그들은 모두 작자와 직접 관련이 있는 사람들이다. 조부와 8대 종조(從祖)인 김상헌은 작자의 집안 어른들이다. 또 김상헌과 송시열을 모두 '선생'이라고 지칭하고 있는 것을 보면 그들은 작자가 존경하고 있는 인물이라는 것을 알 수 있다.[116]

이처럼 작자는 자기가 지나는 장소나 마주친 경물에서 그와 연관된 집안 어른이나 존경하는 인물의 시를 환기하거나 곰곰이 살펴보면서 인용하고 있는데 그들의 시는 우선 작자로 하여금 그 장소나 경물에 친밀감을 느끼며 다가가게 하였을 것이다. 그들의 시를 환기하거나 살펴보면서 새삼 그들에 대한 친근감과 존경심을 느끼는 동시에 그들이 거쳐 갔던 장소와 경물을 자기가 직접 바라본다는 생각에서 그것에 보다 가깝게 다가설 수 있었을 것이라는 것이다. 아울러 작자는 그 시들을 통해 그들의 감회를 되돌아보면서 그것에 자기의 느낌과 생각을 비춰보기도 하고, 그들의 감회에 따라 경물을 다시 완상하고 인식해 볼 수 있었을 것이다. 요컨대 작자가 익숙하게 잘 알고 있는 사람들의 시를 삽입하고 있는 것은 작자가 그 시를 통해 경물과 장소에 친밀감을 느끼는 동시에 그 사람의 감회와 자기의 느낌을 조응하면서 경물과 장소를 완상했다는 것을 말해준다고 할 수 있다.

그리고 작자가 친분이 있는 사람들이 제명한 것을 발견하고 반가워하는

115 작자는 김화현에서 동헌 벽에 걸려있는, 자기 집안사람들인 김좌근(金左根)과 김문근(金汶根)으로 추정되는(최강현 주석, 〈동유긔〉 주23) 인물들의 시를 인용하였다.

116 이 세 경우 외에 작자는 불지암에서 본 강월대사와 황산장의 시를 인용하고 있는데 두 사람이 구체적으로 누구인지는 확실하지 않으나 황산이라는 호 뒤에 '장(丈)'이라는 말을 붙인 것을 보면 작자가 어느 정도 존경하는 인물임에는 틀림없어 보인다.

모습도 이와 어느 정도 관련된다고 할 수 있다. 작자는 장안사 범종루, 만폭동 오선대, 정양사 헐성루 등에서 족질 김병국이 제명한 것을 보고는 흔연히 서로 마주하여 풍경을 구경하는 듯하다고도 하고, 곳곳에 서로 따라서 산중에 노는 짝이라 할 만하다고도 하였다. 또 화룡담 반석 위에서 족형 김흥근(金興根)의[117] 이름을 발견하자 그곳에 앉아 물을 굽어보고 폭포를 구경하다가 옷이 물에 젖는 것을 깨닫지 못하기도 하였다.

친분이 있는 사람들의 이름을 발견하고 반가워한 것은 일단 그 사람을 직접 만난 듯한 느낌을 받았기 때문이겠지만 작자는 그것을 발견함으로써 그 사람들이 먼저 다녀간 장소나 경물에 친밀감을 느끼고, 그곳에서 그들이 가졌을 감흥을 자기도 느껴보려 했다는 것을 알 수 있다. 먼저 다녀간 사람들의 감흥이 어땠는지 구체적으로 알 수는 없지만 제명을 매개로 그 사람들과 상상을 통한 공감을 추구하려 했을 수 있다는 것이다.

이와 같이 작자는 다른 사람들이 예전에 읊은 시나 그들의 제명을 통해 장소나 경물에 친밀감을 느끼면서 자기의 감회를 이전 사람들의 그것에 비춰보기도 하고, 그들의 감흥을 자기도 느껴보려 하였다. 한편 작자는 마하연에서 평소 교분이 있던 낭천현감을 우연히 만나 금강산의 풍광을 두고 대화를 나누기도 하였다. 관련이 있거나 친분이 있는 사람들에 한정되어 있기는 하지만 이는 작자가 경물에서 느끼는 감회, 감흥이라는 것은 자기 혼자만이 아니라 다른 사람과 소통하고 공유하면서 느끼는 것으로 인식하고 있었다는 것을 말해준다. 다시 말하면 작자는 금강산을 신비한 아름다움을 간직한 환상적 공간일 뿐 아니라 시간과 공간을 초월하여 많은 사람들이 서로 소통하면서

---

117 작품에서는 족형 판부사라고만 되어 있는데 최강현은 판부사를 김유근(金逌根)으로 추정하였다(앞의 글, 286면). 김유근이 헌종 연간에 판중추부사를 지낸 것은 사실이지만 그는 작자보다 25살이나 많고, 작자가 금강산 여행을 하기 십수년 전에 이미 세상을 떠났다. 그런데 『승정원일기』를 통해 작자가 금강산을 유람하던 시기에 김흥근(金興根)이 판중추부사로 있었음을 확인할 수 있어 작자가 언급한 족형 판부사는 김유근보다는 김흥근을 가리키는 것으로 파악하는 것이 타당할 것이다.

미적 경험을 공유하는, 그로 인해 처음 대하더라도 낯설지 않고 친밀감을 느낄 수 있는 공간으로 인식하고 있었던 것이다.

물론 이것이 작자만의 독특한 인식이라고 하기는 어렵다. 금강산을 직접 여행한 사람이든 아닌 사람이든 간에 그들 사이에는 많은 시문과 그림을 통해 미적 경험에 대한 소통이 이루어졌고, 그에 따라 금강산을 그러한 시각에서 바라보는 인식이 형성되어 있었기 때문이다. 곧 금강산과 같은 명산은 특정한 문화 집단이 오랜 시간 관계하여 맺은 상호 관계의 총합체이고 자연과 문화를 포괄하는 대상이기[118] 때문이다. 그러나 친분이 있는 사람들과의 관계에 한정되기는 하였지만 구체적인 장소나 경물과 관련된 시의 삽입이나 제명에 대한 언급을 통해 작품 속에서 작자의 그러한 인식을 분명히 확인할 수 있다는 점은 주목할 필요가 있다.

그런 반면 금강산에 대한 작자의 또 다른 시선을 발견할 수 있다. 작자는 금강산 어귀에서 그곳에 사는 사람들을 만나 그들의 딱한 사정을 알게 되었다. 관찰사의 춘추 순력(巡歷)과 관리들이 오갈 때 남여(藍輿)를 메야 하는 일로 신역(身役)은 고되면서도 환곡을 갚지 못해 살길이 막막하다는 것이다. 그러면서 그들은 금강산이 이토록 자기들을 괴롭힌다며 금강산을 원망하고, 탄식하고 있었다. 들뜬 마음으로 금강산을 향해 달려오던 작자로서는 민망하지 않을 수 없었고, 그들의 사정을 딱하게 여기며 약간의 돈과 곡식을 내어 그들을 위로하지 않을 수 없었다. 단발령에서 금강산을 바라보며 잠시 무아지경에 빠졌던 작자는 그 고개를 넘자마자 금강산에 살고 있는 백성들의 현실적 고통을 목격했던 것이다.

아름다움의 이면에 감춰진 금강산의 현실은 그뿐만이 아니었다. 장안사에 도착하여 단청이 영롱한 이층 법당과 그 안의 기교 찬란한 닫집 등을 두루 돌아보며 감탄하던 작자는 이내 장안사가 처한 현실을 알게 되었다. 절의 승

118 신성희, 앞의 글, 152면.

려가 겨우 7, 8명에 불과한데 그 중 일부가 양식을 빌러 나가서 절에 남아 있는 사람이 몇 되지 않는다는 것이다. 작자는 유명 고찰의 쇠미함을 탄식하면서 관아에서 제공하는 음식[邑支供]을 물리친 채 승려들이 먹는 음식을 사 먹으며 그들의 노고를 덜어주고, 약간의 물품으로 불공도 하여 그들의 수고를 갚았다.[119]

표훈사와 정양사의 사정은 장안사보다 훨씬 못하였다. 표훈사는 법당이 퇴락하여 기와가 벗겨지고 서까래가 썩어 하늘이 보이고, 승려들이 거처하는 방도 비바람을 가리지 못하였다. 승려들이 중수하기를 청하자 마음으로는 천금을 시주하고 싶지만 창졸간에 어찌할 수 없어 안타까워하기만 하였다. 작자는 정양사에서도 법당이 퇴락하여 판자 위의 팔만대장경 책이 비에 젖어 썩을 지경에 이른 것을 보고 탄식하고 마음 아파하였다.

이처럼 작자는 금강산에 거처하는 백성과 승려들의 고달픔을 이해하고 유명 고찰의 퇴락함을 안타까워하였다. 작자는 금강산으로 가는 도중에도 백성들의 삶의 모습을 눈여겨 보았다. 직접 농부에게 흉풍을 물어 가뭄에도 풍년이 든 것을 다행으로 여기기도 하고, 창도역의 번화한 모습과 그곳 백성들이 석류황(石硫黃)을 구워 자생하는 것에 관심을 보이기도 하고, 단발령을 향해 가는 길에는 청석이나 판목으로 덮은 지붕들을 유심히 바라보면서 곡식과 과일이 풍성하게 익어 보는 사람도 마음이 기쁘다고 하였다. 하지만 작자는 금강산에서 그곳 백성들의 삶이 금강산 때문에 고단하고, 승려들의 형편이 궁핍하고, 이름난 사찰들이 명성과 달리 퇴락해 있는 상황을 직시하였다. 작자는 딱하게 여기며 백성들을 위로하기도 하고, 승려들에게 폐를 덜 끼치려 마음을 쓰기도 하고, 중수 요청을 선뜻 받아주기 어려워 탄식하기도 하였다.

119 금강산의 승려들은 금강산을 유람하러 온 관리들을 마중하고, 길을 안내하고, 남여를 메고, 볼 만한 구경거리를 제공하는 등의 힘든 일을 담당하였다. 이에 대해서는 박은정이 자세하게 검토한 바 있다(「유산기(遊山記)로 본 승(僧)의 삶과 소수자적 실상」, 『온지논총』 54, 온지학회, 2017).

당시 작자가 할 수 있는 일은 이것이 전부였겠지만 작자가 아름다움에 가려져 있는 금강산의 현실적 문제에 관심을 가지고 그것을 작품 속에 있는 그대로 제시하고 있는 점은 충분히 주목할 필요가 있다.

이와 같이 작자는 금강산을 신비한 아름다움을 간직한 환상적 공간인 동시에 시공을 초월한 많은 사람들이 미적 경험을 공유함으로써 처음 찾더라도 낯설지 않고 친밀감을 느낄 수 있는 문화적 공간으로 인식하는 한편 그 지역에 사는 사람들이 고통스럽고 고달픈 삶을 이어가는 현실의 생활공간이라는 점을 충분히 주목하고 있었다. 이는 그가 예술적 취향을 지닌 문인지식인이면서 동시에 지배층, 그것도 최상층의 부마였기 때문일 것이다. 문인지식인이었기에 금강산의 미적 경험을 추구하고 공감하는 데 관심을 기울였을 것이고, 부마라는 최상층의 신분과 섬세한 성품으로 인해 백성들의 삶에 관심을 기울였을 것이라는 것이다.

5. 맺음말

이 글은 조선후기에 창작된 국문본 금강산 기행문인 〈동유기〉를 대상으로 작자가 누구인지 확인하고, 작품의 서술적 특성과 작자의식을 검토하는 것을 목적으로 하였다. 이 작품은 그 존재가 일찍 알려지기는 하였지만 아직 본격적인 연구는 이루어지지 못하였다.

우선 작품 속에 제시되어 있는 작자 관련 정보를 확인하고, 역사 기록과 족보 등을 종합하여 검토한 결과 이 작품의 작자는 순조의 부마이자 명온공주의 남편인 동녕위 김현근임을 확인할 수 있었다. 그는 빈번하게 왕실 행사에 참여하고, 왕실의 일을 담당하는 한편 현실과 어느 정도 거리를 두면서 시, 그림, 글씨 등에 많은 관심을 기울이는 예술적 취향을 지니고 있었는데 오랜 바람 끝에 이룬, 1853년의 금강산 여행은 그의 이러한 성향과 무관하지 않을 것이다.

작자는 우선 금강산에 대한 탐승 욕구를 반복적으로 제시하면서 금강산을 향한 여정을 서술하였다. 그리고 금강산 유산체험과 경물을 객관적으로 제시하는 한편 경물의 이름, 모습, 위치 등을 연관 짓고, 경물들을 서로 관련 짓는 등 나름의 다양한 방식으로 장소와 경물을 인식, 해석하고 있을 뿐 아니라 그곳에 얽힌 설화에 많은 관심을 가지고 그것을 상당한 분량에 걸쳐 적극 인용하고 있었다.

이러한 서술적 특성, 그리고 시의 삽입과 같은 서술방식이 지닌 의미를 고려할 때 작자는 금강산을 신비한 아름다움의 신화를 간직한 환상적 공간일 뿐 아니라 시공을 초월한 많은 사람들과 소통하면서 미적 경험을 공유하는 문화적 공간으로 인식하고 있었음을 알 수 있다. 반면 작자는 금강산에 사는 백성들과 승려들의 고달픈 삶과 유명 고찰들의 퇴락한 모습을 제시하면서 그에 대한 자기의 안타까운 심정을 토로하고 있어 금강산을 현실적 삶의 공간으로 인식하고 있었음을 알 수 있다. 이러한 이중적 시선은 그가 문인지식인인 동시에 최상층의 신분인 부마라는 점과 관련이 있을 것이다.

이러한 점들을 고려할 때 이 작품은 17~18세기 김창협과 그 문인들에 의해 개척되고 후대에 많은 영향을 미친 사경적 사실주의 작품들과[120] 어느 정도 다른 모습을 보여준다고 할 수 있다. 앞으로 금강산 여행체험을 다루고 있는 산수유기나 가사와 같은 다른 작품들과 비교하여 19세기 중반에 창작된 이 작품의 특성에 대한 이해가 보다 심화되기를 기대한다.

120 강혜선, 「17·8세기 금강산의 문학적 형상화에 대한 연구」, 『관악어문연구』 17, 서울대, 1992, 101면 참고.

제3부

유배산문의 탐구

『유교(遺敎)』의 서지와 문학적 성격

1. 머리말

『유교(遺敎)』는 문곡(文谷) 김수항(金壽恒, 1629~1689), 몽와(夢窩) 김창집(金昌集, 1648~1722), 죽취(竹醉) 김제겸(金濟謙, 1680~1722)의 조, 부, 손 삼대가 사약을 받고 세상을 떠날 때의 상황을 각각 기록한 세 편의 글이 수록되어 있는 국문 필사본 자료이다. 이 글들은 '유교(遺敎)'라는 제목에서 짐작할 수 있듯 죽음에 임하는 선조의 모습을 통해 자손들이 교훈을 얻도록 할 의도에서 기록되었을 것이다. 그리고 그것이 국문으로 기록되었다는 것은 교훈을 얻을 자손의 범위에 부녀자들이 포함된다는 것을 의미한다.

하지만 이 글들은 단지 이러한 효용적 가치만 지니고 있는 것은 아니다. 예정된 죽음이라는 특별한 상황과 마주한 인간의 모습을 구체적으로 형상화하는 것은 결국 인간이란 과연 어떠한 존재인가 하는 인간의 본질에 대한 문제를 제기하기 때문이다. 이런 점에서 『유교』는 단순한 사실 기록 이상의 문학 작품일 수밖에 없다. 이에 여기에서는 이 자료의 문학적 가치와 의의를 확인함으로써 조선후기 실기문학에 대한 이해의 폭을 확대하고자 한다.

『유교』는 문곡과 몽와의 후손들에게 세전되었던 것으로 보이는데 최근에는 문곡의 계자(季子) 택재(澤齋) 김창립(金昌立)의 11대손인 김충현(金忠顯) 씨가 소장하고 있었다.[1] 그런데 이와 별도로 몽와와 죽취에 관한 두 편의 글만

1 『유교』의 소장자인 서예가 일중(一中) 김충현 선생은 지금 고인이 되셨는데 과거 필자를

을 모은 『임인유사(壬寅遺事)』가 서울대학교 규장각에 소장되어 있으며,[2] 문곡에 관한 글의 한문본인 〈임명일기(臨命日記)〉와 몽와에 관한 글의 한문본인 〈성산유사(星山遺事)〉가 또한 전하고 있다. 이에 따라 여기에서는 우선 『유교』의 서지(書誌)를 이러한 이본들과 비교하면서 확인하고, 작품의 이해를 위한 역사적 배경을 살핀 다음 그 문학적 성격을 검토하고자 한다.

2. 서지

『유교』는 가로 21cm, 세로 32cm의 크기에 총 118면으로 되어 있는데 정자체의 국문 글씨가 매면 10행, 매행 15~18字 정도로 가지런히 필사되어 있다. 체제를 보면 문곡, 몽와, 죽취 삼대에 관한 각각의 글이 순서대로 수록되어 있는데 문곡에 대한 부분에는 '긔ᄉᆞ유ᄉᆞ'라는 제목이 붙어 있고, 몽와와 죽취에 대한 각각의 기록에는 '임인유교'라는 같은 제목이 붙어 있다. 이에 편의상 이하의 논의에서는 몽와와 죽취에 대한 기록을 각각 '임인유교(壬寅遺敎)1', '임인유교2'라고 구분하여 지칭한다.

앞에서 말한 바와 같이 〈임인유교1〉과 〈임인유교2〉는 이본이 존재한다. 서울대학교 규장각에 소장되어 있는 『임인유사』는 표지에 '壬寅遺事'라는 표제 옆에 '夢窩星州遺敎 附竹醉富寧遺敎'라는 작은 글씨가 한문으로 씌어 있는데 몽와에 관한 글에는 권수제가 없고, 죽취에 관한 글에는 '션고유교'라는 권수제가 따로 제시되어 있다.[3] 그리고 권말에 '션고유셔'라는 제목의 글이 첨부되어 있는데 끝에 "임인 사월 이십사일 안보셔 원힝 뼈주오신 거시라"라

불러 『유교』의 존재를 알려주고 자료를 제공해주셨다. 다시 한번 깊이 감사드린다.

2 규장각본 『임인유사』는 김원행(金元行)의 문집인 『미호전집(渼湖全集)』의 영인본(여강출판사, 1986)에 첨부되어 있기도 하다.

3 이 글에서는 이 작품을 '죽취부령유교' 대신 권수제인 '선고유교'로 지칭한다.

는 기록이 있어 〈선고유서(先考遺書)〉는 죽취가 1722년 4월 유배지인 울산에서 서울 국청으로 압송되던 중 충청도 연풍 안보역에서 아들 김원행(金元行, 1702~1772)에게 써준 것임을 알 수 있다. 그런데 이 책의 〈몽와성주유교〉는 〈임인유교1〉과, 〈선고유교(先考遺敎)〉는 〈임인유교2〉와 내용이 서로 같다.

그리고 〈기사유사(己巳遺事)〉와 〈임인유교1〉은 한문본이 존재한다. 〈기사유사〉의 한문본은 『안동김씨문헌록(安東金氏文獻錄)』에 수록되어 있는 김창흡(金昌翕, 1653~1722)의 〈임명일기〉가 그것인데[4] 〈임명일기〉는 김창흡의 문집에는 실려 있지 않다. 또 김신겸(金信謙, 1693~1738)의 문집인 『증소집(橧巢集)』권10과, 『증소집』을 발췌하여 엮은 『증소고(橧巢稿)』[5]에는 〈임인유교1〉의 한문본인 〈성산유사〉가 수록되어 있다.

이처럼 현재까지 문곡에 대해서는 〈기사유사〉와 그 한문본인 〈임명일기〉 두 편이, 몽와에 대해서는 〈임인유교1〉, 〈몽와성주유교〉, 그리고 한문본 〈성산유사〉 등 세 편이, 죽취에 대해서는 〈임인유교2〉와 〈선고유교〉의 두 편이 각기 전하고 있음을 알 수 있다. 〈기사유사〉와 〈임명일기〉의 경우를 제외하면 이들 이본은 내용면에서 거의 차이가 없는데 그 관계를 좀더 구체적으로 살펴보자.

우선 〈기사유사〉는 〈임명일기〉의 서두부터 절반에 약간 못 미치는 내용을 담고 있어 두 편이 서로 차이가 있다. 〈기사유사〉에는 진도에 유배되어 있던 문곡이 후명(後命)이 내렸다는 사실을 알자마자 토로한 감회, 그리고 이

4 김영한(金甯漢) 편, 『안동김씨문헌록(安東金氏文獻錄)』 지(地), 창문여자중고등학교, 1975, 295~312면. 이 글을 처음 발표할 때에는 〈기사유사〉의 작자를 구명하지 못하였는데 『안동김씨문헌록』을 통해 〈기사유사〉의 작자와 한문본의 존재를 확인할 수 있었다.

5 서울대 규장각 소장 『증소고』는 『규장각도서한국본종합목록』에는 표목이 '몽와선생실기(夢窩先生實記)'로 되어 있다. 권수에 '후학 해교 박영세 경독(後學海嶠朴永世敬讀)'이라 적혀 있는 한문 필사본인데, 〈몽와선생실기〉, 〈몽와유사(夢窩遺事)〉, 〈성산유사〉, 〈백육애음(百六哀吟)〉을 차례로 수록하고 있다. 이는 『증소집』 권2의 〈백육애음〉, 권9의 〈백부몽와부군행장(伯父夢窩府君行狀)〉, 권10의 〈몽와부군유사(夢窩府君遺事)〉와 〈성산유사〉를 순서와 이름만 바꿔 그대로 전재한 것이다.

후 다섯 아들들과 주고받은 문답 등이 제시되어 있다. 아들들과의 대화는 아들들이 묻고 문곡이 대답하는 경우가 대부분인데 아들들은 문곡의 장지(葬地), 비문이나 묘지(墓誌)와 같은 묘도문자(墓道文字), 그리고 문곡의 조부인 청음(淸陰) 김상헌(金尙憲) 문집의 보완 등과 같이 문곡 사후에 바로 진행해야 할 일들을 묻기도 하고, 문곡의 어릴 적과 벼슬길에 나섰을 때의 행적, 또 현종 승하와 숙종 두환(痘患) 때의 상황 등 알고 싶어도 다시 들을 수 없는 문곡의 지난 일들을 묻기도 하였다. 문곡과 아들들이 후명이 내렸다는 사실을 안 것은 1689년 4월 5일이고, 문곡이 세상을 떠난 것은 9일인데 〈기사유사〉에는 6일 새벽까지의 일만이 제시되어 있다.

이에 비해 〈임명일기〉에는 이후의 내용이 모두 서술되어 있다. 이에 따라 문곡이 처남 나양좌(羅良佐)와 자기의 장례 문제를 의논하기도 하고, 아들들에게는 자기가 직접 목격한 청음의 평소 태도와 기품, 앞으로 가족들이 거처할 곳, 자기 어릴 적의 독서와 공부, 교유 관계 등을 이야기하면서 아들들을 경계하기도 한 사실들을 추가로 확인할 수 있다.

이처럼 〈기사유사〉는 4월 5일 저녁부터 6일 새벽까지의 내용을 서술하고 있는 데 비해 〈임명일기〉는 이를 포함하여 9일 후명을 받으러 나갈 때까지 있었던 일을 모두 제시하고 있어 다루고 있는 내용의 범위에 차이가 있다. 한문본인 〈임명일기〉가 먼저 이루어지고, 앞부분을 번역한 〈기사유사〉가 나중에 이루어진 것으로 짐작되는데 전부를 다 번역하지 않은 것은 분량 때문일 수도 있지만 하룻밤 사이에 있었던 일을 제시하는 것만으로도 죽음에 임하는 문곡의 모습을 전달하기에 충분하다고 판단했기 때문일 것이다.

다음 〈임인유교1〉과 그 이본들의 관계는 어떠한가.

ᄉᆞ월 스므닐웬날 셩쥐셔 머므더니 새야올 ᄯᅢ의 당탁이 민판셔-딘원-곳으로셔 와 니ᄅᆞ되 앗가 디나가ᄂᆞᆫ 공ᄉᆞ를 보니 거졔 후명도ᄉᆡ 시방 쏘차온다 ᄒᆞ거ᄂᆞᆯ 내 ᄆᆞᆯ을 ᄌᆡ촉ᄒᆞ야 젼진ᄒᆞ다가 십 니를 못 가 ᄒᆡᆼᄎᆞ를 만나니 부군이 가슬

버ᄉᆞ시고 총감토만 쓰시고 두에 업ᄉᆞᆫ 가마의 안자 겨신ᄃᆡ 흰 자리보로 두루와더라(〈임인유교1〉)

임인 ᄉᆞ월 ᄉᆞ므닐웬날 셩쥐셔 머므더니 새야올 ᄣᅢ예 당탁이 민판셔-딘원-곳으로셔 와 닐오ᄃᆡ 앗가 디나가ᄂᆞᆫ 공ᄉᆞ를 보니 거졔 후명도ᄉᆡ-후명도ᄉᆞ의 일홈은 됴문보라-시방 쏘차온다 ᄒᆞ거ᄂᆞᆯ 내 ᄆᆞᆯ을 ᄌᆡ촉ᄒᆞ야 젼진ᄒᆞ다가 십 니를 못 가 힝ᄎᆞ를 만나니 부군이 가ᄉᆞᆯ 버ᄉᆞ시고 총감토만 ᄡᅳ시고 두에 업ᄉᆞᆫ 가마의 안자 겨신ᄃᆡ 흰 자리보로 두로왓더라(〈몽와성주유교〉)

위는 〈임인유교1〉과 〈몽와성주유교〉의 서두 부분이다. 〈몽와성주유교〉에는 '임인', 'ᄉᆞ월', '셩쥐', '민판셔', '딘원'의 옆에 한자가 병기되어 있다. 그러나 이는 위의 인용 부분에 국한되어 있고, 이후에는 "남ᄒᆡ 샹공"[6]에 '疎齋'라는 주가 달려있는 경우가 하나 있을 뿐이다. 위의 인용문을 비교해 볼 때 내용면에서의 차이는 거의 없다는 것을 알 수 있다. 단지 밑줄 친 부분에서 보듯 첫 구절에 '임인'이란 간지와, 후명도사(後命都事)의 이름을 밝히고 있는 주가 제시되어 있는가 아닌가 하는 차이와, 'ᄣᅢ의'와 'ᄣᅢ예', '니ᄅᆞᄃᆡ'와 '닐오ᄃᆡ', '쓰시고'와 'ᄡᅳ시고', '두루와더라'와 '두로왓더라'와 같은 표기의 차이를 확인할 수 있을 뿐이다. 미세한 차이일지라도 간지가 제시되어 있고, 주가 더 달려 있다는 점에서 〈몽와성주유교〉가 〈임인유교1〉보다 자세한 서술태도를 보이고 있다고 할 수 있는데 이는 본문 서술 가운데에서도 확인할 수 있다.

신겸ᄃᆞ려 니ᄅᆞ시ᄃᆡ 비돌흘 장동 본집 대문 안ᄒᆡ 무더시니 숭지 알고 죵도 그곳을 아ᄂᆞ니 이시니 후의 파내게 ᄒᆞ여라 네 아바님이 이젼의 한산대부 묘

6 이이명(李頤命)을 가리킴. 소재(疎齋)는 호. 몽와가 유배될 때 이이명은 남해로 유배되었다.

표ᄒᆞ랴 ᄒᆞ야 돌을 구ᄒᆞ거ᄂᆞᆯ 이ᄂᆞᆫ 평구 몽와의 무든 거ᄉᆞᆯ 주랴 ᄒᆞ더니 너희 가져니거라(〈몽와성주유교〉)

위의 밑줄 친 부분이 〈임인유교1〉에는 빠져 있다. 따라서 내용상의 차이는 거의 없지만 〈임인유교1〉보다 〈몽와성주유교〉가 좀더 구체적이라 할 수 있다. 그런데 한문본인 〈성산유사〉는 〈임인유교1〉이나 〈몽와성주유교〉와 같은 국문본보다 다소 자세한 서술을 하고 있는데 이는 앞의 인용문에 해당되는 부분만을 서로 비교해 보더라도 알 수 있다.

> 謂信謙曰 碑石埋於壯洞本家大門內數步地 承旨知之 奴輩亦當有知其處者 日後必堀出 汝爺曾爲韓山大父墓表求石 此則欲以平丘夢窩所埋者與之矣 汝輩取去可也 (〈성산유사〉)

〈몽와성주유교〉에만 있는 '승지 알고 죵도 그 곳을 아ᄂᆞ니 이시니'에 해당하는 '承旨知之 奴輩亦當有知其處者'라는 서술이 있을 뿐 아니라 〈몽와성주유교〉에서는 단순히 '대문 안희'라고만 되어 있는 데 비해 〈성산유사〉에는 '大門內數步地'라는 좀더 자세한 내용이 제시되어 있음을 볼 수 있다.

그런데 〈성산유사〉가 국문본들보다 구체적이라는 것은 이러한 미세한 부분만을 가리키지 않는다. 몽와는 임명시에 모두 7편의 시를 지었다. 그런데 국문본에는 전지(傳旨) 듣기를 재촉하는 후명도사를 두고 읊은 시 한 편만이 제시되어 있을 뿐이고, 나머지 6편은 인용되어 있지 않다. 다만 〈임인유교1〉에서 보듯 "즉시 부ᄉᆞᆯ 드러 글 둘흘 쓰시니 오언뉼시ᄂᆞᆫ 뜻을 뵈시미오 오언고시ᄂᆞᆫ 승지ᄭᅴ ᄇᆞ치신 글일너라", "부군이 즉시 그 글을 ᄎᆞ운ᄒᆞ여 보내시고", "부군이 오언고시 ᄒᆞᆫ 편을 지어 ᄡᅧ주시고", "ᄃᆞᆰ 울 째예 션왕고 님명 째 칠언졀구ᄅᆞᆯ ᄎᆞ운ᄒᆞ시고 누어 입으로 불너 신겸 ᄒᆞ여 쓰이시고 이윽ᄒᆞ야 니블을 두루고 니러안자 손조 칠언뉼시 ᄒᆞᆫ 편을 쓰시니"라고 하여 시를 지은 사실과 그때의 상황만이 서술되어 있을 뿐이다.

하지만 〈성산유사〉는 시 작품을 모두 제시하고 있을 뿐 아니라 몽와가 직접 시 아래에 쓴 '壬寅四月念七日 父在星州', '壬寅孟夏下浣 夢窩'와 같은 기록까지도 다 밝혀 적고 있다. 짐작컨대 국문본에 이 시들이 생략된 이유는 한시를 국문으로 음만 적어 놓는 것은 아무리 주를 달아 풀이한다고 해도 그 의미가 정확히 전달되기 어렵고, 국문본은 한문에 익숙하지 않은 사람들을 대상으로 하는 경우가 많기 때문에 굳이 국문으로 음만 적은 한시를 제시할 필요성을 크게 느끼지 않았기 때문일 것이다.[7]

이처럼 내용상 큰 차이는 없으나 〈임인유교1〉보다는 〈몽와성주유교〉가, 또 그보다는 〈성산유사〉가 좀더 구체적인 서술을 하고 있다. 하지만 필사자의 고의나 실수에 의해 〈임인유교1〉에는 서술되어 있으나 〈몽와성주유교〉나 〈성산유사〉에는 빠진 부분들이 있다.

> 뜰 아래로 나아가 ᄉᆞ비ᄒᆞ고 뎐지를 드ᄅᆞ신 후 ᄯᅩ ᄉᆞ비ᄒᆞ시고 텽의 올나 샹후의 안부를 무ᄅᆞ시니 도ᄉᆡ 두렷〃ᄒᆞ고 ᄃᆡ답디 못ᄒᆞ거ᄂᆞᆯ 민챵쉬 섬 아래 셔셔 쳔셰〃ᄒᆞ니 도ᄉᆡ 그대로 ᄃᆡ답ᄒᆞ더라(〈임인유교1〉)

> 용겸이 안기를 져기 멀니 ᄒᆞ엿더니 이에 손을 달나 ᄒᆞ여 쥐엿다가 노흐시고 묘말진초의 고죵ᄒᆞ시다(〈임인유교1〉)[8]

앞의 인용문에는 전지를 들은 몽와가 경종의 안부를 묻자 어떻게 말해야

7 시를 지었다는 사실만을 밝히고 시를 제시하지 않고 있는 것은 〈긔ᄉᆞ유ᄉᆞ〉나 〈임인유교2〉도 마찬가지이다.

8 〈성산유사〉에는 이 뒤에 '午時行襲斂 養謙飯含 李命龍張濯執事 彦謙信謙閔通洙助之'라고 하여 습렴(襲殮)에 관한 내용을 덧붙이고 있는데 여기에서도 구체적 서술을 지향하는 태도를 확인할 수 있다.

할지 몰라 주저하는 도사에게 민창수(閔昌洙)가 대답할 바를 가르쳐 주었다는 사실이 제시되어 있다. 그러나 〈성산유사〉에는 "乃就庭下 四拜後聽宣旨 又四拜 上廳問上候安否"라고만 되어 있어 도사에 대한 서술이 빠져 있다. 그런데 이것은 실수가 아니라 의도적인 누락으로 보인다. 임금의 명을 전달하면서도 임금의 안부를 묻는 물음에 대답할 바를 몰라 당황해하는 도사의 모습을 있는 그대로 제시하는 것은, 집안의 자손들을 1차 대상으로 하는 국문본의 경우는 큰 상관이 없겠지만 대외적인 성격이 강한 문집에 수록되는 글의 경우에는 적절치 못한 일로 인식될 수 있기 때문이다. 뒤의 인용문은 전지를 들은 몽와의 임종 장면이다. 그런데 〈몽와성주유교〉에는 "용겸이 안기ᄅᆞᆯ 져기 멀리 ᄒᆞ얏더니 이에 손을 달라 ᄒᆞ야 쥐엿다"라고만 되어 있다. 이는 '쥐엿다'에서 문장이 끝난 것으로 여긴 필사자의 실수에서 빚어진 누락으로 보인다.

다음은 〈임인유교2〉와 〈선고유교〉의 관계를 살펴보자.

[1]

- 언남이 영만이 돌뭉이 츈션이 삼원이 거리쇠 입으시던 옷 각〃 ᄒᆞ나식 주시고(〈임인유교2〉)
- 언남이 영만이 돌몽이 춘션이-츈션이ᄂᆞᆫ 독낙뎡ᄃᆡ 죵이라- 삼원이-삼원이ᄂᆞᆫ 창셜ᄃᆡ 죵이라- 거리쇠 닙으시던 옷 각〃 ᄒᆞ나식 주시고(〈선고유교〉)

[2]

- 이제 죽으면 셕증 어미도 사디 못ᄒᆞᆯ 거시니 셕증이ᄅᆞᆯ 어이 ᄒᆞ며 이 아ᄒᆡ들 보젼ᄒᆞᆯ 도리도 다 거긔 이시니 죽디 아녀야 ᄒᆞ리라(〈임인유교2〉)
- 이제 죽으면 셕증 어미도 차디 못ᄒᆞᆯ 거시니 이러ᄒᆞ면 셕증이ᄅᆞᆯ 어이 ᄒᆞ며 셕증이ᄅᆞᆯ 보젼티 못ᄒᆞ면 션조 졔ᄉᆞᄅᆞᆯ 삼ᄃᆡ재 내려와 져러 졀ᄉᆞᄒᆞ올가 이 아ᄒᆡ들 보젼ᄒᆞᆯ 도리도 다 거긔 이시니 죽디 아녀야 ᄒᆞ리라(〈선고유교〉)

[3]

- ᄯᅩ ᄉᆞᆯ오ᄃᆡ 한아바님 힝장을 ᄀᆞᆺ틀 ᄆᆞᆺ디 못ᄒᆞ야 겨시니 엇디ᄒᆞ리잇가 바회와 의논ᄒᆞ야 닛게 ᄒᆞ라 ᄯᅩ ᄉᆞᆯ오ᄃᆡ 형님 묘지 디으신 거시 글쳬 묘표와 ᄀᆞᄐᆞ니 겸ᄒᆞ야 묘표로도 ᄡᅳ면 엇더ᄒᆞ리잇가 부군이 ᄒᆞ시ᄃᆡ 혹 존뵈라도 ᄒᆞᆯ가 ᄯᅩ ᄉᆞᆯ오ᄃᆡ 한아바님 힝장과 형님 묘디예 아모아모 고ᄌᆞᆯ 고쳡 ᄌᆞᆨ ᄒᆞ오이다 부군이 ᄒᆞ시ᄃᆡ 네 보아 고틸 거ᄉᆞᆫ 고티고 묘디의 ᄒᆞᆫ 고ᄌᆞᆫ 아직 흐리우려니와 아조 아니 ᄡᅳ든 못ᄒᆞ리라(〈임인유교2〉)
- 원힝이 ᄯᅩ ᄀᆞᆯ오ᄃᆡ 한아바님 힝장을 ᄆᆞᆺ들 못ᄒᆞ야 겨시니 엇디ᄒᆞ오리잇가 ᄃᆡ답ᄒᆞ시ᄃᆡ 바회와 의논ᄒᆞ야 닛게 ᄒᆞ라 ᄯᅩ ᄉᆞᆯ오ᄃᆡ 형님 묘디 지으신 거시 글쳬 묘표와 ᄀᆞᆺᄐᆞ니 겸ᄒᆞ야 묘표로도 ᄡᅳ면 엇더ᄒᆞ오리잇가 부군이 ᄒᆞ시ᄃᆡ 혹 존보-橧巢-라도 ᄒᆞᆯ가 원힝이 ᄯᅩ ᄀᆞᆯ오ᄃᆡ 한아바님 힝장과 형님 묘디예 아ᄆᆞ〃 고ᄌᆞᆯ 고텹 ᄌᆞᆨ ᄒᆞ오이다 부군이 니ᄅᆞ시ᄃᆡ 네 보아 고칠 거ᄉᆞᆫ 고티고 묘디예 ᄒᆞᆫ 곳은 아직 흐리우려니와 아조 아니 ᄡᅳ든 ᄆᆞᆺᄒᆞ리라(〈선고유교〉)

우선 [1]에서 〈임인유교2〉는 아무런 주를 달고 있지 않음에 비해 〈선고유교〉는 밑줄 친 부분처럼 '춘션이', '삼원이'에 대해 그들이 어느 집 종인지 주를 달아 밝히고 있다. 이에 따라 주가 달리지 않은 다른 사람들은 죽취 집의 종들로 짐작되는데 이처럼 〈선고유교〉에서 주를 달아 보충 설명을 하는 것은 [3]의 '존보-橧巢-라도'에서도 볼 수 있다.

[2]에서는 〈선고유교〉의 밑줄 친 부분 즉 '이러ᄒᆞ면', '셕증이ᄅᆞᆯ 보젼티 못ᄒᆞ면 션조 제ᄉᆞᄅᆞᆯ 삼ᄃᆡ재 내려와 져러 절ᄉᆞᄒᆞ올가'가 〈임인유교2〉에는 빠져 있는 것을 볼 수 있는데 이는 문맥으로 보아 마땅히 있어야 할 것이 실수로 누락된 것으로 보인다.

[3]의 밑줄 친 부분에서는 우선 표기의 차이를 볼 수 있는데 '묘지 디으신'과 '묘디 지으신', 'ᄀᆞᄐᆞ니'와 'ᄀᆞᆺᄐᆞ니' '엇더ᄒᆞ리잇가'와 '엇더ᄒᆞ오리잇가', '아모아모'와 '아ᄆᆞ〃', '고쳡'과 '고텹', '고틸'과 '고칠', '묘디의'와 '묘

디예' 등이 그것이다. 또 '술오딕'와 '굴오딕', '긋틀 뭇디'와 '뭇들', '술오딕'와 '니릭시딕' 등 의미가 크게 차이가 나지 않는 다른 어휘를 사용한 경우들이 있는데 〈선고유교〉에서는 〈임인유교2〉에 없는 '원힝이', '딕답힉시딕' 등과 같은 단어들을 사용하여 문맥을 구체화시키고 있는 경우를 볼 수 있기도 하다.

이와 같이 〈임인유교2〉와 〈선고유교〉는, 〈임인유교1〉과 〈몽와성주유교〉의 경우에서 볼 수 있었던 것처럼 군데군데 표기의 차이가 있을 뿐 내용은 거의 차이가 없는데 간혹 미세한 부분에 있어 〈선고유교〉가 보다 자세한 서술을 하고 있음을 알 수 있다.

그리고 앞에서 어느 정도 확인되었듯이 〈기사유사〉의 작자는 김창흡, 〈임인유교1〉의 작자는 김신겸, 그리고 〈임인유교2〉의 작자는 김원행이다. 문곡이 진도에서 사약을 받을 때 7년 전에 세상을 떠난 막내아들을 제외한 다섯 아들들이 곁에서 그의 마지막을 지켰다. 문곡의 셋째 아들인 삼연(三淵) 김창흡은 한동안 진도에서 문곡을 위로하며 지냈다. 그러다 마침내 후명이 내리자 그는 문곡이 어릴 때 어떤 일로 어른들의 칭찬을 들었는지, 또 평생 문한(文翰)에 대한 공부는 어떠했는지 궁금한 점을 묻기고 하고, 문곡이 사약을 받기 직전에는 문곡의 손을 붙잡고 기상이 조용함을 일컬으며 통곡하기도 하였다.[9]

〈임인유교1〉은 그 한문본인 〈성산유사〉가 『증소집』 속에 수록되어 있고, '자손에게 전하여 보이고, 훗날의 군자들로 하여금 또한 참고할 수 있도록 하기 위해 기록한다'는[10] 집필 동기가 〈성산유사〉의 뒤에 첨부되어 있어 그 작

9 자세한 내용은 〈임명일기〉에 서술되어 있고, 〈기사유사〉에는 문곡이 어릴 적에 어른들에게 어떤 일로 칭찬을 받았는지 묻고 답한 내용만 제시되어 있다. 현전하는 〈기사유사〉를 처음 필사한 사람은 문곡 손자대인 '겸(謙)'자 항렬의 한 사람으로 짐작된다. 그것은 문곡의 아들인 몽와와 농암(農巖) 김창협(金昌協)은 '아모'라고 지칭하고 있는 데 비해 손자인 춘상, 이상은 협주에서 직접 이름을 밝히고 있기 때문이다.

10 蓋欲傳示子孫 而使後之君子 亦得以叅考也(『증소집』 권10). 이 언급은 김신겸이 몽와의 평일 행적을 기록한 〈몽와부군유사(夢窩府君遺事)와 〈성산유사〉 두 편의 집필 동기를 밝힌 것이다.

자가 김신겸임을 분명히 알 수 있다. 그런데 〈임인유교1〉의 작자가 김신겸이라는 것은 〈성산유사〉를 고려하지 않더라도 작품의 문면에서 어느 정도 짐작해 볼 수 있다.

> ᄉᆞ월 스므닐웬날 셩쥐셔 머므더니 …… 내 ᄆᆞᆯ을 ᄌᆡ촉ᄒᆞ야 젼진ᄒᆞ다가 십니ᄅᆞᆯ 못 가 힝ᄎᆞᄅᆞᆯ 만나니 …… 내 ᄆᆞᆯ게 ᄂᆞ려 길ᄉᆡ의 셧더니 부군이 보 틈으로 ᄂᆞᆺ출 보시고 무러 ᄀᆞᄅᆞ시ᄃᆡ 드ᄅᆞ니 네 샹쥐셔 머믄다 ᄒᆞ더니 어이 ᄒᆞ야 예ᄉᆡ디 왓ᄂᆞᆫ다 ᄃᆡᄒᆞ야 ᄀᆞᄅᆞᄃᆡ ᄐᆞᄂᆞᆫ 듯 답〃ᄒᆞ야 나아왓ᄂᆞ이다 도ᄉᆡ 됴교ᄌᆞ 뒤ᄒᆡ ᄇᆞᄅᆞᆺ 셔고 쇼촌 찰방 챵발과 니쳠디 명농이 그 뒤ᄒᆡ 셧거ᄂᆞᆯ 힝ᄎᆡ 져기 멀으신 후 신겸이 챵발과 니명농으로 더브러 ᄆᆞᆯ게 ᄂᆞ려 통곡ᄒᆞ니 ᄣᅢ예 부군이 후명ᄀᆡ별을 미처 모ᄅᆞ시미라(〈임인유교1〉)

밑줄 친 부분에서 보듯 〈임인유교1〉은 '나'라는 1인칭 서술로 시작되지만 곧 '나'를 '신겸'이라고 바꿔 지칭하여 3인칭 서술로 전환하고 있는데 이러한 3인칭 서술은 끝까지 지속되고 있다.[11] 『유교』와 같은 실기문학의 경우 서술자는 기록자 내지 작자와 일치한다고 할 수 있기 때문에 서술자가 '김신겸'이라는 것은 이 작품의 작자가 곧 김신겸이라는 것을 말해준다고 할 수 있다.

김신겸은 몽와의 동생인 노가재(老稼齋) 김창업(金昌業)의 셋째 아들로 호는 증소(橧巢)이다. 그는 서울로 압송되는 백부 몽와를 성주에서 마중하고, 몽와가 사사될 때 그 곁을 지켰다. 몽와는 김신겸에게 자기의 장례에 대한 당부를 하기도 하고, 김신겸은 이미 세상을 떠난 김창흡에 대해 궁금한 점을 몽와에게 묻기도 하면서 서로 대화를 이어갔다. 그런 가운데 그는 몽와가 세상을 떠날 때까지 조카, 사위 등과 주고받은 대화를 기록하였고, 몽와 사후에는 연좌죄인이 되어 안변에 유배되었다.

11 한문본인 〈성산유사〉에서도 주어가 생략된 1인칭 서술로 시작되다가 3인칭 서술로 바뀐다.

〈임인유교2〉는 말미에 '임인 납월 블쵸남 원힝 읍혈 근녹'이라고 명기되어 있어 1722년(경종2) 12월에 죽취의 아들인 미호(渼湖) 김원행이 기록한 것임을 분명하게 확인할 수 있다. 김원행은 죽취의 셋째 아들로 당숙인 김숭겸(金崇謙)에게 출계하였는데 생부의 사사 당시 줄곧 그 옆에서 앞으로 처리하고 진행해야 할 일들을 묻기도 하고, 당부의 말을 듣기도 하면서 오고간 대화를 일일이 기록하였다. 〈임인유교2〉는 한문본이 전하지 않고, 김원행이 쓴 죽취의 행장 속에 그 내용의 극히 일부가 제시되어 있다.[12]

3. 역사적 배경

1) 문곡과 기사환국

문곡, 몽와, 죽취 삼대가 사사된 것은 기사환국(己巳換局)과 신임사화(辛壬士禍)라는, 서인과 남인, 노론과 소론 사이의 정치적 갈등 때문이다. 이제 그들이 사사된 배경을 이해하기 위해 이들 삼대의 행적을 당시 정치 상황과 관련하여 간략하게 살핀다.[13]

문곡은 자가 구지(久之)이고 본관은 안동이다. 좌의정 청음 김상헌의 손자이며, 동지중추부사 김광찬(金光燦)의 아들로 1629년에 서울 대사동(大寺洞, 현 인사동) 외가에서 태어났다. 어머니 연안 김씨(延安金氏)는 연흥부원군 김제남(金悌男)의 손녀이다.

12 〈선백부부군행장(先伯父府君行狀)〉, 『미호집(渼湖集)』 권19.

13 이하의 역사적 배경은 문곡, 몽와, 죽취, 그리고 죽취의 아들인 취백헌(翠栢軒) 김성행(金省行)에 대한 『실록』 기사를 중심으로 하여 정리하였고, 필요한 경우 이희환의 『조선후기당쟁연구』(국학자료원, 1995)와 이은순의 『조선후기당쟁사연구』(일조각, 1996)를 부분적으로 참고하였다. 따라서 일일이 주를 달지 않고 필요하다고 생각되는 부분에는 『실록』에 제시된 연월일을 본문에 밝혔다.

문곡은 5세에 어머니를 여의고 외조모 초계 정씨(草溪鄭氏)에게 양육되다가 12세에 안동으로 내려가 조부인 청음에게 수학하였다. 이후 청음이 청에 억류되자 서울로 올라와 반시(泮試), 진사시, 알성문과에 모두 장원하고, 성균관 전적을 시작으로 관직에 나아갔다. 그리고 다시 문신정시와 중시에 합격하였으며 대제학 채유후(蔡有後)의 선발로 호당(湖堂)에서 남용익(南龍翼), 이단상(李端相) 등과 함께 사가독서(賜暇讀書)를 하기도 하였다. 이때의 문곡에 대해 송준길(宋浚吉)은 근래 꼿꼿하기로는 문곡보다 나은 사람이 없으니 나이가 젊고 과격한 것은 고려할 바가 아니라고 효종에게 상주하기도 하였다. 문곡은 28세에 통정대부, 31세에 가선대부, 34세에 자헌대부, 43세에 숭록대부에 올랐으며 44세에 우의정이 되는 등 그의 관직 생활은 비교적 순탄하고 빨랐다.

그는 관직에 있으면서 송시열(宋時烈)과 함께 서인의 정치적 입장을 주도해 나갔다. 1659년 효종이 승하하고 벌어진 자의대비(慈懿大妃) 복제를 둘러싼 논쟁은 서인과 남인의 대립을 심화시키는 결정적인 계기가 되었다. 당시 기년복을 주장한 송시열과 송준길을 통렬히 논박하는 윤선도(尹善道)의 상소가 올라오자 도승지였던 문곡은 윤선도의 처벌을 주장하고 송준길의 낙향을 만류할 것을 주청하였으며, 수년 후 다시 복제와 관련하여 영남 유생들의 상소가 있자 이를 통렬히 배척할 것을 주장하였다.

1674년(현종15)에 효종비 인선왕후(仁宣王后)가 승하하자 자의대비의 복제 문제가 재론되었는데 현종은 서인들이 주장한 대공복을 물리치고 남인들의 기년복을 채택하면서 서인들을 처벌하였다.[14] 판중추부사로 있던 문곡은 자기도 대공복을 주장하였는데 자신만 죄를 면할 수 없다고 상소하였으나 오히려 좌의정에 임명되어 현종의 고명(顧命)을 받았다. 그런데 뒤이어 등극한 숙종은 복제 문제에서 남인의 입장을 두둔하고 서인을 배척하여 송시열을

14 이때 문곡의 중형인 영의정 김수홍(金壽興)은 춘천에 중도부처되었다.

덕원으로 유배하면서도 문곡에게는 좌우상을 번갈아 제수하였는데 그때마다 그는 사직소를 올리며 출사하지 않았다.

그런 가운데 1675년(숙종1) 7월 차자를 올려 송시열이 나라의 명령을 쥐고 위복(威福)을 지었다는 남인측의 주장을 반박하고, 대비의 동정을 조관(照管)하라고 주장하는 남인의 처벌을 주장하였으며, 궁녀와 통정한 복창군(福昌君) 이정(李楨)과 복평군(福平君) 이연(李㮒)을 찬배 반년 만에 석방한 것은 잘못이라고 논하였다. 이 무렵 복창군 형제가 궁녀와 통정했다는 이른바 '홍수(紅袖)의 변(變)'이 청풍부원군 김우명(金佑明)에 의해 제기되었는데 당사자들이 부인하여 곧 석방되자 대비인 명성왕후(明聖王后)가 직접 대신들 앞에서 복창군 형제의 죄상을 밝혀 그들을 처벌하게 한 일이 있었다. 복창군 형제와 가까웠던 남인들은 이를 두고 대비의 동정을 조관하라고 하기도 하고, 허물을 두 번 짓지 않도록 하라고 한 바 있었다. 문곡은 이 차자로 인해 영암에 유배되었다가 1678년(숙종4)에 철원으로 이배되고, 1680년(숙종6) 경신환국 때 영의정이 되어 서울로 돌아왔다.

서인이 집권하자 허견(許堅)의 역모 사건을 비롯한 일련의 옥사들이 일어났고 문곡은 영의정으로 이에 관여하지 않을 수 없었는데 이 경신년 옥사의 처리가 후일 그가 사사되는 죄목의 하나가 된다. 경신년 옥사에 이어 그는 또 하나의 죄목이 되는 오시수(吳始壽)의 일을 처리하게 된다. 숙종 1년 남인인 오시수가 원접사로 청의 사신을 맞으러 갔다가 '청제(淸帝)가, 현종이 여러 해 병을 앓으면서 강한 신하에게 견제를 받다가 갑자기 승하한 것을 측연(惻然)해 하여 두 번 치제(致祭)토록 하였다'는 말을 중국 측 통관(通官) 장효례(張孝禮)에게서 들었다고 함으로써 조정의 논란이 비등한 적이 있었다. 경신환국 후 숙종과 서인들에 의해 그것이 오시수가 꾸며낸 말이라는 것이 드러나 오시수가 사사되었는데 이 과정에서 문곡은 장효례를 직접 만나 오시수 말의 진위를 확인하고 오시수의 처형을 주장하였던 것이다.

이어 1682년(숙종8) 남인들이 역모를 했다는 김환(金煥)과 김중하(金重

夏)의 고변이 있었는데 어영대장 김익훈(金益勳)이 이들의 고변을 미리 알고 있었다는 사실이 밝혀지면서 젊은 대간들이 김익훈의 추고(推考)를 주장하였다. 이때 문곡은 김익훈을 옹호하는 입장을 취하였는데 서울로 올라온 송시열이 문곡에 동조함으로써 대간들과의 사이가 점차 벌어지게 되었다. 이 일이 송시열과 윤증(尹拯)의 사제간 불화와 연결되어 서인이 노론과 소론으로 나뉘게 되는데 이때 노론의 입장에 선 문곡은 윤증을 비판하고 송시열을 지지함으로써 소론인 최석정(崔錫鼎)의 논척을 받기도 하였다.

1686년(숙종12) 숙종이 후궁을 간택하면서 문곡의 백형인 김수증(金壽增)의 손녀를 숙의로 내정하였다. 이에 문곡은 종손녀(從孫女)가 어릴 때 배를 많이 앓아 생산에 문제가 있을 수 있다며 반대하였으나 숙종이 이를 받아들이지 않았다. 이렇게 종손녀가 후궁이 됨으로써 후일 문곡은 궁중과 내통하였다는 죄목을 하나 더하게 된다.

1687년(숙종13) 우의정 자리가 비었을 때 영의정 문곡과 좌의정 이단하(李端夏)가 복상(卜相) 단자를 수차 올렸지만 숙종이 계속 다시 의망(擬望)하라고 하였다. 이에 문곡과 이단하가 입대(入對)하여 숙종의 의중을 확인한 다음 새로 의망하여 조사석(趙嗣錫)이 우의정에 임명된 일이 있었다. 이에 대한 논란이 지속되자 문곡은 사직하고 수차에 걸친 부름에도 응하지 않았다.

그러던 중 1689년(숙종15) 숙종은 반대를 무릅쓰고 후궁 장씨가 낳은 아들을 서둘러 원자로 책봉하였는데 원자책봉이 너무 이르다는 송시열의 상소가 올라오자 이를 계기로 서인을 물리치고 남인을 등용하는 기사환국을 단행하였다. 이때 영돈령부사였던 문곡은, 수년 전 윤증을 비판한 유생 이진안(李震顔)을 구원함으로써 시비의 논의를 어그러지고 격렬하게 한 바 있다는 구실로 일차 파직된 다음, 남인들의 계속되는 주청에 의해 진도로 유배되었다가 4월 9일 사사되었다. 이후 1694년(숙종20)에 복관되고 문충(文忠)이란 시호가 내렸다.

2) 몽와, 죽취와 신임사화

몽와는 문곡의 여섯 아들 가운데 장남으로 1648년에 태어났다. 자는 여성(汝成)이다. 몽와의 아들인 죽취는 자가 필형(必亨)으로 1680년에 태어나 숙부인 김창흡에게 수학하였다. 부자 모두 문과에 급제하여 벼슬길에 나아갔는데 이들 역시 당시의 정치적 갈등과 먼 거리에 있을 수 없었고, 결국 그 때문에 죽음을 맞게 되었다.

몽와는 1686년(숙종12) 궁인 장씨를 물리치라는 이징명(李徵明)의 상소가 올라와 숙종이 대노하였을 때 입대를 청하기도 하고, 이징명이 삭직되었을 때에는 임금의 처사가 지나침을 상소하기도 하였다. 이후 그는 주로 홍문관과 사간원의 직책을 맡다가 아버지 문곡이 사사된 후에는 벼슬길에서 물러나 있었다. 1694년(숙종20) 남인이 물러나고 서인이 등용된 갑술환국 이후 다시 관직에 나아갔는데 이조판서에 임명되자 현요직(顯要職)에 있지 말라고 한 아버지의 유훈을 들어 사직하였다. 이에 숙종은 사당에 고하고 나오라 하였고, 1706년(숙종32) 우의정이 되었을 때에도 아버지의 훈계를 들어 사양하였으나 숙종이 허락하지 않았다.

몽와는 당시 노론을 주도하는 입장에서 송시열을 두둔하고 윤증을 극력 배척하다가 소론과의 시비 끝에 1716년(숙종42)에는 일시 파직되기도 하였지만 다음해에 영의정이 되었다. 그는 소론의 의구 속에 결정된 세자의 청정(聽政)에 찬성하고, 경종이 즉위한 다음에는 소론과의 갈등 속에서 김시환(金始煥)의 논척을 받기도 하였다.

이후 1721년(경종1, 신축) 8월 20일 정언 이정소(李廷熽)가 저사(儲嗣) 세울 것을 청하는 상소를 올리자 몽와는 좌의정 이건명(李健命), 판중추부사 조태채(趙泰采), 호조판서 민진원(閔鎭遠) 등과 건저(建儲)를 건의하여 경종의 윤허와 연잉군(延礽君, 영조)을 저사로 세운다는 대비 인원왕후(仁元王后)의 수필(手筆)을 받았다. 이에 소론인 사직 유봉휘(柳鳳輝)가, 이정소와 화응하여 독촉하듯 했다며 대신들의 죄를 바로잡을 것을 상소하였다.

10월 10일에는 집의 조성복(趙聖復)이 상소하여 세제의 참청(參聽)을 청하자 경종은 청정하게 하라는 비망기를 내렸다가 좌참찬 최석항(崔錫恒)이 입대하여 청하자 명을 환수하였다. 그러나 13일 경종이 다시 대리청정의 명을 내리자 몽와를 비롯한 대신들이 정청(庭請)하여 환수를 청하였으나 경종은 이를 받아들이지 않았다. 16일 경종이 자신이 '병이 있어 정무를 보지 못하니 그렇다면 신하들이 보는 것이 옳겠는가, 아니면 세제가 보는 것이 옳겠는가'라며 계속 대리청정의 명을 거두지 않자 몽와, 이건명, 이이명(李頤命), 조태채 등 이른바 노론사대신들은 소론인 최석항, 이광좌(李光佐)의 반대 속에서 정청 중지를 의논하고, 다음날인 17일 정유년(1770)에 경종이 세자로서 대리청정할 때의 절목에 따라 세제의 청정을 실시할 것을 청하는 연명의 차자를 올리고 정청을 중지하였다. 이에 최석항을 비롯한 소론들이 강력하게 반발하였는데 그날 밤 소론인 우의정 조태구(趙泰耉)가 입시하자 몽와를 비롯한 대신들이 뒤따라 들어가 다시 대리청정의 명을 환수해 줄 것을 요청하고, 경종이 이를 받아들였다.

12월 조성복과 노론사대신의 처벌을 청하는 김일경(金一鏡), 이진유(李眞儒) 등의 상소가 올라오자 승지들이 경종에게 엄히 통척(痛斥)할 것을 주장하였다. 그러자 경종은 자기의 천심(淺深)을 엿본다고 꾸짖으며 승지들을 파직하고, 삼사의 관원들을 삭출하였다. 이 과정에서 몽와는 거제에 안치되었으며, 죽취는 흉괴의 아들로 흉모를 비밀히 도왔다 하여 울산으로 유배되었다.

그런데 다음해인 1722년(경종2, 임인) 3월에 목호룡(睦虎龍)이 노론가의 자제들이 경종을 제거하기 위해 삼급수, 곧 자객을 보내 암살하는 대급수, 궁녀로 하여금 독살하는 소급수, 그리고 숙종의 유조(遺詔)를 위조하여 폐출하는 평지수 등을 도모하였다고 고변하였다. 고변의 내용 가운데에는 죽취의 아들인 김성행(金省行)의 이름과 함께, 목호룡이 누설할까 두려워 죽취 등이 사람을 사주하여 목호룡을 죽이려 했다는 말이 들어있었다.

이에 4월 10일 김성행이 국청에 갇히게 된다. 17일 경종은 소론측의 요청에 따라 죽취의 국문과 몽와의 정형(正刑)을 허락하였으나 다음날인 18일 몽와에 대한 정형의 명을 환수하고 나국(拿鞫)하여 정상을 알아보라 하였다가 21일에는 사사하라고 하였다. 이에 22일 박필몽(朴弼夢)과 이사상(李師尙) 등이 몽와를 사사하는 것은 실형(失刑)이라며 반대했지만 경종은 이를 받아들이지 않으면서 사사 장소는 압송 중인 몽와가 도착하는 곳에 따라 거행하라고 하였다. 하지만 곧 이어 김일경이 다시 정형을 청하자 이를 허락하면서 만나는 곳에서 거행하라 하고, 다음날인 23일에는 다시 정형의 명을 환수하고 사사하라고 하였다가 이틀 후에는 감사(減死)하여 살려두라고 하였다. 이에 이사상, 윤회(尹會) 등이 반대하고, 26일 조태구, 최석항 등이 청하자 감사의 명을 환수하였다.

이처럼 몽와에 대한 처벌은 정형, 사사, 감사 사이에서 수시로 변하였다. 이에 따라 〈임인유교1〉에 드러나 있듯이 몽와는 유배지인 거제에서 서울로 압송되던 중 4월 27일 성주에 도착하여 사사하라는 후명(後命)이 내렸다는 사실을 알고 28일 저녁 수명(受命)하려 하다가 감사 소식을 듣고 중지하였다. 하지만 감사의 명이 환수됨에 따라 29일 아침 결국 사사되고 말았다.

그리고 울산에 유배되었던 죽취는 몽와가 후명 소식을 들은 4월 27일 서울 국청에 끌려왔다. 아들 김성행이 아홉 차례의 형신을 받은 끝에 옥사하는 것을 목격하고,[15] 6월에 다시 부령으로 유배되었다가 8월에 사사되었다. 이후 몽와, 죽취, 그리고 김성행의 관작이 회복·추증되고, 이들에게 충헌(忠獻), 충민(忠愍), 충정(忠正)의 시호가 각각 내렸다.

15 김성행은 자기가 형장을 이기지 못해 고개가 조금이라도 흔들리면 역모를 인정하는 것으로 오해할까 우려하여 형신을 받으러 갈 때 하리(下吏)에게 부탁하여 머리카락을 뒤에 단단히 묶어 달라 하였다 한다(『안동김씨세보』 권7, 안동김씨대동보편찬위원회, 2015, 10~11면).

4. 문학적 성격

1) 서술적 측면

『유교』에 수록된 세 편의 글은 거의 대부분이 인물들 사이의 대화로 이루어져 있다. 직접화법의 대화를 적극적으로 수용하는 것은 필연적으로 서술을 객관화하고 장면을 극대화하는데 이러한 서술의 객관화와 장면의 확대는 이 자료가 문학적 성격을 지니는 데 나름의 기여를 하고 있다고 할 수 있다.

세 편의 글은 모두 서두에서 후명이 내렸다는 사실을 알게 되는 과정을 기술한 다음, 당사자와 자질들과의 대화를 그대로 제시하는 공통적인 서술방식을 취하고 있다. 〈기사유사〉의 경우에는 문곡이 몽와, 창협(昌協), 창흡, 창업, 창즙(昌緝) 등의 아들들과 조카 창직(昌直),[16] 그리고 안시태(安始泰)라는 인물과 나눈 대화로 채워져 있다. 이미 세상을 떠난 막내아들 창립을 제외한 다섯 아들들이 모두 모였고, 지난 일의 술회와 앞일에 대한 당부가 그들과의 대화를 통해 제시되고 있다. 〈임인유교1〉은 몽와가 김창흡의 아들인 양겸(養謙)·치겸(致謙)·후겸(厚謙), 김창업의 아들인 언겸(彦謙)·신겸, 김창즙의 아들인 용겸(用謙) 등의 조카, 사위 민창수(閔昌洙),[17] 민진원과 그 손자들인 민백상(閔百祥)·민백흥(閔百興), 창발(昌發)·창실(昌實),[18] 그리고 이명룡(李命龍)[19] 등과 나눈 대화가 작품 전편을 거의 채우고 있는데 몽와가 성주에 도착했을 때부터 곁에 있었던 김신겸과의 대화가 가장 많은 분량을 차지하고 있다. 〈임인유교2〉 역시 죽취가 부인 은진 송씨(恩津宋氏), 아들 원행·달행

16 문곡의 백형인 김수증의 셋째 아들.

17 민진원의 아들.

18 문곡의 서제(庶弟)인 김수징(金壽徵)의 아들들.

19 김신겸의 〈백육애음(百六哀吟)〉을 통해 이명룡이 참판 이행진(李行進)의 서종손(庶從孫)이며, 몽와 사후에 몽와를 따랐다는 혐의로 흑산도에 유배되었던 인물임을 알 수 있다.

(逹行), 그리고 언남이를 비롯한 종들과 나눈 대화로 구성되어 있다.

이처럼 이 글들이 거의 대화체로 서술되어 있는 것은, 작자 자신이 설명이나 논평을 통한 개입을 적극 배제하고 대상 인물의 모습을 있는 그대로 제시하려 했다는 것을 말해준다. 앞에서 살펴보았듯이 〈임인유교1〉의 경우 시점을 1인칭에서 금방 3인칭으로 바꿔 서술하고 있는 데에서도 객관적 서술을 지향하는 작자의 태도를 확인할 수 있다.

객관적 서술을 지향한 이유에 대해서는 우선 서술의 대상이 '집안 어른의 사사 과정'이라는 점을 생각해 볼 수 있다. 아버지나 백부에 대해 기록하는 것 자체가 상당히 조심스러울 수밖에 없는데 그들이 민감한 정치적 문제에 결부되어 사사되는 특수한 상황은, 작자로 하여금 그것에 개입하기보다는 철저히 객관적인 입장에 서도록 만들었던 것으로 보인다. 그리고 보다 중요한 이유는 직접 보고 들은 그대로를 빠짐없이 기록하는 것이 사사 당시의 상황, 사사 당사자의 인품이나 인간적 면모 등을 가장 잘 전달할 수 있는 방법이라는 것을 작자가 인식했기 때문일 것이다. 실제 이러한 서술의 객관화를 통해 독자는 사사 당사자의 체취와 당시의 분위기를 실감할 수 있다.

> ᄯᅩ 한숨ᄒᆞ시며 니ᄅᆞ시ᄃᆡ 사ᄅᆞᆷ이 죽으면 과연 신령이 아는 일이 잇ᄂᆞᆫ가 언겸이 ᄀᆞᄅᆞᄃᆡ 이런 일이 진실노 알기 어렵ᄉᆸ거니와 반ᄃᆞ시 신령이 업ᄉᆞᆯ 니 업ᄉᆞ니 령이 이시면 엇디 아ᄅᆞᆷ이 업ᄉᆞ리잇고 티겸이 ᄀᆞᄅᆞᄃᆡ 응당 령이 이시나 산 사ᄅᆞᆷ으로 더브러 다ᄅᆞ기ᄂᆞᆫ 감동ᄒᆞ리 이시면 응ᄒᆞ고 샹신은 고요ᄒᆞ야 절노 운용ᄒᆞ디 아니리이다 신겸이 ᄀᆞᄅᆞᄃᆡ 이 말이 올ᄉᆞ오니이다 만일 사ᄅᆞᆷ이 졔ᄉᆞᄒᆞ면 령이 엇디 흠향티 아니며 산 이 고ᄒᆞ면 령이 엇디 모ᄅᆞ며 ᄒᆞ믈며 일ᄀᆡ ᄌᆞ손은 더 다ᄅᆞᆯ ᄃᆞᆺᄒᆞ니이다 부군이 ᄃᆡ답ᄒᆞ시ᄃᆡ 그러ᄒᆞᆯ 듯ᄒᆞ다(〈임인유교1〉)

> 원힝ᄃᆞ려 하시ᄃᆡ 셕증이 잘 ᄀᆞᄅᆞ티라 ᄯᅩ ᄒᆞ시ᄃᆡ 오셕과 셕증이ᄅᆞᆯ 글을 ᄀᆞᄅᆞ티ᄃᆡ 비록 과공을 던혀 아냐도 졔슐을 탁실히 ᄒᆞ게 ᄒᆞ라 ᄯᅩ ᄒᆞ시ᄃᆡ 셕증이

정신이 만흐니 응당 되리라 또 ᄀᆞᄅᆞ시ᄃᆡ 블샹타 내 한강셔 셕증이가 와 보아 지라 ᄒᆞᄂᆞᆫ 거슬 못ᄒᆞ얏더니 제 어이 내 얼굴을 긔록ᄒᆞ리 셕증이가 블샹타 원힝ᄃᆞ려 ᄒᆞ시ᄃᆡ 네 고쳬ᄒᆞᆫ 일이 만흐니 ᄒᆞ시기를 두세 번 ᄒᆞ시다 또 ᄒᆞ시ᄃᆡ 희셕이가 블샹타 심히 허수ᄒᆞᆫ 거시 애뻐 엇디 오ᄂᆞᆫ고 희셕이 블샹타 말솜 년ᄒᆞ야 ᄒᆞ시다 또 ᄀᆞᄅᆞ시ᄃᆡ 원셕이ᄂᆞᆫ 병약ᄒᆞ고 틱셕이ᄂᆞᆫ 사ᄅᆞᆷ이 되디 못ᄒᆞ야시니 달힝ᄃᆞ려 ᄒᆞ시ᄃᆡ 너ᄂᆞᆫ ᄆᆡ양 ᄉᆞ러 안기를 못ᄒᆞ니 이제란 구용ᄉᆞ믈이나 뻐두고 몸 가지기를 닉이라(〈임인유교2〉)

앞의 인용문은 몽와가 신령에 대해 묻고, 조카들이 그에 대한 각자의 의견을 제시하고 있는 부분이다. 그러나 몽와의 물음은 신령이나 영혼의 성격에 대한 토론 제기와는 거리가 멀다. 그는 자기가 죽으면 어떻게 될 것인가, 죽은 다음에도 살아있을 때처럼 세상에서 일어나고 있는 일들을 알 수 있을까 하는 데에 생각이 미치자 한숨을 내쉬며 영혼이 과연 감지의 능력을 지니고 있는지 불쑥 한 마디 했던 것이다. 바로 여기에서 죽음을 눈앞에 둔 어쩔 수 없는 한 인간으로서의 흔들림을 볼 수 있다. 이 순간 그의 마음을 휩싸고 있는 것은 죽음이란 것에 대한 낯설음과 거기에서 느끼는 인간적인 고뇌였지 영혼의 본질에 대한 의문이 아니었을 것이다. 따라서 그의 불쑥 튀어나온 물음과 조카들의 진지한 학술적 답변의 대조는 오히려 몽와의 고뇌와 고독을 부각시키는 구실을 하고 있다고 할 수 있다.

뒤의 인용문은 죽취가 아들 원행에게 어린 자손들을 당부하면서 그들을 걱정하는 장면인데 'ᄒᆞ시ᄃᆡ', 'ᄀᆞᄅᆞ사ᄃᆡ'로 이어지는 독백 같은 일방적인 발화가 주를 이루고 있다. 어린 아들 오석[20]과 손자 석증[21]을 잘 가르치라고 원행

20 오석은 다섯째 아들 탄행(坦行)을 가리킨다. 인용문에 언급된 희석은 둘째 아들 준행(峻行), 원석은 원행, 태석은 넷째 아들 달행을 가리킨다.

21 석증(碩曾)은 김성행의 아들인 김이장(金履長)을 가리키는데 당시 다섯 살이었다. 몽와가 김신겸의 요청에 의해 이름을 '이장(履長)', 자를 '장경(長卿)'이라고 지어준 사실이

에게 당부하다가 아버지가 죽고 할아버지의 얼굴도 기억하지 못할 다섯 살짜리 손자가 불쌍하다는 생각이 복받쳐 오른다. 참고 아들을 경계하지만 자손들에 대한 걱정을 떨쳐버릴 수가 없었다. 다시 참고 이번에는 또 다른 아들을 경계한다. 여기에서 볼 수 있는 죽취의 모습은 신분이나 지위에 상관없이 자식과 손자를 지극히 걱정하는 평범한 아버지, 할아버지의 모습, 바로 그것일 뿐이다.

이처럼 죽음 앞에 나약해질 수밖에 없는 한 인간이 느끼는 고뇌, 자손을 불쌍히 여기고 걱정하는 평범한 아버지, 할아버지의 번민을 발견할 수 있는 것은 서술자의 개입을 최소화하여 서술자가 인물과 일정한 거리를 유지하면서 오고간 대화를 그대로 제시함으로써 가능했다고 할 수 있다. 그것은 서술자의 개입에 의한 설명이나 논평은 오히려 인물 내면의 진실한 모습을 있는 그대로 전달하기 어려울 뿐 아니라, 특히 그것이 후손들에 의해 이루어질 경우에는 대상 인물을 분식하는 등 인간적 면모를 왜곡할 가능성이 크기 때문이다.

그리고 이러한 대화체의 활용은 당연히 장면을 확대하는 효과를 가져오고, 장면의 확대는 독자로 하여금 호흡을 늦추고 작품 속 세계에 몰입하도록 한다. 독자는 작품을 읽으면서 작품에 제시된 정보만을 얻는 것이 아니라 작품 세계로의 환상적 몰입을 통해 작품을 이해하고 감동을 느낀다고 할 수 있다. 그런데 줄곧 사사 당사자에게 시각을 고정하고 당사자와 주변 인물과의 대화를 인용하고 있기 때문에 그 장면은 정지된 것처럼 느껴지기 쉽다. 사실 그러한 점이 전혀 없는 것은 아니다. 그러나 서술자는 장면과 장면의 연결 부분에서는 물론 각 장면 내부에서도 시간의 경과와 인물의 움직임을 직접 설명하거나 그것을 짐작할 수 있게 하는 표현들을 적절히 활용함으로써 이를 극복하고 있는 것을 볼 수 있다. 예를 들어 〈임인유교1〉의 경우 대화를 인도하는, 아래의 밑줄 친 단어만을 보더라도 이를 짐작할 수 있다.

〈임인유교1〉에 제시되어 있다.

· 도라 신겸ᄃᆞ려 니ᄅᆞ시ᄃᆡ
· 신겸이 원뎡초를 뵈와 ᄀᆞᄅᆞᄃᆡ …… 부군이 보시며 ᄀᆞᄅᆞ시ᄃᆡ
· 부군이 그덕여 니ᄅᆞ시ᄃᆡ
· 가ᄅᆞ텨 니ᄅᆞ시ᄃᆡ
· ᄯᅩ 한숨ᄒᆞ시며 니ᄅᆞ시ᄃᆡ

모든 대화의 인용 앞에 이런 식의 표현이 있는 것은 아니지만 이처럼 말을 시작하는 인물의 조그만 움직임까지도 놓치지 않으려 함으로써 이 작품의 장면들은 밋밋하게 대화만이 교차되는 정지된 것이 아니라 인물들이 살아 움직이는 듯한 느낌을 준다고 할 수 있다.

2) 내용적 측면

문학적 내용이라는 것이 따로 정해져 있는 것은 아닐 것이다. 『유교』는 있는 사실을 그대로 기록했지만 예정된 죽음을 눈앞에 두고 있는 상황적 특수성은 대상 인물로 하여금 스스로의 인간적 면모를 극적이고 적나라하게 드러내도록 할 뿐 아니라 그러한 면모가 숭고나 비장으로 덧칠함이 없이 인물 자신의 목소리를 통해 살아 숨 쉬듯 생생하게 제시됨으로써 그것이 주는 감동은 문학적이라 하지 않을 수 없다.

세 편의 글에서 공통적으로 확인할 수 있는 내용은, 앞의 논의 과정에서 어느 정도 드러났듯이 죽음에 대한 감회와 술회, 사후의 일에 대한 처리와 당부, 죽음에 대한 인간적인 고뇌 등으로 나눠볼 수 있다. 먼저 죽음에 대한 감회와 술회부터 살펴보자.

내 인ᄉᆡ 극ᄒᆞ엿ᄂᆞᆫ디라 오ᄂᆞᆯ 일은 죡히 고이티 아니ᄒᆞᄃᆡ 다만 어려실 적브터 ᄒᆞᆨ문의 ᄯᅳᆺ을 두어시ᄃᆡ 디긔 강티 못ᄒᆞ야 인슌ᄒᆞ야 ᄇᆞ려시나 그러나 ᄒᆞᆫ 념녀ᄂᆞᆫ 경〃ᄒᆞ야 일ᄌᆞᆨ의 잇디 아닐 적이 업ᄉᆞ롸 스ᄉᆞ로 혜아리니 ᄌᆞ질이 디경의ᄂᆞᆫ 혹 가히 힘ᄡᅳᆯ 거시로ᄃᆡ 견ᄒᆡᄒᆞ기ᄂᆞᆫ 소댱이 아니라 늣거야 더 힘ᄡᅧ 져기 낫기ᄅᆞᆯ ᄇᆞ랄가 ᄒᆞ엿더니 이제ᄂᆞᆫ 밋디 못ᄒᆞ게 ᄒᆞ여시니 이 거시 ᄒᆞᆫ이로다(〈기사유사〉)

쾌ᄒᆞ고 쾌ᄒᆞ다 네 셜워 말나 긔ᄉᆞ년 진도 적의 듕귀-나평강- 션인ᄭᅴ 고ᄒᆞ여 ᄀᆞᄅᆞᄃᆡ 드ᄅᆞ니 오시슈 광남 옥ᄉᆞ일노 쟝ᄎᆞᆺ 나문ᄒᆞᆯ 의논이 잇다 ᄒᆞ니 원뎡초ᄅᆞᆯ 아모커나 슈렴ᄒᆞ웁소 ᄒᆞ시니 션인이 손을 저어 니ᄅᆞ시ᄃᆡ 출히 예셔 죽을디언뎡 어이 ᄎᆞ마 국쳥의 나아가리오 ᄒᆞ시더니 내 이제 피톄ᄒᆞ야 예ᄉᆡᆺ디 니ᄅᆞ러시니 누욕이 블셔 극ᄒᆞ거니와 그러나 ᄯᅩ 어이 이 형상으로 한강을 건너가 류ᄒᆞ고 옥의 나아가리오 예셔 슈명ᄒᆞ미 도로혀 쾌ᄉᆞ로다 다만 긔ᄉᆞ년은 우리 형뎨 다ᄉᆞ시 다 무고히 슬하의 뫼셔 죵효ᄅᆞᆯ ᄒᆞ엿더니 나ᄂᆞᆫ ᄒᆞᆫ 제겸이 이시ᄃᆡ ᄇᆞ야흐로 셩손으로 더브러 노폐에 드러 부ᄌᆡ ᄉᆞᄉᆡᆼ을 서로 아지 못ᄒᆞ고 ᄯᅩ 동궁의 안위ᄅᆞᆯ 아디 못ᄒᆞ고 ᄇᆞᆰ은 명을 니어 죽디 못ᄒᆞ니 이 진실노 ᄒᆞᆫ결ᄒᆞ미로다(〈임인유교1〉)

ᄉᆡ훤타 셩쥐셔도 이리ᄒᆞ시더라 ᄒᆞ더니 과연 올타 ᄉᆞᄉᆡᆼ을 판단티 못ᄒᆞ야셔ᄂᆞᆫ 념녀로 날을 디내더니 이제 죽기야 무어시 무셥고 무어시 셜우리 내 무슐년의 병의 죽어시면 산 사ᄅᆞᆷ 셜워ᄒᆞ기 오ᄂᆞᆯ의셔 덜ᄒᆞ랴 이러나 져러나 죽기ᄂᆞᆫ ᄒᆞᆫ가지니 셜워ᄒᆞ야 브졀업ᄂᆞ니라 ᄯᅩ 유하의 죽나니도 잇고 열 다ᄉᆞᆺ 스믈의 죽ᄂᆞ니도 잇고 벼ᄉᆞᆯ 업고 혈쇽 업시 죽ᄂᆞ니도 이시나 나ᄂᆞᆫ 벼ᄉᆞᆯ이 ᄌᆡᆨ샹이오 나히 ᄉᆞ십이오 ᄌᆞ손이 만흐니 군산 ᄀᆞᄐᆞᆫ 죽ᄂᆞ니보다가야 소득이 아니 만흐냐(〈임인유교2〉)

문곡과 몽와는 후명 소식을 듣자마자 죽음에 대한 감회를 위와 같이 토로하였다. 죽취는 묵묵히 고결서(告訣書) 쓰고, 목욕하고, 자손들에게 나누어 줄 글씨를 쓰고 난 다음 위처럼 심회를 토로하였다. 문곡은 머뭇거리다가 버려두기는 했지만 학문에 대한 뜻을 잊은 적이 없었는데 이제 그것을 이루지 못하게 된 것이 한이라고 하였다. 유배지인 거제에서 국청으로 압송되던 몽와는 더 이상 욕을 당하지 않고 성주에서 죽게 된 것이 쾌한 일이라고 하였다. 그러면서 그는 아들 죽취의 생사와 동궁의 안위를 걱정하였다. 죽취 역시 언제, 어떻게 될지 모르는 고통에서 벗어나게 되어 시원하다며 오히려 가족들을 위로하였다. 이처럼 자신들이 죽는다는 것을 알게 된 순간 그들은 두려움이나 실망, 좌절에 빠져들기보다는 의연하고 당당한 자세를 잃지 않으려 하였다. 이어 그들은 지난 일들을 술회하면서 자기의 생각을 밝히기도 하는데 여기에서도 이러한 자세가 그대로 견지되고 있음을 볼 수 있다.

문곡은 모자라는 지식과 재주로 오래 있지 말아야 될 곳을 당하여 잘못이 한둘이 아닌 줄 알지만 임금 사랑하는 정성은 신명(神明)에게 질정(質正)할 것이라고 하였다. 그러면서 평생 사람 해할 마음이 없어 명을 받아 옥사를 다스릴 때 혹 명찰(明察)이 미치지 못함은 있더라도 사사로운 정으로 얽어 죽이는 일은 차마 하지 못하였다고 하여 임금을 생각하는 정성에 대한 자부, 그리고 경신년 옥사 등과 관련하여 자기에게 씌워진 죄목에 대한 입장을 밝혔다.

몽와는 임금의 부름에 한번 숙배를 하지 않을 수 없어 출사하였으나 현요한 직책을 피하였고, 이조판서에 제수되었을 때에는 사당에 고하고 나오라는 전교가 있어도 여러 번 상소하고 나아가지 않았다고 하였다. 그리고 정승에 제수되었을 때에는 간절한 상소를 여러 번 올렸지만 임금의 은권(恩眷)이 점점 중해 차라리 정승 벼슬을 받아 부친의 뜻과 일을 잇는 것이 도리라 생각하여 나아가 숙배하고 물러나려 하였으나 뜻을 이루지 못했다면서 돌아보건대 부끄럽고 한스러움이 무궁하다고 하였다. 현요한 관직에 나아가지 말라는 문곡의 유훈을 저버렸다는 비난에 대해 지난 일을 돌이키며 자기의 입장을 밝힌 것이다.

또 죽취는 몽와의 죄명이 허무한 것을 얽어낸 것이고 자기가 그 연좌로 죽으니 부끄러움이 없고, 옥중에서 죽었으면 자기 속마음이 다 드러나지 않아 사람들이 혹 애매하게 여길 수 있지만 이렇게 죽으니 다행이 아니겠느냐고 하여 자신에게 씌워진 죄에 대한 입장을 밝혔다.

이러한 감회와 술회는 사대부라는 그들의 신분과 지위에 입각해 있다고 할 수 있다. 학문에 대한 뜻을 이루지 못하게 된 것이 한스럽다든가, 임금에 대한 사랑만은 누구에게도 양보할 수 없다든가, 더 이상 국청에서 욕을 당하지 않고 죽는 것이 쾌하다든가 하는 것 등등은 사대부인 그들이 나름으로 지켜온 지조와 기개에서 우러나온 것이고, 자기의 정당함을 토로하는 것 역시 그 연장선상에 있다고 할 수 있다.

사후의 일에 대한 당부는 조상, 자신, 그리고 후손에 관한 것으로 나눠 볼 수 있다. 문곡의 경우 조상에 관한 일로는 자기가 추진하던 『청음집』의 추보를 아들들에게 당부하였고, 큰집 조카 창직에게는 자기의 부모, 곧 김광찬(金光燦) 부부의 천장(遷葬) 문제를 백형인 김수증과 조용히 상의하라 하였다. 조상 산소의 천장 문제를 거론한 것은, 자기가 풍수를 좋아하지 않지만 자기에게 닥친 것과 같은 '대단한 재화가 있으면 그 체백을 평안히 하는 도리에 변통함이 없지 못할 것'이기 때문이라 하였다. 자기에 관한 일은 주로 아들들이 먼저 묻고 문곡이 대답하는 방식으로 제시되어 있는데 묘도문자, 문집 산정, 제사, 장례 등에 관한 것이다. 문곡은 자신의 묘문(墓文)을 청할 만한 사람으로 박세채(朴世采), 이여(李畬), 송시열, 그리고 아들들을 거론하였다. 그러면서 박세채는 교분이 두텁지만 자기의 마음을 깊이 알지 못할까 저어한다고 하고, 송시열은 혹 과중하게 일컫는 경우가 있다고 하였다. 문집은 아들들이 산정하고 남용익(南龍翼)이 한번 검토하는 것이 좋을 것이라 하면서 분량을 적게 하고, 제사에 있어서는 제물을 간략히 하라고 하였다.

그런데 장례 문제에 있어 문곡은 자기를 막내아들 창립의 무덤 가까이 묻어 혼백이라도 서로 의지하게 하라고 하여 막내아들에 대한 깊은 사랑을 숨기지 않았다.[22] 생길 수 있는 여러 경우를 예상한 김창업의 계속되는 물음에 대한 문곡의 한결같은 대답은, 자신이 창립과 가까이 묻히지 못하고 먼 곳으로 가게 되면 창립의 묘를 자기의 묘와 가까운 곳으로 이장하여 멀더라도 십수 리를 벗어나지 말게 하라는 것이었다. 후손에 대해서는 아들들에게 '고인이 독서 종자를 끊지 말라고 한 뜻을 생각하여 힘써 잘 가르쳐 충효문헌에 전함을 잃지 말게 하라'고 하여 손자들에 대한 교육을 당부하고 창업과 창즙 두 아들의 건강을 걱정하기도 하였다.

몽와의 경우 조상과 관련해서는 큰집으로 출계하여 종손이 된 조카 치겸에게 자기 고조비(高祖妣)의 신주를 매안(埋安)하라고 하였으며, 자신의 일에 관해서는 치상은 문곡 때에 준해서 하고, 죽취가 불행한 일을 당할 듯하니 삼년 궤전(饋奠)은 받들지 말라고 하였으며, 산소는 파주에 쓰고 장단에 있는 부인의 산소를 파주로 옮겨 합장하라고 하였다. 문집이나 묘문 등에 관한 대화가 별반 없는 것은 손자와 아들이 국청에 잡혀 있는, 앞을 예측하기 어려운 상황이었기 때문이라 생각된다.

죽취는 김원행에게 몽와의 행장은 김신겸과 상의하여 하고, 몽와의 문집 산정은 이재(李縡)와 함께 하라고 하였다. 또 몽와의 갈석(碣石)은 원행에게 글씨를 익혀 쓰라고 하였고, 몽와 부인, 곧 자기 어머니의 갈석은 김신겸이 쓰도록 하라고 하였다. 자기의 묘도문자를 지을 사람으로는 정호(鄭澔), 이희조(李喜朝), 홍계적(洪啓迪), 이재, 윤봉조(尹鳳朝) 등을 거론하였다. 그리고 자기 제사는 제물을 간략하고 정결하게 하라고 하면서 이후 아버지가 대부이고 아들이 선비이면 장사는 대부로서 하고 제사는 선비로서 하라고 하였다. 죽취는 누차 부인에게 죽지 말라고 하면서 아들들에게는 손자인 석증을 잘 가르치고 보살피라고 당부하였다.

---

22 김창립에 대한 문곡의 사랑은 김창립의 양자가 된 김후겸에게 옥동 집을 주라고 하고, 김창립의 지문을 김창협에게 지으라고 당부하는 데에서도 확인할 수 있다. 후일 김창협은 김창립의 묘지명을 지으면서 이 사실을 밝혔다(〈육제묘지명(六弟墓誌銘)〉, 『농암집』 권27).

이와 같이 사후 일에 대한 처리와 당부의 내용을 살펴보았을 때 그것은 대개 사대부가에서 신분과 지위에 맞게 갖춰야 할 것들이라는 것을 알 수 있다. 그런데 그런 가운데에서도 그들은 죽음을 앞둔 한 인간이 느끼는 고뇌를 드러내고 있다. 우선 자손들에 대해서는 그들에 대한 애정을 감추지 않고, 자기 사후에 그들에게 닥칠지 모르는 불행을 걱정하는 모습에는 사대부라는 사회적 존재로서보다는 평범한 한 인간으로서 느끼는 고통이 드러나 있다. 사대부의 입장에서 죽음에 대한 감회와 입장을 토로하기도 하지만 집안과 자손의 일에 대해서는 나약한 한 인간의 모습을 동시에 보여주고 있는 것이다.

예를 들어 육형제 가운데 혼자 남은 몽와는 두 달 전에 세상을 뜬 아우 김창흡의 세 아들을 붙들고 울기도 하고, 자다가 새벽에 벽을 두드리며 아들이 반드시 연좌를 입어 옥중에서 아무 것도 모르고 있다가 불시에 끌려 나갈 것이니 이 일을 어찌 견디겠느냐며 아들을 걱정하기도 한다. 또 후명 전지(傳旨)를 들은 후에는 조카 후겸을 가리키며 '이것들이 연좌를 입어 멀리 유찬하게 되었으니 불상하고 불상하다'고 하고, 신겸이 팔을 붙들자 '너는 부디 살거라'를 반복한다. 또 죽취는 '매양 저를 남보다 낫게 가르치려고 내 너무 하다가 저를 죽인 후 뉘우친 일이 많으니 한번 제문이나 하려 하다가 못하니 불상하다'고 하여 옥사한 아들 성행을 엄하게 가르친 것을 후회하면서 제문을 지어 영혼이라도 위로해 주지 못한 것을 마음 아파하기도 하였다.

자손에 대한 사랑과 걱정이 아니더라도 그들은 수시로 죽음을 앞 둔 한 인간으로서의 흔들림과 고뇌를 숨기지 않는다. 문곡은 어릴 적부터 명(命)을 논하는 사람들이 자신이 수를 누리지 못하리라 하였기 때문에 회갑에 가까도록 사는 것을 스스로 이상하게 생각했었는데 과연 그 말이 맞았다고 하였다. 또 몽와는 일찍이 문 밖에서 명을 기다리다가 어느 성 밑에서 후명을 받고 사배하는 꿈을 꾼 후 마음이 좋지 않아 지금 주상 때에 이런 일이 다시 있겠느냐며 스스로 위로한 적이 있는데 자기가 오늘 머무는 집이 성 밑에 있어 꿈과 방불하다며 '만사가 전정(前定)이 있는가'라며 탄식하였다. 죽취 역시 '평생에 사람 상하게 하고 아무 것이라도 해할 마음이 없었는데 이러하고, 복설(卜說)들도 팔자가 무던하다 하더니 복설이 가소롭다'고 하였다. 담명(談命), 전정, 복설 등은 유자(儒者)들이 신빙하는 것이 아니지만 그럼에도 불구하고 이를 운운하며 탄식하는 모습을 통해 죽음과 맞닥뜨린 상황에서 그들이 느끼는 인간적 고뇌를 발견하는 것은 어렵지 않다.

이와 같이 문곡, 몽와, 죽취는 죽음에 대한 감회를 토로할 때에는 기개 있는 사대부였지만, 죽음 앞에 흔들리기도 하고, 자기보다 앞서 간 자식이나 자기 사후에 불행한 일을 당할지 모르는 자손들을 마음 아파하는 나약한 인간이기도 하였다. 이를 삼대 모두에서 공통적으로 확인할 수 있는 것은 그러한 양면성이 이들에게만 한정된 특수성이나 모순이 아니라 인간의 본질적인 속성이기 때문일 것이다. 이처럼 『유교』에 수록된 세 편의 글은 조상의 언행을 기록하여 자손들에게 교훈을 삼게 하려는 의도에서 기록되었지만 이 글들이 죽음, 그것도 사사라는 특별한 상황을 통해 인간 보편의 문제를 절실하게 그려내고 있는 점을 주목할 필요가 있다. 『유교』가 지닌 문학적 가치와 의의는 이러한 점에서 찾을 수 있을 것이다.

5. 맺음말

이 글은 조선후기 정치적 갈등의 와중에서 유배되었다가 결국 후명을 받아 사사된 김수항, 김창집, 김제겸 삼대의 임명시 언행을 기록한 『유교』를 대상으로 서지와 역사적 배경, 그리고 문학적 특성을 검토하였다. 그 결과 이 자료는 자손들에게 조상의 언행을 통해 교훈을 얻게 하기 위한 목적에서 기록되었지만 대화체를 적극 수용한 서술의 객관화와 장면의 확대를 통해 죽음과 마주한 인간의 진솔한 모습을 담고 있는 가치 있는 문학 작품일 수 있음을 확인하였다.

이 글에서는 이 자료의 문학적 특성을 서술과 내용 두 측면에서 간략히 검토하고 말았는데 앞으로는 좀더 다양한 시각에서 구체적인 논의가 이루어져야 할 것이다. 이러한 작업은 이 자료뿐 아니라 조선후기 유배문학, 나아가 실기문학의 성격과 문학사적 의의를 구명하기 위해서도 반드시 필요하다고 생각한다.

유의양의 유배체험과 그 제시 방식

1. 머리말

전근대사회의 관료문인 상당수는 유배를 체험하였고, 그들 가운데 또 상당수는 자기가 겪은 유배체험을 한시나 가사, 한문이나 국문 산문의 형태로 기록하였다. 현재 전해지는 자료들은 시가든 산문이든 한문 자료가 대부분인데 여기에서는 국문산문 자료 가운데 유의양(柳義養, 1718~?)이 남긴 〈남해문견록(南海聞見錄)〉과 〈북관노정록(北關路程錄)〉을 대상으로 작품에 제시된 유배체험의 양상과 작자의식을 검토하고자 한다.

유의양의 두 작품은 흔치 않은 국문산문 자료일 뿐 아니라 다른 자료들과 달리 유배생활이나 그와 관련된 작자의 내면 토로보다는 유배의 여정이나 유배지에 대한 여러 객관적 사실의 제시에 초점을 맞추고 있다는 점에서 주목할 만하다. 생활 근거지에서 멀리 격리된 채 고독하고, 곤궁한 삶을 살아야 하는 유배생활의 고통보다 유배지와 연관된 사실 정보의 제시에 치중하고 있는 것은 분명 이 두 작품의 독특한 면모가 아닐 수 없다. 따라서 작자가 자신의 유배체험과 관련된 사실들을 어떻게 제시하고 있으며, 그 이유는 무엇인가 하는 문제를 살피는 것은 이 작품들은 물론, 조선후기 유배체험을 다룬 작품들에 대한 이해를 보다 확대하는 데 기여할 수 있을 것으로 생각한다.

이 두 작품은 모두 최강현에 의해 처음 소개되었다. 최강현은 국립중앙도서관에 소장된 〈남해문견록〉의 원문을 현대어역으로 제시하고 작자를 고증하였으며,[23] 이어 〈북관노정록〉의 작자를 밝히고, 서지 사항과 내용 등을 소개한[24] 다음 자세한 주석을 붙인 현대어역을 원문과 함께 공개하였다.[25] 이후 유배문학의 논의에서 이 두 작품의 제목이 빈번히 언급되곤 하였으나 아직 이 작품들만을 대상으로 한 본격적인 작품론은 이루어지지 못하였다.

그런 가운데 조동일은 이 두 작품이 유배지의 생활상을 실감나게 제시하고 그곳의 방언을 풀이하는 등 작자의 새로운 체험을 기록하는 데 비중을 두고 있다고 하여 작품의 전반적 성격에 주목한 바 있다.[26] 또 정우봉은 두 작품의 서술방식에 주목하여 〈남해문견록〉은 화자가 관찰자적 위치에 서서 자신이 겪었던 사건이나 견문을 독자에게 전달하는 데 중점을 두고 있으며,[27] 〈북관노정록〉은 함경도 지역의 풍속을 다룬 풍속기적 성격을 지닌 작품으로 객관적 관찰자의 입장에서 지역민의 생활과 풍속에 거리를 유지하면서 그것을 항목식 서술방식을 통해 제시하고 있다고 하였다.[28]

이처럼 기존 논의에서는 두 작품 모두 유배지의 풍속이나 생활을 객관적

23 최강현, 「남해문견록」·「유적지의 기록문학－〈남해문견록〉 해제 및 평가」, 『문학사상』 7, 문학사상사, 1973. 4. 이후 최강현은 주석을 달아 원문을 소개하였는데 이 글에서는 최강현의 『한국고전수필강독』(고려원, 1990, 220~247면)에 수록된 원문을 대상으로 하였다.

24 최강현, 「〈북관노정록〉 소고」, 『국어국문학』 62·63 합병호, 국어국문학회, 1973. 12. 최강현이 소개한 〈북관노정록〉은 전 4책으로 현재 제1책이 전하지 않는데 제2, 3책은 이능우 소장본이고, 제4책은 고려대 중앙도서관 소장본이라 한다.

25 최강현 역주, 『북관노정록』, 일지사, 1976. 이 글에서는 이 책에 수록된 원문을 대상으로 하면서 현대어역을 부분적으로 참고하였다.

26 조동일, 「유배문학의 특성과 양상」, 『한국문화연구』 9, 이화여대 한국문화연구원, 2005, 19~20면.

27 정우봉, 「이세보의 국문 유배일기 〈신도일록〉 연구」, 『고전문학연구』 41, 한국고전문학회, 2012, 419~421면 참고.

28 정우봉, 「조선후기 풍속지리 문헌에 나타난 관북 지역과 그 인식의 차이」, 『고전과 해석』 19, 고전문학한문학연구학회, 2015, 19~20면 참고. 이외에 한정호가 남해도의 유배문학적 전통과 자산을 확인하는 자리에서 〈남해문견록〉을 간략히 언급하였고(「유배문학의 산실, 남해도(南海島)－김구, 김만중, 류의양을 중심으로－」, 『인문논총』 31, 경남대 인문과학연구소, 2013), 조수미가 〈북관노정록〉에 제시되어 있는 4개의 유배 예조몽을 검토하면서 거기에 담긴 의미를 살핀 바 있다(「〈북관노정록〉의 유배 예조몽(流配 豫兆夢) 연구」, 『석당논총』 57, 동아대 부설 석당전통문화연구원, 2013).

인 입장에서 제시하고 있다는 점이 거듭 언급되었다. 물론 이 작품들이 그러한 특징적 면모를 지니고 있는 것이 사실이지만 작품의 성격을 온전히 확인하기 위해서는 보다 구체적인 논의가 요청된다고 할 수 있다. 유배여정이나 유배지와 관련된 객관적 사실들이 제시되어 있다면 그 양상을 자세히 살피고, 고통스러울 수밖에 없는 유배체험을 굳이 그렇게 서술한 이유를 검토할 필요가 있다는 것이다. 그래야만 이 자료들의 성격과 가치가 제대로 드러날 수 있을 것이기 때문이다. 이제 이를 위해 먼저 작자와 유배의 이유부터 살펴본다.

2. 작자와 유배 이유

유의양은 본관이 전주, 자가 계방(季方), 호는 후송(後松)으로 도암(陶菴) 이재(李縡)의 문인이다. 영조 32년(1756) 생원시, 영조 39년(1763) 증광문과에 병과로 급제하였고, 내외직을 두루 거쳐 병조, 공조, 호조의 참판을 지냈다. 그는 또한 『춘관지(春官志)』, 『춘방지(春坊志)』, 『궁원의(宮園儀)』, 『춘관통고(春官通考)』 등을 편찬하기도 하였다.[29]

영의정 신회(申晦)가 영조에게 유의양이 글을 잘한다고[30] 한 것을 보면 그가 문장에 상당히 능했다는 것을 알 수 있는데 그가 관찬 서적의 편찬에 여러 번 참여하고, 수차 지제교(知製敎)가 되어 임금의 교서를 지은 것은[31] 그 때문일 것이다. 또 김원행(金元行)에게 상례와 제례 등을 묻기도 하였는데[32] 이를 통해 그가 예학에도 많은 관심을 가지고 있었음을 알 수 있다.[33]

29 유의양은 이외에도 『영희전지(永禧殿志)』, 『문헌비고(文獻備考)』, 『오례통편(五禮通編)』 등의 편찬에 참여하였다. 유의양이 관찬 서적 편찬에 참여한 사실은 『정조실록』 참고.

30 上曰 柳義養嘉矣 晦曰 善文矣(『승정원일기』, 영조 51년 1월 3일조).

31 유의양이 여러 차례 임금의 교서를 지은 사실은 『승정원일기』에서 확인할 수 있다(영조 47년 2월 9일, 51년 1월 16일, 23일조 등).

유의양은 〈북관노정록〉에서 신묘년(1771)에는 남해로, 임진년(1772)에는 아산(牙山)으로 귀양을 갔으며[34] 금년 계사년(1773) 여름에는 북도로 귀양을 왔다고[35] 하여 자기가 해를 이어 세 번씩이나 귀양살이를 하고 있다고 하였다. 이에 따라 기존 연구에서는 역사 기록을 통해 그의 유배와 해배 시기에 대한 확인 작업이 이루어진 바 있지만[36] 각각의 유배 이유는 아직 밝혀지지 못하였는데 몇 가지 단서를 통해 그것을 어느 정도 확인할 수 있다.

우선 『승정원일기』에 1771년(영조47) 2월 17일 유의양을 서민으로 삼아 남해현에 삼배도(三倍道) 방축(放逐)하고,[37] 그해 7월 6일 유의양을 방송(放送)한다는[38] 기록이 있어 작자가 당시 남해에 유배되었던 사실을 확인할 수 있다. 하지만 『승정원일기』에는 유의양에게 왜 유배의 명이 내렸는지에 대한 아무런 언급이 없고, 기존 연구에서도 이에 관심을 기울이지 않았는데 유배의 이유는 〈남해문견록〉 속에 직접 제시되어 있다.

남해에 도착한 작자는 다른 유배객의 물음에 자기가 수찬(修撰)을 하였는데 나아가지 못할 연고가 있어 사직 상소도 못한 채 '패부진(牌不進)'하였더니 방축지명(放逐之命)이 있었다고 하였다.[39] 관직에 임명하여 불렀으나 나아가지 않은 죄로 유배되었다는 것이다. 『승정원일기』에 따르면 유의양은 그해

32 김원행, 〈답유계방(答柳季方)〉, 『미호집(渼湖集)』 권6 참고.

33 유의양이 이재의 문인이고, 그의 아버지 무(懋)가 송시열을 문묘에 배향할 것을 청하는 상소를 올렸다는 사실에서 그의 집안이 노론이었음을 알 수 있다(『전주유씨낙봉공파보(全州柳氏駱峯公派譜)』 하, 회상사, 1994, 336면).

34 『북관노정록』, 125면.

35 위의 책, 127면.

36 최강현, 「〈북관노정록〉 소고」, 앞의 책, 317~318면.

37 以承傳色口傳下敎曰 鄭象仁趙昌逵 永刊仕版 柳義養 爲庶民 三人皆三倍道放逐南海縣 趙榮進 亟施削版之典.

38 李廷壽 以義禁府言啓曰 竄配罪人慶尙道寧海府李長老 …… 南海縣兪彦鎬柳義養 …… 承傳啓下矣 竝放送事 分付各該道臣之意 敢啓 傳曰 知道.

39 〈남해문견록〉, 226면.

1월 6일 부수찬이[40] 되어 수시로 전강(殿講)의 시관(試官)을 맡거나 검토관(檢討官)으로 경연에 들었으며, 2월 1일에는 문사낭청(問事郎廳)으로 영조가 황경룡(黃慶龍)을 친국하는[41] 자리에 참석하였다. 2월 9일에는 유의양이 지은 영조의 교서가 제시되어 있고, 17일에는 다시 부수찬을 맡게 되었는데 바로 그날 유배의 명이 내렸다고 한다. 따라서 유의양이 조정에 나오지 않았던 기간은 길어야 보름 남짓이었던 것으로 보이는데 그로 인해 그는 삼배도, 즉 보통의 세 배 속도로 남해에 압송되는 중벌을 받았던 것이다.

유배에서 풀린 유의양은 다시 관직에 나아갔다. 『승정원일기』에 의하면 그는 10월에 부사과, 이듬해인 1772년 4월에 지평, 5월에 수찬, 7월에 헌납, 부교리가 되었다. 그런데 10월 9일 영조가 서민을 삼거나 강교(江郊)로 방축한 자들을 모두 탕척하라는 명을 내렸는데 다음날 기록에 제시된, 서민 신분을 탕척할 사람들의 명단 속에 유의양이 들어 있다. 이에 따라 정확히 언제부터인지는 알 수 없으나 유의양이 7월부터 10월 사이에 서민이 되는 처벌을 받고 있었음을 알 수 있다. 이러한 역사 기록과 작자 자신의 언급을 함께 고려하면 당시 작자가 서민의 신분으로 아산에 유배되어 있었음을 알 수 있다.

그렇다면 작자가 또 귀양을 가게 된 이유는 무엇인가. 『실록』에서는 유의양을 포함한 여러 사람들의 죄를 탕척하라는 영조의 명을 기록하면서 그 무렵 영조가 격노하여 시종(侍從)과 유생이 서민이 되거나 강교로 방축되는 벌을 많이 받았다고 하였다.[42] 영조가 격노한 이유를 분명히 밝히고 있지 않지만 전후 맥락을 고려할 때 그것은 이른바 '청명당(淸名黨)' 사건 때문으로 짐작된다. 김치인(金致仁), 김종수(金鍾秀) 등의 노론 청류들은 홍봉한(洪鳳漢)과

40 『영조실록』에는 같은 날 부수찬이 아닌 수찬이 된 것으로 기록되어 있다.

41 황경룡은 은언군(恩彦君)의 왕손궁 임장(任掌)인데 환관과 결탁하여 시전 상인들의 재물을 탈취하였다 하여 영조의 친국을 받았다. 『영조실록』에는 황경룡의 한자가 '黃景龍'으로 되어 있다.

42 『영조실록』, 48년 10월 9일조.

같은 척신들에 대해 비판적인 자세를 취하고 있었는데 3월 대사성 의망(擬望)의 후보자 3인 모두가 노론 청류, 그것도 처음 청관(淸官) 후보의 자격을 얻은[新通] 사람들로 추천되는 일이 벌어지자 영조는 관련자들을 처벌하고 김종수, 김치인 등을 청당(淸黨)으로 지목하여 귀양을 보냈다.[43] 영조는 이후 그들과 연관된 사람들을 비판하면서 자기가 수십 년 고심한 탕평이 무너졌다고 하교를 하기도 하였는데[44] 7월 21일 노론 청류와 연관된 김귀주(金龜柱)와 김관주(金觀柱)가 홍봉한을 탄핵하는 상소를 올리자 영조의 분노는 극에 달하였다.

23일 영조는 여러 신하들을 모아놓고 반교(頒敎)하면서 자기가 수십 년 조제하였는데 청당이니 명당(名黨)이니 시체당(時體黨)이니 하는 당을 만들었다며 김종수, 김치인 등을 비판하고, 당을 일컫는 자는 자기 신하가 아니라 난역자이니 이런 마음을 가진 자는 절하지 말고 가고, 그렇지 않은 자는 절을 하고 나가라고 하였다.[45] 다음날 영조는 관학 유생들을 불러 당심(黨心)을 품는 자는 자기 신하가 아니라 하고, 정부와 팔도에 반시(頒示)하여 수십 년의 고심이 하루아침에 사라져졌다며 강개한 마음이 속에서 뻗쳐 견디지 못한다고 하였다.[46] 뿐만 아니라 영조는 26일 문무음관들에게 당심이 없는 자는 명첩을 올리라 명하고, 28일에는 명첩을 늦게 올린 사람들을 충군하거나 강 건너로 방축하거나 형추를 가하도록 하였다.[47]

『승정원일기』에 7월 27일 유의양을 부교리, 부사직으로 삼는다는 기록 이후 한동안 그에 대한 언급이 없다가 10월 10일 유의양의 처벌을 탕척한다

43 『영조실록』, 48년 3월 7일, 17일, 21일조. 당시 김종수는 부망(副望)으로 대사성에 낙점되었다가 곧 해임되었다. 영조는 나머지 후보 2인도 김종수의 당으로 지목하였다(7월 23일조).

44 『영조실록』, 48년 7월 2~5일조.

45 『영조실록』, 48년 7월 23일조.

46 『영조실록』, 48년 7월 24일조.

47 『영조실록』, 48년 7월 26일, 28일조.

는 기록이 있는 것을 보면 그가 명첩을 늦게 올렸는지의 여부를 확인할 수는 없지만 그가 아산으로 귀양을 간 것은 바로 이러한 청명당 사건의 와중에서 벌어진 일로 짐작된다.

아산 유배에서 풀린 유의양은 다음 해 종성으로 다시 귀양을 가게 된다. 『승정원일기』에 따르면 유의양은 아산에서 돌아온 후 다시 관직에 나아가 이듬해인 1773년에는 부교리, 수찬을 거쳐 5월 13일 집의가 되었다. 당시 유의양은 말미를 얻어 횡성에 가 있었다. 25일 영조가 즉시 사은(謝恩)하지 않은 죄로 유의양을 붙잡아 들여 어느 곳에 있었느냐고 묻자 유의양이 횡성에서 아들의 혼인을 지냈다고 대답하였다. 영조가 횡성에 너와 혼인할 만한 자가 있느냐고 다시 묻자 유의양이 혼인은 아산에 정해 말미를 얻어 아산에서 했으며, 그 사이 잠시 횡성에 갔었다고 하였다. 그러자 영조가 횡성에서 자식 혼인을 했다고 속이고 감추다가 자기가 다그쳐 묻자 다시 아산에서 의혼(議婚)했다고 하면서 임금을 속였으니 유의양을 종성부 서민으로 삼아 배도(倍道) 압송하라고 하였다.[48] 영조에게 아뢴 전후의 말이 달라 임금을 속였다는 죄목으로 보통의 두 배 속도로 종성에 압송되었던 것이다.

이와 같이 유의양은 관직에 임명되었으나 나아가지 않아서 남해로, 당파를 극력 배척하던 영조가 청명당 사건으로 격노하여 여러 사람들을 처벌할 때 아산으로, 또 영조의 물음에 대한 전후 답변이 달라서 종성으로 유배되었음을 알 수 있다. 요컨대 유의양은 당쟁에 깊이 관여하여 다른 사람들의 배척을 받거나, 혹은 본인이 심각한 문제를 야기해서가 아니라 임금의 일시 노여움으로 인해 여러 차례 유배를 가게 되었던 것이다.

유의양은 이렇게 해서 겪게 된 남해와 종성 유배에 대한 체험을 기록으로

48 『영조실록』에서는 구체적인 내용을 언급하지 않고 다만 공사(供辭)가 사실과 다르다 하여 종성부 서민을 삼았다고 하였다(영조 49년 5월 25일조). 당시 혼인한 아들은 유의양의 장자로 백부 경양(敬養)에게 출계한 영(詠)이다(『전주유씨낙봉공파보』 하, 336~337면 참고).

남겼다. 아산 유배에 대한 기록이 남아있지 않은 것은 그것이 있었지만 현재 전해지지 않거나, 애초 유의양이 그것을 기록하지 않았기 때문일 텐데 후자의 가능성이 보다 큰 것으로 짐작된다. 그것은 아산 유배가 두 달 남짓의 짧은 기간이었고, 아산은 본인을 비롯한 많은 사람들에게 익숙한 곳으로 그곳에 대해 특기할 만한 것이 별반 없다고 생각했을 수 있기 때문이다. 하지만 남해와 종성은 유배 기간이 5, 6개월 정도로 아산에 비해 길고, 남쪽과 북쪽의 변방인 그곳들은 본인에게 상당히 낯선 곳이어서 보고 들은 새로운 사실과 체험을 기록하고 싶은 욕망을 느꼈던 것으로 보인다.

이제 작자가 남해와 종성을 오고간 여정과 그곳의 유배생활을 어떻게 제시하고 있는지 살펴보기로 한다.

3. 유배체험의 구성과 제시 방식

1) 역사와 문학을 통한 여정의 구성

〈남해문견록〉은 작자가 1771년 2월 26일 남해로 들어가는 입구인 노량나루에 도착한 데에서 시작되어 7월 13일 해배 소식을 듣고 이틀을 치행(治行)하여 떠나려 한다는 데에서 마무리되고 있다. 작품 속 언급을 통해 작자가 서울에서 공주, 전주, 남원을 거쳐 남해에 도착했다는 사실을 확인할 수 있으나[49] 서울에서 남해에 이르는 수일간의 여정이 구체적으로 서술되어 있지 않고, 다시 서울로 돌아오는 과정 역시 제시되어 있지 않다. 굳이 여정이라고 할 만한 부분을 찾는다면 남해에 도착하여 읍내에 이르는 과정에 대한 서술

49 작자는 남해로 가는 도중에 충청감사와 전라감사가 나와 보고, 남원에서는 관아에 있던 사람이 양식과 행자(行資)를 차려 주었다고 하였다(〈남해문견록〉, 227면).

정도라고 할 수 있다.

이에 비해 〈북관노정록〉은 유배지까지의 여정과 유배생활을 모두 제시하고 있다. 현재 전해지는 제2~4권에는 북청, 이성, 단천, 성진, 길주, 명천, 경성, 부령, 회령을 거쳐 유배지인 종성에 도착하기까지의 여정, 종성에서의 유배생활, 그리고 1773년 10월 17일 해배 소식을 들은 후 온성, 경원을 거쳐 경흥의 서수라(西水羅)를 유람하고 종성으로 돌아와 서울로 귀환하는 과정 등이 서술되어 있다.[50] 제2권이 북청 여정의 중간에서 시작하고 있어 서울에서 북청까지의 서술 내용을 확인할 수 없고, 돌아올 때 회령 이후는 여름에 가던 길이기에 돌아오는 노정기를 하지 않는다고 하여 작자가 오고 간 서울과 북청 사이의 여정에 대한 서술 내용을 확인할 수 없다.

그렇기는 하지만 〈남해문견록〉과 달리 이 작품에는 유배지에 이르는 과정과 서수라 유람의 여정이 상당히 구체적으로 제시되어 있다. 이러한 차이는 작자가 남해에 가기 위해 거친 경기, 충청, 전라도의 여정은 사람들이 잘 알고 있어 별반 특이할 것이 없지만 북관은 그렇지 않다고 생각했기 때문일 것이다.

작자는 〈북관노정록〉 중간에 '이 아래 명천(明川) 일기에 기록'[51]한다거나 '기특하여 일기에 기록한다'[52]고 하여 간간이 이 자료를 '일기'로 지칭하고 있다. 혹 날짜별로 기록한 다른 일기 자료가 있어서 그것을 가리키는 것인지 확실치 않지만 〈북관노정록〉에는 날짜가 밝혀져 있지 않아 이 작품이 일기체로 서술되어 있다고 하기는 어렵다. 대신 작자는 '거산역(居山驛)에서 점심하니 북청서 오십 리더라',[53] '이성(利城) 읍내에 들어오니 거산서 오십 리더라'[54]와 같이 자기가 거쳐 간 앞뒤 장소 사이의 거리는 분명히 밝히고 있다.

---

50 작자는 12월 3일 서울에 도착하였다.

51 『북관노정록』, 37면.

52 위의 책, 49면.

53 위의 책, 36면.

54 위의 책, 37면.

이는 작자가 시간의 경과보다는 여정 자체에 많은 관심을 기울이고 있었다는 것을 의미한다.

작자는 앞서 지난 곳과 새로 도착한 장소 사이의 거리를 제시한 다음에는 도착한 곳의 연혁이나 지명의 유래를 소개하기도 하지만 그보다는 그곳과 연관된 역사적 사실이나 설화, 한시 작품들을 제시하는 데 상당한 공을 들이고 있다. 곧 역사와 문학을 통해 장소를 인식하고, 그것을 연결하여 여정을 구성하고 있는 것이다.

우선 역사와 관련된 서술부터 살펴보면 유배지로 향하는 여정에서는 임진왜란 당시의 역사적 사실, 특히 함경도에서 활약한 의병장 정문부(鄭文孚)에 대한 서술을 여러 곳에서 구체적으로 제시하고 있는 것을 볼 수 있다. 이시애(李施愛)의 난에 대한 언급이 이성과 명천 부분에 보이지만 작자는 정문부의 활약에 훨씬 큰 비중을 두고 있다.

작자는 성진을 지나면서 그곳의 쌍포(雙浦)가 정문부와 이붕수(李鵬壽)가 왜적을 크게 파한 곳이라며 사람들이 아직도 그 일을 즐겨 이야기한다고 하였다. 성진을 지나 길주에 이르러서는 임진왜란 중 경성 관노 국세필(鞠世弼)이 반란을 일으켜 길주목사를 붙잡아 왜적에게 넘긴 사실을 언급하고, 전란의 와중에서 떠돌던 북평사 정문부가 한인간(韓仁侃)이란 사람에게 신세를 졌는데 후일 정문부가 길주목사로 와서 그 은혜를 갚았다고 하였다. 또 길주 백탑교(白塔郊)에서는 정문부가 그곳에서 왜적과 전투를 벌일 때 앞장서서 활약하던 이붕수가 전사한 사실을 언급하고 정문부가 그의 죽음을 애도하여 지은 시를 인용한 다음, 이 전투의 승리로 왜적이 남쪽으로 물러가 북로가 평안하니 모두 정문부의 공이라고 하면서 의병들의 절의에 대한 자신의 감회를 토로하기도 하였다.

명천에서는 의병 척후장 허진(許珍), 김국신(金國信) 등이 왜적들을 크게 무찌른 사실을 『북관지(北關誌)』를[55] 인용하여 소개하고, 이어 경성 유정(留亭)에서는 그곳이 정문부가 국세필을 처형한 곳이라며 당시 상황을 설명하였다.

> 남문 밧 삼니허 길ᄀᆞ의 나모 숩히 이셔 뉴졍이라 일ᄏᆞᄅᆞ니 님딘년 왜란 째의 〃병당 졍문뷔 역적 국셰필이를 버히던 터히러라 역적 셰필이 반ᄒᆞ야 군ᄉᆞ를 거ᄂᆞ려 셩을 웅거ᄒᆞ고 왜적을 쳐결ᄒᆞ야 우리나라 인민을 다 위험ᄒᆞ니 의관ᄉᆞᄌᆞ와 인민들이 경황듀복ᄒᆞ여 감히 나셔디 못ᄒᆞᄂᆞᆫ디라 경셩 유ᄉᆡᆼ 니붕쉬 가연 분발ᄒᆞ여 …… 드ᄃᆡ여 의병을 니ᄅᆞ혀 버히기를 ᄭᅬᄒᆞ매 문무 듕 물망 잇ᄂᆞᆫ 사ᄅᆞᆷ을 어더 댱슈를 삼고져 ᄒᆞ되 엇지 못ᄒᆞ여 ᄒᆞ더니 …… 드ᄃᆡ여 졍문부로 챵의대당을 삼고 붕슈ᄂᆞᆫ 챵의별당을 삼고 …… 임딘 구월 초십일의 의병대당이 의병 ᄇᆡᆨ여 인을 거ᄂᆞ려 경셩 뉴졍의 결딘ᄒᆞ엿다가 이튼날 셩의 올나 대당긔를 셰우고 남문누의 안자 강문우로 ᄒᆞ여곰 국셰필을 잡아내야 활과 칼흘 써혀 앗고 동혀ᄆᆡ여 남문 밧긔 ᄭᅳ어내여 그 죄상을 혀여 들니고 몬져 ᄉᆞ디를 ᄭᅳᆫ코 후의 버히니 군사의 긔운이 ᄇᆡᆨᄇᆡ 더ᄒᆞ고 인심이 쾌ᄒᆞ여 아니리 업더라[56]

작자는 이붕수가 정문부를 대장으로 삼아 창의하는 과정, 그리고 정문부가 유정에 결진하여 국세필을 붙잡아 처형했던 당시의 상황을 위와 같이 구체적으로 제시하고 있다.

또 경성에서 부령을 향해 가다 용성(龍城)이라는 지명을 듣자 한인간의 집이 이곳에 있어 정문부를 대접하던 곳이라며 정문부의 당시 일을 회고하는 시를 지어 제시하였다. 이어 회령에서는 다시 『북관지』를 인용하여 국경인(鞠景仁)이 임해군(臨海君)과 순화군(順和君), 그리고 대신들을 붙잡아 왜적에게 넘기고, 대신의 아내를 희롱하려 하자 대신의 아내가 자결하였으며, 국경인이

55 『북관지』는 광해군 때 함경도 평사(評事)로 있던 이식(李植)이 편찬하기 시작하여 그 아들 이단하(李端夏)가 완성하였으며, 30년 뒤인 1693년 신여철(申汝哲)이 증수한 책이다. 이 책은 편찬자와 간행 연도가 뚜렷한 함경도 전역의 읍지로서 당시 관북 지방의 지방 행정 실태, 제도, 역사, 인물, 풍속, 자연 등을 일목요연하게 살필 수 있는 자료이다(『한국민족문화대백과사전』 참고).

56 『북관노정록』, 124~125면.

나중에 정문부에게 죽음을 당했다는 사실 등을 제시하였다.

이처럼 작자는 유배지인 종성으로 가면서 성진, 길주, 명천, 경성, 회령 등을 지날 때마다 각각의 장소에서 임진왜란 당시 북평사 정문부가 이붕수와 의병을 일으켜 국세필, 국경인을 죽이고, 왜적을 격퇴했던 역사적 사실들을 그때그때 환기하며 제시하고 있다. 정문부와 이붕수의 활동이 시간적 순서가 아니라 장소에 따라 서술되어 있지만 그들의 활동이 상당히 구체적으로 제시되어 있기 때문에 그것을 시간적 순서에 따라 재구하는 것이 어렵지 않을 정도이다.

북관의 역사에 대한 작자의 관심은 유배지로 향할 때뿐 아니라 서수라를 구경하기 위한 유람의 여정에서도 확인할 수 있다. 해배 소식을 듣고 죄인의 신분에서 벗어나 마음의 안정을 찾은 작자는 두만강이 동해로 들어가는 어귀에 있는 서수라를 구경하기 위해 북쪽으로 올라가 온성, 경원을 거쳐 경흥으로 향하였다.

경원의 용당(龍堂)에 대해서는 『북관지』를 인용하여 목조(穆祖)가 살던 곳이라 하였으며, 경흥의 적지(赤池)에서는 도조(度祖)가 용을 활로 쏜 곳이라면서 관련 설화를 소개하였다. 도조가 소년 시절 적지의 임자인 백룡의 부탁을 받고 적지를 앗으려는 흑룡의 허리를 활로 쏘아 맞혔는데 그 피가 흘러 못이 붉게 된 까닭에 적지라 하고, 적지에서 5리 쯤 되는 곳에 있는 굴신포(屈伸浦)는 화살을 맞은 흑룡이 굽이치며 갔기 때문에 굴신포라 한다고 하였다.

또 경흥의 적도(赤島)에 대해서는 그 위치와 규모를 설명한 후 다시 『북관지』를 인용하여 익조(翼祖)의 사적을 서술하였다. 익조가 목조의 뒤를 이어 여진과 친밀하게 지내면서 그 위력과 명성이 날로 높아지자 이를 시기한 다른 여진의 무리가 익조를 해치려 하였는데 길에서 우연히 만난 노파에게서 그 사실을 알게 된 익조가 부인과 함께 피신하여 바닷가에 이르렀을 때 바닷물이 저절로 물러나 무사히 적도에 도착할 수 있었다고 하였다.

작자는 익조와 도조의 사적에 대한 감회를 다음과 같이 서술하였다.

> 오호라 ᄌᆞ고로 졔왕이 니러날 때 하ᄂᆞᆯ이 반ᄃᆞ시 도으셔 거록한 샹셔와 이샹ᄒᆞᆫ 딩됴 반ᄃᆞ시 이시되 이 뎍도 뎍지의 녜일은 쳔고의 다시 비길 ᄃᆡ 업ᄂᆞᆫ디라 한 고조 대틱의 ᄇᆡᆨ암을 버히고 한 광무 호타하의 어름 언 거ᄉᆞᆯ 샹셔로 일ᄏᆞ라 ᄉᆞ긔의 실녀 이시되 고뎨 버힌 거ᄉᆞᆫ ᄇᆡᆨ암이니 뎍디 농의 비길 거시 아니오 광무의 어름 언 거ᄉᆞᆯ 져근 하슈니 이 뎍도 바다물의 비길 거시 아니로ᄃᆡ 오히려 ᄉᆞᄇᆡᆨ년 홍업을 창개ᄒᆞ고 칠뎨 듕흥을 일워시니 일을 가져 대쇼경듕을 의논ᄒᆞ량이면 억만년 무강디업이 이 밋부지 아니리오 외여 셩셔로다[57]

도조와 한 고조, 익조와 후한 광무제를 대비하여 도조와 익조의 일이 더욱 상서롭기 때문에 억만년 무강지업(無疆之業)을 믿지 않을 수 없다고 하였다. 이어 서수라를 구경하고 난 후 작자는 경흥의 고적을 기록한 시를 지어 현판을 만들어 건다면서 목조와 익조의 덕을 칭송하는 시를 지어 제시하였다. 이처럼 작자는 경원과 경흥의 여러 장소들을 하늘의 도움으로 조선 창업의 기반을 마련한 역사적 장소로 인식하였다.

〈북관노정록〉과 달리 〈남해문견록〉에는 이렇다 할 여정이 제시되어 있지 않다. 하지만 노량 나루를 건너 남해에 도착한 작자는 이순신을 배향하고 있는 충렬사(忠烈祠)를 바라보자 임진왜란 당시 이순신의 행적과 전사, 그리고 나라에서 그 절의를 표창한 사실을 소개하고 자기의 감회를 토로하기도 하였다.

이와 같이 작자는 〈남해문견록〉에서는 이순신의 행적을, 〈북관노정록〉에서는 정문부의 활약과 조선 창업에 관련된 역사적 사실 내지 설화 등을 구체적으로 제시하고 있다. 이는 자기가 거쳐 가는 여러 장소들에 담긴 역사적 의미를 찾음으로써 그 장소들을 과거의 역사적 사건을 통해 이해하고, 인식하려 했다는 것을 말해준다.

한편 작자는 여정을 서술하면서 장소와 연관된 많은 시를 인용하고 있기

57 위의 책, 170~171면.

도 하다. 전체적으로 〈북관노정록〉에는 자작시가 10여 군데, 타인의 시가 20여 군데 인용되어 있고, 〈남해문견록〉에는 자작시 2편이 제시되어 있다. 그런데 이중 상당수, 특히 타인의 많은 작품들을 여정에 대한 서술 속에 삽입하고, 경우에 따라서는 그 시에 대한 다른 사람의 평가나 자신의 견해를 덧붙이고 있는 것을 볼 수 있다. 이는 작자가 자기가 지나는 장소의 내력이나 그곳에 담긴 의미를 역사적 사실이나 설화뿐 아니라 시를 통해서도 구성하고 서술해 가고 있다는 것을 말해준다.

[1]
화져옥녀감상면(花低玉女酣觴面)이오
산단챵규음해요(山斷蒼虬飮海腰)라

ᄭᅩᆺ춘 옥녀의 ᄉᆞᆯ 취ᄒᆞᆫ 얼굴이 ᄂᆞ즉ᄒᆞᆫ 듯ᄒᆞ고
뫼흔 프른 뇽이 바다흘 마시ᄂᆞᆫ 허리 ᄭᅳᆫ허딜 듯ᄒᆞ도다[58]

[2]
금문둉젹뎐의의(金門蹤跡轉依依)ᄒᆞ니
낙진황유샹미귀(落盡黃楡尙未歸)라
ᄉᆡ각암취션댱몽(塞角暗吹仙仗夢)이오
녕운져습시신의(嶺雲低濕侍臣衣)라
공명오허긔린화(功名誤許麒麟畫)ᄒᆞ니
셰월공경습요비(歲月空驚熠燿飛)라
억득거년삼셔직(憶得去年三署直)ᄒᆞ니

58 위의 책, 115면. 괄호 속의 한시 원문은 이 책의 현대어역 부분에 제시된 것을 인용한 것임. 이하 같음.

금셩은촉야죵미(錦城銀燭夜鍾微)라

금문의 동젹이 졈〃 의〃ᄒᆞ니
황유 써러지기 다ᄒᆞ되 오히려 도라가지 못ᄒᆞ도다
변ᄉᆡ의 고각은 가마니 션쟝의 ᄭᅮᆷ을 브렷거ᄂᆞᆯ
녕의 구름은 나즉이 시신의 오ᄉᆡ 저저도다
공명이 그릇 긔린각의 그림 그리게 ᄒᆞ엿스니
셰월은 반ᄃᆡ블 날니ᄂᆞᆫ ᄃᆡ 쇽졀업씨 놀나도다
거년의 셰 마ᄋᆞᆯ의 번 드러실 적을 ᄉᆡᆼ각ᄒᆞ니
금셩의 쵹블이 밤 북이 희미ᄒᆞ더니라[59]

[1]은 작자가 이성의 곡구역(谷口驛)을 지나면서 인용한 임형수(林亨秀)의 시이다. 작자는 이 시를 인용한 다음 허균이 『학산초담(鶴山樵談)』에서 이 시를 극히 청결하다고 했는데 자기가 지나면서 보니 바닷가 모래 언덕 사이에 해당화가 푸르러 임형수의 시와 허균이 평이 모두 옳다고 하였다. 자기가 바라본 곡구역의 경관과 그에 대한 느낌을 옛사람의 시와 평을 통해 제시한 것이다.

[2]는 길주에서 제시한 허봉(許篈)의 〈길성추회(吉城秋懷)〉이다. 작자는 『소화시평(小華詩評)』에서 이 시를 가려(佳麗)하다고 하였는데 자기가 보기에 조격(調格)이 맑고 높을 뿐 아니라 근신이 새외(塞外)에서 가을을 만난 회포를 기록함이 그림 같기에 느낌이 있어 기록한다고 하였다. 실제 작자가 길주를 지날 때는 한여름이었다. 유배객이 되어 길주를 지나는 작자는 계절이 다르기는 하지만 예전에 자기와 마찬가지로 북관에 귀양 왔던[60] 허봉이 지은

59 위의 책, 121면.

60 허봉은 이이(李珥)를 논척하다가 사사로이 붕당을 만들었다 하여 갑산으로 유배되었다(『선조수정실록』, 16년 8월 1일조).

시에서 자신의 모습을 발견하자 그 시를 인용하여 자기의 현재 처지와 감회를 대신하였던 것이다.

[3]
빵암병닙블샹위(雙巖竝立不相違)ᄒᆞ니
만고힝인망취미(萬古行人望翠微)라
죵션여오환하누(終先如吾還下淚)ᄒᆞ니
션긔유득졔형의(羨其猶得弟兄依)라

빵암이 ᄀᆞᆲ셔 서ᄅᆞ 어긋나지 아니ᄒᆞ니
만고의 힝인들이 취미를 ᄇᆞ라보ᄂᆞᆫ도다
마ᄎᆞᆷ내 고득ᄒᆞᆫ 날 ᄀᆞᆺᄒᆞ니 도로혀 눈믈을 ᄂᆞ리오니
져의 오히려 아오와 형이 의디ᄒᆞ믈 브러ᄒᆞ노라[61]

[4]
엄뎡일쳔니(嚴程一千里)에
방고노냥변(訪古鷺梁邊)이라
니슈쳔병갈(螭首天兵碣)이오
규형통뎨션(龜形統制船)이라
츈츄무디독(春秋無地讀)이오
츙효유손뎐(忠孝有孫傳)이라
쳔ᄀᆡᆨ심유댱(竄客心猶壯)ᄒᆞ니
고음보검편(高吟寶劍篇)이라

61 『북관노정록』, 129면. 이 책의 현대어역 부분에서는 제3구 '환'의 한자를 '鰥'으로 기록하였으나 문맥을 고려하여 '還'으로 수정함.

엄ᄒᆞᆫ 길 일쳔니에
고덕을 노량ᄀᆞ의 ᄎᆞ자 보ᄂᆞᆫ디라
니의 머리ᄂᆞᆫ ᄒᆞᄂᆞᆯ 군ᄉᆞ의 승젼비오
거북의 형상은 통뎨ᄉᆞ의 뎐션이로다
춘추를 닑을 싸히 업서시니
튱효ᄂᆞᆫ ᄌᆞ손이 이셔 뎐ᄒᆞ엿도다
구향가ᄂᆞᆫ 손이 ᄆᆞ음이 오히려 장ᄒᆞ니
보검편을 노픠 읍ᄂᆞᆫ도다[62]

경성에서 부령으로 향하던 작자는 큰 바위와 작은 바위가 나란히 서있는 이른바 형제암을 보게 된다. 작자는 먼저 형제암 때문에 북도에 벼슬 오는 사람은 두세 번 거듭 오게 된다는 북관 사람들의 말을 소개하고, 형제암을 바라보면서 느낀 감회를 [3]과 같이 노래하였다. 가족과 떨어져 쓸쓸히 혼자 유배 길을 가면서 형과 아우가 서로 의지하듯 서있는 형제암을 바라보자 형이 일찍 세상을 떠나 의지할 곳 없는 자기의 외로운 처지를 다시금 돌아보았던 것이다.[63]

[4]는 〈남해문견록〉에 제시되어 있는 시로 남해에 도착하여 읍내로 향하던 작자가 이순신을 배향한 충렬사와, 명군이 해전에서 승리한 사실을 기록한 마애비(磨崖碑)를 보고 그 감회를 노래한 것이다. 이순신과 명군이 승리를 거둔 역사적 사실을 돌이켜보니 귀양을 가면서도 호기를 느낀다고 하였다.

이처럼 작자는 유배지로 향하는 여정을 서술하면서 옛사람의 시를 통해 그들이 노래한 경관을 자기의 눈으로 다시 확인하기도 하고, 그들의 처지와 감회에 공감하면서 자기의 현재를 돌아보기도 하였다. 또 스스로 시를 지어

62 〈남해문견록〉, 224면.

63 작자의 유일한 남자 동기인 형 경양(敬養)은 작자가 종성에 유배되기 훨씬 전인 1736년에 세상을 떠났다(『전주유씨낙봉공파보』 하, 336~337면).

경물을 마주하면서 느끼는 고독한 유배객의 회포를 드러내기도 하고, 역사적 인물이나 사건과 관련된 장소를 지날 때에는 그에 대한 감회를 읊조리기도 하였다.

이밖에도 여정과 관련해 시가 제시된 경우는 상당히 많다. 작자는, 유희춘(柳希春)의 부인 송덕봉(宋德峰)이 귀양 가는 남편을 따라 마천령에 올라 지은 시를 인용한 경우처럼 시의 내용뿐 아니라 시를 지은 사람을 고평하기도 하고, 정문부나 정유길(鄭惟吉)의 시를 인용한 경우처럼 그 시를 통해 역사적 사건과 관련된 자기의 감회나 생각을 대신하기도 하였다. 그런 한편 작자는 이춘영(李春英)의 시를 인용하여 귀문관(鬼門關)이라는 지명의 내력을 확인하기도 하고, 김창흡(金昌翕)의 시를 통해 두만강 너머로의 영토 확장에 대한 자기의 소망을 제시하기도 하고, 밤새 고음하면서 시를 짓지 못하다가 닭이 새벽을 알리자 닭을 효수하였다는 정두경(鄭斗卿)의 이야기와 그에 대한 박태상(朴泰尙)의 시를 제시하여 장소와 관련된 일화를 소개하기도 하였다. 그리고 경우에 따라서는 자작시를 통해 역사적 인물이나 사건을 회고하고, 경관을 노래하기도 하였다.

이와 같이 작자는 빈번하게 시를 인용하여 어렴풋이 알고 있던 장소를 직접 바라보면서 그 경관을 확인하기도 하고, 역사적 의미를 재인식하기도 하고, 자기의 감회를 제시하기도 하였다. 자기가 지나는 장소들을 역사적 사건을 통해 이해하고, 인식하는 데 머물지 않고, 기존의 시를 통해 그 장소를 문학적 의미망 속에서 재인식하고, 때로는 스스로 시를 지어 그 장소가 지닐 수 있는 문학적 의미나 가치를 나름으로 찾으려 했던 것이다.

2) 지역민의 삶의 모습을 통한 유배지 인식

작자는 귀양살이를 하면서 그곳 사람들의 삶의 모습과 방식에 많은 관심을 기울였다. 유배지의 풍속이 낯설고 불편하게 느껴질 수 있는 것은 모든 유배객들이 마찬가지이겠지만 작자는 낯설고 불편함을 탓하기보다는 그것을 자세히 관찰하고 기록하였다.

우선 〈남해문견록〉의 경우 먼저 전복, 홍합 등의 물산과 의복, 바다에 들어가 해물을 따는 포척(鮑尺)의 고단한 삶, 녹용 진상 문제 등을 제시한 다음 장례와 혼례, 가옥의 모습, 여거사(女居士)들의 행태 등을 자세히 소개하고 있다. 장례나 혼례 등 많은 부분이 작자가 보고 들은 것을 설명하는 방식으로 제시되어 있으나 다음의 경우에서 보듯 인물 간의 대화를 통해 그 실상을 점차 알아가는 과정이 제시되어 있기도 하다.

> 일일(一日)의 쥬인(主人)의 집의 포작이 ᄉᆡᆼ복(生鰒)을 니고 왓거ᄂᆞᆯ 내 종ᄃᆞ려 더러 사라 니ᄅᆞ되 "블샹ᄒᆞᆫ 포작이니 갑ᄉᆞᆫ 달나ᄂᆞᆫ 대로 주라." ᄒᆞ고 포작이ᄃᆞ려 무ᄅᆞ되 "네 어ᄃᆡ셔 살며 ᄉᆡᆼ복을 어ᄃᆡ셔 잡ᄂᆞ니?" 무ᄅᆞ니 저희 살기ᄂᆞᆫ 읍ᄂᆡ셔 수십니(數十里)ᄂᆞᆫ ᄒᆞᆫ 개ᄀᆞ의셔 살고 ᄉᆡᆼ복은 물길노 오뉵십니(五六十里) 혹 ᄇᆡᆨ여리(百餘里)ᄅᆞᆯ 드러가 ᄏᆡ고 멀리 갈ᄉᆞ록 더 굵다 ᄒᆞ고 다ᄅᆞᆫ 사ᄅᆞᆷ들이 닐오되 "ᄉᆡᆼ복 ᄊᆞᄂᆞᆫ 거동을 본 즉 포작이들이 겨울이라도 오ᄉᆞᆯ 벗고 물소긔 개고리쳐로 쒸여들어 물소긔 거쳐 업시 ᄲᅡ져 잇다가 …… 셔울 냥반(兩班)님ᄂᆡ 그런 일을 모ᄅᆞᄂᆞ니 만ᄒᆞ시ᄃᆡ 나으리ᄂᆞᆫ 블샹ᄒᆞᆫ 줄 아ᄅᆞ시니 고마오시다" ᄒᆞ더라 원이 나와 보거ᄂᆞᆯ 포작의 블샹ᄒᆞᆫ 말을 일ᄏᆞᆺ고 녯말을 일ᄏᆞᄅᆞ되 "우리 계구(季舅) 한공(韓公)이 졔쥐어ᄉᆞ(濟州御史)로 갈 ᄯᅢ의 입시(入侍)ᄒᆞ니 나라희셔 ᄒᆡ도 ᄇᆡᆨ셩(海島百姓)의 질고(疾苦)ᄅᆞᆯ 념녀ᄒᆞ샤 ᄉᆡᆼ복 ᄊᆞᄂᆞᆫ 블샹ᄒᆞᆫ 말ᄉᆞᆷ을 누누(屢屢)히 일ᄏᆞᆺᄌᆞ오셔 …… 원의 ᄃᆡ답도 그러타 ᄒᆞ더라[64]

생복을 팔러 온 포척, 주위 사람들과의 대화를 통해 포척의 고단한 삶의 실상을 점차 깊이 알게 되면서 수령에게 그들의 삶에 대한 이해를 당부하고

64 〈남해문견록〉 233~234면.

있다. 장례나 혼례와 같은 풍속에 대해서는 인륜의 행실과 어긋난다는 비판적 시각에서 그 실상을 자세히 소개하면서 그렇게 된 이유가 연이어 무변(武弁)들이 수령으로 부임하여 그들이 잘 다스린다 해도 예의지교(禮儀之敎)와 효열지도(孝烈之道)는 제대로 권하지 않았기 때문이라고 하였다.

이러한 지역민들의 삶의 모습과 방식에 대한 관심은 〈북관노정록〉에서도 확인할 수 있다. 작자는 경성에 대해 언급하면서 『북관지』 경성 조에 수록된 북관의 무속 숭상, 농사 방법, 토산물, 의복, 가옥 형태 등을 인용하여 소개하기도 하였는데 종성에서의 유배생활을 서술하면서 작자는 자기가 관심을 갖고 살펴본 북관의 풍속을 보다 상세하게 제시하고 있다.

> 셔울 사름들이 ᄃᆞ리를 늑딘셔 나는 거슬 샹픔으로 아ᄂᆞᆫ디라 이제 보니 북도 사름들이 남녀 샹하 업시 다엿술부터 머리 감기로 일삼으니 ᄆᆞ양 쓰믈 더여 머리 감기 한셔를 폐치 아니ᄒᆞ니 날마다 ᄀᆞᆷ고 혹간 일ᄒᆞ여 ᄀᆞᆷ으니 이러무로 머리털이 ᄀᆞᆺ 빗고 기름 ᄇᆞ른 듯ᄒᆞᆫ디라 기ᄅᆡ 두 자즈음 되면 버혀 ᄑᆞᄂᆞᆫ디라 …… 여긔 읍ᄂᆡ 동셩 밧긔 뫼히 잇고 뫼 언덕의 퍼기남기 이시니 읍ᄂᆡ 사름들이 신을 위ᄒᆞ여 집의 질병이 〃시면 ᄃᆞ라가 빌고 도야디 다리나 ᄃᆞᆰ이나 술잔이나 저희 힘대로 가져다가 노코 ᄇᆡ례 무수히 ᄒᆞ고 손을 부븨여 빌고 뵈를 ᄡᆡ면 두어 치를 ᄭᅳᆫ허내여 가디의 걸고 비난디라 …… 이ᄂᆞᆫ 내 잇는 집의셔 마조 ᄃᆡᄒᆞ야 잇기의 소견의 이러ᄒᆞ니 북관디의 일오ᄃᆡ 귀신을 죠하ᄒᆞᆫ다 말이 과연 올터라 …… 녀염딥 디은 모양은 집마다 부억을 너ᄅᆞ게 ᄒᆞ고 부억 안의 방하간과 ᄆᆞ쇼 외향을 ᄆᆞᆫᄃᆞ라시니 대개 겨을 치위 심ᄒᆞ기의 방하간과 마구를 ᄯᅡ로 ᄊᆞ며시면 사름과 즘ᄉᆡᆼ이 치위를 견ᄃᆡ디 못ᄒᆞ야 부억 안희 ᄊᆞ미니 형세 과연 그러ᄒᆞ더라[65]

65 『북관노정록』, 142면.

작자가 소개한 북관 사람들의 삶의 모습에 대한 서술의 일부이다. 위의 인용문 앞에는 북관의 염장(鹽醬) 맛, 소와 닭을 치는 방식, 술 빚는 법, 곡식 등을, 인용문 다음에는 그곳의 기녀, 연어와 송어 등에 관한 사실들을 대단히 구체적으로 제시하고 있다. 그곳 사람들의 무속 숭상을 자기가 직접 목격하였으며, 북관의 다리를 상품(上品)으로 꼽는 것은 북관 사람들이 매일 뜨물로 정성껏 머리를 감기 때문이고, 부엌 안에 방앗간과 외양간을 만드는 그들의 가옥 구조가 겨울 추위 때문이라는 것을 알게 되었다는 언급은 작자가 제시한 지역민들의 삶의 모습과 방식이 작자가 직접 관찰하고 이해한 것이라는 것을 말해준다. 북관의 닭고기가 맛이 없는 것은 닭이 쌀을 먹지 못했기 때문이라는 말을 듣고 자기가 직접 닭에게 쌀을 주어보니 먹지 않기에 좁쌀을 주었더니 다투어 먹더라는[66] 작자의 말은 그가 얼마나 많은 관심을 갖고 그들의 삶을 관찰하고 이해하려 했는가를 보여준다고 할 수 있다.

이처럼 지역민들의 삶에 깊은 관심을 가지고 있던 작자는 그들의 언어에도 주목하였다.

> 너희란 말은 늬의라 ᄒᆞ고 저희라 말은 즉의라 ᄒᆞ고 겨집아희ᄂᆞᆫ 가산아희라 ᄒᆞ고 오라븨 안해ᄂᆞᆫ 올쳬라 ᄒᆞ고 먹으라 말은 묵으라 ᄒᆞ고 아모 일이나 아조라 말은 함부래라 ᄒᆞ고 아직이란 말은 당ᄉᆞ라 ᄒᆞ고 달나 말은 도라 ᄒᆞ고 밧비 걸으라 말은 핑핑 거르라 ᄒᆞ고 …… 옥슈슈ᄂᆞᆫ 강남슈슈라 하고 지팡이ᄂᆞᆫ 작지라 ᄒᆞ고 지룡이ᄂᆞᆫ 거싱이라 ᄒᆞ고 쇼로개ᄂᆞᆫ 솔방이라 ᄒᆞ고 다리우리ᄂᆞᆫ 다립이라 ᄒᆞ니 이런 방언이 처엄 들을 적은 귀의 서더니 오래 들으니 닉어가더라[67]

66 위의 책, 140면.

67 〈남해문견록〉, 239~240면.

〈남해문견록〉에서 작자는 자기가 주인의 말을 제대로 알아듣지 못하자 곁에 있던 다른 사람이 풀이해 주었다면서 위처럼 그곳의 방언 20여 개를 소개하였다. 유배지의 방언을 서울말로 풀이하고 있는 것은 〈북관노정록〉에서도 볼 수 있다. 작자는 북도의 말들이 알아듣지 못할 사투리가 많은데 경성 이북 아홉 고을은 옛적 난중에 사람들을 옮겨 왔기에 고향의 언어를 자손이 전하여 조금 나은 듯하다고 하나 처음 들으니 알기가 어렵다며 후에 보도록 약간 기록한다면서 40개에 가까운 북관의 방언을 소개하였다. 지역별 차이까지 거론하며 나중에 보기 위해 기록한다고 한 데에서 보듯 방언의 기록 역시 그곳 사람들의 삶의 모습을 관찰하고 이해하려는 태도에서 연유하였다고 할 수 있다.

이와 같이 작자는 자기가 귀양살이를 하고 있는 지역의 사람들이 살아가는 모습과 언어를 세밀히 관찰하여 기록하였다. 〈남해문견록〉에서는 그것을 작자가 일방적으로 설명하기도 하고, 주위 사람들과의 대화나 일상에서 마주친 일을 통해 소개하면서 때로는 그와 관련된 자기의 경험이나 일화를 덧붙이기도 하는[68] 방식을 취하였다면 〈북관노정록〉에서는 관련 자료의 내용을 먼저 인용하여 소개한 다음, 기존 연구에서 지적한 바와 같이 객관적 사실과 정보의 제시에 적합하도록 그것들을 항목별로 나눠 서술하고 있다.[69] 곧 〈남해문견록〉에 제시된 지역민의 삶의 모습이 유배생활의 일상 속에 포함되어 제시되기도 한다면 〈북관노정록〉의 그것은 나름의 체계를 갖춰 집중적으로 소개되어 있다고 할 수 있다.

68 예를 들어 작자는 여거사들의 행태를 소개하면서 자신이 해서에 고을 수령으로 나갔을 때 거사나 광대 등을 들이지 못하게 하였다고 하기도 하고, 먼 곳에서 남해에 온 사람들이 관비나 촌녀에게 미혹되어 부모와 처자가 있는 집으로 돌아가지 않는 일이 많다는 것을 듣고는 자기가 서울에 있을 때 남편이 제주에 가서 돌아오지 않는 여인을 보고는 외숙인 제주목사에게 청해 그 남편을 매질하여 쫓아 보내도록 했던 일화를 소개하기도 하였다. 유의양은 황해도 송화(松禾) 현감을 지낸 적이 있다(『승정원일기』, 영조 37년 2월 19일조).

69 정우봉, 앞의 글(2015), 20면.

이러한 차이점이 있기는 하나 두 작품 모두에 지역민들의 삶의 모습이 구체적으로 제시되어 있는 것은 작자가 그들의 삶을 그들이 처한 환경과 상황에 따라 충분히 이해하고, 인식하려 했다는 것을 의미한다. 물론 유교적 예법이 제대로 지켜지지 않는 부분에 대해 작자가 비판적 태도를 보이고 있는 것이 사실이지만 작자는 그 이유를 나름대로 분석하기도 하고, 효자와 열녀의 사례를[70] 통해 그 지역 모든 사람들의 삶의 모습이 그렇지는 않다는 것을 애써 확인하고 있기도 하다.

한편 작자는 〈북관노정록〉에서 자기를 찾아온 선비가 북도에서 생장하여 학식과 문한이 거칠어 부끄럽다고 하자 하늘이 사람에게 주는 것이 어찌 남방에 풍부하게 하고, 북방에 적게 하겠느냐며 북관의 충신, 효자, 열녀, 그리고 문한과 글씨에 능한 사람들을 일일이 거론하여 설득하고 난 후 다른 선비들에게 이르기 위해 이를 기록한다고 하였다.[71] 이는 작자가 북관 사람들의 삶을 단순히 있는 그대로 파악하고, 이해하는 데에서 한 걸음 더 나아가 그 나름의 의미와 가치를 찾으면서 긍정적으로 인식하려 했다는 것을 말해준다.

3) 교유와 유람, 시를 통한 유배생활의 형상화

일정한 장소, 그것도 낯설기만 한 장소를 벗어날 수 없는 유배객의 대부분은 가족과 고향에 대한 그리움과 외로움 속에서 갑갑하고 단조로운 하루하루를 보낼 수밖에 없었을 것이고, 유의양도 예외는 아니었을 것이다. 그렇다면 작자가 지역민의 삶의 모습을 관찰하는 것 이외의 갑갑하고 단조로운 유배생활의 일상은 어떻게 제시하고 있는지 살펴보자.

70 〈남해문견록〉에서는 효우와 언행이 출중한 이성삼이라는 인물을 소개하고 그와 직접 교유한 사실을, 또 개가 권유를 뿌리치고 자결한 연대라는 열녀의 행적을 자세히 제시하였으며, 〈북관노정록〉에서도 효녀와 열녀의 행적을 그때그때 자세히 소개하고 있다.

71 『북관노정록』, 140~141면.

〈남해문견록〉은 앞에서 언급한 것처럼 여정에 대한 서술이 생략되어 있어 유배생활에 대한 내용이 작품의 대부분을 차지하고 있다. 그런데 이 유배생활에 대한 서술은 금산(錦山) 유람과 유배생활의 일상에 대한 내용으로 이루어져 있다.

날짜가 밝혀져 있지 않아 언제 금산 유람을 했는지 정확히 알 수는 없지만 작자가 남해에 이르러 거처를 정했다고 한 다음 곧 이어 금산 유람에 대해 서술하고 있는 것을 보면 남해에 온 지 얼마 되지 않아 금산에 올랐던 것으로 짐작된다. 삼배도 압송의 명을 받았기 때문에 오는 길에 전주와 남원의 조상 묘소도 들르지 못하고, 남해에 도착해서도 충렬사를 바라만 보고 가까이 둘러보지 못했지만 거처를 정한 다음에는 근처의 승경인 금산을 유람했던 것으로 보인다. 작자는 금산의 목화봉(木鞾峰)에 올라 남쪽의 유혈도(有穴島)를 바라보고, 목화봉 아래 의상대(義湘臺)와 주위의 경물을 둘러보았다. 자기가 보고 들은 것을 묘사·설명하면서 좋은 배에 돛을 달고 유혈도 밖의 하늘가를 보고 싶지만 그럴 수 없다며 '부상(扶桑)을 궁진(窮盡)히 보지 못함을 한한다'는 옛사람의 말이 그르지 않다고 하여 탐승에 대한 욕망을 드러내기도 하였다.

유람에 대한 서술에 이어 작자는 주변 인물과의 교유, 그리고 그들과 주고받은 대화를 중심으로 유배생활의 일상적 모습을 제시하였다. 작자는 자기보다 조금 뒤에 귀양 온 유언호(俞彦鎬)와 이웃하여 자주 왕래하면서 집안 형편, 교유와 벼슬살이의 도리 등에 대해 서로 주고받은 대화를 소개하기도 하고, 이성삼이란 남해의 효자와 교유하면서 주고받은 대화를 제시하기도 하였다. 또 자기가 거처하는 집의 주인이나 주위 사람들과의 대화를 제시하기도 하였는데 이러한 남해 사람들과의 만남과 대화는 일상의 사소한 모습을 제시할 뿐 아니라 앞의 포척의 경우처럼 지역민들의 삶을 이해하고, 남해라는 장소에 대한 인식을 새롭게 하는 계기가 되기도 한다.

작자는 남해의 경우와 마찬가지로 종성에서도 북관의 선비들, 그리고 그곳에서 벼슬하는 사람들과 교유하며 지냈는데 그들은 작자를 찾아와 보기도 하고, 서찰을 보내기도 하였다. 그런데 그들과의 교유에 대한 서술은 작자 외숙의 청렴과 그것을 본받으려는 작자의 태도에 초점이 놓여 있다. 작자의 외숙 한억증(韓億增)은 세상을 떠난 뒤 집을 팔아 장례를 치를 정도로 청렴하였는데 북관에 북평사로 왔을 때에는 병영에서 지어 올리는 옷을 입지 않았다고 한다. 작자는 외숙을 알고 있는 북관 선비들과 외숙의 어짊을 이야기하고, 그 청렴을 본받아 그들이 주는 북관의 명물인 삼베를 전혀 받지 않고 돌려보내 그들이 고집스럽게 여길 정도였다. 양식 문제를 비롯한 귀양살이의 어려움이 있었지만 작자는 외숙의 청렴으로 스스로를 경계하며 지냈던 것이다.

그런데 종성 유배생활의 제시에서 주목할 만한 것은 유배에 대한 회포, 가족에 대한 그리움과 걱정 등을 시로 형상화하고 있다는 점이다. 〈남해문견록〉에는 유배의 고통이나 회포에 대한 언급을 별반 찾기 어려운데 북관의 경우는 사정이 다르다. 3년을 연이어 각처로 귀양을 다니게 되자 때때로 솟구치는 유배의 고통을 숨기기 어려웠던 듯하다.

작자는 종성에 도착한 직후 해마다 귀양을 다니는 회포를 시를 지어 제시하였다. '시편은 반이나 근심 속에서 얻었고, 빈발은 많이 마상에서 희었다(詩篇半是愁中得 鬢髮多從馬上編)'는[72] 구절에서 거듭되는 귀양살이에 지친 유배객의 모습을 확인할 수 있다. 또 자기 9대조가 종성으로 귀양 와 병으로 고생을 했고, 8대조가 종성부사를 지냈다고 하면서 자기가 그런 종성으로 귀양을 오게 된 감회를 시로 표현하기도 하였다.

작자의 고통은 가족에 대한 걱정과 그리움으로 인해 한층 심해질 수밖에 없었다. 작자는 이천여 리 밖에서 집을 생각하니 심사를 정치 못하겠다며 집에서 편벽되게 군 것을 후회하기도 하고, 귀양살이를 하고 있는 자기와 매부, 두 사람의 불행을 한탄하기도 하고, 자기가 귀양 올 때 아들이 머리에 피가 흐르는 채 넘어지면서도 자기를 쫓아오던 모습을 회상하며 밤중에 홀로 앉아

72 위의 책, 67면.

창연(愴然)함을 금치 못한다고 하였다. 그러면서 작자는 아들이 보낸 시에 차운하여 당부의 말을 전하고, 어린 딸에게도 울음을 달래기 위해 시를 지어 보냈다.

하지만 해배 소식을 듣고 마음이 가라앉자 작자는 겨울이어서 백두산을 오를 수는 없지만 서수라를 지금 보지 않으면 다시 보기 어려울 것이라는 생각에서 온성, 경원을 거쳐 경흥에 이르러 두만강 너머 팔지(八池)를 바라보고, 적지와 굴신포를 거쳐 서수라에 도착하여 자기 생일날 일출을 구경한 다음 주변 경관을 둘러보고, 다시 종성으로 돌아와 귀환 길에 오른다.

이처럼 작자는 〈남해문견록〉의 경우에는 주위 사람들과의 교유와 대화를 중심으로 유배생활의 일상적 모습을, 〈북관노정록〉에서는 주위 사람들과의 교유 외에 가족에 대한 그리움과 걱정을 시로 형상화하거나 직접 토로하면서 유배생활의 고통을 제시하고 있다. 그렇게 제시된 유배생활 중에 떠난 유람은 단조로운 유배의 일상을 깨뜨리는 방편이기도 했고, 유배의 고통에서 벗어나 집으로 돌아가게 된 기쁨과 기대의 표현이기도 하였을 것이다.

4. 작자의식

앞에서 살펴본 바와 같이 유의양은 장소와 관련된 역사적 사건과 시의 제시를 통해 여정을 구성하고, 지역민의 삶의 모습과 방식을 자세히 관찰함으로써 유배지를 나름으로 이해하고자 하였고, 유배지 사람들과의 교유와 대화를 중심으로 유배생활을 제시하였다.

유배체험을 이러한 방식으로 제시한 것은 〈남해문견록〉과 〈북관노정록〉의 특징이라 할 만하다. 같은 국문 자료인 김약행(金若行)의 〈적소일기(謫所日記)〉는 작자가 만 7년간 진도에서 겪은 다단한 유배생활의 고통을 제시하고 있고,[73] 조부의 유배 길을 배행하고 쓴 박조수(朴祖壽)의 〈남정일기(南征日

記)〉는 출발해서 귀환할 때까지의 과정을 자세히 기록하고 있는데[74] 이 작품들은 서술의 초점이 기록자 본인의 체험과 내면에 줄곧 맞춰져 있어 〈남해문견록〉이나 〈북관노정록〉과는 차이가 있다.

그렇다면 유의양이 자기의 유배체험을 그러한 방식으로 제시한 이유는 무엇인가. 그 해답을 얻기 위해서는 작자의 의식을 검토할 필요가 있는데 〈남해문견록〉에 제시된 다음의 진술에서 작자가 지니고 있던 의식의 일단을 확인할 수 있다.

> 내 일시(一時) 귀향으로 와셔도 벼ᄉᆞᆯᄒᆞ는 몸으로 온 후ᄂᆞᆫ 각쳐(各處) 관방지형(關防地形)과 ᄉᆡᆼ민질고(生民疾苦)ᄅᆞᆯ 샹시(常時)의 뉴의(留意)ᄒᆞ여 보ᄂᆞᆫ 거시 올흐매 금산 올나 구경(求景)ᄒᆞᆯ 적 사ᄅᆞᆷ들이 바회나 슈목(樹木)들이나 구경코져 ᄀᆞᄅᆞ치며 일ᄏᆞᄅᆞᄃᆡ 내 도노 원근(遠近)과 슈륙(水陸) 험이(險易)ᄅᆞᆯ 뭇고 ᄉᆞᆯ피며 쳠만호(僉萬戶) 안친 지형을 ᄉᆞᆯ펴 보니 남ᄒᆡ ᄒᆞᆫ 셤이 경샹(慶尙) 젼나(全羅) 두 도 ᄉᆞ이의 이셔 과연 나라 요튱지지(要衝之地) 되어 남방(南方)의 큰 관방이 되야시되 ᄒᆞᆫ 현감(縣監)을 두어 심샹(尋常)ᄒᆞᆫ 고을쳐로 ᄇᆞ려 두어시니 이런 일은 소우(疎虞)ᄒᆞᆫ 근심이 잇더라[75]

작자는 남해의 지형을 언급하면서 임진왜란 때 왜적이 노량으로 들어온 이유를 추정한 후 위와 같이 말하였다. 자기가 귀양을 와 있기는 하지만 벼슬하는 관료이기 때문에 나라를 지키는 각처의 지형과 백성들의 질고(疾苦)를 항상 유의하여 보는 것이 옳다고 하면서 그렇기 때문에 금산을 유람하면서도

73 이승복, 「〈적소일기〉의 문학적 성격과 가치」, 『고전문학과 교육』 5, 한국고전문학교육학회, 2003. 2. 참고.

74 이승복, 「유배체험의 형상화와 그 교육적 의미」, 『고전문학과 교육』 14, 한국고전문학교육학회, 2007. 9. 참고.

75 〈남해문견록〉, 231~232면.

길의 멀고 가까움, 바다와 육지의 험하고 평탄함을 살피고 첨사(僉使)와 만호(萬戶)를 두어 군대를 배치한 지형을 살폈다고 하였다. 그리고 이어 나라의 요충지인 남해를 조정에서 평범한 고을처럼 소홀하게 여기는 것이 걱정이라고 하였다. 곧 작자는 귀양살이를 하면서도 스스로를 벼슬하는 관료로 인식하여 남해의 지형과 백성의 괴로움에 관심을 기울이고 있었다는 것이다.

작자가 금산 서쪽의 용문사(龍門寺)를 둘러보고 산성을 쌓을 만한 곳인데 근래 사람들이 이런 일에 염려가 적다며 한탄하기도 하고, 포척의 고단한 삶에 관심을 보이며 그에 대해 현감과 대화를 나누기도 하고, 남해의 녹용 진상을 중지하여 백성과 짐승에게 은혜를 미친 영조의 덕을 칭송하기도 한 것 모두 이러한 의식에서 연유한 것이라 할 수 있다.

그런데 백성의 질고를 돌아보려는 작자의 관심은 자연스럽게 지역민의 삶의 모습 전반에 대한 관심으로 확대될 수밖에 없다. 백성들의 질고를 돌아보기 위해서는 그들의 삶 전반을 면밀히 살펴야 하기 때문이다. 남해에서 포척의 질고뿐 아니라 장례나 혼례를 비롯한 남해 사람들의 삶의 모습을, 그리고 북관에서 두만강을 건너 오랑캐 땅으로 들어가 땔감을 구해야 하는 그곳 사람들의 어려운 사정과 아울러 앞에서 언급한 그들의 갖가지 삶의 방식과 모습을 자세히 관찰하고 기록한 이유가 거기에 있을 것이다.

한편 〈북관노정록〉에서 작자가 여정을 구성한 방식 또한 이러한 의식과 어느 정도 연관된다고 할 수 있다. 작자는 여정을 서술하면서 장소 사이의 거리와 방향, 장소의 연혁과 지리적 상황을 제시하고, 성을 쌓았는지, 첨사나 만호를 두었는지를 밝히고 있다. 거리를 제외하면 모든 장소에 이런 내용이 다 언급되어 있지는 않지만 이를 통해 북관에서도 나라의 방비와 관련해 지리적 상황을 살피려는 작자의 여전한 관심을 확인할 수 있다.

나아가 장소에 얽힌 역사에 대한 관심 역시 관료라는 자각과 무관하다고 하기 어렵다. 그것은 여정에 대한 서술 가운데 언급된 중요한 역사적 사건이 임진왜란 때의 정문부의 활약과 조선 창업의 신성성에 집중되어 있다는 점 때문이다. 충신을 기리고 국가 창업을 칭송하는 것이 비단 관료만의 일은 아니겠지만 역사적 사건의 사소한 부분도 놓치지 않으려는 작자의 태도는 그것을 기록해야 한다는 어떤 책임감에서 비롯된 듯한 인상을 줄 정도이다.

그런데 시를 통해 장소를 인식하고, 여정을 구성한 것은 그의 관료의식만으로는 설명하기 어렵다. 작자가 기존의 시나 스스로 지은 시를 통해 경관을 확인하거나 노래하기도 하고, 장소나 인물의 역사적 의미를 재인식하기도 하고, 자기의 감회를 제시하기도 한 것은 작자가 관료일 뿐만 아니라 일상에서 시를 짓고, 향유하는 문인이었기 때문이다. 문인이 낯선 곳을 여행하면서 기존의 시를 통해 짐작만 하던 경물을 직접 확인하고, 스스로 시를 지어 자기의 느낌을 표현하는 것은 전혀 특이한 일이 아니었다. 작자는 자기가 의도한 여행이 아니라 죄인의 신분으로 떠난 유배 길이지만 그러한 문학적 관습과 관심에 따라 장소와 연관된 시를 기억해내고, 짓기도 했을 것이다.

요컨대 작자가 역사와 문학을 통해 여정을 구성하고, 지역민의 삶의 모습을 통해 유배지를 인식하는 방식으로 유배체험을 제시한 데에는 그가 지니고 있던 관료문인으로서의 의식이 강하게 작용하고 있었다고 할 수 있다.

한편 그러한 방식을 택한 이유로 작자 개인의 사정이나 내면을 좀더 고려해 볼 수 있을 듯하다. 우선 작자가 해를 이어 세 번씩이나 유배를 간 것은 그가 당쟁이나 권력 쟁투에 깊이 관여하거나 심각한 문제를 일으켜서가 아니라 영조의 일시적인 노여움 때문이었다는 점을 생각해 볼 필요가 있다. 유배의 이유가 그렇기 때문에 그는 유배 기간 동안 적대 세력과의 갈등으로 인한 고통이나 회한에 신음하기보다는 다소 마음의 여유를 가지고 관료문인으로서의 의식을 견지하면서 유배 길과 유배지의 여러 사실들을 관찰하고 기록할 수 있었을지 모른다.

또 하나는 그러한 제시 방식이 작자로 하여금 유배의 고통과 어느 정도 거리를 두게 하는 효과를 지닐 수 있었다는 점이다. 정도의 차이는 있겠지만 유배객에게 유배는 그 자체로 고통이 아닐 수 없을 것이다. 고통에 대한 언급을 거의 찾을 수 없는 〈남해문견록〉에서도 작자는 배를 타고 남해로 들어가면서 '북쪽을 바라보니 운산(雲山)이 첩첩하고 가국(家國)이 천리 밖에 있어 육로로 올 적과 마음이 다르다'[76]고 하여 유배로 인한 고통의 일단을 내비쳤다. 나아가 〈북관노정록〉에서는 '수천 리를 구치(驅馳)하여 천산만수를 지나 천 번 노고하고 만 번 간신(艱辛)하여 오기에 종성 땅을 비로소 디디니 마음에 기쁘기가 내 집에 온 듯'[77]하다고 하여 행역의 어려움을 토로하기도 하고, 가족에 대한 그리움과 걱정 때문에 슬픔을 금치 못한다고 하기도 하였다. 이는 작자가 유배의 고통에 초연하지만은 않았다는 것을 말해준다.

그럼에도 불구하고 작자가 유배의 고통을 부분적으로만 드러내면서 여정과 유배지를 그런 방식으로 제시하고 있는 것은 자기의 내면을 들여다보며 고통스러워하기보다는 외부로 눈을 돌려 관찰하고, 이해하고, 인식해서 기록하는 데 집중하는 것이 그러한 고통에서 다소 벗어날 수 있는 좋은 방법일 수 있기 때문이라는 것이다. 장소와 연관된 역사적 사건을 돌이켜보고, 그곳을 노래한 시를 기억해내거나 새로 짓고, 또 유배지 사람들의 삶의 모습을 면밀하게 관찰하는 것은 낯선 곳을 친숙한 곳으로 바꿔가면서 스스로를 달랠 수 있는 효과적인 방법일 수 있었을 것이다. 이에 따라 작자가 유배체험을 그런 방식으로 제시한 이유를 구명하기 위해서는 작자 스스로 유배의 여정과 유배지에 대한 인문지리적 관심을 통해 고통과 거리를 두려 했을 수 있다는 점을 아울러 고려할 필요가 있다.

76 위의 글, 221면.

77 『북관노정록』, 66면.

5. 맺음말

이 글에서는 18세기의 관료문인인 유의양이 자기의 유배체험을 기록한 〈남해문견록〉과 〈북관노정록〉을 대상으로 작품에 제시된 유배체험의 양상과 작자의식을 검토하였다. 유의양은 영조의 일시 노여움으로 3년 동안 남해, 아산, 종성의 세 군데로 유배를 갔는데 남해와 종성의 유배체험을 〈남해문견록〉과 〈북관노정록〉에 각각 기록하였다. 〈남해문견록〉은 여정보다 유배생활을 중점적으로 다루고 있는 데 비해 〈북관노정록〉은 여정과 유배생활 모두를 자세히 서술하고 있다.

여정을 서술하면서 작자는 자기가 지나는 장소에 얽힌 역사적 사건이나 설화를 자세하게 제시하고 있는데 그 가운데에는 임진왜란 당시 활약한 의병장 정문부의 행적과, 익조·도조의 사적이 큰 비중을 차지하고 있다. 또 작자는 여정의 곳곳에서 장소와 관련된 옛사람의 한시를 통해 그들이 노래한 경관을 자기 눈으로 직접 확인하기도 하고, 그들의 처지와 감회에 공감하면서 자기의 현재를 돌아보기도 하였으며, 스스로 시를 지어 회포를 드러내기도 하였다. 작자가 여정을 이처럼 구성한 것은 지나는 장소들을 역사적이고 문학적인 의미망 속에서 이해하고, 인식하려 했다는 것을 의미한다.

또한 작자는 유배지 지역민들의 삶의 모습과 방식을 유배의 일상 속에 포함하거나, 별도로 항목을 나눠 상당히 구체적으로 제시하고 있다. 이는 작자가 산물, 장례나 혼례 풍속, 음식, 가옥 구조, 방언 등 다양한 삶의 모습에 대한 관찰을 통해 지역민의 삶을 환경과 상황에 따라 있는 그대로 이해하고, 인식하려 했다는 것을 말해준다. 한편 작자는 주위 사람들과의 교유와 대화를 중심으로 유배의 일상적 모습을 제시하기도 하고, 가족에 대한 그리움과 걱정을 시로 형상화하거나 토로하면서 유배의 고통을 드러내기도 하고, 유람을 통해 갑갑하고 고통스런 일상에서 벗어나는 모습을 제시하기도 하였다.

이처럼 작자는 역사와 문학을 통해 여정을 구성하고, 지역민의 삶의 모습과 방식을 자세히 관찰함으로써 유배지를 나름으로 이해하고자 하였으며, 유배지 사람들과의 교유와 대화에 관심을 기울이며 유배생활을 제시하였다. 유배체험을 이러한 방식으로 제시한 것은, 작자 스스로 언급하고 있듯이 그가 유배 중에도 자신을 벼슬하는 관료로 인식하여 유배지의 지리적 상황과 백성들의 질고를 살피려 했다는 점, 그리고 그가 관료이면서 동시에 문인이기도 했다는 점에서 그 이유를 찾을 수 있다.

아울러 유배체험이 그렇게 제시된 데에는 세 차례에 걸친 유배의 이유가 그리 심각하지 않아 작자가 유배 기간 동안 마음의 여유를 조금이나마 가질 수 있었으리라는 점, 그리고 자기의 내면을 들여다보며 고통스러워하기보다는 눈을 밖으로 돌려 여정과 유배지에 관심을 기울이는 것이 작자로서는 유배의 고통과 어느 정도 거리를 두는 방법일 수 있었다는 점을 고려할 필요가 있다.

〈적소일기〉의 문학적 성격과 가치

1. 머리말

〈적소일기(謫所日記)〉는 선화자(仙華子) 김약행(金若行, 1718~1788)이 진도 금갑진(金甲鎭)에서 유배생활을 하면서 겪은 여러 사건과 일들을 국문으로 기록한 작품이다. 선화자가 활동하던 영·정조대는 탕평책이 실시되어 표면적으로는 당쟁이 다소 수그러진 것처럼 보이지만 이면에서는 앞선 숙·경종조의 잦은 환국과 사화에 따른 후유증으로 치열한 갈등과 대립이 내연하고 있던 시기였다. 선화자는 그 와중에서 노론의 입장을 강경하게 내세웠고, 그 때문에 수차에 걸친 유배생활을 하다가 마침내 적소에서 세상을 떠나고 말았다. 〈적소일기〉는 그가 이 마지막 유배지에서 세상을 떠나기 직전 그곳에서 겪은 유배의 고통을 기록한 것이다.

이 글에서는 이러한 〈적소일기〉가 지니고 있는 문학적 성격과 가치를 살펴보고자 한다. 이를 위해 먼저 작자의 삶과 의식을 그의 가문적 배경, 시대적 상황 등과 관련지어 살피고, 이를 바탕으로 이 작품의 서술, 구조, 내용의 특징적인 모습을 검토할 것이다.

〈적소일기〉는 1책 32장의 국문필사본 형태로 전해지고 있다. 표제는 '謫所日記', 권수제(卷首題)는 '젹소일긔'인데 권수제 밑에는 '戊申'이라 적혀있다. 그리고 권말에는 구체적으로 누구인지 알 수는 없지만 선화자의 종제 중 한 사람이 선화자의 행적과 인품을 기록한 '션화죵시유ᄉ(仙華從氏遺事)'가 첨부되어 있다. 매면 12~15행, 매행 23~27자 정도로 필사되어 있으며, 대부분이 능숙한 흘림체로 되어 있으나 간혹 다소 서툰 정자체로 쓴 부분들이 있는 것으로 보아 두 사람에 의해 필사된 것으로 보인다.[78]

2. 작자와 시대 배경

1) 가문적 배경

〈적소일기〉의 작자인 김약행은 본관이 안동, 자는 자유(子有)로 1718년(숙종44) 김시일(金時逸)의 장자로 태어났다. 병자호란 때 강화도에서 순의한 우의정 선원(仙源) 김상용(金尙容)의 5대손으로 고조는 이조참판 김광현(金光炫), 증조는 면천군수 김수빈(金壽賓), 조부는 세자익위사부수 김성익(金盛益)이다. 이처럼 선화자는 조선후기 벌열인 안동 김씨 노론가에서 출생하였다. 선화자의 가문은 고조 김광현 이후 홍주에 세거함으로써 숙종조의 잦은 환국의 소용돌이를 비켜갈 수 있었던 것으로 보인다. 그러나 그러한 상황이 언제까지나 지속될 수는 없었다.

경종조에 들어 노론과 소론의 치열한 대립은 결국 신임사화(辛壬士禍)로 불거지게 된다. 1721년(경종1, 신축) 8월 20일 정언 이정소(李廷熽)가 저사(儲嗣) 세울 것을 청하는 상소를 올리자 노론 대신들인 김창집(金昌集), 이건명(李健命), 조태채(趙泰采), 민진원(閔鎭遠) 등은 경종에게 건저(建儲)를 건의하여 경종의 윤허와, 연잉군(延礽君, 영조)을 저사로 세운다는 대비 인원왕후(仁元王后)의 수필(手筆)을 받는다. 이에 소론들이 반발하여 사직 유봉휘(柳鳳輝)가 건저를 독촉하듯 했다며 대신들의 죄를 다스릴 것을 청하기도 하였다. 하지만 이미 결정된 저사를 다시 번복할 수는 없었다.

78 이 글에서는 선화자의 8대손인 김희동(金羲東) 선생이 소장한 원본을 대상으로 하였다.

10월 10일 집의 조성복(趙聖復)이 상소하여 세제의 참청(參聽)을 청하자 경종은 한 걸음 더 나아가 세제로 하여금 청정(聽政)케 하라는 비망기를 내렸다가 최석항(崔錫恒)의 청으로 명을 환수하였다. 그러나 13일 경종은 다시 대리청정의 명을 내렸고 대신들이 정청(庭請)하여 환수를 청했지만 받아들이지 않았다. 대신들의 정청이 계속되던 16일에도 경종은 '병이 있어 정무를 보지 못하니 그렇다면 신하들이 보는 것이 옳겠는가 아니면 세제가 보는 것이 옳겠는가'라고 하면서 대리청정에 대한 자신의 뜻을 굽히지 않았다. 그러자 김창집, 이건명, 이이명(李頤命), 조태채 등 이른바 노론사대신은 최석항, 이광좌(李光佐) 등 소론측의 반대 속에서 정청의 중지를 의논하고, 그 다음날 지난 정유년(1770)에 경종이 세자로서 대리청정할 때의 절목에 따라 세제의 청정을 청하는 연명의 차자를 올리고 정청을 중지하였다. 이에 소론들이 강력하게 반발하였는데 이날 밤 소론 대신 조태구(趙泰耉)가 입시하자 김창집을 비롯한 노론 대신들이 뒤따라 들어가 다시 대리청정의 명을 환수해줄 것을 청하여 허락을 받았다.

이후 12월에 세제의 참청을 청한 조성복과 연명의 차자를 올린 노론사대신의 처벌을 청하는 김일경(金一鏡), 이진유(李眞儒)의 상소가 올라오자 승지들이 경종에게 엄히 통척할 것을 청하였다. 그러자 경종은 자신의 천심(淺深)을 엿본다고 꾸짖으며 승지들을 파직하고 삼사의 신하들을 삭출하였으며 노론사대신을 절도에 위리안치하였다. 이에 따라 정국은 소론의 주도 아래 놓이게 되었다.

노론사대신 중 김창집은 선화자의 조부인 김성익과 8촌간이고, 이건명은 김성익의 매부이며, 이이명과 김성익은 사돈간이었다.[79] 따라서 이러한 신축환국이 선화자 집안에 직접적인 피해를 입히지는 않았지만 적지 않은 충격을 주었을 것임은 충분히 짐작할 수 있다.

---

79 김성익의 큰며느리, 곧 김시발(金時發)의 부인이 이이명의 딸이다.

하지만 곧 이어 이듬해에 벌어진 임인옥사는 선화자 집안에 직접적인 충격과 피해를 가하게 된다. 1722년(경종2, 임인) 3월 목호룡(睦虎龍)의 고변이 있었는데 이기지(李器之), 이희지(李喜之), 김민택(金民澤), 김성행(金省行) 등을 비롯한 노론가의 자제들이 경종을 제거하기 위해 삼수(三手), 곧 자객을 보내 암살하는 대급수(大急手), 궁녀로 하여금 독살하는 소급수(小急手), 그리고 숙종의 유조(遺詔)를 위조하여 폐출하는 평지수(平地手) 등을 도모하였다는 것이다. 이에 따라 대대적인 옥사가 벌어져 노론사대신이 사사 혹은 참형되는 등 노론들이 대대적으로 처형되었는데 이 과정에 김성익의 서제인 김성절(金盛節)이 연루되어 국문을 받고 복주(伏誅)되었다.[80]

이에 따라 김성익의 아들들, 곧 선화자의 아버지 김시일을 비롯한 김시발(金時發), 김시철(金時哲), 김시술(金時述), 김시길(金時吉), 김시눌(金時訥) 형제들이 모두 연좌되어 귀양을 가게 되었다. 후일 홍치중(洪致中)이 영조에게 김성익의 여섯 아들들을 용서해 줄 것을 청하여 귀양에서 풀려나지만[81] 이들은 10년간의 고된 유배생활을 할 수밖에 없었다. 이 시기는 선화자의 나이가 5세에서 15세까지의 기간, 곧 유소년기에 해당하기 때문에 선화자는 겨우 지각이 나기 시작한 어린 시절부터 당쟁에 의해 빚어진 가화(家禍) 속에서 자랐다고 할 수 있다. 이는 그가 출사 후 노론의 정치적, 사상적 태도와 입장을 누구보다 강하게 내세우도록 한 원인이 되었을 것으로 보인다.

2) 작자의 생애와 시대적 상황

선화자는 소시에 종형인 김교행(金敎行),[82] 족숙인 김신겸(金信謙)[83]에게

80 이상 신임사화에 관해서는 『경종실록』과 이희환, 『조선후기당쟁연구』, 국학자료원, 1995, 207~249면 참고.

81 『영조실록』, 8년 3월 7일조.

82 선화자의 백부인 김시발의 아들.

훈도를 받고, 이후에는 남당(南塘) 한원진(韓元震)을 사사하였다. 이에 따라 그는 이이(李珥), 송시열(宋時烈), 권상하(權尙夏) 등을 거쳐 한원진으로 이어진 호론계(湖論系) 노론 학맥에 위치하고 있다고 할 수 있다.

선화자는 50세인 1767년(영조43)에 알성시에[84] 급제하여 벼슬길에 나서게 된다. 이듬해 세자시강원 설서를 거쳐 사간원 정언이 되었는데 이때 올린 상소가 문제 되어 흑산도로 귀양가면서 삼배도(三倍道) 압송을 당하게 된다.[85] 선화자의 상소는 어명에 의해 소각되었기 때문에 전해지지 않는다. 하지만 『실록』의 단편적인 기록들을 통해 당시 상소가 사공(司空)[86] 이하에게 제사를 지낼 것, 교체(郊禘)의 예를 행하고, 태묘에 구헌(九獻)과 팔일(八佾)의 의절을 행할 것, 인조 이하 오묘(五廟)에 휘호(徽號)를 소급해 올릴 것 등을 청하고, 한편으로 박세채(朴世采)를 비판하는 내용으로 이루어져 있었음을 알 수 있다.

우선 주목할 것은 교체, 팔일 등 천자의 예와 의절을 행하자는 주장이다. 병자호란 직후 조선에는 청에 대해 복수설치하자는 대청복수론, 곧 북벌론이 척화론을 계승하여 대두하였는데 이러한 북벌론은 임진왜란 때 군대를 보내 도와준 명에 대해 의리를 지키자는 대명의리론과 맞물려 전개되었다. 이후 북벌의 가능성은 점차 희박해졌지만 대명의리론은 보다 강화되어 명의 은혜, 즉 재조지은(再造之恩)을 잊지 않는다거나 명에 대해 의리를 지킨다는 차원을 넘어서서 조선이 곧 중화라는 조선중화사상으로 확대되었다. 명이 멸망하기 이전에는 성인의 중화지도가 명에 있었고 조선은 소중화에 불과했지만 명이 멸망한 상황에서는 조선만이 유일한 중화 문화의 계승자라는 것이다.

83 김창업(金昌業)의 아들.

84 1833년(癸巳)에 간행된 『안동김씨세보』에는 정시(庭試)에 급제한 것으로 되어 있으나 『문과방목』에는 알성시에 급제한 것으로 기록되어 있다.

85 『영조실록』, 44년 5월 10~12일조.

86 전주 이씨의 시조인 신라 사공(司空) 이한(李翰).

이러한 인식에 철저했던 송시열의 유지를 받들어 그 제자 권상하를 비롯한 노론측에서는 화양동(華陽洞) 계곡에 만동묘(萬東廟)를 지어 임란 때 군대를 파병하여 지원했던 명 신종(神宗)과 병란 때 조선에 대한 지원을 결정했던 명나라 마지막 황제 의종(毅宗)을 제사지냈다. 그리고 명 멸망 일주갑이 되는 1704년 숙종은 자신이 직접 발의하여 신종을 제사지내는 대보단(大報壇)을 창덕궁 북원(北苑)에 세웠다. 이는 왜와 여진에 의해 동아시아 질서가 파괴되고 명이 멸망하여 중화 문화의 질서가 완전히 붕괴된 상황에서 조선이 중화문화의 유일한 계승자임을 국가적 차원에서 천명하는 것이었다.

노론측으로서는 이러한 대보단 설치가 송시열의 이념, 곧 성리학적 명분론에 입각한 북벌대의와 대명의리를 내세워 양란 이후의 후유증을 치유하고 국력의 재정비를 도모하고자 했던 정신을 재확인하는 좋은 기회가 될 수 있어 숙종의 발의에 적극적으로 호응하였다. 이에 비해 소론측은 대보단 설치에 원론적으로는 동의하였지만 제후가 천자를 제사지낼 수 없다는 예론상의 문제, 청나라에 기밀이 새어나갈 경우 커다란 위험이 따를 수 있다는 우려 등을 내세워 소극적인 태도를 보였다. 그런데 소론들의 이러한 태도의 이면에는 대보단 설치가 결과적으로는 송시열을 비롯한 노론측의 이념을 구체화하는 것이라는 점이 작용하고 있었다. 이후 영조는 1749년 황단(皇壇)으로도 불린 대보단에 명 태조와 의종을 신종과 함께 제사지내도록 하였으며, 이후로는 임병 양란의 충신, 열사들을 배향하여 중화 질서의 수호자로 현창하였다.[87]

천자의 예와 의절을 행하자는 선화자의 주장은 이러한 조선중화사상의 연장선상에 놓여 있다고 할 수 있다. 그것을 행하자는 것은 조선중화사상을 보다 강화된 형태로 구체화하자는 것이기 때문이다. 하지만 이는 당시 노론 일반의 의식보다 한 걸음 더 나아간 무리한 주장으로 간주될 소지가 있었던 것은 사실이라 할 수 있다.

87 정옥자, 『조선후기 조선중화사상 연구』, 일지사, 2001, 66~183면 참고.

선화자의 상소가 야기한 또 하나의 문제는 박세채에 대한 비판이었다. 현재 그 비판의 구체적인 내용을 확인할 수는 없지만 황해도 유생 양응중(梁應重) 등의 상소에[88] 선화자가 황극(皇極)의 대도(大道)를 비난하고 모욕했다는 말이 있는 것으로 보아 선화자가 박세채의 탕평 주장을 비판했으리라 짐작된다. 박세채는 숙종에게 차자를 올려 황극의 도, 즉 탕평을 적극 주장한 바 있으며,[89] 선화자의 상소가 있기 4년 전 영조는 자신이 황극의 의리로 힘쓰는 데에 있어서는 박세채에게 감명을 받은 바 있다며 박세채를 문묘에 종향하도록 하였었다.[90]

하지만 노론측은 대체로 영조의 탕평책에 부정적인 시각을 지니고 있었다. 영조 즉위 후 노론은 신임사화를 일으킨 소론에 대한 처벌을 요구하였다. 영조의 입장에서도 노론들이 자신을 세제로 옹립하는 과정에서 희생되었기 때문에 그러한 노론들을 계속 역적으로 남겨놓을 수는 없었다. 이에 처음에는 소론측의 반발 때문에 김일경, 목호룡 등 일부만을 처벌할 수밖에 없었지만 즉위 다음 해인 1725년에는 환국을 단행하여 노론들을 대거 요직에 등용하고, 신축·임인년의 일을 무고라고 판정하는 이른바 을사처분을 내린다.

이에 집권 명분을 확보한 노론들은 유봉휘, 이광좌, 조태구, 조태억(趙泰億), 최석항 등을 위시한 소론에 대한 치죄를 극력 주청하였다. 하지만 당쟁의 폐해를 잘 알고 있던 영조는 이러한 주장에 소극적으로 대처하다가 급기야는 1727년 노론들을 대거 축출하고 소론을 등용하는 정미환국을 단행하였다. 이에 따라 노론사대신 등이 다시 역안(逆案)에 놓이게 되어 충역시비(忠逆是非)는 을사환국 이전의 상황으로 되돌아가고 말았다. 그러나 소론들은 경종대에 세제인 영조를 배척하기도 하고, 이로 인해 영조 즉위 후 축출을 경험하기도

88 『영조실록』, 44년 7월 6일조.

89 『숙종실록』, 20년 6월 4일조.

90 『영조실록』, 40년 5월 15일조.

했기 때문에 그들로서는 노론을 탄핵하기는 하였으나 현상 유지가 더 절실한 현안이었다. 또한 이인좌(李麟佐), 박필현(朴弼顯), 정희량(鄭希亮) 등 소론 강경파와 일부 남인들이 경종 독살설을 유포하면서 영조의 정통성을 부정하는 무신란(戊申亂)을 일으키자 집권 소론의 입지는 더욱 좁아질 수밖에 없었다. 이러한 소론의 불안한 집권 상황과 왕권의 회복을 추구하는 영조 입장의 접점에서 구체화된 것이 바로 탕평책이다. 이에 영조는 이른바 탕평파로 불리는 조문명(趙文命), 송인명(宋寅明), 조현명(趙顯明) 등 소론 온건파들을 중용하면서 탕평책을 펼쳐나갔다.

그러면서도 영조는 1729년에는 노론사대신 가운데 이건명, 조태채는 신원하고, 김창집과 이이명은 그들의 이름과 자손이 임인년 역초(逆招)에 나왔으므로 죄안에 그대로 둔다는 기유처분을 내렸다. 이후 1740년에는 김창집과 이이명을 복관하고 삼수역안(三手逆案)의 명칭을 임인국안(壬寅鞫案)으로 고쳐 삼수역모를 무옥(誣獄)으로 판정하는 경신처분을 내렸고, 다음 해인 1741년에는 임인국안을 소각하되 김용택(金龍澤), 이천기(李天紀), 이희지, 심상길(沈尙吉), 정인중(鄭麟重) 등 5인은 역적으로 단안하여 별안에 둔다는 신유대훈(辛酉大訓)을 반포하였다.[91] 이처럼 영조는 탕평책을 통해 당쟁의 폐해를 근절하려 하면서도 한편으로는 신임사화 때 희생된 노론들을 시간을 두고 신원·복관함으로써 자신의 정통성이 관련된 신임의리(辛壬義理)의 문제를 해결해나갔다.[92]

그러나 앞에서도 언급한 것처럼 노론들은 대체로 영조의 탕평책에 비판적이었다. 신임사화 때 많은 사람들이 역모로 몰려 처형당했던 노론으로서는 소론에 대한 치죄가 선행되지 않는 탕평이란 쉽게 받아들일 수 있는 것이 아니었기 때문이다. 영조가 희생된 노론들을 신원·복관하였다고 하더라도 소

91 김용택 등 5인은 그 충절이 이후 누차 거론되다가 1802년(순조2)에 신설·증직되었다.

92 영조대의 정국과 탕평책에 대해서는 이희환, 앞의 책, 251~288면 참고.

론에 대한 치죄가 없이는 신임의리와 충역시비의 문제가 완전히 해결될 수 없다는 것이었다.[93]

선화자가 박세채를 비판하는 상소를 올린 것은 박세채의 탕평론 자체를 비판하기 위한 것인지, 아니면 박세채를 통해 우회적으로 영조의 탕평책을 비판하기 위한 것인지 분명치 않지만 후자일 것으로 짐작된다. 영조가 1756년 송시열과 송준길(宋浚吉)을, 8년 뒤에는 박세채를 문묘에 배향하도록 함으로써 영조가 추진한 탕평은 완성의 단계에 들어갔다고 할 수 있는데 영조는 이미 그 이전부터 자신의 탕평책이 완성되었다는 자신감을 갖고 있었다.[94] 그러한 영조로서는 선화자가 박세채를 비난하며 탕평에 대해 문제를 제기하는 것을 쉽게 용납할 수 없었을 것이다.

선화자는 1769년 해도에 찬배한 죄인들을 석방하고, 1770년 해도에 정배된 죄인들을 육지로 이배할 때에도 어명으로 유일하게 제외되다가 1771년 7월 해배되었다.[95] 1773년에는 홍문관 부수찬으로 응지상소(應旨上疏)하여 후임으로 윤홍렬(尹弘烈) 등 4인을 천거하였는데 당하관으로 후임을 천거하였다 하여 비난을 받았으나 영조는 임금의 구언(求言)에 응한 상소라며 덮어두었다.[96] 같은 해에 승지가 되고 이후 순천부사를 지냈다.[97]

1776년 정조가 즉위하자 선화자는 소론을 비판하는 상소를 올렸다. 여기에서 선화자는 우선 경종에게 병이 있음을 감춰 무신란과 을해년 난리[98]가

93 노론들이 탕평책에 대해 부정적인 시각을 견지하고 있었다는 것은 탕평에 참여한 노론 인사들의 『실록』 졸기(卒記)에 해당 인사의 탕평 참여를 사관이 비판적으로 기술하고 있는 데에서도 확인할 수 있다.

94 이희환, 앞의 책, 292면 참고.

95 『영조실록』, 45년 2월 29일, 46년 6월 18일, 47년 7월 29일조.

96 『영조실록』, 49년 5월 12일, 25일조.

97 『영조실록』, 49년 11월 13일, 50년 5월 11일, 51년 12월 6일조.

98 나주에 정배되어 있던 소론 윤지(尹志)가 중심이 되어 나주객사에 나라를 비방하는 괘서를 붙여 일어난 옥사를 가리킴.

일어나게 하였다며 최석항, 이광좌, 조태억 등을 추탈하여 노적(孥籍)의 법[99] 을 시행할 것을 청하였다. 그리고 계묘년(경종3, 1723) 위과(僞科)를[100] 혁파하고, 이때 급제한 이철보(李喆輔)의 아들 이복원(李福源)으로 하여금 영조의 시책문을 짓도록 한 명을 거두고, 역적들과 당을 이룬 김상철(金尙喆)과 이복원의 죄를 바로잡을 것을 주장하였으며, 모든 근본이 윤선거(尹宣擧), 윤증(尹拯) 부자에게 있으니[101] 그들의 관작을 추탈할 것을 청하였다.[102]

최석항 등을 추탈하라는 것은 신임사화의 책임을 물어야 한다는 것이고, 김상철과 이복원의 죄를 물으라는 것은 당시 소론의 영수를 비판하는 것이며, 윤선거 부자의 관작을 추탈하라는 것은 노소론의 분기 원인이 윤선거 부자에 있음을 들어 소론의 근본을 공격한 것이다. 선화자가 이처럼 소론에 대한 전반적이고 적극적인 비판을 제기한 것은 소론에 대한 치죄 없이 실시되어 온 탕평 정국에 대한 불만이 새로운 임금의 등극을 계기로 해소되어야 한다고 생각했기 때문일 것이다. 이에 대해 정조는 비답을 내려 최석항 등 3인에 대해서는 추탈하겠으나 계묘년 위과의 일은 영조조에, 윤선거 부자의 일은 숙종조에 이미 결정된 일이고, 김상철 등에 대해서는 자기가 직접 보아온 바라며 받아들이지 않았다. 그러면서 선화자에 대해서는 요로(要路)를 붙잡고 비류(匪類)들과 결탁하였다 하여 금고의 영을 내렸다. 어쨌든 이 일은 선화자가 소론들의 반발과 미움을 사는 결정적인 계기가 되었을 것이다.

99 처자까지 연좌하여 본인과 같은 형에 처하고 재산을 몰수하는 법.

100 소론들이 신임옥사를 마무리하고 실시한 토역과(討逆科)로 영조가 별시로 명칭을 바꾸도록 한 과거를 가리킴.

101 선화자는 윤선거가 강도에서 구차하게 살아 돌아오고 윤휴(尹鑴)와 혈당임에도 불구하고 겉으로는 그와 절교했다면서 그 사실을 숨겼으며, 그 아들 윤증은 자기 아버지의 과오를 문식(文飾)하느라 죽지 않은 의리를 찬양하고 사문(師門)을 배신했으며 기사환국의 흉도와 교제하고 신임사화 역당들의 효시가 되었다고 하면서 윤선거 부자를 비판하였다. 윤선거와 윤휴와의 관계 때문에 송시열은 윤선거의 묘갈을 박세채의 말을 인용하는 방식으로 지어주었고 윤증이 이를 불만족스럽게 생각함으로써 마침내 송시열과 윤증의 사제 관계가 틀어졌는데 이것이 서인이 노론과 소론으로 분기되는 원인의 하나가 되었다.

102 『정조실록』, 즉위년 4월 1일조.

같은 해 10월 선화자는 전에 순천부사로 재임할 때 공물을 사사로이 썼다고 하여 삼천리 유배형에 처해져 직산(稷山)으로 유배되었다가 2년 후인 1778년 6월에 감등(減等)되고, 7월에 해배되었다.[103] 그러나 다시 1781년 4월 여염집을 빼앗았다는 혐의로 수안(遂安)에 정배되었다가 곧 이어 유맹양(柳孟養)이 역적 홍양해(洪量海), 심익운(沈翼雲)의 공초에 선화자가 거론되었다며 절도에 안치할 것을 청하여 진도 금갑진(金甲鎭)으로 이배되었다.[104] 이처럼 거듭된 유배는 소론과의 대결을 비롯한 일련의 정치적 갈등의 와중에서 그가 취한 강경한 태도와 전혀 무관하지는 않을 것이다. 이후 선화자는 진도에서 만 7년에 가까운 유배생활을 하다가 1788년(정조12) 71세로 적소에서 세상을 떠났다.

3. 〈적소일기〉의 문학적 성격

1) 서술의 전반적 특성

선화자는 "팔년 젹긱의 만단 비감흔 회포를 이긔디 못흐야 금갑뎍거록을 디어 도라가는 날의 집안사름들을 뵈고 닉 고힝 격근 말을 니아기 삼아 니르려"[105] 한다며 〈적소일기〉의 저술 동기를 〈적소일기〉 끝에 간략히 밝히고 있다. 선화자가 진도에 유배된 지 햇수로 8년이 되는 해는 1788년(무신)인데 바로 그해 1월 18일 선화자는 적소에서 세상을 떠났다. 따라서 이 저술 동기는 그가 세상을 떠나기 직전인 1월 초중순경에 기록한 것임을 알 수 있다.

103 『정조실록』, 즉위년 10월 9일, 2년 6월 2일, 2년 7월 1일조.

104 『정조실록』, 5년 4월 18일, 29일조.

105 『적소일긔』, 57면. 이하 면수만 표시.

그런데 〈적소일기〉는 '일기'라는 제목을 붙이고 있기는 하지만 그날그날의 일을 그때마다 기록한 것이 아니라 일정한 시간이 경과한 뒤 지난 일을 회상하면서 기록한 것으로 보인다. 그것은 작품 서술에 있어 날짜를 분명하게 밝히고 있는 경우가 별로 없이 '십월 초싱의', '오월의', '그 겨울의' 등과 같이 대체적인 시기만을 밝히거나 아예 그마저도 없는 경우가 많고, 하루의 일과가 아니라 그 무렵에 있었던 사건이나 일이 서술의 단위가 되어 있기 때문이다. 이러한 사실과 '만단 비감한 회포를 이기지 못하여 금갑적거록을 짓는다'는 선화자의 말을 아울러 고려하면 〈적소일기〉는 그가 세상을 떠나기 직전인 1788년 1월 초중순경 자신의 지난 적거 생활을 돌이켜 보며 이를 집중적으로 정리·기록한 것이라 생각된다. 〈적소일기〉의 1면 권수제 밑에 '戊申'이라고 적혀있는 것도 이 작품이 이때 지어졌음을 밝히기 위한 것으로 보인다.

선화자는 나중에 집안사람들에게 보이면서 자기가 고생한 것을 이야기하기 위해 〈적소일기〉를 짓는다고 하였다. 작품 서술에서 보이는 몇 가지 특성들은 이러한 동기 내지 목적과 관련이 있어 보인다.

우선 선화자는 자기가 겪은 크고 작은 일들을 세세한 부분까지 상당히 구체적으로 설명·제시하고 있다. 이러한 서술의 구체성은 독자로 하여금 작품 속에 제시된 장면이나 상황을 충분히 상상하고 납득할 수 있게 한다. 이처럼 독자가 선화자가 겪는 고난의 모습을 생생하게 떠올림으로써 독자와 선화자의 심리적 거리가 대폭 단축되고, 그에 따라 독자는 선화자의 처지에 공감하고 동정하면서 작품에 몰입하게 된다.

비가 오면 집이 두루 ᄉᆡ니 그ᄅᆞᄉᆞᆯ ᄉᆞ면으로 바티ᄃᆡ 니로 밧치디 못ᄒᆞ여 물이 방안히 ᄀᆞ득히 흐ᄅᆞ니 자리를 것고 오고리셔 안고 니파와 뎨남이 격금나기로 물을 품어 댜박이의 담아내니 그런 고상이 업고 부억의 물이 쉼아 시ᄂᆡ 물쳐로 흘너 마당으로 나가니 그러ᄒᆞᆫ ᄃᆡ 숫출 ᄊᆞ로 거러 밥딧기 극난ᄒᆞ더라 흉년 ᄉᆞᆺ틔 집피 극귀ᄒᆞ야 집을 능히 니디 못ᄒᆞ야ᄂᆞᆫ 고로 비 오ᄂᆞᆫ 날이면 극ᄒᆞᆫ

우환이오 견ᄃᆡ다가 못ᄒᆞ야 사ᄅᆞᆷ을 밥 먹여 새ᄅᆞᆯ ᄇᆡ여다가 니영을 역거 집을 덥프라 ᄒᆞ니 날만 오래 허비ᄒᆞ고 새ᄅᆞᆯ 약간 뷘 거시 닐기ᄅᆞᆯ 견고히 못ᄒᆞ엿ᄂᆞᆫ 디라 집 ᄉᆡ기ᄅᆞᆯ 금치 못ᄒᆞ여 잇ᄐᆡ 고힝을 격그니 가난ᄒᆞ고 형셰 업서 냥찬을 계유 니우노라 ᄒᆞ니 집을 미처 다ᄉᆞ려 닐기ᄅᆞᆯ 결을티 못ᄒᆞ고 아모도 집 ᄒᆞᆫ 줌 ᄉᆡᆨ기 ᄒᆞᆫ ᄇᆞ람을 도아주ᄂᆞ니 업ᄉᆞᄃᆡ 니파가 두루 ᄃᆞᆫ니며 집 동녕을 ᄒᆞ고 손조 니영을 역고 사ᄅᆞᆷ을 삭 먹여 집을 닌 후ᄂᆞᆫ 비가 와도 ᄆᆞ음을 노하 디내니라[106]

집에 비가 새서 겪는 고통, 이엉을 엮어 지붕을 수리할 때까지의 어려운 과정을 구체적으로 제시하고 있다. 비 새는 곳에 그릇을 받치는 것으로 모자라 흥건히 물이 괸 방안에 칠십 노인이 쪼그리고 앉아 있고, 시중드는 늙은 아낙과 어린아이가 번갈아 물을 담아내는 광경이 눈에 보이는 듯하다. 가난한 유배객에게 집이 새는 것은 큰일이 아닐 수 없었던 것이다. 위와 같은 구체적 서술을 통해 독자들은 평소 사소하게 지나쳐 버릴 수 있는 일들이 당시의 작자에게는 얼마나 큰 고통과 시련으로 작용하고 있었는지 충분히 이해하고 실감할 수 있다.

서술의 특성으로 또 하나 지적할 수 있는 것은 1인칭 내면 서술의 솔직함이다. 앞에서 살펴본 것처럼 선화자는 노론의 정치적 입장을 강경하게 견지했고, 그로 인해 시련을 겪은 사람이다. 그런데 〈적소일기〉에는 이러한 점이 거의 드러나 있지 않다. 다시 말하면 사대부라는 신분, 노론의 정치적 입지 등 사회적 공인(公人)으로서의 면모가 거의 나타나 있지 않은 것이다. 대신 한 인간으로서 느끼는 감정과 생각이 솔직하게 제시되어 있다. 그는 빨리 해배되어 집으로 돌아가고 싶은 마음을 누차 드러내기도 하고, 금갑진에서 떨어진 곳에 거처하는 것 때문에 혹시 트집이라도 잡혀 제주도 같이 먼 곳으로 이배

106 48~49면.

될지 모른다며 걱정을 하기도 하였다. 흉년이 들어 밥 얻어먹으려는 사람들이 몰려들 때에는 자기의 형편이 어렵다고 쌀 줌이나 아끼다가는 사람들이 원망하고 불이라도 지를지 몰라 금하지 못한다고 하기도 하였다. 처벌을 각오하고 상소를 올리던 당당한 태도나 백성을 불쌍하게 여길 줄 알아야 하는 사대부로서의 책무 같은 것을 전면에 내세우기보다는 극한 상황에서 나약해질 수밖에 없는 한 인간으로서의 내면을 솔직하게 토로하고 있는 것이다.

> 나즌 아뎍 먹고 남은 보리밥을 ᄂᆡᆼ슈의 ᄆᆞ라 두어 술을 뇨기ᄒᆞ더니 원긔 허ᄒᆞᆫ 후로브터 오후ᄂᆞᆫ ᄇᆡ곱프기 ᄌᆞ심ᄒᆞ되 다른 먹을 거시 업ᄂᆞᆫ디라 견ᄃᆡ어 져녁을 다히니 ᄂᆞᆷ 모ᄅᆞᄂᆞᆫ 혼자 괴로오믈 격그나 눌ᄃᆞ려 무ᄉᆞᆫ 음식 ᄒᆞ여 달나 말을 ᄒᆞ리오 쥬인의 집의셔 아희 병 드라고 빌녀 썩ᄀᆞ로를 졀고의 ᄊᆡ으니 ᄀᆞᆫ졀이 썩이 먹고시씌 그 썩을 빈 후 ᄒᆞᆫ 조각이나 주면 먹을가 ᄒᆞ다가 죵시 주ᄂᆞᆫ 일이 업ᄉᆞ매 못 먹으ᄃᆡ 썩 ᄉᆡᆼ각은 오히려 마디 아니ᄒᆞ다가 ᄯᅩ 말재 쥬인의 집이 비ᄂᆞᆫ 일이 이셔 썩ᄊᆞᆯ을 씨허가니 긔나 혹 썩을 보낼넌가 ᄒᆞᄃᆡ 일양 긔쳑이 업ᄉᆞ니 아희들 썩 어더 먹으려 ᄒᆞ다가 못 어더먹고 낙막ᄒᆞ야 ᄒᆞᄂᆞᆫ 거동 ᄀᆞᆺᄐᆞ야 스스로 우습고 한심ᄒᆞ믈 ᄭᆡᄃᆞᆺ디 못ᄒᆞ야 ᄇᆡ곱픈 ᄣᆡᄂᆞᆫ ᄌᆞ연 셔울 음식을 두루 ᄉᆡᆼ각ᄒᆞ다가 ᄉᆡᆼ각ᄒᆞ야 브졀업ᄉᆞ믈 탄ᄒᆞ고 그러구러 츄동이 졀셰를 밧고이매 졈졈 긔허ᄒᆞ고 위약ᄒᆞ야 병 빌믜 되얏더라[107]

덜 익은 술을 먹고 체해서 고생하다가 간신히 회복은 되었으나 달리 허기를 메울 길이 없던 차에 마침 주인집에서 치성을 드리기 위해 떡쌀을 찧는다. 떡 주기를 바랐지만 기대가 어그러지자 실망과 실소를 하면서 서울에서 먹던 음식을 생각하다가 다시 부질없음을 탄식한다. 이처럼 명분이나 겉치레와 같은 거추장스러운 것을 내던지고 자신의 내면을 솔직하게 토로함으로써 고난

107 14~15면.

과 시련의 모습이 생생하게 그려지고 있으며, 생존을 위협하는 고통 속에서 얼마든지 나약해질 수 있는 인간의 본성이 적나라하게 드러나고 있다.

이처럼 구체적이면서도 솔직한 서술은 일단 고통의 전달이라는 저술 동기와 관련이 있다고 할 수 있지만 그것을 통해 인간의 본질적인 모습을 꾸밈없이 드러내고 있다는 점에서 이 작품이 지닌 문학적 가치를 찾을 수 있을 것이다.

2) 구조와 내용적 특성

〈적소일기〉는 물론 시간적 순서에 따라 서술되어 있다. 그러나 앞에서도 말한 바와 같이 시간의 제시가 분명치 않아 서술 단위는 시간이라기보다는 사건이나 일이라고 할 수 있다. 그런데 이러한 서술 단위로서의 사건이나 일은 대체로 선화자가 옮겨 다닌 장소들을 중심으로 기술되어 있다. 곧 공간적 질서를 큰 틀로 하여 그 안에서 일어난 사건과 일을 기술하는 방식으로 작품의 구조가 짜여 있는 것이다.

서두에서 선화자는 자신이 무함을 받아 수안으로, 다시 진도 금갑진으로 유배된 사실을 밝히고, 금갑진에 이르러 윤동우라는 사람을 보수주인(保授主人)으로 정해 그의 집에 거처하기까지의 과정을 구체적으로 기술하였다. 이 과정에서 선화자는 진도 나루에 있는 벽파정(碧波亭)에서 고려말 신돈의 참소로 내침을 당한 조우익의 시를 보고 감탄하기도 하고, 노수신(盧守愼), 정홍익(鄭弘翼), 김수항(金壽恒), 이경여(李敬輿), 이민서(李敏叙), 신명규(申命圭), 남이성(南二星) 등을 배향한 소재서원(蘇齋書院)을 둘러보기도 하고, 자기의 중부 김시철이 귀양왔을 때 거처하던 집의 자손을 찾아보기도 하고, 매부 이의항(李宜恒)이 소개한 유성건을 만나 그의 집에서 하루를 묵기도 하는 등 심난한 가운데에서도 여유를 찾기도 하였다.

하지만 그의 귀양 생활은 결코 여유 있고 편안한 것이 아니어서 이후 이리저리 거처를 옮겨 다니며 많은 시련과 고난을 겪는다. 처음 윤동우의 집에 머물던 선화자는 파리와 빈대 때문에 고생을 하기는 하였지만 주인집 아이들에게 글을 가르쳐주기도 하면서 큰 어려움 없이 지냈다. 그러다가 주인집이 아닌 다른 초가집으로 거처를 옮기고 아이들에게 글도 가르치지 말라는 진(鎭) 하인들의 말을 듣고는 동네의 비어있는 서당으로 옮아갔다. 하지만 모기가 밤낮 없이 달려들고 조석을 잇는 일이 너무 어려워 20여 일만에 다시 윤취익이라는 사람의 초막으로 거처를 옮길 수밖에 없었다. 그런데 이곳은 바다를 가까이 마주하고 있기 때문에 해풍과 장기(瘴氣)가 심해 역시 오래 있을 수가 없었다. 이에 선화자는 주인집에 있지 말라는 것이 하인배들의 일시 소동이고 만호(萬戶)가 이 일에 간섭을 하지 않자 다시 윤동우의 집으로 들어가 거처하였다.

이후 함께 내려왔던 셋째 아들 이서(履序)가 집으로 돌아갔고, 덜 익은 술에 체하여 몸을 상하기도 하였으며, 원자 책봉으로 해배를 기대했으나 소론 측 대신 서명선(徐明善)의 반대로 좌절되어 실망하기도 하였다. 병이 들자 둘째 아들 이상(履庠)이 내려오기도 하였고, 점고 때문에 어려움을 겪기도 하였다. 그러다가 윤동우의 큰아들 득수가 새 집을 짓자 그 집으로 옮겨갔다. 이곳에 있으면서는 매부 이의항이 죽었다는 부고를 받았고, 세자 책봉의 경사가 있어 풀려날 것을 기대하다가 풀려나지 못했으며, 아내가 세상을 떠났다는 소식을 듣고 슬픔을 억제하지 못하고 지내다가 아우 묵행(默行)이 찾아와 그 사이 못 다한 정을 펴기도 하였다.

선화자는 점고 받으러 진촌(鎭村)을 오가기도 힘들고, 혹시라도 진촌을 떠나 있다는 구실로 더 먼 곳으로 이배할지 모른다는 우려 때문에 득수의 만류를 뿌리치고 윤연홍이란 사람의 집으로 거처를 옮겼다. 여기에서 먹을 것과 더위 때문에 어려움을 겪던 중 묵행이 세상을 떠났다는 부고를 받았다. 슬픔을 견디지 못하다가 제문이라도 읽어 혼백을 위로하기 위해 글 아는 사람을 얻어 보내기도 하였다. 이후 윤연홍의 딸이 역질을 앓자 사령청(使令廳)으로 옮겨 지냈고, 가을이 되자 자기 때문에 마루에서 자는 사령들의 어려움을 생각하여 새로 보수주인이 된 윤기신의 집으로 옮기려 하였지만 그 처의 구박으로 하루 만에 사령 오앙살의 집으로 거처를 다시 옮겨야만 했다.

이리저리 떠도는 것도 힘들고, 또 그럭저럭 해서 거처하게 된 집들도 모두 단간방이거나 지나치게 옹색하였기에 선화자는 사령 만단의 집을 두 냥반에 흥정하였다가 만단의 요구로 조금 더 얹어주고 사서 거처하였다. 이곳에 있을 때 아들 이상과 생질 이현성(李顯性)이 찾아와 사오일 머물다가 돌아갔고, 남이 해주는 밥을 날라다 먹기 미안하여 솥과 그릇을 사고 밥 짓고 나무해 줄 아이를 얻어 두기도 하였다. 하지만 모처럼 마련한 이 집이 풍설에 그만 무너지고 말았다. 그러자 같은 곳에 귀양 온 윤득부(尹得孚)를 공궤한 적이 있는 이파가 집을 팔려 한다는 소식을 듣고는 두 냥반에 집을 사서 들고 이파로 하여금 계속 머물러 있도록 하였다. 이후 세자의 두역이 나으면 혹 풀려날까 축수하였더니 세자가 세상을 떠나 기대가 어그러지고, 막내아들 이렴(履廉)과 생질, 그리고 아우 직행(直行)이 찾아오기도 하였다. 비가 새서 고생하다가 간신히 지붕을 수리하였고, 병이 들었다가 유성건의 도움으로 회복되기도 하였으며, 흉년이 들자 양식 때문에 많은 고생을 하기도 하였다. 아들 이서가 찾아왔다가 다시 중병이 든 선화자를 간병하고 돌아갔다.

이와 같이 거처를 옮겨 다니는 과정을 대단히 상세하게 제시하고, 각 거처에서 겪거나 생긴 일들을 각각 하나의 단위로 하여 서술하는 방식으로 작품이 짜여 있다. 하지만 장소가 다르다고 해서 그곳에서 겪은 사건이나 일들이 서로 뚜렷하게 구분된다고 하기는 어렵다. 그것들은 장소에 상관없이 유사성을 지닌 채 반복되기도 하고, 묵행의 장례처럼 하나의 커다란 사건을 구성하는 일련의 과정으로 묶이기도 한다. 그리고 보다 근본적으로는 어떠한 사건이나 일이든지 그것들은 모두 유배객 선화자의 고난과 시련을 보여준다는 공통점을 지니고 있다.

앞에서 어느 정도 드러나기는 하였지만 선화자가 겪은 고난과 시련은, 거처 잡기의 어려움, 모기 · 빈대 등 해충의 성화, 더위와 장기, 부족한 양식, 빈번한 점고, 병 등 외적이고 물리적인 여건에서 비롯되는 고난, 그리고 향수, 가족과의 이별, 가족의 죽음, 해배에 대한 갈망과 좌절 등에서 오는 심리적 고통으로 정리해 볼 수 있다. 작품에 제시된 몇 가지 양상을 좀더 구체적으로 살펴보자.

방문 ᄇᆞ른 죠히가 ᄶᅥ러디고 모긔 모다 들고 동녕개 셔당이나 ᄃᆞ라디 아니ᄒᆞ고 빈대 ᄉᆞ벽의 ᄠᅳᆷᄠᅳᆷ이 드러 밤이면 다 나려와 침노ᄒᆞ니 자리의 든 거슨 손으로 어ᄅᆞ만져 무수이 잡으되 니로 다 잡디 못ᄒᆞ여 손바닥으로 문디ᄅᆞ니 빈대 웃ᄀᆡ여져 노린내 사오ᄃᆡ 피치 못ᄒᆞ고 왼몸을 긁거 ᄀᆞ려으믈 견ᄃᆡ디 못ᄒᆞᆯ너라 집이 너ᄅᆞ고 놉하 용슬 못ᄒᆞ던 ᄃᆡ 보다가 ᄉᆡ훤ᄒᆞ나 모긔 빈대로 잠을 자디 못ᄒᆞ여 됴희로 문을 틈 업시 ᄇᆞ라고 밤낫 일삼아 빈대 궁글 쓔셔 잡기ᄅᆞᆯ 그치디 아니ᄒᆞ니 거근튼 못ᄒᆞ여도 져기 숫져 낫더라[108]

십니ᄂᆞᆫ ᄒᆞᆫ ᄃᆡ 숑졍이라고 ᄆᆞ올이 잇고 박도감 취진이가 게셔 사ᄂᆞᆫᄃᆡ 일년 근 ᄇᆡᆨ셕 타작을 ᄒᆞ고 예로셔ᄂᆞᆫ 부쟈라 니ᄅᆞᄂᆞᆫ디라 니파가 녀름 ᄡᆞᆯ 풀나 ᄃᆞᆫ닐 제 박도감을 친ᄒᆞ여 아ᄂᆞᆫ 고로 니패 니ᄅᆞᄃᆡ 박도감을 사괴여 냥식이 ᄶᅥ러딘 ᄣᆡ예 가 츄이ᄒᆞ여 달나 ᄒᆞ면 ᄒᆞ여줄가 ᄒᆞ거ᄂᆞᆯ 내 ᄒᆞᄃᆡ 부쟈들이 튼튼ᄒᆞ야 ᄌᆡ물을 앗기디 아니리 업ᄉᆞ니 박도감이 능히 츄이ᄒᆞᆯ 슈단이 이실넌가 무ᄅᆞ다 니패 ᄒᆞᄃᆡ 부채 둘만 어더 부ᄌᆡ 논화 쥐라 ᄒᆞ면 죠홀 듯ᄒᆞ고 그 노뫼 이셔 압플 보디 못ᄒᆞ니 블샹터라 ᄒᆞ거ᄂᆞᆯ 부채 셔울셔 ᄂᆞ려와시매 두 ᄌᆞ로와 민강 두 조각을 죠희에 빠셔 그 노모ᄅᆞᆯ 주게 ᄒᆞ라 ᄒᆞ니 니패 가더니 도라와 박도감을 부채ᄅᆞᆯ 쥬니 대락ᄒᆞ여 부ᄌᆡ 논화 쥐고 민강은 노모ᄅᆞᆯ 주며 귀ᄒᆞᆫ 거시라 ᄒᆞ고 왼집 사람이 다들 칭샤ᄒᆞ더라고 ᄡᆞᆯ냥의치와 콩 ᄃᆞᆺ 되와 무우ᄅᆞᆯ 약간 어

108 32면.

더가디고 와시니 니파의 능으로 박도감을 사괴여 너여시나 내 친히 보디 못ᄒᆞ여시니 후의 만나면 ᄡᅥ러딘 ᄯᅵ 츄이변통ᄒᆞᆯ 도리 긔탁ᄒᆞᆯ가 ᄒᆞ야 잠간 미든 구석이 잇더라[109]

•

앞의 인용은 선화자가 사령청에 거처하면서 모기와 빈대 때문에 겪은 괴로움을 제시하고 있는 부분이며, 뒤의 것은 양식을 남에게서 얻어오는 과정을 보여주는 대목이다. 해충과 양식, 그리고 장기는 어딜 가든 선화자를 따라 다니는 문제거리였다. 서당에 있을 때에는 모기를 도저히 견디지 못해 거처를 옮겼고, 윤동우의 집에서도 파리·모기·빈대·벼룩 때문에 많은 어려움을 겪었으며, 위에서 보듯 사령청에 있을 때, 또 이파의 집을 사서 거처할 때에도 모기와 빈대를 어떻게 해도 막을 수가 없어 많은 고생을 계속할 수밖에 없었다.

양식 문제도 늘 걱정거리였다. 집에서 양자(糧資)를 가져다 양식을 해결했지만 그것이 충분할 리 없고, 또 감사들이 적객의 외인 상통을 금함으로써 그나마도 용이하지 않았다. 서당에 있을 때에는 쌀이 있었지만 밥을 해주는 사람이 가난해서 조밥만 먹으니 쌀밥을 따로 지을 수 없어 같이 조밥을 먹었고, 윤동우의 집에 있을 때에는 병을 앓고 나서 허기가 대단히 심해도 따로 먹을 것이 없어 배고픔을 참고 견뎌야 했다. 흉년이 들어 사정이 더 어려워지자 유성건이 빚을 얻어주어 절량(絶糧)의 위기를 모면하기도 했고, 관곡을 얻어먹었을 때에는 서울에서 꾸어 보낸 돈으로 먼저 관곡부터 갚고서는 관욕(官辱) 면한 것을 다행으로 여기기도 하였다. 그러나 더 이상 어찌하여 볼 도리가 없자 위에서 보듯 이파가 그 동네 부자를 찾아가 양식을 얻어오는 지경에까지 이르렀다.

장습(瘴濕) 역시 선화자를 계속 괴롭혔다. 해풍과 장기를 견딜 수 없어 윤취익의 초막에서 다시 윤동우의 집으로 옮겼고, 그곳에서는 장습에 좀 나을

---

109 53~54면.

까 하여 탁주를 마시기도 하였다. 이후에는 장습 때문에 몸이 붓는 증세가 생기더니 마침내는 온몸이 퉁퉁 부어 몸을 움직이지 못하는 중병을 앓기도 하였다.

양식이 점차 궁핍해지고, 장습에 따른 병이 점점 심하고 빈번해지면서 선화자의 시련과 고통은 점차 극한 지경으로 치닫게 된다. 그러나 어떤 면에서는 이것보다 더욱 선화자를 괴롭힌 것은 심리적인 고통이었을 것이다.

> 잇다감 바다ᄀᆞ흘 조차 ᄒᆡ도ᄅᆞᆯ ᄇᆞ라보고 혹 바회 우회도 올라 안ᄌᆞ며 낙시질 ᄒᆞᄂᆞ니 이시면 고기잡ᄂᆞᆫ 것도 보와 됴히 쇼요우희ᄒᆞ다가도 머리ᄅᆞᆯ 드러 고향을 보려 ᄒᆞ면 물과 뫼히 막히이고 구ᄅᆞᆷ이 ᄀᆞ리와 텬니의 아득ᄒᆞ니 수심을 능히 억졔티 못ᄒᆞ야 도로혀 젹젹히 이셔 눈의 보ᄂᆞᆫ 거시 업고 귀예 듯ᄂᆞᆫ 거ᄉᆞᆯ ᄭᅳᆫ허 벽을 향ᄒᆞ고 ᄉᆞ톄 범연ᄒᆞᆫ 것만 ᄀᆞᆺ디 못ᄒᆞ니 ᄒᆡ변 완경도 흥이 쇼삭ᄒᆞ야 기픠 태식ᄒᆞ고 도라오ᄆᆞᆯ 면티 못ᄒᆞᆯ너라[110]

> 오십여 년을 ᄒᆡ로ᄒᆞ다가 이리 ᄯᅥ나와 쳔고영결이 될 줄 엇디 아라시며 집이 가난ᄒᆞ기 일ᄉᆡᆼ 동고ᄒᆞ여 긔한을 면치 못ᄒᆞ고 늣게야 과거ᄅᆞᆯ ᄒᆞ야시나 벼슬이 차타치 아니면 ᄒᆞᆫ째 근심을 니ᄌᆞᆯ가 ᄒᆞ엿더니 내 놈과 ᄀᆞᆺ치 셥셰ᄅᆞᆯ 잘ᄒᆞ디 못ᄒᆞ야 ᄌᆞ로 귀향 ᄃᆞᆫ니기로 집이 확낙ᄒᆞ야 산업이 능히 병드니ᄅᆞᆯ 구완치 못ᄒᆞ고 ᄌᆞ식들의 유ᄒᆞᆫ이 무궁ᄒᆞ니 엇디 슬푸디 아니ᄒᆞ며 거문고 줄이 ᄒᆞᆫ 번 ᄭᅳᆫ허디매 다시 닛기 어렵고 부덕의 현명민혜ᄒᆞ믈 ᄉᆡᆼ각ᄒᆞ야도 만나볼 길히 업ᄉᆞ니 만ᄉᆡ 쇽졀이 없고 장ᄉᆞ의도 갈볼 길히 업서 두어 줄 졔문을 디어 녕연압픠 닑으라 ᄒᆞᆫ들 글이 족히 슬프믈 다 펴디 못ᄒᆞ고 늘근 환부의 우우비챵ᄒᆞᆫ 거ᄉᆞᆯ 녕혼이 아ᄅᆞᆷ이 잇게 되면 필연 명명 듕 늣기미 이실 ᄃᆞᆺᄒᆞ더라 …… 셩복을 ᄒᆞ려 ᄒᆞᄃᆡ 뵈ᄅᆞᆯ 살 갑시 업ᄉᆞᆯ ᄲᅮᆫ 아니라 녯말의 지극히 슬픈 ᄃᆡᄂᆞᆫ 문치

110 13~14면.

업다 ᄒᆞ여시니 ᄋᆡ통ᄒᆞᄂᆞᆫ ᄆᆞ음이 엇디 셩복ᄒᆞ며 아니매 경듕이 이시리오 ᄒᆞ야 셩복을 일우디 못ᄒᆞ나 비회ᄅᆞᆯ 금티 못ᄒᆞ야 쥬인의 집의셔 울녀 ᄒᆞ면 말니고 민망히 넉이고 ᄒᆡ변의나 산듕이나 사ᄅᆞᆷ 업ᄉᆞᆫ 곳의 가셔 우러 슬푸믈 펴나 망쟈ᄂᆞᆫ ᄒᆞᆯ일이 업고 ᄉᆡᆼ쟈ᄂᆞᆫ 비고ᄅᆞᆯ 견ᄃᆡ여 무심ᄒᆞᆫ 셰월을 보낼너라[111]

을ᄉᆞ 정월의 드러와 날을 보니 ᄒᆡ포 써낫다가 만나매 슬프고 반가오믈 이긔디 못ᄒᆞ야 서로 손을 잡고 눈물을 드리워 창상의 변ᄒᆞ믈 탄식ᄒᆞ고 형뎨 각각 뎍소의셔 상실ᄒᆞᆫ 비회 ᄒᆞᆫ가지라 위로ᄒᆞ고 일야ᄅᆞᆯ 년침ᄒᆞ니 담낙ᄒᆞᄂᆞᆫ 졍을 역녀의 펴미 뜻밧기로ᄃᆡ 써나ᄂᆞᆫ 심회 새로이 악연ᄒᆞ야 눈물을 금티 못ᄒᆞᆯ너라 나도 댱 이곳의 이실 거시 아니니 나가셔 평안이 잇다가 수이 만나믈 원ᄒᆞ고 아ᄋᆞ도 ᄯᅩᄒᆞᆫ 너모 근심치 말고 수이 은뎐을 만나 나오시기ᄅᆞᆯ ᄇᆞ라고 가노라 ᄒᆞ니 쵸창ᄒᆞ야 가ᄂᆞᆫ 길흘 ᄇᆞ라다가 재ᄅᆞᆯ 너므매 형영이 업서디니 망연ᄒᆞ야 ᄆᆞ음이 디향이 업더라[112]

바닷가를 소요하다 문득 갈 수 없는 고향 쪽을 바라보며 수심에 젖는다. 그러자 차라리 방 속에 들어앉아 아무 것도 보지 않고 듣지 않고 벽을 향해 있는 것이 낫겠다는 생각이 들어 그만 돌아오고 만다. 한곳에 묶여 있으면서도 완전히 갇혀있지는 않은 귀양살이의 특수성이 오히려 향수와 객수를 더욱 자극하였을 것이다. 하지만 이보다 더욱 처절하고 아프게 다가오는 것은 가족의 죽음, 가족과의 이별로 인한 고통이었다.

두 번째 인용문은 아내가 세상을 떠났다는 소식을 들은 선화자가 자신의 내면을 서술한 부분이다. 집이 가난하여 고생만 시켰고 늦게 벼슬길에 나아갔지만 귀양 다니느라 집안을 돌보지 못해 병든 아내가 제대로 구완을 받지 못

111 23~25면.

112 25~26면.

하고 세상을 떠났다며 자책하고, 글로써는 자기의 마음을 다 펼 수 없으리라며 슬픔에 젖는다. 베를 살 돈이 없어 성복도 할 수 없는 자기의 처지를 돌아보며 잠시 스스로를 위로하다가 결국은 인적 없는 곳에 가서 혼자 울고 말았다.

그 다음 인용문은 아우 묵행과의 만남과 이별에 대한 서술이다. 귀양에서 풀려난 아우는 집으로 가지 않고 선화자가 해배되면 같이 돌아가려고 강진에 머물다가 형을 찾아왔다. 똑같이 귀양처에서 아내를 사별한 형제들은 서로를 위로하며 하룻밤 정을 펴다가 다시 헤어지고, 아우와 이별한 선화자는 망연히 마음의 지향을 잃어버린다. 이후 묵행은 선화자에게 양식을 구해 보내는 등 가까이에서 형 뒷바라지를 하다가 금방 세상을 떠나고 만다. 하지만 형편이 여의치 않아 초빈만 한 채 장례가 지연되었는데 이는 선화자의 마음을 떠나지 않는 또 하나의 걱정과 슬픔이 되었다.

이와 같이 〈적소일기〉는 선화자가 유배생활을 하면서 겪은 물리적, 심리적 고통과 시련의 기록이다. 그런데 앞에서도 언급한 바와 같이 이 작품은 서술의 구체성과 솔직함을 통해 체면이나 겉치레와 같은 허위의식을 내던진 인간 본연의 모습을 제시하고 있다. 이 점 때문에 〈적소일기〉는 개인의 독특한 경험을 기록했다는 차원을 넘어 인간의 보편적 진실성에 기반한 문학성과 문학적 가치를 획득할 수 있었다.

4. 맺음말

이 글에서는 선화자 김약행이 진도에 유배되었을 때 지은 〈적소일기〉의 문학적 성격과 가치를 검토하는 것을 목적으로 하였다. 이를 위해 선화자의 생애와 의식을 그의 가문적 배경, 시대 상황 등과 연관지어 살피고, 〈적소일기〉의 서술과 구조 및 내용의 특성을 검토하였다.

이를 통해 선화자가, 영조 때에는 조선중화사상을 더욱 철저하게 실천할 것을 주장하는 한편 박세채에 대한 비판을 통해 탕평에 비판적이던 노론의 정치적 입장을 제기하고, 정조 즉위 후에는 소론에 대한 전반적이고 적극적인 비판을 가하는 등 노론의 정치적 입장과 의식을 철저하게 견지하고 있던 인물임을 확인할 수 있었다. 그러나 〈적소일기〉에서는 이러한 그의 정치적 입장과 태도는 물론, 사대부라는 사회적 존재로서의 의식도 별반 찾기 어려웠다. 대신 온갖 고난과 시련을 겪으면서 괴로워하기도 하고, 슬퍼 울기도 하고, 실망하기도 하는 인간의 모습이 있는 그대로 솔직하게 그려져 있었다. 문학이라는 것은 인간 보편의 진실을 담아내는 것이다. 〈적소일기〉의 문학적 성격과 가치는 이 작품이 그러한 문학의 본질적 문제를 환기하고 있다는 점에서 찾아야 할 것이다.

현재 가사나 일기의 형식으로 된 유배문학 작품들이 많이 전해지고 있지만 일기류 산문 가운데 국문으로 된 작품은 많지 않은 듯하다. 이러한 사정을 고려할 때 내면의 솔직한 고백을 통해 인간의 보편적 진실을 다루고 있는 〈적소일기〉의 문학적 가치는 소중한 것이 아닐 수 없다. 선화자는 〈적소일기〉뿐 아니라 문집인 『선화유고(仙華遺稿)』를 남겼다. 앞으로 그의 문집에 대한 본격적인 검토를 통해 그의 삶과 문학이 정당하게 조명되기를 기대한다.

〈신도일록〉에 나타난 유배체험의 서술양상과 그 의미

1. 머리말

조선후기의 대표적 시조 작가인 이세보(李世輔, 1832~1895)는 460여 수에 달하는 많은 시조 작품뿐 아니라 자신의 유배체험을 기록한 〈신도일록(薪島日錄)〉을 남겼다. 조선시대에는 많은 관료문인들이 이러저러한 이유로 유배를 체험하고, 그러한 체험을 다양한 방식으로 기록하였는데 〈신도일록〉은 흔치않게 국문으로 기록되고, 유배체험을 다룬 다른 자료들과 구분되는 나름의 서술적 특성을 지니고 있다는 점에서 주목할 만하다. 이에 이 글에서는 〈신도일록〉에 서술된 유배체험의 양상과 그 의미를 검토함으로써 이 작품은 물론 조선후기 유배문학에 대한 이해를 보다 심화하고자 한다.

〈신도일록〉은 진동혁에 의해 처음 소개되고,[113] 정우봉에 의해 본격적인 연구가 시작되었다. 정우봉은 먼저 〈신도일록〉의 시간구조에 주목하여 일자(日字) 표기 방식의 다양성, 작품 전반과 후반의 시간 표기 방식의 변화, 과거-대과거의 중층적 활용 등이 과거 회상의 자전적 술회라는 작품의 성격을 더욱 강화하고 있다고 하였다.[114] 이어 작품에 제시된 자기독백적 어조, 자전적

---

113 진동혁은 이세보의 시조집과 〈신도일록〉을 발굴・소개하면서 이세보의 생애를 확인하고, 그의 시조에 대한 본격적인 연구를 처음으로 시도하였다(『이세보 시조 연구』, 집문당, 1983). 〈신도일록〉은 진동혁의 『주석 이세보시조집』(정음사, 1985)에 활자화된 원문이 소개되어 있고, 필사본 〈신도일록〉의 원문은 『이세보시조집』(단국대 동양학연구소, 단국대출판부, 1985)에 영인되어 있다. 이 글에서는 필사본 원문을 대상으로 하였다.

114 정우봉, 「조선시대 국문 일기문학의 시간의식과 회상의 문제」, 『고전문학연구』 39, 한

술회, 산문과 운문의 유기적 결합, 비유와 인용의 효과적 운용의 양상 등 표현 방식들을 분석하여 이 작품이 화자가 겪은 견문과 사건 등을 객관적으로 제시하거나 설명하는 데 주력하기보다 화자의 내면에 자리한 복잡 미묘한 주관적 감정의 양태들을 다채롭게 표출하는 데 더 중점을 두고 있다는 사실을 확인하였다.[115]

한편 〈신도일록〉에 수록된 시조에 대한 논의가 이루어지기도 하였다. 김윤희는 이 시조 작품들이 특정 소재나 주제별로 연작되어 있는 현상이 두드러지고, 심리적 육체적 고통을 형상화하면서 충효와 선악의 관념으로 그것을 극복하려는 자기 위안의 모습이 드러난다고 하였다.[116] 그리고 김정화는 불특정 대상을 향한 자탄적 훈계, 유배로 인한 심정과 회포의 토로, 연군 의식의 다양한 표출, 유배 고충의 적나라한 진술 등으로 구분하여 〈신도일록〉에 수록된 시조의 양상과 특질을 검토하였다.[117]

이러한 논의들을 통해 〈신도일록〉이 지닌 나름의 특성, 곧 다양한 표현 방식을 통한 내면의 표출이 중심을 이루고 있다는 점, 그리고 작품 말미에 수록된 시조가 유배의 고통을 다양하게 형상화하고 있다는 점이 드러날 수 있었다. 이제는 이를 바탕으로 작자가 무엇을 어떻게 고통스럽게 느꼈으며, 그러한 고통을 장황하게 토로한 이유는 무엇인가, 또 시조 작품에 제시된 고통과 그 제시 방식은 무엇이고, 그것이 앞의 산문 서술 부분과 어떻게 관련되는가 하는 문제들을 검토하여 작품의 성격을 보다 구체화할 필요가 있다고 할 수 있다. 이 글에서는 이러한 점에 유의하면서 작품에 나타난 유배체험의

국고전문학회, 2011, 206~213면.

115 정우봉, 「이세보의 국문 유배일기 〈신도일록〉 연구」, 『고전문학연구』 41, 한국고전문학회, 2012.

116 김윤희, 「이세보의 유배일기 〈신도일록〉에 수록된 시조의 연작성과 자기 위안(慰安)」, 『온지논총』 51, 온지학회, 2017.

117 김정화, 「이세보 유배시조의 특질과 함의-〈신도일록〉 소재 시조를 중심으로-」, 『한민족어문학』 76, 한민족어문학회, 2017.

서술양상을 살피고, 거기에 담긴 의미를 검토하고자 한다. 먼저 작품의 이해를 위해 이세보의 유배와 해배의 과정부터 살펴본다.

2. 유배와 해배의 과정

이세보 시조에 대한 본격적 연구를 처음 시도한 진동혁은 이세보의 가계(家系), 가족 관계, 생애 등을 상당히 구체적으로 구명하였다. 유배 이유와 해배 과정 역시 많은 역사 기록을 소개하거나 인용하면서 생애를 서술하는 가운데 언급한 바 있다.[118] 그런데 상황을 이해하는 데 반드시 필요한 자료가 소개되지 않은 경우가 있고, 또 당시 그에게 쏟아진 비난의 내용이 구체적으로 무엇이고, 그것이 어떻게 확대되어 갔는지 그 맥락이 분명히 드러나지 않은 감이 없지 않다. 따라서 그의 유배와 해배 과정을 보다 명확히 파악하기 위해서는 이러한 부분들을 보완하면서 그 흐름을 다시 정리할 필요가 있다.

이세보는 인조의 동생인 능원대군(綾原大君)의 8대손인데 그가 20세 때인 1851년 철종은 정조의 이복동생인 은언군(恩彦君)의 아들 풍계군(豊溪君)을 그 숙부인 은전군(恩全君)의 사후양자(死後養子)로 삼고, 종친부의 논의를 거쳐 이세보를 다시 풍계군의 사후양자로 택정하였다. 이에 따라 이세보는 철종의 6촌 동생이 되어 이름을 호(晧)로 바꾸고, 경평도정(慶平都正)을 거쳐 경평군이 되었다.[119] 〈신도일록〉 서두에 신해년 가을 7월에 순원왕후(純元王后)의 하교를 받아 외람되게 근종반열(近宗班列)에 참여하게 되었다고 한 것은 이를 가리킨다. 순원왕후가 하교를 한 것은 당시 순원왕후가 수렴청정을 하고 있었기 때문일 것이다.[120]

118 진동혁(1983), 54~69면.

119 『승정원일기』, 철종 2년 7월 12~14일, 8월 20일조.

이후 그는 경연에 참석하기도 하고, 『선원보략(璿源譜略)』의 수정에 참여하기도 하였으며, 오위도총부 부총관과 도총관을 맡기도 하였다. 그런 가운데 26세 때인 1857년 10월에는 동지사은정사로 청나라에 갔다가 이듬해 3월에 돌아왔으며,[121] 28세 때에는 궁중의 음식을 주관하는 사옹원과, 궁중의 의복과 보화를 관리하는 상의원의 제조가 되기도 하였다.[122]

이처럼 종친의 한 사람으로 22세 때 이미 정1품의 지위에 올라[123] 승승장구하던 그는 29세 때인 1860년 11월 유배 길에 오르는 시련을 맞는다. 그가 유배를 가게 된 것은 당시 세도가인 김좌근(金左根)과 김문근(金汶根)을 비판했기 때문이다.[124] 이세보가 그들을 어떻게 비판했는지 구체적인 내용을 알 수는 없다. 하지만 11월 3일 철종이 김좌근과 김문근에게 사관을 보내 허망한 말 때문에 집 밖에 나가 있는 것은 자기가 바라는 바가 아니니 빨리 집으로 돌아가라 권하고, 5일 김좌근과 김문근이 각각 자기들의 억울함을 토로한 상소를 올리자 철종이 요망한 자의 무망(誣罔)한 말, 감히 하지 못할 말 운운하면서 황교(荒郊)에 머무는 것은 자중하는 도리가 아니니 속히 집으로 돌아가라고 한 것을 보면 이세보가 두 사람을 비판하고, 그로 인해 그들이 도성 밖에 나가 있었던 것은 분명한 듯하다.

이세보 문제는 11월 2일 대사헌 서대순(徐戴淳)의 상소를 시작으로 조정에서 본격적으로 논의되기 시작하였다. 서대순은 경평군이 없는 일을 꾸미고, 신하로서 들을 수 없는 말을 보태 궐내 공적인 자리에서 방자하게 소리를 높

120 『승정원일기』에 따르면 순원왕후가 수렴청정을 거둔 것은 철종 2년(1851) 12월 28일이다.

121 『승정원일기』, 철종 8년 10월 28일, 9년 3월 23일조.

122 『승정원일기』, 철종 10년 3월 23일, 11월 3일조.

123 『승정원일기』, 철종 4년 2월 29일, 11월 22일조. 2월에 이세보에게 정1품 흥록대부를, 11월에 다시 현록대부를 가자하였다. 이하 이세보의 유배와 해배에 대한 서술은 『승정원일기』의 기록을 참고한 것으로 필요한 경우가 아니면 주를 생략한다.

124 진동혁(1983), 55면.

여 전혀 거리낌이 없었다고 비판하였다. 철종은 마땅히 처분이 있을 것이라 비답한 후 그날 경평군이 언어를 삼가지 않아 해괴하고 요망함이 지극하니 문외출송(門外黜送)하라고 전교하였다. 하지만 다음날인 3일 다시 대사헌, 대사간을 비롯한 양사(兩司)의 관원들이 차자를 올려 이세보가 신하로서 들을 수 없는 말을 했을 뿐만 아니라 백성의 재물을 탐해 원성이 길에 가득하고, 조정에서는 비방과 중상을 꺼리지 않아 주석지신(柱石之臣)을 꾸짖고, 휴척지신(休戚之臣)을 무고하는 데 이르렀다며 그를 절도에 위리안치하고, 파양할 것을 청하였다. 이어 홍문관에서도 차자를 올려 이세보를 가볍게 경계하는 데 그쳐서는 안 된다고 하였다.

4일 정원용(鄭元容), 박회수(朴晦壽), 조두순(趙斗淳) 등의 대신들이 차자를 올려 이세보는 임금의 은혜를 지나치게 입었는데도 그 성품이 사악하고 탐욕스러워 전혀 꺼리고 두려워하는 것이 없고, 백성의 재산을 억지로 빼앗아 탐학이 원근에 두루 미쳤으며, 눈에는 조정이 없어 능멸하고 무고함이 여기에 이르렀다면서 그를 속히 절도에 위리안치하고, 종정(宗正)에게 명하여 그의 속적(屬籍)을 끊어버릴 것을 청하였다. 이에 철종은 날마다 듣지 못할 바를 들으니 놀랍고 한탄스럽지만 노성한 대신들의 말이 까닭 없이 그렇겠느냐며 이같이 인륜에 어그러진 무리를 근종의 반열에 둘 수 없으니 청한 대로 허락한다고 하였다. 이에 따라 경평군 작호의 환수와 절도 위리안치가 결정되었다.

이날 비변사에서 이세보가 재물을 탐하여 사람들이 탄식하고 원망하는데 그의 탐학을 도우면서 횡포를 부린 무리들을 엄히 조사하여 빼앗은 문서나 돈을 돌려주고, 그들을 경중에 따라 처벌할 것을 청하여 철종의 허락을 받기도 하였다. 그런데 다시 양사의 관원들이, 무고를 얽는 계책과 사람을 속이는 자취가 이세보와 같이 어리석은 자가 할 수 있는 바가 아니라며 뜻에는 반드시 주동이 있고, 말에는 반드시 근거가 있으니 의금부로 하여금 국청을 설치하여 실정을 밝히기를 계청(啓請)하였다. 문외출송에서 백성의 재물을 탐한 죄 등이 거론되면서 절도안치로 처벌의 수위가 높아졌는데 이세보 혼자만의 일이 아닐 것이라는 점을 들어 그를 국문해야 한다는 주장이 다시 제기되었던 것이다.

5일에도 양사가 합계(合啓)하여 이세보의 남을 속이는 재주와 없는 일을 꾸미는 솜씨는 그의 지각없음에 비춰볼 때 어찌 스스로 판단하고 스스로 주장하는 데에서 연유했겠느냐며 이세보의 국문을 청했지만 철종이 허락하지 않았다. 이날 철종은 이세보의 배소를 빨리 정하라 전교하고, 경평군의 고신(告身)을 거둬 불태우도록 하였으며, 홍문관에서 다시 이세보의 국문을 청하자 번거롭게 하지 말라고 하였다. 다음날인 6일에는 의금부의 계품(啓稟)에 따라 이세보의 유배지를 전라도 강진현 신지도로 정하고, 금부도사로 압송하게 한 후 지방관과 함께 입회하여 천극(栫棘)하도록 하였다. 이로써 2일에 시작된 이세보에 대한 논란은 닷새 만에 그를 신지도에 위리안치하는 것으로 일단락됨으로써 이세보는 7일 유배 길에 올랐다.[125]

하지만 이후에도 그에 대한 논란은 끊이지 않았다. 8일에는 양사의 관원들이 다시 이세보의 죄를 논하면서 그가 문출의 명을 받은 후에도 편안히 집에 있다가 다음날 해가 중천에 뜬 뒤에야 비로소 도성 밖으로 나갔고, 도극(島棘)의 명이 있으면 마땅히 두려워해야 할 텐데 창기를 끼고 즐기면서 조금도 조심하고 삼가지 않았으며, 이미 작호를 삭탈 당해 양가(養家)의 재산이 자기 소유가 아닌데도 즉각 실어갔다면서 작호를 삭탈한 마당에 그의 이름 '호(晧)'를 그대로 둘 수 없으니 본명인 '세보(世輔)'로 고쳐 쓰고, 의금부로 하여금 그를 붙잡아 들여 국문할 것을 청하였다. 철종은 이를 받아들이지 않았지만 다음날 의금부에서 유배 문서 속의 이름을 본명인 '세보'로 고쳐 쓸지를 묻자 허락하였다. 11일, 12일에도 양사에서 이세보의 국문을 청했고, 12일에는 형조에서 이세보가 억지로 빼앗은 민간의 재산을 돌려주고, 그를 엄히 징계할 것을 청하는 격쟁(擊錚)이 있었다고 계품하기도 하였다.

125 〈신도일록〉에서 이세보는 7일 아침 해 뜰 무렵에 신지도를 향해 출발하였다고 하였다.

이처럼 이세보를 국문해 실정을 알아내어 법을 바르게 하고, 어지러운 근본을 끊어내야 한다는 주장은 13, 14, 15일에도 연일 이어져 좀처럼 가라앉을 기미가 보이지 않았다. 이듬해인 1861년 1월과 12월, 1862년 6월, 7월, 8월, 윤8월, 9월에도 이러한 요청이 줄을 이어 어떤 때에는 십여 일간 하루도 빠짐없이 계속되기도 하였다. 이러한 주장의 거의 대부분이 다른 사람을 논죄하면서 함께 이세보의 국문을 거론한 것이지만 이를 통해 그에게 형벌을 더하라는 신료들의 요구가 얼마나 집요했던가를 알 수 있다.

〈신도일록〉에서 이세보는 김시명이란 사람이 자기에게 줄 것이라며 다른 사람을 구타하고 물건을 빼앗은 다음 그것을 헐값에 팔아 가져간 일을 상당한 지면에 걸쳐 구체적으로 제시하고, 본관이 이 일을 빙자하여 다른 말을 보태 서울에 전파했으니 진실을 모르는 사람들은 자기를 어떤 사람으로 알겠느냐고 하였다. 그리고 이를 기록하는 것이 장황하고 구구하지만 이러한 허망한 말이 전파되면 어찌 남의 용서를 바라고 침 뱉음을 면할 수 있겠느냐고 하였다. 이세보가 굳이 그 일을 자세히 기록하면서 억울함을 토로한 것은 민간의 재물을 빼앗았다는 자기의 죄목, 그리고 신료들이 자기에게 형벌을 더하라고 요구하고 있던 당시 조정의 분위기를 의식했기 때문으로 보인다.

1862년 9월 이후 한동안 잠잠하던 이세보 문제는 1863년 12월 1일 다시 불거졌다. 이날 정원용, 김좌근, 조두순 등의 대신들과 의금부 관원들이 괘서 사건으로 입시하였는데 괘서의 흉언을 본 철종이 어떻게 조사하면 좋겠느냐고 하자 김좌근이 이세보를 붙잡아 오고, 채귀연(蔡龜淵)과 나머지 사람들은 포도청으로 하여금 데려오게 하는 것이 어떻겠느냐고 하여 철종의 허락을 얻었다. 괘서에 적힌 흉언의 내용을 알 수는 없지만 그로 인해 이세보는 마침내 서울로 압송되어 국문을 받을 위기에 처하였다. 하지만 8일 철종이 승하하고, 13일 고종이 즉위하면서 상황이 급변하였다.

18일 대왕대비인 신정왕후(神貞王后)가 이세보를 방축향리(放逐鄕里)하라는 전교를 내렸다.[126] 그러자 승지들이 이세보의 죄가 지중하여 당초 절도

안치가 가벼운 벌이었다며 명을 거두어 줄 것을 청하였다. 이튿날인 19일에는 모든 승지들이 이세보가 범한 바가 지극히 참패(憯悖)한데도 오히려 한 가닥 목숨을 섬에서 빌리고 있어 세월이 지날수록 공분(公憤)이 더욱 간절하고, 하물며 흉언이 전파되어 캐묻고 조사할 일이 시급한데 어찌 가벼운 범죄로 여겨 갑자기 용서할 수 있겠느냐며 명을 거두어 줄 것을 청하고, 같은 날 승지들이 다시 4년간의 절도안치도 오히려 실형(失刑)이라 말하는데 어찌 하루아침에 방축할 수 있겠느냐며 반대하였다. 그날 양사와 홍문관에서도 각각 차자를 올려 방축향리의 명을 거두어 줄 것을 청하였다.

다음날인 20일 모든 승지들이 자기들의 호소가 3일째인데 이것이 어찌 그만둘 수 있는데도 그만두지 않는 것이겠느냐며 공론을 들어 명의 환수를 청하자 대왕대비는 극히 개탄스럽다며 승지들을 추고하라고 하였으나 승지들은 대단히 황송하지만 차라리 죽음을 당할지언정 거행할 수 없으니 명을 환수해달라고 다시 청하였다. 하지만 대왕대비는 승정원의 반대를 무릅쓰고 이런 망극한 때를 당해 어찌 전하는 말과 모함의 일로써 사람을 극역(劇逆)의 죄과에 빠뜨리고, 또 등극 초에 어찌 국청을 크게 설치해야 하겠느냐며 선왕의 호생지덕을 우러러 이세보를 방축향리하고, 압송하는 도사에게는 급히 공문을 보내 알려주라고 전교하였다.

대왕대비의 전교가 공식적으로 나오자 양사에서 차자를 올려 공의(公議)를 어기고 왕법을 굽히는 일은 감당할 수 없다며 환수를 청하고, 홍문관에서도 은혜 때문에 법을 굽히고 사사로움 때문에 공적인 것을 어기면 형정(刑政)이 이로 말미암아 해이해지고, 제방이 이를 따라 무너지게 된다며 환수를 청하는 차자를 올렸다.

21일 의금부에서 이세보를 방축하는 일은 대간의 논의가 바야흐로 일어

126 『승정원일기』에는 이때의 대왕대비 전교가 수록되어 있지 않은데 이는 전교를 신료들에게 전달해야 하는 승지들이 그것을 거부하면서 전교의 환수를 계속 요청했기 때문으로 보인다.

나 거행하기 어렵다는 뜻을 고했는데 이날 양사에서 명을 거두어 줄 것을 청했고, 다음날인 22일 양사에서는 다시 차자를 올려 이세보의 지난 죄는 논하지 않더라도 금번의 흉언은 조사하지 않을 수 없다며 중도에 방축하라는 명을 내려 평범한 유배인 풀어주듯 하면 만백성의 분함을 어떻게 위로하겠느냐고 하였다. 27일에도 양사에서 명의 환수를 청했고, 28일에는 정원용, 김흥근(金興根), 김좌근, 조두순 등의 대신들이 차자를 올려 국문하라는 명을 빨리 내려 나라의 법을 보존하라고 청하였지만 대왕대비의 뜻을 꺾을 수는 없었다.

다음해인 1864년 1월 10일 이세보의 일이 해를 넘겨서도 번거롭고 요란하여 극히 편안하지 못하니 정계(停啓)하라는 전교가 내린 것을 보면 이세보에 대한 논란이 한동안 계속되고 있었음을 알 수 있다. 이에 따라 그를 방축하는 일도 늦어지고 있었다. 13일 의금부에서 그동안 대계(臺啓)로 인해 이세보를 방축하는 일을 거행하지 못했는데 이제 대계가 정지되었으니 압송하는 도사에게 그의 방축을 분부할지를 물어 허락을 얻은 것을 보면 12월 18일 방축향리의 전교가 처음 내린지 25일 만에야 비로소 그것이 시행될 수 있었음을 알 수 있다.

이처럼 신지도에서 고통을 받던 이세보는 괘서 사건으로 인해 서울로 압송되어 국문을 받아야 하는 위기에 빠졌다가 상황의 극적인 반전에 의해 풀려나게 되었다. 그는 유배에서 풀려난 이듬해인 1865년 1월 1일 방축향리의 벌에서 벗어나고, 5월 4일 동지돈령부사가 되는 것을 시작으로 다시 관직에 나아갔다.[127]

127 이세보는 37세 때인 1868년 3월 대원군이 정한 새 항렬에 따라 '인응(寅應)'으로 개명하였으며 개성유수, 한성부판윤, 공조와 형조의 판서 등을 역임하였다(진동혁(1983), 74~81면).

3. 유배체험의 서술양상

1) 유배여정: 고통으로 나아가는 고통스러운 길

작자는 1860년 11월 7일 겸인(傔人)과 하인 한 사람씩을 대동하고 서울을 출발하여 22일 신지도에 도착하였다. 보름간의 유배 길이었는데 작자는 매일의 날짜와 여정, 숙박한 장소, 그날 있었던 일과 감회 등을 자세히 밝히면서 그 과정을 서술하였다.

한강을 건널 때에는 대궐을 바라보고 하늘을 우러러 통곡하였으며, 어린 시절을 보낸 안양에서는 익숙한 풍광을 바라보며 간절한 회포를 억제하지 못하였다. 화성에 이르러서는 슬픔을 이기지 못해 절구 한 수를 짓기도 하고, 정조의 능을 바라보면서 철종을 수가(隨駕)하여 왔던 예전 일을 떠올리며 반나절을 머뭇거리기도 하였다. 추위와 질병에 시달리며 성환, 천안을 거쳐 공주에서 하룻밤을 묵을 때에는 수년 전 청에 사신 가서 몸과 마음으로 고생했던 일을 생각하며 신지도가 풍속이 모질고 왕화(王化)가 미치지 못하지만 그래도 아국 땅이라면서 스스로를 위로하기도 하였다. 삼례, 전주를 지나 금구에 이르러서는 선영을 바라보며 조상이 자기를 불쌍히 여기면 명명(冥冥)한 가운데 도움이 있으리라 기대를 하기도 했지만 병은 점점 깊어만 갔다. 태인을 거쳐 정읍에 도착해서는 자기를 기다리고 있던 부모를 만났다. 부모의 경계를 듣고 이틀 동안 병을 조리한 다음 부모를 하직하고 다시 길을 떠났다.

장성으로 가면서 갈재[蘆嶺]를 넘을 때에는 멀어지는 서울 쪽을 바라보며 절구 한 수를 지었다. 나주에서는 금성산의 풍광과 장날의 번화한 모습에 관심을 기울이다가 영암에서 강진으로 향할 때에는 율시 한 수를 지어 멀고 먼 유배 길을 가야 하는 고통을 토로하였다. 강진에 도착하자 작자는 읍내의 모습과 대둔산의 풍광을 제시한 후 대둔산 표충사(表忠祠)에 서산대사와 사명당의 영정이 있다는 말을 듣자 임란 때 사명당의 행적을 제시하면서 산을 둘러보고 영정을 보지 못하는 것을 서운해 하기도 하였다. 하지만 험한 길을 지나 바닷가에 이르자 다시 고통과 슬픔에 젖어들고, 배를 타고 바다를 건널 때에는 풍랑을 만나 혼이 놀라고 넋이 떨어질 지경이 되기도 하였다. 고금도를 지날 때에는 임란 때 고금도에 관왕묘(關王廟)가 세워진 내력과 향사(享祀)에 대해 자세히 설명하기도 하였지만 이내 신지도가 바라보이자 자기의 고통을 토로하는 긴 노래를 읊었다.

유배 길을 통곡으로 시작한 작자는 나주 이후부터는 유배 길에 익숙해져 어느 정도 마음의 안정을 얻었기 때문인지 눈을 밖으로 돌려 지나는 곳의 풍광이나 역사에 관심을 기울이기도 하였지만 이내 내면의 고통 속으로 침잠하곤 하였다. 이처럼 유배여정의 서술에서 확인할 수 있는 가장 두드러진 특징은 무엇보다 작자가 유배 길 자체를 뼈아픈 고통으로 인식하고 있다는 것이다. 가족과 이별한 채 산 설고 물 설은 낯선 곳으로 나아가는 마음이 편치 않은 것은 모든 유배객들이 마찬가지일 것이다. 하지만 그러한 심정을 드러내거나 달래는 방식은 사람마다 차이가 있을 수 있는데 작자는 고통을 절절이 토로하는 방식으로 그 여정을 서술하였다.

그러면 작자가 느낀 고통은 구체적으로 어떤 것인가. 작자는 유배에 필요한 경비를 걱정하기도 하고, 뼈에 사무치는 추위로 인한 고통을 토로하기도 하였다. 하지만 그보다 유배 길 내내 작자를 괴롭힌 것은 질병이었다. 서울을 떠나자마자 토혈을 하고, 공주 주막에서는 한 모금 물도 마시지 못하고 침상에 쓰러져 정신을 수습할 수 없었으며, 삼례에서는 토혈이 심하고 병세가 위중하여 작자를 압송하던 금부도사가 병 때문에 지체하게 되었다고 장계를 올렸다. 병이 골수에 들어 먹지 못하고 자지 못해 정신이 아득한 상태에서 정읍에 도착하자 금부도사의 양해를 얻어 이틀을 머물면서 병을 조리하였다. 이처럼 유배 길 내내 시달린 병에 대해 작자는 유배를 떠나기 전 여러 날 대명(待命)한 끝에 숙병이 다시 일어난 것이라고 하였다. 형벌의 수준과 방법을 기다리면서 느꼈던 초조, 긴장과 같은 심적 부담이 육체의 병으로 드러난 것이었다.

모든 유배객들에게 공통되는 것이겠지만 다시 만날 기약이 없는 가족과의 이별 또한 작자의 마음을 줄곧 괴롭혔다. 정읍에서 부모와 이별할 때에는 옷을 붙들고 발을 굴러 어찌할 줄 몰라 했고, 곧 이어 갈재에서는 군친(君親)과 멀어지면서 느끼는 외로운 심정을 절구에 담기도 하였으며, 신지도를 앞에 두고 지은 긴 노래 속에서는 가족과의 애타는 이별에 대한 심정을 다음과 같이 나타내기도 하였다.

> …… 우리 부모 나를 쳐음으로 나으시ᄆᆡ 나를 도라보고 또 도라보와 편벽되이 지ᄌᆞᄒᆞ시도다 나히 계우 말를 ᄇᆡ우ᄆᆡ 의방을 가르치시고 등을 어루만져 ᄆᆡ양 젼가헐 아희라 ᄒᆞ셧도다 …… 십ᄉᆞ의 이르러 취쳐헌 후의 몸을 외가의 가 부쳐 이우ᄒᆞ미 만토다 집이 간난ᄒᆞᄆᆡ 슉슈지공이 어렵고 …… 신히년 봉군ᄒᆞ기의 이르러 봉공ᄒᆞ기의 골몰ᄒᆞ니 엇지 ᄉᆞ졍을 도라보리요 허물며 우리 가친이 또한 텬은을 입ᄉᆞ와 오마가 셔남으로 구치ᄒᆞ시니 모릴 날은 적고 이별헐 날은 만으ᄆᆡ 이 무슨 졍닌고 척고ᄒᆞ여 ᄉᆡᆼ각이 간졀치 아니헐 날리 업써니 호련이 〃 길를 당ᄒᆞ여 영결를 지엇쓰니 다시 고당을 향ᄒᆞ여 엇지 위열케 ᄒᆞ리요 …… 멀니 ᄇᆞ라보건ᄃᆡ 가련ᄒᆞ다 우리 두 아오는 그 형을 ᄉᆡᆼ각ᄒᆞ고 ᄉᆞᆯ리 마르고져 할지로다 어ᄂᆡ 달의 셔로 만나 반의를 츔츄며 어ᄂᆡ 날의 다시 보고 훈지를 화답할고 야양을 잘 셤겨셔 〃로 위로ᄒᆞ여 실낫 갓튼 가셩을 ᄯᅥ르ᄯᅥ리지 말지여다 ……[128]

먼저 자전적 회고를 통해 부모와 자기의 관계, 그리고 부모와의 이별에 대한 심정을 토로하였다. 맏아들로 태어나 부모가 자기를 편벽되게 사랑하고, 가르치며 집을 전할 아이라 기대하였는데 집이 가난하여 부모 봉양이 여의치

128 〈신도일록〉, 『이세보시조집』, 단국대 동양학연구소, 1985, 365~367면. 이하 면수만 표시.

않았다고 하였다. 군(君)에 봉작되자 봉공(奉公)하기에 골몰하여 부모를 제대로 돌보지 못하였고, 또 아버지가 여러 고을에 벼슬 다니느라 서로 떨어져 있는 날이 많아 부모 생각이 간절하였는데 이제 기약 없는 이별을 하게 되었으니 언제 다시 부모를 기쁘게 해 드릴 수 있겠느냐며 탄식하였다. 이어 두 아우가 자기를 생각하여 살이 마를 지경일 텐데 어느 날 서로 만나겠느냐고 걱정하며 부모를 잘 섬겨 가성(家聲)을 떨어뜨리지 말라고 당부하였다.

이처럼 유배 길을 가던 작자는 추위, 질병, 임금과 부모에 대한 그리움 등으로 인해 고통을 겪었는데 이러한 고통은 모두 유배에서 비롯된 것이다. 그렇다면 작자는 고통의 근본 원인인 유배에 대해서는 어떻게 인식하고 있었는가. 이를 확인하기 위해서는 우선 작품 첫머리의 유배 경위에 대한 서술을 주목할 필요가 있다.

> 셰ᄌᆡᆨ신ᄒᆡ지츄칠월에 슌원셩모 ᄒᆞ교를 밧ᄌᆞ와 외람이 근동반녈의 참예ᄒᆞ니 이ᄯᆡ는 셩샹 즉위ᄒᆞ신지 삼년일너라 …… 십년이 되여 옴으로 한갓 황송ᄒᆞ여 ᄯᆞᆷ이 나더니 져 엇지ᄒᆞ여 명도가 긔궁ᄒᆞ고 신운이 비ᄉᆡᆨᄒᆞ여 호련이 지월 쵸이일의 도헌의 한 샹쇼가 극히 망극ᄒᆞ다 입이 잇셔도 발명ᄒᆞ기 어렵고 ᄒᆞ속거릴 곳이 업쓰니 ᄲᅡ을 ᄯᅳ다리고 ᄒᆞ날를 부루지져 황망이 고당의 ᄒᆞ직ᄒᆞ고 문밧게 나와 쳐분만 기다리더니 그날 문츌ᄒᆞ라신 명이 계시나 됴졍 의논과 ᄃᆡ간의 샹쇼가 한결갓치 그치지 아니ᄒᆞ니 심신이 다 쥭고 혼ᄇᆡᆨ이 비월ᄒᆞ더니 다힝이 셩샹의 호ᄉᆡᆼ지덕이 특별이 한 목숨을 ᄭᅮ이ᄉᆞ 젼나도 강진현 신지도의 위리ᄒᆞ라신 명이 나리시나 진실노 황숑ᄒᆞ고 진실노 감격ᄒᆞ도다[129]

작자는 자기가 근종반열에 참여하여 10년간 철종의 은혜를 입었는데 홀연 대사헌의 상소를 시작으로 조정의 의논과 대간의 상소가 그치지 않아 결국 신

129 323~325면.

지도에 유배를 가게 되었다고 하였다. 무슨 문제 때문에 대사헌이 상소를 올리고, 의논과 상소가 그치지 않았는지에 대한 언급은 없다. 하지만 대사헌의 상소를 '망극하다'고 하고, '입이 있어도 발명(發明)하기 어렵고 하소연할 곳이 없어 땅을 두드리고 하늘을 부르짖었다'는 말은 작자가 자기의 유배를 억울한 것으로 의식하고 있었다는 것을 말해준다. 앞에서 살펴 본 것처럼 당시 대사헌은 작자가 신하로서 들을 수 없는 말을 궐내 공적인 자리에서 거리낌 없이 했다고 하였고, 철종도 작자가 말을 삼가지 않아 해망(駭妄)하다고 했지만 작자는 자기가 그러한 말을 한 것이 잘못일 수 없다고 생각했던 것이다.

유배에 대한 이러한 생각은 작자가 신지도에 도착하기 직전에 지은 노래 속에 보다 구체적으로 제시되어 있다. 작자는 고금도를 지나 신지도가 앞에 보이자 바닷물로 성을 쌓아 신지도를 배치하였으니 하늘이 만든 지옥이라고 탄식하면서 한 노래를 짓는다고 하였다.

> 숀이 잇셔 ᄂᆡ게 읍하고 무러 가로ᄃᆡ 그ᄃᆡ 엇지ᄒᆞ여 〃긔 이르럿누 오호의 ᄇᆡ를 씌여 도쥬공을 ᄎᆞ져 가나 …… ᄂᆡ가 비록 아는 거시 업쓰나 쏘한 귀는 있는지라 드르니 ᄌᆞ네가 이젼의 쟝안의 잇쓸 ᄡᅴ의 청츈ᄇᆡᆨ면 일셔ᄉᆡᆼ이 외람이 구즁 셩명의 아르시믈 입ᄉᆞ와 화완단의슈방녕으로 샴시의 츌립ᄒᆞ여 단지의 뫼셧쏘다 경평을 봉작ᄒᆞ시ᄆᆡ 동반의 참예ᄒᆞ고 샹방의 졔거 되ᄆᆡ 됴의를 맛텻쏘다 ᄒᆡᆼ년 이십뉵의 ᄉᆞ졀를 밧ᄌᆞ와 만니원습의 쥬원모ᄌᆞ하니 이름이 샹국의 젼파ᄒᆞ여 엇지 그리 쟝ᄒᆞ며 의긔는 당셰의 놉ᄒᆞ쓰니 뉘 아니 긔이타 ᄒᆞ리요 놉흔 쵸헌과 살찐 말의 ᄇᆡᆨ옥가를 울니며 샥인 뎐과 빗난 집의 황금치를 기우리니 ᄌᆞ리의 가득헌 ᄉᆞ우들과 문의며 인빈ᄀᆡᆨ드리 다 이르되 친ᄒᆞ다 ᄒᆞ고 닷투와 츄슈ᄒᆞ도다 엇지헌 셰ᄐᆡ가 염냥이 다르며 젼년이 물니가 셩쇠 잇는 쥬른 몰낫쏘다 황혼의 이르러 호련이 영슈의 언약을 일코 쳔니 강남의 멀니 〃별ᄒᆞ엿쏘다 쵸쇄ᄒᆞ고 고〃ᄒᆞ여 이 무슨 형샹인고 청년의 옥 갓흔 ᄌᆞ달이 가이 앗갑쏘다 허물며 병이 드러 져갓치 슈쳑ᄒᆞ니 궁한 바다의 양의 업쓰믈 한

ᄒᆞ리로다 원컨ᄃᆡ 그ᄃᆡ는 힘을 써셔 먹기나 잘ᄒᆞ고 슈방풍상의 강잉이 보전헐 지여다

창낭가 한 곡됴가 심이 맑고 ᄯᅩ 한가ᄒᆞ니 날노 더부러 어부ᄉᆞ나 화답ᄒᆞ셰 ᄂᆡ 이 말를 듯고 기리 탄식ᄒᆞ니 나 지긔ᄒᆞᄂᆞ니 아니면 엇지 나를 아러 보리요 유〃한 ᄂᆡ 쇽의 ᄊᆞ인 회포를 그ᄃᆡ게 번거이 한번 펴미 어리셕지 아니ᄒᆞᆯ랴 ᄂᆡ가 근본 션파 집의셔 ᄉᆡᆼ쟝ᄒᆞ여 약간 예를 ᄇᆡ우고 능히 시를 말ᄒᆞᄆᆡ 평ᄉᆡᆼ 심두의 츙효 두 글ᄌᆞ를 직희여 일치 안코 샤여 두엇노라 나히 계우 열아홉의 근동의 참녜ᄒᆞᄆᆡ 다ᄒᆡᆼ이 우리 셩샹의 부류ᄒᆞ신 은혜를 힘입엇ᄯᅩ다 문안ᄒᆞ며 감션ᄒᆞᄆᆡ 엇지 감히 게을니 ᄒᆞ리요 깁흔 못슬 임ᄒᆞ며 여튼 어름을 밟아셔 날노 ᄌᆞ〃ᄒᆞ엿ᄯᅩ다 늠미와 샤젼이 뚝키 유여ᄒᆞ니 ᄇᆡ구ᄉᆡᆼᄋᆡ가 ᄎᆞ고 쥬리미 업셧ᄯᅩ다 샤망의 승후ᄒᆞ여 지쳑의 뫼셧쓰니 ᄃᆡ궐노부터 물너나와 밥 먹ᄭᅵ가 ᄆᆡ양 더듸고 더듸엿ᄯᅩ다 쟝안 갑졔와 쥬문 쇽의 부라 ᄒᆞ고 귀ᄒᆞ다 ᄒᆞ기를 십년이 임의 돌리로다 단〃무타헌 ᄂᆡ 정셩이 뚝키 신인의 증거ᄒᆞ니 엇지 쇽임이 잇쓰리요 무단이 쵹휘ᄒᆞ미 이 무슨 말인고 되가 됴졍의 계관ᄒᆞᄆᆡ 나망의 걸녓ᄯᅩ다 호쳔망극ᄒᆞ신 지우헌 은혜 특별이 한 목슘을 ᄉᆞ이ᄉᆞ ᄇᆞ다 가으셰 보ᄂᆡ셧ᄯᅩ다 ᄒᆞ날를 원망ᄒᆞ며 ᄉᆞ람 허물ᄒᆞ기를 ᄂᆡ 엇지 감히 ᄒᆞ리요 여긔 이르럿쓰ᄆᆡ ᄂᆡ 신셰 더욱 슬프도다 ᄌᆞ과부지ᄒᆞ미 혹 고이치 아니ᄒᆞ니 반구져긔ᄒᆞ는 거시 진실노 맛당할 ᄇᆡ로다 좌ᄉᆞ우량ᄒᆞ여도 ᄂᆡ의 쇼됴는 텬지를 부앙ᄒᆞ여 ᄒᆞ쇽거릴 데 업쓰니 한갓 통박만 더ᄒᆞ도다 우리 부모 나를 쳐음으로 나으시ᄆᆡ 나를 도라보고 ᄯᅩ 도라보와 편벽되이 지ᄌᆞᄒᆞ시도다 …… ᄇᆞ다의 몸을 더져 어복의 쟝ᄒᆞ기를 ᄆᆡᆼ셰ᄒᆞ니 간 일를 이졔 뉘웃버도 ᄶᅡ르지 못ᄒᆞ리로다 그ᄃᆡ가 임의 나를 알고 나를 위ᄒᆞ여 무르ᄆᆡ ᄂᆡ가 엇지 그ᄃᆡ를 위ᄒᆞ여 의심을 헷치지 아니ᄒᆞ리요 그 ᄉᆞᄅᆞᆷ이 웃고 ᄇᆡ젼을 ᄯᅮ다리고 가니 이 몸이 홀노 ᄇᆞ다 가으셰 셧더라[130]

130 360~368면.

상당히 길게 이어지는 노래인데 손[客]이 '창랑가'를 부르자 작자가 '어부사'로 화답한다고 하여 손이 묻고 작자가 대답하는 형식을 취하고 있다. 손은 작자에게 어찌하여 여기에 이르렀느냐고 물은 후 자기 또한 귀가 있어 이미 들었다며 작자의 지난 일과 현재의 처지를 자세하게 제시하였다. 먼저 작자가 젊은 나이에 임금의 지우(知遇)를 얻어 좋은 옷 입고 대궐[丹墀]에 출입하여 임금을 모셨다면서 경평군에 봉작되어 종친 반열에 참여하고, 상의원[尙房] 제조가 되어 조정의 의복을 맡았고, 26세 때에는 사신이 되어 이름을 중국에 전파하였으며, 생활은 호화롭고 많은 사람들이 친하다며 찾아와 서로 사귀었다고 하였다. 하지만 지금은 사정이 바뀌어 천리 밖 강남에 초췌한 형상으로 병까지 들어 수척해 있으니 몸조심하라고 하였다. 일찍 현달하여 영화로운 삶을 살던 작자가 어찌하여 지금 이 지경에 이르렀는지 물은 것이다.

이에 대해 작자는 길게 탄식하면서 자기 마음속에 쌓인 회포를 한번 펴겠다고 하였다. 작자는 자기가 선파(璿派) 집에서 생장하여 시와 예를 배우고 충효 두 글자를 마음속에 새겼으며, 임금의 은혜로 어린 나이에 근종에 참여하여 임금을 부지런히 정성을 다해 섬겼고, 10년 동안 풍족한 가운데 부귀를 누렸는데 기휘(忌諱)에 저촉되었다[觸諱]고 하여 바닷가에 오게 되었다고 하였다. 손의 물음에 자기의 지난 일을 회고하면서 유배의 이유가 금기를 범했기 때문이라고 대답하였다.

그런데 이처럼 묻고 답하는 과정에 유배에 대한 작자의 의식이 드러나 있음을 주목할 필요가 있다. 작자는 자기가 무단히 기휘를 범했다는 것이 무슨 말이냐고 하면서 자기를 잡기 위한 그물에 걸려서 유배를 오게 되었다고 하였다. 기휘를 범했다는 것을 인정할 수 없고, 자기를 잡기 위해 쳐놓은 그물에 걸렸으니 억울하다는 것이다. 이는 작자가 자기의 유배를 터무니없는 것, 부당한 것으로 의식하고 있었다는 것을 말해준다. 생장 과정을 언급하며 어릴 적부터 충효 두 글자를 마음속에 새겼다 하고, 임금을 섬김에 문안과 감선(監膳)을 게을리 하지 않고 깊은 못에 임한 듯, 엷은 얼음을 밟는 듯 조심하고 힘썼으며, 다른 뜻이 없는 그러한 정성을 신인(神人)이 입증할 수 있다고 한 것은 임금에 대한 자기의 정성이 마음 깊은 곳에서 우러난 진실한 것이라는 것이고, 그렇기 때문에 그러한 자기가 유배를 당한 것은 억울하지 않을 수 없다는 것이다.

이러한 그의 생각은 위의 노래가 굴원(屈原)이 지은 〈어부사(漁父辭)〉를 연상시킨다는 데에서도 짐작할 수 있다. '창랑가', '어부사'라는 용어, 그리고 손이 유배의 이유를 묻고 작자가 대답하는 형식은 위의 노래가 굴원의 〈어부사〉를 염두에 두고 지은 것이라는 것을 말해준다. 무함을 받아 억울하게 추방당한 굴원처럼 자기 역시 아무런 잘못 없이 귀양을 오게 되었다는 것, 다시 말하면 자기의 유배가 부당하다는 것을 노래의 제목과 형식을 통해서도 드러내고 있는 것이다.

작자는 유배의 이유를 밝힌 다음 자기가 감히 하늘을 원망하고 사람들을 허물할 수 없다고 하면서도 자기의 신세를 슬프다고 하고, 본인의 허물을 본인이 알지 못하는 것이 괴이하지 않으니 자기의 잘못을 자기에게서 찾아보는 것이 마땅하다고 하면서도 아무리 생각해도 자기가 당한 일은 하늘을 우러르고 땅을 굽어보아도 하소연할 데가 없어 고통만 더할 뿐이라고 하였다. 이런 저런 생각으로 스스로를 달래보지만 부당한 유배로 인한 슬픔과 고통을 결코 떨쳐버릴 수 없다는 것이다. 이에 따라 작자는 자기의 마음을 가장 아프게 했던 일, 곧 앞에서 인용했던 부모, 아우와의 이별로 인한 슬픔을 이 노래 뒷부분에서 장황하게 토로하였다.

유배가 부당하다는 의식은 위 노래뿐 아니라 자기에 대한 다른 사람들의 태도를 제시하고 있는 데에서도 확인할 수 있다. 작자는 자기가 한강을 건널 때 행인들이 청춘소년이 무슨 죄를 지어 이 먼 길을 가느냐며 자기를 가련하게 여겼다고 하였다. 안양, 천안, 정읍에서도 알거나 모르거나 사람들이 자기를 보고 위로하거나 참혹하게 여겼다는 사실을 제시하였다. 자기에 대한 다른 사람들의 이러한 태도를 반복해서 자세히 서술하고 있는 것은 자기의 유배가 부당하고, 그러한 유배로 인해 자신이 혹심한 고통을 받고 있다는 것을 우회적으로 드러내기 위해서라고 할 수 있다.

유배가 부당하기에 유배 길에서 겪어야 했던 질병이나 추위, 가족과의 이별과 같은 괴로움이 작자에게 한층 고통스럽게 다가왔을 것이다. 억지 유배라고 생각했기에 그로 인해 겪어야 하는 몸과 마음의 괴로움을 작자로서는 견디기 어려웠던 것이다.

유배가 부당하다는 이러한 의식뿐 아니라 과거와 극명하게 대비되는 현재의 상황에 대한 인식 또한 작자를 한층 고통스럽게 했을 수 있다. 작자는 작품 서두에서 자기가 순원왕후의 하교로 근종반열에 참여하여 품질(稟質)과 재식(才識)이 부족한데도 임금의 과분한 은혜를 입었다고 하였다. 뿐만 아니라 위의 노래에서도 지난 과거의 영화를 다시 언급하고 있는 것을 볼 수 있다. 먼저 유배의 이유를 묻는 손의 노래 속에 작자가 어린 나이에 군에 봉작되어 높은 관직을 맡았고, 청에 사신을 가 이름을 날렸으며, 부귀를 누리며 많은 사람과 사귀었다고 하여 영화롭던 지난 삶이 장황하게 제시되어 있다. 이러한 언급은 작자의 노래 속에서 다시 반복되고 있음을 볼 수 있다.

이처럼 임금의 은혜를 입고 부귀영화를 누리던 지난 과거를 거듭 구체적으로 언급하고 있는 것은 현재의 상황이 과거와 대비되면서 더욱 더 고통스럽게 느껴졌기 때문일 것이다. 20세의 어린 나이에 군에 봉해져 10년간 영화를 누리다가 급전직하 유배객으로 전락한 현재의 상황을 29세의 젊은 작자로서는 쉽게 감당하기 어려웠을 것이고, 현재의 처지가 고통스럽게 여겨질 때마다 그것은 과거의 입신출세, 부귀영화와 대비되면서 작자를 한층 더 괴롭혔을 수 있다는 것이다.

이와 같이 작자의 유배 길은 고통의 연속이었다. 작자를 괴롭힌 것은 질병과 추위, 부모와의 이별로 인한 아픔 등이지만 그것들이 견딜 수 없을 만큼 고통스럽게 느껴진 것은 유배가 억울하고 부당하다는 의식, 그리고 영화롭던 과거와 대비되어 한층 초라하고 비참하게 느껴지는 현재의 상황에 대한 인식 때문이었을 것이다.

2) 유배생활: 고통의 반추

유배여정에 대한 서술은 날짜를 밝히면서 그날의 여정과 있었던 일, 감회 등을 제시하는 방식으로 이루어져 있지만 유배생활의 서술방식은 유배여정의 그것과 차이가 있다. 작자는 날짜를 밝히지 않은 채 유배지에서 겪은 일이나 느낀 감회를 대체로 시간적 순서에 따라 제시하는 방식으로 유배생활을 서술하고 있다. 그런데 작자의 유배생활은 만 3년이 조금 넘지만 실제 서술은 유배지에 도착한 이듬해 여름의 더위와 습기로 인한 고통에 대한 언급과 해배를 기다리는 심정의 토로에서 일단 마무리되고 있어 유배생활에 대한 서술은 유배지에 도착한 1861년 겨울부터 그 이듬해 여름까지로 한정되어 있다. 그리고 이러한 산문 서술 뒤에는 유배생활을 하면서 지은 것으로 보이는 시조를 열거하고 있다. 모두 95수가 제시되어 있는데 맨 뒤의 세 수는 글씨체가 확연히 다르고, 내용도 유배와 관련이 없어 나중에 다른 사람이 덧붙여 쓴 것으로 보인다.

따라서 유배생활 전반에 대한 서술은 날짜를 밝히지 않은 채 유배지에 도착한 이후 한동안의 일과 감회를 시간적 순서에 따라 기록한 다음 시조를 열거하는 방식으로 이루어져 있다고 할 수 있다. 이는 위리안치에 의해 한 곳에 갇혀 지내야 하는 작자에게 유배생활이란 갑갑하고 단조로운 일상의 연속일 뿐이어서 구체적인 날짜를 밝히면서 서술할 만한 일은 별반 없는 대신 유배생활에서 느끼는 고통스런 감회는 넘쳐났기 때문일 것이다.

먼저 산문으로 서술된 유배생활의 모습부터 살펴보자. 신지도에 도착한 작자는 그곳에 대한 인상을 다음과 같이 제시하였다.

> 악헌 봉만과 츄헌 셕각은 전후의 묵써 셧고 홍도와 거랑은 좌우의 고리ᄒ

여 둘넛는데 돕고 돕은 셤 동구는 범의 입 형상 갓고 검슈와 도산이 한 염나 귀관을 여럿쓰니 인간이 어듸며뇨 풍도 셤이 여긔로다[131]

신지도의 봉우리와 돌부리가 악하고, 추하다면서 섬의 좁은 입구가 범의 형상 같고, 칼처럼 보이는 나무와 산이 지옥으로 들어가는 문과 같다며 사람 사는 세상이 아니라고 하였다. 배 안에서 신지도를 바라보며 지옥이라고 했던 작자는 신지도에 도착하자 그곳에 대한 인상을 또 다시 위와 같이 표현하였다. 유배지에 대한 이러한 선입견은 자기의 유배가 부당하고, 억울하다는 생각에서 비롯되었을 것이지만 이는 결과적으로 작자로 하여금 유배생활 자체를 고통스런 나날의 연속으로 느끼도록 했을 것이다.

유배지에 도착한 작자는 여전히 궁핍과 병으로 시달렸지만 작자를 괴롭힌 것은 무엇보다 고립감, 단절감이었다. 작자는 유배지에 도착하자마자 자기를 가둘 가시 울타리 치는 과정을 목격하였다. 수많은 사람들이 요란하게 가시나무를 지고 와 산 같이 쌓은 뒤 언 땅을 뚫어 기둥을 세운 다음 처마 앞까지 가시 울타리를 빽빽이 두르고, 거기에 작은 문 하나와 음식 출입하는 구멍 하나를 내는 과정은 작자로 하여금 담이 떨리고, 기운이 꺾이게 하는 일이 아닐 수 없었다. 외딴 섬, 그것도 컴컴한 가시 울타리 속에 갇혀 지내야 하는 작자는 자신이 바깥세상과 단절된 채 철저히 고립되어 있다는 생각을 떨쳐버릴 수 없었다.

이에 따라 가슴에 불이 일어나 이따금 미친 사람이나 취한 사람 같다며 탄식하기도 하고, 따라온 겸인이 자기 곁에 있지 않고 돌아다니며 술 먹고, 잡기나 일삼으니 어느 누가 한 잔 더운 물을 권하고, 한 그릇 미음을 먹이겠느냐고 한탄하기도 하였다. 작자는 궁핍과 병, 그리고 자기 혼자뿐이라는 고립감으로 인한 고통 속에서 앉으나 서나 마음에 솟구치는 회포를 억제하기 어렵

131 369면.

다며 노래를 짓기도 하였다.

> 멀니 별니ᄒᆞ미여 셔로 ᄉᆡᆼ각ᄒᆞ기를 괴로이 ᄒᆞ니 ᄉᆞ랑ᄒᆞ고 보지 못ᄒᆞ니 가이 엇지 ᄒᆞ리요 미인을 ᄒᆞ날 한가의 ᄇᆡ리보니 홀노 황혼을 의지ᄒᆞ여 눈물리 물결 갓도다 …… 비단 글ᄶᆞ 셔신을 뉘 능히 붓쳐 오며 한번 옴기는 숀이 되어 쟝ᄉᆞ ᄶᅡ의 이름으로 쳥됴 소식을 기둘너도 오지 아니ᄒᆞ는구나 회포가 묘〃혜여 숣이 유〃한데 쳥텬벽ᄒᆡ의 밤은 어이 기럿는고 …… 이 몸이 우〃ᄒᆞ여 이 시골의 왓도다 샴도를 지나고 셰 셤을 건너오니 쳥츈읍결이 부지럽시 스ᄉᆞ로 슬프구나 만풍과 연우의 이 엇던 ᄶᅡ인고 …… 슬푸다 ᄒᆞ날리 지은 지옥이라 인환은 아니로다 모진 안ᄀᆡ와 독한 쟝긔는 형극을 엣웟는데 일간쵸옥이 〃ᄉᆞ이의 붓쳣더라 텬일을 보들 못ᄒᆞ고 홀노 병만 읍쥬어리니 병 우의 병을 더ᄒᆞ여 진실노 의원ᄒᆞ기 어렵쏘다 쥭는 거시 잇고 살 슈가 업는 ᄂᆡ 소회를 호쇼가 무쳐ᄒᆞ니 ᄉᆞᄅᆞᆷ이 뉘 알니요 고〃ᄒᆞ고 쵸쵀ᄒᆞ여 가련헌 형상을 분명이 그려ᄂᆡ여 ᄒᆞ날의 ᄒᆞ쇽거리ᄌᆞ ᄒᆞ나 멀고 먼 약슈샴쳔니에 구문챵합을 뉘 능히 젼할쇼냐 …… 밤으로 날를 잇고 날노 밤을 이으ᄆᆡ 풍샹을 포ᄊᆡᆨᄒᆞ고 쳔신만고를 우는구나 ᄋᆡ〃이 통곡ᄒᆞ고 쳔만 번이나 비나이다 텬의 감동ᄒᆞ사 특별이 불샹헌 걸 드리오시고 곳 고신으로 ᄒᆞ여금 노와 돌려보ᄂᆡ시면 셩셰의 한가헌 ᄇᆡᆨ셩을 달게 짓고져 ᄒᆞ나이다.[132]

먼저 임금을 임에 비겨 서로 이별한 후 그리움에 눈물짓지만 기다리는 소식은 오지 않는다고 하였다. 이어 유배의 험한 여정과 해를 보지 못하고 병만 읊조리는 유배생활의 고통을 하소연하고, 죽을 수밖에 없는 자기의 가련한 형상을 전할 길 없어 슬프게 통곡하면서 천만 번 비니 자기의 불쌍함을 알아 돌려보내 달라고 하였다. 세상과 단절된 채 지옥 같은 유배지에서 겪는 고통

---

132 381~384면.

에서 벗어나는 길은 오직 귀양에서 풀려나는 길밖에 없다고 생각한 것이다. 오지 않는 해배 소식에 절망하기도 하지만 그것을 기다리는 것만이 스스로를 달래며 지탱하는 유일한 방법이었기에 임금을 대상으로 자기의 그러한 심정을 하소연하듯 늘어놓은 것이다.

바로 뒤를 이어 작자는 고립무원의 처지에서 더욱 간절해지는 부모에 대한 그리움을 다시 길게 노래하였다.

> 오희라 …… ᄐᆡ힝샨의 올나 구름을 ᄇᆞ라보미여 우리 어버이 계신 데가 곳져 속이로다 맑은 밤의 셔〃 달의 거름이여 ᄉᆡᆼ각이 고당의 간졀ᄒᆞᄆᆡ 마음이 타는 것 갓쏘다 …… 호텬망극ᄒᆞ기 가으시 업쓰미여 셩효지심을 가져 골슈의 샥엿써니 …… 뜻 아니헌 일됴의 은견을 입엇구나 …… 형극을 버셔나기 어려운ᄃᆡ 엇지할고 혼졍신셩ᄒᆞ고 감지를 가쵸기가 기리 업쏘다 되가 불효의셔 더 큰 계 업쓰미여 그 되를 쇽냥ᄒᆞ고져 할진ᄃᆡ 쟝챳 엇지 써 ᄒᆞ리요 …… 부혜모혜여 나를 ᄇᆞ라보미여 알괘라 웅당 됴모의 문녀를 의지ᄒᆞ시리라 구로ᄒᆞ신 은혜를 참아 져ᄇᆞ림이여 이 몸이 엇지 여긔 이르럿누 명은 실낫 갓고 병은 고항의 침노ᄒᆞ미여 누구가 양의를 마져셔 신통헌 방법을 가르칠고 죽을 ᄯᅡ을 돗ᄎᆞ 솔기를 ᄇᆞ라미여 다만 밋씨는 셔방의 부모가 갓가와 계시도다 ᄒᆞ날리 비록 놉흐시나 드르시기는 낫게 ᄒᆞ시미여 만일 은혜로 비를 쥬셔 전니로 돌려보ᄂᆡ시면 긔왕의 불효ᄒᆞ믈 뉘웃쳐ᄒᆞ미여 우리 쌍친을 셤겨셔 ᄇᆡᆨ셰를 누리〃라[133]

부모가 있는 곳을 바라보며 부모에 대한 간절한 생각으로 마음이 타는 것 같다 하고, 자기는 가시 울타리를 벗어날 수 없는 유배객의 처지가 되어 부모를 돌보지 못하는 불효를 범하고 있다고 하였다. 이어 부모가 아침저녁으로 자기를 기다리고 있을 텐데 자기는 병으로 고통 받으며 죽을 땅에서 살기만

---

133 384~388면.

바라고 있다면서 하늘이 은혜를 베풀어 고향으로 돌려보내면 불효를 뉘우치며 평생 부모를 섬기겠다고 하였다. 홀로 고립된 상황에서 더욱 간절해지는 부모에 대한 그리움을 노래하면서도 유배의 고통과 해배에 대한 소망을 언급하고 있다. 그만큼 유배생활 중에 느끼는 고통이 극심하고, 그에 따라 부모에 대한 그리움과 해배에 대한 소망이 간절했다고 할 수 있다.

그런데 유배지에 도착한지 채 두 달이 못되어 해가 바뀌자마자 아버지가 세상을 떠났다는 소식을 듣는다. 피를 토하고 혼절하기도 했던 작자는 아버지가 자기의 유배로 인한 충격에 병을 얻었고, 위중한 가운데에서도 자기가 풀려나기를 기다렸으며, 자기가 돌아온 후 장례를 치르라 하여 임시로 매장하였다는 말을 듣자 창자가 끊어지는 아픔 속에서 자기의 불효만 탓할 수밖에 없었다.

이처럼 작자는 철저히 바깥세상과 단절된 상태에서 느끼는 고립감과 외로움, 불효에 대한 자책으로 하루하루를 고통스럽게 지낼 수밖에 없었는데 절기가 바뀔 때에는 더욱 심한 외로움을 느끼며 고통스러워하곤 하였다. 섣달 그믐날 온 동네가 과세를 하느라 시끌벅적하자 홀로 앉아 서울에서 과세하던 일을 생각하면서 의지할 곳 없고, 기곤(飢困)이 자심한 자기의 모습을 돌아보기도 하고, 봄이 되어 꽃이 다투어 피고, 초목의 싹이 트자 마음이 더욱 상하여 곁에 아무도 없는 어두운 방안에서 주야로 고통 받는 자기의 처지를 한탄하기도 하였다. 그리고 여름에는 더위, 해충, 장기(瘴氣)로 인해 하루를 지탱하기도 어렵다고도 하였다. 이처럼 그는 고립감과 외로움, 더욱 간절해지는 부모에 대한 그리움과 같은 내면의 고통, 병을 비롯하여 유배지의 열악한 환경에서 오는 육체적 고통 등에 시달리며 해배에 대한 희망으로 하루하루를 견디고 있었다.

그러면 이러한 산문 서술 뒤에 제시되어 있는 시조에는 작자의 내면이 어떻게 드러나 있는가. 기존 논의에서 언급한 바와 같이 이 시조 작품들에서는 특정 소재나 주제별로 몇 작품씩 함께 묶여 있는 연작성을 확인할 수 있다.[134]

이러한 연작성이 나타나는 것은 나중에 작품을 배열할 때 소재나 주제가 유사한 작품들을 한 군데에 모아서 제시했기 때문일 수도 있지만 앞뒤 작품들의 밀접한 관련성을 고려할 때 실제 그 작품들을 함께 연작했기 때문일 것으로 짐작된다. 그런데 이와 관련하여 하나 더 주목할 것은 92수 전체의 배열 순서이다. 모든 시조 작품들이 예외 없이 뚜렷한 질서 체계에 따라 배열되어 있는 것은 아니지만 작자가 어느 정도의 체계를 갖도록 전체의 배열 순서를 고려한 듯하다는 것이다. 이에 시조 전체의 배열 순서를 따라가며 연작성을 띠고 있는 작품들에 주목하여 작자의 유배체험이 어떻게 드러나 있는지 살펴본다. 시조 작품들은 배열된 순서에 따라 번호를 매겨 지칭한다.

우선 맨 앞에 제시되어 있는 [1]에서는 만물과 계절의 변화를 노래하고, [2]에서는 올 적에는 백설이 쌓였었는데 지금은 보리 익는 때를 기다리고 있다며 언제 고향에 돌아갈 수 있겠느냐고 하였다. 이처럼 무정한 세월이 흘러 계절이 바뀐 상황을 앞에 제시하고 나서는 남해 천리 길을 어떻게 꿈결같이 오게 되었는지 한탄한([3]) 후 명재경각 상태에서 성은을 입어 신지도에 오게 되어([4]) 북궐을 하직하고 남해에 도착해서는 고향에 돌아가기만을 암축하였다며([5]) 유배를 오던 과거의 상황을 회고하였다.

그 뒤에는 수구여병(守口如甁), 곧 말조심을 하지 않아 귀양을 오게 되었지만 자기의 말은 충언이고([6]), 자기의 병은 충절과 강개로 난 것이니 자기 마음을 알아주는 것이 약보다 낫다며([7]) 오륜과 의리를 밝히지 못하면 차생, 후생에 이름을 두기 어렵다고([8]) 하였다. 이는 유배의 계기가 된 자기의 말은 충절과 강개에서 비롯된 충언이고, 오륜과 의리를 밝히기 위한 것이었다는 것으로 자기의 유배가 억울하다는 것을 토로하고 있는 것으로 보인다.

유배 과정과 이유에 대한 이들 작품 다음에는 유배의 고통, 곧 고립감, 단절감을 비롯한 심적 고통을 토로한 작품들이 주로 나열되어 있는데 그 가운

134 김윤희, 앞의 글, 141면.

데에는 우선 자기의 불충불효를 탓하는 작품 여러 수가 집중적으로 제시되어 있는 것을 볼 수 있다.

[10]
고신이 병욕ᄉᆞᄒᆞ니 부루느니 챵텬이라
츙효를 몰나쓰니 슈원슈구ᄒᆞ랴
아마도 불츙불효는 나쁜인가

[11]
불츙불효 되엿쓰니 ᄉᆡᆼ젼ᄉᆞ후 어이ᄒᆞ리
타일 황쳔ᄒᆞ의 무면배션왕을
엇지타 나는 ᄉᆡ가 ᄇᆡᆨ일의 나망을 몰나

앞에서 작자는 자기의 유배가 충절에서 비롯된 억울한 것이라고 하였다. 그런데 [10]에서는 그러한 충절이 결과적으로 임금과 부모에게 누를 끼치는 불충불효가 되고 말았으니 누구를 원망하고 누구를 탓하겠느냐고 탄식하면서도 [11]에서는 자기의 불충불효가 그물에 걸린 새처럼 함정에 빠졌기 때문이라고 하였다. 불충불효를 자탄하면서도 그것이 자기의 잘못이 아니라 누명을 썼기 때문이라는 것이다. 임금과 부모에게 불충불효한 괴로움을 자기의 탓으로 돌려 스스로를 달래보지만 그것이 자기의 잘못 때문이 아니라는 생각을 지울 수 없었던 것이다.

이어 고국이 그리워 슬피 우는 두견새 소리에 일어난 수심이([23]) 소식이 끊어진 한양에 대한 그리움으로 이어지고([24]), 이것이 다시 임금과 부모에 대한 그리움으로 이어지면서 임금과 부모에 대한 작품 여러 편이 연이어 제시되어 있다.

[28]
일등 화ᄉᆞ 숀을 비러 가련헌 ᄂᆡ 형상을
분명이 그려ᄂᆡ여 구문창합 젼ᄒᆞ며는
아마도 은혜로 노으시련이

[30]
북당의 학발 부모 타향의 날 보ᄂᆡ고
ᄌᆞᄋᆡ지졍 그린 회포 의문의려 ᄒᆞ시련이
아마도 불효득되는 나뿐인가

작자는 임금의 은혜를 언급하면서 군신지우(君臣之友)는 자기뿐이라며 임금과 자기의 두터운 관계를 노래하고([25]), 가을에 오는 기러기를 보면서 한양에 있는 임금의 안부를 궁금해 하기도 하지만([26]) 임금에 대한 그리움은 결국 위 [28]에서 보듯 임금이 자기의 사정을 헤아려 귀양에서 풀어주었으면 하는 희망으로 이어진다. 그 뒤에는 부모에 대한 작품들이 제시되어 있는데 [30]에서 보듯 작자는 자기를 걱정하면서 기다리고 있을 부모를 생각하다가 자기가 떠날 때 아프지 말라던 부모의 말을 어겼다면서 자기의 불효를 탓하기도 하고([31]), 부모에게 올리는 편지의 내용을 노래하기도 하였다([36]). 부모에 대한 작품이 상당히 여러 편 나열되고 있는데 자기를 걱정하며 그리워하고 있을 부모에 대한 그리움이 가장 뼈아프게 느껴졌기 때문일 것이다. 불충불효에 대한 자탄을 거듭하다가 그것을 임금과 부모에 대한 그리움으로 구체화하고 있다고 할 수 있다.

다음에는 육체적이고 물질적인 고통으로 인한 괴로움을 읊은 작품들이 제시되어 있다.

[38]
등잔불은 어득〃〃 장마비는 쥬룩〃〃
병든 몸 홀노 누어 쓱씨느니 모긔로다
지금의 각장 〃판 다 어듸 간고

[43]
아참을 지ᄂᆞᆫ 후의 젼녁이 걱졍이요
젼녁을 지ᄂᆡᆫ 후의 아챰이 걱졍이라
엇지타 ᄉᆞ름이 ᄆᆡᆨ반일지라도 ᄯᆡ를 지나

흙바닥 방에 병들어 홀로 누워서 모기에 뜯기고, 매 끼니를 걱정하면서 보리밥조차 제때에 먹지 못하는 유배생활의 육체적, 물질적 고통을 토로하고 있다. 작자는 병들어 누워있으면서 적막함과([39]) 더 간절해지는 한양 생각에([40]) 괴로워한다면서 병으로 인한 고통과 그로 인한 마음의 괴로움을 하소연하기도 하였다. 또 양식이 부족하여 겪는 고통을 드러내면서 술과 고기를 끊었으니 신선이 된 것 같고([41]), 풍상을 겪지 않은 호걸이 적다며([42]) 스스로를 위로하기도 하고, 임금의 수라상 물린 것을 먹던 과거의 일을 떠올리다가([44]) 죽지 않는 이 고생이 살아서 더 어렵다고 하였다([46]). 이밖에도 빈대, 벼룩과 같은 해충으로 인한 괴로움을 토로한([51], [52]) 뒤에는 귀양살이가 힘들어 죽겠다며 굴원처럼 차라리 물에 빠져 죽고 싶다고 하였다([53]). 죽고 싶은 이유가 병과 양식, 해충 때문만이 아니겠지만 유배생활의 괴로움이 그만큼 견디기 어려웠던 것이다.

이처럼 병과 양식, 열악한 유배지의 환경으로 인한 고통을 호소한 뒤에는 교훈적인 내용의 시조들이 집중적으로 배치되어 있다. 유배생활 중에 교훈적인 내용의 시조를 지은 것은 일견 특이해 보이는데 '수신정기(修身正己)하면서 귀양에서 풀리는 날을 기다리겠다'는 뒷부분 [90]의 내용을 통해 이 작품들은 작자가 자기 수양을 위해 창작했을 것으로 짐작된다. 하지만 이 작품들의 성격을 그렇게만 한정하기는 어려울 듯하다.

[61]
쵸산 목동드라 아목은 샹치 마라
아목이 업셔지면 고목이 의지 업다
허물며 청숑이야 다 일너 무샴

[72]
부모의 공 반만 알면 효ᄌᆞ 안 될 ᄌᆞ식 업다
국은을 즁이 알면 츙신 안 될 신ᄒᆞ 업다
엇지타 ᄂᆡ 남 업시 츙효의 뜻이 젹어

앞의 [61]은 어린 나무가 없어지면 고목이 의지할 데가 없으니 어린 나무를 상하게 하지 말라며 목동들을 훈계하는 노래이다. 표면적으로는 어린 나무, 특히 푸른 소나무와 같은 것을 상하게 하지 말라는 것이지만 이면에는 장차 임금을 위해 보다 큰 역할을 할 자기와 같은 존재가 유배를 떠남으로써 임금이 의지할 데가 없어졌으니 그것은 잘못된 것이라는 의미가 함축되어 있다고 할 수 있다. 겉으로는 목동에 대한 훈계이지만 속으로는 자기의 유배가 잘못된 것이라며 자기를 귀양 보낸 사람들을 질책하고 있는 것일 수 있다는 것이다. [72]에서는 부모의 공을 알고, 나라의 은혜를 알아서 충효를 다해야 할 텐데 너나 가릴 것 없이 충효에 대한 뜻이 적다고 하였다. 충효에 대한 마음이 적다고 사람들을 탓하면서 충효를 권장하는 시조라고 할 수 있는데 이면에서는 자기의 불충불효를 자탄하는 작자의 목소리가 느껴지기도 한다.

물론 작자의 삶과 체험에 비춰 표면과 다른 이면의 의미를 유추해 낼 수 있는 정도는 작품에 따라 차이가 있다. 그렇기는 하지만 겉으로는 타인을 향한 훈계이지만, 속으로는 자신을 향한 반성, 탄식, 위로이며, 또 세상을 향해서는 소극적이나마 자신의 결백을 알리는 것이라는 적절한 지적이 있었듯이[135] 이들 작품의 상당수는 표면적으로는 세상을 향해 올바른 도리와 삶의 태도를 제시하면서 이면으로는 세상이나 자신을 향해 유배체험에서 우러난 심회를 우회적으로 토로하고 있다고 할 수 있다.

이러한 작품들 뒤에는 단절감과 고독, 가족에 대한 그리움 등으로 인한 심적 고통을 토로하는 작품들이 제시되고, 이어 해배를 고대하면서도 그것은 하늘의 뜻이니 스스로를 닦으며 기다리겠다는 작품들로 마무리되고 있다.

이처럼 유배의 경위와 이유, 유배의 고통, 해배에 대한 기대 순으로 어느 정도 체계를 갖춰 제시된 시조 작품들에는 심적인 고통과 질병, 부족한 양식, 열악한 환경으로 인한 육체적, 물질적 고통 등 유배로 인한 고통들이 형상화되어 있다. 시조로 형상화된 고통의 모습은 교훈적 시조를 제외하면 앞의 산문 부분에 제시된 것과 크게 다르지 않다. 가련한 형상을 그려 임금에게 전하고 싶다는 앞의 [28]이나, 부모가 문에 의지하여 자기를 기다릴 것이라는 [30]의 경우 임금과 부모를 그리워하며 각각 지은 긴 노래 속에 같은 표현이 제시되어 있어 표현적인 측면에서도 앞부분의 서술과 뒤의 시조가 밀접하게 연관되어 있다는 것을 알 수 있다. 그렇지만 한 가지 고통을 여러 작품으로 연작하여 형상화함으로써 그것의 심각성을 유배생활의 일상과 관련지어 다양하게 구체화하는 효과를 거두고 있는 점은 산문 서술 부분에서 고통을 일방적으로 토로하는 것과 비교하여 주목할 수 있을 듯하다.[136]

135 김정화, 앞의 글, 247면.

136 연작성은 이세보의 시조 전반에서 확인할 수 있는 특성인데(성무경, 「19세기 축적적 문학담론과 이세보 시조의 작시법」, 『한국시가연구』 27, 한국시가학회, 2009) 그러한 연작성이 〈신도일록〉에서는 유배체험을 형상화하는 데 나름의 효과를 거두고 있다는 점을 주목할 필요가 있다.

4. 유배체험 서술의 의미

통곡으로 시작한 작자의 유배 길은 고통의 연속이었다. 보름 동안 질병과 추위, 가족과의 이별로 인한 아픔에 시달렸는데 자기의 유배가 부당하다는 의식, 그리고 영화롭던 과거와 대비되어 초라하고 비참하게 느껴지는 현재의 상황에 대한 인식이 그러한 고통을 가중시켰다. 유배생활도 마찬가지였다. 외부 세계와 완전히 단절된 채 외딴 섬 가시울타리 속에서 느끼는 단절감과 외로움, 부모에 대한 그리움, 질병, 부족한 양식, 열악한 환경 등으로 인한 고통 속에서 괴로운 나날을 보내야 했다. 부모에 대한 그리움을 노래하고 나서 글귀를 읊조리다가 다시 병을 읊조리고,[137] 소설책을 보다가 소설의 꿈은 꿈마다 징험이 있으나 자기의 꿈은 무정무심하다며 탄식하는[138] 것처럼 유배의 고통을 반추하는 것이 그의 일상이었다.

유배는 모든 유배객들에게 고통이 아닐 수 없었을 것이다. 정도의 차이는 있겠지만 가족과 이별한 채 먼 길을 가야 하는 심정은 슬프고 괴로울 수밖에 없고, 낯설고 열악한 유배지에서의 생활은 불편하고 고통스러울 수밖에 없었을 것이다. 또 그들은 유배의 상황과 이유를 돌이키면서 회한에 젖거나 억울해하기도 하였을 것이다. 그런데 이처럼 고통스런 유배체험을 드러내는 방식은 사람마다 차이가 있을 수 있다. 그러면 〈신도일록〉 이외의 다른 작품들에는 고통스런 유배체험이 어떤 방식으로 드러나 있는가.

진도에서 만 7년에 가까운 귀양살이를 하던 김약행(金若行)은 유배지에서 세상을 떠나기 직전 자기의 유배생활을 정리한 〈적소일기(謫所日記)〉를 남겼다. 거처를 옮겨 다녀야 하는 어려움, 모기나 빈대와 같은 해충의 성화, 더위와 장기, 부족한 양식, 빈번한 점고, 병, 고향에 대한 그리움, 아내와 아우

137 388면.

138 각셜 화셜 칙 보다가 죨고 ᄭᅵ니 ᄭᅮᆷ이로다 옛적 ᄉᆞᄅᆞᆷ드른 ᄭᅮᆷ마다 증험이라 엇지타 ᄭᅮᆷ됴ᄎᆞ 무졍무심([21]).

의 죽음, 해배에 대한 갈망과 좌절 등 유배생활을 하면서 겪은 외적이고 물리적인 여건에서 비롯되는 괴로움과 심리적인 고통을 기록하였다. 그런데 그는 이러한 괴로움과 고통을 하소연하듯 일방적으로 토로하기보다는 자기가 겪은 크고 작은 일을 상당히 자세하게 설명하는 방식을 통해 제시하였다.[139] 생존을 위협 받을 정도의 심각한 체험을 했지만 호흡이 긴 문장으로 담담하게 과거의 상황을 제시하면서 그 당시 자기의 태도와 내면을 찬찬히 되돌아보았던 것이다. 이러한 서술방식은 그가 사경을 헤매는 큰 병을 앓고 난 직후에 이 작품을 지었다는 점과 어느 정도 연관된다고 할 수 있다. 병에서 회복되기는 하였으나 많이 쇠약해진 상태에서 언제 다시 병들어 세상을 떠날지 모른다는 생각은 그로 하여금 비교적 차분하게 지난 삶을 돌이켜보며 스스로를 성찰하는 글을 쓰도록 했기 때문일 수 있다는 것이다.[140]

유의양(柳義養)의 〈북관노정록(北關路程錄)〉은 유배지인 종성까지의 왕환 여정과 유배지에서의 생활을 기록하고 있다. 그런데 유배여정은 지나는 곳마다 그곳과 관련된 역사적 사실이나 설화, 한시 작품들을 제시하는 방식으로 서술하였다. 자기가 지나는 장소들을 역사적 사건을 통해 이해 · 인식하고, 과거에 다른 사람이 지은 시를 통해 그 장소를 문학적 의미망 속에서 재인식하거나 스스로 시를 지어 그곳에 문학적 의미나 가치를 부여하려 했던 것이다. 또 유배생활은 그곳의 산물, 농사 방법, 가옥 형태, 풍습, 방언 등 지역민들의 삶의 모습을 관찰하고 제시하는 데 초점을 맞춰 서술하였다. 물론 유배여정을 서술하면서 타인이나 자기가 지은 시를 통해 자기의 심회를 드러내는 경우가 있고, 유배생활을 서술하면서도 가족에 대한 그리움과 같은 고통스러운 내면을 토로하는 경우가 있지만 그것은 일부에 그치고 유배체험에 대한

139 이승복, 「〈적소일기〉의 문학적 성격과 가치」, 『고전문학과 교육』 5, 한국고전문학교육학회, 2003 참고.

140 이승복, 「유배체험의 형상화와 그 교육적 의미」, 『고전문학과 교육』 14, 한국고전문학교육학회, 2007, 54면.

서술의 상당 부분은 작자의 인문지리적 관심으로 채워져 있다. 유의양이 이러한 서술방식을 선택한 것은 자기의 내면을 들여다보며 고통스러워하기보다는 눈을 밖으로 돌려 관찰하고, 이해하고, 인식해서 그것을 기록하는 데 몰두하는 것이 고통과 거리를 두는 효과적인 방법이라 생각했기 때문일 수 있다.[141]

이와 같은 작품들과 비교했을 때 줄곧 유배의 고통을 일방적으로 토로하는 데 중점을 두고 있는 〈신도일록〉의 서술 태도와 방식은 분명 특징적이다. 〈신도일록〉의 작자는 지난 삶을 돌이켜보기는 하였지만 그것은 차분하게 스스로를 성찰하는 것과 거리가 멀었다. 군에 봉작되어 임금을 곁에서 모시고, 청나라에 사신을 가 이름을 떨치고, 많은 사람들이 따르던 호화롭고 풍족했던 삶을 돌이켜 보았지만 그것은 현재의 괴로운 처지를 더 고통스럽게 느끼게 할 뿐이었다. 또 유배 당시의 상황을 돌이켜보지만 임금을 향해 지극한 정성을 기울이던 자기가 함정에 빠져 유배를 당한 것이라는 생각에 그 억울함을 되새길 뿐이었다. 그는 시선을 자기의 바깥으로 돌려 고통을 달래려 하지도 않았다. 유배 길에서 잠시 눈을 밖으로 돌려 지나는 곳의 풍광이나 역사에 관심을 기울이기도 하였지만 이내 다시 내면의 고통 속으로 빠져들고 말았다. 그는 유배의 고통과 길든 짧든 거리를 두기보다는 고통 속에 스스로를 내맡기고 있었던 것처럼 보인다.

이처럼 그는 줄곧 자기의 고통을 중심으로 유배체험을 제시하면서 작품 속에 시가를 빈번하게 삽입하거나 아예 별도로 시조를 지어 그러한 고통을 집중적으로 토로하기도 하였다. 기존 연구에서 이 작품이 작자의 내면을 토로하는 다양한 표현 방식을 동원하고 있다는 점을 확인한 바 있는데[142] 그 가운데 가장 주목할 만한 것이 시가의 삽입이라고 할 수 있다. 이 작품에는 절구 2수, 율시 1수 등 한시 3수와 노래 3편이 수록되어 있다. 한시에서는 유배

141 이승복, 「유의양(柳義養)의 유배체험과 그 제시 방식」, 『고전문학과 교육』 37, 한국고전문학교육학회, 2018 참고.

142 정우봉(2012).

길에서 느끼는 감회를 노래했는데 이는 〈북관노정록〉에서도 볼 수 있는 것으로 그리 특별하다고 할 수 없다. 주목할 것은 노래이다. 이 노래들은 앞에서 모두 인용하였는데 신지도를 바라보며 손이 부르고 작자가 화답한다고 한 노래, 유배지에서 임금을 생각하며 해배를 고대한 노래, 그리고 부모에 대한 그리움을 토로한 노래가 그것이다.

상당한 분량으로 길게 이어지는 이 노래들은 뚜렷한 율격적 특성을 지니고 있지 않기 때문에 가사라고 할 수 없다. 짐작컨대 근체시보다 형식이 비교적 자유로워 길게 이어 부를 수 있는 사(辭)나 가(歌)와 같은 한문시가로 먼저 창작한 다음 그것을 번역했거나, 그러한 한문시가를 의식하면서 국문으로 창작하여 삽입한 것으로 보이는데 단지 모든 문장이 '~는가, ~도다, ~이여' 등과 같이 끝나는 데에서 약간의 리듬감을 느낄 수 있을 뿐이다.

이 노래들에서 작자는 지난 삶과 대비되는 현재의 처지와 유배의 억울함을, 해배에 대한 갈망을, 부모에 대한 그리움을 하소연하듯, 흐느끼듯 길게 쏟아내고 있다. 작자가 유배의 고통을 줄곧 토로하고 때로는 절구나 율시로 그것을 형상화하고 있었지만 그러한 고통이 극도로 고조되어 장황하게 쏟아내지 않고는 견디기 어려운 상황에 이르렀을 때에는 이와 같이 긴 노래가 필요했던 것이다.

한편 작자는 유배지에 도착한 이후 일정 기간의 일과 감회를 시간적 순서에 따라 서술한 후 시조를 열거하여 유배생활과 관련된 자기의 내면을 형상화하였다. 앞에서 언급한 바와 같이 그것은 그의 유배생활이 특기할 만한 일이 별반 없는 갑갑하고 단조로운 일상의 연속인 반면 그 가운데에서 느끼는 감회는 넘쳐났기 때문일 것이다. 유배생활 중에도 감정이 고조될 때에는 그것을 한꺼번에 장황하게 쏟아내는 노래를 지었지만 어느 정도 마음의 여유를 얻었을 때에는 시조를 지었던 것으로 보인다. 그렇다고 해서 시조에 드러난 감회와 고통이 심각하지 않다는 것은 아니고, 때로는 그것을 시조라는 정제된 형식으로 형상화할 여유 정도는 있었을 듯하다는 것이다.

중요한 것은 한시든, 노래든, 시조든 작자가 자기의 유배체험을 제시하는데 이러한 시가 작품들을 적극적으로 활용하고 있다는 점이다. 반드시 그런 것은 아니지만 산문은 기본적으로 사실이나 정보의 제시나 전달이 위주가 되고, 시가는 고조된 감정의 토로와 형상화가 위주가 되기 때문에 내면 토로를 중심으로 유배체험을 서술하는 〈신도일록〉의 경우 작자의 고통스런 내면을 보다 강렬하고 효과적으로 제시하기 위해 시가를 적극적으로 활용했던 것이라 할 수 있다.[143]

그렇다면 이처럼 작자가 시가를 빈번하게 삽입하고, 92수나 되는 시조를 별도로 제시하는 독특한 방식까지 활용하면서 고통을 토로하고 있는 이유는 무엇인가. 작자가 20세 때 이미 대감으로 불리고,[144] 22세 때 정1품에 오르는 등 어리다면 어린 나이에 일찍 현달하여 영화로운 삶을 살았기에 유배의 충격을 다른 사람들보다 훨씬 심각하게 받아들였기 때문일 수 있고, 위리안치의 격리된 상태에 있었기 때문에 관심을 외부로 돌려 고통과 거리를 둘 형편이 되지 못했기 때문일 수 있다.

그런데 보다 주목할 것은 그러한 내면의 토로가 스스로를 위로할 수 있는 방법이 될 수 있다는 점이다. 고통을 달래기 위해서는 유의양의 경우처럼 눈을 외부로 돌려 고통과 거리를 둘 수도 있고, 반대로 고통을 직시하면서 그것의 해소와 극복을 시도할 수도 있다. 작자의 방식은 후자에 가깝다고 할 수 있다.

우선 작자는 자기가 모든 정성을 기울여 임금을 섬기며 충성을 다했는데 모함에 빠져 억울한 유배를 당하게 되었다면서 금기를 범했다는 자기의 말은 충언이고, 자기의 병은 충절과 강개로 인한 것이라는 점을 거듭 확인함으로써

143 정우봉도 이러한 점에 주목하여 〈신도일록〉 속의 시가 작품이 내적 감정의 절실한 토로, 자기 독백의 진정성 있는 표출을 강화하는 기능을 하였다는 점에 그 의미가 있다고 하였다(위의 글, 431~432면).

144 『승정원일기』, 철종 2년 9월 30일조. 이날 이세보는 정2품 승헌대부가 되었다.

스스로를 해명하고 있다. 이는 자기의 잘못이나 실수를 다른 곳으로 전환하여 자신의 상처를 달래는 방법일 수 있다. 그런데 문제는 그러면 그럴수록 유배로 인한 고통은 더 견디기 어려운 것으로 다가올 수밖에 없다. 자기의 잘못이 아니면서도 겪어야 하는 억울한 시련이기에 그 고통은 더욱 더 참을 수 없는 심각한 것으로 느껴질 수밖에 없기 때문이다. 이런 모순된 상황에서 작자가 선택한 방법은 유배로 인한 고통을 장황하게 털어놓는 것이었다. 마음속의 응어리진 상처와 고통을 남김없이 드러내어 때로는 흐느끼듯, 때로는 넋두리하듯 쏟아내는 것은 고통을 가라앉히고 마음을 정화할 수 있는 효과적인 방법일 수 있기 때문이다. 그리고 여기에는 후일 독자들이 자기의 그런 고통에 공감하리라는 기대가 작자를 위로하는 또 하나의 기제로 작용하고 있었을 수도 있다.

이외에 작자는 고통을 달래기 위한 또 다른 방법을 시도하기도 하였다. 작자는 작품 곳곳에서 해배를 갈망하였다. 고통에서 벗어날 수 있는 길은 그것밖에 없다고 생각했기 때문이다. 언젠가는 풀려나겠지 하는 해배에 대한 희망만이 그를 지탱해주는 유일한 버팀목이었다. 시조 작품에서도 해배를 고대하는 언급이 들어있는 작품이 20수에 가까울 정도이다. 하지만 해배는 조바심을 낸다고 해서 이루어질 수 있는 것이 아니다. 조바심을 내면 낼수록 그것은 또 다른 고통으로 다가올 수밖에 없다. 이에 작자는 수신정기(修身正己)하여 귀양에서 풀리는 좋은 날을 기다리겠다며([90]) 해배에 대한 생각을 전환한다. 조바심을 '수신정기'로 대체함으로써 해배를 갈망하는 데에서 오는 괴로움을 포함한 모든 고통을 잠재우려는 시도를 한 것이다. 그런데 '수신정기'와 관련해 창작했을 수 있는 교훈시조가 그 이면에 고통스런 내면의 모습을 드러내고 있는 것을 보면 이러한 시도가 크게 성공적이었던 것 같지는 않다. 하지만 작자가 이를 통해 스스로를 달래고 위로하려 했다는 사실은 주목할 필요가 있다.[145]

요컨대 〈신도일록〉이 다른 작품과 달리 스스로를 해명하면서 고통스런 내면을 토로하는 방식으로 유배체험을 서술하고 있는 것은 이러한 자기위로의 측면에서 이해할 필요가 있다. 그리고 이 작품이 국문으로 기록된 데에는 여러 이유가 있을 수 있지만 이 글이 고통의 토로를 통한 자기위로의 성격을 지닌다는 점을 그 이유의 하나로 생각해볼 수 있다. 견딜 수 없는 마음의 고통을 흐느끼듯, 넋두리하듯 입에서 쏟아지는 대로 풀어내기 위해서는 아무래도 한문보다 국문이 더 적합했을 것이기 때문이다.

5. 맺음말

이 글에서는 19세기의 대표적 시조 작가인 이세보가 지은 〈신도일록〉을 대상으로 작품에 나타난 유배체험의 서술양상과 그 의미를 검토하였다. 왕실의 근친이었던 이세보는 당시 세도가인 김좌근과 김문근을 비판한 것이 계기가 되어 신지도에 위리안치 되는 유배를 체험했는데 작자는 고통스런 내면 토로에 초점을 맞춰 유배여정과 유배생활을 서술하였다.

유배여정의 서술에서는 매일의 날짜와 여정, 숙박한 장소, 그날 있었던 일과 감회 등을 자세히 제시하면서 질병과 추위, 부모와의 이별로 인한 아픔 등을 토로하고 있는데 그것들이 한층 고통스럽게 느껴진 것은 자기의 유배가 억울하고 부당하다는 의식, 그리고 영화롭던 과거와 대비되는 현재의 상황에 대한 인식 때문이었다.

유배생활은 날짜를 밝히지 않은 채 유배지에서 겪은 일이나 느낀 감회를 시간적인 순서에 따라 기록하고 있는데 서술된 내용은 유배지에 도착한 이듬해 여름까지이고, 그 뒤에는 유배생활 중에 느낀 감회를 92수의 시조에 담아

145 김윤희가 〈신도일록〉의 시조에서 충효와 선악으로 고통을 극복하려는 자기위안의 모습을 찾고자 한 것은(앞의 글, 150면) 이런 점과 관련된다고 할 수 있다.

제시하고 있다. 산문으로 서술된 부분에서는 외부와 완전히 단절된 데에서 오는 고립감과 외로움, 더욱 간절해지는 부모에 대한 그리움과 같은 심리적 고통, 그리고 병을 비롯하여 유배지의 열악한 환경에서 오는 육체적 고통 등을 토로하면서 해배에 대한 간절한 희망을 드러내고 있다. 어느 정도 체계적인 배열 순서에 따라 나열된 시조 작품들에서도 마찬가지의 고통을 토로하고 있는데 한 가지 고통을 여러 작품으로 연작하여 형상화함으로써 그것의 심각성을 유배생활의 일상과 관련지어 다양한 측면에서 구체화하는 효과를 거두고 있다.

이와 같이 〈신도일록〉은 빈번하게 시가를 삽입하는 방식을 동원하며 작자의 고통스런 내면 토로를 중심으로 유배체험을 서술하고 있는데 이는 작자가 스스로를 위로하기 위해서였다고 할 수 있다. 작자는 자기의 유배가 억울하다고 거듭 해명하고, 마음속의 고통을 남김없이 드러내어 때로는 흐느끼듯, 때로는 넋두리하듯 쏟아냄으로써 고통을 가라앉히고자 하였다. 또 몸과 마음을 닦으면서 해배를 기다리겠다고 하여 해배를 갈망하던 조바심을 비롯한 유배생활의 고통을 달래려고도 하였다.

결국 이 작품이 스스로를 해명하면서 고통스런 내면을 토로하는 방식으로 유배체험을 서술하고 있는 것은 이러한 자기위로의 측면에서 이해할 필요가 있다고 할 수 있다. 또한 견딜 수 없는 마음의 고통을 흐느끼듯, 넋두리하듯 입에서 나오는 대로 풀어내기 위해서는 한문보다 국문이 더 적합할 수 있다는 점에서 이 작품이 국문으로 창작된 이유를 찾을 수 있다.

유배체험의 형상화와 그 교육적 의미

1. 머리말

전근대사회의 독특한 형벌인 유배는 이른바 태(笞), 장(杖), 도(徒), 유(流), 사(死)의 오형(五刑) 가운데 하나로 사형에 버금가는 중벌이었다. 유배가 중벌로 간주된 이유는 국왕의 특별한 사면령이 없으면 유배지에서 생을 마감해야 했고, 공동체적 생활을 기반으로 하는 사회에서 생활 근거지로부터 격리·고립되는 것은 생존 자체에 커다란 위협이 될 수 있기 때문이었다.[146] 물론 상황과 여건에 따라 유배인들이 겪는 유배생활은 매우 다양한 차이를 보인다. 하지만 격리와 고립이라는 제약 조건은 정도의 차이는 있겠지만 유배인들로 하여금 심리적, 물리적 고통을 공통적으로 겪도록 했을 것이다.

유배가 다른 지역으로 이동하여 생활하도록 하는 것이기 때문에 유배체험을 다룬 문학은 기행문학의 하나로 간주될 수도 있다. 하지만 유배지로의 여정과 견문을 제시하고, 유배지에서의 생활을 그리더라도 그 모든 것이 형벌을 받는 죄인의 처지에서 서술한 것이기 때문에 유배체험을 다룬 문학은 다른 기행문학과 구별되는 독특한 성격을 지닐 수밖에 없다. 이에 이 글에서는 유배체험을 다룬 조선후기 국문 일기 자료에 나타난 유배체험의 양상과 형상화 방식을 검토하여 유배문학이 지닌 특성의 일단과 그 교육적 의미를 살피고자

---

146 심재우, 「조선전기 유배형과 유배생활」, 『국사관논총』 92, 국사편찬위원회, 2000, 220면 참고.

한다.

유배가 중형임에도 불구하고 상당히 많은 관리들이 유배를 경험했다는 점을 고려하면[147] 유배체험을 다룬 작품은 한문학 자료까지 포함하여 상당수에 이를 것이다. 하지만 여태까지 이에 대한 연구는 주로 유배가사에 집중되어 왔다고 할 수 있다. 따라서 국문 일기류에서 유배체험이 어떻게 다루어지고 있으며, 그 교육적 의미가 무엇인지를 살피는 것은 일단 유배문학에 대한 연구의 폭을 확대하고 교육적 관심을 환기하는 데 어느 정도 기여할 수 있을 것으로 생각한다.

이 글에서는 유배체험을 다룬 국문 일기 가운데 박조수(朴祖壽)의 〈남정일기(南征日記)〉, 김약행(金若行)의 〈적소일기(謫所日記)〉, 김신겸(金信謙)의 〈임인유교(壬寅遺教)〉를 대상으로 하였다. 〈남정일기〉는 떠날 때부터 돌아올 때까지의 유배체험을 모두 서술하고 있고, 〈적소일기〉는 유배지에서의 생활을 집중적으로 다루고 있으며, 〈임인유교〉는 유배인의 사사(賜死) 과정을 보여주고 있다. 이 세 작품을 대상으로 한 것은 이처럼 왕환 과정, 유배생활, 그리고 죽음이라는 유배체험의 특징적인 모습들을 이 작품들을 통해 파악할 수 있기 때문이다.[148] 이 작품들에 대해서는 그동안 작자와 창작 배경을 밝히고 작품의 내용을 소개하는 기초 작업이 이루어졌고,[149] 최근에는 여러 연구

147 얼마나 많은 관리들이 유배를 경험했는지 정확히 파악된 적은 없다. 다만 15~16세기의 경우에는 문집을 남긴 관료 가운데 대략 4분의 1이 유배를 경험했다는 지적이 있는데(위의 글, 212면) 조선후기에는 당쟁이 격화되었기 때문에 그 비율이 상대적으로 더 높을 가능성이 있다.

148 유배체험을 다루고 있는 국문 자료는 이외에 김창흡(金昌翕)의 〈기사유사(己巳遺事)〉, 김신겸의 〈임인유교〉와 제목이 같은 김원행(金元行)의 〈임인유교〉, 유의양(柳義養)의 〈남해문견록(南海聞見錄)〉과 〈북관노정록(北關路程錄)〉, 그리고 이세보(李世輔)의 〈신도일록(薪島日錄)〉 등이 있다. 〈기사유사〉와 김원행의 〈임인유교〉는 김신겸의 〈임인유교〉와 마찬가지로 유배인의 사사 과정을 다루고 있다. 그리고 유의양의 두 작품은 서로 차이가 있기는 하지만 유배 길에 거쳐 간 지역과 유배지에 대한 역사, 문학, 풍속, 언어 등을 집중적으로 제시한 인문지리적 관심이 두드러져 있으며, 〈신도일록〉은 유배여정과 유배생활을 다루면서 한시와 국문시가를 삽입하고, 많은 시조를 말미에 첨부하는 독특한 서술방식을 보여주고 있다.

자들이 본격적인 관심을 기울이기 시작하였다. 이제 이들 작품에 제시된 유배체험의 모습을 살펴보기로 한다.

2. 유배체험의 양상

1) 유배와 귀환의 여정: 〈남정일기〉

〈남정일기〉는 유배의 명을 받고 유배지로 가는 과정, 도착한 유배지에서의 생활, 해배되어 돌아오는 과정 등을 모두 기록하고 있다. 현재까지 확인된 국문 일기 자료 가운데 출발에서 귀환까지의 모든 과정을 빠짐없이 다 다루고 있는 경우는 〈남정일기〉가 유일한 것으로 보인다.[150] 이 작품은 박조수(1756~1820)[151]가 조부인 박성원(朴盛源)의 흑산도 유배 길을 배행한 체험을 기록한 것이다. 따라서 유배 당사자의 절실한 내면을 확인할 수는 없지만 작품에는 배행자 나름의 체험이 형상화되어 있어 이를 통해 유배의 실상과 유배문학의 성격을 이해하는 데 도움을 받을 수 있다.

---

149 〈남정일기〉는 이병기에 의해 그 존재가 처음 알려졌는데(『국문학개론』, 일지사, 1973) 최강현이 작자의 오류를 바로잡고 작품 내용을 간략히 살핀바 있다(「〈남정일기〉를 살핌」, 『월촌구수영선생화갑기념논총』, 동간행위원회, 1985). 〈임인유교〉와 〈적소일기〉에 대해서는 이승복이 각각의 창작 배경과 내용을 검토한 바 있다(「『유교』의 서지와 문학적 성격」, 『규장각』 20, 서울대 규장각, 1997., 「〈적소일기〉의 성격과 문학적 가치」, 『고전문학과 교육』 5, 한국고전문학교육학회, 2003). 〈적소일기〉는 김호에 의해 그 내용이 다시 구체적으로 소개된 바 있으며(「18세기 후반 진도로 유배된 선화자 김약행의 삶과 고통: 〈적소일기〉를 중심으로」, 『문헌과 해석』 2004년 여름호, 문헌과해석사), 조동일이 조선후기 기행문을 다루는 과정에서 간략히 언급하기도 하였다(『한국문학통사』 3(제4판), 지식산업사, 2005, 451면). 이 글이 처음 발표되었을 때에는 이 작품들에 대한 이러한 기초 작업 정도만이 이루어진 상태였다.

150 유의양의 〈북관노정록〉에도 귀로에 대한 서술이 있으나 회령부터 서울까지의 여정은 유배 갈 때 갔던 길이라 하여 생략하고 있다.

151 이병기가 박창수(朴昌壽)로 소개하였으나 최강현이 박조수로 바로잡았다.

이 작품은 1775년 11월 16일부터 이듬해 1월 30일까지 두 달 반에 걸친 유배체험을 담고 있는데 권말의 "무슐 윤뉵월 십ᄉ일 …… 일필셔ᄒ다"라는 필사기를 통해 작자가 유배에서 돌아온 지 2년이 지난 1778년에 기록한 것임을 알 수 있다. 또 권말에 있는 "집안 녀편늬 ᄆ양 흑도 왕환의 간신흠과 게가 머무던 일을 듯고져 ᄒ야 일긔를 뻐내라 ᄒ되 ……"라는 서술을 통해 아내의 요구에 의해 기록했으며, 그 때문에 한문이 아닌 국문으로 썼다는 사실을 알 수 있다.

작품은 유배의 명이 내리게 된 경위와 과정을 제시하는 데에서 시작하고 있다. 부친상을 막 마친, 작자의 조부 박성원은 영조가 대사간으로 임명하여 부르자 먼저 상소부터 올린다. 그날이 11월 17일인데 그해 3월 집의 남강로(南絳老)가 이조판서 이담(李潭)을 음흉하고 탐욕스럽다며 탄핵하였다가 사형에 처해진 일이 있었다. 박성원은 이 일에 대해 바른 말 하는 언관이 죽음을 당하는 일이 발생하고, 그 과정에서 대신들이 언관을 구하기는커녕 오히려 정청(庭請)하여 죄를 더하는 사태가 벌어진 것을 통탄하면서 언로를 열고 남강로를 신설해 줄 것을 요청했던 것이다. 그런데 바로 이 상소로 인해 당일 박성원에게 흑산도 위리안치의 명이 내렸다.[152]

작자는 먼저 조부의 상소를 요약하여 제시하고 당시의 정치적 상황을 서술한 다음, 수차의 비답 결과 마침내 위리안치와 삼배도(三倍道) 압송의 명이 내려 숨 돌릴 겨를 없이 서둘러 출발하던 상황을 다음과 같이 서술하고 있다.

> 간원 하인이 옷 알플 헤치고 야동으로 ᄃᆞᆯ녀와 닐오ᄃᆡ 나라히 비답을 다시 ᄒ샤 흑산도로 천극ᄒ야 삼빅도 ᄒ라 ᄒ여 겨시다 ᄒ니 드ᄅᆞ매 놀나오믈 어이 다 이긔리오 도라보매 청직이 김긔삼이라 ᄒᄂᆞᆫ 재 좌의 잇기로 젹소의 ᄒᆞᆫ 가지로 뫼시고 갈 일을 일너 제 집의 단녀오라 ᄒ니 긔삼은 곳 ᄋ시 적브터

152 『영조실록』, 51년 3월 15일, 11월 17일조.

조부쥬 좌우의 뫼셔 졍이 골육이나 다ᄅᆞ디 아니ᄒᆞ매 제 ᄯᅩᄒᆞᆫ 그러ᄒᆞ여 개연히 허락ᄒᆞ거ᄂᆞᆯ 이에 총〃이 집의 드러와 ᄒᆡᆼᄌᆞ와 마필을 쥬변ᄒᆞ랴 (ᄒᆞ)되 집의 잇ᄂᆞᆫ 거시 업기 마필만 계요 엇고 조부 금침만 슈습ᄒᆞ여 촐이나 ᄒᆡᆼ냥은 쥬변이 업ᄉᆞ니 민망터라 내 ᄯᅩᄒᆞᆫ 의복이 박챡이로되 실인이 본집의 잇고 미처 통ᄒᆞᆯ 길 업서 의복도 가져오디 못ᄒᆞ니 그ᄣᅢ 창황ᄒᆞᆫ 경ᄉᆡᆨ을 가히 알너라 문ᄒᆞᆫ이 거의 되얏ᄂᆞᆫ 고로 ᄒᆡᆼ장을 슈습ᄒᆞ여 가지고 창황이 야동으로 도로 가니라 ᄂᆡ외지친이 〃 소문을 듯고 다 모드여 서로 손을 잡고 다 우름 빗분일너라 어ᄂᆞ덧 금부도ᄉᆞ 홍익녈이 문의 니ᄅᆞ러 ᄌᆡ촉이 불 ᄀᆞᆺᄒᆞ니 어이 일신ᄃᆞᆯ 지완ᄒᆞ리오 모든 일가로 더브러 니별ᄒᆞᆯᄉᆡ 나ᄂᆞᆫ 마음이 당황ᄒᆞᆫ디라 ᄉᆞᆯ(슬)픈 줄 ᄭᆡ돗디 못ᄒᆞ되 도라 면쳔을 ᄉᆡᆼ각ᄒᆞᆫ 즉 가친이 막연이 〃런 줄을 모ᄅᆞ실인이 심히 졀박ᄒᆞ더라 인마를 ᄌᆡ촉ᄒᆞ여 즁〃이 동쟉진으로 나아가니 밤이 거의 삼경이나 ᄒᆞ엿더라[153]

그때 서울 집에는 조부와 작자만 있고 조모와 부모를 비롯한 다른 식구들은 면천에, 그리고 작자의 부인은 친정에 가 있었기 때문에 유배 준비는 물론, 유배 길 배행도 다 작자의 몫이었다. 거듭되는 비답이 불안하여 조부와 함께 조부의 매부가 사는 야동에 나와 있던 작자는 청지기에게 같이 갈 것을 요청하고 타고 갈 말과 조부의 금침만 간신히 챙겨 금부도사[154]의 재촉에 떠밀려 한밤중에 서둘러 출발하였다. 유배지로 가는 동안의 필요 물품과 경비는 자비로 마련해야 하는데[155] 일반적인 경우보다 세 배의 속도로 가야한다는 삼배도

153 〈남졍일긔〉, 서울대 규장각 소장 국문 필사본, 9~11면. 권수제는 '남졍일긔', 표제는 '南行錄'으로 되어 있다.

154 유배인이 정2품 이상이면 금부도사가, 종2품과 정3품 당상관이면 금부서리가, 그 이하 관직자면 금부나장이 압송하고, 관직이 없는 자는 형조에서 관할하여 역졸들이 교대로 압송하는데 위리안치의 경우는 모두 금부도사가 압송하였다(김경숙, 「조선시대 유배형의 집행과 그 사례」, 『사학연구』 55 · 56, 한국사학회, 1998, 373~374면 참고). 따라서 박성원을 금부도사가 압송하게 된 것은 그의 품계와 상관없이 그가 위리안치의 죄인이었기 때문이다.

의 제약과 가족들이 서로 흩어져 있던 집안 사정 때문에 마음만 급할 뿐 준비가 충분할 수 없었다. 상황이 그러했기에 당시 스무 살에 불과했던 작자로서는 당황스럽고 절박한 마음에 다른 생각을 할 겨를이 없었다.

작자 일행은 동작진에서 다시 빙고로 가 간신히 배를 얻어 타고 한강을 건넌 후 성환, 공주, 은진, 삼례, 금구, 정읍, 장성, 나주, 무안, 안태도 등에서 자고 마침내 흑산도에 도착하였다. 처음에는 거의 쉬지 않고 말을 달려 첫날은 170리, 둘째 날은 눈길을 헤치고 130리를 갔지만 전교에 삼배도 압송의 명이 없었다는 것이 확인되면서 이후부터는 속도를 다소 늦추게 된다.[156] 여러 고을을 지나는 여정이었지만 "산쉬 명낭ᄒᆞ고 긔셰 웅위ᄒᆞ여 …… 이 길히 근본 호화ᄒᆞᆫ 길히 아니오 ᄯᅩᄒᆞᆫ 치위 ᄲᅢ를 침노ᄒᆞ니 엇지 구경ᄒᆞᆯ ᄯᅳ지 이시리오"[157]라는 작자의 말과 같이 산수를 감상할 상황도 아니고 그럴 마음의 여유도 없었다.

유배 길에서 작자 일행을 가장 괴롭힌 것은 날씨였다. 하루 종일 눈을 맞기도 하고, 매서운 추위 속에서 떨기도 하고, 여름 장맛비처럼 쏟아지는 빗속에서 온몸이 얼음덩어리가 되기도 하였다. 바닷가에 도착해서는 심한 눈보라와 바람 때문에 배를 타지 못한 채 이틀을 묵을 수밖에 없었다. 이때 비로소 작자는 물결 소리와 바람 소리를 들으면서 여태까지의 숨 가쁜 일정 속에서 제대로 느낄 수 없었던 객중 회포에 젖어들 수 있었다. 그러한 회포는 흑산도로 향하는 배 속으로까지 이어지고, 다시 자포자기적 심정으로 변하여 험한

155 심재우, 앞의 글, 208면 참고.

156 규장각에 소장되어 있는 『의금부노정기』를 통해 유배지로 가는 여정과 하루에 가는 거리가 정해져 있었던 것을 확인할 수 있는데 대개 하루 평균 80~90리를 가도록 되어있다고 한다(김경숙, 앞의 글, 377~378면 참고). 따라서 삼배도라면 하루에 240~270리를 가야하는데 이는 불가능하기 때문에 실제 삼배도 압송은 정확히 세 배의 속도가 아니라 쉬지 않고 잠을 줄여서 일반적인 유배보다 빠르게 가는 방식으로 이루어졌던 듯하다.

157 〈남졍일긔〉, 17면.

뱃길의 두려움을 느끼지 못하는 상태가 되기도 하였다. 이처럼 작자의 유배여정은 고통이 연속되면서 가향(家鄕)이 차츰 멀어지는 데에서 오는 서글픔이 확대되어 가는 과정이었다.

작자는 이러한 유배의 여정에서 여러 사람들의 태도를 새롭게 발견하기도 하였다. 출발하던 날 하인 하나는 술에 취해 한강 가에 드러누워 따라가기를 거부하였고, 무안에서는 경황이 없는 가운데에서도 청지기 기삼이 고을 하배를 끼고 기생집에 가서 자고 오기도 했던 것이다. 작자는 이를 두고 괴이하다거나 가증스럽다고 하였지만 이는 노주의 명분이 그들의 개인적 욕망까지 규제할 수 없다는 것을 확인시켜 주는 것이라 할 수 있다. 또한 지나는 고을의 수령들은 행찬(行饌)을 돕기도 하고 말을 빌려주기도 하여 비교적 우호적인 태도를 보였다. 그것은 유배인이 관리일 경우 유배 길목에 있는 지역의 수령들이 유배인에게 말과 음식을 제공하는 것이 관례로 허용되어 있었기 때문이다.[158] 작자 일행의 경우에는 척분이 있는 수령들이 직접 나와 보기도 하고, 사돈인 광주목사는 멀리까지 나와 하루를 같이 보내기도 하였지만 척분이 있으면서도 전혀 관심을 보이지 않는 수령도 있었다.

이처럼 아랫사람들은 고행 길에 참여하기를 거부하기도 하고 참여하더라도 심정적인 공감과는 거리가 먼 태도를 보이기도 하였으며, 수령들은 관례와 척분에 따라 대접하기도 하고 그것을 전연 도외시하기도 하였다. 작자 일행의 유배 길은 시련에 처한 자기들을 대하는 다른 사람들의 태도를 확인하는 여정이기도 했던 것이다.

작자 일행은 12월 1일 흑산도에 도착하였다. 이후 1월 13일 귀환 길에 올랐기 때문에 유배지에서의 생활은 40여 일에 불과했다. 그런데 출입이 엄격히 제한된 위리안치의 상태에 있어야 했기 때문에 작자의 유배생활은 결코 다양할 수 없었다. 한 마디로 그것은 단조롭고 갑갑한 나날의 연속이었다. 이

158 김경숙, 앞의 글, 380면 참고.

에 따라 날씨만 제시한 날이 흔하고, 그것도 이틀, 닷새, 혹은 열흘을 한 데 묶어 간략히 제시하기도 하였다. 담뱃불에 눈 가장자리를 데인 상처가 어느 정도 나았는지 매일 일기에 기록한 것을 보면 당시의 생활이 얼마나 단조롭고 갑갑한 것이었는지 충분히 짐작할 수 있다.

흑산도에 도착하자마자 금부도사는 작자 일행이 머물 집 주위에 울타리를 두르고 문을 봉하였다. 다시 선전관, 나주목사가 차례로 와서 가시나무를 더 쌓아 캄캄해서 견딜 수 없는 지경이 되었지만 며칠 후 바람에 가시나무와 돌담이 무너져 버렸다. 다시 천극(栫棘)했는지 여부에 대한 언급은 없지만 어쨌든 위리안치 상태에 있었기 때문에 작자는 외부 출입을 하지 않고 찾아오는 별장이나 보수주인과 대화를 나누는 것이 유일한 소일거리였다. 작자는 별장에게서 이곳이 봄부터 여름까지 안개가 끼고 습기가 많을 뿐 아니라 지네가 방안 네 벽에 두루 붙어 있고, 뱀이 지붕과 마당에 얽혀 다니고 돌담 틈 사이에 대가리를 내밀고 있다는 말을 듣고는 몹시 심란해하기도 하고, 과세를 하면서는 객중 회포에 잠을 못 이루기도 하였다.

이런 상황에서 작자의 간절한 소망은 당연히 하루라도 빨리 집으로 돌아가는 것이었을 것이다. 작자의 거처에서는 배가 들어오는 포구가 내려다보였다. 섬에 배가 들어올 때에는 배에서 고각을 불고 포를 쏘는데 작자는 그 소리를 들을 때면 누가 와서 벌을 더하는 일이 있을지 모른다는 두려움을 느끼면서도 한편으로는 혹 좋은 기별이 있을지 모른다는 기대감에 부풀기도 하였다.

> 문득 덕뇌 도라오며 고함 질너 ᄀᆞᆯ오ᄃᆡ 진ᄉᆞ님 오시고 녕감 풀녀지시다 ᄒᆞ거ᄂᆞᆯ 젼도히 드러가 일변 조부ᄀᆡ 엿ᄌᆞ오며 일변 ᄀᆡ삼ᄃᆞ려 불혀라 ᄒᆞ니 손을 ᄯᅥ러 ᄒᆞᆫ뭇 셕뉴황을 다 헤치되 불을 ᄲᅥᆨ 혀디 못ᄒᆞ니 그 죠턴 형상을 가히 알너라 …… 바ᄅᆞᆺ 젼날 가마괴 원집을 ᄲᅡ 지져괴며 울거ᄂᆞᆯ 고이히 넉엿더니 이제 ᄉᆡᆼ각ᄒᆞᆫ 즉 ᄀᆡ 죠ᄒᆞᆫ 징좔넌가 시브더라 대개 여ᄀᆡ 가마괴 유명하여 거ᄀᆡ 사ᄅᆞᆷ이 별호ᄒᆞ기ᄅᆞᆯ 만일 가마괴 울기ᄅᆞᆯ 감고〃 〃 ᄒᆞᆫ즉 피련 무ᄉᆞᆫ 일이 잇고

뭇가마괴 감고를 브ᄅᆞ고 남편작 뫼로셔 북편으로 간ᄌᆞᆨ 젹ᄀᆡᆨ이 피련 플넌다 니ᄅᆞ기 우리 ᄆᆞ양 긔겸(삼)과 더브러 가마괴 울고 나ᄂᆞᆫ 것만 보던 일이 어이 넷사ᄅᆞᆷ의 가마괴 머리 셴 것 기ᄃᆞ리기와 다ᄅᆞ지 아니ᄒᆞ리오[159]

조부의 수의와 양식을 가지고 왔던 작자의 부친이 면천에서 다시 돌아와 해배 소식을 전했을 때의 상황이다. 청지기도 너무 좋아 손이 떨려서 불을 켜지 못하였다고 했다. 작자는 까마귀가 울면서 남쪽 산에서 북쪽으로 날아가면 유배객이 풀려난다는 말을 듣고 청지기와 까마귀만 바라보았다고 하여 해배를 고대하던 그간의 심정을 표현하고 있다. 동궁[정조]이 대리청정을 하게 되면서 영조에게 박성원의 해배와 남강로의 신원을 허락 받음으로써 작자는 마침내 단조롭고, 갑갑하고, 심란하던 유배생활을 접을 수 있었다.

1월 13일 마침내 작자는 산 위에 올라 바다를 바라보며 그간의 흉금을 다 털어버리고 나서 배에 올랐다. 이후 도초도, 비금도, 안태도, 나주, 흥덕, 태인, 전주, 삼례, 은진, 공주, 예산 등에서 자고 면천에 이르러 가족들과 상봉한 다음 2월 2일 서울 집에 도착하였다. 유배 길은 14일이 걸렸지만 귀환 길은 18일이 걸렸다. 시간적으로나 심리적으로 여유가 있었기 때문일 것이다. 실제 작자 일행은 나주 반남에 이르러 조상의 묘에 성묘하고, 조상들을 배향하고 있는 반계서원(潘溪書院)을 찾아 첨배하기도 하고, 친족의 집에서 하룻밤을 묵기도 하였다. 하지만 "셔울 갈 ᄆᆞ음이 일〃히 삼츄"[160]같아서 마냥 여유를 부릴 수만은 없었다.

돌아오는 과정에도 일행을 대하는 여러 사람들의 태도와 모습이 제시되어 있다. 서울에서 해배 소식을 전하러 오는 세 노비는 배를 타고 오면서 모든 섬에 들어가 개 잡아먹고 술 찾아먹으면서 작자 일행이 출발하는 날에야 흑산

159 〈남졍일긔〉, 53~56면.

160 위의 책, 64면.

도에 도착하였고, 기삼은 가는 길에 만났던 기생을 다시 만나 옛정을 나누고 그곳에 눌러 살까 망설이다가 결국은 눈물로 이별하고 말았다. 작자는 그들의 태도에 통탄해 하기도 하고, 웃기도 하는데 이러한 그들의 모습은 사회적 의미를 지닐 뿐 아니라 작품에 흥미를 더하는 요소로 작용하고 있다.

귀환 길에서도 각 고을의 수령들이 나와 보기도 하고, 음식을 제공하기도 하는 것은 유배 길과 마찬가지였다. 나와 보지 않는 수령이 있었던 것도 마찬가지이다. 그러나 갈 때와 올 때의 노정이 달라 분명한 비교가 어렵기는 하지만 귀환 길에서 만난 수령들의 대접이 좀더 융숭했던 듯하다. 영광 다경포에 이르러 배에서 내렸을 때에는 광주와 영광의 인마가 이미 대령하고 있었고, 나주목사와 영광군수가 서로 자기 고을을 지나도록 청하기도 하였다. 영광군수는 하처까지 정하여 관곡히 대접하며 쉬어갈 것을 청하기도 하였고, 나주에 사는 친척이 찾아와 동행하면서 자기 집에 유숙할 것을 권하기도 하였다. 광주목사인 사돈은 광주를 거치지 않는 것에 화를 내며 굳이 찾아와 전주 감영까지 동행하였으며, 전주에서는 유배 갈 때 나와 보지 않던 감사가 직접 나와 보고 안부를 묻기도 하였다. 이러한 수령들의 태도는 유배 죄인에 대한 대접과 해배되어 서울로 올라가는 전직 고위 관리에 대한 대접이 같을 수 없다는 것, 곧 세상인심이 상황에 따라 차이가 있을 수 있다는 것을 보여주는 것이라 할 수 있다.

2) 유배생활의 실상: 〈적소일기〉

유배인의 유배생활은 유배지의 상황, 유배인과 그 지역 수령과의 관계, 그리고 유배인 자신의 경제적·정치적 여건 등에 따라 많은 차이가 있었던 것으로 보인다. 하지만 생활 근거지를 떠나 낯선 곳에 갇혀 살아야 한다는 것 자체가 유배인들에게 심리적인 고통을 안겨주었을 것이고, 여러 환경적 요인은 그러한 고통을 더욱 가중시켰을 것이다. 〈적소일기〉는 바로 그와 같은 유배생활의 고통스런 실상을 대단히 구체적으로 전하고 있다.

이 작품은 1781년 진도 금갑진에 유배되었던 김약행(1718~1788)이 자신의 유배생활을 기록한 것이다. 그는 노론의 강경한 정치적 입장을 견지한 인물로 수차에 걸친 유배를 경험한 이후 역적 홍양해(洪量海)의 공초에 이름이 거론되었다 하여 금갑진에 다시 유배되어 결국 그곳에서 세상을 떠났다.[161] 작품 말미에 "팔년 젹긱의 만단 비감ᄒᆞᆫ 회포ᄅᆞᆯ 이긔디 못ᄒᆞ야 금갑뎍거록을 디어 도라가ᄂᆞᆫ 날의 집안사ᄅᆞᆷ들을 뵈고 ᄂᆡ 고ᄒᆡᆼ 격근 말을 니아기 삼아 니ᄅᆞ려 ᄒᆞ니 …… 헛도이 고ᄒᆡᆼ만 격글 ᄯᆞᄅᆞᆷ이로다"[162]라고 하여 창작 동기를 밝히고 있다.

작자는 유배지까지의 긴 여정 대신 진도로 유배된 경위를 간략히 제시한 다음, 진도에 들어가는 나루를 건너는 장면부터 기술하고 있다. 유배지에서의 생활을 집중적으로 다루려는 의도 때문이었을 것이다. 진도에 도착한 작자는 벽파정과, 진도에 유배되었던 인사들을 배향하고 있는 봉암서원(鳳巖書院)을 둘러보고 자기 매부가 소개한 유천총의 집을 찾아 하루를 묵은 후 다음날 금갑진에 도착하여 본격적인 유배생활을 시작하였다. 하지만 그의 유배생활은 처음부터 순탄하지 못했다.

우선 거처할 곳을 정하고 조석을 이어가는 기본적인 생활 자체가 대단히 힘들었다. 유배지에 도착했지만 만호나 진(鎭)의 하인들이 작자가 거처할 곳과 보수주인을 정해주지 않아 아들과 금부서리가 직접 찾아 나설 수밖에 없었다. 유배인이 도착하면 그곳 고을 수령은 유배인이 거처할 집과 유배인의 관리를 담당할 보수주인을 지정해야 한다.[163] 하지만 작자의 경우 관에서 손을 놓고 있었는데 그것은 당시 진도에는 유배객이 너무 많아 사람들이 아무 이익

161 김약행의 정치적 입장과 그로 인한 수차의 유배에 대해서는 이승복의 앞의 글(2003)에 자세히 제시되어 있다.

162 〈적소일긔〉, 김희동 소장 국문 필사본, 57면.

163 심재우, 앞의 글, 208면 참고.

없는 유배객 맡기를 다 싫어했고 억지로 맡기려 하면 색리들을 원망하고 꾸짖기 일쑤였기 때문이었다.

작자는 아들과 서리가 나서서 비교적 여유가 있고 대접이 후한 집에 들 수 있었다. 하지만 얼마 되지 않아 진의 하인들이 와서 기와집에 머물면서 주인 아이들 글을 가르친다고 트집을 잡고 소란을 부려 비어있는 서당으로 거처를 옮길 수밖에 없었다. 이후 이러저러한 사정으로 만 7년의 유배생활 동안 열 번이나 거처를 옮겼다. 해충을 견디기 어려울 뿐 아니라 끼니를 날라 먹기 곤란해서 옮긴 경우도 있고, 금갑진에서 조금 떨어진 곳에 머물 때에는 혹 배소를 이탈했다 하여 제주도나 추자도 같이 더 먼 곳으로 보낼지 모른다는 생각이 문득 들어 옮긴 경우도 있으며, 주인집 아이가 시환(時患)을 앓아서 옮긴 경우도 있었다. 어떤 경우에는 새로 찾아간 집의 아낙이 작자를 데리고 간 감색에게 "죽게 된 귀향달이를 처 맛긴다 하고 포려흔 소릐를 질너 욕과 쑤덧기를 긋치디 아니흐"[164]기도 하여 오도 가도 못하는 지경에 빠지기도 하였으며, 두 냥 반에 조금 더 얹어주고 모처럼 마련한 집이 눈에 무너지기도 하였다. 이처럼 작자는 금갑진의 이곳저곳을 옮겨 다니는 고달픈 생활을 할 수밖에 없었다.

양식 마련과 수시로 있는 점고도 작자에게는 커다란 고통이 아닐 수 없었다. 유배인들은 보수주인의 도움을 받기는 하지만 본집에서 양식을 가져오거나 돈을 가져다 곡식을 팔아서 먹는 것이 관례였던 듯하다. 하지만 집이 가난할 뿐 아니라 부임하는 감사들마다 양식과 서찰을 사사로이 통할 수 없도록 금했기 때문에 작자는 먹는 걱정에서 벗어날 수 없었다. 결국에는 환곡을 얻고, 약간의 선물을 보내 동리 부호에게서 양식을 얻어오기까지 하였다. 또한 초하루 보름의 정기적인 점고에 수십 리 길을 오가는 고생도 견디기 어려운 것이었는데 감사들이 점고를 강화하여 불시 점고를 수시로 당하는 욕을 보기

164 〈적소일긔〉, 35면.

도 하였다. 하지만 작자는 감사들의 금령과 점고 강화가 자기 때문이라 여기면서도 어쨌든 그것이 국법에 의지하여 나온 명령이니만큼 자기로서는 도리를 지켜야 한다고 생각하여 고초와 욕을 무릅쓰고 한결같이 점고에 응하였다.

이처럼 승지와 참지를 지낸 작자로서는 쉽게 견디기 어려운 상황이 반복되었지만 작자는 그것을 겪어야 하는 자신의 고통스런 내면을 장황하게 토로하기보다는 담담한 어조로 당시의 상황을 서술해가고 있다.

고향과 가족을 그리워하는 것은 모든 유배인들의 공통된 심정이었을 것이다. 작자는 유배지에 혼자 머물고 있었기 때문에 찾아오는 가족들과의 만남은 작자에게 커다란 기쁨이었지만 그들이 돌아갈 때 느끼는 허전함과 서글픔은 실로 감당하기 어려웠을 것이다. 하지만 작자는 "…… 쵸창ᄒᆞ야 가ᄂᆞᆫ 길흘 ᄇᆞ라다가 재ᄅᆞᆯ 너므매 형영이 업서디니 망연ᄒᆞ야 ᄆᆞ음이 디향이 업더라"[165] 와 같이 몇 마디의 어구에 당시의 심정을 압축하여 제시하고 있다. 사실 이러한 감정 토로의 절제는 작품 전체를 일관하는 작자의 서술태도이다. 하지만 아내와 아우가 세상을 떠났을 때에는 사정이 달랐다. 그것은 그들의 죽음이 주는 충격이 감정의 절제를 어렵게 할 만큼 컸기 때문일 것이다.

> 오십여 년을 ᄒᆡ로ᄒᆞ다가 이리 써나와 쳔고영결이 될 줄 엇디 아라시며 집이 가난ᄒᆞ기 일ᄉᆡᆼ 동고ᄒᆞ여 긔한을 면치 못ᄒᆞ고 늦게야 과거ᄅᆞᆯ ᄒᆞ야시나 벼ᄉᆞᆯ이 차타치 아니면 ᄒᆞᆫ째 근심을 니즐가 ᄒᆞ엿더니 내 ᄂᆞᆷ과 ᄀᆞᆺ치 셥세ᄅᆞᆯ 잘ᄒᆞ디 못ᄒᆞ야 ᄌᆞ로 귀향 ᄃᆞᆫ니기로 집이 확낙ᄒᆞ야 산업이 능히 병드니ᄅᆞᆯ 구완치 못ᄒᆞ고 ᄌᆞ식들의 유ᄒᆞᆫ이 무궁ᄒᆞ니 엇디 슬푸디 아니ᄒᆞ며 거문고 줄이 ᄒᆞᆫ 번 ᄭᅳᆫ허디매 다시 닛기 어렵고 부덕의 현명민혜ᄒᆞ믈 ᄉᆡᆼ각ᄒᆞ야도 만나볼 길히 업ᄉᆞ니 만ᄉᆡ 쇽절이 없고 장ᄉᆞ의도 갈볼 길히 업서 두어 줄 제문을 디어 녕연압픠 닑으라 ᄒᆞᆫ들 글이 족히 슬프믈 다 펴디 못ᄒᆞ고 늘근 환부의 우우비챵ᄒᆞᆫ

165 위의 책, 26면.

> 거ᄉᆞᆯ 녕혼이 아ᄅᆞᆷ이 잇게 되면 필연 명명 듕 늣기미 이실 ᄃᆞᆺᄒᆞ더라 삼봉을 즉시 답장 ᄡᅧ 보ᄂᆡ고 셩복을 ᄒᆞ려 ᄒᆞᄃᆡ 뵈ᄅᆞᆯ 살 갑시 업ᄉᆞᆯ ᄲᅮᆫ 아니라 녯말의 지극히 슬픈 ᄃᆡᄂᆞᆫ 문치 업다 ᄒᆞ여시니 ᄋᆡ통ᄒᆞᄂᆞᆫ ᄆᆞ음이 엇디 셩복ᄒᆞ며 아니매 경듕이 이시리오 ᄒᆞ야 셩복을 일우디 못ᄒᆞ나 비회ᄅᆞᆯ 금티 못ᄒᆞ야 쥬인의 집의셔 울녀 ᄒᆞ면 말니고 민망히 넉이고 ᄒᆡ변의나 산듕이나 사ᄅᆞᆷ 업ᄉᆞᆫ 곳의 가셔 우러 슬푸믈 펴나 망쟈ᄂᆞᆫ ᄒᆞᆯ일이 업고 ᄉᆡᆼ쟈ᄂᆞᆫ 비고ᄅᆞᆯ 견ᄃᆡ여 무심ᄒᆞᆫ 셰월을 보낼너라[166]

진도에 들어온 지 만 3년이 지난 동짓달 어느 날 집의 하인이 아내의 부고를 전했다. 집안과 아내를 제대로 보살피지 못한 자신을 먼저 탓하면서 죽은 아내를 그리워했다. 가볼 수 없어 제문이라도 지으려 했지만 슬픔을 글로 다 펼 수 없으니 그러한 자기의 마음을 죽은 아내가 알아 줄 듯하다고 했다. 베를 살 돈이 없어 성복을 하지 못하나 애통하는 마음이 성복 여하에 달려있겠느냐며 스스로를 위로해 보지만 벅차오르는 슬픔을 참을 수 없어 사람들이 보지 않는 해변이나 산속에 가 혼자 울면서 비통한 심사를 달랜다고 하였다. 절제하기 어려운 애절한 감정이 요동치고 있지만 그것을 두서없이 쏟아내기보다는 마음의 움직임에 따라 하나씩 풀어냄으로써 작자의 고통스런 내면이 한층 선명히 제시되고 있다.

만약 언젠가는 해배되리라는 희망마저 없었다면 작자는 이러한 환경적, 심리적 고통 속에서 진작 좌절하고 말았을 것이다. 그러한 희망은 작자를 지탱해준 유일한 버팀목이었다. 금갑진을 벗어나 있으면 혹 흠이 잡혀 더 먼 곳으로 이배될 수 있다는 우려에서 무리를 해서 억지로 거처를 옮기고, 욕을 참고 점고에 빠지지 않았던 것도 이와 무관하지 않을 것이다. 하지만 그러한

166 위의 책, 23~25면. 이 인용문은 이승복(2003)이 인용·소개한 바 있는데 조동일은 앞의 책에서 이 대목이 특히 절실하다고 하였다.

희망은 끝내 이루어지지 못하였다. 유배 이듬해 9월 원자를 책봉하면서 내린 대사령에 많은 사람들이 해배되었지만 작자는 제외되었다. 2년 뒤 세자 책봉 때에도 역시 해배되지 못하였고, 다시 2년 후 세자의 두역이 나으면 칭경대사(稱慶大赦)가 있으려니 하고 잔뜩 기대했지만 세자가 곧 세상을 떠나 기대가 물거품이 되고 말았다. 하지만 돌아가는 날 집안사람들에게 보이기 위해 〈적소일기〉를 기록했다는 데에서 알 수 있듯 작자는 죽는 순간까지도 집에 돌아갈 수 있다는 기대를 버리지 않았다.

3) 후명과 죽음에 이르는 과정: 〈임인유교〉

사화와 당쟁의 와중에서 사약을 받으라는 후명(後命)에 따라 유배인이 사사되는 경우가 왕왕 있었던바 김신겸(1693~1738)의 〈임인유교〉는 그러한 과정을 기록한 작품이다. 죽어야만 한다는 사실을 알게 되면서부터 사약을 마시고 숨이 끊어질 때까지의 모든 과정을 당사자가 직접 기술한다는 것은 현실적으로 생각하기 어렵다. 따라서 이런 작품들은 곁에서 그 과정을 목도한 다른 사람에 의해 이루어졌다.

〈임인유교〉는 『유교(遺敎)』라는 책 속에 김창흡(金昌翕)이 기록한[167] 〈기사유사(己巳遺事)〉, 김원행(金元行)이 기록한 또 다른 〈임인유교〉와 함께 수록되어 있다. 〈기사유사〉는 김수항(金壽恒)의 죽음을 다루고 있다. 김수항은 숙종 때 기사환국의 와중에서 일차 파직된 후 진도에 유배되었다가 그해 4월 9일 사사되었는데 김수항의 셋째 아들인 김창흡이 그 과정을 기록하였다. 김신겸의 〈임인유교〉는 김수항의 큰아들인 김창집(金昌集)의 죽음을, 김원행의 〈임인유교〉는 김창집의 큰아들인 김제겸(金濟謙)의 죽음을 다루고 있다. 김

167 이 글이 처음 발표되었을 때에는 〈기사유사〉의 작자를 알 수 없었는데 최근 필자가 김창흡임을 확인하였다(관련 내용은 이 책 '『유교(遺敎)』의 서지와 문학적 성격' 참고).

창집, 김제겸 부자는 경종 때 벌어진 신임사화로 인해 유배되었다가 죽음을 당했는데 김창업(金昌業)의 셋째 아들인 김신겸이 백부 김창집의 사사 과정을, 김제겸의 셋째 아들 김원행[168]이 자기 부친의 죽음을 각각 기록하였다.[169] 이와 같이 『유교』에 수록된 세 작품은 조, 부, 손 삼대가 유배되었다가 사사되는 과정을 기록하고 있는데 여기에서는 내용이 상대적으로 좀더 풍부한 김신겸의 〈임인유교〉를 검토하기로 한다.

유배지인 거제를 떠나 서울 국청으로 압송되던 김창집은 1722년 4월 27일 성주에 도착하여 고마청에 들었다가 저녁 때 남문 밖 성벽 아래에 있는 집으로 옮겼다. 이튿날 사약을 받으려 하다가 후명을 거두고 다시 배소로 돌아가라는 명이 내렸다는 소식을 전해 듣는다. 하지만 초경 무렵 환발배소(還發配所)의 명을 도로 환수한다는 금부 공문이 도착하여 다음날인 29일 새벽 수명하여 세상을 떠났다. 후명을 내렸다가 그 명을 거두고 환발배소하라 했다가 다시 환발배소의 명을 환수한다고 함으로써 김창집은 28일 반나절 동안 죽음에서 삶으로, 다시 삶에서 죽음으로 나아가는 곡절을 겪었다.

이 작품은 김창집이 성주에 도착하는 데에서 시작된다. 성주에 머물고 있던 김신겸은 이른 새벽 이곳에 귀양 와 있던 민진원(閔鎭遠)에게서 김창집에게 후명이 내려 후명도사가 오고 있다는 소식을 전해 듣고 말을 달려 김창집

168 김원행은 김창협(金昌協)의 아들인 당숙 김숭겸(金崇謙)에게 출계하였는데 이때에는 생부 김제겸의 배소에 있으면서 그의 사사 과정을 지켜보았다.

169 이들 삼대의 사사 배경과 그 경위에 대해서는 이승복의 앞의 글(1997)에 구체적으로 제시되어 있다. 이승복이 확인한 바 있듯이 김신겸의 〈임인유교〉의 경우 또 다른 국문본인 〈몽와성주유교〉와 한문본인 〈성산유사(星山遺事)〉가 같이 전하고 있다. 한문본이 국문본들보다 약간 더 구체적으로 서술하고 있는 부분이 있고, 한문본에는 김창집이 당시에 지은 시 7수를 모두 삽입하고 있으나 국문본들에는 1수만을 수록하고 있다는 점이 다를 뿐 한문본과 국문본 사이에 내용상 차이는 거의 없다(이승복(1997), 57~58면 참고). 『증소집』권10에는 김창집에 관한 〈몽와부군유사(夢窩府君遺事)〉와 〈성산유사〉가 나란히 실려 있고 그 뒤에 김신겸의 발문이 붙어있는데 이 발문을 통해 한문본인 〈성산유사〉가 1728년 3월 이전에 이루어졌음을 확인할 수 있다. 『유교』 이외에 유배인의 사사 과정을 다루고 있는 작품으로는 민진강(閔鎭綱)이 송시열(宋時烈)의 사사와 장례 과정을 한문으로 기록한 〈초산일기(楚山日記)〉가 있다.

을 마중하였다. 뚜껑 없이 가장자리에 흰 천을 두른 가마를 타고 오던 김창집은 아직 후명이 내렸다는 사실을 모르고 있었다. 그 사실을 차마 말할 수 없었던 김신겸이, 고마청에 이르러 가마에서 내리는 김창집을 붙들고 통곡하자 김창집은 후명이 내렸느냐고 묻는다. 김신겸이 그렇다고 하자 김창집은 다음과 같이 말한다.

> 쾌ᄒᆞ고 쾌ᄒᆞ다 네 셜워 말나 …… 내 이제 피톄ᄒᆞ야 예ᄭᆞ디 니ᄅᆞ러시니 누욕이 ᄇᆞᆯ셔 극ᄒᆞ거니와 그러나 ᄯᅩ 어이 이 형상으로 한강을 건너가 류ᄒᆞ고 옥의 나아가리오 예셔 슈명ᄒᆞ미 도로혀 쾌ᄉᆞ로다 다만 긔ᄉᆞ년은 우리 형뎨 다 ᄉᆞ시 다 무고히 슬하의 뫼셔 죵효를 ᄒᆞ엿더니 나ᄂᆞᆫ ᄒᆞᆫ[170] 졔겸이 이시ᄃᆡ ᄇᆞ야흐로 셩손으로 더브러 노폐예 드러 부ᄌᆞ ᄉᆞᄉᆡᆼ을 서로 아지 못ᄒᆞ고 ᄯᅩ 동궁의 안위를 아디 못ᄒᆞ고 ᄇᆞᆰ은 명을 니어 죽디 못ᄒᆞ니 이 질실노 ᄒᆞᆫ결ᄒᆞ미로다[171]

옥에 나아가 욕을 당하느니 여기에서 죽는 것이 쾌하다고 하였다. 다만 아들이 손자와 함께 옥에 갇혀 있어 부자가 서로 살았는지 죽었는지 알지 못하고 동궁[영조]의 안위를 알지 못하는 것이 한이라고 하였다. 치욕을 면하게 되어 다행이라 하면서도 자식에 대한 걱정과 정치에 대한 관심을 떨칠 수는 없었던 것이다.

정치 문제와 관련하여 자기의 태도가 정당한 것이었다는 생각은, 거제에 있을 때 받은 이이명(李頤命)의 편지에 '우리들이 죽어도 부끄러움이 없다'고 한 말을 옳은 말이라 하고, 민진원의 두 손자인 민백상(閔百祥), 민백흥(閔百興)이 찾아왔을 때 '글을 힘써 흉도를 물리치고 종사를 보전하도록 하라'고 당부하며, 또 서울에서 내려온 조카 김언겸(金彥謙)[172]에게서 서울 소식을 듣

170 둘째 아들 김호겸(金好謙)이 있으나 당숙인 김창숙(金昌肅)에게 출계하였다.

171 『유교』, 김충현 소장 국문 필사본, 43~45면.

고 '국가의 불행함은 물론 저희에겐들 어찌 좋겠느냐'고 하는 데에서 볼 수 있다. 그러나 이런 정도의 언급을 제외한 대부분의 내용은 자신과 집안 문제에 대한 생각과 당부, 아들에 대한 걱정으로 채워져 있다.

김창집은 관재(棺材), 수의, 장지, 명정 등 자신의 장례와 관련된 문제와 고조부 신주의 매안(埋安) 등 자신의 죽음 이후 곧바로 실행되어야 할 일들을 조카들에게 묻고 지시한다. 그러면서 순간순간 떠오르는 생각과 감회를 토로하고, 조카들과 사위는 알고 싶은 궁금한 내용들을 그때그때 물어서 확인하고 있다. 그런데 이러한 대화의 이면에서 죽음을 앞두고 흔들리는 김창집의 마음과 고독을 읽어낼 수 있다.

> 또 니ᄅᆞ시ᄃᆡ 내 셔울 큰경(정)능골 어귀 길ᄀᆞ 피졉난 집의셔 날ᄉᆡ 션비 일즉 니ᄅᆞ시ᄃᆡ ᄆᆡ양 새배면 창밧긔 향도 소ᄅᆡ 듯기 슬터니라 ᄒᆞ시니 대강 셔쇼문이 갓가오미라 또 니ᄅᆞ시ᄃᆡ 내 병슐 년간의 ᄒᆞᆫ ᄭᅮᆷ을 ᄭᅮ니 내 무ᄉᆞ 일노 문밧긔셔 ᄃᆡ명ᄒᆞᄂᆞᆫ 듯ᄒᆞ더니 이윽고 나라히셔 후명을 ᄂᆞ리오시매 ᄉᆞᄇᆡᆨᄒᆞᆯ ᄌᆞ음의 엇듯 셩각휘 뵈니 그 고디 마치 셩 밋치러라 그ᄯᆡ ᄆᆞ음의 심히 측하야 스ᄉᆞ로 ᄆᆞ음의 위루ᄒᆞ야 니ᄅᆞᄃᆡ 이 쥬샹[숙종] 째예야 어이 다시 이런 일이 이시리오 ᄒᆞ얏더니 오ᄂᆞᆯ날 이 집이 셩 미틔 이셔 ᄭᅮᆷ 가온대와 방블ᄒᆞ니 만ᄉᆡ 아니 젼뎡이 잇ᄂᆞᆫ가 또 한숨ᄒᆞ시며 니ᄅᆞ시ᄃᆡ 사ᄅᆞᆷ이 죽으면 과연 신령이 아ᄂᆞᆫ 일이 잇ᄂᆞᆫ가 언겸이 ᄀᆞᄅᆞᄃᆡ 이런 일이 진실노 알기 어렵ᄉᆞᆸ거니와 반ᄃᆞ시 신령이 업ᄉᆞᆯ니 업ᄉᆞ니 령이 이시면 엇디 아ᄅᆞᆷ이 업ᄉᆞ리잇고 티겸이 ᄀᆞᄅᆞᄃᆡ 응당 령이 이시나 산 사ᄅᆞᆷ으로 더브러 다ᄅᆞ기ᄂᆞᆫ 감동ᄒᆞ리 이시면 응ᄒᆞ고 샹신은 고요ᄒᆞ야 절노 운용ᄒᆞ디 아니리이다 신겸이 ᄀᆞᄅᆞᄃᆡ 이 말이 올ᄉᆞ오니이다 만일 사ᄅᆞᆷ이 졔ᄉᆞᄒᆞ면 령이 엇디 흠향티 아니며 산 이 고ᄒᆞ면 령이 엇디 모ᄅᆞ며 ᄒᆞ믈며 일긔 ᄌᆞ손은 더 다ᄅᆞᆯ 듯ᄒᆞ니이다 부군이 ᄃᆡ답ᄒᆞ시ᄃᆡ 그러ᄒᆞᆯ 듯ᄒᆞ다[173]

172 김창업의 둘째 아들.

사위 민창수(閔昌洙)와 대화하다가 김창집은 밑도 끝도 없이 갑자기 자기가 태어난 곳에 대한 말을 꺼낸다. 하지만 곧 이어 그것과 상관없이 오늘 일을 암시하는 듯한 예전 꿈 이야기를 꺼내고, 다시 한숨을 쉬며 불쑥 사람이 죽으면 영혼이 생전처럼 세상 일을 알 수 있는지 한 마디 던진다. 죽음을 눈앞에 두고 있으려니 과거, 현재, 미래에 대한 파편적인 단상들이 머리 속에 떠오른 것일 것이다.

특히 자기가 죽은 후에도 세상 일을 알 수 있을까 하는 데 생각이 미쳐 불쑥 던진 한 마디에 대해 영혼이 감지 능력이 있다거나 산 사람이 감동하게 하면 영혼이 응한다거나 같은 기(氣)를 지닌 자손의 경우는 더 다를 것이라는 조카들의 학술적인 진지한 답변은 오히려 김창집의 고독을 부각시키고 있다고 할 수 있다. 그것은 김창집의 마음을 휩싸고 있던 것은, 죽음이라는 것에 대한 낯설음과 거기에서 느끼는 인간적인 고뇌였지 영혼의 본질에 대한 의문은 아니었을 것이기 때문이다.[174] 조카들과의 대화가 오히려 김창집의 고독을 부각시키는 역할을 하는 경우는 또 있다.

> 신겸이 ᄀᆞᄅᆞᄃᆡ 삼연 아ᄌᆞ바님 어려 겨실 적 힝젹이 무ᄉᆞᆫ 특이ᄒᆞᆫ 뎐ᄒᆞ염즉ᄒᆞᆫ 일이 잇ᄂᆞ니잇가 니ᄅᆞ시ᄃᆡ 긔록디 못ᄒᆞᆯ다 다만 어려셔브터 ᄉᆞ쇼ᄒᆞ난 ᄆᆞᄃᆡ와 말과 일을 범쇽과 달니 ᄒᆞ려 ᄒᆞ더니라 ᄯᅩ 니ᄅᆞ시ᄃᆡ 내 말ᄂᆡ예 지은 시ᄅᆞᆯ 삼연과 너ᄒᆡ 아바님이 샹해 ᄒᆞᄃᆡ 됴흔 거시 만타 ᄒᆞ더니라 내 삼연 ᄒᆞ여 ᄡᅢ두고져 ᄒᆞ다가 못ᄒᆞ엿노라[175]

김창집과 장례 문제를 상의하던 김신겸이 김창집의 아우인 김창흡의 어렸을 적 행적에 대해 물었다. 김창집의 여섯 형제 중 김창집을 제외한 모든

173 『유교』, 63~65면.

174 이승복(1997), 67면 참고.

175 『유교』, 49~50면.

사람들이 이미 세상을 떠났고, 김창집도 죽음이 예정되어 있는 상황에서 김창흡에 대해 궁금한 점이 있는 김신겸으로서는 지금 그것을 김창집에게 물을 수밖에 없었을 것이다. 하지만 죽음을 눈앞에 두고 자신의 장례 문제를 생각하고 있던 김창집으로서는 비록 아우이기는 하지만 김창흡에게 생각이 미칠 마음의 여유가 별로 없었을 것이다. 기억하지 못한다고 한 것은 그래서일 것이다. 이어 김창집이 자신이 지은 시를 김창흡으로 하여금 선발하도록 하려다 못하고 말았다고 하여 결국 자신의 문제로 돌아오는 것 역시 그때의 그러한 심적 상태를 보여주는 것이라 할 수 있다. 김신겸으로서는 나름대로 이유가 있어 말을 꺼냈지만 그것이 결과적으로는 김신겸과 김창집의 심리적 거리를 확인시키는 역할을 하게 된 것이다.

김창집은 29일 새벽 후명도사가 수명하기를 독촉하자 습의복을 입고 손톱을 깎는 등 준비를 한다. 그리고 아까 급히 쓰느라 김신겸과 김양겸(金養謙)[176]에게 써준 시의 필획이 바르지 않다며 다시 쓴다. 도사가 밖에서 다시 재촉하자 "(도사가) 됴뎡암의 ᄌᆞ손이면 도라 (사약을 받았던) 저희 한아바님을 ᄉᆡᆼ각디 아니ᄒᆞ고 사ᄅᆞᆷ을 이대도록 핍박ᄒᆞᄂᆞ냐"[177]며 조광조(趙光祖)가 사사될 때 지은 글귀를 인용하여 자기의 지금 마음이 당시 조광조의 비절한 심정과 같다는 내용의 시를 즉석에서 지어 읊는다.[178] 사약을 마신 후 도사에게 이 시를 일러 줌이 어떻겠느냐고 웃으며 말하고는 붓을 들어 그 시를 직접 쓰고 나서 뜰 아래로 내려갔다. 아무리 죽음이 쾌하다고 했지만 죽음을 재촉하는 도사가 야속하게 느껴졌을 것이고, 선뜻 죽을 자리에 나아가기가 어려웠을지 모른다. 하지만 그런 가운데에서도 마음의 여유를 잃지 않았다.

176 김창흡의 큰아들.

177 『유교』, 79면.

178 이때 지은 시가 '愛君如愛父 天日照丹衷 先賢此句語 悲絶古今同'이다. '愛君如愛父 天日照丹衷'이 조광조가 임명시에 가까운 사람들에게 남긴 글에 있는 구절로 이를 들은 사람들이 슬퍼했다는 사실을 율곡이 지은 조광조의 묘지명에서 확인할 수 있다(『정암집(靜菴集)』 부록 권6, 『한국문집총간』 22, 141면 참고).

김창집은 사약을 마신 후 마루에 올라 도사에게 임금의 안부를 묻고 다시 방으로 들어와 모든 사람들의 손을 잡고 "됴히 머믈고 됴히 머믈나"[179]라며 영결하였다. 이어 김후겸(金厚謙)[180]을 가리키면서 "이것들이 연좌를 닙어 멀니 뉴찬ᄒᆞ게 되야시니 블샹ᄒᆞ고 블샹하다"[181]고 하기도 하고, 김신겸이 팔을 붙들자 "네 브ᄃᆡ 살거라"[182]를 반복하다가 멀리 앉아있던 김용겸(金用謙)[183]의 손을 달라 하여 잡았다 놓고 묘말진초(卯末辰初)에 숨을 거두었다. 마지막 순간 그에게 남은 것은 자질들의 생사에 대한 걱정이었다.

3. 유배체험의 형상화와 그 교육적 의미

번잡한 정치 현실에서 벗어난 유배인들은 유배를 통해 스스로를 돌아보며 자신의 학문이나 문학을 보다 높은 수준으로 고양하기도 하였다. 곧 유배라는 형벌이 유배인의 일생에 부정적인 작용만 한 것은 아니었다. 하지만 극히 예외적인 경우를 제외하면 유배체험 자체가 결코 즐거울 수는 없었을 것이다. 앞의 세 작품은 유배체험의 그러한 모습들을 잘 보여주고 있다. 고통스런 유배 길은 고향과 멀어지면서 느끼는 서글픔이 심화되는 여정이고, 유배지는 삶의 뿌리를 흔들고 생존을 위협하는 고통, 혹은 죽음의 공간이었다. 유배인들은 그러한 상황에 이리저리 흔들리고 좌절하면서도 해배에 대한 희망으로 스스로를 지탱하기도 하고, 눈앞의 죽음을 의연하게 받아들이면서도 고뇌하는 모습을 숨기지 않기도 하였다. 유배라는 것이 독특한 체험임에는 틀림없으

179 『유교』, 81면.

180 김창흡의 셋째 아들로 계부인 김창립(金昌立)에게 출계.

181 『유교』, 81면.

182 위의 책, 82면.

183 김창즙(金昌緝)의 외아들.

나 유배인들이 주어진 상황에 반응하고, 대응해 가는 모습은 우리들로 하여금 삶과 죽음이라는 인간의 보편적이고 본질적인 문제를 생각하도록 한다.[184] 유배체험을 형상화하고 있는 작품들이 지닌 의의는 우선 여기에서 찾을 수 있을 것이다.

그런데 앞에서 살핀 세 작품은 작품에 제시된 유배체험의 구체적인 모습이 다를 뿐만 아니라 그것을 보여주는 방식에서도 차이를 보이고 있다. 이러한 형상화 방식의 차이는 작자 개인의 고유한 글쓰기 방식의 차이에 기인하는 것일 수 있다. 하지만 글은 목적, 상황, 독자, 그리고 다루는 내용의 특성 등을 두루 고려하면서 쓰는 것이라 할 때 세 작품에서 확인되는 차이 역시 여기에 기인하는 바가 큰 것으로 보인다. 먼저 목적과 독자의 측면부터 살펴보자.

우선 〈남정일기〉에서는 유배의 부당함을 주장하거나 장황하게 내면의 감정을 토로하는 모습을 찾아보기 어렵다. 곧 유배를 사적인 체험으로만 다루면서 날짜별로 보고 듣고 겪은 것을 그대로 요약·제시하고 있는 것이다. 그리고 그때그때의 심정은 '불쌍하더라', '심히 이상터라', '반갑더라'와 같이 한두 마디의 어구로 간략히 처리하고 말며, 내적인 갈등이나 고민이 고조될 때에는 '그 회포를 어이 다 기록하리오'와 같이 상황만 제시한 채 자신의 심정에 대한 판단을 아예 독자에게 맡겨버리고 있다. 이에 따라 유배 길에 오른 다음부터는 대부분 다음과 같이 비교적 호흡이 짧은 간결한 문장의 연속으로 이루어져 있다.[185]

> 십구일 아츰은 일긔 음닝ᄒᆞ더니 오후의 눈이 시작하여 쵸경ᄭᆞ지 오니라 미명의 ᄯᅥ나 쳔안 새숫막의 니ᄅᆞ러 조반하니 본관은 윤기동이니 윤참판 득지의

184 이승복은 『유교』와 〈적소일기〉를 각각 검토하면서 이 작품들의 가치를 이러한 측면에서 간략히 언급한 바 있다(앞의 글(1997), 73면., 앞의 글(2003), 111면).

185 이런 점 때문에 이 작품이 문학성을 소홀히 하고 있다는 견해가 제기되기도 하였다(최강현, 앞의 글, 129면).

> 아ᄃᆞᆯ이오 쳑의 이시니 젼갈ᄒᆞ고 뭇더라 쥬막 쥬인의 셩은 박가니 젼의 셔울셔 도감포슈 ᄃᆞ니고 동네 이셔 아던 하인이러니 예 와 보니 ᄯᅩᄒᆞᆫ 반갑더라 덕도원 이ᄅᆞ러 졈심ᄒᆞ고 ᄆᆞᆯ 먹여 ᄯᅥ나니 날이 임의 어두엇더라 공쥬 새숫막의 니ᄅᆞ러 잘ᄉᆡ 이 날은 ᄇᆡᆨ삼십니를 와시되 ᄃᆞᆰ이 거위 울게 되엿더라 이날 눈을 죵일 무릅쓰고 와 인매 곤ᄒᆞᆯ 분 아니라 의복이 다 저〃 닝긔 술을 침노ᄒᆞ니 목우 ᄌᆞ뭇 어려온디라 듕노의 병 날 념네 만터라[186]

작자가 이러한 방식은 택하게 된 이유는 우선 이 작품이 아내의 요구에 의해 지어졌다는 사실에서 찾을 수 있다. 아내의 요구에 의해 기록하였다는 것은 일차 독자가 예정되어 있었다는 것을 의미한다. 또 그 독자의 요구 사항도 '왕환의 간신함과 게 가 머물던 일'로 정해져 있었다. 이처럼 독자와, 독자의 요구 사항이 어느 정도 결정되어 있었던 만큼 작자는 그것에 가장 적합하다고 생각되는 방식을 선택하였을 것이다. 아내에게 조부의 정당성을 굳이 소리 높여 강조할 필요도 별반 없었을 것이고, 자신의 내면 정서를 장황하게 토로하는 것도 부적절하다고 느꼈을 것이다. 이러한 이유들로 인해 작자는 "셰쇄ᄒᆞᆫ 말과 불긴ᄒᆞᆫ 말과 번거ᄒᆞᆫ 말을 다 빠히고 약간 긔록"[187]하는 방식으로 유배체험의 전달 자체에 충실하고자 했던 것이라 할 수 있다.

〈적소일기〉 역시 돌아가는 날 집안사람들에게 보이기 위해 지었다는 작자의 진술을 통해 독자를 염두에 두고 씌어졌다는 것을 알 수 있다. 그 집안사람들에는 부녀자와 아이들이 포함되기에 국문으로 기록하였으리라는 것도 짐작하기 어렵지 않다. 또 유배 이유와 경위를 설명하는 서두의 일부분을 제외하면 유배의 부당성을 주장하는 서술을 찾기 어려우며,[188] 자기의 체험을 있

186 〈남졍일긔〉, 14~16면.

187 위의 책, 69면.

188 〈적소일기〉에는 전반적으로 작자의 사대부라는 신분, 노론으로서의 정치적 입지 등 사회적 존재로서의 면모가 별반 드러나지 않는다(이승복, 앞의 글(2003), 103면).

는 그대로 제시하면서 자신의 심정은 한 두 마디의 어구에 집약해서 제시하는 경우가 흔하다. 이런 점들은 일단 〈남정일기〉와 유사하다고 할 수 있다. 하지만 〈적소일기〉에서는 앞의 인용문에서 보듯 자신의 내적 갈등과 고민이 길게 묘사되기도 하고, 아래의 예와 같이 유배생활의 여러 고비들이 비교적 호흡이 긴 문장들을 통해 상당히 구체적으로 제시되고 있어 〈남정일기〉와 많은 차이를 보인다.

> 흉년을 당ᄒᆞ야 처엄은 시개 두 말을 주더니 졈졈 ᄂᆞ려 말 넉 되를 주ᄃᆡ 넉넉디 못ᄒᆞ야 내 소솔이 불과 나와 니파와 뎨남 세 식구니 죠반셕듁을 ᄒᆞ야 디내면 말 ᄡᆞᆯ이라도 ᄒᆞᆫᄣᅢ 견ᄃᆡ여 갈 듯 ᄒᆞᄃᆡ 죠셕 ᄣᅢ면 사ᄅᆞᆷ이 어룬 아ᄒᆡ 업시 부억의 느러 안ᄂᆞ니 가마괴ᄣᅦ ᄀᆞᆺ치 다 음식을 ᄇᆞ라니 죠곰죠곰 ᄂᆞᆫ화 먹여 보ᄂᆡ면 노ᄉᆡᆨ이 업ᄉᆞᄃᆡ 못 먹고 가ᄂᆞ니ᄂᆞᆫ 챵연이 넉일 분 아냐 불평ᄒᆞᆫ 말이 듯기 슬흐니 …… ᄌᆞ연 ᄡᆞᆯ을 원수의셔 더 내야 밥을 디으니 내 비록 냥식이 헤퍼 니우디 못ᄒᆞ믈 걱정ᄒᆞ나 고단ᄒᆞᆫ 사ᄅᆞᆷ이 ᄡᆞᆯ줌을 앗겨 오ᄂᆞᆫ 사ᄅᆞᆷ을 휘쳑ᄒᆞ면 념치를 일코 상셩ᄒᆞ기의 머디 아닌 뉴가 밥으로 인연ᄒᆞ야 원언이 나고 인심이 무셔워 혹 불 아니 노흘 줄을 모ᄅᆞ매 밥 ᄂᆞᆫ화 먹ᄂᆞᆫ 거ᄉᆞᆯ 금티 못ᄒᆞ고 냥식이 이러므로 ᄡᅥ러디니 만일 읍ᄂᆡ 뉴쳔총이 진심ᄒᆞ야 빗을 어더 구급디 아니면 엇디 절냥지탄을 면ᄒᆞ며 …… 관곽을 ᄀᆞ을의 진시 갑디 못ᄒᆞᆯ가 ᄒᆞ야 걱정ᄒᆞ다가 셔울셔 갓가ᄉᆞ로 빗을 어더 보ᄂᆡ여시매 다른 빗은 뎌치고 몬뎌 관곽을 갑프라고 돈을 혜여 감ᄉᆡᆨ을 맛디니 관욕 보기를 쾌히 면ᄒᆞ니라.[189]

그렇다면 이러한 차이는 어디에서 연유하는 것인가. 작자의 개인적 성향의 차이일 수도 있고, 독자들에게 자세한 내용을 전달하려는 의도의 차이일 수도 있다. 하지만 이 문제는 다른 시각에서 바라볼 수도 있을 듯하다.

189 〈적소일긔〉, 49~50면.

창작 동기를 제시하고 있는 '팔년 적객의 만단 비감한 회포를 이기지 못하여 금갑적거록을 지어 …… '라는 진술에서 이 작품이 작자가 유배된 지 햇수로 팔년이 되는 1788년에 지어졌다는 것을 알 수 있다. 그런데 바로 그해 1월 18일 작자는 세상을 떠나고 말았다. 따라서 이 작품은 작자가 세상을 떠나기 직전인 1788년 1월 초중순경에 이루어졌음을 알 수 있다.[190] 당시 작자는 의식을 잃고 사경을 헤매는 큰 병에서 간신히 회복된 상태에 있었다. 돌아가는 날 집안사람들에게 보이기 위해 이 작품을 지었다고 하여 해배의 희망을 버리지는 않고 있었지만 큰 병을 앓고 난 작자는 자신의 목숨이 얼마 남지 않았음을 예견했던 듯하다. 그것은 굳이 이때 그간의 유배생활을 정리하고, 또 창작 동기와 자기의 심회를 밝히는 에필로그적 서술을 말미에 첨부하여 작품이 더 이상 지속되기 어려울 수도 있다는 것을 은연 중 드러내고 있는 데에서 짐작할 수 있다.

따라서 〈적소일기〉는 독자들에게 자기의 유배체험을 전달하기 위해서뿐 아니라 죽음을 앞둔 작자가 지난 세월을 회고하면서 스스로를 돌아보기 위해 창작했다는 것을 알 수 있다. 자기가 기억하는 중요 사건별로[191] 험난했던 유배생활을 정리하면서 자신의 태도와 내면을 찬찬히 돌아보기 위해서는 담담한 어조의 호흡이 긴 문장이 적절했을 것이다. 이처럼 이 작품은 전달뿐 아니라 자기 스스로를 성찰하기 위한 목적에서 씌어졌기 때문에 독자는 작품 속에서 작자의 인간적 실체를 구체적으로 접하면서 그의 고통과 고민에 공감하게 된다고 할 수 있다.[192]

190 이승복(2003), 101면 참고. 이 작품이 1788년에 창작되었다는 것은 〈적소일기〉의 표지 우측 상단과 제1면 권수제 밑에 '戊申'이라 적혀있는 데에서도 확인할 수 있다.

191 〈적소일기〉는 제목이 '일기'이지만 날짜별 서술이 아니라 막연한 시기만을 제시하거나 아예 그것도 없이 사건을 단위로 서술하고 있다. 이는 작자가 지난 기억을 더듬으며 기록했기 때문일 것이다(이승복, 위의 글, 같은 면 참고). 〈남정일기〉는 유배체험 2년 뒤에 기록한 것이지만 날짜별로 서술되어 있고 매일의 날씨까지 구체적으로 밝히고 있다. 나중에 기록하였으면서도 그러한 서술을 할 수 있었던 것은 유배 당시 기록해둔 별도의 자료가 있었기에 가능했던 것으로 보인다.

〈임인유교〉의 본문 속에는 창작 동기에 대한 서술이 없다. 하지만 '~遺敎'라는 제목에서 이 작품이 집안의 후손들을 일차적인 독자로 상정하고 이루어졌다는 것을 쉽게 짐작할 수 있다.[193] 그런데 작자는 설명을 최대한 줄이고, 김창집과 여러 사람들 사이에 오고간 대화를 있는 그대로 재현하는 데 역점을 두었다. 이에 따라 이 작품은 앞의 인용문에서 확인할 수 있듯 대부분이 대화로 구성되어 있다. 이는 작자가 김창집의 태도와 말을 철저히 객관적으로 관찰·제시하려 했다는 것을 의미한다. 이러한 작자의 태도는 서술 과정에서 자기 자신마저도 3인칭화 하고 있는 데에서 보다 분명히 확인할 수 있다.

> ᄉᆞ월 스므 닐웬날 셩쥐셔 머므더니 새야올 ᄣᅢ의 당탁이 민판셔-딘원- 곳으로셔 와 니ᄅᆞᄃᆡ …… ᄒᆞ거ᄂᆞᆯ 내 ᄆᆞᆯ을 직촉ᄒᆞ야 젼진ᄒᆞ다가 십니를 못 가 힝ᄎᆞ를 만나니 부군이 가ᄉᆞᆯ 버ᄉᆞ시고 총감토만 쓰시고 두에 업ᄉᆞᆫ 가마의 안자 겨신ᄃᆡ 흰 자리보로 두루와더라 내 ᄆᆞᆯ게 ᄂᆞ려 길ᄉᆞᆺ의 셧더니 부군이 보틈으로 ᄂᆞᆺ출 보시고 무러 ᄀᆞᄅᆞ시ᄃᆡ 드ᄅᆞ니 네 샹쥐셔 머믄다 ᄒᆞ더니 어이ᄒᆞ야 예ᄉᆞᆺ디 왓ᄂᆞᆫ다 ᄃᆡᄒᆞ야 ᄀᆞᄅᆞᄃᆡ ᄐᆞᄂᆞᆫ 듯 답〃ᄒᆞ야 나아왓ᄂᆞ이다 …… 힝치 져기 멀으신 후 신겸이 챵발과 니명뇽으로 더부러 ᄆᆞᆯ게 ᄂᆞ려 통곡ᄒᆞ니 ᄣᅢ예 부군이 후명 긔별을 미처 모ᄅᆞ시미라[194]

192 이승복은 위의 글에서 〈적소일기〉의 서술적 특성으로 1인칭 내면 서술의 솔직함을 언급한 바 있는데 그러한 내면 서술의 솔직함은 작자가 스스로를 성찰하기 위해 이 작품을 쓴 데에서 연유하는 것이라 할 수 있다.

193 〈몽와부군유사〉와, 〈임인유교〉의 한문본인 〈성산유사〉 두 글에 붙인 김신겸의 발문에는 "마침내 기억을 따라 붓 가는 대로 써서 51개 조목을 이루고 또 그 밑에 〈성산유사〉 한 통을 이어 적었으니 자손들에게 전해 보이고 후대의 군자로 하여금 참고하도록 하고자 한다(遂隨記隨筆 凡爲五十一條 又其下續書星山遺事一通 盖欲傳示子孫 而使後之君子亦得以叅考也)."라고 하여(『증소집』 권10) 이 작품들의 창작 동기가 일차적으로 후손들에게 보이기 위해서라는 점을 분명히 밝히고 있다.

194 『유교』, 41~42면.

위는 작품의 서두이다. 밑줄 친 부분에서 보듯 작자는 처음에는 1인칭 시점에서 상황을 서술하다가 금방 주어를 '신겸'으로 바꿔, 다시 말하면 자신을 3인칭화 하여 서술하고 있다. 이후의 서술은 줄곧 이러한 방식으로 이루어진다.[195]

이처럼 이 작품이 작자의 개입을 철저히 차단하는 방식을 취하고 있는 것은 김창집의 죽음이 민감한 정치적 사안과 관련되어 있다는 외적 요인 때문일 수도 있지만 그보다는 보고 들은 것을 그대로 기록하는 것이 직접 나서서 설명하는 것보다 사사 당시의 상황, 사사 당사자의 인품이나 인간적 면모 등을 가장 잘 전달할 수 있으리라는 판단 때문일 것이다.[196] 작자는 자기가 직접 개입하여 설명한다면 그러한 상황이나 모습을 제대로 그려내기 어려울 뿐 아니라 자신이 사사 당사자의 조카이기 때문에 사사 당사자의 면모를 분식했다는 오해를 받을 수 있다는 우려를 했을지도 모른다. 이에 따라 작자는 생생한 대화의 재현을 통해 독자가 작품 세계를 현실적이고 경험적인 것으로 인식하고, 그러한 작품 세계에 대해 스스로 판단하고 생각하면서 감동을 느끼고 교훈을 얻도록 하는 방식을 선택했을 것으로 짐작된다.

그런데 이러한 형상화 방식의 차이는 글쓰기의 목적, 독자뿐 아니라 구체적인 체험 내용의 특성과도 어느 정도 관련이 있는 듯하다. 〈남정일기〉의 경우 작자가 유배 당사자가 아니고, 또 그가 겪은 체험이 매우 고통스러운 것이기는 해도 생존 자체를 위협할 정도는 아니었다. 이런 점 때문에 작자의 유배체험이 내면의 절실한 울림으로 형상화되기는 쉽지 않았을 것이다. 이에 비해 〈적소일기〉의 작자는 삶의 뿌리가 흔들리고 생존을 위협받는 체험을 했다. 그러한 체험은 관련 사실과 정보의 조직만으로 충분히 형상화될 수 있는 것이 아닐 것이다. 따라서 작자가 긴 호흡으로 과거의 상황을 제시하면서 당시 자

195 한문본인 〈성산유사〉에서도 주어가 생략된 1인칭 서술로 시작하다가 곧 '信謙'을 주어로 하는 3인칭 서술로 바뀐다.

196 이승복(1997), 67면 참고.

신의 태도와 내면 등을 찬찬히 되돌아보는 방식을 선택하게 된 데에는 글쓰기의 목적과 상황뿐 아니라 글에 담기는 내용, 즉 작자가 겪은 체험 자체의 특성이 작용하고 있다고 할 수 있다. 〈임인유교〉의 경우 작자는 당사자 주변의 관찰자이지만 그가 목도한 것은 백부의 사사라는 충격적인 사건이었다. 백부의 죽음을 지켜보는 작자로서는 그 엄청난 충격으로 말미암아 그것에 대한 나름의 생각과 감정을 추스르는 것이 결코 쉽지 않았을 것이다. 또한 그 체험은 판단하고 생각하기보다는 백부의 말과 행동 하나하나를 놓치지 않고 관찰하는 데 모든 관심을 기울이는 집중력을 필요로 하는 것이기도 하였다. 이에 따라 작자는 자기의 목소리를 드러내지 않은 채 자기가 목도한 그대로를 기록하게 되었고, 또 그렇게 하는 것이 당시의 상황을 가장 잘 전달할 수 있는 방식이라고 판단했을 것이다.

문학은 본질적으로 인간의 삶을 다루는 것이고, 문학교육의 궁극적인 목표는 다양한 인간의 삶을 이해함으로써 학습자의 주체적 인격을 완성하는 데 있다. 유배는 물론 전근대사회의 독특한 형벌의 하나이다. 하지만 그것을 다룬 문학마저 전근대적이라고 할 수는 없다. 한 인간이 자신이 맞닥뜨린 험난하고 고통스런 상황을 통과하면서 어떻게 반응하고 대응하였는가 하는 것은 결국 인간의 삶과 죽음이라는 본질적인 문제로 환원될 수밖에 없기 때문이다. 따라서 유배체험을 형상화한 문학은 오늘날의 학습자로 하여금 이러한 문제에 대한 이해와 인식의 폭을 넓히고, 자기를 완성해가는 데 충분한 기여를 할 수 있을 것이다. 어쩌면 역사적 인물의 실제 있었던 일이라는 사실이 학습자의 관심과 공감을 이끌어내는 데 보다 유리하게 작용할는지도 모른다.

유배체험을 다룬 문학이 지닌 또 다른 교육적 의미는 그것을 통해 표현의 원리와 방법, 그리고 그 교육에 대한 이해를 심화할 수 있는 데에서도 찾을 수 있다. 글을 쓴다는 것은 필자가 목적과 상황에 맞게 독자를 고려하면서 필요한 제반 요소들을 동원해 의미를 구성해가는 것일 것이다. 유배체험의 형상화 방식에 대한 앞의 검토를 통해 글은 예상되는 독자에 대한 전달을 주목적으로 독자에게 필요한 정보만을 추리고 조직하는 방식으로 쓸 수도 있고, 예상되는 독자에 대한 전달을 고려하면서도 필자의 자기 확인 내지 자기 성찰의 목적을 아울러 구현하기 위해 담담한 어조로 차근차근 풀어가는 방식으로 쓸 수도 있고, 필자의 주관적 개입을 최대한 차단하면서 있는 사실 그대로를 제시함으로써 독자의 자발적인 참여와 판단을 유도하는 방식으로 쓸 수 있다는 것을 확인하였다. 아울러 이러한 차이가 글에 담기는 내용의 특성과도 관련이 있음을 알 수 있었다. 이와 같이 같은 유배체험을 다루더라도 목적과 상황, 그리고 체험의 구체적인 내용과 성격에 따라 다양하고 적절한 형상화 방식을 선택하고 있음이 확인된다는 것은, 유배체험의 형상화 방식에 대한 이해가 표현교육에 직, 간접으로 기여할 수 있음을 시사해준다고 할 수 있을 것이다.

4. 맺음말

이 글에서는 〈남정일기〉, 〈적소일기〉, 〈임인유교〉 등 조선후기 국문 일기 자료를 대상으로 작품에 제시된 유배체험의 양상과 그 형상화 방식을 검토하고, 그것이 지닌 교육적 의미를 살폈다. 유배인들은 정도의 차이는 있으나 자신이 자라고 몸담았던 곳으로부터 격리·고립됨으로써 심리적, 물리적 고통을 겪을 수밖에 없었다. 유배인들은 낯선 환경의 고통스런 상황에 나름대로 대응하기도 하고, 좌절하기도 하고, 때로는 그곳에서 목숨을 잃기도 하였다. 그렇기 때문에 유배체험을 형상화하고 있는 작품들은 독자로 하여금 삶과 죽음이라는 인간의 보편적이고 본질적인 문제를 되돌아보게 한다. 문학이 인간의 삶을 다루는 것이고, 문학교육이 학습자로 하여금 다양한 인간의 삶을 접하고 이해하게 함으로써 학습자 자신의 삶을 살지게 하고 인격을 완성하도록 하기 위한 것이라는 점을 고려할 때 인간의 본질적이고 보편적인 문제를 집중적으로 형상화하고 있는 유배문학 작품은 충분한 교육적 의미를 지닌다고 할 수 있다.

유배체험을 다루고 있는 작품들은 목적과 상황, 독자 등을 고려하면서 유배체험을 나름의 방식으로 형상화하고 있다. 독자에 대한 전달을 주목적으로 필요한 정보만을 간추리고 조직하는 방식으로 쓴 경우도 있고, 독자에 대한 전달을 고려하면서도 스스로를 성찰하기 위해 담담한 어조로 차근차근 풀어가는 방식으로 쓴 경우도 있으며, 작자의 주관적 개입을 최대한 차단하면서 상황과 장면을 보고 들은 그대로 제시함으로써 독자의 자발적인 참여와 판단을 유도하는 방식으로 쓴 경우도 있다. 그리고 그러한 각각의 방식은 형상화된 체험의 구체적인 내용이나 성격과도 관련이 있다. 이처럼 유배체험을 형상화하면서 구체적인 목적과 상황, 내용에 따라 그 방식을 달리 선택하고 있다는 것은 이들 작품의 형상화 방식에 대한 이해가 표현교육에 유용하게 활용될 수 있다는 것을 의미하는 것이라 할 수 있다.

제4부

궁정문학의 탐구

〈계축일기〉에 나타난 갈등의 층위와 제시 방식

1. 문제 제기

〈계축일기(癸丑日記)〉는 해방 직후 그 존재가 세상에 알려지고, 그로부터 10여 년 후 교주본이 출간되면서[1] 많은 연구자와 독자들의 관심을 끌었다. 외부에 잘 알려지지 않은 궁중의 일을 다룬 흔치 않은 자료이기 때문일 것이다. 이에 따라 지금까지 작자와 장르 문제를 비롯하여 역사적 사실의 수용 양상, 표현과 문체 등 〈계축일기〉에 대한 다양한 논의들이 이루어졌다. 하지만 작자가 이 작품을 통해 보여주고자 한 것은 과연 무엇인가, 곧 이 작품의 의미와 성격은 어떤 것이고, 그것은 어떠한 가치를 지닐 수 있는가 하는 가장 기본적이고 본질적인 문제에 대해서는 아직 더 많은 논의가 필요한 것으로 보인다.

기존 연구에서는 이 작품을 인물 묘사와 사건 기술의 허구성, 도입-전개-종결로 이루어진 소설적 구성, 시간의 역전과 같은 서사 기법 등을 근거로 소설로 파악하기도 하고,[2] 작자 자신이 보고 듣고 느낀 절실한 체험을 구체적

---

1 〈계축일기〉는 1947년 10월 24일부터 26일까지 서울대학교 조선어문학연구회 주최 도서전시회에 낙선재 소장본이 전시되면서 세상에 알려졌다. 이 낙선재본은 『조선역대여류문집』(민병도 편, 을유문화사, 1950)에 영인되어 있는데 현재 낙선재 소장 원본의 행방은 알 수가 없다. 이후 1953년 임창순이 〈계축일기〉의 이본인 홍기원 소장 〈서궁일기〉를 소개하고, 1958년 강한영이 낙선재본을 대상으로 한 교주본을 간행하였다(민영대, 『〈계축일기〉 연구』, 한남대 출판부, 1990, 7면, 139면 참고).

2 위의 책, Ⅴ, Ⅵ장 참고. 일찍부터 많은 연구자들이 〈계축일기〉를 소설로 파악하여 사실소설, 궁정소설 등으로 지칭하였는데 민영대가 보다 구체적인 근거를 제시하며 소설로

이고 사실적으로 표현한 실기문학으로 규정하기도 하였다.[3] 〈계축일기〉를 소설로 파악할 것인가, 아니면 실기 혹은 수필로 규정할 것인가 하는 장르 귀속 논의는 〈계축일기〉에 대한 연구가 시작될 때 제기되어 아직도 진행 중이다. 장르 귀속에 대한 기존 논의들이 나름의 논리와 설득력을 갖추고 있어 쉽게 합의에 도달하기 어렵다면 어느 주장이 옳고 그른가를 따지기보다는 〈계축일기〉가 한 편의 문학 작품으로서 어떠한 성격과 가치를 지니고 있는지 좀더 심도 있게 살펴보는 것이 오히려 문제 해결에 다가설 수 있는 효과적인 방법일 수 있다.

물론 그간 장르 문제를 다루면서 이 작품의 문학적 성격과 가치에 대한 논의가 이루어지기는 하였다. 하지만 작품을 바라보는, 어느 정도 고정된 시각이 작품의 실상을 온전히 드러내는 데 장애가 되었던 것으로 보인다. 곧 이 작품이 계축옥사(癸丑獄事)와 인목대비(仁穆大妃)의 서궁 유폐의 비극을 대비편의 시각에서 생생하게 그리고 있다거나,[4] 광해군이 포악하고 무도한 짓을 일삼으면서 인목대비를 박해했던 내력을 과장과 허구를 섞어 서술했다거나,[5] 인목대비를 중심으로 한 광해군과의 갈등 대립이 핵심을 이루고 있다는[6]

규정하였고, 정병설은 이 작품이 기본적으로 사실 기록적 성격이 없지 않지만 체계적·구성적 면모, 허구성, 서사 전개 등을 고려하여 역사소설로 보아야 한다고 하였다(「〈계축일기〉의 작자문제와 역사소설적 성격」, 『고전문학연구』 15, 한국고전문학회, 1999, 154~158면).

3 정은임, 「〈계축일기〉는 과연 소설인가? -장르 파악을 위한 재조명-」, 『원우론총』 4, 숙명여대 대학원, 1986 참고. 정은임은 〈계축일기〉를 소설로 보는 견해를 비판하면서 이 작품은 작자가 보고, 듣고, 느낀 절실한 체험을 엮은 실기문학이고, 권선징악이나 허구가 고전소설의 전유물이 아니며, 고전소설의 추상적이고 과장적인 표현과 달리 간결한 문체로 구체적이고 사실적인 표현을 하고 있다는 점을 들어 이 작품을 소설보다는 수필 양식에 밀착되어 있는 것으로 파악하였다. 김정주 역시 〈계축일기〉를 당시 역사적 사실을 사실성에 입각해 기록하는 과정에서 다소의 감정적 창작 의도가 가해진 수필적 성격을 지닌 작품이라 하였다(「〈계축일기〉고」, 『인문과학연구』 10, 조선대 인문과학연구소, 1989, 55면).

4 정은임, 「궁정 실기문학 연구-장르 이론과 수용미학적 견지에서-」, 숙명여대 박사논문, 1988, 19면.

5 조동일, 『한국문학통사』3(제4판), 지식산업사, 2005, 443면.

언급들에서 볼 수 있듯 모두는 아니지만 대부분의 기존 논의들이 이 작품을 광해군과 인목대비의 갈등이나 인목대비의 수난에 초점을 맞춰 읽거나, 읽으려 했다는 것이다. '옛이야기 삼아 보려고 내인들이 잠깐 기록한다'는 작품 말미의 기록에도 불구하고 이 작품을 인목대비가 직접 쓰든지 아니면 구술하여 내인이 쓰도록 했을 가능성이 있다거나,[7] 후일 그 딸인 정명공주(貞明公主)가 구상하여 시위내인들에게 집필하도록 했을 것이라고[8] 하여 인목대비나 정명공주를 작자로 추정하는 견해들이 제기되었던 것도 인목대비를 중심으로 작품을 바라보려는 태도에 기인한 것이라 할 수 있다.

〈계축일기〉에는 분명 광해군과 인목대비의 갈등, 그리고 그로 인한 인목대비의 고통스런 삶의 모습이 제시되어 있다. 하지만 그것은 실제 있었던 그대로가 아니라 작자인 내인의 시각과 판단에 의해 선택·재구성된 것이고, 또한 거기에는 그와 관련하여 내인들이 겪었던 고통과 아픔이 함께 제시되어 있다. 따라서 이 작품의 성격을 제대로 확인하기 위해서는 인목대비에 초점을 맞춰 작품을 이해하려는 고정된 시각에서 벗어나 당시 상황을 재구성한 작자의 시각, 그리고 작품에 제시된 내인들의 태도와 고통을 세심하게 살필 필요가 있다. 물론 내인들에 주목한 언급이 전혀 없는 것은 아니지만[9] 그들의 문

6 김정주, 앞의 글, 40면.

7 인목대비 창작 가능성을 제기한 김용숙은 그 근거로 대화 내용의 실감나는 표현과 구체성, 광해군에 대한 지나칠 만큼의 적대의식, 문장면의 교양과 사상성, 변상궁을 변이라 부른 점, 내인들을 통 털어 종이라 하대한 점 등을 제시하였다(「〈계축일기〉의 작자고」, 『조선조 여류문학의 연구』, 숙명여대 출판부, 1979, 263~264면).

8 김일근, 「〈계축일기〉 신고-작자와 형성과정에 대해서-」, 『국어국문학』 55~57합병호, 국어국문학회, 1972.

9 유인순은 〈계축일기〉가 인목대비 모자보다는 내인들의 수난 기록에 더 많은 조명이 비춰지고 있다고 하면서 인목대비 곁에 있던 변상궁이나 문상궁과 같은 사람을 그 작자로 추정하였고(「〈계축일기〉고(Ⅰ)-작자 및 성립연대를 중심으로-」, 『어문학보』 5, 강원대 국어교육과, 1981), 김신연은 이 작품이 전반부는 웃전 중심으로, 후반부는 내인들 중심으로 엮어져 있다며 모든 사건들이 변상궁 중심으로 되어있고 변상궁의 시점과 동일하다는 것을 근거로 변상궁을 작자로 추정하였다(「〈서궁일기〉 연구」, 숙명여대 석사논문, 1985). 그리고 이영호는 내인들이 받은 핍박 부분을 포함하여 〈계축일기〉 전반의

제에 대한 충분한 논의가 이루어졌다고 하기는 어렵다. 이 글에서는 이런 점을 고려하면서 작자가 광해군과 인목대비 양측의 갈등을 어떻게 인식하고 제시하였는지 살피고, 그것에 담겨있는 의미 내지 작자의식의 일단을 검토하고자 한다.[10]

2. 갈등과 수난의 역사적 맥락과 층위

1) 역사적 맥락

〈계축일기〉는 간혹 시간의 흐름을 거슬러 지난 과거의 일을 언급하는 경우가 있지만 1602년 인목대비가 정명공주를 임신했을 때부터 1623년 인조반정으로 서궁의 문이 열릴 때까지 있었던 일들을 대체로 시간적인 순서에 따라 제시하고 있다. 제목이 '계축일기'이지만 계축년의 일만을 다루고 있는 것은 아니다. 또 어느 해, 어느 달에 있었던 일인지를 밝히기도 하고, 계축년의 일은 날짜까지 밝히고 있는 경우가 있지만 작품 전체는 물론 계축년의 일이 일기체로 서술되어 있다고 하기 어렵다. 이처럼 이 작품은 그 내용과 서술방식이 제목과 잘 어울리지 않는다. 낙선재본에 '계튝일긔'라는 권수제(卷首題) 아래 다시 '셔궁녹'이라는 제목을 병기한 것은 그런 이유 때문일 것이다.

그럼에도 불구하고 제목을 '계축일기'라고 붙인 것은 작자가 20여 년간 있었던 일 가운데 '계축옥사'를 가장 중요한 사건으로 인식하고 있었다는 것을 의미한다. 작자는 많은 지면에 걸쳐 계축옥사의 과정을 자세히 서술하고

표현 전략을 검토한 바 있다(「서사적 글쓰기에 나타난 필자의 태도-〈계축일기〉의 표현 전략을 중심으로-」, 『고전 산문 글쓰기와 글쓰기 교육』, 도서출판 월인, 2013).

10 대상 자료는 강한영 역주본 『계축일기』(형설출판사, 1981)로 하고, 홍기원 주석본 『서궁일기』(민속원, 2004)를 함께 참고하였다.

있는데 그것은 계축옥사가 영창대군(永昌大君)을 둘러싸고 내연하던 갈등이 표면으로 분출되면서 인목대비와 대비전 내인들의 희생과 고난이 본격화되는 중요한 전환점이었기 때문일 것이다. 이에 따라 작품과 역사 기록 등에서 언급하고 있는 계축옥사 관련 내용을 통해 작품의 역사적 맥락부터 살펴보자.

작자는 계축옥사가 어떠한 맥락에서 일어났는지 밝히기 위해 작품 서두를 영창대군과 관련된 정치적 갈등에 대한 서술로 시작하고 있다. 곧 인목대비가 정명공주를 임신하자 광해군의 장인인 유자신(柳自新)이 대군이 태어날 것을 꺼려 인목대비의 낙태를 도모하였고, 수년 후 영창대군이 태어나자 유자신은 정인홍(鄭仁弘)과 함께 선조가 자식이 없는 임해군을 세자로 삼아 장차 영창대군에게 왕위를 전하려 한다는 소문을 내었다고 하였다. 그리고 정인홍과 이이첨(李爾瞻)이 상소를 올려 유영경(柳永慶)이 광해군의 세자 책봉 승인을 명나라에 요청하지 않는다며 그의 처벌을 청하자 선조가 상소를 올린 사람들을 정배하라는 명을 내린 직후 세상을 떠나고, 인목대비가 계자인(啓字印)과 새보(璽寶)를 광해군에게 전한 다음 선조의 유교(遺敎)를 여러 왕자들에게 보인 후 조정에 내렸다고 하였다.

영창대군 출생 후 소북과 대북이 왕위 계승 문제로 대립하고, 선조가 광해군에게 동기를 사랑하라는 유교를 남긴 것은[11] 사실이다. 하지만 유자신이 실제 인목대비의 낙태를 꾀하고, 선조가 임해군을 세자로 삼으려 한다는 소문을 냈는지의 여부는 확인할 수 없다. 또 정인홍이 유영경을 공박하다 유배를 가게 된 것은 사실이지만 그것은 유영경이 세자 책봉을 명에 요청하지 않아서가 아니라 세자가 섭정토록 하라는 선조의 명을 비밀에 부쳤기 때문이다.[12]

---

11 선조가 승하한 날 공개된 선조의 유교는 광해군에게 동기들을 사랑하라고 한 것이고(『광해군일기』(중초본), 즉위년 2월 1일조), 그 다음날 공개된 유교는 유영경, 한응인(韓應寅), 박동량(朴東亮), 서성(徐渻), 신흠(申欽), 허성(許筬), 한준겸(韓浚謙) 등 일곱 신하에게 영창대군의 보호를 부탁한 것이다(즉위년 2월 2일조. 이하 『광해군일기』는 중초본의 시기만 밝힘).

12 선조가 삼공을 불러 자기가 병 때문에 정무를 감당하기 어려워 전위를 해야 하는데 그것

이처럼 작자의 서술 가운데에는 개연성이 의심스럽거나 사실 여부를 확인하기 어려운 언급이 있고, 실제와 거리가 있는 내용도 있다. 그런데 이 부분에서 작자는 인목대비가 영창대군을 세울 뜻이 있었으면 새보를 광해군에게 전했겠느냐며 유교를 공개한 것을 대비의 큰 허물로 삼지만 그 내용이 영창대군을 어여삐 여기라 한 것뿐이니 어찌 대군을 왕으로 세울 일이 있었겠느냐고 하여 선조가 세상을 떠났을 때 인목대비는 대군을 왕으로 세울 뜻이 전연 없었다고 하였다. 이는 이후에 벌어진 계축옥사와 같은 사건이 영창대군을 경계한 광해군 측의 일방적인 음해라는 것을 의미하는 것이다.

이러한 관점에서 작자는 광해군이 영창대군을 눈엣가시로 여기고, 임해군을 제거할 때 함께 죽이려 하고, 세자가 편히 살도록 영창대군을 없애겠다고 하고, '김직재(金直哉)의 옥'을 다스리면서 영창대군을 함께 얽으려 하고,[13] 계축옥사를 빚어내 결국 영창대군을 죽음으로 몰아갔다고 하였다. 그러면 영창대군의 목숨을 앗아간 계축옥사의 실상은 어떠한지 역사 기록에 나타난 대체적인 양상을 살펴보자.

계축옥사는 1613년(광해군5) 4월 박응서(朴應犀), 서양갑(徐羊甲) 등 명가의 서자들이 조령에서 은상(銀商)을 죽이고 은 수백 냥을 약탈한 강도 사건이 역모로 비화되면서 일어났다.[14] 강도 사건이 발각되어 박응서가 포도청에 갇혀 죽게 되자 이이첨이 그를 사주하여 역모를 도모했다는 상소를 올리게 하였던 것이다. 그날 바로 국문을 받은 박응서는 광해군에게 은상을 죽여 자

이 어렵다면 세자가 섭정토록 하라고 하였다(『선조실록』, 40년 10월 1일조). 정인홍이 이러한 하교를 영의정 유영경이 비밀에 부쳤다고 공박하여(41년 1월 18일조) 논란이 야기되자 선조는 정인홍이 이이첨의 사주를 받고 상소하였다 하여 정인홍과 이이첨에게 유배의 명을 내렸다(41년 1월 26일조).

13 김직재와 그 아들 김백함(金百緘)이 역모를 도모했다 하여 옥사가 벌어졌는데 『실록』의 사관은 이때 이이첨이 연흥부원군 김제남을 끌어들여 영창대군에게 화가 미치도록 뒤에서 사주했다고 하였다(4년 5월 10일조).

14 이하 계축옥사에 대한 내용은 『실록』의 기록을 정리한 것으로 일일이 주를 달지 않는다.

금을 마련한 후 대궐을 급습하여 영창대군을 옹립하려 했다고 하였다. 하지만 나중에 붙잡혀 온 서양갑은 역모를 완강히 부인하여 그 어머니가 고문을 견디지 못해 거짓 자백이라도 하라고 했지만 듣지 않다가 결국 어머니와 형이 고문 끝에 죽고 말았다. 그러자 서양갑은 나라를 뒤흔들어 원수를 갚겠다면서 인목대비의 아버지 김제남(金悌男)이 역모의 주창자이고, 대비 또한 영창대군이 장성하면 살아남지 못하리라는 생각에서 역모에 호응했다고 하였다. 이처럼 단순 강도 사건이 영창대군을 옹립하기 위해 김제남이 주도하고 인목대비가 호응한 역모 사건으로 탈바꿈되어 대대적인 옥사가 벌어졌다.

그런데 그 과정에 유릉(裕陵)과 궐내 저주 사건이 불거져 문제가 일파만파로 번져나갔다. 유릉 저주 사건은 영창대군을 부탁하는 선조의 유교를 받은 사람들이 역모에 가담했다는 혐의로 국문을 받을 때 박동량(朴東亮)이 처음 언급하였다. 박동량은 선조의 초비(初妃)인 의인왕후(懿仁王后)의 사촌인데 수년 전 선조의 병이 위독했을 때 대군궁방 사람들이 그것을 의인왕후의 탓으로 여겨 무당들과 함께 의인왕후의 무덤인 유릉에 가서 저주하고, 의인왕후의 가상(假像)을 만들어 거기에 흉악한 짓을 했다는 이야기를 들었다며 자기 집안사람들이 모두 절치부심하였으나 김제남과 드러내놓고 따지지는 못했다고 하였다. 자신이 김제남의 역모와 관련이 없다는 것을 주장하기 위해 유릉 저주 사건을 언급했던 것이다. 이와 아울러 대비전 내인들이 궐내에서 온갖 흉물로 광해군을 저주하고,[15] 대군 유모와 대비전 내인들이 무녀에게 영창대군의 앞일을 묻기도 하고 궐내 저주에 관한 일을 이야기하기도 했다는 궐내 저주 사건이 불거지면서 내인과 무녀들까지 국문을 당하는 상황이 전개되어 옥사가 걷잡을 수 없이 커졌다.

결국 역모의 주동자로 지목된 김제남은 6월 1일 사사되고, 그의 세 아들

15 작품과 『실록』(5년 6월 20일조) 모두에서 궐내의 광해군 저주는 계축옥사 직전 유자신의 아내 정씨가 궐내에 머물며 벌인 일이라고 하였다.

과 사위도 죽음을 당하였다. 3년 뒤 사사로는 부족하니 김제남을 정형해야 한다는 논의가 일어 김제남이 부관참시를 당하고 부인 노씨는 제주에 안치되었다. 영창대군은 옥사가 일어난 지 두 달만인 6월 21일 인목대비와 떨어져 궁 밖에 나가 머물다가 7월 26일 강화에 안치되고, 이듬해 2월 강화부사에 의해 죽음을 당하였다. 인목대비는 옥사가 일어나자 곧 서궁에 유폐되었으며 2년쯤 후부터 폐출에 관한 논의와 주장이 일기 시작하여 마침내 1618년(광해군10) 1월부터 '대비'가 아닌 '서궁'으로 불리게 되었다. 이후 명나라에 주문(奏聞)하고, 폄손(貶損)하는 절목을 정해 폐출의 법적 절차를 마무리해야 한다는 주장이 계속 이어졌지만 실제 시행되지는 않았다.[16] 그리고 많은 사람들이 유릉과 궐내 저주 문제로 목숨을 잃었는데 내인들 가운데 국문을 받고 죽은 사람이 30여 명이지만 거의 모든 사람들이 자복하지 않았다고 한다.

작품 속에는 작자의 착오가 분명하거나[17] 그 실상을 확인하기 어려운 언급들이 있지만 이러한 계축옥사의 진행 과정이 때로는 간략하게, 때로는 구체적으로 제시되면서 그로 인해 겪어야 했던 많은 사람들의 고통이 함께 드러나 있다. 옥사의 과정에서 벌어진 일련의 일들이 인목대비에게 이루 말할 수 없는 고통과 시련을 안겨주었으리라는 것은 더 말할 필요가 없다. 그런데 계축옥사는 앞에서 살펴본 것처럼 인목대비뿐 아니라 그 곁에 있는 내인들에게도 엄청난 고통과 희생을 강요하는 충격적 사건이기도 하였다. 광해군 측과의 갈등과 그로 인한 수난이 비단 인목대비만의 문제가 아니었던 것이다. 이에 따라 작품에 제시된 갈등과 수난은 이러한 두 층위를 균형 있게 고려하면서 이해할 필요가 있다.

---

16 폐모 논의가 결말을 맺지 못한 것은 그 무렵부터 불거지기 시작한 서북 지역의 군사적 긴장 때문이라 한다(한명기, 「폭군인가 현군인가－광해군 다시 읽기」, 『역사비평』 44호, 역사비평사, 1998 가을, 183면 참고).

17 예를 들어 상소를 올려 거짓 고변을 한 박응서가 정작 국문을 받는 자리에서는 역모를 부인하고, 그 어미가 거짓으로라도 자백하여 자기를 살리라 했다고 하였다는데 이는 작자가 박응서와 서양갑을 혼돈하여 생긴 착오이다.

2) 갈등과 수난의 두 층위

갈등과 수난의 두 층위 가운데 먼저 작품에 제시된 인목대비의 경우부터 살펴보자. 대비는 친정아버지가 나수(拿囚)되었다는 소식을 듣자 광해군에게 영창대군을 데려가고 아버지와 동생을 내놓으라며 자식으로 인해 어버이에게 화가 미치는 것을 차마 못 보겠다고 하였다. 하지만 이에 대해 광해군은 자기가 살형(殺兄), 시부(弑父), 음증(淫烝)하였다는 말을 대비전에서 내었다며 불공대천 운운할 뿐이었다. 대비가 다시 유자신의 아내에게 청했지만 서양갑과 박응서의 아버지가 다 서인(西人)으로 김제남과 한 편이니 애매하지 않다며 거절하였다. 작자는 시부, 음증의 말을 듣지 못하다가 정작 광해군이 한 그 말을 따지고 보니 틀린 말이 아니라고 하였다. 광해군이 실제 그러한 말을 했는지 확인할 수 없지만 이를 통해 작자가 인목대비에 대한 광해군의 적대적 감정이 계축옥사에 작용하고 있는 것으로 파악하고 있음을 알 수 있다.

이후 인목대비는 광해군과 대결하면서 항거를 하기도 하였지만 이미 불리하게 조작된 상황, 그것도 유폐된 상태에서 전개되는 대결이고 항거이기 때문에 그것은 일방적 핍박에 대한 소극적 저항에 머물 수밖에 없었다. 저주와 관련된 상궁을 내어달라는 요구가 거듭되자 대비는 자기가 저주를 하지 않았으니 내보낼 수 없다며 자기가 저주 사건과 관련이 없다는 항변을 하기도 하였다. 하지만 급기야 대비는 영창대군을 내어달라는 요구를 받게 되었다. 광해군은 먼저 조정에서 대군을 내놓으라고 하지만 어린아이가 무엇을 알겠느냐며 자기가 따르지 않고 있는데 도적을 사귀어 역모를 꾸미고, 저주하는 일을 벌여 큰 난리가 났으니 이게 뉘 탓이냐고 하여 책임을 인목대비에게 돌린 다음 얼마 지나지 않아 영창대군을 내어놓으라 하였다. 계축옥사는 물론 영창대군이 궐내에 머물지 못하게 된 모든 것이 인목대비 때문이라는 것이다. 여기에도 인목대비를 향한 광해군의 적대감 내지 미움과 같은 감정이 제시되어 있음을 볼 수 있다.

대비는 그럴 수 없다며 버텼지만 결국 대군을 내어줄 수밖에 없었고, 이후 아들의 소식을 몰라 식음을 전폐하다시피하며 애를 태우다가 한참이 지나서야 영창대군의 강화도 안치와 죽음을 알게 되었다. 그런 가운데 천제(天祭)를 올려 광해군이 죽기를 빌었다거나 강화도에 있는 영창대군의 안부를 알기 위해 외부와 소통하려 했다는 누명을 쓰기도 하고, 친정 소식을 알기 위해 문을 열어달라고 내관을 통하거나 광해군 부부와 세자에게 직접 편지를 써 보내기도 하면서 유폐된 삶의 고통을 이어갈 수밖에 없었다.

이와 같이 작자는 왕위 계승을 둘러싼 갈등과 그것이 계축옥사로 이어진 과정을 서술하면서 그로 인한 인목대비의 고통과 시련을 제시하였다. 그런데 작자는 갈등의 원인이 왕위 계승 문제에 있다고 하면서도 광해군과 인목대비의 갈등과 그로 인한 대비의 수난을 서술하는 과정에서는 인목대비에 대한 광해군의 적대감이나 미움과 같은 감정적 요인에 주목하고 있음을 볼 수 있다. 이는 작자가 양측의 갈등을 정치적 측면보다는 개인적인 감정에 비중을 두어 바라보고 있음을 말해주는 것이라 할 수 있다.

그렇다면 내인들이 겪어야 했던 갈등과 수난은 어떻게 제시되어 있는가. 물론 내인들이 겪어야 했던 고통은 광해군과 인목대비의 갈등에서 파생된 부수적이고 종속적인 문제라고 할 수 있다. 하지만 실제 옥에 갇혀 고통을 받거나, 목숨을 잃는 것은 인목대비가 아니라 내인들의 몫이었다. 내인들에게 인목대비의 갈등과 수난은 단순한 상전의 문제가 아니었다. 그것은 그들에게 삶과 죽음이 교차하는 엄청난 시련과 고통이 아닐 수 없었던 것이다.

작자 자신이 내인이었기 때문에 그랬겠지만 작자는 많은 지면을 할애하여 그러한 내인들의 모습을 구체적으로 제시하고 있다.[18] 예를 들면 계축옥사의 서술에서 광해군 측이 큰 옥사를 이루어냈지만 '내인 죽일 일'을 어렵게

18 유인순은 인목대비와 영창대군의 이야기와 내인들의 이야기가 대체로 1:4의 비율로 구성되어 있다고 하였다(앞의 글, 31면).

여기던 차에 박동량이 유릉 저주 사건을 고했다고 하면서 내인들이 희생된 유릉과 궐내 저주 사건을 역모 사건보다 큰 비중으로 다루고, 서궁 유폐 생활의 서술에서는 인목대비를 어느 정도 배경화한 채 서술의 초점을 내인들에게 맞추고 있는 것을 볼 수 있다. 이는 작자가 자기를 포함한 내인들이 겪어야 했던 고통과 수난에 관심을 갖고 그것에 나름의 의미를 부여하려 했다는 것을 말해준다.

이러한 내인들의 갈등과 수난은 계축옥사 이전부터 시작되었다. 광해군이 즉위하자 대비전 내인들은 개시(介屎)를 비롯한 대전 내인들에게서 흉한 저주의 말을 듣기도 하고, 심한 박대를 당하기도 하였다. 그들의 수난은 갈수록 심해져 계축옥사 이후에는 영창대군을 생각하고 우는 어린 내인들을 대전 내인들이 꾸짖으며 때리기도 하고, 개시가 대비전 변상궁에게 대비를 죽이라고 협박하자 변상궁이 그 말에 항거하기도 하는 일이 있었다. 쉽게 짐작할 수 있지만 양측 내인들 사이의 갈등은 상전들의 권력 구조 변화와 정확하게 대응되고 있다. 인목대비가 광해군이 즉위하면서 권력의 중심에서 비켜서고, 계축옥사로 인해 역모의 가담자로 추락하자 대전 내인들은 대비를 무시와 증오의 시선으로 바라보고, 그로 인해 대비전 내인들은 대전 내인들에게서 갖은 수모를 겪을 수밖에 없었던 것이다.[19]

그런데 이러한 수모는 내인들이 겪어야 했던 고통의 일부분에 불과하였다. 유릉과 궐내의 저주 문제는 훨씬 심각한 고통을 그들에게 안겨주었다. 저주 사건이 터지자 대군궁방과 대비전 내인들이 수차에 걸쳐 차례로 붙잡혀가 국문을 당하였다. 작자는 언제, 누구를 어떤 사람들이 와서 끌고 갔는지 밝히면서 끌려가는 사람들이 울부짖기도 하고, 자결을 시도하기도 하고, 유릉

19 『실록』에서는 이때 두 궁 사이에 의심과 불화가 이미 조성되었는데, 궁인들이 앞을 다투어 아양을 떨며 인척들을 모함하였으므로 삼창(三昌) 등의 집에서는 자전을 마치 원수처럼 보았다고 하여 계축옥사 당시 내인들 스스로 광해군과 인목대비 양측의 갈등을 확대·심화하는 역할을 하였다고 하였다(5년 6월 20일조). 삼창은 광창부원군 이이첨, 밀창부원군 박승종(朴承宗), 문창부원군 유희분(柳希奮)을 가리킨다.

저주 문제를 언급한 박동량이나 광해군을 원망하기도 하고, 인목대비에게 죽으러 간다며 하직을 하기도 하였다 하여 당시 상황을 구체적으로 제시하고, 서른 명이 넘는 내인들이 모두 거짓 자백을 하지 않고 죽었다고 하여 충직한 내인들이 무고한 죽음을 당했다고 항변하였다.

끌려가는 당사자는 말할 것도 없지만 그들을 바라보아야 하는 다른 사람들도 고통과 분노를 느낄 수밖에 없었다. 작자는 남은 내인들이 행패를 당하고, 어린 공주와 대군이 숨도 제대로 쉬지 못한 채 엎드려 우는 모습을 바라보아야 하는 고통을 제시하기도 하였다. 나아가 작자는 대비의 은혜를 저버리고 지원극통한 환란을 지어내니 어찌 피와 살을 가진 사람이 할 일이냐며 박동량을 직접 원망하기도 하고, 유자신 집에서 먼저 궐내에 저주를 베풀고 나서 자기네들이 마치 대비전 사람들인 체하며 앞 못 보는 무녀에게 영창대군의 앞일을 묻고 궐내 저주의 일을 이야기하여 저주 사건을 대비전에서 벌인 것처럼 꾸몄다면서 내인들의 희생이 유자신 집안의 음모 때문이라는 것을 애써 강조하기도 하였다. 끌려간 내인들의 희생은 당사자만이 아니라 모두의 고통이었던 것이다.

하지만 내인들의 고통은 계속 이어졌다. 그들은 인목대비가 영창대군을 쉬이 내어주려 하지 않자 대비가 대군을 내어주도록 설득하라며 광해군의 협박을 당하기도 하고, 영창대군이 붙들려가는 고통스런 상황을 지켜보기도 해야 했다. 또 유폐된 삶의 고통은 그들에게도 해당되는 문제였다.[20] 부모의 안부를 모르는 괴로움, 입는 것과 먹는 것으로 인한 일상의 고통을 겪어야 했다. 그런 가운데 인목대비가 천제를 지내 광해군의 죽음을 빌고, 영창대군이 있는 강화도에 서찰을 보내려 했다 하여 다시 옥사가 일어나자 계축옥사 때와 마찬가지로 많은 내인들이 끌려가 죽음을 당하였다. 작자는 그 과정과 그로 인한

20 『실록』에서도 당시 대비(大妃)가 문안에 금고되어 있어 수종하며 모시는 내인들이 괴롭게 여겼으며 벽 틈을 통해 부모에게 서찰을 보내 안부를 묻기도 했다고 하였다(6년 1월 7일조).

내인들의 고통을 자세하게 제시하면서 그것은 대비가 혼자 있다가 세상을 떠나도록 대비전에 남아있는 내인들을 마저 없애기 위해 광해군 측에서 벌인 일이라고 하였다.

작자는 이처럼 내인들이 겪어야 했던 고통과 시련을 많은 비중을 두어 상당히 구체적으로 다루면서 상황을 그렇게 만든 광해군 측에 대한 비판과 원망을 제시하고 있다. 물론 내인들의 수난은 인목대비로 인한 것이다. 하지만 광해군 측에서 내인 죽일 일을 도모하고, 내인을 마저 없애 인목대비 혼자 세상을 뜨도록 음모를 꾸몄다고 한 것은 작자가 내인의 제거 자체를 광해군 측의 의도로 인식하고 있다는 것을 말해준다. 이와 함께 작품의 절반 이상을 차지하는 서궁 유폐 생활의 서술 부분에서 인목대비가 배경 인물처럼 제시되면서 서술의 초점이 대부분 내인들에게 맞춰져 있는 점을 고려하면 내인들의 갈등과 시련을 단순히 인목대비와 광해군의 갈등에서 파생된 부수적인 문제로만 파악할 수는 없다. 옛이야기 삼아 보려고 내인들이 기록했다는 이 작품의 집필 동기와 관련지어 보더라도 작품의 실상에 접근하기 위해서는 인목대비뿐 아니라 내인들의 문제 자체에 대한 충분한 고려가 필요하다고 할 수 있다.

그렇다면 이러한 두 층위의 갈등과 수난이 과연 어떠한 방식으로 제시되고 있는지 검토할 필요가 있다. 이 작품이 광해군과 인목대비 양측의 갈등을 핵심으로 하고 있고, 작자 자신이 그것과 관련된 사건의 당사자이자 목격자이기 때문에 갈등의 제시 방식과 거기에 담긴 의미를 살피는 것은 결국 작자의식과 이 작품이 지닌 문학적 성격의 일단을 확인하는 한 방법이 될 수 있기 때문이다. 그간 이 작품의 표현적 측면에 관한 다양한 언급들이 있었고, 표현 전략에 대한 주목할 만한 논의가 이루어지기도 하였는데[21] 여기에서는 이러

21 이영호는 〈계축일기〉의 표현 전략을 풍문의 사실화와 논평의 첨가를 통한 인물상 구현, 극적 제시에 의한 정서의 전달, 인물 대비를 통한 교훈적 의도의 실현 등으로 나눠 검토한 바 있다(앞의 글). 이영호가 주목한 인물이나 대화 등과 관련된 표현 문제를 이 글에서는 갈등 제시라는 점에 초점을 맞춰 재조명한다.

한 기존 논의들을 충분히 고려하면서 갈등 제시의 측면에 초점을 맞춰 몇 가지 특징적인 방식과 거기에 담긴 의미를 살핀다.

3. 갈등의 제시 방식과 그 의미

1) 대화의 빈번한 교체 인용

이 작품의 갈등 제시 방식으로는 우선 대화의 빈번한 교체 인용을 주목할 수 있다. 작자는 작품 전편에 걸쳐 사람들의 대화를 직접 인용하는 방식을 즐겨 사용하였다. 작자가 대화체로 엮어나간 매끈한 문장 솜씨를 지니고 있다든가, 대화 내용이 실감나는 표현과 구체성을 갖추고 있다는[22] 기존 논의의 지적과 같이 이 작품은 대화를 풍부하게 인용하여 인물의 내면과 인물이 처한 상황을 제시하고 있다. 이러한 방식은 갈등을 첨예하게 드러내면서 광해군으로 인해 고통 받는 사람들의 모습을 드러내는 데 상당한 효과를 발휘한다. 예를 들면 영창대군을 내어달라는 광해군과 그렇게 하지 못하겠다는 인목대비 사이의 갈등을 두 사람 사이에 오간 전언(傳言)을 인용하여 제시하는 경우가 대표적이라 할 수 있다.

광해군이 내관을 통해 조정에서 대군을 내어달라고 보채니 잠시 궐문 밖에 두자고 하자 인목대비는 어른의 죄를 어린아이가 당하게 할 수 없다며 거절하였다. 그러자 광해군이 대군을 어여삐 여기라는 선왕의 유교도 있으니 의심치 말라 하고, 인목대비는 자기가 안고 한가지로 죽을지언정 내어보내지 못하겠다고 하였다. 이어 수차에 걸쳐 광해군과 인목대비 사이에 오고간 전언이 교대로 인용되고, 그 뒤에 인목대비와 내인들 사이의 대화, 광해군이 내인

22 김용숙, 「〈계축일기〉의 작자고」, 앞의 책, 263~264면.

들에게 보낸 편지, 인목대비에게 한 내인들의 말, 광해군이 내인들에게 한 전언 등이 인용된 다음 마침내 버티기도 하고, 호소하기도 하던 인목대비가 친정 동생들을 살려주면 영창대군을 내어보내겠다고 억지 승낙을 하는 말과, 그에 대해 친정 동생들도 잘 살게 하고, 대군도 편안히 잘 있게 하면서 매일 안부도 통하게 하겠다는 광해군의 말이 인용되어 있다.

광해군의 첫 번째 전언 다음에 인목대비와 내인들의 심정에 대한 설명이 보이기도 하지만 영창대군의 출궁 문제를 둘러싼 광해군과 인목대비의 갈등은 이처럼 그들 사이에 오간 전언을 빈번하게 교체 인용하는 방식으로 제시되어 있다. 또한 광해군의 위협을 받고 어쩔 수 없이 인목대비를 달래는 내인들의 처지, 광해군이 인목대비에게 영창대군을 내어보내면 영창대군이 살고 그렇지 않으면 살지 못하리라며 극언을 하기까지 하는 광해군의 모습 등이 모두 그들 사이에 오간 대화를 통해 형상화되어 있다.

이처럼 작자는 대화의 빈번한 교체 인용을 통해 인물들 사이의 첨예한 대립과 갈등을 제시하고 있다. 이에 따라 독자는 작자의 직접적인 설명이나 논평에 의지하지 않고 나름의 판단에 의해 인목대비의 처지에 공감하고,[23] 광해군을 비판적으로 바라보는 등 갈등 관계에 있는 인물들의 내면과 갈등 상황을 효과적으로 이해하게 된다. 작품 전체에 대화가 풍부하게 인용되어 있기 때문에 이러한 방식의 활용이 어느 특정 부분만의 특성이라 하기는 어렵지만 영창대군의 출궁을 둘러싼 광해군과 인목대비의 대결, 개시와 변상궁의 대립 등 첨예한 갈등 상황을 제시하고 있는 부분들에서 상당한 효과를 거두고 있음을 볼 수 있다.

그런데 사람들이 서로 주고받는 경우가 아니어도 이러한 대화의 빈번한

23 이런 점과 관련하여 이영호는 서술자가 편지글과 같은 자료나 대비와 영창대군의 언행에 대한 직접 인용을 통해 자신이 직접 파악하기 힘든 이들의 정서를 구체화하여 독자들에게 전달함으로써 이들의 처지에 대한 동정과 공감을 이끌어내려는 전략을 구사하고 있다고 하였다(앞의 글, 90면).

인용 방식이 사용되고 있는 경우를 볼 수 있다. 작자는 유릉 저주 사건이 터져 내인들이 붙잡혀 갈 때의 장면을, 그들이 쏟아내는 말을 빈번하게 교체 인용하면서 그들의 심정이나 상황에 대한 간략한 설명을 간간이 덧붙여 제시하고 있다. 내인들은 거듭 박동량을 원망하기도 하고, 모진 형벌을 받느니 차라리 죽겠다며 목을 매기도 하고, 인목대비에게 하직 인사를 하며 지하에서 다시 만나자고 하기도 하고, 광해군과 대신들을 장황하게 원망하기도 하였다. 작자는 그들의 말 뒤에 그 설움이 어떻겠느냐, 그 속인들 어떠하겠느냐는 언급을 첨가하기도 하였다. 내인들의 말은 목적이나 방향성이 있는 쌍방 간의 대화가 아니라 분노와 원망을 토로하는 독백에 가까워 그것들 가운데 어느 하나가 생략되어도 상황을 이해하는 데 지장이 없다. 하지만 작자가 그것을 장황하게 인용한 것은 죽음을 눈앞에 맞닥뜨린 내인들의 고통과 그러한 상황의 전개가 부당하다는 것을 강조하기 위해서라고 할 수 있다.

앞의 영창대군의 출궁과 관련된 부분이나 여기에서 작자가 대화나 독백을 빈번하게 교체 인용하고 있는 것은 작자가 대화를 인용하는 방식을 선호했기 때문일 수도 있고, 자기의 설명만으로 극단적인 상황을 충분히 전달하기 어렵다고 생각했기 때문일 수도 있다. 또한 갈등이라는 것이 본질적으로 사람들 사이의 문제이고, 대화는 그것을 가장 생생하고 직접적으로 드러내는 수단이라고 여겼기 때문일 수도 있다. 그런데 하나 더 생각해 볼 수 있는 것은 첨예한 갈등이나 극심한 수난의 형상화는 결국 광해군에 대한 비판과 원망으로 수렴될 수밖에 없기 때문이라는 점이다. 유릉 저주 사건만 하더라도 작자는 그 일을 광해군의 처가인 유씨네가 박동량을 꾀어 일어난 것으로 파악하고 있고, 또 무고한 내인들을 붙잡아 국문을 하도록 한 사람이 광해군이기 때문에 내인들의 고통과 희생에 대한 항거와 비판은 광해군을 향할 수밖에 없다. 그렇지만 작자가 내인 신분이었기 때문에 자신의 목소리로 광해군을 직접적이고 노골적으로 비판하기보다는 당사자의 대화나 독백을 직접 인용하는 이런 방식을 선택했을 가능성이 크다는 점을 아울러 고려할 필요가 있다는 것이다.

2) 갈등 매개 인물의 형상화

갈등을 매개하는 인물을 구체적으로 형상화하는 것 또한 갈등 제시 방식의 하나로 주목할 수 있다. 광해군과 인목대비 양측의 갈등은 여러 인물들이 빚어내는 다양한 사건들로 구체화되어 있다. 갈등이라는 것이 사람들 사이의 문제이기 때문에 갈등의 확대나 심화는 사람의 욕망이나 성격에 의해 좌우될 수밖에 없다. 작품에는 인목대비와 광해군, 양측의 대표적 내인인 변상궁과 개시 등 여러 인물들이 선과 악으로 분명하게 구분되어 있는 것을 볼 수 있다. 그런데 단순히 선악의 이분법으로 재단하고 넘어가기에는 아쉬운 인물들이 등장하고, 작자는 그들을 통해 갈등과 수난이 어떻게 확대·심화되는지를 제시하고 있다. 이들의 비중은 결코 적지 않아서 계축옥사 이후 서궁 유폐 생활에 대한 서술은 인목대비보다는 내인 신분의 이러한 인물들에 초점이 맞춰져 있다.

그 가운데 작자가 많은 관심을 기울여 형상화한 중환이라는 내인을 우선 주목할 수 있다. 중환은 재주가 없어 여러 번 쫓겨난 적이 있었는데 인목대비가 오래된 옛 하인이라며 일을 맡기자 사람들은 대비가 너무 어질어 예부터 하지 않는 일을 했다고 하였다. 그런데 중환은 자기 오라비가 인장을 위조한 죄로 오랫동안 형추(刑推)를 당하자 광해군을 심하게 원망하였는데 개시가 그것을 알고 오라비를 살려주겠다고 꾀자 그 심복이 되었다. 이후 대비전의 기물을 훔쳐 개시에게 주기도 하고, 개시와 함께 영창대군 침소 근처에 저주를 하기도 하고, 대비전의 모든 일을 낱낱이 개시에게 전달하기도 하였다. 그러면서도 영창대군을 생각하고 울며 서러워하는 척하여 다른 사람들이 전혀 의심을 하지 않았다.

그러던 중 중환이 대군을 위하고 서궁의 문이 속히 열리도록 경(經)을 읽자고 제안하였다. 상궁의 거듭된 권유로 내인들끼리 하라는 인목대비의 허락을 어렵게 얻어 대군이 있던 방에서 경을 읽기 시작하자 중환은 대비가 광해군의 죽음을 비는 천제를 지낸다며 개시를 데려다 경 읽은 곳을 가리켜 보이기까지 하였다. 단순한 심복, 하수인에서 벗어나 스스로 음모의 주동자로 나선 것이다. 이러한 중환의 실체를 어느 정도 알게 된 사람들은 유폐 생활에서 벗어나기 위해 대비전의 일을 낱낱이 중환에게 고하고, 중환은 이를 개시에게 전달하였다. 뿐만 아니라 중환은 사람들에게 동짓달에 내인들을 다 데려가고 아이 두엇만 남겨 대비 스스로 자진하게 할 것이라며 자기 계획을 자랑하듯 미리 이야기하기도 하였다.

마침내 중환은 먼저 대비전 문상궁의 신임을 얻은 다음 문상궁에게 대비의 편지를 받아오면 영창대군에게 전해 소식을 알아오겠다고 하였다. 중환을 굳게 믿은 문상궁은 대비가 허락하지 않자 자기가 직접 편지를 써서 중환에게 전하고, 중환은 이를 개시에게 전달하였다. 이로 인해 대비전에서 강화도의 영창대군과 서로 통하고, 명나라 차관(差官)에게 억울한 사정을 호소하려 했다 하여 옥사가 다시 벌어졌다.

> 문시 듕환이ᄃᆞ려 니ᄅᆞᄃᆡ 은혜ᄅᆞᆯ 닙어 치위 더위ᄅᆞᆯ 날노 ᄒᆞ야 벗고 ᄇᆡ 골프고 목 ᄆᆞᄅᆞ믈 날노 ᄒᆞ야 모ᄅᆞ고 네 오라비 가티여 죽계 되여신재 내 어엿비 넉여 음식이며 닙을 것 주어 사라나셔 이제 날을 달내여 글월ᄒᆞ여 달나 보채거ᄂᆞᆯ …… 네 나라ᄒᆞᆯ ᄇᆡ반ᄒᆞ나 엇디 날을 져ᄇᆞ리ᄂᆞᆫ다 듕환이 구을며 울고 가ᄉᆞᆷ을 두ᄃᆞ리며 손퍽 텨 ᄆᆡᆼ셰ᄒᆞᄃᆡ 내 고ᄒᆞ여시면 ᄀᆞᆺ 죽은 어믜 죽음을 헤텨 회ᄅᆞᆯ 먹으려 ᄒᆞ노라 ᄒᆞ고 하 구을며 우니 모다 보ᄂᆞ니 ᄋᆡᄆᆡᄒᆞᆫ 말을 듯ᄂᆞᆫ가 넉이더라[24]

일이 벌어졌을 때 위 인용문에서 보듯 문상궁이 어떻게 자기의 은혜를 저버리고 배반할 수 있느냐며 중환을 꾸짖자 중환은 땅에 뒹굴고 울면서 가슴을

24 강한영 역주, 『계축일기』, 형설출판사, 1981, 105~106면.

치고, 또 손뼉을 쳐 맹세하면서 자기가 그랬다면 죽은 지 얼마 되지 않은 자기 어미의 시신을 파내어 먹겠다며 자기의 억울함을 강변하여 다른 사람들이 중환이 애매한가 여길 정도였다. 하지만 이때 중환은 이미 자기 물건을 모두 개시에게 보내 서궁을 나갈 준비를 마친 뒤였다. 이어 중환은 국청에 나아가서 마치 자기가 직접 본 것처럼 대비가 광해군이 죽기를 하늘에 빌었다고 하면서 자기가 꺼리고 싫어하는 사람들에게 죄를 씌워 많은 내인들이 희생되도록 하였다.

이처럼 중환은 자기에게 은혜를 베푼 인목대비와 문상궁을 배신하고 그들을 곤경으로, 죽음으로 몰아갔다. 작자는 은혜를 원수로 갚은 중환의 말과 행동, 태도 등을 상당히 구체적으로 제시하면서 그로 인해 갈등과 수난이 어떻게 확대·심화되어 갔는지를 보여주고 있다.

이밖에도 작자가 관심을 갖고 형상화한 인물은 여럿이 더 있다. 대군과 공주에게 정성을 기울이다가 계축옥사로 상황이 바뀌자 대비전 기물을 함부로 훔쳐내고 인목대비를 원망하던 난이, 대비의 예전 은혜를 저버린 채 광해군의 분부 운운하며 대비에게 불손하고 공주가 역질을 하자 술과 고기를 먹는 등 피해야 할 일을 일부러 하고 앓는 공주가 놀라고 또 타죽으라고 공주 침실 곁에 불을 지른 천복, 인목대비의 고통에 가슴 아파하다가 중환으로 인한 옥사가 일어났을 때 부모 때문에 어쩔 수 없이 거짓 자백을 한 후 고통에 겨워 울던 여옥 등이 그들이다.[25]

기존 논의에서는 내인들의 성격을 유형에 따라 분류하고 그들이 흥미와 긴장성 등을 고조시켜 독자들을 작품 속으로 끌어들일 뿐 아니라 광해군과 인목대비의 성격 창조 또는 묘사에 상승효과를 가져오게 하는 기능을 담당한다고 파악하기도 하고,[26] 대비를 배신한 인물과 충심으로 보좌한 인물의 대비

25 중환과 천복, 그리고 중환과 함께 대비를 배신하고 기물을 훔쳐낸 경춘 등은 인조반정 직후 처형되었다(15년 3월 14일조).

26 김정석, 「〈계축일기〉 인물성격고－내인들의 성격을 중심으로－」, 『우리어문연구』 12,

를 통해 작자 스스로 자부심을 표현하고 교훈을 전달하려 했다고 이해하기도 하였다.[27] 그런데 인목대비나 광해군에 못지않게 큰 비중으로 다뤄지는 내인들의 갈등과 수난을 고려할 때 그들이 단지 대비나 광해군의 성격을 창조하고 묘사하는 데 기여하는 존재에 불과하다고 하기는 어렵다. 그리고 내인들 간의 인물 대비를 통해 작자가 자부심을 드러내고 교훈을 전달하려 했다는 지적은 충분한 의미가 있으나 서궁 생활에 대한 서술이 충심으로 보좌하는 인물보다 은혜를 배신한 인물들에 초점이 맞춰져 있는 점을 고려하면 다른 해석의 가능성을 생각해볼 수 듯하다. 곧 작자는 계축옥사라는 폭풍이 지나간 뒤에도 옥사가 다시 일어나는 등 갈등과 수난이 여전히 지속되고 있던 서궁 생활의 모습을 서술하는 가운데 그 원인이 내부인의 배신에 있다는 점에 주목하여 사람이 욕망을 좇아 권력에 빌붙으면서 얼마나 교활하고 간사해질 수 있는지를 보여주려 했다고 할 수 있다. 다시 말하면 사람의 잘못된 욕망이 본인을 어느 지경까지 추락시키고, 그로 인해 다른 사람들이 얼마나 큰 고통을 겪어야 하는지를 보여주려 했을 수 있다는 것이다.

3) 삽화의 나열

작자는 짤막한 이야기 여럿을 열거하여 작자가 보여주고, 강조하고 싶은 내용을 집중적으로 제시하기도 하였다. 이러한 삽화의 나열 방식은 작품 전반부와 후반부에서 볼 수 있는데 전반부의 경우에는 광해군 즉위 후부터 계축옥사 이전까지의 서술이 임해군 사건을 비롯하여 광해군의 패륜적 행위와 무능을 제시하는 삽화들로 이루어져 있는 것을 볼 수 있다.

실제 임해군 사건은 선조가 세상을 떠난 지 14일 만에 신료들이 임해군이

우리어문학회, 1999.

27 이영호, 앞의 글, 90~96면 참고.

이심(異心)을 품고, 사사로이 군기(軍器)를 저장하고 역당을 모았다며 절도에 유배할 것을 청하면서 시작되었다.[28] 이날 논란 속에 임해군의 진도 유배가 결정되었는데 이후 강화로, 다시 교동으로 유배지를 바꿔 임해군을 안치하였으며,[29] 임해군이 정말 병으로 폐인이 되어 왕위를 이을 수 없는지 확인하러 명나라 차관이 오자 외척인 김예직(金禮直)을 보내 임해군이 답변할 말을 미리 일러주기도 하였다.[30] 임해군은 결국 이듬해 수장(守將) 이정표(李廷彪)에 의해 교살되고 말았다.[31]

작자는 이 일을 하나의 삽화처럼 간략하게 서술하면서 모든 것을 광해군이 주도하였다고 하였다. 광해군이 대간을 시켜 임해군을 논계(論啓)토록 하고, 직접 임해군을 회유·협박하여 내치고, 마침내 심복을 보내 독살하였다는 것이다. 이것이 사실과 다르다는 것은 이미 기존 연구에서 충분히 언급된 바 있는데[32] 여기에서 주목할 것은 그것의 사실 여부보다 작자가 광해군을 친형을 살해한 패륜적 인물로 지목하고 있다는 것이다. 작자는 임해군 사건을 서술하기에 앞서 과거 광해군이 선조의 말을 승순치 않고 족족 원수로 여겼으며, 선조의 반대를 무릅쓰고 선조 후궁의 조카를 첩으로 삼았다고 하였는데 이는 아버지를 거역하며 패륜적 행위를 일삼던 광해군이 친형까지 살해했다는 것으로 광해군에 대한 작자의 인식을 단적으로 드러내는 것이라 할 수 있다.

광해군에 대한 작자의 부정적 시각은 이어지는 다양한 삽화들에서 보다 구체적으로 드러난다. 몇 가지 예를 들면 선조의 묘호(廟號)를 심상히 하지 말라는 인목대비의 말에 임진왜란으로 조종(祖宗)이 편치 못했으니 '종(宗)'

28 즉위년 2월 14일조.

29 즉위년 2월 14일, 2월 20일, 3월 2일조.

30 즉위년 6월 16일조. 『실록』의 여러 곳에서는 김예직을 광해군 형제의 외숙이라고 하였는데 〈계축일기〉에서는 공빈(恭嬪)의 사촌 오빠, 곧 광해군 형제의 외당숙이라고 하였다.

31 1년 4월 29일조.

32 김용숙, 「〈계축일기〉의 사적 배경」, 앞의 책, 271~278면.

으로 해도 낮지 않다 하고, 상중에 애척함이 없이 웃음이 자약하였으며, 산릉에 가서는 제때 곡을 하지도 않았다고 하였다. 또 인목대비에 대해서는 문안을 소홀히 하고, 배릉(拜陵) 요구를 미루다가 결국 가지 못하게 하고, 혼전(魂殿)에 가겠다는 것도 여러 번 막고, 대비전에 가는 물품을 아껴 단속하였다고 하였다. 광해군의 불효를 보여주는 이러한 삽화뿐 아니라 광해군이 공사(公事)를 혼자 처리하지 못해 왕비와 처가에 매번 물어서 처리하고, 날고기를 즐겨 먹어 눈이 점점 붉어지고, 성품이 잔인하여 사람들을 마구 때렸다고 하여 광해군의 무능과 폭력성을 제시하는 삽화들도 볼 수 있다.

기존 연구에서 적절히 지적하였듯이 삽화들을 열거한 이러한 부분에서 서술자는 광해군에 대한 풍문의 매개자로서의 역할을 담당하면서도 신빙성을 제고하기 위해 직접 관찰한 것과 같은 회상의 방식을 사용하기도 하고, 삽화의 끝에 직접적인 논평이나 근시인(近侍人)들의 비판적 반응을 제시하여 광해군에 대한 비판의식을 강화하고 있음을 볼 수 있다.[33] 그런데 이 삽화들이 광해군이나 인목대비 곁에 가까이 있는 내인들과 같은 사람들 사이에 전해지는 소문을 바탕으로 구성되었다는 것은 몇 가지 점에서 다시 주목할 필요가 있다.

우선 광해군 곁의 내인들이 보고 들은 이야기를 바탕으로 하였기 때문에 이들 삽화에는 외부에 잘 알려지지 않은, 예컨대 불효한 말이나 행동, 공사를 내전이나 처가에 물어 처리하는 무능, 육식을 좋아하는 식성 등 광해군의 내밀한 면이 서술의 중심에 놓이게 되었다는 점이다. 이는 결과적으로 광해군의 부정적인 면모를 계축옥사나 폐모와 같이 외부에 드러난 측면뿐 아니라 근시하는 내인이나 알 수 있는 개인적이고 내밀한 측면까지 아울러 제시함으로써 그에 대한 비판을 보다 강화하는 효과를 얻게 한다고 할 수 있다.

또 하나는 그러한 이야기가 내인들 사이에서 만들어지고 전해지면서 왜

33 이영호, 앞의 글, 79~85면 참고.

곡과 과장이 덧씌워지고, 그에 따라 제시된 삽화의 내용이 실제와 차이가 있거나,[34] 개연성이 의심되는 경우들이 생겼을 것이라는 점이다. 원래의 이야기가 입에서 입으로 전해지면서 변형되는 것은 자연스러운 일이다. 그런데 광해군에 대한 이야기들이 왜 그의 부정적인 이미지를 강화하는 방향으로 변형되었을까 하는 점은 좀더 생각해볼 여지가 있다. 광해군을 부정적으로 그린 이야기들이 많이 만들어지거나 이야기들이 그러한 방향으로 변형된 데 대해서는 광해군이 자기 주위의 내인이나 내관을 어떻게 대했는가를 보여주는 삽화 안에서 해답의 단서를 찾을 수 있을 듯하다.

광해군은 자기를 비난한 내인을 다른 구실을 붙여 내치고, 내인들을 함부로 때려 아프다는 소리가 진동하였다 한다. 또 자기를 비판한 내관을 나중에 죽이고, 내관에게 일을 시키면 열 번을 다시 고쳐 시켰으며, 잘한 일에 상주고 그른 일에 벌줄 줄 몰랐다고 한다. 이러한 삽화들은 광해군이 주위의 내인이나 내관을 포악하고 인색하게 대했다는 것을 말해준다. 그러다 보니 인목대비가 세자와 그 내인들을 후대하자 세자의 보모상궁이 대비전 내인들 앞에서 광해군을 드러내놓고 흉을 보는 일도 있었다고 한다. 물론 이러한 이야기들을 그대로 믿을 수는 없지만 이를 통해 주위 사람들에 대한 광해군의 태도를 짐작할 수 있고, 그들 사이에서 왜 광해군의 부정적인 면을 강조하는 이야기들이 만들어지고 전해졌는지 그 이유 역시 짐작할 수 있다.

작자는 내인들 사이에 전해지는 이러한 이야기들을 집중적으로 열거하여 광해군의 부정적인 성격을 강조하였다. 그 이유에 대해 기존 연구에서는 광해군에 대한 작자의 미움 때문이라고도 하고,[35] 원한에 가득 찬 작자가 당했던

34 예를 들어 배릉 문제에 대한 〈계축일기〉의 서술이 역사적 사실과 다르다는 것은 김용숙에 의해 논의된 바 있다(「〈계축일기〉의 사적 배경」, 앞의 책, 267~271면).

35 김용숙, 「〈계축일기〉의 사적 배경」, 위의 책, 306면. 김용숙은 같은 책의 「〈계축일기〉의 작자고」에서는 작자를 인목대비로 추정하였으나 「〈계축일기〉의 사적 배경」에서는 작자를 내인이라고 하였다. 따라서 여기의 광해군에 대한 미움은 내인들의 미움을 가리킨다고 할 수 있다.

서궁 생활을 정당화하고 자신들을 이런 지경에 몰아넣었던 광해군을 상대적으로 질타하기 위해서라고도 하였다.[36] 또 계축옥사와 영창대군의 죽음과 같은 비극적 사건이 광해군의 성격적 결함에서 왔음을 보이기 위해서라고도 하였다.[37] 이러한 견해들 모두 타당성을 지니고 있지만 아직 좀더 짚어볼 문제가 남아있다고 할 수 있다. 작자가 비극적 사건의 원인을 광해군의 성격적 결함에서 찾으려 한 이유는 무엇이고, 광해군을 미워하고 질타하려고 하였다면 왜 이러한 방식을 선택했을까 하는 것이다.

작자는 인목대비뿐 아니라 내인들이 겪어야 했던 시련과 희생까지도 모두 광해군이 벌인 것으로 인식하고 있었다. 그것은 내인들이 대거 희생된 궐내 저주 사건을 광해군이 장모, 아내와 머리를 맞대고 의논하여 벌인 일로, 유릉 저주 사건 역시 광해군의 처가에서 조작한 일로 규정하고 있는 것만 보아도 알 수 있다. 이처럼 내인들에게까지 엄청난 고통을 안겨준 광해군에게 작자가 심한 분노를 느꼈으리라는 것은 쉽게 짐작할 수 있는데 작자는 그러한 분노를 적극 표출하기 위해 인목대비와 광해군 양측의 갈등이 정치적 문제에서 비롯되었다는 것을 알고 있으면서도 그것을 거의 전적으로 광해군 개인의 부정적 성격에 의한 것으로 환치하였다. 물론 작자가 자연스럽게 양측의 갈등을 개인의 성격 문제로 파악하게 되었을 수 있다. 하지만 광해군의 부정적 성격을 애써 강조한 것은 양측의 갈등을 명분을 따지는 거창한 정치 문제보다는 개인의 성격 문제로 바라보아야 그 개인에 대한 미움과 질타가 훨씬 강렬해질 수 있기 때문일 것이다.

그런데 내인 신분의 작자로서는 비록 광해군이 쫓겨난 뒤라도 그를 직접 노골적으로 비판하고 원망하는 것이 용이하지는 않았을 것이다. 작자가 삽화 뒤에 '보는 이 민망하더라', '좌우에 있는 사람이 어이없이 여겨 혹 가만히

36 민영대, 앞의 책, 64면.

37 이영호, 앞의 글, 84면.

웃더라' 등과 같은 말을 첨부하여 삽화에 제시된 광해군의 말과 행동을 직접 보고 들은 사람이 있다거나, 혹은 그것이 그러한 사람들이 전한 이야기라는 것을 빈번하게 표면에 드러내고 있는 것은 그 때문이며, 그러한 이야기들을 모아 집중적으로 열거한 것은 그러면서도 광해군에 대한 비판을 보다 강화하고 싶었기 때문일 것이다.

한편 작품 후반부에도 짤막한 삽화들을 열거하여 유폐 생활 중에 입을 것이나 먹을 것의 문제를 어떻게 해결했는지 집중적으로 제시하고 있다. 짐승의 똥에서 나온 쪽씨를 길러 옷에 물을 들이고, 까마귀가 물어온 박씨를 심어 바가지를 만들고, 우연히 섞여 들어온 면화씨를 심어 솜을 얻었다고 하면서 나물, 찰수수, 상추의 씨를 짐승의 똥이나 생치(生雉)의 목에서 얻어 심어 먹었다고 하였다. 또 인목대비가 친정아버지의 제사를 지낼 때 햇실과가 없자 형편없던 대추나무에 크고 많은 대추가 열리고, 복숭아나무가 저절로 나서 자라고, 인목대비가 내인 시켜 밤나무를 심었더니 죽었다가 한 해에 한 가지씩 다시 살아났다고 하였다. 우연히 씨앗을 얻어서 먹을 것, 입을 것을 해결하는 것도 그렇지만 신인(神人)이 직접 현몽하여 나물을 못 먹으니 나물을 준다고 하거나, 대추와 복숭아를 훔쳐 먹거나 하면 다시 열리지 않게 하겠다거나, 밤나무가 다시 살아나면 좋은 일이 있을 것이라고 하였다 하여 작자는 그러한 모든 일들을 천우신조로 돌렸다.

『실록』에 궁인들이 궁 안의 공지에 채소를 심어 아침저녁의 찬거리를 마련하였고, 햇솜이 없었는데 궁인 한 사람이 요 속에서 몇 알의 목화씨를 찾아 해마다 심어서 솜저고리를 지어 올렸다고[38] 한 것을 보면 이러한 삽화의 내용들이 어느 정도는 사실에 근거한 것임을 알 수 있다. 작자가 이러한 이야기들을 집중적으로 제시한 것은 자기들이 겪어야 했던 유폐 생활의 어려움과 고통을[39] 제시하면서 신인의 현몽을 담보로 그것이 부당하다고 항변하기 위해서

38 15년 3월 14일조.

라고 할 수 있다. 신인이 먹을 것을 주고, 김제남의 제사를 위해 대추가 열게 하고, 밤나무가 살아나면 좋은 일이 있을 것이라고 희망을 준 것은 대비와 내인들의 고통, 그리고 그러한 고통의 계기가 된 김제남의 죽음이 부당하다는 것을 하늘도 인정했다는 의미이기 때문이다.

이처럼 짤막한 삽화를 집중적으로 열거하는 방식을 통해 작자는 갈등의 상대방인 광해군을 비판하고, 그의 잘못된 처사로 인한 고통과 수난이 부당하다고 하였다. 작자는 그것을 위해 왜곡·과장되거나 개연성이 의심스러운 서술을 불사하면서 비판을 강화하기도 하고, 다른 사람들의 견문을 전달하는 형식을 택해 직접적이고 노골적인 비판을 지양하고 조절하는 모습을 보여주기도 하였다.

4. 맺음말

이 글에서는 〈계축일기〉의 성격과 가치에 대한 이해를 심화하기 위해 작품의 역사적 맥락과 작품에 제시된 갈등의 층위, 그리고 갈등의 제시 방식을 검토하였다.

먼저 인목대비와 내인들의 갈등과 수난을 층위를 나눠 검토한 결과 내인들의 그것이 단순히 광해군과 인목대비의 갈등에서 파생된 부수적이고 종속적인 문제에 그치지 않는다는 것을 구체적으로 확인할 수 있었다. 이는 이 작품의 정당한 이해를 위해서는 인목대비에 초점을 맞춰 작품을 해석하는 기

39 『실록』에서 궁 안에 원래 있었던 의복과 기물은 아무리 오래 사용하더라도 부족하지 않았고, 외부에서 전례에 따라 어물·육류·소금·쌀 등의 물품을 끊임없이 공급하였는데 대비가 화란을 겪은 이후 소복을 입고 소식(素食)을 하자 시녀들도 모두 소식을 하였으므로 어육을 담 밖으로 도로 버려서 까마귀·솔개가 늘 모여들어 쪼아 먹었고 썩는 냄새가 궁 안에까지 풍겼다고(15년 3월 14일조) 한 것을 보면 먹을 것의 부족이 단순히 물질적 궁핍 때문만은 아니었던 것으로 보인다.

존의 시각에서 벗어나 작자인 내인의 시각과 내인들이 겪어야 했던 갈등과 수난을 충분히 고려해야 한다는 것을 의미한다.

이 작품의 특징적인 갈등 제시 방식으로는 대화의 빈번한 교체 인용, 갈등 매개 인물의 형상화, 삽화의 나열 등을 들 수 있다. 작자는 대화나 독백을 빈번하게 교체 인용함으로써 첨예한 갈등과 심각한 수난의 상황을 효과적으로 드러내고, 갈등을 매개하는 인물을 구체적으로 형상화함으로써 인간의 욕망이 갈등과 수난을 어떻게 확대·심화시키는지 보여주고 있다. 그리고 짤막한 삽화를 집중적으로 나열하여 갈등의 상대방을 비판하고, 그러한 인물로 인해 겪어야 하는 고통과 수난이 부당하다는 것을 강조하고 있다.

이러한 갈등의 양상과 제시 방식을 통해 작자가 갈등이라는 것이 사람들 사이의 문제이고, 사람의 욕망이나 부정적 성격으로 인해 야기되고, 심화되기도 한다는 입장에서 광해군과 인목대비 양측의 갈등을 바라보고 있다는 것을 알 수 있다. 흔히 광해군의 성격과 당시의 역사적 사건을 허구를 가미하여 왜곡·과장한 점을 이 작품의 문제로 지적하기도 하고, 이 작품을 소설로 보아야 하는 근거로 제시하기도 한다. 그렇지만 그것은 작자가 당시 상황을 정치나 역사의 관점이 아니라 사람에 초점을 맞춘 인간 보편의 문제로 파악한 결과일 수 있다는 것을 이해하고, 이 작품의 문학적 성격과 가치도 그러한 점에서 찾아야 한다고 생각한다.

〈한중록〉에 나타난 자전적 회고의 양상과 의미

1. 머리말

혜경궁 홍씨(1735:영조11~1815:순조15)의 〈한중록(閑中錄)〉은 고귀한 신분의 궁중 여인이 인고의 세월 속에서 자기가 겪고, 목격한 사실들을 뛰어난 필치로 기록한 자료라는 점에서 일찍부터 주목을 받아왔다. 〈한중록〉에는 작자가 자기의 지난 일생을 회고한 글 이외에 사도세자가 뒤주에 갇혀 죽은 임오화변(壬午禍變)의 구체적인 시말을 밝힌 글, 임오화변과 직, 간접으로 연관하여 작자의 친정이 당한 억울함을 호소하고 사태의 진상을 구명하는 글이 함께 실려 있다. 이처럼 동기와 목적에 차이가 있는 글들이 한데 묶여 있기 때문에 〈한중록〉의 성격을 어떻게 규정할 것인가 하는 것은 여전한 관심거리가 아닐 수 없다.

기존 연구에서는 친정의 억울한 피화(被禍)의 원정(原情), 곧 아버지, 삼촌, 동생의 원억(冤抑)에 대한 고발과 해명을 〈한중록〉의 주제로 파악하기도 하고,[40] 유사한 관점에서 〈한중록〉을 친정의 신원(伸寃)을 위한 보고로서의 색채를 농후하게 띤 한풀이 서사로 이해하기도 하였다.[41] 또 〈한중록〉이 심리 분석, 대화체, 정서 표출 등 사적인 글쓰기 전략을 통해 역사를 뒤집는 언술의 정치학을 보여주고 있다는 견해가 제시되기도 하였다.[42] 이러한 논의들의 공

40 김용숙, 『〈한중록〉 연구』, 한국연구원, 1983, 137~138면.

41 김승호, 「한풀이로 본 조선후기 여성 자전(自傳)의 계층별 술회 양상」, 『열상고전연구』 34, 열상고전연구회, 2011, 166면.

통점은 대체로 〈한중록〉을 친정 신원과 같은 작자의 정치적 의도가 앞선 기록물로 파악하고 있다는 것이다.

이러한 작자의 의도와 관련하여 역사학계에서는 〈한중록〉이 단지 자기합리화를 위한 회상기에 불과하여 그 기록의 신빙성을 인정하기 어렵다고 하기도 하고,[43] 〈한중록〉의 기록이 친정의 입장을 옹호하는 측면이 있지만 기록된 내용들이 『영조실록』이나 기타 기록과 부합하는 등 신빙성을 지니고 있다고 하면서 임오화변의 직접적인 원인을 구명하는 중요한 사료로 다루기도 하고,[44] 한편으로는 혜경궁 홍씨가 사도세자의 죽음을 영조와의 갈등과 세자의 광증에 그 이유를 제한함으로써 영조와 노론을 정당화하고 정조를 보호하려 하였다는 주장이 제기되기도 하였다.[45] 이처럼 역사학계에서는 작자의 정치적 의도와 관련하여 기록 내용의 신빙성 여부나 왜곡·축소 가능성이 논의되고 있음을 볼 수 있다.

요컨대 기존 연구에서는 대체로 〈한중록〉을 친정의 신원을 위한 작자의 의도적 기록물로 파악하고 있는 것으로 보인다. 물론 〈한중록〉이 이러한 성격을 지니고 있는 것을 부정할 수 없다. 그것은 서술 내용에서도 그러한 점을 짐작할 수 있을 뿐 아니라 작자 스스로도 자기의 그런 의도를 직접 밝히고 있기[46] 때문이다.

42 최기숙, 「자서전, 전기, 역사의 경계와 언술의 정치학-〈한중록〉에 관한 제안적 독법」, 『여/성이론』 1, 도서출판 여이연, 1999.

43 이은순, 『조선후기당쟁사연구』, 일조각, 1996, 124면.

44 최봉영, 「임오화변과 영조말·정조초의 정치세력」, 『조선후기 당쟁의 종합적 검토』, 한국정신문화연구원, 1992, 222면 참고.

45 조성산, 「혜경궁 홍씨는 왜 〈한중록〉을 지었는가?」, 『내일을 여는 역사』, 신서원, 2000 가을, 12~13면 참고.

46 ᄂᆡ 명이 됴모(朝暮)를 모ᄅᆞ니 이 쁜 거ᄉᆞᆯ 가슌궁(嘉順宮)을 맛뎌 ᄂᆡ 업ᄉᆞᆫ 후라도 쥬샹[순조]긔 드려 ᄂᆡ 경녁(經歷)의 흉험(凶險)홈과 ᄂᆡ 집 소조의 원통ᄒᆞ믈 아라 삼십 년 젹원(積怨)을 프러주시ᄂᆞᆫ 날이면 ᄂᆡ 도라간 혼빅(魂魄)이라도 디하(地下)의 가 션왕을 뵈ᄋᆞᆸ고 셩ᄌᆞ신손(聖子神孫)을 두어 계지술사(繼志述事)ᄒᆞ야 모ᄌᆞ(母子)의 평ᄉᆡᆼ(平生) ᄒᆞᆫ(恨)을 일운 줄 서ᄅᆞ 위로ᄒᆞ리니 …… (정병설 주석, 『원본한중록』, 문학동네, 2013, 275면).

그런데 〈한중록〉의 성격을 그와 같이 규정하고 말기에는 미흡한 감이 없지 않다. 그것은 우선 〈한중록〉에 수록된 글들 가운데에는 친정의 신원을 위한 기록으로만 보기 어려운, 자기의 일생을 회고한 글이 존재할 뿐 아니라 겉에 드러난 작자의 의도에 따라 자료를 읽기보다는 다양한 측면과 시각에서 자료를 검토하는 것이 〈한중록〉의 실상과 가치를 제대로 드러내는 방법일 수 있기 때문이다. 이에 여기에서는 〈한중록〉에 수록된 글들 가운데 작자가 가장 먼저 자기의 일생을 회고하면서 쓴 글을 대상으로 작자가 자기의 고통스런 삶을 어떠한 양상과 방식으로 드러내고, 그것이 지닌 의미는 무엇인가 하는 점을 살펴봄으로써 〈한중록〉의 성격에 대한 이해를 심화하고, 〈한중록〉에 수록된 글들을 하나의 관점에서 아우를 수 있는 가능성을 찾아보고자 한다.

그동안 〈한중록〉은 혜경궁이 회갑 때인 1795년(정조19), 67세 때인 1801년(순조1), 68세 때인 1802년(순조2), 그리고 71세 때인 1805년(순조5)에 쓴 네 편의 글로 이루어진 것으로 알려져 왔다.[47] 그런데 최근의 연구에 의해 〈한중록〉이 1795년, 1802년, 1805년, 1806년의 네 차례에 걸쳐 작성되었고, 1806년의 글은 1802년 글의 부록에 해당된다는 사실이 확인되었다. 이처럼 〈한중록〉은 네 차례에 걸쳐 기록되었지만 실제로는 세 편의 글로 이루어졌다고 할 수 있는데 1795년에 쓴 글에서는 작자가 자기의 일생을 회고하고, 1802년에 쓰고 1806년 다시 부록을 써서 덧붙인 글에서는 친정이 당한 일의 억울함을 해명하고, 1802년에 초를 잡아 1805년에 완성한 글에서는 임오화변의 시말을 기술하고 있다.[48] 이에 따라 각각의 글을 자전적 회고편, 친정신원편, 임오화변편이라 지칭할 수 있을 것이다. 이제 이 글의 대상인 자전적 회고편에 나타난 회고의 전반적인 양상부터 살펴보기로 한다.[49]

47 김용숙, 앞의 책, 6~13면 참고.

48 정병설, 「〈한중록〉의 신고찰」, 『고전문학연구』 34, 한국고전문학회, 2008, 177~182면 참고.

49 대상 자료는 외국 대학에 소장되어 있는 이본들을 포괄하여 정병설이 새로 주석한 『원본

2. 자전적 회고의 양상

혜경궁이 회갑 무렵인 1795년에 쓴 자전적 회고편의 서두와 말미에는 자기가 이 글을 쓰게 된 동기와 의도를 다음과 같이 제시하고 있다.

[1] 딜ᄌᆞ(姪子) 슈영이가 날ᄃᆞ려 ᄆᆡ양
"본집의 슈적이 머믄 거시 업서 뎐가(傳家)ᄒᆞᆯ 거시 업ᄉᆞ니 ᄒᆞᆫ번 친히 ᄡᅥᄂᆞ리오면 보장(寶藏)을 삼아디라"
ᄒᆞ니 그 말히 올흐니 ᄡᅥ주고져 ᄒᆞᄃᆡ 베퍼 못 ᄡᅥᆺ더니, 나히 회갑을 당ᄒᆞ니 남은 날이 젹고 이 ᄒᆡᄅᆞᆯ 만나 튜모(追慕)가 심ᄒᆞ니, 셰월이 더 가면 ᄂᆡ 정신(精神) 근녁(筋力)이 이ᄯᆡ만도 못ᄒᆞᆯ ᄃᆞᆺᄒᆞ니, 족하의 청을 조차 내 경녁(經歷)ᄒᆞᆫ 거ᄉᆞᆯ 알게 ᄒᆞ고 겸하야 흥감(興感)ᄒᆞ야 ᄡᅳ나, 쇠모(衰耗)ᄒᆞᆫ 정신이 디난 일을 다 긔록디 못ᄒᆞ고 ᄉᆡᆼ각ᄂᆞᆫ ᄆᆞᄃᆡᄅᆞᆯ ᄡᅳ노라.[50]

[2] 네 내게 글시ᄅᆞᆯ 바다디라 ᄒᆞᆯᄉᆡ 셔ᄉᆞ장(書辭狀)도 ᄡᅳ기 어려워ᄒᆞ나 이 글을 ᄡᅥ 내 경녁(經歷)을 알게 ᄒᆞ고 너희ᄅᆞᆯ 경계(警戒)ᄒᆞ노라.[51]

[1]에서 작자는 친정의 큰조카인 수영(守榮)이 본가에 작자의 수적(手迹)이 남은 것이 없으니 한번 써달라는 요청을 받고 쓰게 되었다고 하였다. 이때 조카는 고모의 글씨를 받고자 했을 따름이고 글의 내용을 고모가 자기의 일생을 회고하는 것으로 특정하지는 않았을 듯하다. 그런데 작자는 이러한 조카의 요청을 계기로 자기가 겪은 일[經歷]을 기록하고, 지난 삶의 고비를 돌이켜

한중록』으로 하였다. 이하 원문 인용의 경우에는 이 책의 면수만 제시.

50 151~152면.

51 238면.

볼 때마다 일어나는 감회[興感]를 아울러 서술함으로써 [2]에서 보듯 조카들에게 자기의 지난 삶을 알게 하고, 또 경계하기 위해 붓을 들었다. 이에 따라 작자는 자기의 출생과 성장, 혼인, 임오화변, 화변 이후의 여러 사건, 그리고 회갑 해의 일들을 시간적 순서에 따라 서술하였다.

이처럼 이 글은 특정 독자를 염두에 둔 전달 동기에서 비롯되었지만 단순히 작자의 일생 경력에 대한 사실 정보만을 전달하는 데 머물지 않는다. '흥감하여' 쓴다고 밝힌 것처럼 작자는 이 글을 통해 고통과 시련, 회한으로 점철된 자기의 지난 삶을 돌이켜 보면서 어떤 식으로든 스스로를 추스르고 있었을 것이기 때문이다. 먼저 작품에 제시된 내용을 따라가며 작자의 일생이 어떻게 서술되고 있는지 살펴보자.

홍봉한(洪鳳漢)의 큰딸인 작자는 1735년 6월 18일 오시(午時) 서울 평동의 외가에서 태어났는데 전날 밤 부친이 흑룡이 방안에 드는 꿈을 꾸었다고 한다. 이러한 출생담에 이어 작자에 대한 부모의 극진한 사랑, 조부 상사(喪事), 중모(仲母)에게 언문을 배운 일, 부모의 효도와 우애, 부모의 다툼을 말린 일, 모친의 밤샘 침선, 부모의 검소한 성품, 부친의 과거 낙방 등 작자가 어렸을 때 보고, 듣고, 겪은 일들이 제시되어 있다. 자기의 출생과 관련된 이야기는 물론 나중에 들어서 알게 된 사실들일 것이다. 그런데 그 이후의 일들을 서술하면서는 "싱각나고", "싱각히더라", "뵈와시니", "뵈옵고" 등의 말을 빈번하게 덧붙여 그것이 자기가 직접 보아서 기억하고 있는 사실이라는 것을 분명히 밝히고 있다.

이어 제시된 작자의 혼인 과정은 상당히 구체적이다. 9~10세의 어릴 적 일이었지만 자기의 삶이 충격적으로 전환되는 큰 사건이었기에 세세한 부분까지 기억하고 있었던 듯하다. 1743년 세자빈 간택 때 모친이 단자(單子) 올리는 것을 반대하였지만 부친이 임금을 기망할 수 없다며 단자를 내었다. 9월 28일 초간에서 수망(首望)이 되고, 10월 28일 재간 때에는 자기를 이미 세자빈으로 내정한 듯 영조와 정성왕후(貞聖王后), 그리고 세자의 생모인 선희궁

(宣禧宮)이 각별히 사랑하는 모습을 보였다. 11월 13일 삼간 후에는 별궁에 머물면서 영조가 보낸 『소학』과 『훈서(訓書)』를 공부하였으며, 이듬해 정월 9일 세자빈에 책봉되고, 11일 가례(嘉禮)를 치르고, 17일 종묘에 전알(展謁)하였다.

작자는 이러한 과정의 세부적인 일들을 차례로 제시하면서 그때그때의 심정을 상세하게 기술하고 있는데 그 심정이란 다름이 아니라 "부모 써날 일만 셜워 어린 간장(肝腸)이 녹는 둧ᄒᆞ니"[52]에서 보듯 부모 곁을 떠날 수밖에 없는 데에서 느끼는 슬픔이었다. 작자는 재간에 나아갔다가 집에 돌아올 때 가마에서 울면서 내렸는데 이러한 이별에 대한 슬픔이 혼인 과정을 일관하여 지속적으로 제시되어 있다. 그런 한편 작자는 당시 자기 부모의 모습과 태도를 자세하게 소개하기도 하였다. 예를 들어 모친이 집이 가난해 그간 입히지 못한 다홍 깨끼주치마를 삼간 전에 해 입혔다거나 가례 전 별궁에 있던 50여 일 동안 부친이 매일 경계를 했다거나 하는 서술들을 통해 자식과의 이별을 애틋해하기도 하고, 이별의 아픔을 속에 감춘 채 자식을 엄히 경계하기도 하면서 큰일을 당해 예의와 범절을 잃지 않는 부모의 모습과 태도를 구체적으로 제시하고 있는 것이다.

혼인 후의 궁중 생활에 대해서는 우선 부친이 대과에 급제하여 영조를 비롯한 궁중의 어른들과 세자가 모두 기뻐하면서 치하하였던 일과, 궁중 어른들에 대한 문안 때문에 잠을 제대로 자지 못했던 일을 언급하여 좋기도 하고, 힘들기도 했던 궁중 생활의 단면을 제시하였다. 하지만 뒤를 이어서는 그러한 일상적인 일보다는 자기나 주변 인물에 관한 중요한 사실이나 사건, 곧 세자의 효성, 시누이들과의 관계, 선희궁의 교훈, 자녀 출산, 자기 부부와 아들 정조의 홍역, 정조의 숙성함, 세자의 병, 모친의 죽음, 세자의 두역(痘疫), 정성왕후와 숙종비인 인원왕후(仁元王后)의 죽음, 세자와 영조의 관계, 영조와 정

52 168면.

순왕후(貞純王后)의 가례, 세자의 자녀 사랑과 우애, 정조의 입학과 혼인, 그리고 세자의 죽음 등을 본인의 생각과 감회를 곁들여 서술하고 있다.

이 가운데 모친의 죽음도 그랬겠지만 작자의 마음을 가장 괴롭히고 아프게 했던 것은 남편인 세자의 병과 죽음일 것이다. 당시 작자는 자결을 생각했지만 세손 때문에 죽지 못했다고 하면서 "내 완명(頑命)의 질김과 무디(無知)ᄒᆞ믈 븟그리는 ᄒᆞᆫ(恨)이야 미ᄉᆞ지젼(未死之前)의 어이 니ᄌᆞ리오"[53]라고 하였다. 그런데 작자는 그때의 상황에 대해 자세한 기술을 하지 않았다. 세자가 청근현주(淸瑾縣主)의 생모인 자기 첩을 죽인 일에 대한 간략한 언급을 제외하면 대개 '난처한 일이 많았다'는 말로 세자의 병증을, "텬디합벽(天地闔闢)ᄒᆞ고 일월이 회식(晦塞)ᄒᆞᄂᆞᆫ 변(變)"[54]이라는 말로 세자가 뒤주에 갇힌 사건을 지시하고 있을 뿐이다. 그런 가운데 작자는 "엇디 살 ᄆᆞ음이 이시리오", "어이 니ᄌᆞ리오", "엇디 니로리오", "니ᄅᆞᆯ 거시 이시리오", "또 엇더ᄒᆞ오리오" 등의 의문문을 빈번하게 삽입하여 당시의 시련과 고통이 말로 표현할 수 없을 정도로 극심했음을 밝히고 있다.

한편 작자는 세자가 죽음에 이르는 과정을 서술하면서 세자에 대한 자기 친정부모의 태도와 정성을 소상히 제시하였다. 세자가 병이 들자 모친은 몸소 기도하고 잠을 제대로 자지 못했으며, 입궐했을 때에는 여러 번 세자의 분을 풀어주었다고 하였다. 또 부친은 영조가 세자의 일로 진노하였을 때 신하로서 하기 어려운 말을 아뢰다가 삭직되기도 하고, 걱정하느라 수염과 머리카락이 희어지고 관격증(關格症)이 생기기도 하였으며, 딸을 대하면 영조와 세자의 부자간이 서로 화합하기를 축수하고, 화변이 일어나자 정신을 잃기도 하였다고 하였다. 작자는 이러한 모든 일들이 다 자기의 불효라고 자책하였다.

하지만 작자의 고통은 그것으로 끝나지 않았다. 화변 이후에 벌어진 여러

53 201면.

54 201면.

사건들은 여전히 작자를 고통의 나락에서 헤어나지 못하게 하였다. 남편이 죽은 뒤 작자는 세손 정조를 영조가 있는 경희궁으로 올려 보냈다. 그런데 그 2년 뒤 영조는 세손을 이미 세상을 떠난 영조의 큰아들인 효장세자(孝章世子)의 양자로 삼는다는 갑신처분을 내렸다. 영조로서는 후일의 시비를 염려하여 정조의 정통성을 확고하게 해주려는 의도였겠지만 작자는 "완명(頑命)이 결(決)치 못ᄒᆞ고 디팅(支撑)ᄒᆞ엿다가 당(當)ᄒᆞᆫ 줄이 ᄒᆞᆫ(恨)이"[55] 된다고 하여 그것이 남편의 죽음과 다름이 없는 충격이었고, 사정은 정조에게도 마찬가지였다고 하였다.

이처럼 남편을 잃고 자식까지 빼앗긴 작자에게 이번에는 친정의 시련으로 인한 고통이 더해졌다. 부친이 화완옹주(和緩翁主)[56]의 시가와 정순왕후의 친정을 후대하였으나 화완옹주의 양자 정후겸(鄭厚謙)과 정순왕후의 오빠 김귀주(金龜柱) 등이 부동하여 부친을 무고하였던 것이다. 그들이 한유(韓鍮)라는 자로 하여금 부친을 무함하는 상소를 올리게 하고, 부친과 사도세자의 서자인 은언군(恩彦君) 형제의 관계를 문제 삼는 등 상황이 급박하게 전개되자 작자는 숙제(叔弟) 낙임(樂任)으로 하여금 정후겸을 사귀도록 하였다. 이에 정후겸은 다소 누그러졌지만 김귀주 일파가 부친에 대한 모해를 그치지 않자 영조는 두 척리의 갈등을 근심하여 김귀주로 하여금 부친에게 사죄하도록 하고, 작자를 위로하기도 하였다. 그러나 작자는 정조 즉위 직후 중부 홍인한(洪麟漢)이 영조 때 인심을 잃은 일로 인해 사사되고, 부친의 무욕(誣辱)이 날로 심해지는 가운데 낙임이 죄안에 오르고, 오빠 낙인(樂仁)과 부친이 연이어 세상을 떠나는 아픔을 겪어야 했다. 뿐만 아니라 홍국영(洪國榮)의 역심(逆心),[57] 그리고 정조가 늦게 얻은 문효세자(文孝世子)의 죽음과 같은 왕실의 일

55 205면.

56 정조 즉위 후 옹주의 작호가 박탈되어 정치달(鄭致達)의 처, 혹은 정처(鄭妻)로 불리게 되는데 〈한중록〉에서도 정처로 지칭하고 있다.

57 작자가 홍국영에 대해 "칭이슈원관(稱以守園官)ᄒᆞᆫ 역심(逆心)(228면)" 운운한 것은 홍

도 작자를 괴롭혔다. 이처럼 고통의 나날을 보내던 작자는 1790년 자기 생일날 손자인 순조가 태어나는 경사가 있은 후로는 죽고 싶은 마음을 끊었다고 하여 순조의 출생에서 자기의 고통을 스스로 달랠 수 있는 계기를 찾았다.

이와 같이 작자는 남편이 죽음을 당한 이후에도 아들을 빼앗기고, 친정이 멸문의 위기에 몰리고, 왕실의 안정과 후사를 걱정해야 하는 등 끊임없이 이어지는 고통에 시달려야 했다. 그런데 작자는 친정이 받은 모함의 대체적인 과정은 제시했지만 모함의 내용을 분명하게 밝히지는 않았다. 곧 한유의 상소 내용이 무엇인지, 부친이 얽힌 은언군 형제의 문제가 어떠한 것인지, 중부가 무엇 때문에 인심을 잃어 사사되었는지 구체적인 언급을 하고 있지 않은 것이다.

그렇지만 작자는 때로는 격한 어조로, 때로는 탄식조로 당시의 심정을 솔직하게 제시하였다. 예를 들어 "블공대텬디슈(不共戴天之讎)는 싱젼(生前)의 닛디 못"[58]한다고 하여 김귀주를 격하게 비난하기도 하고, 부친이 세상을 떠났을 때에는 "심듕(心中)의 내 연괴(緣故) 아닌 거시 업ᄉᆞ믈 ᄌᆞ탄(自歎)"[59]한다고 하여 모든 것이 자기 때문이라며 한탄하기도 하였다. 작자는 친정 일에 생각이 미치면 열화가 치밀어서 일어나 앉아 벽을 두드리며 잠을 이루지 못한 것이 여러 해라고 하여 그 일이 사그라지지 않는 분노로 마음 깊숙한 곳에 자리 잡고 있음을 밝히기도 하였다.

그 뒤를 이어 작자는 정조와 정조비, 그리고 순조의 생모인 가순궁(嘉順宮)의 효우와 자기의 두 딸 청연(淸衍)과 청선(淸璿) 군주(郡主)의 성품과 삶, 그리고 수영을 비롯한 조카들에 대한 당부 등을 제시하였다. 죽고 싶은 마음을 끊어버린 후 작자는 자기의 지난 삶과 고통을 가장 잘 이해하고 있을 아들

국영이 정조의 후궁인 자기 누이 원빈(元嬪)이 죽자 그 무덤에 원호(園號)를 붙이고, 은언군의 아들 담(湛)을 원빈의 양자로 삼아 무덤을 지키는 수원관을 삼고, 장차 담으로 하여금 왕통을 잇게 하여 자기가 외척이 되려 한 것을 가리킨다.

58 217면.

59 227면.

내외와 딸, 그리고 조카들을 의지하고, 바라보면서 살았던 것으로 보인다.

죽고 싶은 마음을 버린 지 5년 후 작자는 회갑이 되는 해를 맞았다. 작자의 회갑 해는 사도세자 역시 회갑이 되는 해로 작자는 "이ᄒᆡ(1795)를 당ᄒᆞ니 내 디통(至痛)이 무궁(無窮)ᄒᆞ"[60]다고 하였다.[61] 사도세자의 회갑 날 작자는 사도세자의 사당인 경모궁(景慕宮)에 전배(展拜)하고, 곧 이어 정조의 권유로 화성 원행(園幸)에 나서서 사도세자의 무덤인 현륭원(顯隆園)에 들렀다가 정조가 작자를 위해 마련한 잔치에서 친척들을 만났다. 작자는 이 일을 서술하면서 자기의 심정과 정조의 효성을 거듭 언급하였다. 그 뒷부분에서는 먼저 큰올케 민씨와 큰조카 수영에 대해 언급하고, 이어 수영의 부탁으로 이 글을 써서 자기의 경력을 알게 하고 경계한다며 조카들에 대한 당부를 제시하고 있다. 수영의 요청으로 이 글을 쓴다고 한 서두 부분과 관련지어 볼 때 이 부분이 작자가 자기 일생을 회고한 이 글의 결말에 해당된다고 할 수 있다. 그런데 작자는 다시 그 뒤를 이어 오빠를 비롯한 친정집 식구와 자기 곁을 평생 지킨 유모와 시비 등 주변 여러 사람들[62]의 인품과 삶의 역정, 그리고 그 인물들에 대한 작자의 감회를 사람 별로 각각 서술하여 부록처럼 첨부하였다.

작자는 회갑이 되는 해를 맞아 남편의 죽음을 돌이켜 서러워하면서도 남편이 남긴 자식들을 보전하고 성취시킨 자부심을 느끼기도 하고, 정조의 지극한 효도를 받는 것을 불안해하면서도 정조의 교화가 아니 미친 곳이 없다며 기뻐하기도 하고, 오랫동안 만나지 못한 골육들을 만나 반가워하면서도 그들

---

60 233면.

61 사도세자의 생일은 1월 21일이고, 작자의 생일은 6월 18일이다. 그리고 작자의 화성 원행은 윤2월 9일부터 16일까지 8일간에 걸쳐 이루어졌다.

62 구체적으로는 오빠 낙인, 중제(仲弟) 낙신(樂信), 숙제(叔弟) 낙임, 계제(季弟) 낙윤(樂倫), 계매(季妹)인 이복일(李復一)의 처, 숙부 홍준한(洪駿漢)과 계부(季父) 홍용한(洪龍漢), 백고모(伯姑母)인 이덕중(李德重)의 처, 중고모(仲姑母)인 이언형(李彥衡)의 처, 계고모(季姑母)인 조엄(趙曮)의 처, 조카딸인 조진규(趙鎭奎)의 처, 그리고 자기가 입궐할 때 데리고 온 유모 아지와 시비 복례 등에 대해 서술하였다.

의 지난 고통에 가슴 아파하기도 하였다. 이처럼 작자는 남편과 자기의 회갑을 계기로 만감이 교차하는 가운데에서 자기의 지난 삶을 돌이켜 보았다.

3. 자전적 회고의 의미

혜경궁은 회갑이 되는 해를 맞아 지난 삶을 돌이켜보는 글을 썼다. 조카의 요청이 있었지만 인생의 한 장을 넘기는 회갑에 느끼는 감회가 그러한 글을 쓴 직접적인 계기가 되었을 것이다. 그런데 지나온 삶을 회고하여 기록하는 것은 과거에 있었던 일이나 그것에 대한 당시의 생각과 감회를 단순히 재현하는 데 머물지 않는다. 그것은 현재의 시각에서 과거를 돌이켜 반추하는 것으로 과거의 나와 글을 쓰고 있는 현재의 나 사이에 이루어지는 지속적인 대화의 과정일 수밖에 없다. 이에 따라 작자는 과거의 일에 대한 감회나 생각을 돌이켜 보면서 현재의 시각에서 그것을 다시 확인하기도 하고, 새롭게 해석하거나 받아들이기도 한다.

[3] 집의 오니 가마ᄅᆞᆯ 사랑문으로 드리고 션친이 쥬렴(珠簾)을 드르시ᄂᆞᆫ되 도포ᄅᆞᆯ 닙으시고 붓드러 ᄂᆡ시며 황늠튝쳑(惶凜蹙踖)ᄒᆞ오신 ᄉᆞᄉᆡᆨ(辭色)과 내 부모 븟들고 셜워ᄒᆞ던 일이 이제 ᄉᆡᇰ각ᄒᆞ여도 눈물이 흐ᄅᆞ더라.[63]

[4] 내 초간(初揀) 후로 심히 슬허 즐겨 아니ᄒᆞ던 일을 ᄉᆡᇰ각ᄒᆞ니, 궁듕의 드러와 억만창상(億萬滄桑)을 겻그려 ᄒᆞ기 스ᄉᆞ로 ᄆᆞ음이 즐겁지 아니ᄒᆞ던가 일변(一邊) 고이ᄒᆞ고 일변 인ᄉᆞ(人事)가 흐리디 아니ᄒᆞ던 ᄃᆞᆺᄒᆞ더라.[64]

63 167면.
64 165~166면.

[5] 문회(門戶) 셩만(盛滿)ᄒᆞ믈 근심ᄒᆞ오셔 ᄆᆡ양(每樣) "집을 보젼(保全)ᄒᆞᄂᆞᆫ 거시 음관(蔭官)의 쥬부(主簿) 봉ᄉᆞ(奉事)가 기리 누리니 마노라긔셔 본(本)집 되ᄂᆞᆫ 거ᄉᆞᆯ 깃거 마르쇼셔" ᄒᆞ오시기, 내 집 셩시(盛時)니 그런 말ᄉᆡᆨ(末職)은 듯디 못ᄒᆞ엿다가 그 말ᄉᆞᆷ을 듯고 올흐신 줄은 아로ᄃᆡ 넷 말ᄉᆞᆷ으로 우셔 드럿더니, 도금(到今)ᄒᆞ야 ᄉᆡᆼ각ᄒᆞ니 ᄇᆞᆯ그신 말ᄉᆞᆷ이런가 시브다.[65]

[3]은 작자가 재간을 마치고 집에 돌아왔을 때의 상황을 제시한 것이다. 재간 때 작자가 이미 세자빈으로 결정되었다는 사실이 확인되었기 때문에 부친이 의관을 갖추고 조심스럽게 직접 작자를 맞이하고, 작자는 부모를 붙들고 서러워하였는데 지금도 당시의 상황을 생각하면 눈물이 흐른다고 하여 과거의 감정이 현재에도 변함이 없다고 하였다.

[4] 역시 작자의 혼인에 대한 서술의 일부이다. 작자는 자기가 혼인 과정 내내 서러워했던 사실을 돌이켜 보면서 그것이 궁중에 들어와 온갖 시련을 겪을 줄 미리 알아서 그랬던 것인지 모르겠다며 한편으로는 이상한 일이고, 또 한편으로는 자기가 어렸어도 사람들 일[人事]에 어둡지 않았던 듯하다고 하였다. 작자 스스로 다른 곳에서 밝히고 있듯이 자기가 서러워한 것은 부모의 슬하를 떠나야 했기 때문이다. 그런데 여기에서는 그때 자기가 앞으로 전개될 시련을 미리 짐작해서 그토록 슬퍼했는지 모르겠다며 당시 자기의 태도와 감정을 시련을 겪고 난 현재의 시각에서 나름대로 해석하고 있다.

[5]에서 작자는 오빠 홍낙인이 주부(主簿)나 봉사(奉事)와 같은 음관(蔭官)의 집안이 길이 보전된다며 작자에게 친정 잘되는 것을 기뻐하지 말라고 한 말을 소개하고 있다. 작자는 당시 친정이 번성하던 때라 그 말을 가볍게 들었는데 지금 와서 생각하니 그것이 현명한 말이었다고 하여 오빠의 말에 대해 과거와 다른 현재의 자기 생각을 밝히고 있다.

65 241~242면.

이처럼 작자는 현재의 시각에서 과거의 감회를 재확인하기도 하고, 예전의 자기 태도나 감정의 근거를 찾기도 하고, 과거와 달라진 지금의 생각을 밝히기도 하였다. 이는 작자가 지나온 삶의 역정과 과거의 감정을 있었던 그대로 기술하는 데 머물지 않고, 이 글을 통해 스스로를 성찰하면서 자기의 삶을 확인하고, 구성해 가고 있다는 것을 의미한다.[66]

그렇다면 그렇게 확인하고, 구성한 작자의 삶은 어떠한 모습을 띠고 있는가. 작자는 화성 원행에 대한 서술의 끝부분에서 역사상의 후비(后妃)들 가운데 자기만큼 죽지 못한 채 갖은 시련을 겪은 사람이 없을 것이라고 하였다. 앞에서 어느 정도 확인하였지만 작자는 자기의 일생을 시련과 고통이 점철된 삶으로 제시하고 있다. 작자에게 실제 즐겁고 기쁜 일이 그렇게 없었는지 모르겠지만 중요한 것은 작자가 자기의 삶을 그와 같이 인식하고 있다는 것이다. 작자가 제시하고 있는 삶의 모습을 보다 구체적으로 살피기 위해 먼저 작자가 자기 자신에 대해 직접 언급하고 있는 몇 군데 예부터 살펴보자.

작자는 자기가 태어났을 때 조부와 증조모가 자기를 보고 보통 아이와 다르다거나 작은 어른이니 성인(成人)을 일찍 하리라는 말을 했다고 하였다. 또 자기가 부모의 다툼을 말렸을 때에는 부모가 어린아이이면서도 부모의 화기(和氣) 잃는 것을 즐거워하지 않을 줄 안다며 소꿉놀이 도구를 상으로 사주기도 했다고 하였다. 이어 조부가 세상을 떠나자 자기가 복을 입을 나이가 아닌데도 모친에게 조부의 상이 있으니 화려한 옷을 입을 수 없다고 했던 일화를 소개하면서 자기가 지각이 없을 나이이지만 그렇게 대답한 것은 부모의 교훈이 자기에게 미쳤기 때문일 것이라고 하였다. 그리고 혼인 때 자기가 유난히 서러워했던 것은 궁에 들어와 온갖 풍상을 겪을 줄 미리 알았기 때문에 그랬

66 이러한 점은 자전적 글쓰기에서 흔히 확인되는 것이다. 일반적으로 자전적 글쓰기는 내가 나에 대해 말하는 독특한 의사소통 활동으로 과거의 나를 있는 그대로 재현하기보다는 특정의 가치 기준으로 자기의 경험을 평가하고 구성하여 자아의 경험을 다시 쓰는 것이며, 이를 통해 스스로를 형성하는 것이라 할 수 있다(최인자, 「정체성 구성 활동으로서의 자전적 서사 쓰기」, 『현대소설연구』 11, 한국현대소설학회, 1999, 330면 참고).

던 것 같다면서 자기가 사람들 일에 어둡지 않았던 듯하고 하였다.

이어 궁중에 들어온 후에는 문안 인사 때문에 어려움을 겪었다는 일을 제시하면서 궁중법이 요즘에 비해 훨씬 엄했지만 자기가 괴로워하지 않은 것은 자기가 옛사람의 작인(作人)이라서 그랬던가 싶다고 하였고, 선희궁이 매양 투기를 경계했다고 하면서 "내 본심이 이 브치의 거릿끼디 아닐 분 아니라 ᄉᆞᄉᆞ(私私) 녀편ᄂᆡ와 쳐신이 다ᄅᆞ니 내 기간(其間)의 보ᄂᆞᆫ 거시 만흐ᄃᆡ 내 개회(介懷)ᄒᆞ미 업ᄉᆞ니"[67] 이 또한 부모의 교훈 때문이라고 하였다. 그리고 정순왕후의 친정에서 작자의 친정을 갖가지로 모함했지만 자기가 정순왕후 섬기는 데 있어서는 조금도 마음에 애체(礙滯)를 품지 않고 지성으로 섬겼다면서 그 일은 궁중 사람들이 목도한 바라고 하였으며, 사도세자의 무덤 앞에서는 남편이 남기고 간 어린 자녀들을 모두 길러 성취시켰다며 스스로를 자랑스럽게 생각하였다고 하였다.

이처럼 자신이 갓 태어났을 때와 아주 어렸을 때 친정 어른들에게서 평범하지 않다는 평가를 받는 등 어릴 적부터 범상치 않았고, 지각이 일찍 나 어른스러웠으며, 사람들 일에 어둡지 않았고, 옛사람을 닮아 법도를 지킬 줄 알았으며, 며느리와 아내로서의 도리에 충실했다는 것은 작자가 스스로에 대해 나름의 자부심을 갖고 있었다는 것을 의미한다.

그런데 작자는 자신뿐 아니라 친정에 대한 자부심도 지니고 있었다. 예를 들어 재간 후 모친이 집에서 정성왕후와 선희궁의 글을 받을 때 급히 준비했지만 모든 것이 다 예에 맞게 갖춰졌다고 하면서 요즈음 국혼(國婚) 정한 집들과 비교하면 그때 일이 장하던 듯하다고 하였고, 또 모친이 궁중에 들어가면 사사로운 의복을 입지 못한다며 그동안 해주고 싶었던 깨끼주치마를 마지막으로 해 입히던 일을 소개하면서 근래 척리(戚里)집은 의복을 가례 후 만들어 들여오니 자기 친정의 조심하고 근신함이 심하던 것을 알 수 있다고 하였

67 187면.

다. 그리고 부친의 과거 급제를 영조가 기뻐하고 정성왕후는 눈물까지 보이며 치하하던 일에 대해 자기 부모가 안팎으로 높은 성심(聖心)에 합당해서 그랬던 것 같다고 하기도 하였다.

자기의 숙성함과 법도에 맞는 태도가 부모의 교훈 때문이라고 한 데에서도 알 수 있듯 자기와 친정에 대한 자부심이 별개일 수 없었다. 이러한 자부심은 작자의 힘겨운 삶을 지탱해주는 버팀목이 되기도 하고, 반대로 자기나 친정이 모진 시련을 겪어야 하는 상황을 불합리한 것으로 인식하도록 하여 고통이 보다 심화되는 요인으로 작용하기도 하였을 것이다.

그렇다면 작자가 겪은 시련은 구체적으로 어떤 것들이고, 그것으로 인해 느낀 작자의 고통은 어느 정도였는가. 이를 제대로 확인하기 위해서는 작자와 주변 인물의 관계나 그들을 둘러싼 상황을 살펴볼 필요가 있다. 인간의 삶이란 결국 주변 사람이나 외적 상황과의 관계 속에서 구성되기 때문이다. 이런 점에서 작자가 말미에 자기 주변의 여러 인물 각각에 대한 서술을 부록처럼 첨부하고 있는 것도 결국은 그들과의 관계를 통해 자신의 삶을 돌아보고 있다는 것을 말해주는 것일 수 있다. 먼저 친정부모에 대한 서술부터 좀더 구체적으로 살펴보자.

앞에서 확인하였듯이 작자는 삶의 여러 국면과 고비마다 친정부모에 대한 서술을 거의 빠뜨리지 않고 있다. 어렸을 때에는 자애가 각별하여 자기로 하여금 그 앞을 떠나지 못하게 하였고, 혼인할 때에는 이별을 가슴 아파하면서도 내색하지 않고 경계하였다고 하였다. 작자가 여러 곳에서 부모의 사랑을 언급하고 있지만 작자에게 그들은 자식을 각별하게 사랑하는 단순한 부모 이상의 의미를 지니고 있었다.

작자는 모친이 제사를 정성껏 받들고, 시어머니를 지성으로 섬기며, 시누이들을 친애할 뿐 아니라 밤에 보(褓)로 창문을 가리고 바느질을 할 정도로 부지런하고 검소하였다고 하였다. 또 감정 표현이 가볍지 않아 화기가 봄 같으면서도 엄숙하여 사람들이 그 성덕(盛德)을 일컫고, 남편이 기대하고 공경

할 정도였다고 하였다. 작자의 가례 후 모친에 대한 정성왕후와 인원왕후의 대접이 관곡(款曲)하였는데 당시 모친의 태도를 모든 궁인들이 칭송하였으며, 나중에 세자가 병들자 몸소 기도하는 등 정성이 미치지 않은 곳이 없었고 입궐할 때마다 세자의 화를 풀어준 일이 많았으며, 모친이 세상을 떠났을 때에는 인원왕후와 정성왕후가 작자를 위로함이 자별하였고 내인들이 모두 슬퍼하였다고 하였다. 이처럼 작자의 모친은 자식을 사랑하는 어머니, 사위를 아끼고 걱정하는 자애로운 장모일 뿐 아니라 현숙한 덕을 갖춰 모든 사람들에게 칭송을 받는 존재였다. 그러한 모친이었기에 작자는 모친이 세상을 떠났을 때 과도하게 애통해 하다가 정성왕후와 선희궁에게 꾸중을 듣기도 하였다.

하지만 작자의 삶에서 더 중요한 사람은 부친이었다. 그것은 모친이 작자가 임오화변을 겪기 훨씬 이전에 세상을 떠났지만 부친은 작자의 모진 풍상을 지켜보면서 본인도 갖은 시련을 겪다가 세상을 떠났기 때문이다. 부친은 계모가 기출(己出)보다 사랑할 정도로 계모를 지성으로 섬겨 계모가 병이 들자 몸소 업어 모시기도 하고, 큰누나가 병들었을 때에는 직접 구호하고 장례를 돌보기도 하는 등 효우돈목(孝友敦睦)이 뛰어났으며, 항상 학업에 힘썼다고 하였다. 또 작자의 가례 때 부친의 모든 행동이 법도에 맞아 궁중 사람들이 나라에서 사돈을 잘 보았다고 하였을 뿐 아니라 영조가 부친을 인견하고서는 예를 안다고 칭찬을 하기도 하였다.

그런데 작자에게 부친은 자식을 각별히 사랑하고, 덕과 예를 갖춘 인자한 아버지만이 아니었다. 부친은 사위인 세자의 학문을 지성으로 도와 성군이 되기를 옹망(顒望)하고, 세자가 홍역을 할 때에는 지극한 정성으로 옆에서 구호하였으며, 평안감사로 나갔을 때 세자가 두역을 하자 찬 방에 머물면서 마음을 졸여 수염이 희어지기도 하였다. 뿐만 아니라 세자의 병과 관련하여 영조에게 하기 어려운 말을 아뢰다가 삭직되기도 하고, 세자와 세손을 보호하려 애를 쓰다 머리와 수염이 희어지고 관격증이 생기기도 하였으며, 부녀가 만나면 눈물을 흘리고 하늘을 우러러 영조와 세자 두 분 화(和)하기와 세손 보호하기를 축수하였다고 하였다. 작자는 그러한 사실들을 기술하면서 "불그신 졍셩은 샹텬(上天)이 됴촉(照燭)ᄒᆞ시고 신명(神明)이 ᄌᆡ방(在傍)ᄒᆞ니, 일호(一毫)나 위친(爲親)ᄒᆞᄂᆞᆫ ᄉᆞ졍(私情)을 과히 ᄒᆞ리오"[68]라고 하면서 자기 부친이라고 해서 과장한 말이 절대 아니라고 하였다.

이처럼 세자와 세손을 위해 노심초사하는 부친은 지속되는 시련의 상황 속에서 작자가 의지할 수 있는 유일한 버팀목이었고, 이에 따라 부녀간의 정서적 유대는 일반적인 부녀간의 그것보다 훨씬 강해질 수밖에 없었을 것이다. 그렇지만 이러한 두 부녀를 둘러싼 외적 상황은 더욱 나빠지기만 하여 위국충정이 옛 명신들에 비해 부끄러움이 없는[69] 부친이 역심을 품었다는 등 거듭되는 모함과 비판을 받다가 마침내 고통 속에서 삶을 마감하였다. 작자 44세 때의 일이었다. 부친은 세손에게 고모인 화완옹주를 잘 대접하라 면계(面戒)하고, 작자에게도 우애하라고 권하면서 정후겸과 그 종조(從祖) 정휘량(鄭翬良)을 후대하였다. 또 정순왕후의 부친인 김한구(金漢耉)가 국구가 되자 가르쳐주면서 돌보았고, 은언군 형제 역시 가르치고 보살폈다. 하지만 결국 그들로 인한 갖은 모함에 시달려야 했고, 정조 즉위 후 처벌을 주장하는 상소가 빗발치는 욕을 당하다가 세상을 떠났던 것이다.

작자는 부친이 죽자 자기가 친정에 태어나지 않았더라면 집안이 이 지경에 이르지 않았을 것이라면서 평생 부친과 화복(禍福)을 같이하고 명(命) 또한 같이하고자 했지만 그렇게 하지 못한 부끄러움과 설움이 궁양(穹壤)에 사무쳤다고 하였다. 이는 작자가 부친을 자기가 믿고 의지하는 버팀목일 뿐 아니라 운명까지 같이하는 절대적 의미를 지닌 존재로 인식하고 있었다는 것을 말해준다. 김귀주를 비롯해 부친에게 시련을 가중시킨 사람들을 언급하면서

68 200면.

69 작자는 "션왕(先王)〔영조〕의 대졉(待接)ᄒᆞ시미나 션친의 님군 우러오신 뎡셩(精誠)이야, 녯 명신(名臣)원들, 협찬(協贊)ᄒᆞᆫ 공(功)이야 븟그러오미 계시리오"라고 하였다(207~208면).

다소 격한 어조로 분노를 표출한 것은 이러한 부친과의 긴밀한 정서적 유대와, 부친과 자기가 운명을 같이하는 공동체라는 인식 때문이었을 것이다. 그런데 쉽게 짐작할 수 있듯이 애초 작자가 부친에 대해 그러한 인식을 갖게 된 데에는 작자와 남편인 세자의 관계가 크게 작용하였을 것이다.

작자는 세자가 효성이 과인하였는데 특히 정성왕후에게는 생모에게도 더할 것이 없을 정도로 효도를 하여 정성왕후가 애중하였고, 정성왕후의 인산(因山) 때 애통하는 모습을 보고 많은 사람들이 감읍하였다고 하였다. 또 옹주들과의 우애가 지극하고, 자녀에 대한 사랑이 세세한 부분에까지 미쳤으며, 장인을 공경하고 대접함에 잘못이 없었으며, 처남들을 후대하고 사랑하였다고 하였다. 작자는 이처럼 세자가 예질(睿質)이 영위(英偉)하고 학문을 성취하였지만 18~9세 무렵 병이 심해져 점차 난처한 일이 많아지고, 엄교(嚴敎)도 자주 만나 송구스러워 하던 모습은 형용할 수 없을 정도라고 하였다. 이어 인원왕후가 세상을 떠나고, 영조가 정순왕후를 맞이하고, 세손이 관례와 혼인을 하는 등 사건의 고비마다 세자는 병으로 인한 고통에서 헤어나지 못하고, 곁에서 그것을 바라보는 작자 또한 심한 고통에 시달릴 수밖에 없었다. 작자는 자기 역시 난감한 지경을 많이 당해 살 마음이 없었으며, 사세(事勢)가 난안(難安)하여 근심이 무궁하니 세월을 어떻게 보낸 줄 알지 못하겠다고 하였다. 그러다 작자가 28세 때인 임오년(1762) 첫여름에 이르러서는 사세가 더욱 망조(罔措)하여 작자는 자결을 생각하여 칼과 노끈을 여러 번 만지기도 하였는데 마침내 세자가 뒤주에 갇히는 변이 일어나자[70] 칼을 들어 자결을 시도하기도 하였지만 부친과 세손을 생각하여 죽지 못했다고 하였다. 이후 30여 년이 지나 세자가 회갑이 되는 해를 맞자 작자는 지통(至痛)이 무궁하여 세념(世念)이 없었고, 세자의 회갑 날 세자의 신주 앞에 서자 유한이 무궁하

70 사도세자가 뒤주에 갇힌 것은 윤5월 13일이다. 『실록』에는 사도세자가 21일 세상을 떠났다고 되어 있는데 작자는 임오화변편에서 20일에 세상을 떠난 듯하다고 하였다.

고 흉장(胸臟)이 억색(抑塞)하였으며, 돌아와서는 만사가 꿈과 같아 마음을 정하지 못하였다고 하였다.

이처럼 작자는 세자가 본래 성품과 자질이 뛰어났으면서도 병 때문에 고통을 받는다고 하여 세자에 대한 안타까움을 나타내면서 세자로 인해 자결을 생각할 정도로 고통스러웠던 당시의 심정을 토로하였다. 세자는 작자가 안타까워하면서 고통을 함께 하는 대상이었을 뿐 아니라 작자에게 엄청난 시련을 가하는 존재이기도 하였던 것이다. 세자가 병이 악화되다가 결국 죽음에까지 이른 10여 년이라는 기간은 작자에게 극심한 고통의 나날일 수밖에 없었다. 따라서 세자는 작자가 깊은 정을 느끼거나 의지할 수 있었던 대상이 아니었다. 오히려 세자로 인해 어렵고 혼란스런 상황이 전개될수록 작자는 친정아버지를 더욱 믿고 의지할 수밖에 없었다. 삼종의 도리를 지키려 해도 남편을 따르기 어려운 상황에서 부친에 대한 의지와 부친과의 정서적 밀착은 일반적인 부녀 관계 이상으로 강화될 수밖에 없었던 것이다. 그러면 작자의 고통스런 삶에 아들 정조는 어떻게 연관되어 있는가.

작자는 18세 때인 임신년(1752)에 정조를 낳았다. 작자는 당시의 기쁨이 비할 데 없었고, 정조를 낳은 것이 신세지락(身世之樂)인 듯싶었는데 자기의 운명이 험할 줄 미리 알아서 그랬던 것 같다고 하였다. 실제 그 무렵부터 세자의 병이 심해지기 시작하였다. 정조는 돌 즈음에 글자를 능히 알고, 네 살 때 『효경』을 배웠는데 조금도 유충(幼沖)한 일이 없고 글을 좋아하여 가르치는 수고로움이 없었지만 작자는 오히려 영민하지 못한가 하여 책망하기도 하였다. 이후 작자는 세자의 병 때문에 정조의 관례에 참석하지 못하기도 하였는데 마침내 임오화변이 일어나자 작자는 11세의 어린 정조를 데리고 친정으로 나와 설움 속에서 모자가 서로 의지하였다. 다시 창경궁으로 돌아온 작자는 정조를 영조가 있는 경희궁으로 올려 보냈다. 정조는 차마 떠나지 못하여 울면서 가고, 자기도 마음이 베어지는 것 같았지만 참고 보냈다고 하였다. 정조는 새벽마다 작자에게 봉서를 보내 서연(書筵) 때 회답을 받아 보고서야 마음을 놓았으며, 작자의 병이 낫지 않자 의관과 논증(論症)하여 약을 지어 보내기도 하였다. 그런데 예기치 못한 갑신처분은 이들에게 또 다른 고통을 안겨 주었다. 작자는 정조가 지나치게 애통해하자 마음이 끊어질 듯한 것을 억지로 참고 정조를 위로하였다고 하면서 "뉘 모ᄌᆞ(母子)가 업ᄉᆞ리마ᄂᆞᆫ 대뎐과 날 ᄀᆞᆺᄒᆞᆫ 사ᄅᆞᆷ이 어ᄃᆡ 이시리오."[71]라고 하였다.

이처럼 작자는 아들이 태어났을 때 자기 평생의 기쁜 일로 알아 아들을 힘써 권면하고, 남편의 죽음이란 모진 시련을 겪으면서는 아들과 서로 의지하였다. 그들은 떨어져 있으면서 항상 그리워하고, 거듭되는 고통을 같이 아파하면서 서로 위로하였다. 작자에게 어린 아들은 삶을 포기하지 못하는 이유였고, 고통을 함께 하면서 서로 믿고 의지하는 존재였다.

그런데 이러한 작자와 아들 사이에 문제가 생겼다. 시누이인 화완옹주가 아들과 작자, 아들과 외가 사이를 이간하는 일이 벌어졌는데 아들이 임금이 되자 문제는 더욱 심각하게 전개되었다. 작자의 친정에 대한 비판과 모함이 빗발치는 가운데 중부가 처형되고, 숙제가 죄안에 오르고, 부친에 대한 무욕이 갈수록 심해진 것이다. 작자는 중부가 죽자 자기가 아들을 길러 임금이 되는 것을 보니 어찌 기쁘지 않겠는가마는 흉금을 어루만져 아파하고 슬퍼하면서 자기 한 몸이 죽어 그런 일들을 보고 싶지 않았는데 정조를 생각해 참고 견뎠다고 하였다. 중부가 세상을 떠난 후에는 부친이나 보전하기를 바랐는데 부친에 대한 무욕이 첩첩해지자 부친의 지원(至冤)을 폭백(暴白)하고 죽고 싶었지만 역시 정조를 생각해 결단하지 못하고 문을 닫고 칩복(蟄伏)하여 정조가 오면 머리를 들어 바라보는 한편 불안해하는 정조가 상심할까 화기(和氣)를 짓기도 했다고 하였다.

거듭되는 고통과 시련을 함께 하면서 마음으로 의지하던 어린 아들이 정작 보위에 오르자 작자의 친정에 거듭 화가 밀어닥치는 사태가 벌어졌던 것이

71 205면.

다. 구체적인 상황이나 사실을 밝히지 않았고, 또 아들에 대한 섭섭한 마음을 직접 드러내지는 않았지만 거듭 죽고 싶었다거나, 두문불출하고 방에 누워 세상과 단절한 채 지내기도 했다는 것은 아들에 대한 믿음이 이전과 달라졌다는 것을 말해주는 것으로 보인다. 여태껏 작자가 믿고 의지하던 부친을 비롯한 친정이, 역시 믿고 의지하던 아들이 왕위에 오르면서 멸문의 위기로 내몰리는 모순된 상황을 작자로서는 견디기 어려웠을 것이다.

하지만 차차 사정이 변화하면서 작자와 정조의 관계가 조금씩 회복되어 갔다. 정조는 죄안에 올랐던 작자의 숙제를 곧 사면하고, 수년 후 작자의 조카 수영에게 벼슬을 제수하였으며, 또 몇 년이 지난 뒤 무함이 극한 상황에서 세상을 떠난 작자의 부친을 사후 6년 만에 소석(昭釋)하여 시호를 내렸다. 작자는 숙제가 사면되자 아들이 동기를 살려서 감격하였다 하였고, 조카가 벼슬을 받았을 때에는 시비가 있어[72] 기뻐하지 않았다고 하였으며, 부친에게 시호가 내리자 늦은 것을 슬퍼하지만 선친을 감축한다고 하였다.

이처럼 작자는 정조의 배려에 고마워하기도 하고, 조처가 좀더 일찍 이루어지지 못한 것을 섭섭해 하기도 하였지만 정조의 마음을 헤아리고, 그 지극한 효성에 감동하면서 아들과의 관계를 완전히 회복하게 된다.

[6] 쥬샹(主上)이 셩효(聖孝)가 탁월ᄒᆞ샤 ᄌᆞ뎐(慈殿) 밧드ᄅᆞ시미 지극ᄒᆞ시고, 부모로 은통(隱痛)이 이셔 유명지간(幽明之間)의 셜워ᄒᆞ시니 만나신 배 ᄎᆞᆷ디 못ᄒᆞᆯ 일이니, 내 몸의 당ᄒᆞᆫ 일은 신명(神明)이 ᄌᆡ방(在傍)ᄒᆞ니 일호(一毫)도 엇디 너기미 업고, 션군(先君)을 위ᄒᆞ야 슬허ᄒᆞ나 ᄯᅩᄒᆞᆫ 엇디ᄒᆞ리오. 쥬샹의 셜움을 내 도로혀 위ᄒᆞ야 슬허ᄒᆞ고 아쳐로아ᄒᆞ고, 션친(先親) 튜모(追慕)ᄒᆞ시ᄂᆞᆫ 일은 일국(一國)이 감동ᄒᆞᆯ 거시오, 사라 잇ᄂᆞᆫ 어미게 쳔승지양(千

72 홍수영에게 벼슬을 제수할 때 김종수(金鍾秀)가 작자의 부친과 중부를 거론하며 반대했던 사실을 가리킨다(『정조실록』, 5년 2월 29일조 참고).

乘之養)을 ᄒᆞ시는 거시 또 극딘(極盡)ᄒᆞ시니 무어시 여감(餘憾)이 이시리오.[73]

[6]에서 보듯 작자는, 정조가 어머니가 당한 모진 일과 고통을 잘 알고 있고, 죽은 아버지를 생각하여 슬퍼하는 견디지 못할 아픔이 있다면서 자기는 정조의 설움을 마음 아파하고, 자기에게 효성이 극진하니 아무런 섭섭함이 없다고 하였다. 이러한 작자의 마음은 남편의 죽음으로 인한 시련을 함께 하면서 서로 의지하고 걱정했던 예전 어린 아들에 대한 마음과 크게 다르지 않은 것으로 보인다.

이와 관련하여 정조가 사도세자의 이장을 밤낮으로 근심하면서 오랜 기간 경영한 끝에 이루어 작자와 함께 둘러보고, 작자 친정의 친척들이 모두 참여한 큰 잔치를 열어 작자를 위로한 화성 원행과 잔치는 작자가 정조의 효성과 정성, 그리고 교화에 감동한 중요한 사건이었다고 할 수 있다.

[7] 미망지인(未亡之人)이 창상겁수(滄桑劫數)를 무수히 경녁(經歷)ᄒᆞ니 신셰(身世)예 이샹ᄒᆞ미 ᄌᆞ(고) ᄉᆞ텹(史牒) 후비(后妃)의 날 ᄀᆞᄐᆞ 니는 비(比)ᄒᆞ야 견조 리도 업는ᄃᆡ, 이번 거조(擧措)는 또 업ᄉᆞᆫ 일이라. 이 ᄯᅩᄒᆞᆫ 대뎐의 셩효(聖孝)로 내 ᄆᆞᄋᆞᆷ 위로코져 경영(經營)ᄒᆞ신 배니 눈이 닷는 ᄃᆡ마다 지셩(至誠)이 아니 미츤 ᄃᆡ 업ᄉᆞ니 …… 불안이 심ᄒᆞᆫ 듕 ᄌᆡ략(才略)의 이샹ᄒᆞ시믈 탄복(歎服)ᄒᆞ고 귀히 너기는 밧, 문믈(文物) 위의(威儀) 슉연(肅然)ᄒᆞ미 대뎐 교화(敎化)의 아니 미츤 곳이 업ᄉᆞ니 듕심지희(中心之喜)를 이긔디 못ᄒᆞ리러라.[74]

73 230면.

74 236면.

[7]은 화성 원행과 잔치에 대해 작자가 자기의 감회를 서술한 부분이다. 작자는 친정부모의 구로지은(劬勞之恩)을 생각하며 슬픔에 잠기던 자기의 생일날 순조가 탄생하자 그때부터 죽고 싶은 마음을 끊어버렸는데 그 후 5년 만에 역사에 없는 원행을 경험하면서 아들의 효성과 정성에 탄복하고, 아들이 끼친 교화에 기쁨을 이기지 못하였다. 이와 같이 점차 아들과의 관계를 회복한 작자는 이제 아들을 믿고 의지하면서 지난 시절의 모진 시련과 고통의 그림자에서 벗어나 비교적 마음의 안정과 여유를 찾을 수 있었던 것으로 보인다.

작자는 이처럼 마음이 어느 정도 진정된 상태에서 자기의 지나온 삶을 돌아보았다. 하지만 그 삶은 여전히 고통의 연속이었다. 남편의 병과 죽음, 그것과 얽혀 친정에 밀어닥친 시련이 죽음을 생각할 정도로 작자를 괴롭혔고, 믿고 의지하던 아들이 왕위에 오르면서 상황이 더욱 악화되어 고통의 나락에서 헤어나지 못했던 삶의 자취를 마음에서 지울 수는 없었던 것이다. 독자들은 작자가 제시한 이러한 삶의 역정을 통해 작자의 시련과 고통에 연민의 정을 느끼는 한편 상황에 따라 긴밀해질 수밖에 없었던 친정과의 정서적 유대, 또 자기 때문에 친정이 시련을 겪게 되었다는 심리적 부담과 억압이 작자로 하여금 그토록 친정에 몰두하게 하고, 마침내 친정의 신원과 관련된 또 다른 글을 쓰게 하였으리라는 것을 짐작할 수 있다.

그런데 보다 주목해 볼 것은 심신이 비교적 안정된 상태에서 작자는 왜 굳이 고통스럽기만 한 지난 삶을 돌아본 것일까, 다시 말하면 작자는 무엇 때문에 이 글을 썼고, 이 글은 작자에게 어떠한 의미를 지니는가 하는 문제이다. 전통시대 여성들이 자신의 삶을 불행하거나 실패한 것으로 간주하는 경우 그들의 자기서사는 자기치유와 자기해명의 동기가 강하게 작용하곤 한다고 한다. 곧 그들은 삶에서의 불만족, 고통, 회한, 좌절, 실패를 응시하면서 글쓰기를 통해 그럴 수밖에 없었던 상황을 자신과 타인들을 향해 납득시킴으로써 자기 존재와 인생을 해명하고 나아가서는 자신의 내면적 상처를 스스로 치유하고자 한다는 것이다.[75] 〈한중록〉의 자전적 회고편도 여기에서 크게 벗어나지 않는 것으로 보인다.

작자는 친정 조카에게 자기의 경력을 알게 하기 위해 이 글을 쓴다고 하였다. 작자가 이 글을 쓸 때 조카 수영은 41세의 장년이었다.[76] 이미 듣고, 보아서 고모의 지나온 삶이나 자기 집안이 겪은 시련의 전말을 상당 부분 잘 알고 있었을 것이다. 그런데도 작자가 굳이 이 글을 쓴 것은 작자 스스로 지나온 삶을 돌이켜 보면서 자기 삶에 나름의 의미를 부여하고, 마음속에 응어리져있는 고통과 갈등을 풀어냄으로써 심리적 안정을 통한 자기위로의 효과를 거둘 수 있기 때문일 것이다. 아울러 다른 사람이 자기의 하소연에 공감할 때 그것을 털어놓는 당사자가 마음의 위로를 받을 수 있다는 점에서 조카와 같은 가깝고 믿을 만한 사람이 자기의 고통을 충분히 이해하고 공감하리라는 기대감 역시 이러한 자기위로를 위한 글을 쓰게 된 이유의 하나일 것이다.

그런데 이 글의 경우에는 또 다른 점을 고려할 필요가 있다. 앞에서 살펴보았듯이 작자는 세자가 영조를 두려워했다거나 부친이 영조와 세자의 부자간이 화합하기를 축수하였다고 하여 남편의 병이 부친인 영조와 관련된다는 사실을 암시하기는 하였지만 남편의 병과 죽음에 대한 구체적인 사실을 밝히지 않았다. 그 이유는 기존 연구에서 지적한 것처럼 당시에는 임오화변에 대해 언급하는 것이 금기처럼 되어 있었고, 또 작자가 정조의 묵은 상처를 굳이 건드리고 싶지 않았기 때문일 수 있다.[77] 그리고 친정에 닥친 시련의 경우 그 대략적인 과정은 제시했지만 부친을 비롯한 친정 식구들이 받은 모함의 구체적인 내용이나 자세한 경과 또한 제시하지 않았는데 그것 역시 중부의 사사를 비롯한 일들이 정조 초년에 있었던 만큼 정조의 심정을 고려했기 때문일 수

75 박혜숙・최경희・박희병, 「한국여성의 자기서사(1)」, 『여성문학연구』 7, 한국여성문학회, 2002, 343~344면. 이 논문에서는 화자가 자기 자신에 관한 이야기를 그것이 사실이라는 전제에 입각하여 진술하며, 자신의 삶을 전체로서 성찰하고 그 의미를 추구하는 특징을 갖는 글쓰기 양식을 '자기서사'라는 용어로 지칭하고 있다.

76 홍수영은 1755년에 출생하였다(정병설 주석, 앞의 책, 237면, 주355 참고).

77 김용숙, 앞의 책, 8면 참고.

있다.[78]

하지만 그 이유를 다른 시각에서 생각해 볼 여지가 있다. 작자는 남편의 병과 관련하여 "내 경녁(經歷)이 무궁ᄒᆞ니 됴건(條件)을 다 쓰려 ᄒᆞ나 셩자(成字)ᄒᆞᆯ 말이 아니니 다 못 긔록"[79]한다고 하여 쓰려고 했지만 쓸 말이 아니니 기록하지 못한다고 하였다. 쓰려고 했지만 쓸 말이 아니어서 기록하지 않는다는 것은 일차적으로 세자의 흉과 허물을 드러내고 싶지 않다는 의미이겠지만 거기에는 죽음을 생각할 정도로 극심했던 자기의 고통을 굳이 돌이키고 싶지 않다는 뜻이 내포되어 있다고 할 수 있다. 또 친정의 시련과 관련해서는 "귀신(鬼神)이 싀긔(猜忌)ᄒᆞ고 사ᄅᆞᆷ의 ᄡᅥ리미 텹텹(疊疊)ᄒᆞ니 기간의 실 얼키듯ᄒᆞᆫ 일이야 내 엇디 다 긔록ᄒᆞ리오"[80]라고 하였다. 실 얽히듯 복잡해서 다 기록하지 못한다고 하였는데 여기에서도 친정이 당한 욕을 일일이 되씹으면서 다시금 분노나 억울한 감정을 돌이키고 싶지 않은 작자의 마음을 짐작해 볼 수 있다. 따라서 작자가 남편의 병과 죽음, 친정의 시련에 대해 자세한 서술을 하지 않은 것은 극단적인 고통과 분노와 억울함을 글을 쓰는 현재의 시점에서 굳이 되뇌고 싶지 않았기 때문이라 할 수 있다.

이와 같이 자기의 삶을 시련과 고통의 연속으로 인식한 작자는 지나온 삶의 고통을 토로하고, 그에 대한 독자의 이해와 공감을 기대하는 한편 고통의 극단과는 거리를 두면서 자기의 마음을 추스르고 있다. 따라서 작자는 고통의 토로와 고통의 절제라는 두 가지 상반된 방식을 적절히 결합한 글쓰기를 통해 스스로를 달래고 위로해가고 있다고 할 수 있다. 하소연하듯 고통을 털어놓는 것뿐 아니라 과거의 고통을 이미 지나간 것으로 돌려 생각하거나 흘려버리는 것 모두 자기위로의 방식이 될 수 있는데 작자는 이 글에 그 두 방식을 모두

78 상동.

79 195면.

80 208면.

적용하고 있는 것이다.

만약 작자의 일생이 평탄하고 안정적이었다면 굳이 지난 삶을 회고하는 글을 쓰지 않았을지 모른다. 자기의 일생이 시련과 고통으로 점철된 우여곡절의 삶이라는 판단, 그리고 아들의 효성과 정성으로 인해 그것을 어느 정도 거리를 두고 되돌아볼 심적 여유가 작자로 하여금 한편으로는 고통을 토로하면서도 한편으로는 그것을 절제하는 이러한 글을 쓰도록 했을 것이다. 그러나 정조가 죽고 상황이 급변하자 작자는 남편의 병과 죽음, 그리고 친정의 시련과 관련하여 이 글에서 절제했던 두 가지 아픔의 깊숙한 부분을 더 이상 가슴속에 묻어두기 어려웠던 듯하다. 〈한중록〉에 수록된 다른 두 편의 글은 이러한 시각에서 이해할 필요가 있을 것이다.

4. 맺음말

혜경궁 홍씨의 〈한중록〉은 일찍부터 주목을 받으면서 많은 논의가 이루어져 왔다. 그런데 〈한중록〉에는 동기와 목적에 차이가 있는 글들이 함께 수록되어 있음에도 〈한중록〉의 성격을 작자가 자기 친정의 신원을 위해 기록한 것으로 이해하는 것이 일반적이었던 듯하다. 물론 이러한 측면을 부정할 수는 없지만 〈한중록〉의 실상과 가치를 제대로 확인하고, 또 한데 묶여 있는 글들을 하나의 관점에서 아우르기 위해서는 보다 다양한 시각에서 접근할 필요가 있다. 이에 이 글에서는 〈한중록〉 가운데 작자가 조카의 요청을 받고 회갑이 되는 해에 자기의 지나온 고통스런 삶을 돌아보면서 쓴 자전적 회고편을 대상으로 거기에 나타난 회고의 양상과 의미를 검토하였다.

자전적 회고편에는 출생부터 회갑 해의 화성 원행에 걸친 작자의 복잡다단한 삶의 과정과, 삶의 여러 고비에서 느낀 회한이 순서대로 제시되어 있다. 작자는 과거의 감회나 생각을 돌이켜 현재의 시각에서 그것을 다시 확인하기도 하고, 새롭게 해석하거나 받아들이기도 하면서 자기의 고통스런 삶을 확인 · 구성하고 있는데 그러한 고통은 남편인 세자, 친정부모, 아들 정조와의 관계 속에 드러나 있다. 이렇게 제시된 작자의 삶을 살펴보았을 때 세자의 병과 죽음에 대한 고통이 작자로 하여금 결과적으로 친정에 몰두하고, 나아가 친정의 신원을 위한 또 다른 글을 쓰게 하였던 것으로 보인다.

정조의 효성과 정성으로 어느 정도 마음의 여유를 찾은 작자가 굳이 이러한 글을 쓴 것은 우선 자기 삶에 나름의 의미를 부여하고, 동시에 자기의 호소에 충분히 공감할 조카를 상대로 마음속에 응어리져있는 고통과 갈등을 풀어냄으로써 심리적 안정을 통한 자기위로를 기대했기 때문일 것이다. 그런 한편 작자는 세자의 죽음과 친정의 시련에 대한 세부적인 내용을 밝히지 않고 있는데 그것은 극단적인 고통과 분노와 억울함을 글을 쓰는 현재의 시점에서 굳이 되뇌고 싶지 않았기 때문일 것이다. 이런 점에서 작자는 고통의 토로와 고통의 절제라는 두 가지 상반된 방식을 적절히 결합한 글쓰기를 통해 스스로를 달래고 위로해가고 있다고 할 수 있다.

이후 정조가 죽고 상황이 급변하자 세자의 죽음, 친정의 시련과 관련해 절제했던 고통의 깊숙한 부분들을 더 이상 가슴 속에 묻어둘 수가 없어 〈한중록〉에 수록된 다른 두 편의 글을 다시 썼을 것으로 짐작된다. 앞으로 〈한중록〉에 실려 있는 글들을 함께 아우르는 보다 확대되고, 심화된 논의가 이루어지기를 기대한다.

〈한중록〉 친정신원편의 역사적 맥락과 글쓰기 방식

1. 머리말

혜경궁 홍씨의 〈한중록〉은 작자가 자기의 삶을 회고한 자전적 회고편, 친정의 억울함을 해명한 친정신원(親庭伸寃)편, 그리고 남편인 사도세자가 죽음에 이르는 과정을 다룬 임오화변편 등으로 이루어져 있다.[81] 이 세 편의 글 모두에는 작자가 지난 삶을 돌이켜보면서 느끼는 고통과 회한이 담겨있다. 그런데 이 글들은 집필 동기와 목적이 서로 다르기 때문에 〈한중록〉의 성격을 올바로 이해하기 위해서는 각각의 글에 대한 좀더 구체적인 검토가 필요하다고 할 수 있다.

기존 연구에서는 〈한중록〉의 주제를 혜경궁이 친정아버지 홍봉한(洪鳳漢), 중부 홍인한(洪麟漢), 그리고 아우 홍낙임(洪樂任)이 겪은 원억(冤抑)의 고발과 해명으로 파악하기도 하고,[82] 또 〈한중록〉을 친정의 신원을 위한 보고

81 그동안 〈한중록〉은 혜경궁이 1795년, 1801년, 1802년, 1805년에 쓴 네 편의 글로 이루어졌다고 알려져 왔으나(김용숙, 『한중록연구』, 한국연구원, 1983, 6~13면) 최근 〈한중록〉의 글들은 1795년, 1802년, 1805년, 1806년의 네 차례에 걸쳐 작성되었으며, 1806년에 쓴 〈병인추록〉은 1802년에 작성된 글의 부록이라는 사실이 확인되었다(정병설, 「〈한중록〉의 신고찰」, 『고전문학연구』 34, 한국고전문학회, 2008, 177~180면). 이에 따라 〈한중록〉은 1795년에 자기의 일생을 회고한 '자전적 회고편', 1802년과 1806년에 친정이 당한 억울함을 해명한 '친정신원편', 1805년에 임오화변의 시말을 기록한 '임오화변편'으로 이루어져 있다고 할 수 있다. 여기에서는 1802년에 쓴 친정신원편을 대상으로 하고, 그 부록인 〈병인추록〉은 필요한 경우에만 언급한다.

82 김용숙, 앞의 책, 138면.

로서의 색채를 농후하게 띤 한풀이 서사로 이해하거나[83] 어린 순조에게 임오화변(壬午禍變)에 대해 자세히 알리고 그 일과 관련하여 불명예스럽게 몰락한 친정을 신원하려는 목적이 매우 강한 작품으로 규정하기도 하였다.[84] 이는 기존 연구들이 친정 신원을 〈한중록〉의 성격을 이해하는 핵심적인 요소로 바라보고 있었다는 것을 말해준다. 하지만 아직 친정 신원 문제 자체에 대해서는 충분한 논의가 이루어지지 못한 듯하다. 이에 여기에서는 친정신원편을 대상으로 그 문제가 어떻게 다루지고 있는지 구체적으로 살펴보고자 한다.

친정신원편은 친정의 신원을 위한 논리적 해명일 뿐 아니라 작자의 고통과 한과 분노가 서린 내면의 토로이기도 하다. 이런 점 때문에 친정의 원억과 신원에 대한 작자의 해명이 객관적이고 논리적인 타당성을 지니는가의 여부를 따지기보다는 그것을 어떤 방식으로 해명하고 주장하고 있는지 확인하는 것이 이 글의 성격을 이해하는 데 보다 효과적일 수 있다. 이에 따라 여기에서는 작자의 친정이 겪은 일들의 역사적 맥락을 살피고, 그것을 작자가 어떻게 인식하고 해명하고 있는지 그 글쓰기 방식을 검토하고자 한다.[85] 먼저 집필의 목적과 작자의 친정이 겪은 일의 실상을 역사 기록을 통해 살펴본다.[86]

83 김승호, 「한풀이로 본 조선후기 여성 자전(自傳)의 계층별 술회 양상」, 『열상고전연구』 34, 열상고전연구회, 2011, 166면.

84 이화형, 「〈한중록〉의 극적인 특성 연구」, 『동아시아고대학』 25, 동아시아고대학회, 2011, 267~268면 참고.

85 〈한중록〉의 글쓰기 방식에 대해서는 심리분석, 대화체, 정서 표출 등 사적인 글쓰기 전략이 지닌 기능과 의미가 논의되기도 하고(최기숙, 「자서전, 전기, 역사의 경계와 언술의 정치학 -〈한중록〉에 관한 제안적 독법」, 『여/성이론』 1, 도서출판 여이연, 1999), 페미니즘적 시각에서 주체적 자아로서의 글쓰기 양상이 검토되기도 하였다(김현주, 「〈한중록〉의 의미구조와 글쓰기 양상 - 페미니즘비평을 중심으로 -」, 상지대 박사논문, 2005).

86 대상 자료는 『원본한중록』(정병설 주석, 문학동네, 2013)이고, 『한듕록(閑中漫錄)』(이병기·김동욱 교주, 보성문화사, 1978)을 참고하였다.

2. 집필의 목적과 역사적 맥락

〈한중록〉의 다른 글들처럼 친정신원편에도 서문이 있는데 그것을 통해 이 글이 1802년 7월경에 마무리되었으며, 작자가 극심한 고통 속에서 이 글을 썼다는 것을 알 수 있다. 이 글을 완성하기 2년 전 작자는 아들 정조가 세상을 떠나는 아픔을 겪었다. 남편을 잃고 아들에게 의지하며 삶을 이어온 작자에게 정조의 죽음은 견딜 수 없는 고통과 충격을 안겨주었을 것이다.

하지만 작자가 겪어야 했던 아픔은 그것만이 아니었다. 순조가 11세의 어린 나이로 즉위하여 정순왕후(貞純王后)가 수렴청정을 하게 되자 친정 동생이 빗발치는 비판을 받다가 마침내 죽음을 당하고, 그와 관련하여 한동안 잠잠했던 친정아버지에 대한 비판이 다시 제기되었다. 아들을 잃은 고통 속에서 작자는 친정의 불행으로 인한 아픔을 또 겪어야 했다. 남편의 병으로 인해 시련이 거듭되는 상황에서 친정, 특히 친정아버지는 작자가 의지할 수 있는 유일한 버팀목이었기에 부녀간의 정서적 유대는 여느 부녀의 그것보다 훨씬 강할 수밖에 없었고,[87] 그렇기 때문에 친정에 닥친 시련은 고스란히 작자의 것일 수밖에 없었다.

이러한 상황 속에서 작자는 친정의 억울함을 밝히는 이 글을 썼다. 작자는 흉한 무리들이 때를 만나 선왕 정조를 저버리고 어린 임금을 업신여기며 선왕의 어미를 핍박하는 상황에서 자기는 의지할 곳이 없고, 살려고 해도 살 길이 없고, 죽으려 해도 죽을 수가 없다며 집필 당시의 심정을 토로하였다. 주체할 수 없는 분노와 고통이 결국 작자로 하여금 이 글을 쓰게 했던 것이다.

그러면서 작자는 이 글을 순조의 생모인 가순궁(嘉順宮)에게 맡기니 자기가 세상을 떠난 후라도 순조가 이 글을 보고 자기 경력의 흉험함과 자기 친정

87 이승복, 「〈한중록〉에 나타난 자전적 회고의 양상과 의미」, 『고전문학과 교육』 28, 한국고전문학교육학회, 2014, 272면.

이 당한 원통함을 알아 30년 쌓인 원한을 풀어주기를 하늘에 빌고 또 빈다고 하였다. 극심한 고통이 정순왕후가 수렴청정을 하는 현재의 상황에서는 해소될 수 없기에 친정이 당한 억울함과 그로 인한 자기 삶의 험난함을 기록하여 순조 스스로 시비를 분간할 수 있는 후일을 기대한다는 것이다. 이 글의 예정된 독자는 순조이고, 목적은 친정의 신원이었다.

그렇다면 작자가 억울하다고 한 친정의 일이란 과연 무엇을 말하는가. 기존 연구에서 홍봉한, 홍인한, 홍낙임이 겪은 일들에 대한 논의가 있기는 하였지만[88] 그들의 억울함을 세세한 부분까지 언급하고 있는 이 글의 내용과 글쓰기 방식을 이해하기 위해서는 역사 기록을 중심으로 문제가 되었던 그들의 행적을 구체적으로 살펴볼 필요가 있다. 역사 기록이 반드시 객관성을 담보하는 것은 아니지만 작자가 제시한 내용을 따라가기보다는 『실록』과 같은 역사 기록에 의지하여 그들의 행적을 검토하는 것이 당시의 상황을 객관적이고 체계적으로 파악할 수 있게 하고, 그러한 역사적 맥락에 대한 이해가 이 글의 서술시각과 글쓰기 방식을 이해하는 데 보다 효과적일 것이다.

홍봉한은 세마(洗馬)로 있던 1744년 1월 딸 혜경궁이 세자빈이 되고, 그 해 문과에 급제하였다. 이후 여러 관직을 두루 거쳐 49세 때인 1761년 우의정, 좌의정을 거쳐 마침내 영의정이 되었다. 이듬해 윤5월 사위인 사도세자가 뒤주에 갇혀 죽는 임오화변이 일어났지만 그로 인해 당장 어떤 일을 겪지는 않았다. 그는 정승이 된 후 일시 면직을 하거나 삭직을 당한 적이 있지만 곧바로 좌의정이나 영의정에 다시 임명되곤 하였는데 1770년 1월 영의정에서 파직된[89] 후에는 예전과 달리 금방 복귀하지 못하였다. 이렇게 홍봉한이 권력의

88 김용숙이 이들이 겪은 일들을 역사 기록과 〈한중록〉을 통해 살펴본 바 있으나(앞의 책, 138~188면) 역사 기록을 중심으로 보다 객관적이고 구체적인 사실과 과정의 확인이 필요하다.

89 『실록』에서는 그 이유를 당시 홍봉한이 사람을 천거할 때마다 영조는 홍봉한이 마음대로 하는 것으로 의심하여 싫어하는 기색이 뚜렷하였으나 홍봉한이 이를 알지 못하고 밤이 깊도록 물러나지 않는 일이 많았기 때문이라고 하였다(영조 46년 1월 10일조). 하지

핵심에서 비켜서자 그에 대한 비판이 본격적으로 제기되기 시작하였다.

3월 청주 유생 한유(韓鍮)가 도끼를 들고 상소를 올렸는데 한유는 홍봉한과 그 집안사람들이 요직을 차지하고 권력을 휘둘러 나라를 그르쳤다고 하면서 홍봉한을 참형에 처할 것을 주장하였다.[90] 한유를 직접 신문한 영조는 그를 흑산도로 귀양 보내고 상소문을 불태웠다. 그리고 이로 인해 홍봉한이 몸가짐에 흠이 있었음을 알 수 있다며 의금부에서 대명하고 있던 홍봉한을 치사토록 하여 봉조하로 삼았다. 곧 이어 영조는 홍봉한을 불러 혜경궁을 위해 치사토록 한 것이고, 곡진하게 보호하려는 뜻이라며 위로하였다.

하지만 이듬해인 1771년 홍봉한은 정조의 이복동생인 은언군(恩彦君) 이인(李裀)과 은신군(恩信君) 이진(李禛)의 일로 다시 곤욕을 치른다. 영조는 어린 은언군 형제가 늙은 재상이나 타는 남여를 타는 등 근신하지 않는다며 서용하지 않는 법을 시행하라 하고, 한 달 뒤 왕손궁의 임장(任掌)이 환관과 결탁하여 시전 상인들의 재물을 탈취한다는 고발이 있자 임장을 친국하여 효시하고 그와 결탁한 무리들을 처벌하였다. 이어 홍봉한이 임장의 누이를 은신군의 보모로 삼게 하여 남매가 함께 일을 벌이도록 하였다며 홍봉한에게 서용하지 않는 법을 시행하라 하고, 은언군 형제를 능주로 귀양 보냈다. 그러나 영조는 이에 그치지 않고 이틀 뒤 군사들로 하여금 궁성을 호위하도록 한 후 은언군 형제의 생모 집안과 왕손궁 사람들을 잡아들이도록 하였으며, 은언군 형제를 후대하였다 하여 홍봉한을 삭출하였다.[91] 이어 영조는 한유를 석방하고,

---

만 〈한중록〉에서는 홍봉한의 파직이 화완옹주(和緩翁主)와 정후겸(鄭厚謙) 모자가 김귀주(金龜柱)와 합세하여 홍봉한을 참소하였기 때문이라 하였다(『원본한중록』, 314면). 이하 『실록』의 경우는 해당 기사의 시기만을 밝힌다.

90 한유는 상소문에서 홍봉한의 아들 홍낙임은 교활하고 광패하며, 아우 홍인한은 전라도에서 탐학한 짓을 하여 백성들의 원망을 샀다고 하였다. 홍인한은 1753년 7월 전라감사에 임명되어 9월에 부임하였고(영조 33년 7월 23일, 9월 2일조), 1762년에는 호남안집사로 전라도에 파견되기도 하였다(영조 38년 10월 3일조).

91 은언군 형제에게 초헌을 빌려 주기도 하고 간혹 교자를 만들어 주었다 하여 홍봉한과 김시묵(金時默)은 삭출되고, 홍낙성(洪樂性)은 삭직되었다(영조 47년 2월 5일조).

은언군 형제는 유배지를 제주로 바꿔 안치하도록 하고, 홍봉한은 청주에 부처(付處)토록 하였다가 혜경궁을 위한다는 명분으로 곧 그 명을 거둬들이고 삭출의 형벌도 씻어주었다.[92]

그런데 유배에서 풀려난 한유가 8월에 다시 상소하여 홍봉한이 임오화변 때 일물(一物), 곧 뒤주를 바쳤다고 하면서 홍봉한의 참형을 주장하였다. 그러자 영조는 한유를 충청감영으로 압송하여 효시하고,[93] 삼사(三司)에서 임오화변 당시 홍봉한이 대신으로서 잘 봉승하지 못해 이런 일이 일어났다며 그의 삭직을 청하자 이를 허락하였다. 이어 홍봉한에 대한 중도부처의 요청이 거듭되자 홍봉한을 서인으로 삼도록 하였다가 두어 달 뒤 그 처분을 거둬들이고, 다음해인 1772년 1월 혜경궁을 위해서라며 홍봉한을 다시 봉조하로 임명하여 도성으로 들어오도록 하였다.

하지만 그해 7월 정순왕후의 6촌 오빠인 김관주(金觀柱)[94]와 오빠 김귀주(金龜柱)가 같은 날, 같은 내용의 상소를 잇달아 올려 다시 홍봉한의 죄를 논하였다. 먼저 그들은 수년 전 영조의 병이 대단할 때 국구 김한구(金漢耉)가 순전히 나삼(羅蔘)만 써야 한다고 했지만 홍봉한이 나삼을 계속 공급하는 것이 어렵다는 이유로 질이 좋지 않은 호삼(糊蔘)을 섞어 썼는데 영조의 병세가 악화되고, 김한구가 책임 운운하자 홍봉한이 어쩔 수 없이 나삼을 썼다고 하였다. 그리고 나삼으로 영조가 병이 나았으나 원기가 미처 회복되지 않아 잘

92 당시 양사(兩司)에서는 은언군 형제가 엄중한 처분을 받아 귀양을 가면서도 그 행장이 분수에 넘쳤고, 홍봉한은 영조에게 은언군 형제를 스스로 담당하겠다고 하였으면서도 도리어 교만하고 방자한 습성을 도왔다며 그들에 대한 처벌을 강화할 것을 요청하였다(영조 47년 2월 9일조). 『실록』에서는 영조가 은언군 형제를 엄중하게 처분한 것은 후일 당인(黨人)들이 그들에게 붙좇아 나라에 맞설 것을 염려했기 때문이라 하였는데(영조 47년 7월 11일조) 〈한중록〉에서는 당시 정순왕후의 친정과 정후겸이, 홍봉한이 은언군 형제를 추대하려 한다고 영조에게 참소했다고 하였다.

93 이때 한유와 공모하고, 영조가 친국할 때 영조에게 어찌하여 이것[뒤주]을 모르느냐고 한 심의지(沈儀之) 역시 역률로 처형되었다(영조 47년 8월 3일조). 심의지의 말은 〈한중록〉에도 제시되어 있다.

94 김관주는 정순왕후의 아버지 김한구와 사촌 간인 김한록(金漢祿)의 아들이다.

걷지 못하자 김한구가 송다(松茶)를 권해야 한다고 했지만 홍봉한이 듣지 않다가 김한구의 강요로 마지못해 송다를 써서 효험을 보았다고 하였다. 뿐만 아니라 그들은 홍봉한이 사도세자를 추숭(追崇)하여 종묘에 들여야 한다며 동궁을 면전에서 협박하였다고 하였다. 이처럼 그들은 홍봉한의 세 가지 죄를 열거한 다음, 홍봉한이 권세를 틀어쥐고 횡포를 부렸다고 비판하였다.

이에 대해 영조는 한 근의 나삼으로 기운이 갑자기 좋아지고, 송다를 마셨더니 걸음 걷기가 좋아졌다는 것은 우스운 말이라고 하였다. 하지만 추숭을 협박했다는 말에 있어서는 감히 척신으로서 그것을 전해야 하겠느냐며 그 문제에 대한 자기의 힘든 심정을 토로하였다. 영조는 이 일이 두 척리, 곧 정순왕후 친정과 혜경궁 친정 간의 갈등에서 비롯된 것으로 파악하여 김귀주는 육단부형(肉袒負荊)하고 대죄토록 한 뒤 삭직하고, 김관주는 귀양을 보내고, 홍봉한은 척신으로 사람들을 탄복시키지 못했다며 파직하는 것으로 상황을 마무리하였다. 이후 홍봉한은 다시 봉조하가 되어 영조를 만나기도 하고, 궁중 행사에 참여하기도 하였다.

이처럼 홍봉한은 권력을 쥐고 횡포를 부리고, 임오화변 때 뒤주를 바치고, 은언군 형제를 비호하고, 영조의 병을 데면데면하게 처리하고, 동궁인 정조에게 사도세자를 추숭해야 한다고 협박했다는 등 수년 사이의 거듭되는 비판에 직면하여 한동안 곤욕을 치렀다. 그런데 1776년 3월 정조가 등극하자 잠시 주춤했던 홍봉한에 대한 비판이 다시 제기되었다.

정조 즉위 직후 정이환(鄭履煥)이 상소하여 뒤주, 나삼, 추숭 문제를 거론하고, 홍봉한이 홍인한과 함께 세손의 대리청정을 방해했다며 그의 처벌을 주장하였다. 이에 대해 정조는 영조의 말을 인용하여 홍봉한이 뒤주를 들이지 않았음을 밝히고,[95] 인삼 일은 사실을 조사하라고 명을 내릴 것이며,[96] 추숭에

95 정조는 신묘년(1771) 2월 7일 영조가 울면서 자기에게 '후일 일물(一物) 두 자를 들어 말하는 사람은 단지 나에게만 충성스럽지 못할 뿐 아니라 너에게도 순정(純正)한 신하가 아니다'라고 하면서 '주방의 물건이 홍봉한을 대명(待命)하지 말도록 하기 전에 먼저 이

관한 일은 홍봉한이 후환을 염려하는 마음에서 한 말이기는 하나[97] 말 자체는 망발이 되기에 성토하지 않을 수 없지만 어머니의 아버지를 단죄할 수 없다는 비답을 내렸다.

하지만 정이환의 상소를 시작으로 홍봉한이 임오화변 당시 수상이면서도 간쟁하여 만류하지 않았다거나, 홍인한과 정후겸(鄭厚謙)의 배후라거나, 역변이 거듭 발생하고 세도를 어그러지게 한 원류라거나, 여러 해 동안 권력을 잡고 있으면서 백성과 나라에 해를 끼치고 사당(私黨)을 심고 공의(公議)를 업신여겼다거나 하면서 그의 처벌을 주장하는 상소들이 줄을 이었다. 이에 대해 정조는 홍봉한이 군사를 동원하여 대궐을 침범하고, 컴컴한 방에서 역모를 꾀했단 말이냐며 만고 천하에 국왕의 외조에게 경솔하게 사죄(死罪)를 더하는 이치는 없다고 하거나, 자기가 몰래 혜경궁을 업고 도망칠 수밖에 없다거나 하면서 홍봉한에 대한 처벌 요구를 물리쳤다.

이처럼 홍봉한은 자기에 대한 비판이 거듭될 뿐 아니라 아우 홍인한이 사사(賜死)되고, 아들 홍낙임이 이른바 정유역변(丁酉逆變)과 관련하여 역적으

르게 되었는데 바깥의 알지 못하는 자들이 홍봉한이 나를 도운 것으로 여기지만 사실은 그렇지 않다'라고 말했다고 하였다(정조 즉위년 3월 27일조). 〈한중록〉에는 정조가 영조의 말을 인용했다는 사실은 밝히고 있으나 영조가 한 말의 구체적인 내용은 제시되어 있지 않다.

96 정이환이 나삼 문제를 다시 제기하자 영조에게 병이 있던 당시의 내국 도제조였던 김치인(金致仁)이 차자를 올려 그때의 상황을 설명하면서 김한구의 말은 자기를 대면하여 한 것이 아니라며 김귀주의 말을 부정하고, 홍봉한이 도제조를 조절한 것이 아니라며 정이환의 말을 부정하자(정조 즉위년 3월 28일조) 정조는 이로써 모든 전말이 석연해졌다는 비답을 내렸다. 이에 대해 김귀주가 상소하여 김치인을 반박하였지만(정조 즉위년 4월 11일조) 정조는 나삼 일을 더 이상 문제 삼지 않았다.

97 정조는 이때 홍봉한은 '저하(邸下)께서 앞날에 혹시라도 수은묘(垂恩墓)를 추숭하지 않는다면, 무신년의 무리들이 이를 빙자하여 추대(推戴)하는 일을 하게 되는 수가 있지 않을지 어찌 알겠습니까? 의당 이렇게 될 듯한데 이렇게 될 때에는 어떻게 대처할 것입니까?'라고 하여(정조 즉위년 3월 27일조) 영조의 뜻에 따라 사도세자를 추숭해서는 안 되지만 추숭하지 않으면 후일 역적의 무리들이 다른 사람을 왕으로 추대하는 일이 벌어질 수 있다며 후환을 근심해서 한 말이라고 하였다. 그런데 혜경궁은 〈병인추록〉에서 홍봉한이 결코 '추대' 두 글자를 언급하지 않았다고 하였다.

로 거론되는 고통스런 위기 상황을 겪다가 1778년 2월 세상을 떠났다. 수년 후 정조는 홍봉한에게 시호를 내리고,[98] 그의 묘와 사당에 여러 차례 치제토록 하였으며, 홍봉한의 글을 모은 『주고(奏藁)』를 직접 편집하였다. 하지만 정조가 1800년 6월 세상을 떠나 순조가 즉위하고, 정순왕후가 수렴청정을 하게 되자 대신들의 반대로 『주고』의 간행이 시작되자마자 중지되고, 이어 홍낙임에 대한 토죄가 빗발치는 가운데 홍봉한이 임오화변 때 대신으로서, 또 폐부지친(肺腑之親)으로서 처신을 잘못했다거나, 홍낙임의 악역(惡逆)은 가정에서 물려받은 것이라거나, 역적 은언군의 일이 홍봉한에게서 비롯되었다고 하면서 그에 대한 비판이 다시 제기되었다. 혜경궁이 홍봉한의 억울함을 해명하지 않을 수 없었던 것은 이러한 상황 때문이었다.[99]

다음 홍봉한의 이복동생인 홍인한은 문과 급제 후 내외 요직을 거쳐 1774년 53세 때 우의정이 되고, 이듬해 잠시 면직되었다가 다시 좌의정, 우의정에 교대로 임명되었다. 그런데 좌의정으로 있던 그해 11월 20일 아침 영조는 세손과 대신들이 있는 자리에서 신기가 피곤하니 어찌 만기를 수행하겠느냐고 말을 꺼낸 후 '어린 세손이 노론, 소론, 남인, 소북을 알겠는가? 나랏일과 조정 일을 알겠는가? 또 병조판서와 이조판서를 누가 할 만한지를 알겠는가?'라고 하면서 자기는 세손으로 하여금 그것들을 알게 하고 싶다며 대신들에게 대리청정의 의향을 물었다. 당시 영조는 82세로 상당히 노쇠한 상태였다. 그러자 홍인한이 동궁은 노론이나 소론을 꼭 알아야 할 필요가 없고, 이조판서나 병조판서를 꼭 알아야 할 필요가 없으며, 조정 일도 반드시 알아야 할 필요는 없다는 이른바 '삼불필지(三不必知)'를 말하였다.

---

98 1784년(정조8) 정조는 홍봉한에게 익정(翼靖)이라는 시호를 내렸다.

99 정순왕후가 세상을 떠나고 어느 정도 시간이 흐르자 순조는 신하들의 반대를 물리치고 홍봉한의 증손인 홍세주(洪世周)에게 군직(軍職)을 주어 출사케 하고, 수차 승지를 보내 홍봉한에게 치제하고, 홍봉한의 『주고』를 간행하여 혜경궁을 위로하였다. 이후 1843년(헌종9) 홍봉한에게 부조지전(不祧之典)이 내리고, 1899년(고종36) 사도세자와 혜경궁이 왕과 왕비로 추존되자 홍봉한에게 영풍부원군(永豐府院君)이 추증되었다.

영조는 열흘 뒤인 30일 자기의 기력을 일컬으며 긴요하지 않은 일은 세손이 재결하도록 하고, 상소에 대한 비답이나 시급한 공사는 자기가 세손과 상의하여 처리할 것이며, 세손의 일처리 솜씨가 익숙해지면 추가로 하교하겠다고 하였다. 그러자 홍인한은 다른 대신들과 함께 신하된 자가 받들 수 없는 일이라고 하였다. 하지만 영조가 자기가 한 말을 다시 반복하며 승지에게 받아 적게 하자 홍인한이 승지의 앞을 가로막고 앉아 쓰지 못하게 하였다. 세손이 몇 글자라도 적게 하여 자기가 사양하는 상소를 올릴 수 있는 근거로 삼게 해달라고 하였으나 홍인한은 승지를 돌아보며 손을 내저어 쓰는 것을 중지하도록 하였다. 그런 와중에 영조는 우선 시험 삼아 순감군(巡監軍)의 낙점을 세손이 하도록 하겠다며 신하들을 물러나게 하였다.

그날 다시 대신들을 부른 영조는 순감군 낙점은 대리청정이 아니라 자기의 수고로움을 대신하게 하는 것이라면서 그것뿐 아니라 공사(公事)의 수응과 관리 임명의 하점(下點)도 모두 궐내에서 세손이 대신하게 하겠다며 대보와, 임금의 재가를 얻은 문서에 찍는 계자인(啓字印)을 동궁에 보관하도록 하였다. 그러자 세손이 홍인한에게 이는 대신 섭정하는 것으로 대리청정 때에도 하지 못하는 일이고 조정 신하와 나라 사람이 모두 알지 못하는 가운데 자기가 어찌 안에서 거행할 수 있겠느냐며 좋은 말로 아뢰어 달라고 하였으나 홍인한은 궐내에서 하는 일을 어찌 알겠느냐며 신하들을 이끌고 물러갔다. 궐내에서 할아버지와 손자 간에 사사로이 하는 일이니 상관하지 않겠다는 것이었다.

역사 기록에서는 그때 다른 사람들은 순감군의 낙점만 세손이 대신하는 것으로 알고 있었으나 홍인한이 혜경궁의 언찰을 통해 영조의 마음을 알게 되었기 때문에 대리청정과 다르다며 다시 아뢰어 달라는 세손의 말을 모른 체하고 그냥 넘어갔다고 하였다.[100] 한편 〈한중록〉에서는 홍인한이 처음 대리

100 영조 51년 11월 30일조. 『실록』에는 그냥 언찰이라고 되어 있는데 『명의록(明義錄)』 속의 「존현각일기」(하)에서는 그것이 혜경궁의 언찰임을 구체적으로 밝히고 있다.

청정의 명을 받들지 않은 것은 화완옹주(和緩翁主)의 농간으로 영조가 신하들을 시험하는 것인지 모른다는 의구심 때문이었다고 하였다.[101] 이를 종합해보면 홍인한이 처음에는 영조의 진심을 몰라 대리청정을 반대하다가 혜경궁을 통해 그것을 알게 된 뒤에는 그저 영조의 말만 좇아서 아무런 공식 절차 없이 세손이 일을 대신 처리하는 것으로 대충 넘어가려 했던 것으로 보인다.

수일 후 서명선(徐明善)이 상소하여 홍인한이 삼불필지를 말한 죄를 논하자 영조는 홍인한을 삭거사판토록 하였다. 이어 영조가 세손이 일 처리하는 것을 보겠다며 문서를 동궁으로 보내자 세손이 수차 상소를 올려 감당할 수 없다고 하였다. 그러자 영조는 전례가 없다고 여긴다면 전례가 있는 청정으로 하겠다며 이를 따르지 않으면 전위하겠다고 하면서 세손에게 대리청정의 명을 내렸다. 세손이 사양하는 상소를 올렸지만 12월 8일 마침내 절목을 정해 대리청정을 시행하게 하였다. 이러한 과정을 전후하여 홍인한을 중죄로 다스려야 한다는 요구가 계속되었지만 영조는 홍인한을 다시 서용하여 판중추부사로 삼고 더 이상 그의 죄를 묻지 않았다.

하지만 이듬해 3월 정조가 등극하자 사정이 달라졌다. 정조는 즉위 직후부터 정국을 주도하며 영조 때의 척신과 권간 세력을 축출해나갔다.[102] 정조는 정후겸에 대한 처벌 요청에 따라 그를 귀양 보내고 나서 하찮은 정후겸에 대해서는 잡다하게 토죄하면서도 기세가 하늘에 닿아 있는 홍인한에 대해서는 아무도 말하는 사람이 없다며 삼사의 관리들을 삭출하였다. 홍인한에 대한 처벌 의지를 분명히 밝힌 것이다.[103] 그러자 홍인한의 죄를 논하며 그를 처벌

101 『원본한중록』, 356면.

102 정조는 즉위년에 대리청정을 반대한 세력의 제거와 사도세자의 신원을 요구하는 사람들의 처리를 통해 이 문제를 해결해나갔다. 이에 대한 전반적인 양상은 김정자, 「영조 말~정조 초의 정국과 정치 세력의 동향」, 『조선후기 탕평정치의 재조명』(하), 이태진·김백철 엮음, 태학사, 2011, 293~308면에 제시되어 있다.

103 정조는 대리청정을 시작하면서 삼불필지를 말한 홍인한의 잘못을 직접 거론하기도 하였다(영조 51년 12월 21일조).

하라는 요구가 이어지고, 신하들이 정청을 하자 4월 정조는 홍인한이 삼불필지를 자기 입으로 말하고도 두려워할 줄 모르고, 서명선의 상소에 대해 반박할 생각만 했다며 먼저 삭직한 후 여산으로 귀양 보냈다.

이후 홍인한이 정후겸과 결탁하여 대리청정을 방해했다며 그를 중형에 처하라는 요청들이 이어졌는데 6월 수찬 윤약연(尹若淵)이 상소하여 화완옹주와 정후겸 모자를 정법하고, 홍인한을 섬으로 귀양 보내라고 하였다. 정조가 윤약연을 불러 홍인한의 죄가 정후겸보다 가벼운 이유를 묻자 윤약연이 홍인한은 대리청정을 저해할 마음이 없이 단지 망발을 한 것에 불과하기 때문이라고 하였다. 그러자 정조는 이를 계기로 서명선과 자신의 측근인 홍국영(洪國榮)에 비판적인 사람들을 대리청정에 대한 불만 세력으로 지목하여 윤약연과 함께 처벌하고, 홍인한을 고금도로 옮겨 천극하도록 하였다. 그 뒤 다시 홍인한과 정후겸을 토죄하는 상소가 이어지고 백관들이 정청을 하여 정형을 청하자 정조는 마침내 7월 5일 홍인한과 정후겸을 사사하였다.[104]

이처럼 홍인한은 정조 즉위 직후 대리청정을 방해한 죄로 귀양을 갔다가 마침내 죽음을 당하였다.[105] 혜경궁이 친정신원편을 쓰기 25~6년 전의 일이었는데 역적으로 몰려 죽음을 당한 중부에 대한 안타까움과 그로 인한 친정의

104 『실록』에서는 홍인한과 정후겸 등이 세손의 대리청정을 방해한 것은, 그들이 권세를 계속 유지하기 위해 자기들의 말을 따라야 한다며 세손을 위협하고 감시하였으나 세손이 뜻대로 움직여주지 않자 세손을 미워하고 두려워했기 때문이라 하였다(영조 51년 11월 30일조 참고). 역사학계에서는 홍인한 등이 세손의 대리에 미온적이었던 것은 대리가 그들이 행사하고 있는 권력의 축소를 의미하고, 홍국영으로 인해 그들과 세손의 사이가 나빠져 있는 상황에서 대리로 인해 자기들에게 초래될 정치적 변화에 미처 준비가 되어 있지 못했기 때문으로 파악하기도 하였다(최봉영, 「임오화변과 영조말·정조초의 정치세력」, 『조선후기 당쟁의 종합적 검토』, 한국정신문화연구원, 1992, 283~288면 참고). 홍인한은 1858년에 관작이 회복되었는데(철종 9년 10월 25일조) 그 과정에 많은 반대가 있었다.

105 정조는 후일 신하들에게 홍인한을 사형까지 시킨 것은 홍인한의 죄가 임오화변에 관련되었기 때문이라고 하였다(정조 16년 윤4월 27일조). 〈한중록〉에서는 정조가 작자에게 이 말을 전하면서 그렇게 해서 일단 홍인한의 대리청정 관련 죄를 씻고, 후일 임오화변의 죄인들을 한꺼번에 신원할 때 임오화변으로 돌려진 홍인한의 죄도 함께 풀 것이라 했다고 하였다.

오명이 지속적으로 작자의 마음을 아프게 했을 것이다.

그러면 아우 홍낙임의 경우는 어떠한가. 홍낙임은 29세 때 문과에 급제하고 정언, 교리 등을 거쳐 승지를 지냈다. 정조는 홍인한과 정후겸을 사사한 후 곧 이어 그들과 결탁하여 대리청정의 번복을 도모하는 상서를 올렸다 하여 심상운(沈翔雲)을 국문하였는데 이로 인해 홍낙임의 고난이 시작되었다.

전에 서명선이 홍인한 등의 죄를 논하는 상소를 올렸을 때 영조는 서명선을 불러 상소의 내용을 직접 확인하였다. 그 자리에서 서명선이 삼불필지라는 말 때문에 세손이 소장을 올려 대리에 대한 영조의 명을 사양하려 했다는 것을 동궁의 궁료에게 들었다고 하였다. 심상운이 이를 두고 동궁 안의 일을 외부에 발설했다며 동궁의 궁료를 비판하는 상서를 동궁에 올렸는데 당시 그의 글은 세손의 궁료를 제거하고, 나아가 영조가 세손이 자기의 궁료를 통해 서명선으로 하여금 상소를 하게 했다고 의심하도록 만들어 대리청정의 번복을 도모한 것으로 받아들여졌다.[106]

심상운은 국문을 받으면서 홍낙임을 언급하였는데 홍낙임이, 홍인한의 삼불필지는 별다른 사정(私情) 없이 말한 것인데 서명선이 상소에서 홍인한이 먹은 마음이 있는 것으로 돌렸으니 반드시 죽이려고 그런 것이고, 또 세손이 홍인한을 불충으로 여겨 상소하려 한다는 등의 말을 했다는 것이다. 그러자 신하들이 홍낙임을 붙잡아 오기를 청했으나 정조는 번거롭게 하지 말라고 하였다. 이후 홍낙임을 국문하라는 요청이 계속 이어졌지만 정조는 끝내 허락하지 않았다.

그런데 이듬해 8월 정조와 홍국영에 대한 살해와 저주의 시도, 그리고 은전군(恩全君) 이찬(李禶)의 추대 음모 등 이른바 정유역변[107]으로 인해 벌어진

106 『국조보감』 권68, 『정조실록』 즉위년 7월 22일조 참고.

107 홍술해(洪述海)가 황해감사로 있을 때 횡령죄를 범해 흑산도에 귀양 가 있었는데 그 아들 홍상범(洪相範)이 궁중에 자객을 침입시켜 홍국영과 정조의 살해를 도모하고, 홍술해의 처가 무녀와 모의하여 홍국영과 정조를 저주하고, 홍계능(洪啓能)과 홍상범의 사촌인 홍

옥사의 와중에서 다시 홍낙임의 이름이 거론되었다. 은전군 추대 역모의 주동자로 지목된 홍상길(洪相吉)이 장차 홍낙임이 장임(將任)을 맡아 병권을 잡으면 군사들을 습진하고 조련할 때 거사를 하자는 의논이 있었다고 한 것이다.

이에 홍낙임을 국문하자는 요청이 이어졌지만 정조는 여섯 달이 지나서야 의아한 사람은 진위를 밝혀 원통함이 없게 해야 한다며 홍낙임을 친국하였다. 홍낙임은 우선 심상운의 상소와 관련하여 자기가 상소의 내용을 알고 나서는 다른 사람에게 심상운의 국문을 청하는 상소를 올리라 하였다며 증인을 지목하고, 또 은전군 추대 사건과 관련해서는 홍상길은 얼굴도 알지 못하고, 주모자의 한 사람인 홍계능(洪啓能)의 집에도 오간 적이 없으며, 어찌 정조를 믿지 않고 음모에 가담하였겠느냐고 하였다. 이에 대해 정조는 홍낙임의 말과 증거가 조리가 있어 더 국문할 것이 없다며 홍낙임을 석방하고, 궐하에 대명하고 있던 홍봉한을 불러 보고 혜경궁과 만나게 하였다. 그러자 몇 마디 말만 묻고 석방하여 국옥(鞫獄)을 간략하게 처리했다며 홍낙임을 처벌하라는 요구가 이어졌지만 정조가 받아들이지 않았다. 15년 뒤 정조는 홍낙임에게 동지돈녕부사를 제수하고, 그 명을 환수하라는 신하들의 요청 역시 허락하지 않았다.

하지만 그 후 7년이 지나 정조가 세상을 떠나자 상황이 급변하였다. 1800년 7월 순조가 즉위하자마자 정순왕후는 신하들에게 어린 순조의 보호와 정조가 지켜온 의리를 고수하는 것이 가장 중요하다며 정조의 의리를 어기는 자는 역신이니 어린 임금과 자기를 시험하려고 하는 자는 역률로 다스리겠다고 하였다. 그리고 정조의 장례와 졸곡을 지내고 한 달이 지난 12월 정순왕후는 장문의 언교(諺敎)를 내려 임오화변은 영조의 만부득이한 처분이었는데 그 의리를 간범하여 대리청정을 저지하는 등 세손의 지위를 위태롭게 하는 일들이 벌어졌고, 정조 초에 그들을 징토하기는 하였지만 와굴(窩窟)은 그대로 두었기 때문에 이후 계속 군상을 무함하고 세도를 무너뜨린 변들이 일어났

상길 등이 은전군 이찬을 추대하려 하였다 한다(정조 1년 8월 11일, 10월 26일조 참고).

다며 그러한 무리들은 자명자수(自明自首)하라고 하였다.[108] 수일 후 정순왕후가 자기가 언교를 내린 지 여러 날이 되어도 자명자수하는 사람이 없는데 대신과 삼사가 한마디 말이 없다며 질책하자 그날 대신들이 연명의 차자를 올려 홍낙임을 토죄하기 시작하였다.

이후 거의 매일 대신을 비롯한 여러 신하들이 은언군과 홍낙임의 처형을 주장하는 차자와 상소를 올렸다. 그 내용을 살펴보면 홍낙임이 임오의리를 간범한 홍봉한의 정신을 이어 역적의 괴수 노릇을 하였다거나, 채제공(蔡濟恭)과 결탁하여 사도세자의 신원을 청하는 이른바 영남 만인소가 올라오게 하였다거나, 홍계능의 흉모와 체결하고 심상운을 사주하여 흉소가 나오게 한 모주(謀主)라거나, 비류(匪類)를 끌어들여 사학(邪學)으로 유혹하고 흉론으로 화응하였다거나, 사학의 와주가 되어 역적 은언군과 결탁하였다거나[109] 하는 것들이었다. 이에 따라 홍낙임은 제주도에 위리안치되었다가 처벌이 약하다는 차자와 상소가 다시 거듭되자 한 달 뒤인 1801년 5월 마침내 사사되었다.[110] 혜경궁이 친정신원편을 쓰기 1년 전이었다.

108 정조는 임오화변과 관련하여 영조의 뜻을 받들면서도 아버지 사도세자를 왕으로 추숭하기 위해 의리는 수시(隨時)로 변역(變易)한다는 입장을 취하였다(최성환, 「정조의 의리탕평과 노론 벽파의 대응」, 『조선후기 탕평정치의 재조명』(하), 이태진·김백철 엮음, 태학사, 2011, 369면). 그런데 순조 즉위 직후 정순왕후와 벽파 세력은 표면적으로는 정조의 임오의리를 내세우면서도 영조의 사도세자 처분을 정당화하는 데 치중하여 실제로는 정조의 의리를 뒤집는 입장을 취하였다(오수창, 「정국의 추이」, 『조선정치사 1800~1863』(상), 한국역사연구회 19세기정치사연구반, 1990, 74면).

109 홍낙임과 은언군은 정조 때 역적으로 지목되었으나 정조의 보호 아래 살아남은 사람들이었다. 은언군이 역적으로 지목된 것은 그 아들 담(湛)을 홍국영이 죽은 누이 원빈(元嬪)의 양자로 삼아 완풍군(完豊君)이라 부르면서 장차 왕통을 잇게 하려 했기 때문이다. 이후 담은 독약을 먹고 자결하고, 은언군은 정조가 3일이나 수라를 들지 않으면서 신하들의 처벌 요청을 물리치다가 마침내 강화도로 보내 돌봐 주었다. 이후 은언군에 대한 처벌 요구가 계속되었지만 정조는 정순왕후와 대립하면서까지 은언군을 보호하였는데 정순왕후가 수렴청정하는 동안 은언군의 아내와, 며느리인 담의 아내가 천주교도라 하여 사사되면서 은언군의 처형에 대한 요구가 비등하였다.

110 이때 은언군도 함께 사사되었다. 홍낙임 사후 5년 뒤에 순조는 혜경궁의 나이와 병을 내세워 신하들의 반대를 무릅쓰고 홍낙임의 관작을 회복시켰다.

이처럼 홍낙임은 심상운의 상소나 홍상길의 역모와 관련된 지난 일들이 다시 들추어지고, 거기에 사도세자의 신원 문제나 은언군과의 결탁, 그리고 천주교도의 와주라는 죄목이 추가되면서 마침내 죽음을 당하였다. 혜경궁이 친정 신원을 위한 글을 쓰게 된 일차적인 계기는 이러한 아우의 죽음에 대한 억울함과 원통함 때문이었을 것이다.[111]

번거롭고 장황하기는 하지만 역사 기록을 통해 살펴본 위의 내용에서 홍봉한을 비롯한 작자의 친정 식구들이 무엇 때문에 어떻게 비판을 받고, 또 처형되었는지, 그리고 작자가 이 글을 집필할 당시의 상황이 어떠했는지를 확인할 수 있다. 이제 작자가 그러한 비판과 처형이 반드시 해소되어야 할 억울한 일이라는 것을 어떻게 해명하면서 독자를 설득하고 있는지 살펴보기로 한다.

3. 해명의 방식

1) 이면의 맥락과 사실의 제시

작자는 서문에서 정조가 자기를 섬기던 성효(誠孝)와 자기에게 하던 말을 글머리에 옮겨 쓰고, 그 나머지는 조건조건 벌여 명백히 알게 한다고 하였다.

111 정순왕후는 수렴청정을 시작하면서 자기 친정 쪽 사람들을 비롯한 벽파의 인물들을 중용하고, 언교를 통해 임오화변을 영조의 부득이한 처분이라 천명하였으며, 이에 따라 시파 세력 등 벽파의 정국 운영에 장애가 되는 인물들을 의리에 배치된다고 하여 대거 정국에서 축출하였다(오수창, 앞의 글, 73~75면 참고). 홍낙임의 처벌과 죽음은 그러한 과정에서 이루어진 것이다. 『실록』에서는 홍낙임이, 집안이 죄폐(罪廢)된 이후 종적을 감추고 그림자를 숨기지 않아 재앙의 근원을 스스로 초래하였으나 선왕의 감싸 준 바가 되었는데 지금 두 척신의 오랜 불화로 인하여 은언군과 서로 통하고 사학의 소굴이었다고 성토하여 죽게 하였으니 그의 잘못은 아니었다고 하여 정순왕후의 친정과 혜경궁 친정 사이의 오랜 불화가 그가 죽게 된 원인이라고 하였다(순조 1년 5월 29일조).

이는 작자가 자기의 의도가 독자에게 충분히 전달될 수 있는 나름의 방식으로 글을 구성하였다는 것을 말해준다. 이에 따라 본문 서두에서 작자는 먼저 자기와 정조의 깊은 정리와 그에 따른 추회(追懷), 그리고 자기 친정의 일이 억울하다고 한 정조의 말을 제시하였다. 그리고 순조가 15세가 되는 갑자년(1804)에 왕위를 순조에게 전하고 화성에 머물면서 순조를 통해 사도세자를 왕으로 추존하겠다는 정조의 갑자년 구상을 언급하고, 그때가 되면 작자의 친정 문제 역시 해결하겠다고 한 정조의 약속을 제시하였다.[112] 이 글의 목적이 친정 신원에 있다는 점을 생각하면 모자간의 깊은 정리에 대한 서술은 친정의 억울함을 인정하고 그 신원을 약속한 정조의 말과 약속에 진정성과 신빙성을 부여하는 역할을 하고 있다고 할 수 있다. 결국 이러한 정조에 대한 서술을 본문 앞부분에 제시한 것은 친정 문제가 정조의 약속처럼 반드시 해결되어야 한다는 것을 이 글의 1차 독자인 순조에게 제시하기 위해서라고 할 수 있다.

친정 문제에 대한 이러한 전제적 서술에 이어 작자는 홍봉한, 홍인한, 홍낙임의 순서로 그들의 억울함을 해명하였다. 그런데 작자는 그들이 억울한 일을 당하게 된 것은 모두 적대적인 세력이나 인물들의 모함 때문이라고 하였다. 홍봉한은 정순왕후 친정과 화완옹주 모자, 홍인한은 홍국영과 김종수(金鍾秀), 홍낙임은 정순왕후 친정 때문에 억울한 일을 당했다는 것이다.

먼저 홍봉한의 경우에는 척연(戚緣) 때문에 대과에 급제한 것이 아니고, 임오화변 때 뒤주를 올리지 않았다는 것을 언급한 다음 서술의 초점을 김귀주를 비롯한 정순왕후 친정에 맞춰 그들이 왜, 어떻게 모해를 했는지 밝히고 있다. 정순왕후 친정이 빈한한 선비 집안에서 하루아침에 존귀하게 되자 홍봉한이 매사를 지도하고 주선하였으나 점차 원수가 되었다고 하였다. 그러면서 그들은 사도세자의 실덕으로 큰일이 나면 세자와 그 아들 모두 보전치 못할

112 정조가 갑자년에 작자 친정의 억울함을 풀겠다고 할 때 작자가 그때 자기 나이가 칠십이니 그때까지 살기 어렵고, 또 지금의 말과 달라지면 어쩌겠느냐고 하자 정조가 화를 내며 설마 칠십 노모를 속이겠느냐고 하였다 한다(『원본한중록』, 292면).

것이고, 그렇게 되어 세자 대신 양자를 하면 자기네가 외가가 되어 부귀를 누릴 수 있다는 생각을 하고, 그에 따라 신사년(1761)에 김귀주가 영조에게 봉서를 올려 사도세자의 평양행을 알리고, 그것을 막으려 하지 않았다고 홍봉한을 모함하였다고 하였다.[113]

그런데 그들의 기대와 달리 임오화변 후 세자의 아들이 세손이 되고, 작자의 친정도 무사하자 김귀주의 당숙인 김한록(金漢祿)이 세손은 죄인의 자식으로 승통(承統)을 못할 것이니 태조 자손 중 어느 누가 가하지 않겠느냐는[114] 흉언을 공공연히 했다가 다시 이를 감추기 위해 사류(士類) 노릇 하는 체하며 사람들을 모았으며, 김귀주는 홍봉한이 세손보다 은언군 형제를 귀하게 여긴다며 세손에게 영합하여 홍봉한을 모함하고[115] 이를 세상에 전파하다가 마침내 한유를 꾀어 홍봉한의 처형을 주장하는 상소를 올리게 했다고 하면서 그 근거들을 제시하였다.[116]

이어 영조가 은언군 형제를 처벌할 때 김귀주의 삼촌인 김한기(金漢耆)와 정후겸이 입시하여 홍봉한이 은언군 형제를 추대하려 한다며 홍봉한도 즉석에서 처분하도록 시도하고,[117] 다시 한유로 하여금 홍봉한이 뒤주를 바쳤다며

113 이 사실은 영조대의 기록에는 보이지 않는데 후일 정조는 김귀주가 신사년에 글을 밀봉해 올린 일 때문에 그를 처벌했다면서 영조가 그 글을 보고 불쾌해했다고 하였다(정조 8년 8월 3일조).

114 罪人之子 不可承統 太祖子孫 何人不可(『원본한중록』, 307면 주16).

115 작자는 김귀주가 세손에게 영합하여 홍봉한을 모함할 수 있었던 것은 한유의 상소가 있기 1년 전 세손이 기녀를 가까이 한다는 화완옹주의 말에 따라 홍봉한이 형조참판을 통해 별감들을 귀양 보내고, 세손을 경계하자 세손이 외가를 불편하게 여기게 된 기회를 이용했기 때문이라고 하였다(위의 책, 311면).

116 작자는 정조가 김한록의 흉언을 직접 들은 김이성(金履成)에게서 사실을 확인하고 그것이 실은 김귀주의 의논이라는 것도 알게 되었다고 하였다(위의 책, 308면). 또 작자는 한유가 유배지에서 김약행(金若行)에게 자기가 김귀주와 심의지에게 속아 상소를 올렸으며 그것을 후회하는 자회문(自悔文)을 지었다고 한 말을 제시하여 한유의 상소가 김귀주의 계교에 의한 것임을 밝히고 있다(위의 책, 321면).

117 영조가 군사들로 하여금 궁성을 호위하도록 하고 은언군 형제 문제를 처리한 것은 홍봉한이 그들을 추대하려 했다는 참소 때문으로 짐작된다. 이때 세손이 정순왕후에게 재삼 아뢰어 영조의 마음을 돌리게 하였는데 영조는 세손에게 양쪽의 척리가 서로 공격하니

그의 처형을 청하는 상소를 올리게 하고, 이후 김귀주와 김관주가 직접 나삼, 송다, 사도세자의 추숭 문제를 들어 홍봉한을 탄핵하는 상소를 올렸다고 하였다.

작자는 이러한 사실들을 제시한 다음 김귀주네가 자기 친정을 해하려 한 것은, 흉언을 하여 세손 대신 양자를 들여 자기네가 외척이 되려 하고, 그러다가 세손의 지위가 변함이 없자 홍봉한이 은언군 형제를 비호한다며 세손에게 영합하여 흉언을 감추려 한 데에서 말미암았으니 흉언이 큰 근저라고 결론지었다.

정순왕후의 친정에 대한 서술에 이어 작자는 서술의 초점을 화완옹주와 정후겸 모자로 옮겨 그들의 부정적인 행태와 음모를 제시하였다. 작자는 영조의 사랑을 듬뿍 받고 있던 옹주가 남을 시기하고 권세 부리기를 좋아하였으며, 그 양자 정후겸은 제 어머니의 형세를 믿고 교만하였다고 하면서 여러 예를 통해[118] 그들의 성품을 제시하고, 그들과 작자 친정과의 관계가 틀어지게 된 구체적인 사정을 밝혔다.

우선 옹주의 요청으로 홍봉한이 때때로 정후겸을 가르치고 교훈하였으나 정후겸이 이를 싫어하여 옹주 모자와 작자 친정 사이가 점차 멀어지고, 영조가 큰 병이 들어 중궁전에 머물자 옹주 역시 그곳에서 지내게 되면서 정후겸과 김귀주가 서로 친밀해졌다고 하였다. 얼마 후 정후겸이 홍봉한에게 수원부

국가의 근심이 적지 않다고 했다는 언급이 〈한중록〉과 『실록』 모두에 보인다(정조 즉위년 9월 12일조). 〈한중록〉에서는 세손이 정순왕후에게 "봉조하(奉朝賀)가 왕손(王孫) 츄딕(推戴)ᄒᆞᆫ 자최가 업ᄂᆞᆫ딕 즉금 츄딕ᄒᆞᆫ다 ᄒᆞ야 죽이랴 ᄒᆞ니 사ᄅᆞᆷ이 뮙다 ᄒᆞ고 구함(構陷)ᄒᆞ야 죽이다 말이 될가 보오니잇가. 딕단(大端)이 마ᄅᆞ쇼셔"(『원본한중록』, 320면)라고 한 말을 인용하여 당시 김귀주 등이 홍봉한을 왕손 추대 혐의로 몰아갔음을 밝히고 있다.

118 옹주는 작자가 세손의 어머니인 것을 시기하여 자기가 세손 어머니 노릇을 하려 하고, 세손과 세손빈, 세손과 외가 사이를 이간하고, 세손이 『송사(宋史)』 산삭하는 것까지 시기하는 등 자기만 권세를 부리고 다른 사람들이 자기만 따르기를 바랐다고 하였다(위의 책, 333~334면). 또 정후겸에 대해서는 예전에 사도세자가 온양 행차를 영조에게 허락받아 오라며 옹주를 위협하기 위해 정후겸을 가뒀는데 그때 12세의 정후겸이 조금도 겁을 먹지 않고 당돌하게 굴었던 일을 예로 들어 그 성품을 제시하였다(위의 책, 350면).

사를 시켜달라고 요청했는데 홍봉한이 스무 살이 겨우 된 사람에게 오천 병마를 맡길 수 없다며 거절하자[119] 김귀주와 함께 홍봉한을 해하려 하고, 옹주 또한 두 사람의 말을 듣고 영조에게 홍봉한을 계속 헐뜯어 마침내 홍봉한이 대수롭지 않은 일로 영의정에서 파직되게 했다고 하였다. 앞에서 언급한 바와 같이 이를 계기로 홍봉한은 거듭 곤욕을 치르게 된다. 결국 옹주와 정후겸의 부정적인 성격과 욕망이 김귀주의 그것과 결합되면서 그 화살이 홍봉한을 향했다는 것이다.

그 뒤 한유의 상소와 은언군 형제 문제로 홍봉한이 심각한 위기에 처하자 마침내 작자가 동생 홍낙임을 누차 설득하여 정후겸을 사귀게 하였다. 그로 인해 옹주 모자가 마음이 누그러지고, 홍봉한을 죽일 수는 없다고 생각하여 김귀주가 상소를 올려 홍봉한의 세 가지 죄를 논할 때 홍봉한을 구하고, 또 김귀주에게 영조의 엄교가 여러 번 내리게 하는 등 자기 친정에 대한 그들 모자의 태도가 변했다고 하였다.

작자는 화완옹주와 정후겸에 대한 비판적인 시각을 유지하면서도 이러한 사실을 들어 자기 친정이 정후겸으로 인해 죽을 뻔하였으나 나중에는 그들 모자의 힘으로 보전하였고, 영조 때에는 서로 떨어질 길이 없다가 결국에는 홍낙임이 정후겸과 함께 죄를 입었으니 옹주 모자가 전생 업원이라고 하였다.

이처럼 작자는 김귀주를 비롯한 정순왕후의 친정과 화완옹주 모자가 어떠한 이유로, 어떠한 과정을 거쳐 홍봉한을 모해했는지 밝히고 있다. 작자가 겉으로 잘 드러나지 않은, 자신과 같은 사람이 아니면 쉽게 알기 어려운 이면의 맥락과 사실들을 제시한 것은 일단 독자로 하여금 사태의 진상을 파악하여 홍봉한이 영의정에서 파직되고, 한유의 상소가 올라오고, 은언군 형제 문제로 홍봉한이 위기를 겪는 등 홍봉한에게 벌어진 여러 일들이 별개가 아니라 어느

119 정후겸이 1768년 김치인을 통해 홍봉한에게 수원부사가 되게 해달라고 청했다고 하는데(위의 책, 338면) 정후겸은 1749년생으로 당시 20세였다.

일방의 모함에서 비롯된 일관된 흐름 속에서 놓여있다는 것을 이해하도록 하기 위해서라고 할 수 있다.

그렇다면 홍인한과 홍낙임의 경우는 어떠한가. 작자는 홍인한이 대리를 방해하고 세손의 우익을 견제하려 했다는 죄명을 얻게 된 데에는 홍국영과 김종수의 작용이 있었다고 하였다. 홍국영은 홍인한과 사이가 좋지 못했는데 그것은 홍인한이 홍국영에게 세손의 숨은 총애가 있는 줄 알지 못하고 홍국영의 경박함을 탓하여 영안위(永安尉)[120] 자손에 망물(妄物)이 나서 집안을 망하게 할 것이라며 두어 번 홍국영을 꾸짖어 경계했기 때문이다. 작자는 홍국영이 이 일로 홍인한에게 독을 품고 있다가 홍인한과 사이가 좋지 않은 백부 홍낙순(洪樂純)[121]의 말을 듣고 마침내 참화를 만들어 낸 듯하다고 하였다.

김종수는 그 어머니와 홍봉한이 사촌 간이어서 홍봉한이 김종수 형제를 자기 집 아이들과 마찬가지로 꾸짖고 가르치자 그들이 점차 홍씨 집안을 멀리했다 한다. 이후 김종수의 형인 김종후(金鍾厚)가 세자시강원 자의(諮議)로 추천되자 홍봉한이 이조판서가 대신과 의논하지도 않고 산림의 공론도 살피지 않은 채 혼자 처리했다고 비판하여 결국 김종후가 사양하는 상소를 올렸는데 그 일로 그들 형제가 홍봉한을 원망하였으며, 또 대사성을 의망(擬望)할 때 후보자 세 사람이 모두 노론으로 추천되는 일이 있자 소론인 정후겸이 옹주를 통해 영조에게 참소하여 수망(首望)이었던 김종수가 귀양을 가게 되었는데 김종수는 그것이 홍인한과 홍낙임이 정후겸을 통해 한 일이라고 여겼다 한다. 이러한 일들로 인해 김종수가 홍씨 집안을 극역(極逆)으로 만들어 정국

120 선조와 인목왕후의 딸인 정명공주(貞明公主)의 남편 홍주원(洪柱元)을 가리킴. 홍봉한은 영안위의 현손이고 홍국영은 6대손인데 홍봉한은 영안위의 큰아들인 홍만용(洪萬容)의 후손이고, 홍국영은 둘째 아들 홍만형(洪萬衡)의 후손이다.

121 홍낙순은 정조 즉위 후 조카 홍국영이 권력을 잡자 공조, 호조, 이조의 판서를 지내고 홍국영 치사 후 좌의정이 되었는데 권력에 대한 욕심으로 영의정 서명선의 형인 서명응(徐命膺)을 다른 사람을 시켜 탄핵하다 삭직되었다(정조 4년 1월 8일조). 처음에는 홍국영과 뜻이 맞았으나 점차 틈이 벌어졌던 듯하다(정조 4년 2월 13일조 참고).

을 깨끗하게 한 공을 세우리라고 하면서 홍국영을 꾀어 귀양 가 있는 홍인한에게 형벌을 더하여 결국 큰 화를 빚어냈다고 하였다.[122]

이처럼 작자는 홍인한이 죽음을 당한 것은 세손의 우익이었던 홍국영, 그리고 홍국영을 가르치고 충동질 한 김종수 때문이고, 그들이 그렇게 한 것은 둘 다 작자의 친정과 혐원이 있었기 때문이라고 하였다. 하지만 두 사람이 홍인한을 어떻게 죽음으로 내몰았는지 구체적인 내용을 제시하고 있지는 않은데 이는 그들이 어떠한 작용을 했든 간에 정작 홍인한에게 사사의 명을 내린 사람은 정조였기 때문인 듯하다.

홍낙임의 경우 작자는 그가 사람들의 미움을 받게 된 것은 자기가 홍봉한을 위해 정후겸과 사귀도록 하였기 때문이라고 하였다. 자기 때문에 정후겸과 사귀고, 또 그로 인해 심상운을 알게 되면서 억울한 일을 당했다는 것이다.

그러면서 작자는 자신이 홍낙임의 죽음에도 연관이 있다고 하였다. 순조 즉위 직후 영의정 심환지(沈煥之) 등이 홍봉한의 『주고』 간행을 중지하도록 청하면서 자기들이 혜경궁의 마음을 위안하는 데 있어 정조 때와 다름이 있다면 불충하고 무상(無狀)한 신하가 아닐 수 없으나 『주고』의 간행은 의리와 관계되기 때문에 정지해야 한다고 하였다.[123] 작자는 이를 자기에 대한 심각한 핍박과 욕으로 받아들여 마침내 정조의 인산과 졸곡이 지나자 약방 문안을 받지 않고 정조가 머물던 전각에 누워 자진하려 하였다. 그러자 정순왕후는 충동하는 놈이 있으니 그 놈을 다스리겠다며 홍낙임을 삼수에 원찬하라는 언교를 내렸다.

순조가 환수를 청하면서 언교를 신하들에게 내어주지 않고, 가순궁이 뜰에 엎드려 하소연하고, 또 순조와 가순궁의 만류로 어쩔 수 없이 거처로 돌아

122 작자는 김종수를 사갈 같은 독물이라며 홍국영만으로는 자기 친정이 이 모양까지 되지는 않았을 것이라고 하여 김종수에 대한 심한 분노를 드러내고 있는데 이는 〈병인추록〉에까지 이어지고 있다.

123 순조 즉위년 8월 20일조.

온 작자가 직접 정순왕후를 만나 너무 이렇게 하지 말라고 강개하게 말하자 정순왕후가 언교를 거두었다. 하지만 얼마 되지 않아 앞에서 살펴본 것처럼 정순왕후가 의리를 간범한 무리들은 자명자수하라는 장문의 언교를 내리고, 이로 인해 홍낙임에 대한 토죄가 줄을 이어 마침내 홍낙임이 죽음을 당하게 되었다.

작자는 이러한 과정을 제시하면서 정순왕후가 자기에 대한 미움을 동생을 죽이는 것으로 풀었다고 하였다. 곧 홍낙임의 죽음은 작자와 정순왕후의 대립 때문이라는 것이다.

이와 같이 작자는 친정이 억울한 일을 당하게 된 것은 정순왕후 친정, 화완옹주 모자, 홍국영과 김종수 등 자기 친정과 대립적인 관계에 있던 집안이나 사람들의 모해와 음모 때문이라고 하였다. 김한기가 은언군 형제 일로 홍봉한을 모함하고, 또 김관주와 김귀주가 상소하여 홍봉한을 논척할 때 영조가 그것을 모두 두 척리 간의 갈등으로 파악하거나, 홍낙임의 죽음에 대해 '두 척신의 오랜 불화로 얽어 넣어 결국 죽도록 하였으나 그의 잘못은 아니었다'[124]는 사관의 언급을 보거나, 순조 대에 김한록의 흉언이 조정에서 논의되거나[125] 하는 것을 볼 때 작자의 진술은 상당 부분 사실에 기초한 것임을 알 수 있다.

물론 작자의 말을 전적으로 믿기 어렵고, 개인이나 집안의 욕망 혹은 은원관계로만 문제에 접근하는 시각의 한계를 지적할 수 있다. 하지만 적대적인 세력과의 갈등에 초점을 맞춰 겉으로 잘 드러나지 않은, 작자와 같이 왕실 내부에서 관심을 갖고 사태를 지켜본 사람이 아니면 제대로 알기 어려운 이면의 맥락과 사실을 서술하는 이러한 방식은 작자의 친정이 어떠한 연유로 어떠한 과정을 거쳐 억울한 일을 당했다는, 작자 나름으로 파악한 사태의 진상을

124 순조 1년 5월 29일조.

125 김이영(金履永)이 상소하여 김한록의 흉언을 거론한(순조 6년 5월 13일조) 이후 한동안 이 문제가 조정에서 지속적으로 논의되었다.

효과적으로 제시·전달함으로써 독자를 이해시키고 설득하는 데 기여하고 있다고 할 수 있다.

작자는 이처럼 자기 친정과 대립 관계에 있던 개인이나 집안에 차례로 초점을 맞춰가며 친정에 대한 논란의 이면에 숨겨진 사실과 맥락을 제시하는 방식으로 글을 구성하였다. 이제 그러한 틀 속에서 작자가 자기 친정이 덮어쓴 개별적인 혐의들이 사실이 아니라는 것을 어떻게 입증하고 있는지 살펴보자.

2) 근거의 제시와 상황의 재해석

자기의 주장을 전개하여 어떤 사실을 해명하거나 입증하기 위해서는 논리를 갖추고 근거를 제시해야 한다는 것은 더 말할 필요가 없다. 혜경궁 역시 자기 친정이 겪은 일이 터무니없는 모함에서 비롯된 것이라는 밝히기 위해 다양한 근거를 제시하거나 당시 상황을 재해석하고 있는 것을 볼 수 있다.

우선 홍봉한이 영조에게 뒤주를 권했다는 혐의에 대해 작자는 그것이 사실이 아니라는 것을 여러 차례에 걸쳐 해명하고 있다. 그만큼 중요한 문제라고 인식했기 때문일 것이다. 작자는 서문에서 뒤주는 신시초(申時初)에 들여오고 홍봉한은 인정(人定) 친 후에 들어온 것을 직접 목도하여 자세히 알고 있다는 정조의 말을 인용하였다. 이어 정조가 정이환의 상소에 대한 비답에서 영조의 말을 인용하여 홍봉한이 뒤주를 바치지 않았다고 발명한 사실을 세상이 다 알고 있다고 하였다. 이처럼 작자는 뒤주가 홍봉한보다 먼저 들어왔다는 정조와 영조의 말, 곧 누구도 쉽게 부정하기 어려운 권위적 존재의 말을 근거로 홍봉한의 혐의가 사실이 아니라고 해명하였다.

작자는 이 문제를 홍봉한의 일을 집중적으로 다루기 시작하면서 다시 거론하였다. 만약 홍봉한이 뒤주를 권하는 죄를 지었다면, 자기가 어찌 부녀간의 정의를 보전했을 것이며, 임오화변 당시 정조가 어찌 홍봉한에게 직접 편지하여 그 무죄함을 일컫고 나중에 영조의 말을 인용하여 그렇지 않음을 밝혔을 것이며, 또 홍봉한의 자손들이 어찌 지금까지 보전되고 자기가 자손의 효양을 받겠느냐고 하였다. 실제 그런 일이 있었다면 홍봉한에 대한 작자나 정조의 태도가 달라지지 않았겠느냐는 것이다. 정황 증거를 제시하여 뒤주 문제가 사실이 아니라고 한 것이다.

홍봉한이 뒤주를 바쳤다고 한 한유의 두 번째 상소를 언급할 때 작자는 이 문제를 또 다시 언급하였다. 상소로 인해 시끄러울 때 세손이던 정조가 홍봉한에게 편지를 보내 그의 충성을 일컬으며 위로한 내용을 인용하고, 시간의 선후를 들어 홍봉한이 뒤주를 들이지 않았다는 정조의 말을 거듭 제시하였다. 그리고 이 글의 부록인 〈병인추록〉에서도 작자는 정조의 편지와 비답, 시각의 선후에 대한 정조의 말을 언급하였다.

이처럼 작자는 홍봉한의 뒤주 문제에 대해서는 권위적 존재의 말을 인용하고, 정황 증거를 제시하는 방식을 통해 홍봉한이 뒤주 문제와 관련이 없음을 수차 반복하여 해명하고 있다.

홍인한의 대리청정 문제에 대해서는 홍인한이 영조의 진심을 알지 못했기 때문에 영조의 대리청정에 대한 뜻을 받들지 않은 것이라 하였다. 곧 화완옹주의 농간으로 영조가 신하들을 시험하는 것으로 알아 그저 미봉책으로 받들 수 없다고 했다는 것이다.

이어 작자는 논란이 된 홍인한의 삼불필지 운운을 그때의 상황을 나름대로 재해석하여 해명하였다. 영조가 '세손이 국사를 아는가? 이병판을 아는가? 노소론을 아는가? 어찌 민망하지 않은가?'라고 하였을 때 끝의 말이 노소론이었기 때문에 '노소론을 알아서 무엇 하겠느냐'라는 뜻으로 '알아 무엇 하겠습니까?'라고 대답하였다는 것이다. 영조가 세 가지를 하나씩 차례로 물어 각각에 대한 대답을 들은 것이 아니라 이것도 저것도 모르니 민망하다고 한 말 가운데 끝의 말이 노소론에 대한 것이기 때문에 그렇게 대답한 것일 뿐이고, 노소론을 알 필요가 없다고 한 것은 영조가 편론(偏論)을 질색하여 연석에서 신하들이 감히 노소론을 언급하지 못하는 상황에서 노소론을 안다고 하면 영조가 자기가 그렇게 금하는 노소론을 세손이 안단 말이냐고 할까 봐 미봉하려 한 것이라고 하였다.

또 세손이 신하들에게 영조 앞에서 자기를 지나치게 칭찬하지 말라고 하였기 때문에 세손이 매사를 다 안다고 대답하지 않은 것이고, 노소론에 대해서만 묘리 있게 대답한다고 한 것이 앞말 모두에 대한 대답이 되었다면서 망발이라 하면 옳을지 모르지만 그것으로 역절(逆節)이 되는 것은 천만 애매하고 원통하다고 하였다.

『실록』에는 영조가 한 말의 순서와 내용이 작자가 제시한 것과 다르게 기록되어 있고,[126] 이에 대해 홍인한이 동궁은 노론이나 소론을 꼭 알아야 할 필요가 없고, 이조판서나 병조판서를 꼭 알아야 할 필요가 없으며, 조정 일도 반드시 알아야 할 필요는 없다고 세 가지 모두를 거론하며 대답한 것으로 되어 있다. 『국조보감』에는 『실록』과 유사하게 제시되어 있지만 영조와 홍인한이 한 말의 순서와 내용에 차이가 있다.[127] 지금으로서는 그 셋 가운데 어느 것이 맞는지 확인할 길이 없기도 하지만 실상을 따지기보다는 작자가 당시의 상황을 나름대로 재해석하여 그것을 근거로 홍인한이 억울하다는 것을 해명하고 있다는 사실 자체를 주목할 필요가 있다.

이어 작자는 영조가 낙점이나 부표(付標)를 자기가 직접 못하고 좌우에게 시키는데 이제부터는 세손에게 맡기려 한다고 했을 때 영의정 한익모(韓翼謩)

126 『실록』에는 영조가 "어린 세손이 노론(老論)을 알겠는가? 소론(少論)을 알겠는가? 남인(南人)을 알겠는가? 소북(少北)을 알겠는가? 국사(國事)를 알겠는가? 조사(朝事)를 알겠는가? 병조판서를 누가 할 만한가를 알겠으며, 이조판서를 누가 할 만한가를 알겠는가? 이와 같은 형편이니 종사(宗社)를 어디에 두겠는가?"라고 말한 것으로 기록되어 있다(영조 51년 11월 20일조).

127 『국조보감』에는 영조가 "충자로 하여금 나랏일을 분명하게 익히도록 할 수 있을 것이다. 노론(老論)·소론(少論)도 알아야 하고 이판(吏判)·병판(兵判)도 알아야 할 것이다"라고 하자 홍인한이 "동궁이 이판과 병판을 꼭 알아야 할 필요가 없고 노론과 소론을 꼭 알아야 할 필요가 없습니다. 더욱이 조정의 일도 반드시 알아야 할 필요는 없습니다"라고 대답한 것으로 되어 있다(권 68, 영조 51).

가 좌우를 족히 근심할 것이 없다고 하여 홍인한과 함께 논척을 받았으나 이후 홍인한만 죄를 입었으니 공평치 않고, 또 정조가 홍국영에게 일시 옹폐되어 홍인한을 여산에 찬배할 때에도 그 전교에 역적의 뜻과 다른 뜻은 없다 하였고,[128] 나중에는 불필지(不必知)는 막수유(莫須有: 아마 있을 것이다)라는 말과 같아서 족히 죄 될 것이 없어[129] 갑자년에 신원하겠다고 했다고 하였다. 형벌의 공평성과 권위적 존재의 말을 근거로 홍인한이 세손의 대리청정을 저해했다는 혐의가 억울하다는 것을 다시 해명한 것이다.

그런데 작자의 해명은 여기에 그치지 않았다.

> 우리 집 ᄉᆞᄅᆞᆷ들이 벼슬도 만히 ᄒᆞ고 부귀(富貴)가 장ᄒᆞᆫ 거시 이 젼혀 동궁(東宮) 외가(外家)로 그러ᄒᆞ니 동궁을 밋고 쟈셰(藉勢)ᄒᆞ야 됴뎡(朝廷)을 탁난(濁亂)ᄒᆞᆫ다 ᄒᆞ면 그ᄂᆞᆫ 죄가 될가 모ᄅᆞ거니와, 저 권(權) 쓰고 부귀ᄒᆞᄂᆞᆫ 거시 젼혀 동궁을 밋ᄂᆞᆫᄃᆡ 동궁이 ᄃᆡ리(代理)ᄅᆞᆯ ᄒᆞ시거나 등극(登極)을 ᄒᆞ시거나 ᄒᆞ면 무식ᄒᆞᆫ 쳑니(戚里)의 ᄆᆞᄋᆞᆷ의 더 즐겨ᄒᆞ지 동궁을 꺼려 ᄃᆡ리ᄅᆞᆯ 못 ᄒᆞ시게 ᄒᆞ고 눔을 의지ᄒᆞ야 부귀ᄅᆞᆯ ᄒᆞ란다 말이며, 셩후(聖候)ᄂᆞᆫ 구십(九十) 독노(篤老) 지경의 됴셕(朝夕)을 모ᄅᆞᄂᆞᆫ ᄯᆡ니, 블과 목젼(目前)의 아ᄃᆡᆨ 권 쓰쟈고 길게 ᄇᆞ라올 동궁긔 득죄(得罪)ᄒᆞ랴 ᄒᆞᆯ 인정이 어이 이시며, 동궁이 외가의 미안(未安)ᄒᆞ신 줄 ᄉᆞᄉᆡᆨ(辭色)의 나ᄐᆞᄂᆡ신 일 업고 나브터 몰나시니, 당신이야 쵸록히 동궁 등ᄂᆡ(等內)의ᄂᆞᆫ 쳑니ᄃᆡ신(戚里大臣)으로 ᄃᆡ권(大權)을 잡을 줄노 더 조이고 ᄇᆞ라실 거시니, 동궁긔 불니(不利)ᄒᆞ다 말은 엇디 인졍 텬니(天理) 밧기 아니리오.[130]

---

128 『실록』에 관련 내용이 기록되어 있다(정조 즉위년 4월 7일조).

129 『실록』에 관련 내용이 제시되어 있다(정조 16년 윤4월 27일조). 막수유(莫須有)는 사실이 분명치 않은 일을 있을 법한 일이라고 추단하여 모함하는 것을 가리키는 말임. 후일 철종은 홍인한의 관작을 회복하는 과정에서 정조가 한 이 말을 수차 인용하였다(철종 6년 12월 15, 17일조, 9년 10월 25일조).

130 『원본한중록』, 360면.

자기 친정이 권력을 잡고 부귀를 누리는 것이 모두 외손인 동궁 때문인데 동궁을 꺼려 대리를 못하게 하면 누구를 의지하여 부귀를 누리고, 또 앞으로 왕이 될 동궁을 제쳐두고 언제 세상을 떠날지 모르는 90노인 영조 때 잠깐 권세를 부리자고 동궁에게 득죄할 리가 있겠느냐고 하였다. 그리고 홍인한은 동궁이 대리를 하거나 왕위에 오르면 척리대신으로 큰 권세를 잡을 생각에 대리청정을 더 바랐을 것 아니냐고 하였다. 홍인한의 대리청정 방해라는 것이 보편적 이치나 상식에 비춰보더라도 성립될 수 없다는 것이다.

여기에서 하나 짚어볼 것은 위 인용문 앞부분에 자기네가 벼슬도 많이 하고 부귀를 장하게 누리는 것이 동궁 외가이기 때문이니 동궁을 믿고 조정을 어지럽힌다면 죄가 될지 모르겠다는 진술이다. 예상되는 비판 가운데 인정할 만한 것은 그렇게 할 수 있지만 실제 이루어진 터무니없는 비판과 무고에 대해서는 그럴 수 없다는 것이다. 이처럼 예상되는 비판을 부분적으로 수긍하는 듯한 서술을 앞세우며 주장을 전개하는 방식은 〈한중록〉의 곳곳에서 눈에 띠는데 여기에서도 그러한 방식을 활용하고 있는 것을 볼 수 있다.

이처럼 홍인한의 대리청정 문제에 대해 작자는 상황을 나름으로 재해석하거나, 권위적 존재의 말을 인용하거나, 예상되는 비판을 부분적으로 수긍하면서 보편적 이치나 상식적 논리에 호소하는 등의 다양한 방식을 통해 그것이 원통하고 억울하다는 것을 해명하고 있다.

홍낙임의 경우에는 정조가 홍낙임을 친국할 때 홍낙임이 한 말과 그에 대한 정조의 처분을 제시하여 그가 대리청정을 방해하거나 은전군 추대 음모와 관련이 없다고 하였다. 정조의 권위를 빌려 그의 억울함을 우선적으로 해명한 것이다. 이어 순조 즉위 직후 홍낙임이 당한 일에 대해서는 천부당만부당한 것으로 죄를 삼았다며 은언군을 위한다는 것은 홍봉한의 연좌로 일컬은 것이고, 사도세자를 추숭하려 한다는 것은 홍낙임이 그 일을 입에 올린 적이 없으며, 비류(匪類)를 체결하여 와굴(窩窟)이 되었다는 것은 홍낙임이 30년간 폐칩하여 사람들과 상통하지 않은 것을 모든 사람이 아는 바이고, 천주교도로 몰려 하나 무함할 길이 없자 말을 어렴풋하게 얽어놓은 것이라 하였다. 홍낙임의 죄목으로 거론된 것들 각각에 대해 구체적인 사실을 근거로 들어 반박함으로써 그것이 무고라는 것을 밝히고 있는 것이다.

그러면서 작자는 천주교도라는 혐의에 대해서는 좀더 구체적인 근거를 제시하였다. 신해년(1791) 12월에 홍낙임 형제가 정조를 만났을 때 정조에게서 천주교에 대한 말을 대략 듣자 정조에게 철저히 금하라고 하였다는 것이다. 또 천주교에는 남인들이 많이 들었는데 자기 친정은 남인을 사귀지 않아 아는 사람이 없다며 심환지가 천주교인인 오석충(吳錫忠)이 그 조상 오시수(吳始壽)를 복관작하는 데 홍낙임의 힘을 얻었다고 했지만 과거 작자의 고조부가 오시수를 죄주도록 청했기 때문에 오씨가 홍씨를 대대로 혐가(嫌家)로 알고 있으니 그 말이 허무맹랑하다고 하였다. 구체적인 사실과 정황 증거를 제시하여 홍낙임이 천주교도가 아니라는 것을 해명한 것이라 할 수 있다.

이처럼 홍낙임의 경우에는 권위적 존재의 말과 태도, 구체적인 사실과 정황 증거 등을 통해 그의 혐의가 전혀 터무니없다는 것을 밝히고 있다.

이밖에 홍봉한의 은언군 형제 문제에 대해서는 그것이 김귀주네와 정후겸의 모함에 의한 것이라는 것을 이면의 맥락과 사실을 통해 밝힌 다음, 홍봉한이 외손자인 세손을 제쳐놓고 은언군 형제를 비호하고 추대까지 하려 했겠느냐며 이치와 상식을 들어 다시 해명하였으며, 나삼 문제에 대해서는 당시 내국 제조였던 김치인(金致仁)이 정조에게 올린 차자의 내용을 근거로 제시하면서 내국 일에 국구가 간여한다는 홍봉한의 말에 김귀주네가 화가 나서 일을 크게 만들었을 뿐이라고 하였다.

또 사도세자 추숭 문제에 대해서는 홍봉한이 세손에게 영조의 하교에 따라 사도세자를 추숭하지 말아야 한다고 하면서 후일 기사환국(己巳換局)과 무신란(戊申亂)을 일으켰던 강경한 남인과 소론의 남은 무리들이 왜 추숭하지 않느냐고 하면 민망하니 어찌해야 하는지 답답하다고 하였을 뿐인데 사람들이 사도세자를 추숭하지 않으면 기사년과 무신년의 남은 무리들이 다른 사람을 추대하여 폐립하려 할 것이라고 세손을 위협했다고 한다며 자기가 그 자리에서 직접 들었듯이 홍봉한이 '추대' 두 글자를 정녕 말한 적도 없고 세손을 위협하지도 않았다고 하여[131] 자기가 직접 보고 들은 사실을 증언함으로써 홍봉한의 혐의를 해명하였다.

이와 같이 작자는 쉽게 부정하기 어려운 영조나 정조와 같은 권위적 존재의 말이나 태도, 충분한 가능성을 인정할 만한 정황 증거, 누구나 쉽게 납득할 수 있는 보편적인 이치나 상식적 논리, 이면의 구체적인 사실이나 사건, 직접 목격한 일에 대한 작자 자신의 증언 등 다양한 근거를 제시하고, 논란이 된 상황을 재해석하여 친정이 당한 일이 억울한 무함에 의한 것이라는 것을 밝히고 있다. 이는 작자가 1차 독자인 순조에게 친정 신원의 당위성을 설득하기 위해 논리적 측면에서 다양한 방법과 전략을 모색했다는 것을 말해준다.

물론 작자가 제시한 근거에는 작자 자신의 오해나 과장이 있을 수 있다. 하지만 그것보다는 작자가 친정 문제의 핵심이 적대적 세력과의 갈등에 있다는 이면의 맥락과 사실을 구체적으로 제시하고, 그 안에서 독자로 하여금 자기의 주장을 진실로 받아들이게 하는 다양한 방법과 전략을 구사하면서 때로는 그것을 반복하여 강조하고 있다는 사실을 주목할 필요가 있다. 그것은 이 글이 기본적으로 엄정한 논리를 통해 오류가 없는 결론을 도출하는 것을 목적으로 하는 것이 아니라 일상적인 사람들의 공통된 감각과 통념에 기인한 이성적 동의 및 정서적 감화라는 설득을[132] 지향하고 있기 때문이다.

131 〈병인추록〉, 위의 책, 432~433면.

132 이정찬, 「설득적 글쓰기에서의 내용 생성 전략 연구－고전 수사학의 논의를 중심으로－」, 『한국어교육학회 제 277차 학술대회 요지』, 2014. 5, 59면 참고.

4. 공감 유도의 방식

1) 독자에 대한 고려, 또는 호소

정도의 차이가 있겠지만 작자는 독자를 의식하고, 고려하면서 글을 쓰게 마련이다. 독자에 대한 고려는 글의 내용과 표현 방식을 결정할 뿐 아니라 그것을 보다 풍부하게 하거나 수정해나가도록 한다. 이에 따라 독자는 글쓰기의 협력자, 평가자의 역할을 한다고 할 수 있다.[133] 이런 점은 〈한중록〉의 경우에도 예외는 아니어서 작자 역시 독자를 고려하면서 글의 내용과 표현을 조직하고, 조절하였을 것이다. 작자는 서문에서 손자인 순조를 이 글의 독자로 특정하였다. 이 글을 다른 사람이 읽을 수도 있겠지만 작자가 독자를 특정하고 있다면 그러한 독자에 대한 고려가 친정 신원이라는 이 글의 목적과 관련하여 어떤 방식으로든 드러날 수밖에 없을 것이다. 여기에서는 순조와 직접 관련된 부분을 중심으로 독자에 대한 고려가 어떻게 드러나 있는지 살펴보기로 한다.

작자는 서문에서 장차 순조가 이 글을 통해 자기 경력의 흉험함과 친정의 원통함을 알아 30년 쌓인 원한을 풀어주면 자기가 저 세상에서 정조를 만나 성자신손(聖子神孫)이 계지술사(繼志述事)하여 모자의 평생 한을 풀어준 것을 서로 위로하겠다고 하였다. 여기에서 눈여겨 볼 것은 순조가 작자 친정의 억울함을 풀어주는 것이 정조의 뜻을 계승하는 것이고, 작자와 정조 모자의 한을 풀어주는 것이라는 것이다. 친정 문제는 작자뿐 아니라 정조의 바람이기도 하기 때문에 꼭 해결되어야 한다는 의미이다. 이런 점을 고려할 때 본문 서두에 제시된 정조에 관한 서술은 친정 문제가 왜 작자와 정조 모두에 관련

133 이삼형・양경희, 「글쓰기에서 독자의 다층적 역동성」, 『작문연구』 9, 한국작문학회, 2009 참고.

된 것인지를 구체적으로 밝히는 역할을 한다고 할 수 있다.

본문 서두에서 작자는 자기와 정조의 깊은 정리를 돌이켜 보면서 작자의 친정이 당한 일이 억울하지만 갑자년이 되면 모두 해결될 것이라는 정조의 말과 약속을 제시하였다. 이는 앞에서 말한 바와 같이 친정의 일을 본격적으로 서술하기에 앞서 정조의 말을 근거로 친정이 당한 일들이 억울하다는 사실을 순조에게 제시하기 위해서일 것이다. 그런데 독자에 대한 고려라는 측면에서 이 서두 부분에 제시된 두 가지 서술 내용을 주목할 필요가 있다.

하나는 순조의 출생이다. 정조의 큰아들인 문효세자(文孝世子)가 일찍 세상을 떠나자 정조는 슬픔과 걱정으로 몸이 상할 지경이 되고, 작자는 그러한 정조 때문에 마음을 졸였다. 이후 종사지경(宗社之慶)을 바라는 작자의 마음이 날로 간절한 가운데 작자의 생일날, 작자의 처소 건넌방에서 순조가 태어났다. 작자와 정조가 서로 축하하며 함께 즐거워하고, 정조가 작자의 생일날 순조가 태어난 것은 작자의 지극한 정성과 걱정 때문이라고 하자 작자도 하늘이 자기를 가엾게 여겨 자기 생일날 순조가 태어나게 되었는가 생각했다고 하였다. 이는 작자와 순조가 긴밀한 정서적 유대로 연결되어 있음을 순조에게 환기시킨다고 할 수 있다.

또 하나는 순조에 대한 정조의 기대이다. 정조는 갑자년이 되면 순조에게 왕위를 물려주고 영조의 하교 때문에 자기가 하지 못했던, 사도세자를 왕으로 추존하는 일을 순조를 통해 이루려 하였다. 이에 정조는 작자에게 자기가 하지 못한 일을 아들의 효도로 이루겠다거나, 왕비가 입는 적의(翟儀)를 만드는 옷감을 잘 두라며 장래 손자의 효도로 입는 것을 보자고 하기도 했다. 뿐만 아니라 정조는 지금 홍봉한의 일을 밝히지 못하지만 '후왕 때에야 제 아비를 보호하고 종사를 붙든 충성을 어찌 포양하지 않겠느냐'며 "더 아ᄒᆡ ᄯᅵ예 외조가 풀니시고 마마겨오셔 뎌 아ᄒᆡ 효양(孝養)을 ᄂᆡ 적보다가 더 낫게"[134] 받으

134 『원본한중록』, 289면.

리라고 하였다. 이러한 서술은 순조로 하여금 정조를 회상하면서 부자간의 정리와 믿음을 확인하고, 정조의 기대에 부응할 것을 생각하지 않을 수 없게 할 것이다.

이렇게 제시된 작자와 순조의 정서적 유대, 순조에 대한 정조의 기대는 친정 신원의 필연성에 순조가 공감하도록 하는 기능을 한다고 할 수 있다. 독자와 직접 관련된 이러한 서술은 친정의 억울함을 논리를 갖춰 해명하는 것과는 또 다른 감성적 측면에서 독자의 공감을 유도하고 있기 때문이다.

작자는 홍인한의 신원 문제를 순조와 관련하여 언급하기도 하였다. 홍인한의 억울함을 해명한 뒤에 작자는 명종 때 윤임(尹任)이 봉성군(鳳城君)을 추대하는 역모를 도모했다 하여 처형되었는데 후일 인종비(仁宗妃)인 공의대비(恭懿大妃)가 시외삼촌인 윤임의 일을 지극히 원통해하자 선조가 윤임을 복관시킨 일을 거론하였다. 그리고 작자는 홍인한의 죄명이 윤임의 그것보다 가볍고, 선조는 백모를 위해 그 시외삼촌의 억울함을 신설(伸雪)하였는데 순조가 조모를 위해 그 중부를 신폭(伸暴)하는 것은 정리나 나라의 체면에 있어 윤임의 경우와 함께 일컬을 수 없다고 하였다. 곧 윤임의 경우에 비춰볼 때 홍인한의 신원은 훨씬 자연스럽고 당연하다는 것이다.

이어 작자는 정조가 홍인한에 대한 자기의 처사가 지나쳤다고 후회하면서 갑자년에 홍인한을 신설할 것을 여러 번 이야기하고, 반역의 실정과 다른 뜻이 없다거나 불필지(不必知)는 막수유(莫須有)와 같다고 하였으니 순조가 홍인한의 신원을 불안해하거나 주저할 일이 아니라고 하면서 공의대비가 조카를 감동시켰는데 자기가 설마 손자를 감동시키지 못하겠느냐고 하였다.

윤임과 홍인한의 경우를 대비하고, 정조의 약속과 말을 근거로 순조에게 홍인한의 신원을 직접 요청하고 있는 것이다. 공의대비가 조카를 감동시켰는데 자기가 손자인 순조를 감동시키지 못하겠느냐는 것은 순조가 할머니인 자기의 마음에 감동하여 소원을 꼭 이루어줄 것이라는 것으로 정감적 표현이 묻어 있기는 하지만 이 부분에서 작자는 순조에게 직접 홍인한의 신원을 주장하고 그 필연성을 강조하고 있다고 할 수 있다.

한편 작자는 이런 직접적인 요청뿐 아니라 순조에 대한 언급을 통해 우회적으로 순조의 마음에 호소하기도 하였다.

> 나의 험흔흉독(險釁凶毒)을 인ᄒᆞ야 쳔ᄇᆡᆨᄉᆞ(千百事) 경영(經營)이 다 일우디 못ᄒᆞ고 ᄂᆡ 신셰와 ᄂᆡ 집 혹화(酷禍)가 이 지경ᄀᆞ디 되어시니, 이ᄂᆞᆫ 왕텹(往牒)의도 업ᄉᆞ리니 ᄂᆡ 일신(一時)들 사라 무엇ᄒᆞ리오마ᄂᆞᆫ, 신왕(新王)이 비록 튱년(沖年)이시나 인효(仁孝)ᄒᆞ시미 션왕을 담ᄉᆞ와시니 댱셩(長成)ᄒᆞ면 응당 당신 부왕(父王)의 미졸지지(未卒之志)ᄅᆞᆯ 일우실듯 듀야(晝夜) 튝텬(祝天)ᄒᆞ노라[135]

> 쥬샹(主上)이 그ᄯᅢ ᄂᆡ 졍경(情景)을 보시고 눈믈을 머금고 가시더니 사ᄅᆞᆷ 업ᄂᆞᆫ 곳의 가만히 우ᄅᆞ시더라 ᄒᆞ니, 당신이 튱유(沖幼)ᄒᆞ셔 비록 구ᄒᆞ디 못ᄒᆞ시나 그 사ᄅᆞᆷ의 죄 업ᄉᆞᆫ 줄 아ᄅᆞ시고 션왕의 평일 권ᄃᆡ(眷待)ᄒᆞ시던 일을 ᄉᆡᆼ각ᄒᆞ고 ᄂᆡ 졍니(情理)ᄅᆞᆯ 셜워ᄒᆞ셔 그리ᄒᆞ신 거시니, 엇디 이러ᄐᆞ시 슬허ᄒᆞ디 아니ᄒᆞ시리오. ᄂᆡ 비록 망극(罔極) 아ᄃᆞᆨᄒᆞᆫ 듕이나 쥬샹의 인효(仁孝)ᄒᆞ신 ᄆᆞ음이, 댱ᄂᆡ(將來)ᄅᆞᆯ ᄇᆞᄅᆞᆯ 거시오, …… ᄎᆞᄉᆡᆼ(此生)의 망뎨(亡弟)의 지원(至冤)을 신폭(伸暴)ᄒᆞᄂᆞᆫ 날을 보디 못ᄒᆞ고 도라가면 디하(地下)의 가 하면목(何面目)으로 망뎨ᄅᆞᆯ 보며, 도라가ᄂᆞᆫ 혼ᄇᆡᆨ(魂魄)이 쳔고(千古)의 유흔(遺恨)을 ᄆᆡ즐 거시니, 하ᄂᆞᆯ아 하ᄂᆞᆯ아 날을 머므러 겨시다가, 동ᄉᆡᆼ의 신원(伸冤)ᄒᆞᄂᆞᆫ 양을 보고 죽게 ᄒᆞ실가, 듀야(晝夜)의 읍혈츅슈(泣血祝手)ᄒᆞᆯ 분이로다.[136]

앞의 인용은 본문 서두 정조에 대한 서술의 끝부분이다. 작자는 이 인용문 앞에서 자기와 순조의 정서적 유대, 순조에 대한 정조의 기대를 언급하여 친

135 위의 책, 292~293면.
136 위의 책, 405면.

정 신원에 대한 순조의 공감을 유도하기도 했는데 여기에 이르러서는 자기의 고통과 친정의 억울함을 한탄하면서 순조가 정조를 닮았으니 순조가 정조가 못 다한 뜻을 이룰 듯하다며 그것을 하늘에 빌고 또 빈다고 하였다. 친정 신원을 직접 언급하고 있지는 않지만 자기의 고통을 토로하면서 순조에게 자기 친정을 신원해 줄 것을 은근히 호소하였다.

뒤의 인용은 홍낙임의 죽음과 관련된 서술 중 일부이다. 아우의 죽음을 고통스러워하는 작자를 보고 순조가 몰래 혼자 울었다고 하면서 그것은 순조가 자기가 아직 어려 구하지는 못하지만 홍낙임이 죄 없는 줄 알고, 정조가 홍낙임을 은혜로 대하던 일을 생각하고, 또 작자의 마음을 서러워하여 그런 것이라고 하였다. 이는 순조가 홍낙임에 대한 진실을 잘 알고 있을 뿐 아니라 작자의 심정에 충분히 공감하고 있었다는 것을 순조에게 환기하는 것이다. 이어 아우의 신원을 살아있을 때 보고 싶다며 독백처럼 토로한 한스러운 기원에는 자기 생전에 홍낙임의 신원을 보게 해달라는 호소의 의미가 담겨 있다고 할 수 있다.

이처럼 작자는 이 글의 1차 독자를 순조로 특정하고, 자기와 순조, 정조와 순조의 관계 등을 서술하여 친정 신원의 필연성에 공감하도록 하기도 하고, 순조에게 친정 신원을 직접 요청하기도 하고, 자신의 고통을 토로하는 가운데 순조를 언급하여 순조에게 친정 신원을 은근히 호소하기도 하였다. 작자가 근거를 갖춰 친정의 억울함을 해명할 뿐 아니라 순조를 직접 언급하여 그의 공감을 유도하고 있는 것은 논리적 측면뿐 아니라 감성적 측면에서도 독자를 설득하기 위한 방법들을 활용하고 있다는 것을 말해준다.

2) 내면의 토로

〈한중록〉의 다른 글도 그렇지만 작자는 친정신원편에서 빈번하게 자기의 내면을 토로하고 있는데 작자가 의도했건 아니건 간에 이 역시 감성적 측면에서 독자의 공감을 유도하는 방법이 될 수 있다. 작자는 서문에서 자기 경력의 흉험함과 친정의 원통함을 순조에게 알린다고 하였다. 지난 삶의 고통과 친정의 원통함을 나란히 언급한 것은 그 둘이 별개가 아니라 하나이기 때문일 것이다. 작자에게 친정이 당한 억울함은 곧 자기 자신의 억울함이었고, 그렇기 때문에 친정의 억울함을 해명하는 과정은 자기의 고통을 반추하는 과정이기도 했을 것이다. 작자가 친정 일을 해명하면서 내면의 고통과 분노를 토로하는 것은 이 때문이다.

그런데 그러한 작자의 내면 토로는 독자로 하여금 작자의 처지와 심정에 공감하도록 함으로써 독자와 작자의 심리적 거리가 단축되고, 그 결과 독자가 보다 용이하게 작자의 주장을 받아들이게 할 수 있다. 〈한중록〉이 정서 표출 등의 사적인 글쓰기 전략을 통해 역사를 뒤집는 언술의 정치학을 보여주고 있다는 것은[137] 이러한 점을 지적한 것이다. 이제 친정신원편에는 그것이 어떻게 드러나고 있는지 살펴보자.

우선 작자는 친정 문제를 서술하면서 '어찌 다 기록하리오', '세상에 이런 일이 어이 있으리오', '통의원의(痛矣冤矣)라', '섧고 섧도다', '내 일시나 살고 싶은 마음이 어이 있으리오'와 같은 말들을 빈번하게 삽입하여 당시 사건이나 상황에 대한 심정을 토로하고 있다.

뿐만 아니라 작자는 적대적인 인물들을 자기의 감정을 담아 제시하기도 하였다. 예를 들어 김귀주에 대해서는 '이놈이 내 집의 불공대천지수일 뿐 아니라 나라의 역적이고 선왕의 역적이며 자전(慈殿)[정순왕후]의 죄인'이라 하고, 정후겸은 '어려서부터 괴망한 독물', 김종수는 '만고의 사갈 같은 독물'이라 하였다. 친정이 당한 억울함이 적대적인 세력이나 인물들의 모함에 따른 것임을 밝히고 있는 이상 그들에 대한 서술시각 자체가 부정적이고 비판적일 수밖에 없는데 작자는 이러한 표현을 통해 그들에 대한 분노를 직접 드러내고

137 최기숙, 앞의 글 참고.

있다.

또 앞에서 순조에 대한 호소가 작자의 고통과 결부되어 서술되어 있는 것을 보았듯이 글의 군데군데에는 작자의 고통스런 내면이 다소 긴 호흡으로 응결되어 제시되기도 한다.

> 내 연셜(筵說) 반포ᄒᆞᆫ ᄉᆞ어(辭語)ᄅᆞᆯ 보니 심골(心骨)이 경한(驚寒)ᄒᆞ고 간폐(肝肺)가 붕녈(崩裂)ᄒᆞ야 막힐 ᄃᆞᆺ 말이 업ᄉᆞᆫ 듕 션친 무욕(誣辱)은 니ᄅᆞ디 말고 ᄌᆞᄌᆞ귀귀(字字句句)히 날을 젼혀 무핍(誣逼) 능욕(凌辱)ᄒᆞᆫ 말이니, ᄂᆡ 아모리 도라갈 ᄃᆡ 업ᄉᆞᆫ 신세로 ᄒᆞᆫ 노궁인(老宮人) ᄀᆞᆺᄐᆞ나 션왕 친모(親母)니 제 비록 긔염(氣焰)과 권셰(權勢) 일셰(一世)의 진동(震動)ᄒᆞᆫ들 저도 션왕긔 븍면(北面)ᄒᆞ던 신ᄌᆞ(臣子)어든 션왕의 어미라 ᄒᆞ고 욕을 이리ᄒᆞ니 고금텬디간(古今天地間)의 이러ᄒᆞᆫ 변괴(變故) 어ᄃᆡ 이시리오. 쥬샹(主上)은 튱년(沖年)이시고 국셰(國勢)ᄂᆞᆫ 위름(危懔)ᄒᆞ기 ᄒᆞᆫ 머리터럭 ᄀᆞᆺᄐᆞᆫᄃᆡ 인심(人心)과 셰되(世道) 가지록 이러ᄒᆞ야 필경(畢竟) 어미 모ᄅᆞᄂᆞᆫ 셰샹 되기ᄅᆞᆯ 면치 못ᄒᆞ게 ᄒᆞ야시니, 종국(宗國)의 근심과 인눈(人倫)의 멸망(滅亡)ᄒᆞ믈 ᄉᆡᆼ각ᄒᆞ야 통곡ᄒᆞ고 시브며, ……[138]

순조가 즉위한 다음 달 정조가 편집한 홍봉한의 『주고』를 인간(印刊)하라는 명이 있었다. 그러자 영의정 심환지를 비롯한 삼정승이 홍봉한의 죄를 언급하고, 정조가 대단한 효자이나 의리에 있어서는 동요되거나 굽힌 적이 없었다며 자기들이 혜경궁의 마음을 위로하고 편안하게 하는 데 있어 정조 때와 달리하는 것이 있다면 불충하고 무상한 신하가 아닐 수 없지만 『주고』의 간행은 의리와 관계되기 때문에 기어이 정지시키지 않을 수 없다고 하였다. 이를 알게 된 작자는 결국 자신을 결심하는데 위는 작자가 그때의 심정을 토로한

138 『원본한중록』, 396~397면.

내용의 일부이다.

작자는 대신들의 말이 놀랍고 고통스러워 말을 잃었는데 그 내용이 결국 자기를 업신여기고 핍박한 말이라는 것을 깨닫고는 선왕을 모시던 신하들로 선왕의 어미를 이렇게 욕한다면서 통곡하고 싶다고 하였다. 이러한 고통과 분노의 토로는 작자가 의도하지 않았더라도 순조가 작자의 처지와 심정에 공감하도록 하는 효과를 지닌다고 할 수 있다. 특히 정순왕후의 뜻에 따른 것이기는 하지만 『주고』 인간의 명을 내린 사람도 순조이고, 대신들의 말을 직접 들은 사람도 순조이기 때문에 순조로서는 작자의 당시 심정을 충분히 헤아리고 공감할 수 있었을 것이다.

이와 같이 작자는 친정의 억울함을 해명하면서 과거에 느꼈거나 글을 쓰는 현재에 치밀어 오르는 고통, 울분, 분노 등의 심정을 빈번하게 제시하고 있다. 글 전체가 친정을 모함하고 작자를 고통으로 밀어 넣은 적대적 인물이나 세력에 대한 부정적이고 비판적인 시각에 입각해 있지만 이렇게 그들의 터무니없는 모함을 하나씩 밝혀가면서 느끼는 심정을 한탄하듯, 부르짖듯 쏟아내는 것은 독자로 하여금 작자의 처지와 주장에 공감하도록 하는 효과를 충분히 지닌다고 할 수 있다.

작자가 독자와의 정서적 유대를 환기하면서 친정 신원을 요청하거나 호소하기도 하고, 친정의 일을 서술하면서 그때그때 느끼는 내면을 빈번하게 토로하기도 하는 이러한 방식들은 결과적으로 독자의 공감을 유도하여 작자가 의도하는 방향으로 독자를 설득하는 데 기여한다고 할 수 있다. 작자가 독자를 직접 언급하며 불러일으키는 정서적 유대로 인해 독자는 작자가 토로하는 한탄과 분노의 감정이 자기와 무관하지 않은 것으로 느끼게 됨으로써 작자의 주장을 보다 용이하게 받아들일 수 있게 되는 것이다.

5. 맺음말

여기에서는 〈한중록〉 가운데 작자가 자기 친정의 억울함을 해명하고 있는 친정신원편을 대상으로 먼저 이 글의 역사적 맥락을 구체적으로 살피고, 그 글쓰기 방식을 검토하였다. 작자는 손자인 순조를 독자로 특정하고, 순조가 자기 친정의 억울함을 알아 그것을 꼭 해결해주기를 바라는 마음으로 이 글을 썼다. 이를 위해 작자는 친정의 억울함을 해명하고, 또 독자의 공감을 유도하는 방식을 통해 순조를 설득하려 하였다.

먼저 친정의 억울함을 해명하기 위해 작자는 이면의 맥락과 사실을 제시하여 친정이 당한 일들이 적대적인 세력이나 인물들의 지속적인 모함 때문이었다는 것을 차례로 밝히는 방식으로 글을 구성하고, 각각의 구체적인 사항에 대해서는 다양한 근거를 제시하여 그것이 터무니없는 무고에 불과하다는 것을 해명하였다. 그리고 독자인 순조의 공감을 유도하기 위해 작자와 순조의 정서적 유대를 환기하기도 하고, 순조에게 친정 신원을 직접 요청하기도 하고, 자기의 고통을 토로하면서 순조에게 친정 신원을 우회적으로 호소하기도 하였다. 또 친정의 일을 서술하는 과정에 빈번하게 삽입되어 있는 작자의 내면 토로는 작자가 의도했건 아니건 간에 작자와 독자의 심리적 거리를 단축하여 독자로 하여금 작자의 처지와 주장에 공감하도록 하는 역할을 하고 있다.

요컨대 작자는 친정 신원이라는 목적을 위해 친정의 일이 억울하다는 것을 논리적으로 해명하고, 감성적 측면에서 독자의 공감을 유도함으로써 후일 친정 신원을 이루어줄 수 있는 순조를 설득해가고 있다. 곧 이 글의 글쓰기는 설득을 위한 해명과 공감 유도 방식에 기초해 있는 것이다.

그런데 여기에서 더 생각해 볼 것은 이 글을 작자 자신을 위한 글쓰기라는 시각에서 읽더라도 이러한 글쓰기 방식이 여전한 의미를 지닐 수 있다는 점이다. 앞에서도 언급하였지만 남편으로 인한 고통 속에서 작자에게는 친정만이 유일한 버팀목이었기에 작자와 친정의 정서적 유대는 남다를 수밖에 없었고,

그렇기 때문에 작자는 친정에 닥친 시련을 고스란히 자기의 것으로 인식할 수밖에 없었다. 작자에게 친정의 억울함은 바로 자기의 억울함이고, 친정의 억울함에 대한 해명은 자기의 고통을 반추하면서 스스로를 해명하는 것과 크게 다르지 않았던 것이다.

이런 점을 고려할 때 전통시대 여성들이 자기의 삶을 불행한 것으로 간주할 경우 그들의 자기에 대한 글쓰기에는 자기치유와 자기해명의 동기가 강하게 작용하곤 한다는[139] 지적은 이 글에도 해당된다고 할 수 있다. 곧 작자가 자기의 것이기도 한 친정의 불행을 직시하면서 그렇게 될 수밖에 없었던 이유와 상황, 그리고 그에 따른 고통과 한을 풀어냄으로써 스스로를 위로하고 있다는 시각에서 이 글을 읽을 수도 있다는 것이다.

그렇다면 이면의 맥락과 사실을 제시하여 친정의 억울함이 적대적인 세력이나 인물들의 모함 때문이라는 것을 밝히는 것은 자기를 고통스럽고 불행하게 만든, 그래서 분노를 느끼지 않을 수 없는 상대를 규정하는 기능을, 다양한 근거를 통해 친정의 무고를 입증하는 것은 자기의 고통과 불행을 곱씹으며 그것이 자기네의 탓이 아니라고 항변하고 세상에 해명하는 역할을 한다고 할 수 있다. 또 순조에게 정서적 유대를 환기하면서 친정 신원을 요청하거나 호소하는 것은 손자에게 자기의 처지와 고통을 하소연하는 것과 다르지 않다고 할 수 있다.

이처럼 이 글의 글쓰기 방식은 작자의 고통을 해결해 줄 수 있는 순조를 설득하는 방식이면서 동시에 자기 말을 기꺼이 들어줄 손자를 대상으로 자기를 해명하고 하소연함으로써 스스로를 위로하는 방식이라고 할 수 있다.

139 박혜숙・최경희・박희병, 「한국여성의 자기서사(1)」, 『여성문학연구』 7, 한국여성문학회, 2002, 343~344면.

〈한중록〉 임오화변편의 서술양상과 의미

1. 머리말

혜경궁 홍씨(1735~1815)가 쓴 〈한중록(閑中錄)〉은 고귀한 신분의 궁중 여인이 상당한 분량에 걸쳐 파란만장한 자기의 지난 삶을 돌이켜 보기도 하고, 자기가 겪은 일들의 진실을 구명하려 한 흔치 않은 기록이라는 점에서 일찍부터 주목을 받아 왔다. 이에 따라 그동안 장르, 이본, 제목 등에 대한 기본적인 검토를 비롯하여 다양한 논의가 이루어졌다.

그 가운데 〈한중록〉의 기본 성격과 관련해서는 친정의 억울한 피화(被禍)의 원정(原情)을 〈한중록〉의 주제로 파악하거나,[140] 친정의 신원(伸寃)을 위한 보고로서의 색채를 농후하게 띤 한풀이 서사로 이해하거나,[141] 어린 순조에게 임오화변(壬午禍變)에 대해 자세히 알리고 그 일과 관련하여 불명예스럽게 몰락한 친정을 신원하려는 목적이 매우 강하다거나[142] 하는 견해들이 제기된 바 있다. 이처럼 많은 경우 〈한중록〉을 친정이 당한 억울함을 밝히기 위한 기록으로 파악하고 있는 듯하다.

물론 〈한중록〉이 이러한 성격을 지니고 있다는 것을 부정하기 어렵다. 그

140 김용숙, 『〈한중록〉연구』, 한국연구원, 1983, 137면.

141 김승호, 「한풀이로 본 조선후기 여성 자전(自傳)의 계층별 술회 양상」, 『열상고전연구』 34, 2011, 166면.

142 이화형, 「〈한중록〉의 극적인 특성 연구」, 『동아시아고대학』 25, 동아시아고대학회, 2011, 267~268면 참고.

런데 〈한중록〉의 성격을 좀더 분명하게 확인하기 위해서는 우선 〈한중록〉이 집필 동기와 목적, 시기 등에 차이가 있는 세 편의 글로 이루어져 있다는 사실을 주목할 필요가 있다. 혜경궁은 1795년 회갑 때 쓴 글에서는 자기의 지난 삶을 회고하였고, 1802년에 초를 잡아 1805년에 마무리한 글에서는 사도세자가 뒤주에 갇혀 죽은 임오화변의 시말을 다루었으며, 1802년에 쓰고 1806년에 부록을 써서 덧붙인 글에서는 친정의 억울함을 해명하였다.[143] 이처럼 〈한중록〉에는 자전적 회고편, 임오화변편, 친정신원편이라 할 수 있는, 동기와 목적 그리고 내용이 다른 세 편의 글이 수록되어 있다. 친정신원편을 제외한 나머지 두 편도 친정의 신원이라는 작자의 깊은 의중에 따라 기록된 것일 수 있겠지만 동기와 목적이 다른 글들을 한데 뭉뚱그려 논하기보다는 일단 각 편의 글이 지닌 특성을 충분히 고려하는 것이 〈한중록〉의 성격을 보다 분명하게 드러낼 수 있을 것이다.

〈한중록〉의 성격을 확인하기 위해 또 하나 고려해 볼 것은 임오화변이든 친정 문제든 그것은 결국 작자 자신의 문제로 귀결된다는 점이다. 병으로 고통 받던 남편이 시부모에 의해 죽음에 이르는 그야말로 극적이라고 할 수밖에 없는 상황은 작자에게 엄청난 고통을 강요하는 것이었고, 그러한 상황 속에서 작자가 믿고 의지하던 유일한 버팀목인 친정이 당한 억울함은 곧 작자의 억울함일 수밖에 없기 때문이다. 이는 임오화변편이나 친정신원편 모두 작자가 자기의 고통스러운 지난 삶을 반추하는 글쓰기로 파악할 수 있다는 것을 의미한다. 이에 여기에서는 이러한 점들을 고려하여 임오화변편의 서술양상과 의미를 검토함으로써 〈한중록〉이 지닌 성격의 일단을 살펴보고자 한다.

그동안 〈한중록〉이 특히 주목을 받은 것은 무엇보다 다른 기록에는 분명

143 정병설, 「〈한중록〉의 신고찰」, 『고전문학연구』 34, 한국고전문학회, 2008, 177~180면 참고. 그동안 〈한중록〉은 김용숙의 견해에 따라 1795년, 1801년, 1802년, 1805년에 쓴 네 편의 글로 이루어져 있는 것으로 알려져 왔으나(김용숙, 앞의 책, 6~13면) 정병설이 각 글의 집필 시기를 비롯하여 〈한중록〉의 체제에 대한 기존 견해를 수정하였다.

히 제시되어 있지 않은 임오화변의 시말이 구체적으로 기록되어 있기 때문일 것이다. 사도세자가 부왕인 영조에 의해 죽음을 당한 사건이 공식 기록에는 자세히 수록되기 어려운 한계가 있을 수 있지만 임금의 할머니인[144] 혜경궁 홍씨의 개인적인 기록에서는 예외일 수 있었다. 이에 따라 임오화변편은 사료로서의 가치뿐 아니라[145] 시아버지가 남편을 죽이는 전대미문의 사건을 겪어야 했던 한 여인의 고통스런 삶의 과정이 담긴 작품으로서의 가치 또한 지닌다고 할 수 있다. 먼저 집필 동기를 간략히 살핀 다음 서술양상을 검토한다.[146]

2. 집필 동기

작자는 임오화변에 대한 본격적인 서술에 앞서 서문을 통해 자신이 이 글을 쓴 동기와 목적 등을 직접 밝히고 있다. 서문의 중요 내용은 대략 세 가지 정도로 정리해 볼 수 있다.

첫째, 임오화변 이후 세월이 많이 흘러 사건의 진상을 아는 사람이 적어지자 사실을 멋대로 왜곡하는 일들이 벌어졌는데 정조는 실상을 알면서도 사도세자에 대한 지극한 정에 이끌려 시비를 분명히 가리지 않았지만 순조는 정조와 처지가 다르고, 또 자손이 되어 조상의 큰일을 아득히 모르는 것은 인정과

144 임오화변편은 작자의 손자인 순조가 왕위에 있던 1802년에 초를 잡아 1805년에 완성했다.

145 역사학계에서는 〈한중록〉이 자기합리화를 위한 회상기에 불과하여 그 기록의 신빙성을 인정하기 어렵다고 하기도 하고(이은순, 『조선후기당쟁사연구』, 일조각, 1996, 124면), 기록된 내용들이 실록이나 기타 기록과 부합하는 등 신빙성을 지니고 있어 〈한중록〉을 임오화변의 직접적인 원인을 구명하는 사료로 다루기도 하였다(최봉영, 「임오화변과 영조말·정조초의 정치세력」, 『조선후기 당쟁의 종합적 검토』, 한국정신문화연구원, 1992, 222면 참고). 그런 가운데 역사학계에서는 혜경궁이 〈한중록〉에서 사도세자의 죽음을 영조와의 갈등과 세자의 광증에 그 이유를 제한함으로써 영조와 노론을 정당화하고 정조를 보호하려 했다는 견해가 제기되기도 하였다(조성산, 「혜경궁 홍씨는 왜 〈한중록〉을 지었는가?」, 『내일을 여는 역사』, 신서원, 2000 가을, 12~13면 참고).

146 『원본한중록』(정병설 주석, 문학동네, 2013)을 분석과 인용의 대상으로 삼았다.

천리에 어긋나는 것이기 때문에 전후사를 기록하여 순조에게 보이고 없애고자 한다고 하였다. 이는 이 글을 쓴 목적이 임오화변의 실상을 순조에게 알리는 데 있다는 것이다.

둘째, 작자는 다른 사람이 누가 감히 이 일을 말하며, 자기가 아니면 누가 능히 이 사실을 자세히 알겠느냐고 하면서 영조와 세자 사이에 대한 자기의 말이 추호라도 지나치면 천벌을 면치 못할 것이니 이 기록을 보면 그 일의 전말을 분명하게 알 것이라고 하였다. 이는 이 글이 임오화변에 대해 그 누구보다도 증인의 자격을 제대로 갖추고 있는 작자가 기록한 진실하고, 믿을 만한 증언이라는 것이다.

셋째, 작자는 영조가 세자에게 자애롭지 못하기는 하였지만 나중에는 세자의 병 때문에 어쩔 수 없이 그러한 처분을 하였고, 세자는 천성이 인후하였으나 병으로 인해 종사가 위태로워져서 그러한 일을 당한 것이니 자기와 정조의 애통은 자애통(自哀痛)이고 의리는 자의리(自義理)라고 하였다. 슬픔과 의리를 구분하여 슬픔은 슬픔이고, 의리는 의리여서 세자의 죽음이 의리에 어긋나지 않는다는 것이다. 이는 작자가 이 글을 통해 임오화변의 실상을 증언하는 데 머물지 않고, 그 사건이 지닌 성격과 의미를 나름대로 규정하고 있음을 말해준다.

이와 같이 작자는 임오화변의 진실이 왜곡되고 있는 상황에서 그 실상을 순조에게 전달할 목적으로 이 글을 썼고, 임오화변에 대해 누구보다도 잘 알고 있는 자신이 있는 그대로 기록하였기 때문에 이 글은 진실하고 믿을 수 있으며, 또 임오화변은 세자의 병 때문에 일어난 어쩔 수 없는 일이었기 때문에 그 의리를 분명히 해야 한다고 하였다.

그런데 작자는 임오화변의 실상이 왜곡되어 있다고 하면서 이(利)를 탐하고 화(禍)를 즐기는 무리들이, 세자에게 병이 없었는데 영조가 참언을 듣고 그러한 처분을 하였다거나 영조가 생각하지 못한 일물(一物), 곧 뒤주를 신하가 권했다거나 하여 정조의 성총을 현혹하였다고 하였다. 이러한 언급을 정조 즉위 초 작자의 친정아버지인 홍봉한(洪鳳漢)이 영조에게 뒤주를 권했다며 많은 비판을 받기도 했던 사실과 연관 지어 보면 표면에 제시한 집필 동기의 이면에는 자신이 임오화변의 진실을 밝힘으로써 그 일을 둘러싼 논란의 와중에서 희생을 강요당한 친정의 억울함이 순조에 의해 해소되기를 기대하는 마음이 있었을지 모른다. 이러한 점을 고려하여 부친이 뒤주를 바쳤다[獻一物]는 모함까지 받게 됨에 이 글을 통해 그 알리바이로 차마 말하고 싶지 않은 왕년의 비극을 파헤쳤다는 견해까지 제시된 바 있다.[147]

하지만 작자는 본문에서 친정아버지의 뒤주 문제를 전혀 언급하지 않았으며, 작자 스스로 글의 결미에서 "션친만 죄(罪)를 삼으랴 ᄒᆞ야 일물(一物) 드렷다 ᄒᆞ니, 일물 아니 드리신 곡절(曲折)은 다른 긔록(記錄)의 올녀시니 여긔는 쓰 아니"[148] 쓴다고 하였다. 다른 기록은 친정신원편을 가리킨다. 따라서 임오화변의 실상 구명이 친정의 신원과 전혀 무관한 것은 아니라 하더라도[149] 이 글을 작자가 본문에서 거론하지 않은 친정 신원과 직접 관련지어 해석하기보다는 일단 작자의 언급대로 임오화변의 실상을 밝히기 위한 기록으로 이해하는 것이 온당할 듯하다.

이러한 동기와 목적에 따라 작자는 사도세자가 어떻게 뒤주에 갇혀 죽는 사건이 일어나게 되었는지를 세자의 전 생애에 걸쳐 추적하고 있다. 어느 해에, 어느 해 어느 달에 세자에게 어떠한 일이 있었는지 구체적인 시기를 밝히면서 그때의 상황이나 사건을 자세하게 서술하였다. 이처럼 이 글은 세자의 생애가 시간적인 순서에 따라 서술됨으로써 심리 분석을 위주로 서술된 사도

147 김용숙, 앞의 책, 6면.

148 정병설 주석, 『원본한중록』, 146면. 이하 면수만 표시.

149 정병설은 사도세자에게 광증이 있었는지는 당시에도 중요한 문제였는데 광증이 없었는데도 죄 없이 죽었다면 세자를 죽음에 이르게 하거나 그냥 보고만 있었던 신하들은 죄인일 수밖에 없고, 영의정으로 있던 혜경궁의 아버지 홍봉한은 가장 큰 죄인일 수밖에 없기 때문에 이후라도 더 이상의 혐의를 받지 않기 위해 혜경궁이 임오화변을 정리하였다고 하였다(앞의 글, 185면).

세자의 전기(傳記)[150] 형태를 띠고 있다고 할 수 있다. 그러면 작자가 전달하고자 한 임오화변의 실상이 어떠한지 다소 장황하더라도 작품에 제시된 순서를 따라가며 살펴보자.

3. 서술양상

1) 병의 원인

사도세자는 1735년(영조11) 정월에 태어났다. 작자는 세자가 어릴 때 팔괘 박은 다식을 먹지 않았다거나 사치를 싫어했다거나 하는 궁중에 전하는 이야기들을 소개하면서 세자가 어릴 때부터 예질(睿質)이 비범하였다고 하였다. 그런데 동궁이 오래 비어있는 것을 염려한 영조는 태어난 지 백일밖에 안된 세자를 부모 곁에서 떼어내 홀로 저승전(儲承殿)에서 지내도록 하였다. 처음에는 영조와 생모인 선희궁(宣禧宮)이 날마다 와서 머물렀지만 동궁 내인들이 전에 경종과 경종비인 어대비(魚大妃)를 모시던 사람들로 영조에게 극진한 정성이 없고, 선희궁에게도 공손치 않자 차츰 세자를 찾는 부모의 발걸음이 줄게 되었다. 뿐만 아니라 상궁이 세자에게 칼과 활을 만들어 주어 놀게 하자 세자는 어린 마음에 유희를 탐하고 그것을 영조와 선희궁에게 들킬까 하여 부모 뵙던 마음이 점차 변하게 되었다.

강보에 쌓여 있을 때부터 부모와 떨어져 지내고, 유희에 빠진 것을 부모에게 들킬까 하여 부모에 대한 마음이 변했다는 것은 세자의 어릴 적 성장 배경 자체가 부모와 정서적 유대를 돈돈히 할 수 있는 여건을 갖추지 못했다는 것을 말해준다. 그런데 이러한 부모, 특히 영조와의 심리적 거리가 더욱 멀어지

150 위의 글, 185면.

게 된 것은 무엇보다 두 사람의 성격 차이 때문이다.

영조는 영명인효(英明仁孝)하고 상찰민속(詳察敏速)한 반면 세자는 말이 적고 행동이 민첩하지 못하였다고 한다. 영조가 세자에게 무엇을 물으면 세자는 자기 소견이 없는 것은 아니지만 이렇게 대답하면 어떨까, 저렇게 대답하면 어떨까 머뭇거리며 즉시 대답을 못해 매양 영조를 갑갑하게 하였다. 이로 인해 부자가 서로 만나면 영조는 책망이 자애에 앞서고, 세자는 조심하고 두려워하기만 하여 부자 사이가 점차 멀어지게 된다. 뿐만 아니라 영조는 세자를 항상 부족하게만 여기고 미워하게까지 되는데 영조는 성격적 결함 때문에 그러한 감정을 전혀 숨기지 않았다.

영조는 죽을 사[死], 돌아갈 귀[歸]와 같은 글자를 꺼려 말을 가려 쓰고, 밖에서 일을 볼 때 입었던 옷은 갈아입은 후에야 안에 들어오고, 불길한 이야기를 하거나 들으면 양치질 하고 귀를 씻은 다음 다른 사람을 불러 먼저 말을 건넨 후에야 안으로 들어오고, 좋은 일과 좋지 않은 일을 할 때 출입하는 문이 달랐다. 또 사랑하는 사람이 있는 곳에 사랑하지 않는 사람이 있지 못하게 하고, 사랑하는 사람이 다니는 길을 사랑하지 않는 사람이 다니지 못하게 하는 등 편애와 편증이 심하였다.[151] 작자는 영조가 그러한 성격을 갖게 된 것은 신임사화(辛壬士禍)와 무신역변(戊申逆變)을 겪으면서 꺼리고 사려함이 거의 병이 되었기 때문인 듯하다고 하였다.

이로 인해 영조는 불길한 일에는 세자를 시좌(侍坐)하라 하고, 사랑하는 화평옹주(和平翁主)와 화완옹주(和緩翁主)의 방에 갈 때에는 신하들을 인견할 때 입는 옷을 입지만 세자에게는 그렇게 하지 않았고, 밖에서 정사(政事)를 보고 들어올 때에는 그 옷 입은 채로 세자를 불러 밥 먹었느냐고 물어 대답하면 그 자리에서 귀를 씻고 그 물을 사랑하지 않는 화협옹주(和協翁主) 처소

151 김용숙은 영조의 이러한 이상성격을 조급·경망, 열등의식과 불안신경증, 편차치관(偏差値觀) 등으로 세분하여 검토한 바 있다(앞의 책, 198~215면).

쪽으로 버렸다. 이처럼 세자에 대한 미움을 노골적으로 드러내는 영조의 행동이 부자간의 심리적 거리를 확대하는 것은 물론 두 사람 사이의 관계를 갈등으로 치닫게 했으리라는 것을 짐작하는 것은 어렵지 않다.

요컨대 세자는 어릴 적 성장 배경으로 인해 부모와의 관계가 소원해졌고, 그러한 상태에서 자기를 갑갑해하고 꾸짖고 미워하면서 그것을 거리낌 없이 표현하는 아버지가 두려워 항상 숨죽이며 조심하기만 하였다. 부자간의 심리적 단절에서 비롯된 세자의 고통은 마침내 병으로 이어졌다. 이처럼 세자가 병이 든 근본 원인이 영조와 세자의 어긋난 부자 관계에 있기 때문에 부자간의 관계가 악화됨에 따라 병도 깊어질 수밖에 없었다.

2) 갈등과 병의 심화 과정

작자는 1744년 정월 세자와 혼인하여 궁에 들어왔다. 당시 세자와 작자 모두 10살이었다. 작자는 세자가 부왕 앞에 감히 마주 앉지 못하고 신하들처럼 부복하는 모습을 보고 지나치다 싶었고, 항상 소세(梳洗)를 더디게 하는 것을 보고 무슨 병인가 여겼다고 한다. 이듬해 세자의 병이 대단하여 문복(問卜)하니 무복(巫卜)들이 한결같이 저승전에 있어서 그렇게 된 것이라 하여 기도와 독경을 많이 했으나 차도가 없자 거처를 옮기기도 하였다. 이때 구체적으로 어떤 병을 앓았는지 제시되어 있지는 않다. 그런데 세자가 10여 세부터 병이 있어 음식 먹는 것과 행동이 예사롭지 않았다는 작자의 언급을 보면 이때의 병은 앞으로 진행될 큰 병의 조짐이었던 것으로 짐작된다.

하지만 부자간의 거리는 멀어지기만 하여 "졈졈 ᄌᆞ익는 브죡ᄒᆞ오시고 아래셔ᄂᆞᆫ 공구(恐懼)저허만 날로 심ᄒᆞ오셔 ᄌᆞ도(子道)를 졈졈 못 출히"[152]게 되었다. 그런 가운데 세자의 대리청정(代理聽政)은 부자 사이를 돌이킬 수 없을

152 34~35면.

만큼 벌려놓았다. 세자가 15세이던 1749년 영조는 느닷없이 세자의 대리청정을 명하였다. 이로 인해 세자가 정무를 보게 되었지만 영조는 사사건건 화를 내며 세자를 꾸짖는 것은 물론, 천재지변이 있으면 세자가 덕이 없어서 그렇다고 꾸중을 하였다. 세자는 그때까지 능행에 한 번도 수가(隨駕)를 못해 섭섭해 울기도 하였는데 이처럼 일마다 부왕을 두려워하고, 또 갑갑해하다가 그 화를 다른 사람에게 풀기도 하였다. 극심한 부자갈등으로 인한 심리적 불안정이 표면화되기 시작한 것이다.

한편 세자는 두렵고 갑갑한 심사를 달래기 위해 경문이나 잡서에 흥미를 붙이기도 하였는데 그것이 도리어 병세를 악화시키기는 결과를 초래하였다. 곧 『옥추경(玉樞經)』을 읽은 후로는 무섭다며 옥(玉), 추(樞) 두 자를 말하지 못하고, 옥추단(玉樞丹)[153]을 무서워하고, 하늘을 무서워하여 뇌(雷)나 벽(霹)과 같은 글자를 보지 못하고, 천둥이 치면 귀를 막고 엎드리는 등 기질이 완전히 변했으며, 이어 놀라고 가슴이 뛰는 경패증(驚悖症)까지 생기고, 이후에도 그러한 증상이 때때로 나와 점차 고질이 되었다고 한다. 이처럼 18~9세 무렵 세자는 병이 깊어지고 있었다.

그러나 영조와의 갈등은 가라앉을 기미를 보이지 않았다. 세자가 20세 때 양제(良娣)가 은언군(恩彦君)을 낳자 여러 번 엄교를 들어 날마다 두려워하고 조심하며 지냈는데 그런 가운데 병은 종이가 물에 젖듯 점차 깊어만 갔다. 이듬해 나주 괘서 사건[154]으로 2월부터 5월까지 옥사가 벌어졌는데 영조는 세자를 내어보내 보게 하기도 하고, 친국한 날에는 한밤중에도 세자를 불러 밥 먹었느냐고 물어 대답을 듣고 돌아갔다. 동짓달에는 선희궁이 병이 들어

153 단오 때 임금이 신하들에게 내리는 구급약으로 가운데에 구멍을 뚫어 실을 꿰어 차고 다니다가 심하게 체하거나 더위를 먹었을 때 갈아서 먹었다 한다.

154 을해옥사라고도 불리는데 소론인 윤지(尹志)가 나주에서 귀양살이를 하면서 사람들을 모으고, 민심을 동요시킬 목적으로 나주 객사에 나라를 비방하는 벽서를 붙여서 일어난 옥사를 가리킨다.

세자가 선희궁 처소에 가자 영조가 화완옹주 처소에 가까이 온 것을 혐의하여 화를 내며 바삐 나가라 하여 창을 넘어 나왔는데 가까이 들어오지 말고 『서전(書傳)』「태갑편(太甲篇)」을 읽으라는 명이 그날 다시 있었다. 그러자 세자는 섧고 원통하여 자결을 하겠다, 약을 마시겠다 하다가 가까스로 진정하였다. 병든 어머니 곁에 있는 것도 허락되지 않았던 것이다.

세자가 22세 되던 정월 무렵 세자는 병이 점점 깊어져 바깥 소주방(燒廚房)이 깊고 고요하다며 그곳에 많이 머물렀다. 5월에 영조가 찾아왔는데 세수도 깨끗이 하지 않고 옷도 단정치 않자 영조는 술을 마셨는가 의심하여 세자를 엄문하였다. 당시는 금주령이 엄했는데 세자는 마시지 않았는데도 마셨다고 대답하고, 영조는 춘방관(春坊官)들로 하여금 세자를 면계(面戒)하도록 하였다. 그날 세자는 억울하고 서러워 춘방관들을 호령하여 내치다가 촛대가 넘어져 불이 나는 바람에 밖으로 피했는데 마침 영조에게 입시하러 가던 신하들을 만나자 꾸짖어 다 쫓아냈다. 영조는 세자가 불을 질렀는가 진노하여 신하들이 있는 자리에 세자를 불러 꾸짖었으나 세자는 아무런 변명을 하지 않았다. 이 일로 세자는 섧고 갑갑하여 아무래도 못살겠다며 우물에 빠지려 하기도 하였다.

조용한 소주방에 머문 것은 자기만의 세계를 찾아 도피하고 싶었다는 것을, 영조의 엄문에 하지 않은 일을 했다고 하거나 변명하지 않은 것은 영조에게 소극적으로나마 항거했다는 것을 의미한다. 그리고 우물에 투신하려 한 것은 이제 세자의 심정이 죽음을 생각할 정도로 절박해졌다는 것을 말해주는 것이다.

이 일이 있은 후 병이 더욱 심해져 이제는 신하들 앞에서 지나친 행동을 하고, 강연(講筵)도 더 드물어지고, 영조가 밖으로 거동하면 후원에서 활 쏘고 말 달리며 병기를 가지고 놀고 내인들에게 취타까지 시키기도 하였다. 자신의 울울한 심사를 어릴 적에 배운 무예놀이로 달래려 한 것이다. 그러다가 그해 7월 숙종비인 인원왕후(仁元王后)의 칠순 때 열린 기로과와 진하(進賀)

에 참여하고, 8월 능행에 수가하고서는 대단히 기뻐하며 병이 있는 사람 같지 않았으나 그것도 잠시일 뿐 다시 병이 깊어져 작자가 청선군주(淸璿郡主)를 낳았어도 좋아하거나 들어와 보지 않았다. 영조가 세자를 기로과와 진하, 능행 등에 참여시켰지만 그렇다고 해서 세자에 대한 마음이 누그러진 것이 아니어서 동짓달 세자가 두역을 했지만 한 번도 찾아와 보지 않았다.

세자 23세 때인 이듬해 2월 영조비 정성왕후(貞聖王后)가 위중하다가 세상을 떠났다. 그때 세자는 지극한 효성을 다했으나 그것을 알지 못하는 영조는 세자를 꾸짖기만 하였다. 영조는 아들의 본심은 모른 채 잘못만 하는 줄 알고, 세자는 영조가 두려워 속마음을 제대로 표현하지 못하는 상황이 이어지면서 갈등의 골은 깊어가기만 하였다.

이처럼 갈등이 깊어지기만 한 데에는 갈등을 조정하는 사람은 없고, 오히려 조장하는 사람만 있었던 탓도 크다. 세자의 누나인 화평옹주는 영조와 세자 사이가 가까워지도록 애를 써서 한동안 영조가 세자를 너그럽게 대하고, 그로 인해 세자가 부왕을 두려워하는 것이 덜해지기도 하였다. 하지만 옹주가 곧 세상을 떠나 더 이상 갈등의 완화를 기대하기 어렵게 되었다. 대신 갈등을 조장하는 사람이 등장하였다. 영조는 효장세자빈(孝章世子嬪)의 내인이었던 문녀(文女)를 가까이 하여 옹주를 낳고, 그 오라비 문성국(文聖國)을 별감으로 삼았는데 그들 남매가 세자의 행동을 탐지하여 일일이 영조에게 고했던 것이다. 이에 따라 영조는 갈수록 세자를 부정적으로만 인식하고, 세자는 영조를 두려워하며 마음속 울분을 주체하기 어려운 상황으로 치닫고 있었다.

정성왕후의 죽음 이후 세자는 심화와 병을 견디지 못해 내관 매질하기가 심해지고, 옷을 제대로 갈아입지 못하는 의대증(衣襨症)이 생겼으며, 6월 무렵부터는 마침내 사람을 죽이기 시작하였다. 또 9월에는 인원왕후의 침방내인인 빙애를 데려다 방을 꾸미고 온갖 세간을 갖추면서 내수사의 물품을 쓰기 시작하였다. 동짓달에 영조가 이를 알고 대로하여 꾸짖자 세자는 빙애를 궐밖에 감췄는데 그날 밤 영조가 다시 꾸중을 하자 세자는 영조와 대신들이 보는 가운데 스스로 우물에 빠져 영조가 더욱 진노하는 일이 벌어졌다.

이제 세자는 내관을 매질하고, 옷을 제대로 입지 못할 뿐 아니라 사람까지 죽이는 극단적인 행동을 하면서 영조의 명을 어기고 첩을 궐 밖에 숨기기도 하고, 영조가 보는 앞에서 자결을 시도하는 등 영조에게 직접적으로 항거하는 모습을 보이게 되었다. 주체할 수 없는 마음속의 울화가 극단적인 폭력이나 영조에 대한 저항으로 나타나기도 하고, 옷을 제대로 입지 못하는 강박증[155]의 형태로 드러나기도 했던 것이다.

세자가 24세 되던 해 정월 작자는 세자를 만나면 신혼(神魂)이 산비(散飛)하였다고 했다. 병이 대단히 심각한 상태였다는 것이다. 2월에 영조가 세자를 불러 꾸중하고 대화를 나누면서 이제부터는 세자에 대한 자기의 태도를 바꾸겠다고 하였다. 이어 작자를 찾아온 영조에게 작자는 세자가 어려서부터 자애를 입지 못해 한 번 놀라고 두 번 놀라 마음의 병이 되었다고 하였다. 영조의 이러한 태도가 처음이라 작자는 그날이 무인 2월 27일이라고 날짜까지 제시하였다. 하지만 상황은 바뀌지 않아 홍릉(弘陵) 능행 때 큰비가 오자 영조는 세자를 데려온 탓이라며 도로 들어가도록 하였다. 이 무렵 세자는 의대병이 극심해 옷을 제대로 입지 못해 애를 쓰면서 시중드는 사람을 상하게 하기도 하였는데 수가하다 돌아온 세자는 점점 살 길이 없다고 하면서 옷을 잘못 입고 가서 그런가 여겨 의대증이 더욱 심해졌다. 부자간의 갈등이 병을 계속 악화시키고 있었다.

1760년 세자 26세 때에는 병이 더욱 침독하고 영조의 책망은 나날이 심해져 심화가 점점 성하고 의대증도 더 극심해졌다. 영조는 매년 세자의 생일이 되면 춘방관을 불러 세자에 대한 말을 하여 세자가 항상 그것을 서럽게 여겼는데 그해 생일에는 대단히 노하고 서러워 상말을 하고, 선희궁에게도 불공한 말을 하고, 문안 온 세손 남매를 소리 질러 물리쳤다. 그날 선희궁이

155 김용숙은 의대증을 강박신경증으로 파악하였다(앞의 책, 243~253).

처음 세자의 병든 모습을 보고 놀라 아무 말도 못하였다 한다. 그해 병이 더욱 심해지면서 세자는 화완옹주를 협박해 영조가 경희궁으로 이어(移御)하도록 하고, 자기가 온양에 갈 수 있도록 허락을 받아내 10여 일간 온양에 다녀왔으며, 미행을 시작하였다. 부모에 대해서까지 스스로를 통제하기 어려운 상태가 되면서 바깥나들이에 몰두하게 된 것이다.

이듬해 정월에는 미행을 나가기 위한 옷을 입다가 시중을 들던 빙애를 때려죽이는 일이 벌어졌다. 3월 그믐께에는 관서를 미행하고 20여 일만에 돌아왔는데 그동안 내관들이 세자가 병이 들어 누워있는 것처럼 말하고 행동하였다. 돌아온 후에는 마음을 잡은 듯 차대(次對)도 하고 강연도 하였는데 9월에 영조가 세자의 서행 사실을 알게 되어 풍파가 일었지만 큰 변이 나지 않고 그럭저럭 넘어갔다. 10월에는 병이 더 중해졌고, 12월 세손빈 삼간 때에는 사소한 일로 영조의 꾸지람을 듣고 신부를 보지도 못하고 돌아왔으며, 날로 섧고 날로 병이 더해 영조에 대한 불공한 말이 점점 심해졌다.

이제 세자는 자기가 총애하던 첩을 제대로 알아보지 못하고, 내관들을 시켜 자기가 방에 있는 것처럼 꾸미는 '무섭고 망측한' 일을 아무런 거리낌 없이 벌이고, 야속하기만 한 영조에 대해 불공한 말을 서슴지 않을 만큼 자제력을 잃어버린 상태가 되었다.

1762년 2월 경희궁에서 거행된 세손의 가례 때 세자가 3일을 머물러 보고 가려하였으나 영조는 신부 조현(朝見) 후 세자를 창덕궁으로 돌아가게 하였다. 3월이 되자 화증이 나면 내관, 내인들로 하여금 못할 말을 시키기도 하고, 금주가 지엄한데도 술을 마시고, 여승과 기녀, 내관의 아내들까지 불러 잔치를 하기도 하였다. 4월에는 거처를 빈소처럼 만들어 명정 같은 것을 세우고, 시신을 눕히는 영침(靈寢) 같은 평상을 만들어 그 속에 숨기도 하였는데 잔치하다 밤이 깊으면 상 위에 음식이 가득한 채 상하가 다 지쳐 잠이 들기도 하였다. 또 점치는 맹인이나 의관, 액속을 죽이거나 상하게 하여 하루에도 여러 명을 궐 밖으로 져내기도 하였다. 5월에는 땅을 파 세 간 집을 지어 관속처럼 만들어 놓고 영조가 거동했을 때 병기와 말을 감추려 하기도 하였다. 이처럼 쉽게 납득하기 어려운 행위까지 하던 세자는 마침내 그해 뒤주에 갇혀 세상을 떠나고 만다.

3) 죽음에 이르는 과정

세자는 영의정 신만(申晩)이 자기를 영조에게 참소한다며 미워하고 있었는데 그때 나경언(羅景彦)이 세자의 허물을 영조에게 고하는 사건이 일어났다.[156] 세자는 나경언의 배후가 신만이라고 여겨 화협옹주의 남편인 그 아들 영성위(永城尉)를 죽이겠다고도 하고, 수구(水口)로 경희궁에 가겠다고도 하여 윤5월 11~12일 사이에는 실제 가다가 돌아오기도 하였다. 그때 세자에 대한 흉흉한 소문이 돌았는데 세자가 정신을 제대로 차리지 못할 때에는 화를 내며 병화(兵火)로 어떻게 하겠다, 협검(挾劍)하고 가서 어떻게 하고 싶다고 하였다 한다.

마침내 세자는 판단력이나 자제력을 완전히 상실하기도 하는 상태에 이르렀다. 명확히 제시되어 있는 않지만 세자에 대한 흉흉한 소문이 돌았다거나 선희궁이 영조에게 성궁(聖躬) 보호 운운하는 것을 보면 세자가 수구로 경희궁에 가려 하고, 협검하고 가서 어떻게 하고 싶다고 한 것은 그러한 상태의 세자가 영조에게 위해를 가하려 했다는 의미로 짐작된다. 잠재되어 있던 아버지에 대한 증오가 정신을 제대로 차리지 못하는 상태에서 폭발하고 만 것이다.

상황이 이처럼 극단적으로 전개되자 선희궁이 13일 작자에게 '어젯밤 소문이 무서우니 일이 이리 되면 자기가 죽어 모르거나 살면 종사를 붙들어야 옳고 세손을 구하는 일이 옳으니 자기가 살아 빈궁을 다시 볼 줄 모르겠다'는 편지를 보냈다. 그리고 그날 아침 선희궁이 영조에게 세자의 병이 점점 깊어

156 1762년 5월 나경언이 고변(告變)한다며 세자의 허물 10여 조목을 영조에게 고하였다.

바랄 것이 없으니 정리에 못할 일이나 성궁을 보호하고 세손을 건져 종사를 편안하게 하는 일이 옳으니 대처분을 하라 하고, 이어 병이니 처분은 하지만 은혜는 끼치고, 세손 모자를 평안하게 하라고 하였다. 어머니가 아버지에게 자식을 죽이라고 한 것이다. 부자간의 갈등이 심해지고, 그에 따라 병이 점차 악화되어 수습하기 어려운 지경에 이르자 세자는 마침내 부모에 의해 죽음에 이르게 되었다.

영조의 창덕궁 거동령을 들은 세자는 병기와 말을 감추고 작자를 불러 영조에게 자기가 학질에 걸렸다고 하겠으니 세손의 휘항을 가져오라며 작자와 시비하다가 영조의 부름을 받고 휘령전(徽寧殿)으로 나아갔다. 작자는 세손과 서로 붙들고 어쩔 줄 몰라 하다가 신시 쯤 내관이 바깥 소주방 뒤주를 내어 가려 한다는 말을 들었다. 세손이 들어가 아비를 살려 달라 하다가 쫓겨나오고, 작자는 칼을 들어 자결하려다 옆 사람에게 빼앗긴 후 휘령전 근처에 갔다가 영조의 칼 두드리는 소리와 세자의 잘못했다는 소리를 듣고는 간장이 마디마디 끊어지는 것 같아 가슴을 두드리며 호곡하였다.

세자가 폐위되었기 때문에 친정으로 물러나온 작자는 죽고 싶은 마음뿐이었는데 15일 영조가 뒤주를 '굳고 깊게' 한 후 경희궁으로 간다는 소식을 들었고, 20일 신시 쯤 폭우가 내리고 천둥이 쳤는데 작자는 그때가 세자의 목숨이 끊어진 때인가 싶다고 하였다. 그때 세자 나이 28세였다. 부자간의 오랜 갈등과 오해, 불신이 마침내 아버지가 아들을 죽이는 비극적 결말로 마무리된 것이다.

21일 세자가 복위되자 작자는 궁으로 돌아와 세자의 초종(初終)을 치렀다. 8월에 화변 이후 영조를 처음 만난 자리에서 작자는 세손을 데려가 가르치기를 청하여 세손을 경희궁으로 보냈다. 이어 영조는 작자의 거처에 가효당(嘉孝堂)이라는 현판을 직접 써주었고, 다음해에는 세손을 효장세자의 아들로 삼는다는 이른바 갑신처분을 내렸다. 그리고 선희궁은 잠을 못 이루고 고통에 몸부림치다가 세자의 담사(禫祀)를 지낸 후 세상을 떠났다. 이러한 8월 이후의 일은 작자가 회갑 때 쓴 자전적 회고편에도 마찬가지로 실려 있는데 자전적 회고편에 비해 서술 내용이 좀더 구체적이고, 작자와 선희궁이 느끼는 고통과 회한이 다소 확대되어 있다.

작자는 선희궁의 죽음으로 임오화변에 대한 서술을 마무리하고 글의 결미에 임오화변에 대한 자신의 견해를 덧붙였다. 서문의 내용과 상당 부분 겹쳐지는데 임오화변의 성격에 대한 결미의 논의가 보다 구체적이다.

작자는 임오화변에 대한 두 가지 의논이 있다고 하였다. 하나는 영조의 처분이 광명정대하다며 조금도 애통한 의사가 없는 것인데 이는 세자를 불효한 죄인이 되게 하고, 영조의 처분을 적국을 소탕하거나 역변을 평정한 모양이 되게 하는 것이니 이는 세자에게 망극한 말이라고 하였다. 또 하나는 세자가 병이 없었는데 영조가 참언을 듣고 그처럼 지나친 일을 했으니 복수설치를 하자는 것인데 이는 세자를 위하는 말인 것 같지만 무죄한 세자를 참언을 듣고 처분을 한 허물이 영조에게 돌아가는 것이라고 하였다. 이처럼 하나는 세자에게 누덕이 되고 또 하나는 영조에게 실덕이 되며, 정조에게는 둘 다 망극한 말이라고 하였다.

그러면서 작자는 세자의 병이 망극하여 성궁과 종사의 위태로움이 호흡지간이어서 영조가 어쩔 수 없이 그러한 처분을 하였다는 사실을 제대로 알아야 한다고 하였다. 세자가 불행하게 병이 들었지만 병은 성인도 면치 못하는 것으로 그것이 세자에게 누덕이 될 수 없다며 영조의 처분도 애통한 가운데 어쩔 수 없이 한 일이고, 세자도 병 때문에 어쩔 수 없는 일을 당한 것이니 애통과 의리를 구분해야 실상도 어기지 않고 의리에도 합당하다고 하였다. 임오화변을 둘러싼 논란을 제시하면서 스스로 그 일의 성격을 규정한 것이다.

이상과 같이 작자는 순조에게 임오화변의 실상과 의리를 전하기 위해 세자가 병이 들어 죽음에 이르는 과정을 상당히 구체적으로 제시하였다. 세자가 병이 든 원인을 정서적 유대와 소통이 단절된 상태에서 전개된 영조와 세자의 부자간 갈등에서 찾고, 갈등의 조정자 대신 조장자만 있는 상태에서 갈등이 심화되면서 세자의 병이 악화되다가 마침내 부모에 의해 세자가 죽음에 이르렀다고 하였다. 세자가 무예놀이, 경문이나 잡서, 미행 등에 흥미를 붙여 울울한 심사를 달래려 하기도 하고, 부왕에게 항거도 해보았지만 그것이 문제를 해결해 줄 수는 없었다. 이처럼 작자는 세자의 일생을 따라가며 임오화변의 숨겨진 진실과 성격을 구명하였다. 이제 이를 바탕으로 이 글에 담긴 의미를 살펴보자.

4. 임오화변 서술의 의미

작자는 임오화변의 실상과 의리를 밝히기 위해 세자가 병이 들고 그것이 악화되어 간 과정을 구체적으로 증언하고, 그 원인과 계기 등을 나름대로 분석하여 제시하였다. 그런데 세자와 영조의 갈등이 나날이 깊어가고, 세자가 병으로 고통을 겪는 상황에서 실제 작자가 할 수 있는 것은 아무 것도 없었다. 그저 속을 태우며 지켜보는 것 외에 다른 방법이 없었다. 시간이 한참 흐른 뒤에도 그 일은 한 나라의 왕과 세자, 시아버지와 남편의 부자 사이에 벌어진 내밀한 문제였기에 작자는 그것을 계속 가슴 속에 묻어 둘 수밖에 없었다. 하지만 실상이 왜곡된 채 임오의리에 대한 논란이 계속되자 작자는 더 이상 침묵하기를 거부하고 진실을 밝히기 위해 붓을 들었다. 이처럼 작자가 진실을 구명하고 의리를 분명히 하기 위해 더 이상 타자이기를 거부하고 스스로 역사의 주체가 되어 나섰다는 점을 우선 주목해 볼 필요가 있다.

이와 관련하여 작자가 글 전체에 걸쳐서 세자가 겪어야 했던 고통의 책임이 영조에게 있음을 보여주고 있다는 점을 눈여겨 볼 필요가 있다. 작자는 백일밖에 되지 않은 세자를 따로 떼어내 내인들의 손에 맡겨 버리고, 자애로 가르치거나 돌보지 않으면서 혼자 잘하기만을 바라고, 기대에 미치지 못하자 꾸짖고 미워하기만 했던 영조의 모습을 상당히 구체적으로 드러내었다. 뿐만 아니라 부자간의 성격 차이는 물론 영조의 성격적 결함까지 제시하면서 그것이 세자의 불행에 어떻게 작용하였는지 살폈다. 작자는 누가 감히 이 일을 말하며, 누가 능히 이 사실을 자세히 알겠느냐며 영조의 숨겨진 이면의 모습을 적나라하게 드러낸 것이다. 이 때문에 〈한중록〉에 내포되어 있는 분위기는 시부의 변덕 많은 성격의 고발 같기도 하다는 견해가 제시되기도 하였다.[157]

이처럼 스스로 역사의 증인을 자처하고 나서서 임오화변을 둘러싼 논란을 분별하고, 영조의 숨겨진 이면의 모습을 서슴없이 드러내고 있다는 점에서 이 글은 기존 담론에 저항하는 작자의 주체적 자각에 의한 글쓰기라는 의미를 지닌다고 할 수 있다.[158] 작자는 이 글을 통해 더 이상 임오화변의 주변인으로 남기를 거부하고 역사적 진실을 확인하고 해석하는 주체가 되고자 하였던 것이다.

그런데 이 글에서 또 하나 주목해 보아야 할 것은 작자가 임오화변이라는 역사적 사건을 단순히 증언하는 데 머물고 있지 않다는 것이다. 남편이 병으로 고통을 받다 급기야 죽음에까지 이르는 과정은 고스란히 작자의 고통스런 삶의 역정일 수밖에 없었다. 작자는 서문에서 자기가 이 글을 쓰면서 "새로히 심혼(心魂)이 경월(驚越)ᄒᆞ고 간폐(肝肺) 붕졀(崩折)ᄒᆞ야 일ᄌᆞ일톄(一字一涕)ᄒᆞ야 글시롤 일우디 못ᄒᆞ니 셰샹의 날 ᄀᆞᄐᆞᆫ 사ᄅᆞᆷ이 다시 어이 이시리오 원의(寃矣) 원의라"[159]라고 하였으며, 결미 부분에서도 '호천통읍(呼天慟泣)하여 명수(命數)를 한탄한다'고 하였다. 이처럼 글자 한 자 쓸 때마다 눈물을 흘리고, 자기의 운명을 한탄했다는 것은 남편의 병과 죽음에 대한 서술이 자기의 지난 아픔을 반추하는 과정이었다는 것을 말해준다. 이는 글 속에서 쉽게 확

157 김용숙, 앞의 책, 202면.

158 〈한중록〉 전체에 드러난 주체적 자아로서의 글쓰기에 대해서는 김현주가 자세하게 검토한 바 있다(「〈한중록〉의 의미구조와 글쓰기양상－페미니즘비평을 중심으로－」, 상지대 박사논문, 2005).

159 18면.

인할 수 있는데 먼저 다음의 예를 살펴보자.

> 톄뫼(體貌) 웅쟝셕대(雄壯碩大)ᄒᆞ오시고 텬셩(天性)이 효우총명(孝友聰明)ᄒᆞ오시니 만일 부모님 겻ᄒᆡ 써나게 마오시고 범ᄉᆞ(凡事)를 교도(敎導)ᄒᆞ오샤 ᄌᆞᄋᆡ(慈愛)와 ᄀᆞᄅᆞ치오시믈 병힝(竝行)ᄒᆞ야 겨오시더면 덕긔(德器)의 셩취(成就)ᄒᆞ오시미 엇더ᄒᆞ오시리오마ᄂᆞᆫ 일이 그러티 못ᄒᆞ야 일ᄌᆞᆨ이 각각 먼니 써나 겨오신 이 ᄒᆞᆫ마로 인연ᄒᆞ여 젼젼하야 쟈근 일이 크게 되야 필경 말ᄒᆞ기 어려온 지경ᄭᆞ디 니ᄅᆞ러시니, 이거시 텬수(天數)의 불힝홈과 국운(國運)의 망극(罔極)ᄒᆞ미니 인녁(人力)을 용납홀 터히 업ᄉᆞ려니와 나의 지원지통(至冤至痛)이야 엇지 측냥(測量)ᄒᆞ야 말ᄒᆞ오리오.[160]

위는 영조가 어린 세자를 내인들의 손에 맡겨 기르도록 한 사실을 구체적으로 서술하기 전에 그 일에 대해 미리 언급하고 있는 부분이다. 작자는 부모가 곁에 두고 가르치고 사랑했으면 세자의 타고난 덕과 재능이 성취되었을 텐데 그렇게 하지 않음으로써 작은 일이 점점 커져 차마 말하기 어려운 지경에까지 이르게 되었다고 하였다. 이는 결국 세자가 불행하게 된 근본 원인이 어린 세자를 부모 곁에서 떠나 있게 한 영조의 잘못된 처사에 있다는 것이다. 이어 작자는 그것을 인력으로 어쩔 수 없는 천수와 국운의 탓으로 돌리면서도 그로 인한 자기의 원통함을 어찌 측량할 수 있겠느냐고 하여 자기의 고통스런 심정을 토로하였다. 세자의 병과 죽음의 근본적인 원인을 분석·비평하고, 그에 대한 자기의 심정을 덧붙이고 있는 위의 예에서 볼 수 있듯 이 글은 전체적으로 시간적 순서에 따른 사건과 상황의 제시뿐 아니라 작자의 분석이나 비평, 그리고 심정 토로가 중요한 내용 요소를 이루고 있다.

한편 작자는 서문에서 자기의 말이 추호라도 지나치면 천벌을 면치 못할

160 21면.

것이라 하였는데 글의 중간에서도 "녀편ᄂᆡ 쇼쇄(小瑣)ᄒᆞᆫ 말이 아니라 ᄉᆞ실(事實)의 비로ᄉᆞ믈 대략(大略) 거드노라",[161] "실상(實狀)을 아니 긔록디 못ᄒᆞ니, 됴희를 님(臨)ᄒᆞ야 흉격(胸膈)이 막힐 분이로다",[162] "ᄂᆡ 이 말이 일호(一毫)도 지어ᄒᆞ미 아니라 …… ᄂᆡ 조곰도 ᄆᆞ음의 먹음ᄉᆞ은 배 업서 ……"[163]라고 하여 제시된 사건이나 상황은 물론 그에 대한 자기 심정까지도 진실성을 지니고 있다는 것을 수차 환기하고 있다.

이러한 점에서 작자가 이 글을 통해 임오화변의 실상을 있는 그대로 제시할 뿐 아니라 그것을 나름의 시각에서 분석·비평하면서 그로 인한 자기의 고통스런 삶의 자취를 진실하게 드러내려 했다고 할 수 있다. 이는 이 글이 임오화변의 실상을 전하는 기록일 뿐 아니라 남편의 병과 죽음에 서술의 초점을 맞춘 작자 자신의 이야기일 수 있다는 것을 의미한다. '어찌 섧고 원통하지 않겠는가', '어찌 한이 되지 않겠는가', '어찌 갑갑한 일이 아니리오' 등 이루 헤아리기 어려울 정도로 반복 제시되는 작자의 심정 토로는 이 글이 영조와 세자의 틈바구니 속에서 몸부림칠 수밖에 없었던 작자 자신의 이야기라는 것을 말해준다. 이제 이런 측면에서 영조와 세자 사이의 일을 작자가 어떻게 인식하고, 느끼면서 자기의 문제로 받아들였는지 좀더 구체적으로 살펴 임오화변의 진실 구명 이외에 이 글이 지니고 있는 또 다른 의미를 검토하기로 한다.

앞에서 본 바와 같이 작자는 세자가 불행하게 된 원인을 대체로 세자와 영조의 관계, 좀더 정확히 말하자면 세자에 대한 영조의 태도에서 찾고 있다. 작자는 영조가 강보에 싸인 세자를 내인들의 손에 자라게 한 것은 어른처럼 동궁의 주인이 되게 한 성의(聖意)라고 하였다. 하지만 그것은 의례적인 말이

161 24면.

162 41면.

163 130면.

고 작자는 영조의 그러한 처사를 상당히 비판적으로 바라보았다. 작자는 영조의 처사에 대해 '급히 법만 차리려 했다'거나, 그것이 '어떤 헤아림에서 나온 것인지 모르겠다'고 하면서 여러 차례 부모가 곁에 두고 직접 가르치고 사랑하였더라면 불행한 일이 생기지 않았을 것이라고 하였다. 그러면서 섧고 원통하다는 말을 반복하였다.

뿐만 아니라 작자는 세상을 떠난 어대비가 얼마 전까지 거처하던 저승전에 어린 세자를 머물게 하고 장희빈(張禧嬪)이 인현왕후(仁顯王后)를 저주하던 취선당(就善堂)을 동궁의 소주방으로 만들어 음식 처소를 삼게 한 것도 '이상하고', 경종과 어대비를 모시던 내인들을 다시 불러들여 동궁의 내인을 삼은 것도 '어떤 성의'인지 모르겠으며, 공손치 못한 그 내인들을 내치지 못한 채 그들이 보기 싫어 세자를 드물게 찾은 것이 어찌 '갑갑한 일'이 아니겠느냐고 하였다.

이처럼 작자는 영조가 어린 세자를 멀리 떼어내 괴이한 내인들에게 맡겨버림으로써 세자가 무예놀이에 빠져 들고, 부자간의 거리는 차츰 멀어져 후일 불행의 씨앗이 되었다며 영조의 처사를 불만을 가지고 상당히 비판적으로 제시하였다.

영조에 대한 불만과 비판은 줄곧 이어져 앞서 언급한 영조와 세자의 성격 차이를 제시하면서는 다음과 같이 언급하기도 하였다.

> ᄀᆞᆸᄀᆞᆸᄒᆞ고 애ᄃᆞᆯ을ᄉᆞᆫ 부왕을 뫼ᄋᆞᆸ고ᄂᆞᆫ 두렵고 어려워 응ᄃᆡᄅᆞᆯ 민쳡히 못ᄒᆞ오시니, 영묘겨오셔 ᄒᆞᆫ 번 답답ᄒᆞ오시고 두 번 ᄃᆞᆸᄃᆞᆸᄒᆞ오셔 인ᄒᆞ야 격뇌(激怒)도 ᄒᆞ오시고 근심도 ᄒᆞ오시나 이러ᄒᆞᆯᄉᆞ록 갓가이 두오시고 친히 ᄀᆞᄅᆞ치오셔 지졍(至情)이 무간(無間)ᄒᆞ오실 도리(道理)ᄂᆞᆫ ᄉᆡᆼ각디 아니ᄒᆞ오시고, 일양(一樣) 먼니 두오시고 스ᄉᆞ로 잘되오셔 절로 셩의(聖意)예 ᄆᆞᆺᄌᆞ오시기ᄅᆞᆯ ᄀᆡ약(期約)ᄒᆞ오시니 이러ᄒᆞᆯ 제 엇디 탈이 업ᄉᆞ리오. 졈졈 서어(鉏鋙)ᄒᆞ야 디ᄂᆡ오시다가 서ᄅᆞ 보오실 ᄯᅢ의ᄂᆞᆫ 부왕겨오셔ᄂᆞᆫ ᄎᆡᆨ망(責望)ᄒᆞ오시미 ᄌᆞᄋᆡ(慈愛)의

> 셔 압셔오시고, 아ᄃᆞ님겨오셔ᄂᆞᆫ ᄒᆞᆫ 번 뵈읍ᄉᆞ오시ᄂᆞᆫ 것도 조심ᄒᆞ오시며 공구(恐懼)ᄒᆞ오시미 므ᄉᆞᆫ 큰일이나 디내오시ᄂᆞᆫ ᄃᆞᆺ시버 불언듕(不言中) 부ᄌᆞ분 ᄉᆞ이가 조격(阻隔)ᄒᆞ오시미 되어시니 엇디 셟디 아니ᄒᆞ리오.[164]

영조가 민첩하지 못한 세자를 답답해하며 화를 내기도 하고, 근심을 하기도 했는데 그럴수록 가까이 두고 직접 가르쳐서 지극한 정이 쌓이도록 할 생각은 하지 않고 내버려 둔 채 세자 혼자 알아서 잘되기만을 바라니 어찌 탈이 없겠느냐고 하면서 그러한 영조의 태도로 인해 부자 사이가 멀어지게 되었으니 어찌 섧지 않겠느냐고 하였다.

작자는 구체적인 사실에서 이러한 자기의 비판이 옳다는 근거를 찾기도 하였다. 화평옹주로 인해 영조가 세자를 너그럽게 대하자 세자가 영조를 두려워하는 마음이 덜하고 서연도 착실히 했으나 옹주가 세상을 떠나 영조와 선희궁이 세자를 돌아보지 못하자 세자는 활쏘기, 칼 쓰기, 그림 그리기 등으로 날을 보내고, 경문과 잡서 보기를 좋아하여 강학을 등한히 했다는 것이다.

나아가 작자는 다정하게 가르쳐주지 않는 영조에 대해 세자가 분하고, 화가 나고, 두렵기도 하고, 서로 맞지 않아 어긋나게 되면서 마침내 천성을 잃어버리는 병이 들었다고 하였다. 부자 사이가 멀어진 책임뿐 아니라 세자가 병이 든 원인이 영조에게 있다며 원통하다고 하였다. 영조의 태도를 서럽고 원통하게 느낀 것은 그로 인해 병이 든 세자의 고통뿐 아니라 세자가 병이 듦으로써 시작된 자기의 고통스런 삶에 대한 회한 때문일 것이다.

이후 세자가 성장하고, 영조와 세자의 갈등이 심화되자 작자는 꺼리는 것이 많고, 애증이 편벽된 이상성격으로 인한 영조의 태도, 다시 말하면 세자에 대한 심한 미움을 문제 삼으며 그에 대한 자기의 심정을 토로하기도 하였다.

작자는 영조가 대리청정의 명을 내린 일을 언급하면서 늦게 얻은 아들이

164 29~30면.

15세가 되어 합례(合禮)를 하게 되었으면 기뻐하며 아들, 며느리 재미를 보면 좋을 텐데 느닷없이 대리의 영을 내렸다며 모든 것이 대리 후 탈이 났으니 섧지 않겠느냐고 하였다. 그러면서 작자는 영조가 화평옹주가 죽은 후 설움이 심하고, 병도 잦아 조용히 조섭하기 위해 대리하게 한다고 하였으나 사실은 사위스러운 공사를 내관을 통해 처리하기 답답해 세자에게 맡기려 한 것이라 하였다. 이상성격의 불똥이 세자에게 떨어진 것으로 파악한 것이다. 대리로 인해 일마다 꾸중만 하고 시사(試射)나 관무재(觀武才)와 같은 호화로운 구경 자리에는 부르지 않으니 세자의 마음이 어찌 편하고 서럽지 않겠느냐며 아버지가 혹 지나쳐도 아들이 계속 효도를 힘쓰거나 아들이 미덥지 못해도 아버지가 갈수록 은혜와 사랑을 드리웠어야 하는데 그렇지 못했다며 지극한 아픔이 자기 가슴에 박혔다고 하였다.

그런 가운데 심화가 나면 사람이나 짐승을 죽여야 마음이 나아지고, 사랑치 않아 섧고 꾸중하기로 무서워 화가 되었다는 세자의 말을 들은 영조가 이제는 자기가 그렇게 하지 않겠다고 하였을 때 작자는 놀랍고 기뻐 눈물까지 흘렸다. 부자 사이가 나아질 수 있다는 가느다란 희망을 보았던 것이다. 하지만 세자는 그 말을 믿지 않았고, 영조도 달라지지 않았다.

> 져 하늘이 부ᄌᆞ 두 분 ᄉᆞ이를 그대도록 ᄒᆞ오시계 ᄒᆞ여 아바님겨오셔ᄂᆞᆫ 말고져 ᄒᆞ오시다가도 뉘가 시기ᄂᆞᆫ 둣 도로 믜온 ᄆᆞ음 나오시고, 아ᄃᆞ님도 뵈ᄋᆞᆸᄂᆞᆫ 때나 긔이오실 일 업시 당신 과실(過失)을 은휘(隱諱)ᄒᆞ랴 ᄒᆞ오시ᄂᆞᆫ 배 업ᄉᆞ니, 이ᄂᆞᆫ 텬질(天質)의 착ᄒᆞ오시미라. 그리 조곰 네ᄉᆞ롭ᄉᆞ오시더면 어이 이대도록 ᄒᆞ리오. 하ᄂᆞᆯ 뜻이 엇디 뎡ᄒᆞ오셔 됴션국(朝鮮國)의 이 만고의 업ᄂᆞᆫ 셜움을 ᄢᅵ치오신고, ᄋᆡ통(哀痛)ᄲᅮᆫ이로다.[165]

165 85면.

영조가 그러지 않으려 해도 세자를 미워하는 마음이 도로 나오고, 세자는 영조의 마음에 들기 위해 억지로 자기의 잘못을 감추려 하지 않았다. 작자는 이제 그러한 부자의 마음을 도저히 이해할 수 없는 하늘의 뜻으로 돌리며 애통해 할 수밖에 없었다. 작자는 때로 영조의 성은을 일컫기도 하지만 세자에 대한 영조의 태도에 대해서는 이와 같이 줄곧 비판적인 시각을 유지하고 있다. 예 하나만 더 살펴보자.

세손빈 삼간 때 세자가 의대증으로 망건을 여러 번 갈다가 도리옥관자가 없어 통정옥관자를 붙이고 갔는데 이 때문에 신부를 보지도 못하고 돌아왔다.

> ᄉᆞ현합(思賢閤)의셔 대쇼됴(大小朝)가 만나오시니 엇지 슌히 감(鑑)ᄒᆞ오실 셩심(聖心)이 겨오시리오마ᄂᆞᆫ 임의 ᄌᆞ식의 대ᄉᆞ(大事)를 보이랴 ᄃᆞ려와 겨오시니 그 통졍옥관ᄌᆞ가 호반(虎班)의 관ᄌᆞ(貫子)ᄀᆞᆺ치 크고 고이ᄒᆞ야 뎌군(儲君)이 ᄃᆞ오셤즉디 아니ᄒᆞ오시ᄂᆞ, 긔여셔 더ᄒᆞᆫ 일이 만흔ᄃᆡ 그 관ᄌᆞ 일이 무숨 그ᄃᆡ도록 ᄃᆡᄉᆞ(大事)완ᄃᆡ 밋처 쳐녀가 드러오디 못ᄒᆞ야셔 그 관ᄌᆞ 일노 긔로(起怒)ᄒᆞ오셔 "보지 말고 도라가라" ᄒᆞ오시니 그 일은 실노 하 셟고, 하 아니ᄒᆞ오셤즉 ᄒᆞᆫ 일이니 ᄎᆞᆷ아 어이 그리ᄒᆞ오시ᄂᆞᆫ고 며ᄂᆞ리 되 리 보도 못ᄒᆞ오시고 가오시ᄂᆞᆫ 일이 엇더ᄒᆞ오시리오.[166]

영조가 세자를 순히 볼 마음이 있겠는가마는 '통정옥관자를 붙인 일이 무슨 그리 큰일이기에' 화를 내며 돌아가라 했느냐고 하였다. 또 그것을 지켜보는 자기도 대단히 서러웠다며 영조가 '정말 하지 말아야 할 일을 왜 그렇게 하느냐'고 반문하면서 며느리를 보지 못하고 돌아가는 세자의 마음은 어떻겠느냐고 하였다. 사소한 일로 화를 내면서 하지 말아야 할 일을 하는 시아버지에 대한 원망을 숨기지 않고 있음을 볼 수 있다.

166 108면.

이와 같이 작자는 세자가 불행하게 된 책임과 원인을 세자에 대한 영조의 태도에서 찾으면서 줄곧 불만스런 어조로 영조를 갑갑해하기도 하고, 비판하기도 하고, 나아가 원망하기도 하였다. 영조의 태도를 제시할 때마다 끊임없이 반복되는 서럽고 원통하다는 말은 앞에서 말한 바와 같이 영조가 세자뿐 아니라 작자까지 고통 속에 신음하도록 만든 데 대한 회한과 원망 때문일 것이다. 이런 점에서 작자는 세자를 매개로 영조와 대립하면서 영조에 대한 불만과 원망을 숨김없이 토로하고 있다고 할 수 있다.[167]

그렇다면 작자는 세자의 병과 죽음을 어떻게 바라보고, 받아들였는가. 작자는 세자가 천품이 크고 너그럽고, 도량이 활달하며, 신의가 특출하고, 아랫사람에게도 믿음직스럽게 말을 하며, 부왕을 무서워해도 숨기는 일이 없어 영조도 속이지 않는 줄은 알았다 한다. 아울러 효성도 거룩하고 우애도 특별하였다고 하였다. 이러한 세자가 병으로 고통 받는 것을 곁에서 지켜보아야 하는 작자는 혼자 애를 태울 수밖에 없었다.

작자는 영조가 두려워 대답을 민첩하게 못하는 세자가 갑갑하고 애달프다고 하였다. 정성왕후가 위중할 때에는 토혈한 그릇을 붙들고 눈물을 흘리기도 했지만 막상 영조가 오자 어찌할 바를 몰라 엎드려 있기만 하니 울고 서러워하던 것을 영조가 어찌 알겠느냐며 자기가 갑갑해서 아까는 저렇지 않았다고 말을 할까 하는 생각도 했다 한다. 이처럼 작자는 영조를 두려워하기만 하는 세자의 태도를 갑갑하게 느끼기도 하였다.

또 세자가 병중에 보인 태도를 서술하면서 세자의 천성이 착하다거나, 타고난 자질이 침중(沈重)하다거나, 효심과 본질이 충후(忠厚)하다거나 하는 말을 빈번히 삽입하여 세자의 본래 성품을 환기하고 있다. 그런데 이는 세자의 본성이 착하다는 것을 강조하기 위한 것이라기보다는 그러한 성품을 지닌 세

167 조동일이 〈한중록〉에 작품의 문면에 직접 나타나 있지는 않은 영조와 작자의 대결에 명분론적 가치관을 무너뜨리는 심층적 주제가 감추어져 있다고 한 것은 임오화변편에 나타난 이러한 점에 주목한 것이다(『한국문학통사』3(제4판), 지식산업사, 2005, 445면).

자가 병고에 시달리는 것을 바라보는 작자의 안타까운 심정을 드러내기 위해서라고 할 수 있다.

예를 들어 노론 대간이 소론 영의정을 논핵한 상소로 영조가 진노하자 세자가 엄동설한에 두 차례나 석고대죄를 한 일을 서술하면서 작자는 병이 발하지 않을 때에는 인효통달(仁孝通達)하여 거룩함이 미진한 곳이 없다가 병이 발하면 두 사람 같으니 어찌 이상하고 서러운 일이 아니겠느냐고 하였다. 이와 같이 세자가 병으로 고생하는 가운데에서도 전혀 병든 것 같지 않은 태도나 행동을 보일 때마다 작자는 병 가운데 어찌 그리하던가 싶다든가, 병이 있는 사람 같지 않으니 그저 이상한 하늘이라고 하는 등의 말을 덧붙여 자신의 안타까운 마음을 드러내었다.

작자는 이처럼 세자를 갑갑해하거나 안타까워 할 뿐 아니라 그 고통스런 마음을 헤아려 함께 마음 아파하기도 하였다. 영조가 친국하고 들어올 때마다 시도 때도 없이 세자를 불러 밥 먹었느냐고 물어 대답을 듣고 갈 때에는 병 없는 사람이라도 어찌 섧지 않겠느냐 하고, 세자가 세손빈 삼간 때 관자로 인해 신부를 보지도 못하고 돌아갈 때 그 마음이 어떠하겠느냐고 하였다. 또 그 이전 아들 의소(懿昭)가 태어났을 때 세자가 자기 하나도 어려운데 아이가 태어났다며 걱정하는 말을 듣자 척연해 하기도 하였다.

하지만 세자의 태도나 행동은 작자에게 안타까움이나 연민 이상의 심한 괴로움으로 작용하기도 하였다. 세자가 『옥추경』을 읽은 후 두려움에 떨며 어찌할 바를 몰라 하자 작자는 영조와 선희궁이 그 사실을 알게 될까 노심초사하였고, 세자가 취선당 소주방에 머무는 일이 많아지자 작자는 어느 일이 근심이 아니며 어느 마디가 초전(焦煎)이 아니겠느냐고 하였다. 또 세자가 술을 마시고 불까지 냈다며 영조가 화를 내고, 세자는 우물에 뛰어들려 한 일이 벌어지자 작자는 근심이 중첩한 가운데 그 일을 당하니 어쩔 줄 몰라 친정아버지를 붙들고 울기까지 하였다. 세자가 의대증까지 앓자 자기 간장이 다 상했다고 하였으며, 세자가 선희궁에게 불공지언을 하고 자식들을 소리 질러

내치는 지경에 이르자 "ᄂᆡ 그때의 ᄉᆡᆨ는 ᄃᆞ시 셜워 즉디의 죽고 시부ᄃᆡ 죽들 못ᄒᆞ니 ᄂᆡ 형용(形容)이 엇지 사ᄅᆞᆷ의 모양이리오"[168]라고 하였다. 작자는 세자의 병이 심해지자 우려는 무궁하고 일시라도 살길이 없어 그저 주야로 죽기만을 원했다고 하였다. 세자는 작자가 안타까운 심정으로 바라보면서 아픔을 함께 하는 존재일 뿐 아니라 작자에게 죽음을 생각할 정도의 고통을 안겨주는 존재이기도 하였던 것이다.

뿐만 아니라 세자는 작자에게 놀라움과 두려움의 대상이기도 하였다. 이전부터 세자가 화가 나면 그것을 작자에게 풀곤 하였는데 마침내 사람을 죽여 그 머리를 작자에게 보이기도 하고, 작자에게 바둑판을 던져 왼쪽 눈망울이 빠질 뻔한 일이 벌어졌다. 작자가 눈을 다쳤을 때에는 세손이 작자의 친정 식구들을 들어오게 하여 하직 인사라도 하게 한 것을 보면 병세가 상당히 위중했던 듯하다.

> 소텬(所天)이 아모리 듕ᄒᆞ오시나 하 망극(罔極)ᄒᆞ고 위늠(危懍)ᄒᆞ야, ᄂᆡ 명(命)이 브디불각(不知不覺) 듕 어ᄂᆞ 날 ᄆᆞᆺ치일 줄 모르니, ᄒᆞᆫ ᄆᆞᄋᆞᆷ이 뵈ᄋᆞᆸ디 말기만 원ᄒᆞ야, 온힝ᄒᆞ오시기 그덧 ᄉᆞ이라도 다힝ᄒᆞ니 ᄀᆞᆺ더니라.[169]

작자가 눈을 다친 직후 세자는 온양으로 떠났다. 작자는 너무 두려운 나머지 남편이 온양에 가 있는 동안이라도 남편을 보지 않는 것을 다행으로 여겼다고 하였다.

작자는 세자가 자기에게 가하는 직접적인 폭력뿐 아니라 세자의 이상행동에서도 두려움을 느꼈다. 세자가 미행을 시작하여 궁 밖 출입이 거침없자 작자는 그때 자기 마음의 무섭고 황란(惶亂)하기를 어찌 다 이르겠느냐고 하

168 92면.

169 96면.

였으며, 또 세자가 관서 미행을 하고 그동안 내관을 시켜 마치 세자가 방에 있는 것처럼 하였을 때에는 무섭고 망측함을 다 기록할 수 없다고 하였다.

이처럼 안타까움, 연민, 공포의 대상이던 세자가 세상을 떠났다고 해서 작자의 고통이 사라지는 것은 결코 아니었다. 영조의 처분이 있던 날 작자는 그때의 모습을 차마 기록할 수 없다면서 섧다는 말을 반복하고, 천지가 합벽(闔闢)하고 일월(日月)이 회색(晦塞)하여 일시도 살 마음이 없어 자결을 시도하였다고 한다. 친정으로 나온 후에도 계속 죽을 생각을 하다가 참고 참아 모진 목숨을 보전하면서 하늘만 우러러 부르짖었다고 하였다. 이어 세자의 염습 때에는 세자를 생각하고 울부짖으며 산 것을 부끄러워하였다고 하면서 산 사람의 죽지 못한 유한이 어떠하겠느냐고 하였다. 자기에게 극심한 괴로움과 두려움을 안겨준 남편이었지만 고통 속에 살다간 남편의 죽음은 작자를 슬픔 속에서 몸부림치도록 하였던 것이다. 특히 시아버지에 의해 남편이 억지 죽음을 당한 것을 작자로서는 더 견디기 어려웠다.

> ᄂᆡ 이 말이 인ᄉᆞ(人事)의 고이ᄒᆞᄃᆡ, 만고소무지ᄉᆞ(萬古所無之事)ᄅᆞᆯ 격ᄉᆞ오시ᄂᆞ니 그 병환의 도라가 겨오시더면 여ᄒᆡ온 지통(至痛)ᄲᅮᆫ이지 당신의 셜움과 쳐ᄌᆞ(妻子)의 지원(至冤)이 이ᄃᆡ도록 ᄒᆞ며 셰번(世變)의 망측(罔測)ᄒᆞᆷ과 사ᄅᆞᆷ의 샹ᄒᆞᆷ과 ᄂᆡ 집의 통원(痛冤)ᄒᆞ미 이 디경(地境)의 니ᄅᆞ러시리오마ᄂᆞᆫ 텬도(天道)ᄅᆞᆯ 아디 못ᄒᆞᆯ 일이로다.[170]

세자가 관서 미행 후 학질에 걸려 몇 달을 앓았을 때의 일을 제시하면서 작자는 위와 같이 언급하였다. 세자가 아버지에 의해 억지로 죽는, 만고에 없는 일을 겪기보다 차라리 그때 학질로 세상을 떠났더라면 본인의 설움과 처자의 원통함이 이와 같으며, 그 후의 여러 일들이 이 지경에 이르렀겠느냐고

170 104면.

하였다. 세자의 억지 죽음이 사별로 인한 슬픔을 넘어 작자의 지극한 원통함으로 남게 되었다는 것이다. 작자는 갑갑하고 안타깝게 세자를 바라보면서 그 고통스런 심정을 헤아려 같이 아파하기도 하고, 세자로 인해 죽고 싶은 마음이 들 정도로 고통을 받으면서 두려움을 느끼기도 하였지만 그의 죽음은 작자에게 영원히 지워지지 않는 상처로 남게 되었던 것이다. 요컨대 세자는 작자가 깊은 정을 느끼고 의지할 수 있는 대상이 아니라 작자에게 극심한 고통을 안겨주는 존재였고, 그러한 고통은 세자가 살아있을 때는 물론 세상을 떠난 이후에도 평생 작자를 괴롭히고 있었다.

이와 같이 작자는 임오화변의 실상과 의리를 밝히는 한편 영조와 세자로 인해 겪을 수밖에 없었던 자기의 고통을 끊임없이 토로하였다. 표면적으로는 임오화변의 실상과 의리를 밝힌다고 하였지만 사실 임오화변의 실상을 밝히는 것과 자기의 지난 삶의 고통을 돌아보는 것이 작자에게 완전히 다른 별개의 문제일 수 없다. 작자는 제삼자적 입장에서 임오화변의 시말을 객관적으로 증언만 하고 있을 수는 없었다. 임오화변의 실상은 시아버지와 남편 두 사람 사이에 있었던 내밀한 문제를 거론해야 드러날 수 있는 것이고, 그것을 드러내는 과정은 고스란히 작자의 고통스런 삶의 자취를 돌아보는 과정일 수밖에 없기 때문이다. 작자가 영조와 세자의 일을 적는 것이 두 사람의 덕에 누가 되는 것이어서 죄스럽기는 하지만 실상을 기록하지 않을 수 없는데 막상 쓰려고 하니 자기 가슴이 막힐 뿐이라고 한 것은[171] 이러한 점을 분명하게 보여준다고 할 수 있다. 이에 따라 작자는 당시 사건이나 상황을 구체적으로 서술하면서 그때 혹은 글을 쓰는 지금의 자기 생각과 심정을 솔직하게 토로하였다. 시아버지에 대한 비판과 원망, 남편으로 인한 괴로움과 두려움을 숨김없이 드러내고 있는 것이다.

171 영묘와 경모궁 ᄒᆞ오던 일이 샹하(上下)의 겸덕(歉德)이오신 ᄃᆞᆺ 죄로오ᄃᆡ 실샹(實狀)을 아니 긔록디 못ᄒᆞ니, 됴희ᄅᆞᆯ 님(臨)ᄒᆞ야 흉격(胸膈)이 막힐 분이로다(41면).

그렇다면 작자는 왜 이때 굳이 임오화변의 실상을 밝히면서 자기의 극심했던 고통을 토로했는가. 작자는 인생의 한 장을 넘기는 회갑 때 자기의 일생을 돌아보는 자전적 회고편을 썼다. 자기의 출생에서부터 정조와 함께 사도세자의 무덤을 돌아보고 친척들을 만나 잔치를 했던 회갑 해의 일에 이르기까지 고통스러웠던 지난 삶을 돌아보았다. 그런데 그 글에서 작자는 임오화변에 대한 구체적인 서술을 하지 않았다.

세자의 병증에 대해서는 대체로 '난처한 일이 많았다'고만 하였고, 세자가 뒤주에 갇힌 일은 임오화변편에도 보이는 '천지합벽하고 일월이 회색하는 변'이라는 말로 표현하고 있을 뿐 세자의 병과 죽음에 대한 자세한 언급을 하지 않았다. 세자로 인한 시련과 고통이 말로 표현할 수 없을 정도로 극심했다는 것을 어느 정도 밝히고는 있으나 세자의 병과 죽음에 대한 서술 자체가 소략한 이상 그것도 제한적일 수밖에 없었다. 작자는 세자의 병에 대해 "내 경녁(經歷)이 무궁ᄒᆞ니 됴건(條件)을 다 쁘려 ᄒᆞ나 셩자(成字)ᄒᆯ 말이 아니니 다 못 긔록"[172]한다고 하였다. 영조와 세자의 허물을 다 드러낼 수 없을 뿐 아니라 자기의 극심했던 고통을 다시 돌이키고 싶지 않다는 의미일 것이다. 회갑 무렵 작자는 비교적 마음의 안정과 여유를 찾았었다. 자기의 생일날 순조가 태어나면서부터 죽고 싶다는 마음을 끊어버렸고, 친정에 대한 정조의 태도가 섭섭했지만 정조의 효성으로 인해 그러한 마음 역시 어느 정도 가라앉은 상태였다. 그렇기 때문에 회갑을 맞아 자기의 고통스런 삶을 돌아보기는 하였지만 세자의 병과 죽음으로 인한 극단적인 고통은 굳이 되씹고 싶지 않았던 것이다. 곧 극단적인 고통과는 거리를 두면서 지나온 삶의 의미를 찾고, 마음속에 응어리져 있는 고통과 갈등을 풀어냄으로써 스스로를 추스르고 위로했던 것이다.[173]

172 195면.

173 이승복은 이러한 점에 주목하여 자전적 회고편은 지나온 삶의 고통을 토로하는 한편 극단적인 고통과는 거리를 두는, 다시 말하면 고통의 토로와 고통의 절제라는 두 가지 상반된

그런데 믿고 의지하던 아들 정조가 세상을 떠나고 어린 순조가 즉위하자 정순왕후(貞純王后)가 수렴청정을 하면서 작자의 동생 홍낙임(洪樂任)이 억울하게 죽음을 당하는 일이 벌어졌다. 이처럼 과거의 악몽이 되살아나는 상황이 전개되자 작자는 되씹고 싶지 않았던 과거의 극심했던 고통을 계속 참으며 마음속에 묻어두고만 있을 수 없었다. 마음을 조금이라도 가라앉히려면 폭백이라도 해야 했다. 이에 작자는 친정신원편을 써서 친정의 억울함을 직접 밝히는 한편 역사의 증인을 자처하여 임오화변의 실상을 정리하면서 그동안 마음속에 담아두기만 했던 내면의 갈등과 고통을 풀어내었다. 너무 아파서 건드리려 하지 않았던 고통을 더 이상 마음 한 구석에 꼭꼭 눌러둘 수가 없었다. 작자는 성자(成字)할 말이 아니라서 다 기록하지 못한다고 했던 영조와 세자의 흉과 허물을 백일하에 드러내면서 시아버지에 대한 비판과 원망, 남편으로 인한 괴로움과 두려움을 서슴없이 쏟아내었다.[174] 그렇게 해서 자전적 회고편에서 듬성듬성 비워놓았던 자기 삶의 고통스런 과정들을 채워나갔다.

이처럼 직접 나서서 임오화변의 실상을 밝히면서 자기 삶을 고통스럽게 만든 시아버지와 남편의 허물을 숨김없이 드러내고, 자기의 심정을 토로하는 것은 작자가 자기 삶의 주체가 되어 자기의 깊은 상처를 직시하며 그것을 스스로 치료해가는 과정이라 할 수 있다. 고통을 더 이상 거리를 두고 삭일 수 없다면 그것을 정면으로 응시하면서 풀어내는 것이 자기위로의 방법이 될 수 있다는 것은 더 말할 필요가 없다. 작자가 자기의 극심했던 지난 고통을 거침없이 토로하고 있는 것은 이처럼 스스로의 마음을 달래고 위로하기 위해서라

방식을 적절히 결합한 글쓰기를 통해 스스로를 달래고 위로하고 있다고 하였다(「〈한중록〉에 나타난 자전적 회고의 양상과 의미」, 『고전문학과 교육』 28, 2014, 280면).

174 작자는 서문에서 이 글을 1802년 봄에 초를 잡아두고 순조에게 미처 보이지 못하다가 순조의 생모인 가순궁(嘉順宮)의 권유로 1805년 4월에 마무리했다고 한다. 순조에게 보일 정도라면 그 초가 어느 정도 완성 단계에 있었던 것으로 보이는데 순조에게 그것을 보이지 못한 것은 이러한 영조와 세자의 흉과 허물이 적나라하게 드러나 있어 주저했기 때문으로 짐작된다.

할 수 있다. 뿐만 아니라 다른 사람이 아닌 자기 손자가 이 글을 통해 작자의 고통과 하소연에 공감하리라는 기대감 역시 작자가 이러한 자기위로의 성격을 지닌 글을 쓰게 된 이유의 하나가 될 수 있을 것이다.

자전적 회고편에서는 심신이 비교적 안정된 상태에서 지난 삶의 고통과 갈등을 그 극단과는 거리를 둔 채 풀어냄으로써 자기 삶의 의미를 찾고 스스로를 위로하고자 했다면 임오화변편에서는 통곡하는 심정으로 시아버지에 대한 불만과 원망, 남편으로 인한 괴로움과 두려움을 서슴없이 폭로하고, 토로함으로써 그동안 가슴 깊은 곳에 묻어두었던 응어리를 씻어내려 하였다. 이런 점에서 두 글의 자기위로적 성격은 차이가 있다고 할 수 있다.

작자가 주체적 자각에 입각해 임오화변의 실상을 밝히는 것은 자기의 고통스런 삶의 과정을 반추하는 것이었다. 이런 점에서 작자의 고통스런 삶은 임오화변의 실상을 통해 다시 확인되고, 재구성되었다고 할 수 있다. 또 작자가 드러내고자 한 임오화변의 실상, 곧 세자가 병이 들고 죽음에 이르게 되는 과정과 그에 대한 작자 나름의 분석·비평은 작자의 고통스런 삶의 과정과 어울려 진실성을 담보하게 되었다고 할 수 있다.[175] 객관적인 사실 정보만의 기록보다 기록자의 체험과 고통스런 심정이 어우러진 기록이 독자들에게 더 진실하고 설득력 있게 다가갈 수 있기 때문이다. 요컨대 작자는 이 글에서 지나온 자기 삶의 고통을 반추하고 토로함으로써 임오화변의 실상을 설득력 있게 전달하는 한편 자기위로의 효과를 아울러 거두고 있다고 할 수 있다.

175 최기숙은 〈한중록〉이 심리분석, 대화체, 정서 표출 등 사적인 글쓰기 전략을 통해 역사를 뒤집는 언술의 정치학을 보여주고 있다고 하였다(「자서전, 전기, 역사의 경계와 언술의 정치학-〈한중록〉에 관한 제안적 독법」, 『여/성이론』 1, 도서출판 여이연, 1999). 이러한 시각에서 보면 임오화변편에 제시된 고통스런 삶의 토로는 작자가 제시한 임오화변의 실상이 진실이라고 독자를 납득시키는 역할을 한다고 할 수 있다.

5. 맺음말

〈한중록〉의 성격을 제대로 이해하기 위해서는 〈한중록〉을 구성하는 세 편의 글 각각의 특성을 충분히 고려하고, 아울러 세 편의 내용이 각각 다르더라도 그것들은 결국 작자 자신의 문제로 귀결된다는 점을 주목할 필요가 있다. 여기에서는 이러한 점을 고려하여 〈한중록〉 가운데 임오화변을 다루고 있는 글을 대상으로 집필 동기와 목적, 서술양상과 의미 등을 살폈다.

작자는 임오화변의 실상이 왜곡되고 있어 손자인 순조에게 그 실상과 의리를 밝히기 위해 이 글을 썼다고 하였다. 작자는 사도세자의 일생을 따라가며 세자가 병이 들고, 그것이 점차 악화되다가 마침내 영조에 의해 죽음을 당하는 과정을 상당히 구체적으로 제시하고 있는데 작자는 세자가 불행하게 된 근본 원인을 세자에 대한 영조의 잘못된 태도에서 찾았다. 그러면서 세자의 병이 중해 종사가 위태로운 지경에 이르자 영조가 어쩔 수 없이 그런 처분을 한 것이라는 점을 들어 임오화변에 대한 의리를 분명히 해야 한다고 하였다. 이처럼 작자가 직접 역사의 증인을 자처하고 나서서 임오화변을 둘러싼 논란을 분별하고 영조의 이면적 모습을 서슴없이 드러내고 있다는 점에서 이 글은 기존 담론에 저항하는 작자의 주체적 자각에 의한 글쓰기라는 의미를 지닌다고 할 수 있다.

그런데 임오화변의 실상을 드러내는 것은 곧 작자가 자기의 고통스런 지난 삶을 되돌아보는 것이기 때문에 이 글은 세자에 대한 이야기이기도 하지만 작자 자신의 이야기로 이해할 수 있다. 작자가 영조에 대한 불만과 원망, 세자로 인한 괴로움과 두려움 등 자기가 겪어야 했던 고통을 끊임없이 토로하고 있는 데에서 그러한 점을 충분히 확인할 수 있다. 믿고 의지하던 정조가 죽고 어린 순조가 즉위하여 정순왕후가 수렴청정하는 급격한 상황의 악화는 작자로 하여금 남편의 병과 죽음으로 인한 극심한 고통을 더 이상 가슴 속에 묻어두지 못하도록 하였다. 작자는 통곡하는 심정으로 그것을 거침없이 토로함으로써 스스로를 달래려 했던 것으로 보인다. 이런 점에서 이 글은 자기위로의 글쓰기라는 의미를 아울러 지닌다고 할 수 있다.

요컨대 작자가 주체적 자각에 의해 임오화변의 실상을 밝히는 것은 곧 자기의 고통스런 삶을 되돌아보는 것이었다. 그렇기 때문에 작자는 임오화변의 서술을 통해 자기의 고통스런 삶을 재구성하면서 스스로를 위로하고, 작자의 고통스런 삶의 과정과 어우러져 작자가 제시하고자 한 임오화변의 실상은 진실성과 설득력을 획득하게 되었다고 할 수 있다.

제5부 | 부록

『유교(遺教)』 원문 및 주석

『유교(遺教)』 원문 및 주석

일러두기

1. 『유교(遺教)』는 김충현(金忠顯) 소장 국문 필사본으로 김수항(金壽恒), 김창집(金昌集), 김제겸(金濟謙) 삼대가 사약을 받고 세상을 떠날 때의 상황을 각각 기록한 세 편의 글로 이루어져 있다. 김수항에 관한 글에는 '긔ᄉᆞ유사', 김창집과 김제겸에 관한 글에는 '임인유교'라는 같은 제목이 붙어있는데 여기에서는 임인유교를 편의상 1과 2로 구분하였다.

2. 〈기사유사〉는 김창흡(金昌翕), 〈임인유교1〉은 김신겸(金信謙), 〈임인유교2〉는 김원행(金元行)이 작자이다. 세 편의 글 각각에는 한문이나 국문으로 된 이본들이 전해지고 있어 필요한 경우 이 이본들을 참고하여 주를 달았다.

3. 원본에는 매면 10행, 매행 15~18자 정도의 글씨가 총 118면에 걸쳐 가지런히 필사되어 있는데 여기에서는 띄어쓰기를 하고, 문장 부호를 사용하여 설명과 대화를 구분하였다.

4. 한자를 괄호 속에 병기하였는데 음이 한문본과 차이가 클 경우에는 한문본의 한자를 [ ] 속에 표기하고, 설명이 필요한 어휘에는 주를 달았다.

5. 원문 중간에 끼어있는 두 줄의 작은 글씨로 된 협주(夾註)는 줄표(- -) 속에 넣어 제시하였다.

6. 오래전 필자가 『유교』의 원문을 주석을 붙여 소개한 적이 있는데(『문헌과 해석』 5호, 문헌과해석사, 1998. 11) 여기에서는 이본과 기타 자료를 참고하여 기존 주석의 수정과 보완을 기하였다. 앞으로 보다 완벽한 주석이 이루어지기를 기대한다.

긔ᄉᆞ유ᄉᆞ(己巳遺事)

ᄉᆞ월[1] 초오일 져녁 식후의 사ᄅᆞᆷ이 급히 와 망극ᄒᆞᆫ 긔별을 뎐ᄒᆞ니 집 사ᄅᆞᆷ이 상하(上下)의 브ᄅᆞ지〃고 브ᄃᆡ이저 우ᄃᆡ 이에 침실의 드러가 안자 죵용(從容)이 졔ᄌᆞ(諸子)ᄃᆞ려 닐오ᄃᆡ

"내 인ᄉᆡ(人事ㅣ) 극ᄒᆞ엿ᄂᆞᆫ디라 오ᄂᆞᆯ 일은 족히 고이티 아니ᄒᆞᄃᆡ 다만 어려실 적브터 ᄒᆞᆨ문의 ᄯᅳᆺ을 두어시ᄃᆡ 디긔(志氣) 강티 못ᄒᆞ야 인슌(因循)ᄒᆞ야[2] ᄇᆞ려시나 그러나 ᄒᆞᆫ 념녀ᄂᆞᆫ 경〃(耿耿)ᄒᆞ야 일즉의 잇디 아닐 적이 업ᄉᆞ롸. 스ᄉᆞ로 혜아리니 ᄌᆞ질(資質)이 디경(持敬)의ᄂᆞᆫ 혹 가히 힘ᄡᅳᆯ 거시로ᄃᆡ 견히(見解)ᄒᆞ기ᄂᆞᆫ 소댱(所長)이 아니라 늣거야 더 힘ᄡᅧ 져기 낫기를 ᄇᆞ랄가 ᄒᆞ엿더니 이제ᄂᆞᆫ 밋디 못ᄒᆞ게 ᄒᆞ여시니 이거시 ᄒᆞᆫ이로다."

ᄯᅩ 니ᄅᆞ시ᄃᆡ

"내 비록 일즉 ᄉᆞ로(仕路)의 나시나 환졍(宦情)은 심히 듕티 아니ᄒᆞ고 ᄯᅩ 셩(性)이 산슈(山水)를 됴하ᄒᆞᄃᆡ 명강(名韁)의[3] ᄆᆡ이여 한가ᄒᆞᆫ ᄃᆡ 믈너갈 원(願)을 일우디 못ᄒᆞ고 명승(冥升)ᄒᆞ믈[4] 마디 아니ᄒᆞ야 이에 니ᄅᆞ럿노라. 내 본ᄃᆡ 지조와 덕이 업ᄉᆞᆫᄃᆡ 명위(名位) 과람(過濫)ᄒᆞ고 ᄯᅩᄒᆞᆫ ᄂᆞᆷ이예셔 낫디 아니ᄒᆞᄃᆡ 여러 번 과뎨(科第) 장원을 ᄒᆞ고 오래 문형(文衡)을 ᄀᆞ음아라[5] 영만(盈滿)이 이에 극ᄒᆞ니 진실노 오ᄂᆞᆯ날 홰(禍ㅣ) 잇기 맛당ᄒᆞ니라. 내 식냥(識量)과 지죄 본ᄃᆡ 단핍(短乏)ᄒᆞ거ᄂᆞᆯ 오래 아니 이실 ᄃᆡ 당ᄒᆞ야 힘이 쟉고 칙임이 듕ᄒᆞ니 스ᄉᆞ로 죄괘(罪過ㅣ) ᄒᆞ나 둘히 아닌 줄 알거니와 만일 그 권〃(眷眷)히 님금 ᄉᆞ랑ᄒᆞᄂᆞᆫ 졍셩은 스ᄉᆞ로 가히 신명(神明)의 질졍(質正)ᄒᆞ리라 ᄒᆞ

1 기사년(1689, 숙종15) 4월.

2 주저하고 머뭇거려.

3 벼슬의 굴레에.

4 분수에 넘치게 높은 지위에 오름을.

5 담당하여.

며 평싱의 ᄯᅩᄒᆞᆫ 일즉 샹인해믈(傷人害物)ᄒᆞᆯ ᄆᆞᄋᆞᆷ이 업서 젼후의 명을 바다 티옥(治獄)ᄒᆞᆯ 제 명찰(明察)이 밋디 못ᄒᆞ믄 혹 이시나 이에 용졍(用情)ᄒᆞ야[6] 내드려[7] 젼혀 얽어 죽이기로ᄡᅥ 쾌히 넉이믄 실노 ᄎᆞ마 못ᄒᆞᆫ 배로롸. 화ᄉᆡ(禍事ㅣ) 예 니ᄅᆞ러시니 젼두(前頭) 시셰(時勢)를 ᄯᅩᄒᆞᆫ 알디라. 고산(故山)의 도라가 장ᄉᆞᄒᆞ기를 창졸(倉卒)의 못ᄒᆞᆯ 거시니 이제 아딕 녕암(靈巖) 구림(鳩林)다이 우장(寓葬)ᄒᆞ엿다가[8] 죵용이 형셰를 보아 거취(去就)ᄒᆞ미 맛당ᄒᆞ고 조만(早晩)의 도라와 영장(永葬)ᄒᆞ게 되면 ᄇᆞᄃᆡ 네 아ᄋᆡ[9] 무덤의 갓가이 ᄒᆞ여 혼빅으로 ᄒᆞ여곰 서로 의지케 ᄒᆞ라. 나의 소원은 샹해[10] 션산 근쳐의 무치고져 ᄒᆞ여 ᄆᆞᄋᆞᆷ먹어 경영ᄒᆞ연디 ᄯᅩᄒᆞᆫ 오랜디라. 비록 두서 곳티 퉁ᄒᆞᆫ ᄃᆡ[11] 이시나 범안(凡眼)으로 보아도 ᄯᅩᄒᆞᆫ ᄡᅳᆯ ᄃᆞᆺᄒᆞᆫ 곳이 업ᄉᆞᆯ ᄃᆞᆺᄒᆞ고 밤뒤[栗北][12] 새 뫼히 잡은 두 혈(穴)이 다 반ᄃᆞ시 ᄡᅥᆷᄌᆞᆨ디 못ᄒᆞᆯ 거시니 만일 젼두(前頭)의 마디 못ᄒᆞ여 신복(新卜)ᄒᆞᄂᆞᆫ 일이 이셔도 혹 션산 머디 아닌 ᄃᆡ 어드면 다힝커니와 만일 죵시(終是)히 엇디 못ᄒᆞ여 먼 ᄃᆡ 뎡ᄒᆞ면 네 아ᄋᆡ 무덤을 ᄒᆞᆯ노 ᄇᆞ려두디 못ᄒᆞᆯ 거시니 ᄇᆞᄃᆡ 신복ᄒᆞᆫ 뫼흐로 옴겨가미 올흐니라.”

아뫼-넷재 분 가직(稼齋)[13]- ᄀᆞᆯ오ᄃᆡ

“신복ᄒᆞᆫ 뫼히 혹 션산의셔 심히 머디 아닌 곳이 이셔도 망뎨(亡弟)의 무덤을 옴기리잇가?”

니ᄅᆞ시ᄃᆡ

6 사사로운 정을 써서.

7 내둘러.

8 (타향에) 임시로 장사를 지냈다가.

9 아우의. ‘아우’는 일찍 세상을 떠난 여섯째 아들 택재(澤齋) 김창립(金昌立, 1666~1683)을 가리킴.

10 상시(常時)에. 늘.

11 한문본인 〈임명일기(臨命日記)〉에는 ‘埋標處’로 되어 있음. 매표(埋標)는 무덤을 쓸 자리에 미리 무덤의 주인이 될 사람과 무덤의 좌향(坐向) 등을 기록하여 묻는 것을 말함.

12 양주 율북리(栗北里).

13 넷째 아들 김창업(金昌業, 1658~1721). 가재(稼齋)는 호.

"만일 수리(數里) ᄉᆞ이면 어이 구ᄐᆞ여 이동ᄒᆞ리오? 수십니 밧긔 니ᄅᆞ러ᄂᆞᆫ 슈호ᄒᆞ기 어려올 ᄃᆞᆺᄒᆞ고 ᄆᆞᄎᆞᆷ내 고단ᄒᆞᆯ 념녜 이시니 아니 옴기디 못ᄒᆞ리라."

아뢰 ᄀᆞᆯ오ᄃᆡ

"하괴 이러ᄐᆞᆺ ᄒᆞ시니 맛당이 이러 ᄒᆞ오려니와 다만 ᄉᆡᆼ각ᄒᆞ오니 망뎨의 무친 곳이 안온ᄒᆞ여 다른 념녜 업서 ᄌᆞ믓 엇기 쉽디 아닐 ᄃᆞᆺᄒᆞ고 ᄯᅩ 션산의셔 머디 아니ᄒᆞ고 ᄯᅩ 계후(繼後)ᄒᆞ니[14] 이시니 쟝ᄂᆡ 아조 고단ᄒᆞᆫ ᄲᅡ히 되디 아닐 거시오 신산(新山)의 여혈(餘穴) 잇기를 ᄯᅩᄒᆞᆫ 긔필(期必)티 못ᄒᆞ니 그러면 쳔이(遷移)ᄒᆞ기를 용이히 못ᄒᆞᆯ 거시니 그러면 엇디 ᄒᆞ리잇가?"

니ᄅᆞ시ᄃᆡ

"내 네 아ᄋᆞ 무친 ᄃᆡ와 서ᄅᆞ 멀고져 아니ᄒᆞ미 이 지졍(至情)이라. 신산 여혈이 만일 대단쳔만(大端千萬) 못ᄒᆞ디 아니ᄒᆞ면 ᄒᆞᆫ 뫼ᄒᆡ 옴겨 가미 올흐니라."

아뢰 ᄀᆞᆯ오ᄃᆡ

"신복ᄒᆞᆫ 뫼히 만일 져기 먼 ᄃᆡ 이시면 망뎨의 무덤을 맛당이 옴겨 가오려니와 다만 여혈이 무해(無害)ᄒᆞᆫ 곳 엇기 어려우니 혹 제 ᄌᆞ식 되엿ᄂᆞ니 별노 길디(吉地)를 신산 십수리 ᄉᆞ이에 어드면 비록 ᄒᆞᆫ 도곡(都谷) 안히 아니라도 ᄡᅳ미 해롭디 아니리잇가?"

니ᄅᆞ시ᄃᆡ

"고인이 ᄀᆞᆯ오ᄃᆡ 혼긔(魂氣)ᄂᆞᆫ 아니 가ᄂᆞᆫ ᄃᆡ 업다 ᄒᆞ니 과연 길디를 어드면 십수리 ᄉᆞ이를 어이 머다 ᄒᆞ리오? 이런 형셰ᄂᆞᆫ 미리 졍티 못ᄒᆞᆯ 거시니 엇디 슈련[隨便]ᄒᆞ야[15] ᄒᆞ미 업ᄉᆞ리오? 그러나 ᄇᆞᄃᆡ 서로 갓갑기를 쥬(主)ᄒᆞ미 올흐니라. 젼두의 신산을 구ᄒᆞ여 만일 무해ᄒᆞᆫ ᄲᅡ흘 션산 근쳐의 어드면 진실노

14 계후(繼後)한 이. 셋째 아들인 삼연(三淵) 김창흡(金昌翕, 1653~1722)의 아들로 김창립의 사후양자(死後養子)가 된 김후겸(金厚謙, 1687~1727)을 가리킴. 김창흡은 이 글의 원작자임.

15 수편(隨便)하여. 편의를 따라.

다힝커니와 쉽디 아니홀 듯ᄒᆞ니 비록 슈십 빅 니 ᄉᆞ이의 가 어더도 짜히 과연 길ᄒᆞ고 혈이 유여(有餘)ᄒᆞ야 가히 두어 ᄃᆡ 장ᄉᆞ를 용납홀 양이면 잡아 쓰미 가ᄒᆞ니라."

아뫼 ᄀᆞᆯ오ᄃᆡ

"셜ᄉᆞ 빅니 밧긔 뜻의 마ᄌᆞᆫ 곳이 이시면 쓰오리잇가?"

니ᄅᆞ시ᄃᆡ

"빅니의 디나면 너모 머니 갓가온 대를 ᄇᆞ리고 멀니 가기ᄂᆞᆫ 마치 분명히 빈(倍)히 나아야 가ᄒᆞ니라. 구산(求山)을 다만 평온ᄒᆞ야 무해ᄒᆞᆫ 곳을 어드미 올코 브ᄃᆡ 대디(大地)를 어드려 뜻ᄒᆞ미 올티 아니ᄒᆞ니라."

아뫼-몽와(夢窩)[16] ᄆᆞᆺ분-, 아뫼-둘재 분 농암(農巖)[17]- 울며 청ᄒᆞ야 ᄀᆞᆯ오ᄃᆡ

"다른 날의 어마님을 뫼ᄋᆞᆸ고 븍으로 가매 맛당이 목동(木洞)[18]으로 감죽ᄒᆞᄃᆡ 영평(永平)[19] ᄀᆞᆺᄐᆞᆫ ᄃᆡᄂᆞᆫ ᄯᅩᄒᆞᆫ 녜브터 권ᄋᆡ(眷愛)ᄒᆞ시던 싸히니 도라가미 가ᄒᆞ리잇가?"

ᄃᆡ답ᄒᆞ여 ᄀᆞᄅᆞ샤ᄃᆡ

"영평은 내 본ᄃᆡ 뉴의(留意)ᄒᆞᆫ 배라 ᄆᆡ양 ᄒᆞᆫ번 도라가고져 ᄒᆞ다가 ᄆᆞᄎᆞᆷ내 일우디 못ᄒᆞ엿노라. 그 짜히 황벽(荒僻)ᄒᆞ고 ᄉᆡᆼ니(生理) ᄌᆞᄆᆞᆺ 어려우니 비록 졸연히 온집이 가지 못ᄒᆞ여도 너희 형데 듕의 능히 조만의 가 살 니 이셔 ᄇᆞ리ᄂᆞᆫ 거시 되디 아니면 다힝ᄒᆞ리라. 필영(必英)이-니언신(李彥臣) 쳐[20]- 모녀ᄂᆞᆫ 비록 내 당부 아녀도 너희들이 응당 잘 돌보리라. 츈샹(春祥)-후겸(厚謙)-이 비록 어리나 반ᄃᆞ시 능히 셩닙(成立)홀 거시니 옥동(玉洞) 집을 내 뜻을 뎐ᄒᆞ

16 큰아들 김창집(金昌集, 1648~1722). 몽와(夢窩)는 호.

17 둘째 아들 김창협(金昌協, 1651~1708). 농암(農巖)은 호.

18 김수항이 살던 양주 목식동(木食洞).

19 김수항은 노년을 보내기 위해 1670년 영평 백운산 아래에 집을 짓고 이름을 송로암(送老菴)이라 하였음. 김수항 장례 후 가족들이 송로암에서 그의 삼년상을 치렀음.

20 김창립의 딸.

여 주미 가ᄒᆞ니라. 니샹(鯉祥)-졔겸(濟謙)[21]-이 다른 아희과 다르미 잇고 작인(作人)을 또 잘ᄒᆞ여시니 ᄆᆡ양 목동 ᄃᆞ려가 손조 ᄀᆞᄅᆞ쳐 셩취ᄒᆞ려 ᄒᆞ더니 ᄆᆞᄎᆞᆷ내 ᄯᅳᆺ 곳디 못ᄒᆞ니 탄ᄒᆞ노라. 너희 지통(至痛)이 몸의 이시니 엇디 다시 셰로(世路)의 ᄯᅳᆺ이 이시리오? 그러나 손ᄌᆞ 아희들은 가히 브즈런이 ᄀᆞᄅᆞ쳐 ᄒᆞ여곰 각〃 사ᄅᆞᆷ이 되게 아니티 못ᄒᆞᆯ 거시니라. 고인이 니ᄅᆞ들 아녓ᄂᆞ냐? 독셔죵ᄌᆞ(讀書種子)를 ᄭᅳᆫ티 말나 ᄒᆞ니 맛당이 이 ᄯᅳᆺ을 ᄉᆡᆼ각ᄒᆞ여 힘ᄡᅧ 잘 ᄀᆞᄅᆞ쳐 튱효문헌(忠孝文獻)의 뎐ᄒᆞᆷ믈 일티 말게 ᄒᆞ미 가ᄒᆞ니라. 너희 졍니(情理) 진실노 망극ᄒᆞ거니와 그러나 우흐로 병뫼(病母ㅣ) 이시니 가히 ᄯᅳᆺ대로 아모리나 ᄒᆞ여 멸셩(滅性)ᄒᆞ기의 니ᄅᆞ기 가티 아니코 ᄒᆞ믈며 업(業)[22]-넷재 분-, 즙(緝)[23]-다ᄉᆞᆺ재 분-은 병들고 여외기 특심(特甚)ᄒᆞ야 샹해 늠〃(凜凜)ᄒᆞ던 거시라 내 더옥 념녀를 노티 못ᄒᆞ던 거시니 브ᄃᆡ 이 ᄯᅳᆺ을 깁히 바다 보젼ᄒᆞ도록 ᄒᆞ라."

아뫼-다ᄉᆞᆺ재 분 포음(圃陰)- ᄃᆡᄒᆞ여 ᄀᆞᄅᆞᄃᆡ

"맛당이 하교를 밧ᄌᆞ와 고기 먹기라도 당ᄎᆞᆺ ᄒᆞ리이다."

니ᄅᆞ샤ᄃᆡ

"네 진실노 이리ᄒᆞ면 내 근심이 업노라."

졍지[24] ᄃᆞᆯ녀와 뵈오니 니ᄅᆞ시ᄃᆡ

"네 오기를 수이 ᄒᆞ니 다힝ᄒᆞ도다. 이리 와 ᄂᆞᆺᄎᆞ로 니별ᄒᆞ기 쉽디 아니코 ᄒᆞ믈며 이 졀희(絶海)[25]예 와 이런 변고를 만나ᄃᆡ 범ᄉᆞ(凡事)를 분부ᄒᆞᆯ 곳이 업ᄂᆞᆫ디라 ᄌᆞ못 민망ᄒᆞ여 ᄒᆞ더니 네 능히 미처 오니 진실노 다힝ᄒᆞ도다. ᄇᆡᆨ시(伯氏)[26] 품뷔(稟賦ㅣ) 본ᄃᆡ 둣터오시니 반ᄃᆞ시 하슈(遐壽)를 누리시려니와

21 김창집의 아들인 죽취(竹醉) 김제겸(金濟謙, 1680~1722).

22 김창업.

23 다섯째 아들 김창즙(金昌緝, 1662~1713). 호는 포음(圃陰).

24 정자가. 정자는 김수항의 형인 곡운(谷雲) 김수증(金壽增, 1624~1701)의 셋째 아들 김창직(金昌直, 1653~1702)임.

25 유배지인 진도(珍島)를 가리킴.

26 김수증.

블힝ᄒᆞ야 뎌 적 거포[27] 슬하의 구즌 일을 만나시고 이제 또 날로 ᄒᆞ야 쇠모(衰暮)ᄒᆞ신ᄃᆡ 무흔ᄒᆞᆫ 셜우믈 더으시니 이 ᄒᆞᆫ이오 ᄒᆞᆫ이로다."

인ᄒᆞ야 등잔 ᄇᆞᆰ히라 ᄒᆞ시고 고결셔(告訣書) 두 봉을 뻐 빅시 듕시(仲氏)[28]긔 뎐ᄒᆞ라 ᄒᆞ시다. 밧 쟈근 방의 나가시니 안시태(安始泰)[29] 드러와 뵈ᄋᆸ고 통곡ᄒᆞ여 ᄀᆞᆯ오ᄃᆡ

"텬하의 엇디 이런 일이 이시리잇가? 쇼싱이 이럴 줄 알면 어이 ᄎᆞ마 쳔니의 멀니 와 이 경ᄉᆡᆨ(景色)을 보오리잇가?"

ᄃᆡ답ᄒᆞ야 ᄀᆞᄅᆞ샤ᄃᆡ

"오ᄂᆞᆯ날 일을 스ᄉᆞ로 아란디 오라니 어이 죡히 고이ᄒᆞ리오? 다만 이 졀ᄒᆡ예 와 네 녁희 지친이 업고 송죵(送終)[30] 일졀(一節)은 더옥 셩양(成樣)키 어려워ᄒᆞ더니 다ᄒᆡᆼ이 그ᄃᆡ 멀니 님ᄒᆞ여 범빅(凡百)을 의탁ᄒᆞᆯ ᄃᆡ 이시니 기리 깃브다."

ᄒᆞ시다. 졍ᄌᆞ-챵딕(昌直)-ᄃᆞ려 닐너 ᄀᆞᆯ오시ᄃᆡ

"조고(祖考)[31] 언힝녹(言行錄)을 빅시와 밋 듕시 임의 다ᄒᆞ야 겨시ᄃᆡ 내 다ᄉᆞᄒᆞ기로 인슌ᄒᆞ야 일우디 못ᄒᆞ야 오ᄂᆞᆯ날의 니ᄅᆞ럿노라."

ᄒᆞ시고 인ᄒᆞ여 져근 샹ᄌᆞᄅᆞᆯ 갓다가 쟈근 죠희ᄅᆞᆯ 어더 내야 니ᄅᆞ시ᄃᆡ

"이거시 디낸 ᄒᆡ예 빅시 긔록ᄒᆞ신 배오 내 그 가온대 약간 쳠산(添刪)ᄒᆞᆫ 배 잇노라."

ᄒᆞ시고 인ᄒᆞ야 부ᄉᆞᆯ 가지시고 그 텸입(添入)ᄒᆞᆫ 됴건(條件)을 뎜 텨 보람ᄒᆞ시다.[32] 또 졍ᄌᆞᄃᆞ려 니ᄅᆞ시ᄃᆡ

27 거푸.

28 퇴우당(退憂堂) 김수흥(金壽興, 1626~1690).

29 본관은 광주(廣州)로 건원릉참봉을 지냈는데 세상의 혼탁함을 피해 충청도에 내려가 은거하였음. 김창흡이 지은 만시와 제문, 이의현(李宜顯)이 지은 묘지명이 전함.

30 장례에 관한 일.

31 청음(淸陰) 김상헌(金尙憲, 1570~1652).

32 표시하시다.

"앗가 션고비(先考妣)[33] 분묘 일노 아모-네재 분-ᄃᆞ려 문답ᄒᆞᆫ 일이 이시ᄃᆡ 이제 너ᄃᆞ려 다시 니ᄅᆞ노라. 션비(先妣) 분뫼 ᄃᆡ 너모 ᄂᆞ자 범안으로 보아도 진혈(眞穴)이 아닌 ᄃᆞᆺᄒᆞ고 다만 션산 안ᄒᆡ 족장(族葬)을 ᄡᅥᆺ더니 그 후 수십년의 ᄯᅩᄒᆞᆫ 대단ᄒᆞᆫ ᄌᆡ앙이 업고 무신년(戊申年)[34] 합장ᄒᆞᆯ ᄣᅢ예 니ᄅᆞ러 비록 구광(舊壙)을 여디 아니ᄒᆞ나 신광(新壙)이 간졍(乾淨)ᄒᆞ야 다른 타시 업기로 인ᄒᆞ야 념녜 업다 ᄒᆞ엿더니 그 후 디ᄉᆞ(地師) 와 보ᄂᆞ니 비록 나므라ᄂᆞ니 만흐나 우리집이 풍슈(風水)의 말을 됴하 아니ᄒᆞ고 ᄯᅩ 일이 듕대ᄒᆞ기로ᄡᅥ 다 감히 드러내여 니ᄅᆞ디 못ᄒᆞ더니 계튝(癸丑) 이후로 일가의 참상(慘喪)이 년ᄒᆞ여 나고 오ᄂᆞᆯ날 나의 화의 니ᄅᆞ러야 어이 감히 션산이 블길타 타ᄉᆞᆯ ᄒᆞ리오만은 디가(地家) 말노 일너ᄂᆞᆫ 조션(祖先)이 톄ᄇᆡᆨ(體魄)이 평안ᄒᆞ면 ᄌᆞ손이 화 밧ᄂᆞ니 업다 ᄒᆞ니 이(理) 혹 그러ᄒᆞᆫ디라. 그러ᄒᆞ면 ᄌᆞ손의 화복(禍福)은 아딕 니ᄅᆞ도 말고 ᄯᅩᄒᆞᆫ 엇디 구연(瞿然)ᄒᆞᆫ 곳이 아니랴? 우리집이 본ᄃᆡ 풍슈를 됴화 아니ᄒᆞ고 ᄯᅩ 이제 셰샹의 쳔장(遷葬)이 분운(紛紜)ᄒᆞ야 ᄒᆞᆫ 폐쇽(弊俗)이 되여시니 이 실노 내 일즉 아쳐ᄒᆞᄂᆞᆫ[35] 배라. 그러나 션셰(先世) 일노 닐너도 실노 마디 못ᄒᆞᆫ 일이 이시면 ᄯᅩᄒᆞᆫ 일즉 이동티 아니ᄒᆞ야[36] 삼개(三嘉) 증조고(曾祖考)[37] ᄀᆞᄐᆞ시니도 처엄 ᄒᆞᆫ 곳의 ᄡᅳ왓더니 디ᄉᆡ(地師ㅣ) 훼(毁)ᄒᆞᄂᆞ니 만코 범안(凡眼)으로 보아도 ᄯᅩᄒᆞᆫ 됴티 아닌 ᄃᆞᆺᄒᆞ기로 시방 혈의 옴겨 뫼와시니 디ᄉᆡ 당초의 니ᄅᆞᄃᆡ 새 혈이 맛당이 세 귀ᄌᆞ(貴子)가 나리라 ᄒᆞ더니 ᄡᅳᆫ 후 과연 우리 형뎨 수년 ᄂᆡ의 나니 이제 이 션죄[38] 과연 훼ᄒᆞᄂᆞ니 말 ᄀᆞᄐᆞ여 대단ᄒᆞᆫ ᄌᆡ화이시면 그 톄ᄇᆡᆨ을 평안이 ᄒᆞᄂᆞᆫ 도리의 변통ᄒᆞ미 업디 못ᄒᆞᆯ 거시니 네 ᄇᆞᄃᆡ

33 김광찬(金光燦, 1597~1668)과 그 부인 연안 김씨(延安金氏, 1596~1633).

34 김광찬이 세상을 떠난 1668년.

35 싫어하는.

36 '이동티'와 '아니ᄒᆞ야' 사이에 '아니하지' 정도의 의미를 지닌 어구가 빠짐. 〈임명일기〉에는 '苟有不得已者 則亦未嘗不移動矣'로 되어 있음.

37 삼가현감(三嘉縣監)을 지낸 김대효(金大孝, 1531~1572).

38 '선죄(先兆ㅣ)'의 오기. 선조는 조상 산소.

죠용이 빅시씌 품고(稟告)ᄒᆞ야 샹냥(商量)ᄒᆞ여 션쳐ᄒᆞ시게 ᄒᆞ미 가ᄒᆞ니라."

졔손(諸孫)의 명ᄌᆞ(名字)를 뎡ᄒᆞ시고 손조 ᄎᆞ례를 버려 쓰시다.

"나의 어려실 제로브터 담명(談命)ᄒᆞᄂᆞ니 다 니ᄅᆞ딕 슈(壽ㅣ) 오십의 디나디 못ᄒᆞᄂᆞ니라 ᄒᆞ니 회갑의 니ᄅᆞ기ᄂᆞᆫ 뜻 아녓ᄂᆞᆫ디라 샹해 스ᄉᆞ로 고이히 넉이더니 이제 과연 이러ᄒᆞ도다."

새박의[39] 곡뎐ᄌᆞ(曲顚子)[40]의 팔ᄌᆞ(八字)ᄒᆞᆫ 거ᄉᆞᆯ 어더 내야 '쌍난분비히셔두(雙鸞分飛海西頭)'란 글귀를 집어내야 뵈며 니ᄅᆞ시딕

"이 과연 마잣도다."

아뫼-농암- ᄀᆞᄅᆞ딕

"대인이 금샹(今上)[41] 유튱(幼沖)ᄒᆞ여 겨실 적브터 보도(輔導)의 딕임을 맛하 은의(恩意) 각별이 다ᄅᆞ시고 또 션왕[42]의 고명(顧命)을 바드샤 경신(庚申)[43] 이후로 권위[眷倚]ᄒᆞ시미 더옥 늉셩ᄒᆞ고 두환(痘患)ᄒᆞ실 때예 니ᄅᆞ러 시약(侍藥)ᄒᆞ시매 근노(勤勞)ᄒᆞ미 더옥 심샹ᄒᆞᆫ 딕 비기디 못ᄒᆞᆯ 거시어ᄂᆞᆯ 이제 일즉 일노뻐 샹(上)의 고렴(顧念)ᄒᆞ시믈 닙디 못ᄒᆞ니 엇디 더옥 원통티 아니리잇고?"

딕답ᄒᆞ야 ᄀᆞᄅᆞ샤딕

"내 닙됴ᄉᆞ군(立朝事君)이 비록 가히 니를 거시 업ᄉᆞ나 우익(憂愛)ᄒᆞᄂᆞᆫ 졍셩은 스ᄉᆞ로 ᄂᆞᆷ이에셔 뒤디지 아니로라 ᄒᆞ더니 이제 망군부국(忘君負國)으로뻐 죄를 삼으니 이 또ᄒᆞᆫ 가히 가연[慨然]ᄒᆞ도다. 그러나 나의 튱신(忠信)으로 ᄒᆞ여곰 진실로 군샹(君上)을 감격(感格)ᄒᆞ여시면[44] 엇디 이에 니ᄅᆞ리오? 이

39 새벽에.

40 청나라 사람 채구혈(蔡漚頡)로 사람의 운명을 잘 보았다 함. 곡전자(曲顚子)는 호.

41 숙종.

42 현종.

43 1680년(숙종6)의 경신환국을 가리킴.

44 감동하여 이르게 하였으면.

ᄯᅩᄒᆞᆫ 나의 ᄌᆞ반(自反)ᄒᆞᆯ 곳이니라. 두환 ᄶᅢ예 일이야 그 ᄶᅢ 쵸우(焦憂)ᄒᆞ고 노췌(勞瘁)ᄒᆞ던 거동은 밧사ᄅᆞᆷ이 ᄯᅩᄒᆞᆫ 엇디 다 알니오? 당초 증후(症候)의 위듕ᄒᆞ미 임의 녜ᄉᆞ롭디 아니코 밋 그 회두(回頭)ᄒᆞ시매 ᄯᅩᄒᆞᆫ 허다ᄒᆞᆫ 우위(憂危)ᄒᆞ믈 디내니 당시 듕외[中外] 경동(驚動)ᄒᆞᆯ가 저허 일즉 들픠우디 아니키로 밧사ᄅᆞᆷ은 능히 아디 못ᄒᆞᄂᆞ니라. 슈압(收靨)ᄒᆞ오신[45] 후 니ᄅᆞ러ᄂᆞᆫ ᄒᆞᄅᆞ밤은 홀연이 열휘(熱候ㅣ) 대작(大作)ᄒᆞ시매 창황망조(蒼黃罔措)ᄒᆞ야 뎨미고(猪尾膏)[46] 등 약을 만히 써 겨유 무ᄉᆞᄒᆞ믈 어드니라. 대강 시약ᄒᆞ여 오ᄆᆞ로 일즉 ᄒᆞᄅᆞ도 오ᄉᆞᆯ 그ᄅᆞ고 자리의 나아가들 아니니 그 ᄉᆞ이 죵죵 쵸젼(焦煎)ᄒᆞ미야 어이 형상ᄒᆞ야 니ᄅᆞ리오? 미[47] 셩휘(聖候ㅣ) 겨유 평안ᄒᆞ시고 밋 완복(完復)디 못ᄒᆞ여 ᄯᅩ ᄌᆞ셩(慈聖)[48]이 승하(昇遐)ᄒᆞ신 변을 만나니 더옥 다시 우의(憂意) 망조ᄒᆞᆫᄃᆡ 셩복(成服)이 디나디 못ᄒᆞ시고 졍텽(庭請)이 발(發)티 못ᄒᆞᆫ 젼의 옥톄 결단ᄒᆞ야[49] 부디(扶持)ᄒᆞ시기 어려운 ᄃᆡ 다른 변통(變通)ᄒᆞᆯ 길히 업서 마디 못ᄒᆞ야 타락(駝酪)을 권진(勸進)ᄒᆞᆯ ᄠᅳᆺ을 대왕대비젼(大王大妃殿)[50]의 구젼(口傳)으로 계달(啓達)ᄒᆞ야 ᄀᆞᄅᆞᄃᆡ 이 거시 육식(肉食)과 다ᄅᆞ고 ᄉᆞ부(士夫) 슈례(守禮)ᄒᆞᄂᆞᆫ 집의셔도 ᄯᅩᄒᆞᆫ 유락(乳酪)을 폐티 아닛ᄂᆞᆫ 이 잇ᄉᆞᆸᄂᆞᆫ디라 대강 일즉 동츈(同春)[51] 집의 이 말이 이시믈 드럿기로 인ᄒᆞ야 쳥ᄒᆞ야 몽윤(蒙允)ᄒᆞ믈 어드니 실로 대ᄒᆡᆼ(大幸)ᄒᆞ야 ᄒᆞ더니 후의 드ᄅᆞ니 박화슉셰ᄎᆡ(朴和叔世采)[52] 이 일로 군샹을 속엿다 ᄒᆞ니 사ᄅᆞᆷ의 소견이 진실로 각각 ᄀᆞᆺ디

45 두창(痘瘡)이 말라 딱지가 생기신.

46 저미고(猪尾膏). 작은 돼지의 꼬리에서 뽑은 피와 한약재 용뇌(龍腦)를 섞어 만든 두창 치료약.

47 및.

48 숙종의 어머니인 명성왕후(明聖王后) 김씨.

49 결딴이 나.

50 인조의 계비인 장렬왕후(莊烈王后) 소씨를 가리킴.

51 송준길(宋浚吉). 동춘(同春)은 호.

52 박세채(朴世采). 화숙(和叔)은 자.

아니ᄒᆞ고 ᄯᅩᄒᆞᆫ 그ᄣᅢ 위박(危迫)ᄒᆞᆫ 형셰를 혜아리디 아녀 그러ᄒᆞ니라. 므릇 이 니ᄅᆞᄂᆞᆫ 말이 스ᄉᆞ로 나의 슈구를[53] 펴ᄂᆞᆫ 거시 아니라 너희들로 ᄒᆞ여곰 그ᄣᅢ 실상을 알과져 ᄒᆞ미니라."

둘재 분이 쳥ᄒᆞ여 ᄀᆞᆯ오ᄃᆡ

"묘도문ᄌᆞ(墓道文字)를 맛당이 엇던 사ᄅᆞᆷ의게 탁(託)ᄒᆞ리잇고?"

ᄃᆡ답ᄒᆞ야 ᄀᆞᆯᄋᆞ샤ᄃᆡ

"션조고(先祖考) 묘도(墓道)의 임의 유명(遺命)으로 큰 비를 셰우디 아녀시니 나ᄂᆞᆫ 더옥 이리ᄒᆞ미 맛당티 아니니라. 표디문ᄌᆞ(表誌文字) ᄀᆞᄐᆞᆫ 거ᄉᆞᆫ 비록 가히 마디 못ᄒᆞ나 ᄯᅩᄒᆞᆫ 맛당이 그 ᄉᆡᆼ졸니력(生卒履歷)을 긔록ᄒᆞᆯ ᄯᆞᄅᆞᆷ이니라. 그러나 오ᄂᆞᆯ날 능히 내 심ᄉᆞ(心事)를 알 재 그 사ᄅᆞᆷ이 업ᄉᆞ니 지평(砥平) 니정승(李政丞)-단하(端夏)- ᄀᆞᄐᆞ니 이시면 가히 이를 탁ᄒᆞᆯ 거시로ᄃᆡ 니샹(李相)이 임의 죽어시니 박화슉(朴和叔)이 이 셰분(世分)과 밋 쇼시 교의(交誼)야 어이 범연(泛然)ᄒᆞ리오마ᄂᆞᆫ 다만 내 심ᄉᆞ를 마치 기픠 아디 못ᄒᆞᆯ가 저허ᄒᆞ노라. 일즉 보니 졸옹(拙翁) 홍공(洪公)[54]이 그 션셰(先世) 비디(碑誌)의 다 손조 디으니 만일 다른 사ᄅᆞᆷ 탁ᄒᆞ리 업ᄉᆞ면 너희들이 손조ᄒᆞ미 가ᄒᆞ니라. ᄯᅩ 너희 졔빅(儕輩) 듕의 보아 혹 ᄯᅳᆺ의 마ᄌᆞ니 이시면 탁ᄒᆞ미 ᄯᅩᄒᆞᆫ 가ᄒᆞ니 니여(李畬)-녀쥐 니정승- ᄀᆞᄐᆞ니 사ᄅᆞᆷ과 글이 다 정(精)ᄒᆞ고 ᄯᅩᄒᆞᆫ 맛당이 심ᄉᆞ를 가히 통ᄒᆞᆯ 거시니 ᄯᅩᄒᆞᆫ ᄒᆞ여곰 아모 문ᄌᆞ나 지이미 가ᄒᆞ니라."

ᄯᅩ 믓ᄌᆞ오ᄃᆡ

"우옹(尤翁)[55]이 만일 다힝이 화를 면ᄒᆞ면 맛당이 ᄒᆞᆫ 문ᄌᆞ를 빌소이다?"

ᄃᆡ답 왈

"그러ᄒᆞ다. 다만 우옹이 ᄌᆞ품(資稟) 긔샹(氣象)이 어이 엄쥰(嚴峻)티 아니

53 '수고를'인 듯함. 〈임명일기〉에는 '己勞'로 되어 있음.

54 홍성민(洪聖民). 졸옹(拙翁)은 호.

55 송시열(宋時烈). 호는 우암(尤菴).

시리오마는 뜻의 기우리신 곳의 니르러는 혹 일캇기를 과듕히 ᄒᆞ믈 면티 못ᄒᆞ시니 이 또ᄒᆞᆫ 아디 아니타 못ᄒᆞᆯ 거시니라.”

또 뭇ᄌᆞ오ᄃᆡ

“문집 산졍(刪定)ᄒᆞ기를 맛당이 뉘 손의 탁ᄒᆞ리잇고?”

답왈

“내 ᄌᆡ죄 임의 범용(凡庸)ᄒᆞ고 또 글 닑기를 심히 적게 ᄒᆞ엿ᄂᆞᆫ디라 평ᄉᆡᆼ 지은 거시 실노 보암즉 ᄒᆞᆫ 거시 업서 내 뜻의ᄂᆞᆫ 심히 ᄎᆞ디 아니ᄒᆞ니 어이 족히 긔록ᄒᆞ여 두엄즉 ᄒᆞ리오? 그러나 너희들이 ᄎᆞ마 업시티 아니려 ᄒᆞ며 쵸록(抄錄)ᄒᆞ여 집의 ᄀᆞᆷ초려 ᄒᆞ면 형뎨 의논ᄒᆞ야 산졍ᄒᆞ미 가ᄒᆞ니라. 남ᄐᆡ운경(南台雲卿)-호곡(壺谷)[56]-을 맛당이 일노 서로 탁ᄒᆞᆯ 듯ᄒᆞᄃᆡ 다만 저허ᄒᆞ건대 그 거취(去就) 반ᄃᆞ시 듀당티 못ᄒᆞᆯ 거시니 너희들이 산졍ᄒᆞᆫ 후 ᄒᆞᆫ번 그 눈의 디내미 가ᄒᆞ니라.”

또 니ᄅᆞ시ᄃᆡ

“대뎌 문집이 쟉기 맛당ᄒᆞ고 만흐미 맛당티 아니ᄒᆞ니 션조괴(先祖考ㅣ) 일즉 니ᄅᆞ시ᄃᆡ 셕쥐집(石洲集)[57]이 ᄀᆞ장 졍(精)타 ᄒᆞ시니 대강 ᄐᆡᆨ당(澤堂)[58]이 ᄉᆡᆫ 배라.”

또 뭇ᄌᆞ오ᄃᆡ

“증조고(曾祖考) 시문이 문집 듕의 올니디 못ᄒᆞᆫ 거ᄉᆞᆯ 일즉 집녹(輯錄)ᄒᆞ엿더니 쟝ᄎᆡ 어이 ᄒᆞ리잇고?”

답왈

“이 일은 대강 별노 ᄒᆞᆫ 편을 ᄆᆡᆼᄀᆞ라 뼈 집의 ᄀᆞᆷ초아 두고져 ᄒᆞ더니 미처 일우디 못ᄒᆞ엿노라. 그러나 문ᄌᆞᄂᆞᆫ 거의 다 슈습ᄒᆞ여시니 너희라도 가히 ᄒᆞ리

56 남용익(南龍翼). 운경(雲卿)은 자, 호곡(壺谷)은 호.

57 석주(石洲) 권필(權韠)의 문집.

58 이식(李植). 택당(澤堂)은 호.

라. 문집은 곳 조고(祖考)의 손조 산정ᄒᆞ신 배오 그 가온대 간독(簡牘)은 이 후ᄅᆡ예 ᄲᅡ 녀흔 거시라. 당시의 초초(草草)ᄒᆞ기의[59] 일허 맛당이 들 거시 ᄯᅩᄒᆞᆫ 만히 드디 못ᄒᆞ여시니 이는 맛당이 슈습ᄒᆞᆫ 바와 다뭇[60] 문집의 블셔 오늘[61] 거ᄉᆞ로 통동(通同)ᄒᆞ야[62] 쵸뎡(抄定)ᄒᆞ야 집듕(集中)의 편입(編入)ᄒᆞ미 가ᄒᆞ니라. 그 남은 졔쥐(濟州) 봉ᄉᆞ(奉使)ᄒᆞ신 ᄢᅢ 장계(狀啓) ᄀᆞᄐᆞᆫ 것도 그 민막(民瘼)을 됴건[條陳]ᄒᆞ고 일브티 변통(變通)ᄒᆞᆫ 배 ᄯᅩᄒᆞᆫ 샹고ᄒᆞᆯ 거시 만흐ᄃᆡ 남사록(南槎錄) 가온대 오ᄅᆞ디 아녓ᄂᆞᆫ 고로 다 습유문ᄌᆞ(拾遺文字) 듕의 긔록고져 ᄒᆞ더니라."

ᄯᅩ 니ᄅᆞ시ᄃᆡ

"집듕(集中) 시문(詩文)이 젼후 ᄎᆞ셰(次序ㅣ) 젼도(顚倒)ᄒᆞ미 만흐니 내 머리브터 니졍(釐正)코져 ᄒᆞ야 그 가온대 만별쟝(挽別章) 년월 가히 샹고ᄒᆞᆯ 것들은 ᄌᆞ뭇 블셔 쵸ᄒᆞ여 긔록ᄒᆞ엿고 기여(其餘)ᄂᆞᆫ 미처 ᄒᆞ디 못ᄒᆞ여시나 그러나 만일 참고(參考)ᄒᆞ면 ᄯᅩᄒᆞᆫ 가히 ᄎᆞ례로 졍돈(整頓)ᄒᆞ리라."

둘재 분ᄃᆞ려 닐너 ᄀᆞᄅᆞ샤ᄃᆡ

"네 누의[63] 묘표(墓表)와 네 아ᄋᆡ 디문(誌文)을 내 손조 ᄒᆞ고져 ᄒᆞ얀디 오라ᄃᆡ 다ᄉᆞ(多事)ᄒᆞ야 결을티 못ᄒᆞᆯ 분 아니라 ᄆᆡ양 구ᄉᆞ(構思)코져 ᄒᆞ면 오ᄂᆡ(五內)[64] 초샹[摧傷]ᄒᆞ야[65] ᄎᆞ마 글을 일우디 못ᄒᆞ더니 이제ᄂᆞᆫ 그만ᄒᆞ게 ᄒᆞ엿다. 네 누의 쵸셕[表石]은 블셔 조치(措置)ᄒᆞ여시니 다른 날 니랑(李郞)으로 더브러 서로 의논ᄒᆞ야 셰우ᄃᆡ 문ᄌᆞ를 다ᄅᆞᆫ ᄃᆡ 구ᄒᆞ거나 네 ᄒᆞ거나 ᄒᆞ고 네

59 바빠 일처리가 거칠어서. 〈임명일기〉에는 '於草本'으로 되어 있음.

60 더불어. 한가지로.

61 오를.

62 한꺼번에 처리하여.

63 김수항의 하나뿐인 딸로 이섭(李涉)의 아내임.

64 오장(五臟).

65 최상(摧傷)하여. 기운이 꺾이고 몸과 마음이 상하여.

아ᄋᆡ 비문[66]도 ᄯᅩᄒᆞᆫ 네 ᄒᆞ미 가ᄒᆞ니라.”

셋재 분이 뭇ᄌᆞ오ᄃᆡ

“어려셔 가졍의 이실 적 반ᄃᆞ시 슈샹(手上)으로셔[67] 칭예(稱譽)ᄒᆞ고 긔ᄃᆡᄒᆞ시ᄂᆞᆫ 말솜이 잇ᄉᆞ올 거시니 원컨대 ᄌᆞ셔이 듯ᄌᆞ와디이다.”

답왈

“내 어려셔 과인(過人)ᄒᆞᆫ 실(實)이 업ᄉᆞ니 엇디 칭예 긔ᄃᆡᄒᆞᄂᆞᆫ 말이 이시리오? 내 나히 오셰예 션비(先妣)를 여히ᄋᆞᆸ고 외조모를 ᄯᆞᆯ와 원쥐(原州) 가 머무더니 외조뫼 임의 업ᄉᆞ시매 의탁ᄒᆞᆯ 배 업ᄉᆞᆫ디라 션괴(先考ㅣ) 드ᄃᆡ여 녕남(嶺南)으로 ᄃᆞ려가 처엄으로 왕고(王考)를 안동(安東)셔 어더 뵈오니 시년(時年)이 십이셰러니라. ᄒᆞᆯᄂᆞᆫ[68] 새배 니러 왕고ᄭᅴ 드러가 뵈오니[69] ᄇᆡ야흐로 머리 비ᄉᆞ시고 낙발(落髮)이 ᄡᅡ히 드른 거ᄉᆞᆯ 낫낫치 념취(斂取)ᄒᆞ여 ᄯᅳᆺ드ᄅᆞ미[70] 업게 ᄒᆞ시고 도라 날ᄃᆞ려 닐너 ᄀᆞᄅᆞ샤ᄃᆡ ‘녯사ᄅᆞᆷ이 닐오ᄃᆡ 신톄발부(身體髮膚)ᄂᆞᆫ 부모ᄭᅴ 바다시니 오ᄃᆡ 이 ᄒᆞᆫ 모발도 ᄯᅩᄒᆞᆫ 감히 ᄇᆞ리디 아니ᄒᆞ미 변시(便是) 효의 도리라 ᄒᆞ여시니 쇼ᄋᆞᄇᆡ(小兒輩) 맛당이 이 ᄯᅳᆺ을 아람즉 ᄒᆞ니라.’ ᄒᆞ시고 잇다감 혹 고풍(古風) 약간 귀ᄅᆞᆯ 지어 드리거나 혹 적은 부(賦) 모양으로 디으면 왕괴(王考ㅣ) 믄득 그 긴졀(緊切)ᄒᆞ야 탹뎨(着題)ᄒᆞ다[71] 기리시고 일즉 고젼댱부(古戰場賦)ᄅᆞᆯ 보시고 ‘산풍긔헤츄림(山風起兮吹林)ᄒᆞ니 여유인혜삽〃(如有人兮颯颯)’[72]이라 ᄒᆞᆫ 귀ᄅᆞᆯ 비뎜(批點)ᄒᆞ야 ᄀᆞᄅᆞ샤ᄃᆡ ‘이 비록 젼 사ᄅᆞᆷ의 시나 고젼댱(古戰場)의 ᄡᅳ미 극히 긴탹(緊着)ᄒᆞ야[73] 유미(有美)타.’ ᄒᆞ시며 도

66 〈임명일기〉에는 '誌文'으로 되어 있음.

67 손윗사람으로부터.

68 하루는.

69 〈임명일기〉에는 앞 문장의 '안동', '십이셰'라는 언급과, 'ᄒᆞᆯᄂᆞᆫ 새배 니러 왕고ᄭᅴ 드러가 뵈오니'라는 서술이 없음.

70 떨어짐이.

71 제목이나 주제에 알맞다.

72 〈임명일기〉에는 '其山風兮吹林 若有人兮颯颯'으로 되어 있음.

졍(都正) 죵고쾨[74] 일즉 모든 아희 지품(才品)이 뉘 나으믈 뭇즈온대 왕괴 답왈 '졔인(諸兒ㅣ) 다 특이흔 지죄 아니로디 아모의 글은 뎨(題) 도라보기를 묘히 흐야 구장 뎨용[適用]흐니 젼두(前頭) 과거흐기는 반드시 놈이에셔 몬져 흐리라.' 흐시더라."

둘재 분이 츌신(出身)흐신 초의 니력(履歷) 대개(大槪)를 뭇즈온대 뎡언(正言) 쌔예 샹소흐야 완람(完南)[75]을 구흐다가 오지(忤旨)흐고 후의 쏘 오졍위(吳挺緯) 논힉(論劾)흐는 일노뻐 쟝관(長官) 홍공명하(洪公命夏)로 더브러 불합(不合)흐여 인피(引避)흐는 곡졀노 고흐여 니르시디

"이후브터 다시 디각(臺閣)의 드디 못흐고 계스(癸巳)[76]의 셔장(書狀)으로 부연(赴燕)흐야 도라오디 못흐야셔 홍녹(弘錄)[77]의 색이여 여러 번 의망(擬望)흐야 낙뎜(落點)을 밧줍들 못흐엿더니 오란 후의 비로소 교리(校理)를 흐여 흔번 연셕(筵席)의 입시흐엿더니 이리 흐므로브터 므릇 주의(注擬)흐미 이시매 믄득 다 낙뎜을 무르오니 긔쳔(沂川)[78] 홍졍승이 일즉 희롱흐여 니르디 '녯 신공민일(申公敏一)이 여러 번 디시(臺侍)의 의망흐디 츳싱 슈뎜(受點)을 못흐더니 쌔의 모공(某公)이 므르디 그디 일즉 연듕(筵中)의 입시흐엿더냐 신공이 골ᄋ디 아모 쌔의 일즉 흔 번 입시흐엿노라 모공이 왈 그러흐도다 흐니 그 뜻이 대강 샹이 그 브릉(不能)흔 거동을 친히 보신 고로 졔빅(除拜) 앗기미 이러타 흐미라. 자네 요亽이 년흐야 은뎜(恩點)을 닙으미 싱각건디 향일(向日)의 입시흔 연고라.' 흐더라."

쏘 현묘(顯廟) 고명흐시던 쌔 일을 뭇즈온대 답왈

73 〈임명일기〉에는 '襯着'으로 되어 있음.

74 '종조괴(從祖考ㅣ)'의 오기. 종조고는 김상헌의 아우로 돈령부 도정, 경주부윤 등을 지낸 김상복(金尙宓, 1573~1652)을 가리킴.

75 완남부원군(完南府院君) 이후원(李厚源).

76 1653(효종4). 이해 11월 김수항은 서장관으로 청나라 사행 길에 올랐다.

77 홍문록(弘文錄). 홍문관 관원 선발을 위한 후보자 기록.

78 홍명하의 호.

"이때의 내 강상(江上)의 잇더니 댱판셔(張判書)-션딩(善徵)- 형님이 편지를 늘녀 고급(告急)ᄒᆞ엿거늘 내 즉시 셩 밧긔 나아가니 정원[79]이 상휘(上候ㅣ) 막듕ᄒᆞ시기로 계품(啓稟)ᄒᆞ야 알외디 못ᄒᆞ엿더니 이윽고 샹휘 더 듕ᄒᆞ시믈 듯고 드ᄃᆡ여 ᄃᆡ궐 드러 슉비(肅拜)ᄒᆞ니 아이(俄而)오[80] 됴명[召命]을 니어 도추(倒趨)려[81] 드러간 즉 허젹(許積)이 또ᄒᆞᆫ ᄒᆞᆫ가지로 드럿더라. 내 나아가 업ᄃᆡ니 샹이 처엄은 능히 아라보시디 못ᄒᆞ시더니 허젹이 좌샹(左相)의 드러와 형셰 난안(難安)ᄒᆞᆫ 뜻을 계달ᄒᆞ오니 이때 샹이 거의 말을 못ᄒᆞ시게 되여 겨시더니 왈학[82] 즉시 작긔(作氣)ᄒᆞ야 소ᄅᆡᄒᆞ오셔 '안심 ᄒᆡᆼ공(行公)ᄒᆞ라' ᄒᆞ오시니 옥음(玉音)이 심히 분명ᄒᆞ야 졍녕(丁寧)ᄒᆞᆫ 뜻이 겨시더라."

목욕ᄒᆞ시고 오ᄉᆞᆯ 고티시고 손톱을 버히시다. 맛분이 졔ᄉᆞ(祭祀) 풍검(豊儉)이 ᄒᆞᆯ ᄆᆞᄃᆡ[83]를 엿ᄌᆞ오니 답왈

"졔물이 풍치(豊侈)ᄒᆞ믄 실노 금셰예 폐습이니 브ᄃᆡ 간냑ᄒᆞ믈 조차 ᄒᆞ고 유밀과(油蜜果)의 다ᄃᆞ라는 고례(古禮)예 업ᄉᆞᆯ 분 아니라 내 본ᄃᆡ 먹기를 됴하 아니ᄒᆞ니 비록 능히 젼폐(全廢)를 못ᄒᆞ나 다만 ᄒᆞᆫ 그ᄅᆞᄉᆞᆯ 쓰ᄃᆡ 또ᄒᆞᆫ 놉히 괴오믈 말미 가ᄒᆞ니라."

초뉵일 새벽의 칠언절구 ᄒᆞᆫ 슈를 구뎜(口占)ᄒᆞ야 졔ᄌᆞ(諸子)를 뵈야 ᄀᆞᄅᆞ샤ᄃᆡ

"이 비록 가히 휘(諱)ᄒᆞᆯ 말이 업ᄉᆞ나 오ᄂᆞᆯ날 이셔는 또ᄒᆞᆫ 용이히 뎐파ᄒᆞ미 맛당티 아니ᄒᆞ니라."

또 오언절구 ᄒᆞᆫ 슈를 쓰시니 '손ᄋᆞ(孫兒)의 명ᄌᆞ(名字) 뎡ᄒᆞ노라' 뎨를 ᄒᆞ야 겸손 가지ᄆᆞ로뻐 힘뻐 경계ᄒᆞ신 뜻이시러라.[84]

79 승정원(承政院).

80 이윽고.

81 넘어질 듯 빠르게.

82 와락.

83 경우.

임인유교(壬寅遺敎) 1

ᄉᆞ월[85] 스므 닐웬날[86] 셩쥐(星州)셔 머므더니 새야올 ᄯᅢ의 당탁(張濯)이 민판셔(閔判書)-딘원(鎭遠)- 곳으로셔 와 니ᄅᆞᄃᆡ 앗가 디나가ᄂᆞᆫ 공ᄉᆞᄅᆞᆯ 보니 거졔(巨濟)[87] 후명도ᄉᆡ(後命都事ㅣ)88 시방 ᄶᅩ차온다 ᄒᆞ거ᄂᆞᆯ 내 ᄆᆞᆯ을 ᄌᆡ촉ᄒᆞ야 젼진ᄒᆞ다가 십니ᄅᆞᆯ 못 가 힝ᄎᆞᄅᆞᆯ 만나니 부군(府君)이 가ᄉᆞᆯ 버ᄉᆞ시고 총(驄)감토만 쓰시고 두에[89] 업ᄉᆞᆫ 가마의 안자 겨신ᄃᆡ 흰 자리보로 두루와더라. 내 ᄆᆞᆯ게 ᄂᆞ려 길ᄉᆡ의 셧더니 부군이 보 틈으로 ᄂᆞᆺ출 보시고 무러 ᄀᆞᄅᆞ시ᄃᆡ

"드ᄅᆞ니 네 샹쥐(尙州)셔 머믄다 ᄒᆞ더니 어이 ᄒᆞ야 예ᄉᆡ디 왓ᄂᆞᆫ다?"

ᄃᆡᄒᆞ야 ᄀᆞᄅᆞᄃᆡ

"ᄐᆞᄂᆞᆫ ᄃᆞᆺ 답〃ᄒᆞ야 나아왓ᄂᆞ이다."

도ᄉᆡ 됴교ᄌᆞ[90] 뒤ᄒᆡ ᄇᆞ롯[91] 셔고 쇼촌찰방(召村察訪) 챵발(昌發)[92]과 니쳠디(李僉知) 명뇽(命龍)[93]이 그 뒤ᄒᆡ 셧거ᄂᆞᆯ 힝ᄎᆡ 져기 멀으신 후 신겸(信謙)[94]이 챵발과 니명뇽으로 더부러 ᄆᆞᆯ게 ᄂᆞ려 통곡ᄒᆞ니 ᄶᅢ예 부군이 후명(後命) 긔별을 미처 모ᄅᆞ시미라. 부군이 역졸을 보내여 신겸ᄃᆞ려 무ᄅᆞ시ᄃᆡ

---

84 손자들의 항렬을 '謙'으로 정한 것을 가리킴. 김수항이 후명(後命)을 받고 세상을 떠난 것은 9일임. 〈임명일기〉에는 이 글에 제시되어 있지 않은 9일까지의 문답 내용이 모두 제시되어 있음.

85 임인년(1722, 경종2) 4월.

86 이렛날.

87 김창집의 유배지가 거제도였음.

88 후명(後命)을 담당하는 의금부 도사가. 후명은 유배 죄인에게 사약을 내리는 명.

89 뚜껑.

90 〈몽와성주유교(夢窩星州遺敎)〉에는 '교ᄌᆞ'로 되어 있음.

91 바로.

92 김수항의 서제인 김수징(金壽徵)의 셋째 아들.

93 참판 이행진(李行進)의 서종손(庶從孫)으로 김창집 사후 김창집을 따랐다는 혐의로 흑산도에 유배되었음.

94 김창업의 셋째 아들인 김신겸(金信謙, 1693~1738)으로 이 글의 원작자임.

"네 햐쳐(下處)를 어딕 ᄒᆞ엿ᄂᆞ니?"

ᄀᆞᄅᆞ딕

"셩 안히 이시나 좁기 심ᄒᆞ여 머므디 못ᄒᆞ리이다."

읍닉예 니ᄅᆞ러는 고마청(雇馬廳)으로 드ᄅᆞ실ᄉᆡ 부군이 교ᄌᆞ의 ᄂᆞ리시거ᄂᆞᆯ 신겸이 븟드러 통곡ᄒᆞ니 부군이 ᄀᆞᄅᆞ시딕

"후명이 ᄂᆞ렷ᄂᆞ냐?"

신겸이 ᄀᆞᄅᆞ딕

"그러타 ᄒᆞᄋᆞᆸᄂᆞ이다. 도ᄉᆡ 오ᄂᆞᆯ 져녁의 딕 조차[95] 오리라 ᄒᆞ오니 이를 어이 ᄒᆞ오리잇가?"

부군이 니ᄅᆞ샤딕

"쾌ᄒᆞ고 쾌ᄒᆞ다. 네 셜워 말나. 긔ᄉᆞ년(己巳年) 진도(珍島) 적의 듕귀(仲舅ㅣ)-나평강(羅平康)[96]- 션인(先人)긔 고ᄒᆞ여 ᄀᆞᄅᆞ딕 '드ᄅᆞ니 오시슈(吳始壽), 광남(光南)[97] 옥ᄉᆞ 일노 쟝ᄎᆞᆺ 나문(拿問)ᄒᆞᆯ 의논이 잇다 ᄒᆞ니 원뎡초(原情草)를 아모커나 슈렴[留念]ᄒᆞᄋᆞᆸ소.' ᄒᆞ시니 션인이 손을 저어 니ᄅᆞ시딕 '출히 예셔 죽을디언뎡 어이 ᄎᆞ마 국청(鞫廳)의 나아가리오?' ᄒᆞ시더니 내 이제 피톄(被逮)ᄒᆞ야 예ᄭᆞ디 니ᄅᆞ러시니 누욕[僇辱]이 블셔 극ᄒᆞ거니와 그러나 ᄯᅩ 어이 이 형상으로 한강을 건너가 류(紐)ᄒᆞ고[98] 옥의 나아가리오? 예셔 슈명(受命)ᄒᆞ미 도로혀 쾌ᄉᆞ로다. 다만 긔ᄉᆞ년은 우리 형뎨 다ᄉᆞ시 다 무고히 슬하의 뫼셔 종효(終孝)를 ᄒᆞ엿더니 나는 ᄒᆞᆫ 졔겸(濟謙)[99]이 이시딕 ᄇᆞ야흐로 셩손(省孫)[100]으로 더브러 노폐(牢狴)예[101] 드러 부ᄌᆞ ᄉᆞ싱을 서로 아지 못ᄒᆞ고 ᄯᅩ

95 〈몽와성주유교〉에는 'ᄲᅵᆨ 조차'로 되어 있음. 곧바로 좇아[直追].

96 나양좌(羅良佐). 평강현감을 지낸 바 있음.

97 광남군(光南君) 김익훈(金益勳).

98 줄에 묶이고.

99 아들 김제겸(金濟謙). 김창집은 제겸, 호겸(好謙) 두 아들을 두었는데 호겸은 당숙인 김창숙(金昌肅)의 양자가 되었음.

100 손자 김성행(金省行, 1696~1722).

동궁[102]의 안위를 아디 못ᄒᆞ고 븕은 명을 니어 죽디 못ᄒᆞ니 이 진실노 ᄒᆞᆫ결(恨結)ᄒᆞ미로다."

즉시 부술 드러 글 둘흘 쓰시니 오언뉼시ᄂᆞᆫ 뜻을 뵈시미오[103] 오언고시ᄂᆞᆫ 승지(承旨)[104]씌 브치신 글일너라.[105] 도라 신겸ᄃᆞ려 니ᄅᆞ시ᄃᆡ

"도듕(島中)의 이셔 남히(南海) 편지[106]를 보니 ᄒᆞ시ᄃᆡ '오비(吾輩) 죽어도 븟그러우미 업다.' ᄒᆞ여 겨시니 이 말이 실노 올흐니라."

도ᄉᆡ(都事ㅣ) 드러 뵈고 젼진ᄒᆞ실가 아니실가 뭇ᄌᆞ오니 부군이 ᄃᆡ답ᄒᆞ시ᄃᆡ

"가거나 머믈거나 형셰를 보아 ᄒᆞ렷노라."

ᄒᆞ시니 도ᄉᆡ 나간 후의 챵발이 ᄀᆞᄅᆞᄃᆡ

"민틱(閔台)[107] 이 고을히 이시니 예셔 슈명(受命)ᄒᆞ시기 비편(非便)ᄒᆞ실 듯ᄒᆞ니 샹쥐 다히로 젼진ᄒᆞ미 엇더ᄒᆞ오리잇가?"

부군이 니ᄅᆞ시ᄃᆡ

"이 디경의 니ᄅᆞ러 범빅(凡百)을 의뢰ᄒᆞᆯ ᄃᆡ 업더니 다힝이 민틱 이 고을히 이시니 티상(治喪)ᄒᆞ야 운젼ᄒᆞ야 보낼 도리를 응당 잘 지휘ᄒᆞᆯ 듯ᄒᆞ니 내 뜻은 브ᄃᆡ 예셔 슈명ᄒᆞ고 시브고 쏘 둘녀온 ᄉᆞᆺ틔 어즐ᄒᆞ고 ᄀᆞᆺ브기 심ᄒᆞ니 오늘은 결단ᄒᆞ여 젼진티 못ᄒᆞ게 ᄒᆞ엿다."

ᄒᆞ시고 인ᄒᆞ여 신겸ᄃᆞ려 니ᄅᆞ시ᄃᆡ

---

101 뇌폐(牢狴)에. 옥에.

102 영조를 가리킴.

103 한문본인 〈성산유사(星山遺事)〉에는 시 원문(欲報先王德 孤忠質鬼神 所論多忤世 斯禍敢尤人 雲斷蒼梧暮 花開玉座春 帝鄕還可樂 灑落舊君臣 -座一作檻)이 제시되어 있음.

104 김제겸.

105 〈성산유사〉에는 시 원문(與汝分携路 吾今被逮過 汝先入圓扉 待我意如何 三世一牢狴 此禍古無多 死生但任天 公議分賢邪)이 제시되어 있음.

106 남해에 유배되어 있던 소재(疎齋) 이이명(李頤命)이 보낸 편지.

107 민판서. 민진원(閔鎭遠)을 가리킴.

"티상 범빅은 도듕의 이실 적 볼셔 챵발과 비겸(卑謙)[108]드려 니른 말이 잇거니와 이제 또 너드려 니른니 브딕 긔亽년대로 준힝(遵行)흐라."

또 니르시딕

"승지 반드시 블힝홀 듯흐거니와 비록 텬힝으로 사라난들 응당 히도(海島)나 졀식(絶塞)예 멀니 갈 거시니 내 궤연(几筵)은 가져가지 못흐리라. 시셰(時勢)와 亽셰(事勢) 진실노 긔亽(己巳)와 다르니 삼년 궤뎐(饋奠)을 힝티 아니미 가흐니라."

신겸이 그르딕

"승지 형이 비록 멀니 가나 낙뎡(樂亭)[109]과 밋 두 누의님[110]이 무고흐니 어이 ᄎ마 폐흐리잇고?"

그르샤딕

"쉽디 아닐 듯흐다."

신겸이 그르딕

"산소를 졍ᄌ쌔[111]-댱단(長湍)-로 뎡흐여 도라가리잇가? 년운(年運)이 니(利)흐면 합폄(合窆)[112]흐오려니와 그러곳 못흐면 어이 흐오리잇가?"

부군이 니르시딕

"내 뜻은 본딕 마뎡니(馬井里)-파쥐(坡州)-를 졍ᄌ쌔예셔 낫게 넉이니 예를 브리디 말과뎌 흐노라. 이번의 산운(山運)이 니(利)흐면 마뎡니를 뎡흐여 쓰고 졍ᄌ쌔 산소를 옴겨 합폄흐고 만일 합폄 년운이 맛디 아니면 딕년(待年)흐야 힝흐라."

108 김창업의 서자인 김비겸(金卑謙).

109 출계한 김호겸.

110 김창집의 두 딸. 민진장(閔鎭長)의 아들인 민계수(閔啓洙)의 아내와 민진원(閔鎭遠)의 아들인 민창수(閔昌洙)의 아내.

111 정자포(亭子浦).

112 합장(合葬). 김창집의 부인 반남 박씨(潘南朴氏)는 1716년에 세상을 떠나 묘가 장단에 있었음.

신겸이 ᄀᆞᄅᆞᄃᆡ

"만일 마뎡니 산운이 금년의 니티 못ᄒᆞ면 아직 졍ᄌᆞ째 합폄ᄒᆞ엿다가 ᄃᆡ년ᄒᆞ야 옴기미 엇더ᄒᆞ오리잇가?"

니ᄅᆞ시ᄃᆡ

"형셰 그러ᄒᆞ게 ᄒᆞ엿다."

이윽고 니ᄅᆞ시ᄃᆡ

"이러면 젼두(前頭) 두 산소 쳔장(遷葬)ᄒᆞ기 ᄀᆞ장 어려우니 브ᄃᆡ 신상(新喪)은 마뎡니의 쓰면 됴케 ᄒᆞ엿다."[113]

신겸이 ᄀᆞᄅᆞᄃᆡ

"긔ᄉᆞ년 명졍(銘旌)을 별호(別號)를 쓰와ᄉᆞᆸᄂᆞ니잇가?"

니ᄅᆞ시ᄃᆡ

"그리ᄒᆞ왓ᄂᆞ니라."

신겸이 ᄀᆞᄅᆞᄃᆡ

"삼연(三淵) 아ᄌᆞ바님 어려 겨실 적 힝젹이 무ᄉᆞᆫ 특이ᄒᆞᆫ 뎐ᄒᆞ염ᄌᆞᆨ ᄒᆞᆫ 일이 잇ᄂᆞ니잇가?"

니ᄅᆞ시ᄃᆡ

"긔록디[114] 못ᄒᆞᆯ다. 다만 어려셔브터 ᄉᆞ쇼ᄒᆞᄂᆞᆫ ᄆᆞᄃᆡ와 말과 일을 범쇽(凡俗)과 달니 ᄒᆞ려 ᄒᆞ더니라."

ᄯᅩ 니ᄅᆞ시ᄃᆡ

"내 말ᄂᆡ(末來)예 지은 시를 삼연과 너희 아바님이 샹해 ᄒᆞᄃᆡ 됴흔 거시 만타 ᄒᆞ더니라. 내 삼연 ᄒᆞ여 ᄡᆡ두고져 ᄒᆞ다가 못ᄒᆞ엿노라."

민ᄐᆡ 그 말재 아들 통슈(通洙)를 보내야 됴회ᄒᆞ고 ᄯᅩ ᄉᆞ언시 일편을 드리

113 김창집의 묘는 처음 파주 마정리에 있었는데 1726년(영조2) 여주로 이장하고, 그 이듬해 장단의 부인 묘를 옮겨 합장하였음(민우수(閔遇洙), 〈영의정충헌김공묘지명(領議政忠獻金公墓誌銘)〉 참고).

114 기억하지.

니 부군이 즉시 그 글을 ᄎᆞ운ᄒᆞ여 보내시고[115] 또 승지 ᄂᆡ외와 두 민ᄂᆡ(閔內)의게 고결셔ᄅᆞᆯ 쓰시고 신겸ᄃᆞ려 니ᄅᆞ시ᄃᆡ

"비돌을 장동(壯洞) 본집 대문 안ᄒᆡ 무더시니 후의 파내게 ᄒᆞ여라. 네 아바님이 이젼의 한산대부(韓山大父)[116] 묘표(墓表)ᄒᆞ려 ᄒᆞ여 돌을 구ᄒᆞ거ᄂᆞᆯ 이ᄂᆞᆫ 평구(平邱) 몽와(夢窩)의 므든 거ᄉᆞᆯ 주려 ᄒᆞ더니 너ᄒᆡ 가져니거라."

신겸이 ᄀᆞᄅᆞᄃᆡ

"이젼 평구 왕ᄂᆡᄒᆞᆯ 적 돌 둔 곳을 보디 못ᄒᆞ오니 이도 무더ᄉᆞᆸ더니잇가?"

니ᄅᆞ시ᄃᆡ

"평구 돌 네히 이셔 둘흔 무더시니 ᄒᆞ나흔 쟉은 못ᄀᆞ의 뭇고 ᄒᆞ나흔 몽와 텸하 밧긔 므더시나 이ᄂᆞᆫ 곡졀이 이시니 동뷔(同甫ㅣ)[117]-풍양 니참판(李叅判) 희됴(喜朝)- 쳥풍부ᄉᆞ ᄒᆞ여실 제 듕구로 더브러 ᄒᆞᆫ 돌ᄒᆞᆯ ᄃᆞ토다가 후의 위예지뎐(虞芮之田)[118]이 된 고로 내 갓다가 두고 ᄆᆞ음의 내 아ᄆᆞ 제나 동부의게로 보내려 ᄒᆞ더니 내 이 ᄯᅳᆺ을 뎐ᄒᆞ고 가져가게 ᄒᆞ라."

신겸이 원뎡초ᄅᆞᆯ 뵈와 ᄀᆞᄅᆞᄃᆡ

"처엄 념ᄂᆡᄂᆞᆫ 창졸의 구박ᄒᆞ면 원뎡을 혹 ᄯᅳᆺ대로 못ᄒᆞ실가 ᄒᆞ여 어제 민ᄐᆡ와 의논ᄒᆞ여 초ᄅᆞᆯ ᄒᆞ여ᄉᆞᆸ더니 이제ᄂᆞᆫ 쁠 ᄃᆡ 업게 ᄒᆞ여ᄉᆞ오나 그러나 아직 후명이 니ᄅᆞ디 아녓ᄉᆞ오니 혹 일을 아디 못ᄒᆞ여 봉품(奉稟)ᄒᆞᄂᆞ이다."

부군이 보시며 ᄀᆞᄅᆞ시ᄃᆡ

"보안들 무엇ᄒᆞ리?"

낫 후의 언겸(彥謙)[119]이 드러와 우니 부군이 말니고 무ᄅᆞ시ᄃᆡ

115 〈성산유사〉에는 시 원문(攀髯莫及 嗟我奚適 斷斷危忠 夷險不擇 報效曾蔑 一死循國 先王鑑臨 實無愧怍)이 제시되어 있음.

116 김광식(金光烒). 김상헌(金尙憲)의 아우인 김상복(金尙宓)의 아들로 한산군수를 지냈음.

117 동보(同甫)는 이희조(李喜朝)의 자(字).

118 밭의 소유권을 둘러싸고 다투던 우(虞)와 예(芮)의 임금이 주 문왕에게 판결을 받기 위해 주나라에 갔다가 그곳에서 백성들 사이에 겸양의 미덕이 행해지는 것을 보고 감동하여 서로 양보하다가 마침내 그 밭이 묵정밭이 되었다는 고사를 가리킴.

"어ᄂᆞ 날 셔울셔 ᄯᅥ난다?"

언겸이 ᄀᆞᆯ오ᄃᆡ

"스므 사흔날 ᄯᅥ낫ᄂᆞ이다."

져녁 ᄣᅢ의 고마청으로셔 남문 밧 셩밋 집의 올므시다. 부군이 신겸ᄃᆞ려 니ᄅᆞ시ᄃᆡ

"관ᄌᆡ(棺材) 조비(措備)ᄒᆞᆯ 도리ᄅᆞᆯ ᄉᆡᆼ각ᄒᆞ엿ᄂᆞ냐?"

ᄀᆞᄅᆞᄃᆡ

"둘재 형이 셔울 이실 제 ᄆᆞᆯ을 삭내여 시러 보내고 ᄯᅩ 관곽당(棺槨匠)을 ᄃᆞ리고 왓ᄉᆞᆸᄂᆞ이다."

언겸이 드러가 ᄀᆞᄅᆞᄃᆡ

"이 일은 블셔 ᄃᆡ령ᄒᆞ여 두엇ᄉᆞ오니 념녀 마ᄅᆞ쇼셔."

부군이 그덕여 니ᄅᆞ시ᄃᆡ

"다ᄒᆡᆼᄒᆞ다."

부군이 셔울 옥ᄉᆞ(獄事) ᄀᆡ별을 다시 드ᄅᆞ시고 ᄀᆞᄅᆞ시ᄃᆡ

"사ᄅᆞᆷ을 가히 ᄒᆞᆯ노 죽이디 못ᄒᆞᆯ 거시니 국가의 블ᄒᆡᆼᄒᆞ믄 니ᄅᆞ도 말고 저 희겐들 어이 됴흐리오?"

신겸이 니명농으로 더브러 습념(襲殮) 의복을 정검(點檢)ᄒᆞᆯᄉᆡ 블긔[120]ᄅᆞᆯ 뵈오니 부군이 그 가온대도 아모 옷 아모 옷 ᄀᆞᄅᆞ텨 니ᄅᆞ시ᄃᆡ

"이 오ᄉᆞᆯ 쇼렴(小殮)의 ᄡᅳ라-니명농ᄃᆞ려 므ᄅᆞᆯ 말이라-."

민판셰 와 뵈와 ᄀᆞᄅᆞᄃᆡ

"이 일을 맛당이 웃ᄉᆞ오리잇가? 울리잇가?"

부군이 답왈

"울기도 가티 아니코 웃기도 가티 아니ᄒᆞ오이다."

---

119 김창업의 둘째 아들인 김언겸(金彦謙, 1686~1738).

120 발기. 사람이나 물건의 이름을 열거하여 적은 글.

민틱 ᄀᆞᄅᆞᄃᆡ

"대감이 도라가 슉종대왕을 뫼ᄋᆞᆸ고 ᄀᆞ마니 ᄉᆞ류(士類)들을 도아 종샤(宗社)를 보젼케 ᄒᆞ시믈 ᄇᆞ라ᄂᆞ이다."

부군이 ᄀᆞ르시ᄃᆡ

"내 사라셔 종샤를 보젼티 못ᄒᆞ여시니 죽어셔 음조(陰助)ᄒᆞ기를 가히 어이 ᄇᆞ라리잇가?"

또 ᄀᆞᄅᆞ시ᄃᆡ

"ᄇᆡᆨ슌(百順)[121]이 문ᄌᆡ(文才) 이시니 셩취(成就)ᄒᆞ게 ᄒᆞ시믈 ᄇᆞ라ᄂᆞ이다."

그 때 민형슈(閔亨洙)[122]의 두 아ᄃᆞᆯ ᄇᆡᆨ샹(百祥) ᄇᆡᆨ흥(百興)이 뫼오라 왓더니 두 아히ᄃᆞ려 니ᄅᆞ시ᄃᆡ

"너희 글을 힘뻐 ᄒᆞ야 흉도(兇徒)를 서럿고[123] 종샤 보젼ᄒᆞ믈 ᄇᆞ라노라."

ᄧᅥ나시기를 님ᄒᆞ야 각〃 두어 잔을 잡ᄉᆞ오시다. 후겸(厚謙)과 양겸(養謙)[124] 티겸(致謙)[125]이 니음ᄃᆞ라[126] 드러와 우니 부군이 ᄯᅩᄒᆞᆫ 우ᄅᆞ시니 이는 삼연(三淵) 상ᄉᆞ 후 처엄으로 보시미라.[127] 민챵슈(閔昌洙)[128] 용겸(用謙)[129]이 와 우니 부군이 말니시다. 져녁의 나리도ᄉᆡ(拿來都事ㅣ) 하직ᄒᆞ고 도라가다. 져녁의 민챵쉬 뭇ᄌᆞ와 ᄀᆞᄅᆞᄃᆡ

"흉인(凶人)이 ᄆᆡ양 션훈(先訓) 어그ᄅᆞ왓다 말을 삼으니 당일 유계(遺戒)

---

121 민창수의 아들 민백순(閔百順)으로 김창집의 외손자임.

122 민진원의 둘째 아들.

123 설거지하고.

124 김창흡의 큰아들인 김양겸(金養謙, 1675~1728).

125 김창흡의 둘째 아들인 김치겸(金致謙, 1677~1747)으로 당숙인 김창국(金昌國)의 양자가 됨.

126 잇달아.

127 삼연 김창흡은 두 달여 전인 2월에 세상을 떠났음.

128 민진원의 큰아들로 김창집의 사위임.

129 김창즙의 아들인 김용겸(金用謙, 1702~1789).

ᄅᆞᆯ 임의 ᄌᆞ셔이 아ᄋᆞᆸ고 젼후 츌쳐(出處)ᄒᆞ신 것도 분명이 아ᄋᆞᆸ거니와 이밧긔 혹 더 아올 일이 잇ᄉᆞᆸ더니잇가?"

부군이 답ᄒᆞ시ᄃᆡ

"므ᄅᆞᆺ 우리 ᄌᆞ손이 벼ᄉᆞᆯᄒᆞ면 맛당이 현요(顯要)ᄒᆞᆫ ᄃᆡ 피ᄒᆞ라 ᄒᆞ여 겨시니 이거시 션훈이오 이밧근 다른 말ᄉᆞᆷ이 아니겨시니라."

인ᄒᆞ여 ᄯᅩ ᄒᆞ시ᄃᆡ

"갑슐(甲戌)[130] 처엄 ᄯᅳᆺ은 농암(農巖)이 셰로(世路)의 나디 말고져 ᄒᆞ고 내 ᄯᅩ ᄒᆞᆫ번 슉ᄇᆡ(肅拜)도 아니ᄒᆞ면 분의(分義)예 황공ᄒᆞᆯ가 념녀도 업디 아니코 군흉(群凶) 딩토(懲討)ᄒᆞᄂᆞᆫ ᄃᆡ 도으미 이실가 ᄒᆞ야 병조참의와 승지ᄅᆞᆯ 슉ᄇᆡᄒᆞ엿더니 죵시 유익ᄒᆞᆫ 일이 업ᄉᆞ매 의ᄉᆡ 셰로의 ᄃᆞᆫ허뎌 혹 외관(外官)이나 ᄒᆞ면 노친(老親)이나 뫼ᄋᆞᆸ고 영양(榮養)[131]이나 ᄒᆞ고져 ᄒᆞ야 텰원(鐵原) ᄇᆡᆨ쳔(白川)을 년ᄒᆞ여 부임ᄒᆞ고 그 후 대ᄉᆞ간 ᄀᆞᆺᄒᆞᆫ 벼ᄉᆞᆯ은 죵시 아니 ᄃᆞᆫ녓다가 의외 강화뉴슈(江華留守) ᄒᆞ니 디위ᄂᆞᆫ 비록 놉흐나 현요ᄒᆞᆫ 벼ᄉᆞᆯ이 아니오 ᄯᅩ 외관으로 영양ᄒᆞ기ᄂᆞᆫ 원(員)으로 간격이 업ᄉᆞ매 두어 번 샹소ᄒᆞ야 죵시 ᄀᆞ디 못ᄒᆞ거ᄂᆞᆯ 인ᄒᆞ야 부임ᄒᆞ엿다가 그 후 대ᄉᆞ헌 ᄒᆞᄃᆡ 죵시 아니 ᄃᆞᆫ니니 됴뎡이 그 ᄯᅳᆺ을 알고 ᄀᆡ셩뉴슈(開城留守)ᄅᆞᆯ ᄒᆞ이매 ᄉᆞ양ᄒᆞᆯ 의 업서 즉시 갓더니 쳔만 ᄉᆡᆼ각 밧긔 호조판셔 ᄒᆞ니 뉵경(六卿) 디위예 오ᄅᆞᆫ 일이 극히 놀나오ᄃᆡ 유ᄉᆞ(有司)[132]의 소임이오 현요ᄒᆞᆫ ᄶᅡ히 아니매 마ᄎᆞᆷ 나라 급ᄒᆞᆫ ᄣᆡᄅᆞᆯ 만나 여러 번 샹소ᄒᆞᄃᆡ ᄀᆞ디 못ᄒᆞ고 분의 황공ᄒᆞ여 즉시 낫더니 그 후 니조판셔 ᄒᆞ니 이ᄂᆞᆫ 실노 션훈의 니ᄅᆞ신 배라. 죄 닙기ᄅᆞᆯ ᄒᆞᆫ(限)ᄒᆞ고 ᄀᆞᆯ녀 ᄒᆞ더니 비답(批答)이 졈〃 늉셩(隆盛)ᄒᆞ샤 고ᄉᆞ당(告祠堂)ᄒᆞ고 나라 ᄒᆞ신 뎐괴(傳敎ㅣ) 겨시ᄃᆡ 죵시 나디 아니ᄒᆞ고 인ᄒᆞ야 션비(先妣) 상ᄉᆞᄅᆞᆯ 만나 삼년 후의 즉시 정승을 ᄒᆞ

130 1694년(숙종20).

131 녹을 받아 부모를 봉양함.

132 행정을 담당하는 관리.

이시니 이는 현요ᄒᆞ다 니ᄅᆞᆯ 거시 아녀 션인(先人)의 안자 겨시던 자리의 안졸 일이 극히 위늠(危懍)ᄒᆞ야 근졀ᄒᆞᆫ 샹소ᄅᆞᆯ 여러 번 올니ᄃᆡ 은권(恩眷)이 졈〃 듕ᄒᆞ시니 믄득 니조판셔 적 나리오신 글을 ᄉᆡᆼ각ᄒᆞ매 웅당 텬의(天意) 션인을 ᄉᆡᆼ각ᄒᆞ셔 쳔신(賤臣)을 쓰랴 ᄒᆞ시미라. 두루혀 ᄉᆡᆼ각ᄒᆞ니 졍승 벼솔을 비록 ᄀᆞ라낼디라도 졍승 관교(官敎)[133]는 인ᄒᆞ여 거두실 니 업ᄉᆞ니 헛도이 졍승 일홈만 밧ᄌᆞᆸᄂᆞ니보다가는 출히 졍승 벼솔을 ᄒᆡᆼ공(行公)ᄒᆞ미 션인 디ᄉᆞ(志事)ᄅᆞᆯ 닛ᄌᆞᆸ는 거시 쏘ᄒᆞᆫ 도리라 ᄒᆞ야 민면(黽勉)ᄒᆞ야[134] 슉비ᄒᆞ고 낫다가 믈너오믈 구ᄒᆞᄃᆡ 엇디 못ᄒᆞ고 오ᄂᆞᆯ날 일을 만나니 처엄 ᄠᅳᆺ을 도라보건대 붓그럽고 ᄒᆞᆫᄒᆞ미 무궁ᄒᆞ롸."

민챵쉬 ᄀᆞᄅᆞᄃᆡ

"젼후의 현요ᄒᆞᆫ 벼솔을 ᄒᆡᆼ공ᄒᆞ신 일 업고 졍승 슉비ᄒᆞ시기는 ᄉᆞ세 웅당 그러ᄒᆞ오니 오ᄂᆞᆯ날 일도 웅당 그러ᄒᆞᆯ 일이라. 죠곰이나 붓그러우미 어이 겨시리잇가? 쇼ᄌᆞ(小子)의 ᄆᆞ음의도 션덕(先德)이 유광(有光)ᄒᆞᆯ가 ᄒᆞᄂᆞ이다."

부군이 우ᄉᆞ시다. 쏘 니ᄅᆞ시ᄃᆡ

"내 근년의 글 칠빅여 귀ᄅᆞᆯ 지어 일ᄉᆡᆼ 일역(履歷)은 긔록ᄒᆞᆯ시 무ᄌᆞ년(戊子年)[135] 나던 나ᄃᆞᆯ[136]브터 병슐년(丙戌年)[137] 졍승ᄒᆞ기ᄭᆞ디 니ᄅᆞ러 그치고 이 아래는 미처 닛디 못ᄒᆞ엿더니 이번도 도듕의 이실 적도 니어 지어 ᄆᆞᆺ디 못ᄒᆞ여시나 내 평ᄉᆡᆼ을 알녀 ᄒᆞ면 이ᄅᆞᆯ 보미 가ᄒᆞ니라. 그 글을 다른 문젹과 ᄒᆞᆫ가지로 쟈근 ᄒᆡᆼ담(行擔)의 너허 챵발을 맛뎌시니 이후의 너희들이 ᄎᆞ자 보아라."

쏘 니ᄅᆞ시ᄃᆡ

"내 셔울 큰경능골[138] 어귀 길ᄀᆞ 피졉(避接)난 집의셔 날ᄉᆡ 션비(先妣) 일

133 교지(敎旨).

134 힘써. 힘을 내서.

135 1648년(인조26).

136 일월(日月).

137 1706년(숙종32).

ᄌᆞᆨ 니ᄅᆞ시ᄃᆡ ‘ᄆᆡ양 새볘면 창밧씌 향도(香徒)[139] 소ᄅᆡ 듯기 슬터니라.’ ᄒᆞ시니 대강 셔쇼문이 갓가오미라.”

ᄯᅩ 니ᄅᆞ시ᄃᆡ

“내 병슐(丙戌) 년간의 ᄒᆞᆫ ᄭᅮᆷ을 ᄭᅮ니 내 무ᄉᆞ 일노 문밧긔셔 ᄃᆡ명(待命)ᄒᆞᄂᆞᆫ ᄃᆞᆺᄒᆞ더니 이윽고 나라히셔 후명을 ᄂᆞ리오시매 ᄉᆞ빈(四拜)ᄒᆞᆯ 즈음의 엇듯 셩각휘 뵈니 그 고디 마치 셩 밋치러라. 그ᄣᅢ ᄆᆞᄋᆞᆷ의 심히 ᄎᆞᆨᄒᆞ야[140] 스ᄉᆞ로 ᄆᆞᄋᆞᆷ의 위루ᄒᆞ야 니ᄅᆞᄃᆡ ‘이 쥬샹[141] ᄣᅢ예야 어이 다시 이런 일이 이시리오?’ ᄒᆞ얏더니 오늘날 이 집이 셩 미틔 이셔 ᄭᅮᆷ 가온대와 방블ᄒᆞ니 만ᄉᆡ 아니 젼뎡(前定)이 잇ᄂᆞᆫ가?”

ᄯᅩ 한숨ᄒᆞ시며 니ᄅᆞ시ᄃᆡ

“사ᄅᆞᆷ이 죽으면 과연 신령(神靈)이 아ᄂᆞᆫ 일이 잇ᄂᆞᆫ가?”

언겸이 ᄀᆞᄅᆞᄃᆡ

“이런 일이 진실노 알기 어렵ᄉᆞᆸ거니와 반ᄃᆞ시 신령이 업ᄉᆞᆯ 니 업ᄉᆞ니 령이 이시면 엇디 아ᄅᆞᆷ이 업ᄉᆞ리잇고?”

티겸이 ᄀᆞᄅᆞᄃᆡ

“응당 령이 이시나 산 사ᄅᆞᆷ으로 더브러 다ᄅᆞ기ᄂᆞᆫ 감동ᄒᆞ리 이시면 응ᄒᆞ고 샹신은[142] 고요ᄒᆞ야 절노 운용ᄒᆞ디 아니리이다.”

신겸이 ᄀᆞᄅᆞᄃᆡ

“이 말이 올ᄉᆞ오니이다. 만일 사ᄅᆞᆷ이 졔ᄉᆞᄒᆞ면 령이 엇디 흠향(歆饗)티 아니며 산 이[143] 고(告)ᄒᆞ면 령이 엇디 모ᄅᆞ며 ᄒᆞ믈며 일긔ᄌᆞ손(一氣子孫)은

138 큰정릉골. 대정릉동(大貞陵洞).

139 상여꾼.

140 언짢아.

141 숙종을 가리킴.

142 상시(常時)는.

143 살아있는 사람이.

더 다를 듯ᄒᆞ니이다."

부군이 ᄃᆡ답ᄒᆞ시ᄃᆡ

"그러ᄒᆞᆯ 듯ᄒᆞ다."

부군이 티겸ᄃᆞ려 니ᄅᆞ시ᄃᆡ

"삼개(三嘉) 고조비(高祖妣) 신쥬(神主)ᄅᆞᆯ 네 브ᄃᆡ 셔울 가 즉시 ᄆᆡ안(埋安)ᄒᆞ라."[144]

티겸이 ᄀᆞᄅᆞᄃᆡ

"이 일은 죵ᄌᆡ(從子ㅣ) ᄯᅩᄒᆞᆫ ᄉᆡᆼ각ᄒᆞ여ᄉᆞ오니 하교대로 ᄒᆞ오리이다."

부군이 니ᄅᆞ시ᄃᆡ

"큰한아바님[145] 셔ᄯᅴ[146]ᄅᆞᆯ 셔흥ᄃᆡᆨ(瑞興宅)[147]ᄃᆞ려 네 집의 보내라 ᄒᆞ여시니 네 브ᄃᆡ 됴관(照管)ᄒᆞ여 바다 두라. 내 집의 ᄯᅴ ᄒᆞ나히 이셔 흥동(興洞) 김판ᄉᆞ(金判事)ᄭᅴ 빌녀시니 이는 셔흥ᄃᆡᆨᄃᆞ려 닐너 ᄎᆞ자 두게 ᄒᆞ여라."

부군이 민챵슈ᄃᆞ려 니ᄅᆞ시ᄃᆡ

"셔흥ᄃᆡᆨ과 네 안해 졍ᄉᆡ(情事ㅣ) 더옥 가련ᄒᆞ고 셔흥ᄃᆡᆨ을 더옥 닛디 못ᄒᆞᆯ다.[148] 그러나 셔흥ᄃᆡᆨ은 여위고 약ᄒᆞᄃᆡ 쥴긔여 댱슈(長壽)ᄒᆞ려니와 네 안해는 본ᄃᆡ 슈질(壽質)이 아니니 평시의도 민망코 념녀ᄒᆞ더니라."

후겸이 ᄀᆞᄅᆞᄃᆡ

"즉금 긔력과 긔뷔(肌膚ㅣ) 심히 튱원[充旺]ᄒᆞ시니 진실노 오ᄂᆞᆯ날 ᄒᆡ 업ᄉᆞ면 웅당 팔슌을 넘고실너니이다."

부군이 ᄃᆡ답ᄒᆞ시ᄃᆡ

144 매안(埋安)은 4대 봉사(奉祀)가 끝난 조상의 신주를 산소 곁에 묻는 일. 이를 김치겸에게 당부한 것은 그가 당숙에게 출계하여 집안의 종손(宗孫)이 되었기 때문임.

145 〈성산유사〉에는 '증왕고(曾王考)'로 되어 있음. 김창집의 증조인 김상헌을 가리킴.

146 시대(犀帶). 일품의 관리가 착용하는 무소뿔로 장식한 띠.

147 김창집의 큰딸인 민계수의 아내를 가리킴.

148 남편인 민계수가 수년 전인 1718년에 세상을 떠났기 때문인 듯함.

"그럴 법 잇ᄂᆞ니라."

뫼시니들이 ᄒᆞᄃᆡ

"져것들이 응당 연좌(連坐)ᄭᆞ디 ᄡᅳ고 말니라."

ᄒᆞ니 부군이 니ᄅᆞ시ᄃᆡ

"그러면 승지 죽고 너희들ᄭᆞ디 분찬(奔竄)ᄒᆞᆯ 거시니 참혹다."

양겸이 뭇ᄌᆞ와 ᄀᆞᄅᆞᄃᆡ

"션군(先君)[149] 어려겨실 적 힝적이 무슨 니ᄅᆞ실 말이 잇ᄂᆞ니잇가?"

ᄃᆡ답ᄒᆞ시ᄃᆡ

"별노 긔록ᄒᆞᆯ 거시 업노라."

티겸이 ᄀᆞᄅᆞᄃᆡ

"혹 글브치 일노 어룬의게 기림 바드신 일이 잇습더니잇가?"

ᄃᆡ답ᄒᆞ시ᄃᆡ

"그런 일이야 어이 업ᄉᆞ리?"

신겸이 티겸ᄃᆞ려 무ᄅᆞᄃᆡ

"'풍동녹듁보신츄' 이 글을 어ᄂᆞ ᄒᆡ 디으신 글이며 사ᄅᆞᆷ이 니ᄅᆞᄃᆡ 증왕고(曾王考)[150] 운 내여 지이신 글이라 ᄒᆞ니 올흔가?"

부군이 니ᄅᆞ시ᄃᆡ

"이 글이 임인년(壬寅年)[151]의 지은 글이니 그ᄢᅢ 우리집의셔 명녜동(明禮洞) 장악원(掌樂院) 셔편 집의 피졉낫더니 ᄒᆞᄅᆞ 져녁은 왕괴(王考ㅣ) 운을 브ᄅᆞ시고 지으라 ᄒᆞ시니 삼연이 이ᄢᅢ 열설인제 곳애[152] ᄎᆞ운ᄒᆞ니 그 첫귀는 곳

'풍동녹듁보신츄(風動綠竹報新秋)

-ᄇᆞ람이 프른 대를 움즉여 새 ᄀᆞ올을 보ᄒᆞ다 말이라-

149 김창흡을 가리킴.

150 김광찬을 가리킴.

151 1662년(현종3).

152 즉시.

ᄇᆡᆨ안초비형화류(白鴈初飛螢火流)

-흰 기러기 처엄으로 ᄂᆞᆯ고 반듸블이 흐ᄅᆞ다 말이라- ’

이리 지으니 왕고와 어루신ᄂᆡ씌셔 크게 일ᄏᆞᄅᆞ시고 이밧긔도 짓ᄂᆞᆫ 글을 만히 기리고 긔ᄃᆡᄒᆞ시더니라. 여ᄉᆞᆺ설의 ‘풍지만슈무’란 글을 을프니

‘풍지만슈무(風至萬樹舞)

-ᄇᆞ람이 니ᄅᆞ면 일만 남기 춤추[153] 말-’

듯ᄂᆞᆫ 재 다 긔특이 너기더니라.”

밤듕은 ᄒᆞ야 주무시다가 새베 ᄇᆞ람[154]을 두ᄃᆞ려 니ᄅᆞ시ᄃᆡ

“승지 반ᄃᆞ시 연좌를 닙고 옥듕의 이셔 ᄀᆞ마킈 모ᄅᆞ다가 블의예 내여갈 거시니 이 일도 가히 견될 것가?”

스므 여ᄃᆞ랜 날 새야올 째의 니러나샤 승지ᄃᆡᆨ ᄂᆡ외 민셔홍ᄃᆡᆨ 형뎨의게와 이밧 여러 곳의 편지를 쓰시다. 신겸이 ᄀᆞᄅᆞᄃᆡ

“셕증(碩曾)[155]의 관명(冠名)을 아모 ᄌᆞ로나 지으시미 엇더ᄒᆞ리잇고?”

부군이 명ᄒᆞ야 니댱(履長)이라 ᄒᆞ고 ᄌᆞ를 댱경(長卿)이라 뎡ᄒᆞ시다. 인ᄒᆞ야 편지 ᄉᆞᆺ틔 그 어믜[156]게 뎍어 고ᄒᆞ시다. 이날 느즌 후의 쟝ᄎᆞᆺ 슈명(受命)ᄒᆞ려 ᄒᆞ시더니 샹쥐목ᄉᆞ(尙州牧使) 됴뎡만(趙正萬)이 급됵(急足)을 보내여 ᄒᆞᆫ 편지를 뎐ᄒᆞ니 샹(上)[157]이 샤단(社壇)의 긔우(祈雨)ᄒᆞ실 째의 비망(備忘)을 ᄂᆞ리와 환발ᄇᆡ소(還發配所)ᄒᆞ라 ᄒᆞ시니 이 곳 오원(吳瑗)의 스므 엿샌날 ᄒᆞᆫ 편지오 ᄉᆞᆺ틔 챵실(昌實)[158]의 글시 이시니 뎍보(的報)시 분명ᄒᆞᄃᆡ 후명도ᄉᆡ[159]

153 ‘춤추다’의 ‘다’가 빠짐.

154 벽(壁).

155 김성행의 아들인 김이장(金履長)으로 김창집의 증손자. 석증은 아명(兒名).

156 김성행의 아내인 풍산 홍씨(豐山洪氏).

157 경종을 가리킴.

158 김수징의 여섯째 아들.

159 〈성산유사〉와 〈몽와성주유교〉에는 후명도사의 이름이 조문보(趙文普)라고 되어 있음.

공문이 오디 아녓다 ᄒᆞ고 뎐명(傳命)을 ᄌᆡ촉ᄒᆞ거ᄂᆞᆯ 티겸이 금니(禁吏)ᄅᆞᆯ 블너 니ᄅᆞᄃᆡ 공문이 비록 못 미처 와시나 임의 뎍뵈 이시니 오ᄂᆞᆯ은 결단코 슈명 못ᄒᆞ시리라 닐러 도ᄉᆞ의게 긔별ᄒᆞᄃᆡ 오히려 쾌허(快許)티 아니ᄒᆞ더니 늣거야 나릐도ᄉᆡ(拿來都事ㅣ) 도로 와 니ᄅᆞᄃᆡ 부상역(扶桑驛)의 니ᄅᆞ러 환ᄇᆡ(還配)ᄒᆞ라 ᄒᆞ시ᄂᆞᆫ 명을 듯고 도로 왓노라 ᄒᆞ니 그제야 후명도ᄉᆡ 눅이더라. 부군이 니ᄅᆞ시ᄃᆡ

"이제 도로 바다호로 들쟉가? 졔 이실 적 도ᄉᆡ 온다 말 듯고 ᄯᅳᆺ의 응당 후명도ᄉᆡᆫ가 ᄒᆞ여 운구(運柩)ᄒᆞ야 츌륙(出陸)ᄒᆞ기ᄅᆞᆯ 념녀ᄒᆞ엿더니 이제 ᄯᅩ 바다호로 들게 되니 필경은 아모랄 줄 모ᄅᆞ거니와 더옥 답〃ᄒᆞ다."

ᄯᅩ 니ᄅᆞ시ᄃᆡ

"남ᄒᆡ샹공(南海相公)[160]은 시방 어ᄃᆡ 와 이 긔별을 드러 겨신가? 못 드러 겨신가?"

신겸이 ᄀᆞᄅᆞᄃᆡ

"경듕(京中)의 친귀ᄒᆞᆫ 사ᄅᆞᆷ도 ᄲᆞᆯ니 긔별ᄒᆞ리 업고 공문은 응당 ᄒᆡ완(懈緩)ᄒᆞᆯ 거시오 후명도ᄉᆡ 압셔실 거시니 듕노(中路)의셔 면티 못ᄒᆞ실가 ᄒᆞᄂᆞ이다."

민챵ᄉᆔ

"빅슌의 ᄌᆞ(字)ᄅᆞᆯ 디어 주쇼셔."

ᄒᆞ니 부군이 빅슌의 ᄌᆞᄅᆞᆯ 지으실ᄉᆡ 민챵슈ᄃᆞ려 무ᄅᆞ시ᄃᆡ

"당형쳔(唐荊川) 일홈이 슌지(順之)러냐?"[161]

민챵슈과 티겸이 ᄀᆞᄅᆞᄃᆡ

"그러턴 ᄃᆞᆺᄒᆞ오이다."

부군이 ᄀᆞᄅᆞ시ᄃᆡ

---

160 이이명을 가리킴.

161 당순지(唐順之)는 명나라의 문인이고 양명학자로 호(號)가 형천(荊川)임.

"슌지(順之)라 ᄒᆞ면 됴케 ᄒᆞ얏다."

이슥ᄒᆞ야 챵실이 와 니ᄅᆞᄃᆡ 스므 엿새날 아츰의 한강으로 나가 울산(蔚山) 힝ᄎᆞ[162]ᄅᆞᆯ 기ᄃᆞ리더니 나죄 오원의 편지 나왓거ᄂᆞᆯ 급히 ᄃᆞᆯ녀 농인(龍仁) 니ᄅᆞ러 쥬슈(主守) 임뎡원(任鼎元)을 보고 그 잰 노새ᄅᆞᆯ 비러 ᄲᆞᆯ니 모라 달내[163] 다ᄃᆞ라 긔진(氣盡)ᄒᆞ야 술막의 거ᄅᆞᆷ 잘 것ᄂᆞ니ᄅᆞᆯ 어더 몬져 오원의 편지ᄅᆞᆯ 샹쥐로 보내여 즉시 사ᄅᆞᆷ을 ᄀᆞ라 뎐케 ᄒᆞ고 저ᄂᆞᆫ 조차 왓노라 ᄒᆞ더라. 져녁의 죵들이 홍쳥풍듕쥬(洪淸風重疇)[164]의 편지ᄅᆞᆯ 가져 미조차[165] 오니 그 비망긔(備忘記)예 ᄒᆞ여시ᄃᆡ '션됴구신(先朝舊臣)으로 일됴의 ᄉᆞ〃ᄒᆞ기 ᄆᆞᄋᆞᆷ의 블인(不忍)ᄒᆞ니 특별이 환발빅소ᄒᆞ라.' ᄒᆞ엿더라. 초경(初更)의 금부 공문이 오니 사ᄅᆞᆷ들이 다 깃븐 긔별이라 ᄒᆞ얏더니 막 ᄢᅥ혀보니 ᄂᆞᆫ[166] 환발빅소 비망을 도로 거둔 긔별이로ᄃᆡ 그 공문이 말이 극히 미형(未瑩)ᄒᆞ야 왈닥 보고 다 환슈(還收) 두 ᄌᆞᄅᆞᆯ 후명 환슈로 알거ᄂᆞᆯ 신겸이 그러티 아니믈 ᄭᆡ티니 대강 환발빅소 비망을 처엄의 거힝티 아니코 환슈(還收)ᄒᆞ기ᄅᆞᆯ 기ᄃᆞ려 이 공문을 노호미러라. 텬하의 엇디 이럴 ᄃᆡ 이시리오? 이경(二更)의 부군이 목욕ᄒᆞ시다. 니명농이 필적을 어더지라 ᄒᆞᆫ대 부군이 오언고시 ᄒᆞᆫ 편을 지어 ᄡᅥ주시고[167] 명농ᄃᆞ려 ᄒᆞ시ᄃᆡ

"ᄇᆡ고픈 ᄃᆞᆺᄒᆞ니 뇨긔(療飢)ᄒᆞᆯ 거시 잇ᄂᆞ냐?"

니명농이 손조 의이(薏苡) 쥭을 ᄡᅮ어 드리다. ᄃᆞᆰ 울 ᄢᅢ예 션왕고(先王考) 님명(臨命) ᄣᅢ 칠언절구ᄅᆞᆯ ᄎᆞ운ᄒᆞ시고 누어 입으로 블너 신겸 ᄒᆞ여 ᄡᅳ이시

162 김제겸이 울산에서 서울 국청으로 압송되어 올라오는 행차.

163 충주 달천(㺚川).

164 홍중주(洪重疇)는 김성행의 처삼촌으로 1720년(숙종46)에 청풍부사가 된 바 있음.

165 뒤좇아.

166 앞에 '이' 혹은 '〃'가 빠짐.

167 〈성산유사〉에는 시 원문(汝早寄吾家 相視猶父子 半世共休戚 永言保恩義 隨我入栫棘 嶺海杳千里 有子不相隨 非汝誰復倚 那知被逮路 忽聞賜我死 見爾號且泣 自然傷我意 收骨是爾責 勉爾且收淚 吾兒出圓扉 若爲傳此事)이 제시되어 있음.

고[168] 이윽ᄒᆞ야 니블을 두루고 니러 안자 손조 칠언뉼시 ᄒᆞᆫ 편을 쓰시니[169] 이ᄂᆞᆫ 삼연공이 졔야(除夜)의 도듕의 지어 보내신 거ᄉᆞᆯ ᄎᆞ운ᄒᆞ시다. 부군이 '암낭ᄇᆡᆨ발유튱뎍(巖廊白髮惟衷赤)'이란 글귀예 '유(惟)'ᄌᆞ(字)ᄅᆞᆯ ᄀᆞᄅᆞ텨 니ᄅᆞ시ᄃᆡ

"'오ᄃᆡᆨ 유(惟)'ᄍᆡ, '오히려 유(猶)'ᄍᆞ와 어ᄂᆡ 나으뇨?"

후겸이 ᄀᆞᄅᆞᄃᆡ

"'오ᄃᆡᆨ 유(惟)'ᄍᆡ 나은 ᄃᆞᆺᄒᆞ오이다."

부군이 ᄯᅩ 니ᄅᆞ시ᄃᆡ

"'튱뎍(衷赤)'이란 '튱'ᄍᆞᄅᆞᆯ '튱셩 튱(忠)'ᄍᆞ로 말고 '속 튱(衷)'ᄍᆞ야 올흐냐?"

신겸이 ᄀᆞᄅᆞᄃᆡ

"'속 튱(衷)'ᄌᆞ야 올흘 ᄃᆞᆺᄒᆞ오이다."

부군이 ᄯᅩ 뉼시의 둘재 년과 말재 귀ᄅᆞᆯ 고치시거ᄂᆞᆯ 신겸이

"ᄒᆞᆫ 됴히예 절구조차 고쳐 쓰쇼셔."

ᄒᆞ니 부군이 고쳐 쓰셔 신겸을 주시고 ᄯᅩ 뉼시만 ᄯᆞ로 ᄡᅥ 양겸을 주시다. 막 새며 도ᄉᆡ 문의 다ᄃᆞ라 독박(督迫)ᄒᆞ니 ᄣᆡ예 부군이 미처 니시디 못ᄒᆞ여 겨시더니 니명농이 도ᄉᆞ의게 마조 가 져기[170] 날회믈[171] ᄋᆡ걸ᄒᆞᄃᆡ 오히려 듯디 아니ᄒᆞ더니 민챵쉬 울며 드러와 ᄀᆞᄅᆞᄃᆡ

"블셔 문밧긔 다ᄃᆞ랏ᄂᆞ이다."

부군이 즉시 니러 바로 습의복(襲衣服)을 닙으시고 손톱을 버히시다. 니

168 〈성산유사〉에는 시 원문(聖世曾無塵露裨 此時罹禍豈非宜 巖廊白髮惟衷赤 謾荷先王特達知)이 제시되어 있음. 『몽와집(夢窩集)』에도 이 시가 실려 있는데 제4구의 '謾'이 '漫'으로 되어 있음.

169 〈성산유사〉에는 시 원문(孤燭青熒問幾更 自然臨命意難平 隣鷄喔喔夜何短 城角嗚嗚天已明 吉語乍傳那足喜 凶音更至不須驚 泉臺此去隨諸弟 應勝人間獨苟生)이 제시되어 있음.

170 적이. 좀.

171 천천히 함을.

명농이 흰쥭을 드리니 반 그ᄅᆞ슨 잡숩고 그치며 니ᄅᆞ시ᄃᆡ

"만히 먹어 무엇ᄒᆞ리?"

ᄒᆞ시다. 이리홀 제 도식 잠간 문밧긔 머므더니 부군이 앗가 쓰신 두 글이 밧비 쓰기로 필획이 졍티 아니타 ᄒᆞ시고 간지(簡紙)[172]를 ᄎᆞ자 다시 쓰시고 또 도식 직촉ᄒᆞ믈 드ᄅᆞ시고 니ᄅᆞ시ᄃᆡ

"됴뎡암(趙靜菴)[173]의 ᄌᆞ손이면 도라 저히 한아바님을 ᄉᆡᆼ각디 아니ᄒᆞ고 사ᄅᆞᆷ을 이대로록 핍박ᄒᆞᄂᆞ냐?"

곳애 ᄒᆞᆫ 졀구를 지어 슬프시ᄃᆡ

'ᄋᆡ군여ᄋᆡ부(愛君如愛父)

-님군 ᄉᆞ랑ᄒᆞ믈 아비 ᄉᆞ랑홈 ᄀᆞ치 ᄒᆞ니-

텬일됴단튱(天日照丹衷)

-하ᄂᆞᆯ 날이 블근 ᄆᆞᄋᆞᆷ을 비최엿도다-

션현ᄎᆞ귀어(先賢此句語)

-션현 이 글귀 말이 비졀ᄒᆞ미-

비졀고금동(悲絶古今同)

-고금의 ᄒᆞᆫ가지라 ᄒᆞ신 말솜이라-'

좌우를 도라보며 우서 니ᄅᆞ시ᄃᆡ

"뎐지(傳旨) 드른 후의 도ᄉᆞ를 향ᄒᆞ야 이 글을 니ᄅᆞ미 엇더ᄒᆞ뇨?"

챵발이 ᄃᆡ답ᄒᆞᄃᆡ

"가티 아닐가 ᄒᆞᄂᆞ이다."

신겸이 ᄀᆞᄅᆞᄃᆡ

"희롱ᄒᆞ신 말솜이니 엇디 뎡ᄒᆞ시리오?"

인ᄒᆞ여

172 편지에 사용하는 두툼한 종이.

173 조광조(趙光祖). 정암(靜菴)은 호.

"손조 그 글을 쁘쇼셔."

ᄒᆞ니 부술 ᄎᆞ자 쁘시고 즉시 니러나 뜰 아래로 나아가 ᄉᆞ빈ᄒᆞ고 뎐지를 드ᄅᆞ신 후 또 ᄉᆞ빈ᄒᆞ시고 텽(廳)의 올나 샹후(上候)의 안부를 무ᄅᆞ시니 도식 두렷〃ᄒᆞ고 ᄃᆡ답디 못ᄒᆞ거ᄂᆞᆯ 민챵쉬 섬 아래 셔셔 '쳔셰(千歲)〃' ᄒᆞ니 도식 그대로 ᄃᆡ답ᄒᆞ더라. 부군이 도로 방의 드러오셔 죵ᄌᆞ(從子)들과 모든 사ᄅᆞᆷ을 오ᄅᆞ라 ᄒᆞ샤 손을 잡고 영결ᄒᆞ여 니ᄅᆞ시ᄃᆡ

"됴히 머믈고 됴히 머믈나."

후겸을 ᄀᆞᄅᆞ쳐 민챵슈ᄃᆞ려 니ᄅᆞ시ᄃᆡ

"이것들이 연좌를 닙어 멀니 뉴찬(流竄)ᄒᆞ게 되야시니 블샹ᄒᆞ고 블샹ᄒᆞ다."

민챵쉬 ᄀᆞᄅᆞᄃᆡ

"텬되(天道ㅣ) 아모리 어긘들 문곡(文谷) 후손이 어이 다 보젼티 못ᄒᆞ리잇가?"

신겸이 왼편 ᄑᆞᆯ을 븟드와 ᄀᆞᄅᆞᄃᆡ

"션왕괴(先王考ㅣ) 님명ᄒᆞ샤 심히 죠용ᄒᆞ야 죠곰도 동(動)티 아니시믈 드럿더니 오ᄂᆞᆯ 일이 어이 그리 ᄀᆞᄐᆞᆫ고? 더옥 통원(痛寃)ᄒᆞ고 통원ᄒᆞ오이다."

부군이 도로 신겸ᄃᆞ려 니ᄅᆞ시ᄃᆡ

"네 브ᄃᆡ 살거라. 네 브ᄃᆡ 살거라."

용겸이 안기를 져기 멀니 ᄒᆞ엿더니 이에 손을 달나 ᄒᆞ여 쥐엿다가 노흐시고 묘말진초(卯末辰初)의 고죵(告終)ᄒᆞ시다.

임인유교(壬寅遺敎) 2

임인(壬寅)[174] 팔월 이십ᄉᆞ일 새배 언남이 경셩(鏡城)으로셔 와 도ᄉᆞ(都事) 둘히 어제 경셩 자고 오라지 아녀 오리라 ᄒᆞ니 부군이 셰슈ᄒᆞ시고 됴곡(朝哭)ᄒᆞ신 후 쥭 잡숩고 ᄌᆞ친(慈親)[175]씌 ᄒᆞ시ᄃᆡ

"ᄉᆞᄉᆡᆼ이 다 명이니 관겨티 아니니라."

그러나 혹 나명(拿命)인가 ᄒᆞ고 혹 다른 ᄃᆡ 나가는가 ᄒᆞ더니 일츌의 도ᄉᆡ 오니 아이는[176] 나명만 너겨 둣거온 오ᄉᆞᆯ 쪄닙어 겨시더니 원ᄒᆡᆼ(元行)[177]ᄃᆞ려 니ᄅᆞ시ᄃᆡ

"셔리 와시니 계ᄉᆞ(啓辭) 드ᄅᆞ신 일인가 시브다."

ᄒᆞ시고 쪄닙으신 옷 버ᄉᆞ시고 거적을 ᄯᅳᆯ히 ᄭᆞᆯ고 안ᄌᆞ시니 도ᄉᆡ 즉시 겻집으로 가다. 부군이 명ᄒᆞ야 붓과 벼로ᄅᆞᆯ 가져와 일가의 고결셔 대엿 장을 쓰시고

"독낙뎡(獨樂亭) 편지의 경셕의 말을 니저다."[178]

ᄒᆞ시고 다시 잘 길너 주쇼셔 ᄒᆞ시다. 원ᄒᆡᆼᄃᆞ려 ᄒᆞ시ᄃᆡ

"그 ᄉᆞ이 목욕을 ᄒᆞᆯ가 무러 보라."

ᄒᆞ시거ᄂᆞᆯ 원ᄒᆡᆼ이 ᄒᆞ시리라 ᄉᆞᆯ오니 목욕ᄒᆞ시고 머리 비ᄉᆞ시고 슈족 조갑(爪甲)을 버히시고 다시 말게 ᄒᆞ쟈 ᄒᆞ시다. 원ᄒᆡᆼ이 글시 엇기ᄅᆞᆯ ᄉᆞᆯ오니 희미히 우ᄉᆞ시며 ᄒᆞ시ᄃᆡ

174 1722년(경종2).

175 김제겸의 부인인 은진 송씨(恩津宋氏, 1679~1732)를 가리킴.

176 처음은.

177 김제겸의 셋째 아들인 김원행(金元行, 1702~1772)으로 당숙인 김숭겸(金崇謙)의 양자가 되었음. 김원행은 이 글의 작자임.

178 〈임인유교1〉에서 김창집의 둘째 아들이자 김제겸의 아우로 당숙인 김창숙에게 출계한 김호겸(金好謙, 1681~1759)을 '낙정(樂亭)'이라 한 것으로 보아 '독락정(獨樂亭)'은 김호겸을, '경석'은 김제겸의 여섯째 아들인 김위행(金偉行, 1720~1752)을 가리키는 것으로 보임.

"무어솔 쁠고?"

원힝이 솔오딕

"ᄀᆞᄅᆞ치시는 말솜을 엇고져 ᄒᆞᄂᆞ이다."

부군이 ᄒᆞ시딕

"무슨 ᄀᆞᄅᆞ칠 일이 이시리?"

ᄒᆞ시고 죠희 내고 먹 ᄀᆞᆯ나 ᄒᆞ시고 마로의 올나 안ᄌᆞ셔 팔분(八分)[179]과 반초(半草)를 쓰셔 쥰힝(峻行)[180] 원힝 달힝(達行)[181] 탄힝(坦行)[182] 니쟝(履長)[183]의게 각〃 주시다. 원힝이 솔오딕

"무슨 후ᄉᆞ(後事)를 니ᄅᆞ실 일이 잇솝ᄂᆞ니잇가?"

부군이 ᄒᆞ시딕

"울산(蔚山)으로셔 나릭(拿來)ᄒᆞᆯ 쌔 안보(安保)[184]셔 뻐준 거시 잇더니 두엇ᄂᆞ냐?"

원힝이 솔오딕

"두엇ᄂᆞ이다."

부군이 ᄒᆞ시딕

"이밧 다시 무슨 말이 이시리? 네 어마님 병이 그쌔 듕ᄒᆞ고 내 살 니 업ᄉᆞ매 ᄒᆞᆫ가지로 죽어 무티이면 무던ᄒᆞᆯ 거시매 약을 구챠히 말나 ᄒᆞ엿더니 그 됴건이 이제 ᄉᆡᆼ각ᄒᆞ니 도리 미안ᄒᆞ고 ᄉᆞ셰도 다ᄅᆞ니 네 먹으로 에우라.[185]"

또 ᄒᆞ시딕

179 예서(隸書)의 한 서체.

180 둘째 아들인 김준행(金峻行, 1701~1743)으로 계부(季父)인 김호겸의 양자가 되었음.

181 넷째 아들인 김달행(金達行, 1706~1738).

182 다섯째 아들인 김탄행(金坦行, 1714~1774).

183 손자인 김이장(金履長, 1718~1774)으로 김성행의 아들임.

184 충청도 연풍현의 안보역(安保驛). 조령과 충주 사이에 있었음.

185 지우라.

"싀훤타. 셩쥐(星州)셔도 이리 ᄒᆞ시더라 ᄒᆞ더니 과연 올타. ᄉᆞᆼ을 판단티 못ᄒᆞ야셔ᄂᆞᆫ 념녀로 날을 디내더니 이제 죽기야 무어시 무셥고 무어시 셜우리? 내 무슐년(戊戌年)[186] 병의 죽어시면 산 사ᄅᆞᆷ 셜워ᄒᆞ기 오ᄂᆞᆯ의셔 덜ᄒᆞ랴? 이러나 져러나 죽기ᄂᆞᆫ ᄒᆞᆫ가지니 셜워ᄒᆞ야 ᄇᆞ졀업ᄂᆞ니라. 또 유하(乳下)의 죽나니도 잇고 열다ᄉᆞᆺ ᄉᆞ믈의 죽ᄂᆞ니도 잇고 벼ᄉᆞᆯ 업고 혈쇽 업시 죽ᄂᆞ니도 이시니 나ᄂᆞᆫ 벼ᄉᆞᆯ이 직상(宰相)[187]이오 나히 ᄉᆞ십이오 ᄌᆞ손이 만ᄒᆞ니 군산(君山)[188] ᄀᆞᄐᆞᆫ 죽ᄂᆞ니보다가야 소득이 아니 만ᄒᆞ냐?"

ᄌᆞ친이 ᄒᆞ시ᄃᆡ

"내 집의셔 병드러 죽ᄂᆞ니 ᄀᆞᄐᆞ면 뉘 셟다 ᄒᆞ오리잇가마ᄂᆞᆫ 비명(非命)으로 이러ᄒᆞ니 그거시 아니 셟ᄉᆞ오니잇가?"

부군이 ᄒᆞ시ᄃᆡ

"다 명이라 녯글의도 죽어 즐거우미 님금 되야 즐겁기의 비ᄒᆞ여시니 죽ᄂᆞᆫ 거시 실노 즐거우니라."

처엄의 이ᄇᆡ(移配)ᄒᆞ오실 제 혹인(或人)이 이런 변이 이실가 ᄒᆞ야 부군 주머니예 독ᄒᆞᆫ 거ᄉᆞᆯ 너헛더니 이에 니ᄅᆞ러 원힝을 맛디시ᄃᆡ

"ᄂᆞᆷ이 죽이면 ᄂᆞᆷ의게 죽어 후셰 사ᄅᆞᆷ이라도 ᄂᆞᆷ이 죽이다 ᄒᆞᄃᆡ ᄉᆞᄉᆞ로 죽어 무엇ᄒᆞ리?"

ᄌᆞ친이 ᄉᆞᆯ오ᄃᆡ

"샹해 조심ᄒᆞ던 덕이 어드러로 간고?"

ᄒᆞ시니

부군이 ᄒᆞ시ᄃᆡ

"내 울산으로셔 올 제 ᄉᆞᄉᆞ로 ᄉᆡᆼ각ᄒᆞ니 븟그러우미 업ᄉᆞ나 웅당이 살 니

---

186 1718년(숙종44).

187 재상(宰相)은 임금을 보좌하여 국무를 처리하는 정3품 당상관 이상의 관직에 있는 사람을 가리킴.

188 김창협의 아들인 김숭겸(1682~1700)의 자(字). 김숭겸은 19세에 세상을 떠났음.

ᄂᆞᆫ 업ᄉᆞᆯ가 너겻더니 옥의 드러 원뎡(原情)ᄒᆞ고 오래도록 뭇디 아니ᄒᆞ니 죽디 아닐가 ᄠᅳᆺ을 ᄒᆞ얏더니 ᄆᆞᄎᆞᆷ내 면ᄒᆞ야나니 어이 조심 덕이 업ᄉᆞ리? 내 옥듕의셔 죽어시면 비록 소범(所犯)이 업서도 ᄂᆞᆷ은 내 진짓 은뎡(隱情)이나 잇던가 너길 거시니 내 ᄆᆞᄋᆞᆷ을 표ᄇᆡᆨ(表白)디[189] 못ᄒᆞ고 ᄆᆞᄎᆞᆷ내 암ᄆᆡ(暗昧)ᄒᆞᆯ 거시니 이제 이 죽엄이야 아니 다ᄒᆡᆼᄒᆞ랴? 녀름의 ᄂᆞᆷ들 죽어 옥문의 메워 나 져재 거리의 두더니보다가ᄂᆞᆫ 빗치 ᄯᅩ 엇더ᄒᆞ니?"

ᄯᅩ ᄒᆞ시되

"내 죽기ᄂᆞᆫ 어렵디 아녀 그 아희야[190] 어려우니라. 옥듕의셔 보니 김민ᄐᆡᆨ(金民澤)이 ᄀᆞ장 잘 견ᄃᆡ되 오히려 애고 소ᄅᆡᄂᆞᆫ ᄒᆞ고 그 아희ᄂᆞᆫ 눈을 ᄀᆞᆷ고 입으로 ᄒᆞᆫ 소ᄅᆡ를 내디 아니ᄒᆞ니 어렵고 어렵더라. 그ᄢᅢ 승복ᄒᆞ야 죽ᄂᆞ니 니음ᄃᆞ라시ᄃᆡ 홀노 죽어 옥문을 나니 경샹(景狀)이 참혹ᄒᆞ나 실노 빗치 잇더라."

언남이 영만이 돌뭉이 츈션이[191] 삼원이[192] 거리쇠 입으시던 옷 각〃 ᄒᆞ나식 주시고 언남이ᄃᆞ려 분부ᄒᆞ시ᄃᆡ

"샹뎐(上典)이 이런 ᄣᅢ를 당ᄒᆞ야실 제ᄂᆞᆫ 더고나 샹시예 편히 디낼 적과면 잘 셤겨야 올코 항거시[193] 비록 싀골이나 팀톄(沈滯)ᄒᆞ야 이셔도 시졀이 댱[194] 이러티 아니면 아ᄂᆞᆫ 원(員)이라도 너희 잘 셤기면 술잔이라도 먹일 거시오 너희를 그리ᄒᆞ리란 거시 아니라 형셰 업다고 샹뎐을 ᄇᆡ반ᄒᆞ면 듯ᄂᆞ니라도 다 통분(痛忿)이 너기ᄂᆞ니라. 어룬 ᄌᆞᆼ은 너와 덕셰를 ᄆᆡᆺᄂᆞᆫ 거시니 범ᄉᆞ(凡事)를 조심ᄒᆞ여 ᄒᆞ라."

츈션이ᄃᆞ려 분부ᄒᆞ시ᄃᆡ

189 드러내서 밝히지.

190 큰아들 김성행을 가리킴.

191 〈선고유교〉에는 '츈션이ᄂᆞᆫ 독낙뎡ᄃᆡᆨ ᄌᆞᆼ이라'라는 주가 달려 있음.

192 〈선고유교〉에는 '삼원이ᄂᆞᆫ 창설ᄃᆡᆨ ᄌᆞᆼ이라'라는 주가 달려 있음.

193 항것이. 주인이. 상전이.

194 늘. 오래도록.

"네 임의 예ᄀᆞ장 슈고ᄅᆞᆯ ᄒᆞ야시니 네 셔방님도 올 거시니 아직 잇다가 ᄆᆞ자 슈고ᄅᆞᆯ ᄒᆞ여라."

ᄌᆞ친ᄭᅴ ᄒᆞ시ᄃᆡ

"브ᄃᆡ 죽디 말나. 실노 죽을 의(義) 업ᄉᆞ니 어루신ᄂᆡ 죄명이 본ᄃᆡ 허무ᄒᆞᆫ 거ᄉᆞᆯ 얽어낸 일인ᄃᆡ 내 그 연좌로 죽으니 붓그러우미 업고 내 니텬긔(李天紀) 김뇽턱(金龍澤)내쳐로 죽으면 오히려 겸연ᄒᆞ거니와 내야 이와 ᄀᆞᄐᆞᆫ 일이 잇ᄂᆞᆫ가? 이제 죽으면 셕증(碩曾) 어미[195]도 사디 못ᄒᆞᆯ 거시니 셕증이ᄅᆞᆯ 어이 ᄒᆞ며 이 아ᄒᆡ들 보젼ᄒᆞᆯ 도리도 다 거긔 이시니 죽디 아녀야 ᄒᆞ리라."

ᄌᆞ친ᄭᅴ셔

"뎌리 여러 가지로 념녀ᄅᆞᆯ ᄒᆞ시니 내 죽지 아니량으로 뎡ᄒᆞᇰ거니와 막산들 며ᄂᆞ리 ᄒᆞᆫ ᄃᆡ 잇게 두들 아녀 멀니 보내면 산 보람이 어이 잇ᄉᆞ오리잇가?"

부군이 ᄒᆞ시ᄃᆡ

"그러ᄒᆞ여도 아모리 멀니 가도 사라시면 잇거니 ᄒᆞ여 ᄇᆞ라ᄂᆞᆫ ᄆᆞᄋᆞᆷ이 잇고 죽고 업ᄉᆞ면 다시 ᄇᆞ랄 거시 업ᄉᆞ니 사라야 ᄒᆞ리라."

ᄯᅩ ᄀᆞᄅᆞ시ᄃᆡ

"녀름의 피쳬(被逮)ᄒᆞ야 가도여실 제 게셔[196]와 셕증 어미 응당 보젼티 못ᄒᆞ야실가 ᄒᆞ더니 집 밥을 통ᄒᆞᆫ 후의 아ᄒᆡ들의 편지ᄅᆞᆯ 즉시 못 보니 다들 죽엇기의 그런가 의심ᄒᆞ얏더니 바회[197] 편지ᄅᆞᆯ 보니 게셔와 셕증 어미 무ᄉᆞ타 말이 이시ᄃᆡ 오히려 날을 긔이ᄂᆞᆫ가 너겻더니라. 나리ᄒᆞ야 올 ᄣᅢ예 병이 듕ᄒᆞᆫ 거동을 보고 와시매 ᄒᆞᆫ가지로 죽으면 무던ᄒᆞᆯ가 ᄒᆞ얏더니 즉금은 결단ᄒᆞ야 그러티 못ᄒᆞ리라."

---

195 김성행의 아내인 풍산 홍씨. 석증은 김제겸의 손자인 김이장.

196 거기에서. 부인 송씨를 지칭하는 말인 듯함.

197 〈선고유교〉에 '楢巢'라고 주가 달려 있음. 증소는 김신겸(金信謙)의 호. '바위'는 김신겸의 아명인 듯함.

ᄒᆞ시고 죽디 못ᄒᆞ리란 말ᄉᆞᆷ을 누〃히 ᄒᆞ시다. 원힝이 ᄉᆞᆯ오ᄃᆡ

"묘도문ᄌᆞ(墓道文字)ᄅᆞᆯ 뉘게 밧ᄌᆞ오리잇가?"

부군이 ᄀᆞᄅᆞᄃᆡ

"장암(丈巖)[198]-뎡호(鄭澔)-, 지촌(芝村)[199]-니희됴(李喜朝)-, 혜ᄇᆡᆨ(惠伯)[200]-홍계적(洪啓迪)-, 희경(熙卿)[201]-니ᄌᆡ(李縡)-, 명슉(鳴叔)[202]-윤봉됴(尹鳳朝)-의게 샹냥(商量)ᄒᆞ야 취샤(取捨)ᄒᆞ라."

ᄯᅩ ᄉᆞᆯ오ᄃᆡ

"한아바님 힝장을 ᄀᆞᆺ틀 ᄆᆞᆺ디 못ᄒᆞ야 겨시니 엇디 ᄒᆞ리잇가?"

"바회와 의논ᄒᆞ야 닛게 ᄒᆞ라."

ᄯᅩ ᄉᆞᆯ오ᄃᆡ

"형님 묘지(墓誌) 디으신 거시 글쳬 묘표(墓表)와 ᄀᆞᄐᆞ니 겸ᄒᆞ야 묘표로도 쓰면 엇더ᄒᆞ리잇가?"

부군이 ᄒᆞ시ᄃᆡ

"혹 존뵈(尊甫ㅣ)[203]라도 ᄒᆞᆯ가?"

ᄯᅩ ᄉᆞᆯ오ᄃᆡ

"한아바님 힝장과 형님 묘디예 아모아모 고ᄌᆞᆯ 고쳠즉 ᄒᆞ오이다."

부군이 ᄒᆞ시ᄃᆡ

"네 보아 고틸 거ᄉᆞᆫ 고티고 묘디의 ᄒᆞᆫ 고ᄃᆞᆫ 아직 ᄒᆞ리우려니와 아조 아니 ᄡᅳ든 못ᄒᆞ리라."

원힝이 ᄯᅩ ᄉᆞᆯ오ᄃᆡ

---

198 정호(鄭澔)의 호.

199 이희조(李喜朝)의 호.

200 홍계적(洪啓迪)의 자.

201 이재(李縡)의 자.

202 윤봉조(尹鳳朝)의 자.

203 존보(尊甫)는 김신겸의 자.

"비ᄂᆞᆫ 뉘 ᄡᅳ오리잇가?"

부군이 ᄒᆞ시ᄃᆡ

"한아바님 갈셕(碣石)은 네 글시나 닉여 ᄡᅳ고 당단(長湍) 갈셕은 존뵈 ᄡᅳ게 ᄒᆞ라."

ᄯᅩ ᄉᆞᆯ오ᄃᆡ

"한아바님 ᄉᆞ집(私集)은 엇디 ᄒᆞ오리잇가?"

부군이 ᄒᆞ시ᄃᆡ

"시도 됴흔 거시 만흐니 ᄒᆞᆫ 권만 ᄲᅡ ᄆᆡᆫᄃᆞᆯ고 샹소도 큰일의 관겨ᄒᆞᆫ 것만 ᄒᆞᆫ 두 권만 ᄆᆡᆫᄃᆞᆯ고 훈지록(塤篪錄)[204]도 ᄲᅡ두라."

ᄯᅩ ᄉᆞᆯ오ᄃᆡ

"뉘 ᄡᅢ오리잇가?"

부군이 ᄒᆞ시ᄃᆡ

"네나 ᄒᆞ고 희경이라도 ᄒᆞᆫ 번이나 뵐가?"

원힝ᄃᆞ려 니ᄅᆞ시ᄃᆡ

"젼ᄌᆞ(篆字)ᄅᆞᆯ 닉여 비갈(碑碣)이나 ᄡᅳ게 ᄒᆞ라."

ᄯᅩ ᄒᆞ시ᄃᆡ

"원힝은 젼ᄌᆞ 획이 홀〃ᄒᆞ고 ᄐᆡ셕[205]이ᄂᆞᆫ 목강(木强)ᄒᆞᄃᆡ[206] ᄡᅳᆯ 만은 ᄒᆞ더라."

원힝ᄃᆞ려 ᄒᆞ시ᄃᆡ

"셕증이 잘 ᄀᆞᄅᆞ티라."

ᄯᅩ ᄒᆞ시ᄃᆡ

"오셕[207]과 셕증이ᄅᆞᆯ 글을 ᄀᆞᄅᆞ티ᄃᆡ 비록 과공(科工)을 뎐혀 아냐도 졔술

204 1712년 김창집이 연행하면서 아우 김창업과 수창한 시를 모은 것으로 김창집의 『몽와집』 권3에 '연행훈지록(燕行塤篪錄)'이라는 이름으로 수록되어 있음.

205 넷째 아들인 김달행을 가리키는 듯함.

206 순박하면서도 고집이 있지만.

(製述)을 탁실히 ᄒᆞ게 ᄒᆞ라.”

또 ᄒᆞ시ᄃᆡ

“셕증이 정신이 만ᄒᆞ니 웅당 되리라.”

또 ᄀᆞᄅᆞ시ᄃᆡ

“블샹타. 내 한강셔 셕증이가 와 보아지라 ᄒᆞᄂᆞᆫ 거ᄉᆞᆯ 못ᄒᆞ얏더니 제 어이 내 얼굴을 긔록ᄒᆞ리? 셕증이가 블샹타.”

원힝ᄃᆞ려 ᄒᆞ시ᄃᆡ

“네 고톄(固滯)ᄒᆞᆫ[208] 일이 만ᄒᆞ니.”

ᄒᆞ시기ᄅᆞᆯ 두세 번 ᄒᆞ시다. 또 ᄒᆞ시ᄃᆡ

“희셕[209]이가 블샹타. 심히 허수ᄒᆞᆫ 거시 애써 엇디 오ᄂᆞᆫ고?”

희셕이 블샹타 말ᄉᆞᆷ 년ᄒᆞ야 ᄒᆞ시다. 또 ᄀᆞᄅᆞ시ᄃᆡ

“원셕[210]이ᄂᆞᆫ 병약ᄒᆞ고 ᄐᆡ셕이ᄂᆞᆫ 사ᄅᆞᆷ이 되디 못ᄒᆞ야시니.”

달힝ᄃᆞ려 ᄒᆞ시ᄃᆡ

“너ᄂᆞᆫ ᄆᆡ양 ᄉᆞ려 안기ᄅᆞᆯ 못ᄒᆞ니 이제란 구용ᄉᆞ믈(九容四勿)[211]이나 ᄢᅥ 두고 몸가지기ᄅᆞᆯ 닉이라.”

또 ᄒᆞ시ᄃᆡ

“이ᄃᆞᆯ 금음ᄭᅴ나 ᄀᆡ소(開素)[212]들을 ᄒᆞ라.”

이ᄉᆞᆨᄒᆞ야 또 ᄒᆞ시ᄃᆡ

“ᄂᆡ월 초싱의나 ᄒᆞ라.”

ᄌᆞ친ᄭᅴ ᄒᆞ시ᄃᆡ

207 다섯째 아들인 김탄행을 가리키는 듯함. 당시 김탄행은 9세였음.

208 편협하고 너그럽지 못한.

209 둘째 아들인 김준행을 가리킴.

210 셋째 아들인 김원행을 가리킴.

211 구용(九容)은 足容重, 手容恭, 目容端, 口容止, 聲容靜, 頭容直, 氣容肅, 立容德, 色容莊. 사물(四勿)은 非禮勿視, 非禮勿聽, 非禮勿言, 非禮勿動. 당시 김달행은 17세였음.

212 소식(素食)을 하다가 육식(肉食)을 시작함.

"모지 흔가지로 빅소(配所)나 ᄒᆞ면 서로 의지ᄒᆞ야 살년만은 각〃 두면 어이 흘고? 니니쳔(李利川)[213]과 홍금쳔(洪金川)[214]이 이시니 긔야 도모를 흘 법 잇ᄂᆞ니라. 틱셕이가 혹 각〃 가게 되거든 익샹이내를 틱셕이를 주어 보내라. 희셕이와 원셕이나 왕닉ᄒᆞ야 딕흴가?"

ᄒᆞ시니 ᄌᆞ친씌셔

"각〃 양가(養家) 이시니 비록 구챠히 산들 저희 왕닉ᄒᆞ기는 쉽디 아니ᄒᆞ오리다."[215]

부군이 ᄀᆞᄅᆞ딕

"저희 무ᄉᆞᄒᆞ면이야 념녀흘가? 원흔[216] 집이나 흔 딕 가 살면 흘다. 궤연은 인ᄒᆞ야 예 잇게 되면 못 뫼와도 갓가이나 가고 집이나 뎡ᄒᆞ면 뫼와 무던타."

원힝이 ᄀᆞᄅᆞ딕

"그러ᄒᆞ오이다."

원힝이 ᄉᆞᆯ오딕

"항동 아ᄌᆞ마님[217]이 살 딕를 뎡티 못ᄒᆞ야시니 어드러로 가오리잇가?"

부군이 ᄒᆞ시딕

"영평(永平)이나 갈가? 항동 며ᄂᆞ리 고집ᄒᆞ야 음식 변통을 아니ᄒᆞ니 제 보젼을 못ᄒᆞ면 셕증을 엇디챠 ᄒᆞᄂᆞᆫ고?"

ᄯᅩ ᄒᆞ시딕

213 〈선고유교(先考遺敎)〉에는 '니집'이라고 주가 달려 있음. 이집(李濮)은 김달행의 장인으로 1716년(숙종42)에 이천부사가 된 바 있음.

214 〈선고유교〉에는 '홍듕쥬'라고 주가 달려 있음. 홍중주(洪重疇)는 김성행의 처삼촌으로 1714년(숙종40)에 금천군수가 된 바 있음.

215 희석과 원석이 각각 양가(養家)가 있다는 언급과 희석이 현재 오고 있다는 앞의 내용을 참고할 때 원석은 현재 그 자리에 있는 김원행을, 희석은 김준행을 가리킨다는 것을 알 수 있음.

216 〈선고유교〉에는 '우원흔'으로 되어 있음. 우원(迂遠)한. 아득하게 먼.

217 김성행의 아내인 풍산 홍씨.

"우리 아히들 형데를 혹 양ᄌᆞ를 청ᄒᆞ야도 허락디 못ᄒᆞ리라."

ᄌᆞ친씌셔 ᄉᆞᆲ오ᄃᆡ

"년못ᄉᆞᆯ 아ᄌᆞ바님내가 달나 ᄒᆞ야도 못ᄒᆞ리잇가?"

부군이 ᄀᆞᄅᆞᄃᆡ

"긔라도 못ᄒᆞ리라."

ᄯᅩ ᄀᆞᄅᆞᄃᆡ

"시졀이 이러ᄒᆞ니 오라디 아녀 난니(亂離) 날 거시니 깁히 드러 피란ᄒᆞᆯ 계규를 ᄒᆞ염즉 ᄒᆞ니라. 이번은 반함(飯含)을 말고져 ᄒᆞ노라."

ᄯᅩ ᄒᆞ시ᄃᆡ

"명샹과 바회ᄂᆞᆫ 내게 졍이 잇고 나도 그러ᄒᆞ더니라. 아이ᄂᆞᆫ ᄌᆡ촉ᄒᆞᆯ가 너겨 두루 편지를 총〃이 쓰기의 졍히 못 벗더니 다른 ᄃᆡ ᄯᅩ ᄒᆞᆯ ᄃᆡ 이실가?"

이슥ᄒᆞ야 아모〃 고즐 못ᄒᆞ얏다 ᄒᆞ시고 네대엿 댱을 ᄯᅩ 쓰시다. 셕교 며ᄂᆞ리[218]게 ᄒᆞᆫ ᄃᆡ ᄒᆞ얏더니 곳쳐 쓰쟈 ᄒᆞ시고 ᄯᅩ ᄒᆞ시다.

"밧긔셔 어이 이ᄯᅢᄀᆞ디 ᄎᆞᆺ디 아니ᄒᆞᄂᆞᆫ고? 내가 구챠히 시극이나 살고져 ᄒᆞᄂᆞᆫ가 너기리라. 못 미처 출혀ᄂᆞᆫ가?"

언남을 블너 무ᄅᆞ시니 언남이 알외ᄃᆡ

"못 미처다 ᄒᆞᄋᆞᆸᄂᆞ이다."

이러틋 ᄒᆞ기를 세 번을 ᄒᆞ시다. 이젼의 증조고(曾祖考)[219] 님명(臨命)의 지으신 글을 셩쥐(星州)셔 ᄎᆞ운ᄒᆞ야 겨시더니 ᄯᅩ ᄎᆞ운ᄒᆞ시고

"삼ᄃᆡ(三代) 이 글이 하 고이ᄒᆞ니 쓰디 말고도 시브다."

ᄒᆞ시고 쓰신 후 더러 고티시고 다시 졍히 쓰쟈 ᄒᆞ시다가 ᄯᅩ ᄒᆞ시ᄃᆡ

"ᄌᆞ손이라도 고틴 거ᄉᆞᆯ 보게 그저 두쟈."

ᄒᆞ시다. 이날 쥭과 진지를 여러 번 드리ᄃᆡ 다 년ᄒᆞ야 잡습고 ᄌᆞ친씌

218 〈선고유교〉에 '향동'이라고 주가 달려 있음. 김성행의 부인인 홍씨를 가리킴.

219 김수항을 가리킴.

"원힝 달힝 다 ᄒᆞᆫ가지로 먹쟈."

ᄒᆞ시다. 달힝ᄃᆞ려 ᄒᆞ시ᄃᆡ

"이젼의 찻방의 ᄀᆞᆫ슈병을 ᄀᆞᆷ초ᄂᆞᆫ 양을 보앗더니 네 어마님 못 보게 급히 업시ᄒᆞ라."

부군이 ᄒᆞ시ᄃᆡ

"녀쥐(驪州) 뫼ᄒᆞᆯ ᄂᆞᆷ의게 보내디 못ᄒᆞᆯ 거시니라."

ᄌᆞ친ᄭᅴ셔 ᄉᆞᆯ오ᄃᆡ

"민교관(閔教官)[220]이 구ᄒᆞᆯ ᄃᆞᆺᄒᆞ오이다."

부군이 ᄒᆞ시ᄃᆡ

"네 어루신ᄂᆡ 이 뫼히 슈고를 만히 ᄒᆞ야 겨시니 우리 ᄌᆞ손 듕의 쓰고 다른 ᄃᆡᄂᆞᆫ 못갈 거시니라. 희셕이가 녀쥐 근본 ᄀᆞᄐᆞ니 쓰거나 혹 진ᄉᆞ[221]가 쓰거나 ᄒᆞᆯ가?"

ᄒᆞ시다. 부군이 ᄒᆞ시ᄃᆡ

"분ᄌᆡ(分財)를 ᄒᆞ고져 ᄒᆞ다가 못ᄒᆞ얏더니 이제ᄂᆞᆫ ᄂᆞᆷ의게 다 일코 업ᄉᆞ니 의논ᄒᆞᆯ 거시 업거니와 영평 거ᄉᆞᆫ 대단티 아니나 계미년(癸未年)도 ᄂᆞᆫ호디 아녀겨시니 이ᄂᆞᆫ 셕증의게 뎐ᄒᆞ리라."

게 가신 후 보시노라 ᄂᆞᆷ의 셔칙을 비러 오신 것 잇더니 다 권수 혀여 손조 빠이여 보내시고 셔칙 님재 와 뵈오니 블너 보시고 관ᄌᆡ(棺材) 말ᄉᆞᆷ도 무ᄅᆞ시고

"내 듕용(中庸)을 ᄂᆞᆰ다가 ᄆᆞ자 못ᄒᆞ고 예 이실 제 ᄉᆞ셔(四書)를 다 ᄒᆞ고 쥬역(周易) ᄀᆞ장 비러 공부ᄒᆞ려 ᄒᆞ엿더니 못ᄒᆞ얏노라."

쥬인이 두 번 뵈기를 쳥ᄒᆞ니 년ᄒᆞ여 블너 보시고 말ᄉᆞᆷᄒᆞ시다. 원힝이 ᄉᆞᆯ오ᄃᆡ

220 〈선고유교〉에 '민챵슈'라고 주가 달려 있음. 민창수는 1721년(경종1)에 동몽교관이 된 바 있음.

221 김원행을 가리키는 듯함. 김원행은 1719년에 진사시에 급제하였음.

“젼의 니력 쓰신 칙녁(冊曆)을 보앗더니 집의 이시면 일흘가 시브오이다.”

부군이 ᄒᆞ시되

“내 니력이야 만티 아니ᄒᆞ니라.”

원힝이 ᄉᆞᆲ오되

“젼의 ᄒᆞ시던 샹소 ᄀᆞᄐᆞᆫ 것들도 초가 업ᄉᆞ니 ᄒᆞᆫ번 소(疏)희 샹소ᄒᆞ신 거ᄉᆞᆯ ᄉᆡᆼ각디 못ᄒᆞ올소이다.”

부군이 ᄒᆞ시되

“어루신ᄂᆡᄭᅴ셔 묘당(廟堂)의 겨시기예 ᄃᆡ간(臺諫)ᄒᆞ야실 제ᄂᆞᆫ 아모 일도 ᄒᆞᆫ 거시 업고 집의셔도 ᄒᆞᆨ힝(學行) 일ᄏᆞᆯ 것도 업ᄉᆞᆯ와.”

원힝이 ᄉᆞᆲ오되

“경셕의 관명을 무어시라 ᄒᆞ오리잇가?”

부군이 ᄒᆞ시되

“어린아ᄒᆡ 미리 관명이 브졀업ᄉᆞ되 조힝(祖行)[222]이라나 ᄒᆞᆯ가? 아모 집의나 니ᄌᆞ(履字)의ᄂᆞᆫ 니경(履慶)[223]이라 지으면 됴흘 ᄃᆞᆺᄒᆞ다.”

죵일토록 마로의 안자 겨시더니 져녁의 ᄇᆞ람이 심히 사오나오니 방으로 드ᄅᆞ시기ᄅᆞᆯ 청ᄒᆞᆫ대 잠간 드러 누으시며

“ᄆᆡ양 저ᄅᆞᆯ 놈의셔 낫게 ᄀᆞᄅᆞ치려 ᄒᆞ기로 내 너모 ᄒᆞ다가 저ᄅᆞᆯ 죽인 후 뉘웃븐 일이 만흐니 ᄒᆞᆫ번 졔문이나 ᄒᆞ려 ᄒᆞ더니 못ᄒᆞ니 블샹타.”

원힝ᄃᆞ려 니ᄅᆞ시되

“악슈(幄手)ᄒᆞᆯ 줄을 아ᄂᆞᆫ다?”

ᄒᆞ시고 죠히로 악슈 모양쳐로 ᄆᆞᄃᆞ라 ᄀᆞᄅᆞ티시다.

ᄌᆞ친ᄭᅴ셔 ᄒᆞ시되

“다ᄅᆞᆫ 거ᄉᆞᆫ 미비ᄒᆞᆫ 것 업시 다 지어ᄉᆞ오되 혈마 이러ᄒᆞᆯ랴 ᄒᆞ여 질쇄(質

222 김제겸의 여섯째 아들 김위행의 초명이 조행(祖行)임.

223 김달행의 셋째 아들 이름이 김이경(金履慶)임.

殺)[224] ᄀᆞᄋᆞᆷ[225]을 못ᄒᆞ여 왓더니 마촘 좀 거믄 거ᄉᆞᆫ 이시ᄃᆡ 홍ᄉᆡᆨ이 업ᄉᆞ니 엇딜고?"

ᄒᆞ시니

"ᄂᆞᆷ들은 구의(柩衣)도 슌ᄉᆡᆨ(純色)으로 ᄒᆞ니 슌ᄉᆡᆨ이 해롭디 아니타."

ᄒᆞ시고 졔도ᄅᆞᆯ ᄀᆞᄅᆞ티시고

"도관(徒官)[226]이 비단이 브졀업ᄉᆞ니 말고 장지(壯紙)로 ᄒᆞ라."

ᄒᆞ시다. ᄌᆞ친ᄭᅴ ᄒᆞ시ᄃᆡ

"졔믈을 ᄆᆡ양 샤티코 번거ᄒᆞᆫ 거ᄉᆞᆯ 됴하 아니ᄒᆞ니 조샹 졔ᄉᆞᄂᆞᆫ 내 쳔단(擅斷)티[227] 못ᄒᆞ려니와 내 후브터ᄂᆞᆫ 유밀과ᄂᆞᆫ 아조 폐ᄒᆞ고 졔긔도 쟉게 ᄒᆞ고 다른 졔믈도 다 간냑ᄒᆞ게 ᄒᆞᄃᆡ 졍결이ᄂᆞᆫ ᄒᆞ여야 올ᄒᆞ니라. 녜(禮)도 아비 태우(大夫)요 아ᄃᆞᆯ이 션ᄇᆡ여든 장ᄉᆞᄂᆞᆫ 태우로ᄡᅥ ᄒᆞ고 졔ᄂᆞᆫ 션ᄇᆡ로ᄡᅥ ᄒᆞ라."

ᄒᆞ니라. ᄌᆞ친이 ᄉᆞᆯ오ᄃᆡ

"셰시 강졍 ᄀᆞᄐᆞᆫ 거ᄉᆞᆫ 해롭디 아닐 ᄃᆞᆺᄒᆞ오이다."

부군이 ᄒᆞ시ᄃᆡ

"긔라도 ᄒᆞ야 브졀업ᄉᆞ니라."

ᄯᅩ ᄒᆞ시ᄃᆡ

"됴셕졔(朝夕祭)도 아ᄒᆡ들 먹ᄂᆞᆫ 밥이나 ᄒᆞᆫ가지로 ᄡᅥ노코 탕적(湯炙) ᄀᆞᄐᆞᆫ 거시라도 졔(祭)로 ᄀᆞ초랴 말고 됴셕졔ᄅᆞᆯ 오래 디내디 말나."

ᄒᆞ시다. 원힝이 ᄉᆞᆯ오ᄃᆡ

"여긔 문ᄌᆞ ᄀᆞᄐᆞᆫ 거ᄉᆞᆫ 다 손조 가져다가 곰초오리이다."

부군이 ᄒᆞ시ᄃᆡ

224 소렴(小殮) 후 시신을 싸는 두 개의 보자기로 상반신은 검은 천, 하반신은 붉은 천으로 만드는데 상단을 질(質)이라 하고, 하단을 쇄(殺)라고 함.

225 감. 새료.

226 형벌을 받는 관리.

227 마음대로 처단하지.

"그리ᄒᆞ라."

부군이 ᄯᅩ ᄒᆞ시ᄃᆡ

"이번 환난의 갑ᄒᆞ리가 만터니 불샹타."

ᄯᅩ ᄒᆞ시ᄃᆡ

"내 평ᄉᆡᆼ의 사ᄅᆞᆷ 샹케 ᄒᆞ고 아모 거시나 해ᄒᆞᆯ ᄆᆞ음은 업더니 이러ᄒᆞ니 아디 못ᄒᆞᆯ다. 복셜(卜說)들이라도 팔ᄌᆞ가 무던타 ᄒᆞ더니 복셜이 가쇼롭다."

ᄯᅩ ᄒᆞ시ᄃᆡ

"내 길히셔 ᄀᆡ소ᄒᆞ기ᄂᆞᆫ ᄂᆞᆷ이 아니 죽이면 브ᄃᆡ 사랏다가 다른 ᄣᅢ를 보랴 터니라."

ᄯᅩ ᄒᆞ시ᄃᆡ

"ᄂᆞᆷ이 죽이디 아닛ᄂᆞᆫ 사ᄅᆞᆷ은 각〃 보젼ᄒᆞ야 다른 ᄣᅢ를 보ᄂᆞᆫ 거시 올ᄒᆞ니라."

원힝ᄃᆞ려 ᄒᆞ시ᄃᆡ

"길히셔 곡들 말나."

ᄯᅩ ᄒᆞ시ᄃᆡ

"ᄇᆞ람들 쏘이디 말고 ᄃᆞᆯ 아래 글 보디 말나."

ᄯᅩ ᄒᆞ시ᄃᆡ

"모ᄅᆡ브터ᄂᆞᆫ 네 어마님 약 남은 거ᄉᆞᆯ 달혀 ᄡᅳ라."

ᄯᅩ ᄒᆞ시ᄃᆡ

"파쥐 산소ᄂᆞᆫ 셕증의 손ᄌᆞᄀᆞ장이라도 느러 ᄡᅳ리라."

ᄯᅩ ᄒᆞ시ᄃᆡ

"임열의 혼인은 내 이리 죽어도 니현이란 사ᄅᆞᆷ은 ᄇᆞ리디 아닐 ᄃᆞᆺᄒᆞ니라. 오셕의 혼인은 됴졍승[228] 외손과라도 ᄒᆞᆯ가? 됴ᄌᆞ장(趙子章)-샹경(尙絅)[229]-

228 조태채(趙泰采). 〈선고유교〉에 '됴태채'라고 주가 달려 있음.

229 조상경(趙尙絅). 자장(子章)은 자.

이가 ᄒᆞ고져 ᄒᆞ더니 무러볼가?"

원힝이 ᄉᆞᆯ오ᄃᆡ

"이제 ᄒᆞ기ᄂᆞᆫ 밋디 못ᄒᆞ오리이다."

부군이 ᄒᆞ시ᄃᆡ

"당단 쳔장(遷葬)과 표셕(表石) 갈셕(碣石)들이나 ᄒᆞ고져 ᄒᆞ더니 이제 시졀이 이러ᄒᆞ니 쉽든 아니커니와 아ᄒᆡ들 당ᄂᆡ 좀원[230]들이나 ᄒᆞ면 ᄒᆞᆯ가?"

ᄌᆞ친이 ᄒᆞ시ᄃᆡ

"우리 아ᄒᆡ들이 이제 어이 벼ᄉᆞᆯ을 ᄒᆞ오리잇가?"

부군이 ᄒᆞ시ᄃᆡ

"시졀이 ᄒᆞᆯ ᄣᅢ면 아모 벼ᄉᆞᆯ이라타 못ᄒᆞ랴?"

원힝ᄃᆞ려 ᄒᆞ시ᄃᆡ

"당단 산소 쳔장을 혹 ᄒᆞ야도 ᄌᆞ등이나 됴흔 긔운이 잇거든 회(灰)나 즉시 파내고 더펏다가 후의 고쳐나 ᄡᅳᆯ가? 산소들이라도 됴흐면 어이 이런들 ᄒᆞ리? 이번 ᄇᆡ소(配所)를 여긔 두거나 더 드려 보내ᄂᆞᆫ 일이 잇거든 쥬인의 뫼히나 비러 영장(營葬)을 ᄒᆞ고 쥬인ᄃᆞ려나 잇다감 보ᄉᆞᆯ펴 달나 ᄒᆞ고 길쥐(吉州) 단쳔(端川)만 내여 보내거든 가ᄂᆞᆫ ᄃᆡ다가 영장을 ᄒᆞ고 목패(木牌)를 ᄒᆞ야 듁취안동김공지뫼(竹醉安東金公之墓ㅣ)라 ᄒᆞ야 ᄡᅥ자 내 무덤인 줄이나 디나 ᄃᆞᆫ니ᄂᆞ니들이나 보게 ᄒᆞ얏다가 후일을 기ᄃᆞ려도 해롭디 아니코 혹 셔로나 다른 ᄃᆡ 옴기게 되면 운구(運柩)를 ᄒᆞ랴면 가우(駕牛)[231]나 ᄒᆞᆯ가? 관지ᄂᆞᆫ 호품(好品) ᄒᆞ야 ᄇᆞ졀업ᄉᆞ니 ᄇᆡᆨ변(白邊)[232]이 이셔도 해롭디 아니ᄒᆞ니라."

ᄯᅩ ᄒᆞ시ᄃᆡ

"삼연(三淵)ᄭᅴ셔 ᄂᆞᆷ의 집의셔 ᄌᆞ식 죽여실 제 관의 칠을 아니ᄒᆞ니 됴흔

---

230 대단치 않은 작은 고을의 수령[員].

231 운구(運柩)하는 소.

232 통나무 바깥쪽의 무르고 흰 부분.

법이라 ᄒᆞ시더니 칠이랏 거시 브ᄃᆡ 만흘 거시 아니라."

원힁이 ᄉᆞᆲ오ᄃᆡ

"형님 관의도 되 서홉은 ᄡᅳᄃᆡ 은뎡(隱釘)[233]이 ᄀᆞᆷ초이디 못ᄒᆞ더라 ᄒᆞᄋᆞᆸ더이다."

부군이 ᄒᆞ시ᄃᆡ

"은뎡이 구ᄐᆞ여 ᄀᆞᆷ초일 거시 아니라 아조 아냐도 해롭디 아니ᄒᆞ니라."

ᄯᅩ ᄒᆞ시ᄃᆡ

우리 셔칙 셩쳔ᄃᆡᆨ의 간 거ᄉᆞᆫ 농셕이나 티부ᄒᆞ라 ᄒᆞ야라. 그 아희-부안-ᄅᆞᆯ 편지나 ᄒᆞ여 ᄆᆞᄅᆞ려 ᄒᆞᄃᆡ ᄎᆞ마 못ᄒᆞ야 못ᄒᆞ얏더니 죵시 못 무ᄅᆞ니 블샹ᄒᆞ다. ᄉᆔᆨ천 아희ᄅᆞᆯ 그ᄣᅢ예 죵시 결단을 못ᄒᆞ니 내 ᄃᆞ려다가 결단을 ᄒᆞ려 ᄒᆞ엿던 거ᄉᆞᆯ 못ᄒᆞ니 제 실노 우리집 아희곳 아니면 이ᄣᅢ예 우리집 아희라 ᄒᆞᆯ 니가 업ᄉᆞᆯ 거시니 즉금이라도 우리집 아희로 제가ᄒᆞ고 죠곰 시졀이나 진뎡ᄒᆞ거든 저ᄅᆞᆯ ᄃᆞ려다가 일가의 의논ᄒᆞ야 결단ᄒᆞᆫ 후란 집의 두어 기ᄅᆞ게 ᄒᆞ라."

ᄒᆞ시다. 신시(申時)의 나가시니 지게예 나실 제 곡셩이 진동ᄒᆞ고 원힁 달힁이 손을 밧드러 ᄯᆞ로더니 부군이 죵내 우ᄉᆞᆷ 거동으로 변티 아니ᄒᆞ시고 ᄌᆞ친을 도라보아 죵용이 ᄒᆞ시ᄃᆡ

"브ᄃᆡ 아희들 ᄒᆞ고 편히 디내라."

ᄒᆞ시고 힝뵈 안〃(安安)ᄒᆞ야[234] 그 고ᄃᆡ 거의 니ᄅᆞᄃᆡ 원힁 달힁이 우러러 보ᄃᆡ 죵내 빗치 다ᄅᆞ미 업더라. 원힁 달힁ᄃᆞ려 채 ᄯᆞ라 오디 말나 ᄒᆞ시매 밧가온대셔 울고 멀니 홰블 아래로 ᄇᆞ라 보오니 단졍이 ᄉᆔ러 안자 겨시더니 오라거야 도ᄉᆞ의 압희 텽뎐지(聽傳旨)ᄒᆞ라 올나 가시매 원힁 달힁이 듕간으로 마자 손을 밧드러 곡ᄒᆞ고 텽뎐지ᄒᆞ고 도라오실 제 ᄯᅩ 손을 밧드러 곡ᄒᆞ니 희미히 우ᄉᆞ시고

233 아래 위를 뾰족하게 만든 나무못.

234 자연스럽고 편안하여.

"열사흔날 대신 삼ᄉᆡ(三司ㅣ) 청ᄃᆡ(請對)ᄒᆞᄂᆞᆫ ᄃᆡ[235] 니현쟝(李顯章)이도 참예ᄒᆞ야시니 혹 아모 고ᄃᆡ 가 만나도 네 어마님ᄭᅴ 가 ᄉᆞᆯ오라."

유시(酉時)의 슈명ᄒᆞ시니 님명의 언남ᄃᆞ려 분부ᄒᆞ시ᄃᆡ 브ᄃᆡ 평안이 ᄒᆡᆼᄎᆞᄅᆞᆯ 뫼ᄋᆞᆸ고 아ᄒᆡ들 ᄃᆞ려 내 ᄂᆞᆺ출 보디 말나 ᄒᆞ시믈 뎐ᄒᆞ더라.

임인(壬寅) 납월(臘月) 블쵸남(不肖男) 원ᄒᆡᆼ(元行) 읍혈근녹(泣血謹錄)

235 8월 13일 대신과 삼사의 관리들이 경종에게 이건명(李健命)과 조태채(趙泰采)를 처형하고, 이미 사사된 이이명과 김창집은 처자를 노비로 삼고 재산을 적몰하라고 주청한 일을 가리킴.

찾아보기

ㄴ

ㄷ

ㅁ

ㅂ

ㅅ

ㅇ

ㅈ

ㅊ

저자 소개

이승복(李昇馥)

서울대 국어교육과 및 서울대 대학원 국어국문학과 석, 박사 과정 졸업. 서울대 규장각 특별연구원을 거쳐 현재 상명대학교 국어교육과 교수로 재직하고 있다. 주요 저서로 『고전소설과 가문의식』, 『옥환기봉 연작 연구』, 『옥국재 가사 연구』 등이 있고, 고전소설과 고전산문, 가사 등에 관한 여러 편의 논문이 있다.

한국고전산문의 탐구

초판 1쇄 인쇄 2022년 9월 13일
초판 1쇄 발행 2022년 9월 20일

지은이 이승복
펴낸이 박성복
펴낸곳 도서출판 월인
주소 01047 서울특별시 강북구 노해로25길 61
등록 1998년 5월 4일 제6-0364호
전화 (02) 912-5000
팩스 (02) 900-5036
홈페이지 www.worin.net
전자우편 worinnet@hanmail.net

ISBN 978-89-8477-716-3 93810

값은 뒤표지에 있습니다.